淄博财政年鉴

卜德兰 主编

中国财政经济出版社

《淄博财政年鉴》编辑委员会名单

《淄博财政年鉴》编辑名单

《淄博财政年鉴》通讯员名单

时任中共淄博市委书记、市人大常委会主任刘慧晏对全市财政工作作重要指示

时任中共淄博市委副书记、市长周清利对全市财政工作作重要指示

时任中共淄博市委常委、副市长王顶岐在全市财政工作会上讲话

时任市财政局党组书记、局长王修德

时任市财政局党组副书记、副局长卜德兰

时任市财政局党组成员、副局长、调研员孙兆科

市财政局党组成员、淄博会校党总支书记王昌晖

市财政局党组成员、副局长王守恕

市财政局党组成员、总会计师董博

2012卷《淄博财政年鉴》编委会主任卜德兰（前排中）、编委会副主任董博（前排右三）看望年鉴编审工作人员

支持转方式调结构 推进经济内涵发展

全市工业经济过万亿“双百工程”暨促进内涵发展大会

淄博保税物流中心封关运营

淄博高新区生物医药产业创新园

国内大功率柴油机专业化生产企业——淄博柴油机总公司

省市财政部门在山东东岳集团调研自主创新情况

中国最大的玻璃耐火材料生产配套基地——淄博工陶耐火材料有限公司

瑞阳医药粉针生产线

加大科技投入，支持技术创新

淄博陶瓷，当代国窑

发挥财政政策作用，助推新能源产业发展

推进节能减排，促进绿色发展

太平洋财险电话保险淄博运营中心

山东世纪天鸿书业有限公司

优化财政支出结构
着力保障改善民生

淄博市文化中心开工奠基

引太入张供水工程竣工

支持体育事业，推动全民健身

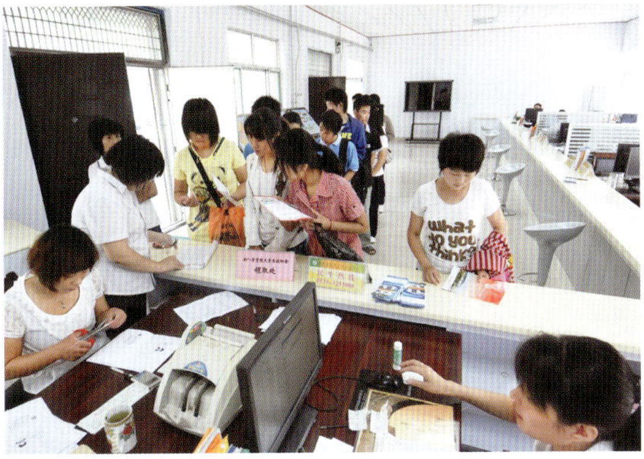

领补助金，圆求学梦

改善教学设施，提高办学水平

加大投入，全面推进“校车安全”工程

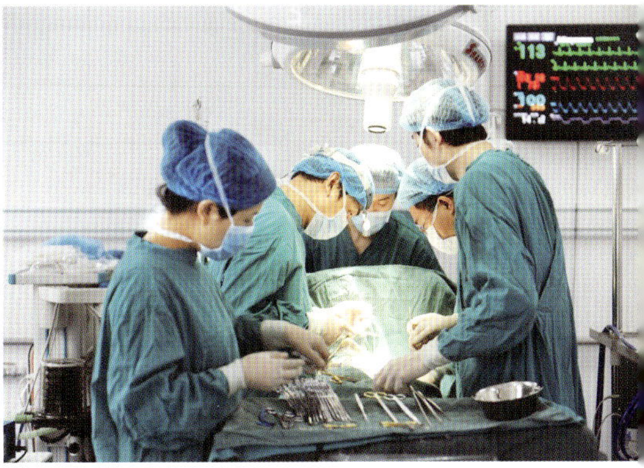

支持引进高层次人才，提高医疗保障水平

1

2

3

4

5

1. 平安淄博，安居乐业
2. 落实扶持政策，促进就业再就业
3. 取暖补贴暖民心
4. 淄博市儿童福利院
5. 改造后的洪沟社区

坚持统筹兼顾 城乡协调发展

大交通促进大发展

文昌湖旅游度假区

改善城市环境，提升城市品位

1

2

3

4

1. 城市夜景
2. 加大投入，推进城市管理精细化
3. 惠民服务大厅
4. 沂河源水景公园

1

2

3

4

5

1. 送书下乡 ，文化惠农
2. 落实补贴政策，提高农业机械化水平
3. 发展有机农业，促进农民增收
4. 太河水库
5. 萌山湖荷花生态园

1

加强财政财务管理 提高财政绩效水平

2

1. 市领导听取财政工作情况汇报
2. 全市财政工作会议
3. 健全完善行政事业资产管理制度
4. 推进公务用车专项治理

3

4

加强学会建设，服务财政经济

加强系统应用支撑平台建设，保障财政业务工作顺利开展

严格把关，阳光评审

抓基层强基础，加强基层财政管理人员培训

开展业务学习，提升综合素质

内强素质外树形象 加强干部队伍建设

1. 市财政局党组理论学习中心组读书会暨区县局长座谈会
2. 立足本职，创先争优
3. 岗位练兵，提高技能
4. 参加政风行风热线直播节目

举办书画摄影展

举行专题报告会

开展爱岗敬业珍惜岗位实践活动

展财政风采，为党旗增辉

举办乒乓球比赛

山东省妇女儿童工作先进集体

2006-2010年全国财政法制宣传教育先进集体

2011年度全国财政信息工作先进单位

创建全国文明城市工作先进集体

全市工业经济过万亿突出贡献单位

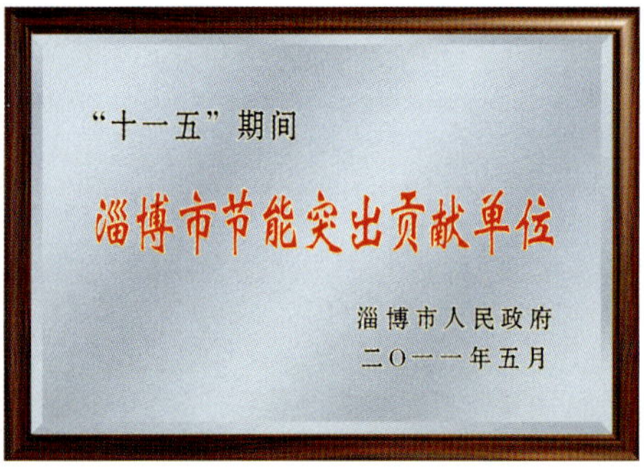

“十一五”期间淄博市节能突出贡献单位

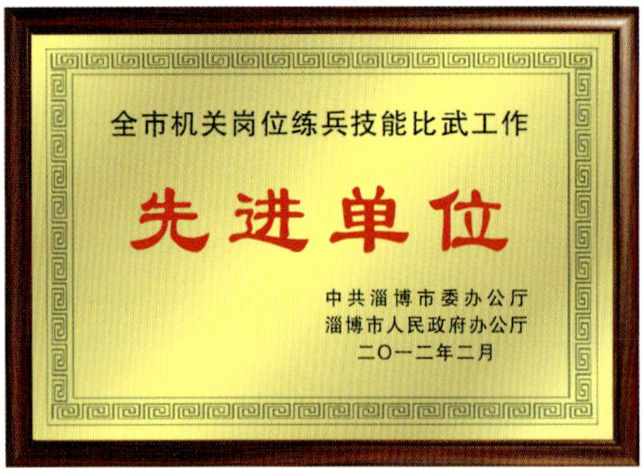

全市机关岗位练兵技能比武工作先进单位

王昌晖
全国巾帼建功标兵

宋修照
山东省就业工作先进工作者

凌选明
山东省节能突出贡献个人

李慧斌
全国财政信息工作先进个人

陆　勇
富民兴鲁劳动奖章

朱春鸣
全市创建全国文明城市
突出贡献个人

王　静
“十一五”淄博市节能
突出贡献个人

肖丕明
淄博市工业经济发展
突出贡献个人

魏毓俭
淄博市“十一五”主要污染物
总量减排目标考核突出贡献个人

徐　亮
淄博市对口支援北川灾后
恢复重建工作先进个人

荆　国
全市敬业奉献道德模范

杨世锋
振兴淄博劳动奖章

刘晓村
淄博市机关岗位能手

唐　飞
淄博市机关岗位能手

王晓明
淄博市机关岗位能手

田俏俏
全市“四个一”活动学习
讲坛一等奖

目 录

财政文选

全市财政工作

区县财政工作

学会协会工作

重要法规政策

财经统计资料

财政大事记

2011年财政大事记

1月份

1日

市委副书记、市长周清利带领市直有关部门负责人调研文昌湖旅游度假区筹建工作，局党组书记、局长王修德参加。

3日

市委副书记、市长周清利听取2011年财政预算安排等有关情况的汇报，局党组书记、局长王修德参加汇报。

5日

市人大常委会财经室负责同志来我局就2010年预算执行情况和2011年预算草案进行调研座谈。局党组成员、副局长王守恕参加座谈。

7日

市委、市政府以淄委〔2011〕2号文件发布《关于表彰淄博市对口支援北川灾后恢复重建工作先进集体和先进个人的通报》，我局获得先进集体称号，两名同志获得先进个人称号。

省经信委、省财政厅、省国税局、省地税局联合发布表彰通报，我局获得2010年度全省资源综合利用管理工作先进集体称号，一名同志获得先进个人称号。

8日

市委召开常委扩大会议，专题研究淄博市与山东理工大学深化合作事宜。会议决定，市财政投入5000万元，支持山东理工大学新能源汽车工程技术研究院建设。局党组书记、局长王修德参加会议。

11日

省政府在济南召开全省财政税务工作会议。会议的主要任务是，贯彻落实中央、全省经济工作会议及全国财政、税务工作会议精神，总结“十一五”时期全省财税工作，分析当前财税经济形势，谋划“十二五”财税改革发展思路，部署2011年财税工作任务。其后，召开了全省财政工作会议，全省财政系统先进集体、先进工作者和全省先进会计工作者表彰大会。省委副书记、省长姜大明，省委常委、常务副省长王仁元亲切接见受表彰的先进集体代表和先进工作者并合影留念。市委常委、常务副市长王顶岐，局党组书记、局长王修德，我市受表彰的先进集体代表、先进工作者参加会议。

我市财政系统7个单位、7名同志荣获全省财政系统先进集体、先进工作者。先进集体分别是：淄博市财政局、博山区财政局、周村区财政局、桓台县财政局、沂源县财政局、高青县常家镇财政所、沂源县东里镇财政所；先进工作者分别是：王修德、王海波、刘金峰、杨宏伟、李文远、杜玉林、国悦德。

12日

我局召开全体人员会议,对2010年年度考核工作进行安排部署。局党组书记、局长王修德出席会议并讲话,要求严肃纪律、客观公正,扎实做好干部考核评议工作。局领导孙兆科、王昌晖、王守恕、董博出席会议。

市政府与中国农业发展银行山东省分行签署统筹城乡发展战略合作协议。局党组副书记、副局长卜德兰参加签约仪式。

13日

市安全生产委员会发布表彰通报,我局获得2010年度全市道路交通安全工作先进单位称号,两名同志获得先进个人称号。

16日

市委书记、市人大常委会主任刘慧晏听取2011年财政预算安排等有关情况的汇报,局党组书记、局长王修德参加汇报。

18日

市政府发布表彰通报,我局获得2010年度全市消防安全工作先进集体称号,两名同志获得先进个人称号。

20日

我局召开离退休干部迎新春茶话会。局党组书记、局长王修德通报了2010年全市财政工作情况,向全局离退休干部致以新春祝福。局领导孙兆科、王昌晖、王守恕、董博出席茶话会。

市政府以淄政发〔2011〕5号文件发布《关于文昌湖旅游度假区财政管理体制有关问题的通知》。《通知》规定:自2011年1月1日起,按照收入共享、比例分成,统筹兼顾、促进发展,加大投入、重点保障的原则,对文昌湖旅游度假区按区级财政管理。按照属地原则,对税务部门征管的市以下地方税收实行市区共享,分成比例与淄川区、周村区保持一致;以2010年为基期,在有利于促进区县域经济发展的基础上,保障文昌湖旅游度假区基本运转,保证淄川区、周村区既得利益不受影响;市对文昌湖旅游度假区成立初期的财力缺口给予定额补助,区内实现的专项收入按规定上缴省以上后,全额留归区级,市暂不参与分享。

省财政厅发布表彰通报,我局获得2010年度农业财政工作绩效考核优良单位称号。

21日

我局召开提前离岗人员迎新春茶话会。局党组成员、副局长王守恕通报了2010年全市财政工作情况,向全局提前离岗同志致以新春祝福。党组成员、总会计师董博出席茶话会。

24日

全市反腐倡廉工作暨中共淄博市纪委十届七次全体会议召开,会议传达了省纪委九届七次全会精神,总结了2010年全市党风廉政建设和反腐败工作,研究部署了2011年工作任务。局党组副书记、副局长、国资办主任卜德兰,党组成员、副局长王守恕参加会议。

25日

市委副书记、市长周清利召集会议,专题研究离休干部医疗费政策有关事宜。局党组书记、局长王修德参加会议。

市人大财政经济委员会听取审议我局《关于淄博市2010年预算执行情况和2011年预算草案的报告》,并原则同意该

《报告》。局党组书记、局长王修德参加汇报。

26 日

市委副书记、市长周清利主持召开第46次市政府常务会议，听取我局《关于淄博市2010年预算执行情况和2011年预算草案的报告》及有关情况说明的汇报。会议原则同意汇报意见。会议确定，由市财政局对《报告》作进一步修订、完善，报市政府审定后，按程序办理。局党组书记、局长王修德参加汇报。

29 日

中共淄博市委文昌湖旅游度假区工作委员会、淄博市文昌湖旅游度假区管理委员会举行揭牌仪式，局党组书记、局长王修德，党组副书记、副局长、国资办主任卜德兰参加。

人事任免事项

2010年12月28日，淄财党组〔2010〕74号文件公布，接市委淄委〔2010〕203号文件，王昌晖同志任山东省会计干部中等专业学校淄博分校党总支书记（试用期一年）。

2011年1月16日，市政府以淄政任〔2011〕3号文件公布，免去：王昌晖的淄博市财政局副局长职务。

补记

2010年10月，省档案局颁发荣誉证书，我局档案室在2010年度档案管理考核中被确定为“省特级档案室”，我局被授予全省档案管理先进单位称号。

局领导兼职情况

王修德同志兼任淄博市与山东理工大学合作发展促进委员会成员。

王昌晖同志兼任淄博市落实企业退休职工中独生子女父母一次性养老补助工作领导小组成员。

2 月份

12 日

我局在鲁中财会培训中心召开2011年财政工作研讨会，分析当前财政经济形势，研究探讨“十二五”时期财政改革发展思路和2011年财政工作任务。局党组书记、局长王修德主持会议并作重要讲话，要求科学谋划好当前和今后一个时期的财政工作思路，具体做到六个“更加注重”：一是更加注重结构调整，着力推进转方式调结构增财源；二是更加注重增收节支，着力增强财政实力；三是更加注重城乡统筹，着力推动“三农”发展；四是更加注重保障和改善民生，着力推进和谐社会建设；五是更加注重科学管理，着力提高财政资金使用效益；六是更加注重队伍建设，着力提高财政干部综合素质。局领导卜德兰、孙兆科、王昌晖、王守恕、董博出席会议，局属各单位负责人就“十二五”时期工作思路和2011年重点工作作了发言。

16 日

我局在综合办公楼二楼会议厅举行视频报告会，观看国家行政学院经济学教研部研究员徐杰作的“当前中国宏观经济热点难点问题及‘十二五’发展趋势分析”报告。局领导王修德、孙兆科、董博出席报告会，全体干部职工参加报告会。

17 日

市委书记、市人大常委会主任刘慧

晏,市委副书记、市长周清利分别听取我局关于2011年财政预算安排等有关情况的汇报。局党组书记、局长王修德作了汇报。

18日

市委常委、副市长周连华召集专题会议,研究迎接审计署对地方政府性债务情况审计检查事宜,部署全市政府性债务自查自纠工作。局党组副书记、副局长、国资办主任卜德兰参加会议。

市政府办公厅印发《关于成立淄博市政府性债务审计工作协调小组的通知》(淄政办字〔2011〕17号),市委常委、副市长周连华任组长,市财政局局长王修德及有关单位负责人任副组长,市财政局副局长、国资办主任卜德兰及各区县政府、市直有关部门负责人任成员。协调小组办公室设在市财政局,王修德同志兼任办公室主任,卜德兰同志兼任办公室副主任。

19日

至22日,市政协十届四次会议在张店召开。市政协委员、局领导卜德兰、王昌晖出席会议。

20日

至24日,市十三届人大四次会议在张店召开。市人大代表、局党组书记、局长王修德出席会议,并受市政府委托向会议提交《关于淄博市2010年预算执行情况和2011年预算草案的报告》。会议经过审议,并根据市人大财政经济委员会的审查报告,决定批准2011年市级预算,同意王修德局长所提交的报告。

2011年,全市地方财政收入预算安排1867548万元,增长15%;全市一般预算支出相应安排1822854万元,增长12%。2011年市级收入预算安排313055万元,同口径增长15%;一般预算支出相应安排438092万元,增长11%。

21日

市委办公厅、市政府办公厅发布《关于全市机关岗位练兵技能比武工作先进单位和岗位能手的通报》(厅发〔2011〕6号),我局获得先进单位称号,一名同志获得“淄博市机关岗位能手”称号。

22日

市委、市政府以淄委〔2011〕17号文件发布《关于2010年度市级文明单位、文明村镇、文明社区的通报》,全市财政系统共有14个单位获得2010年度市级文明单位,分别是:张店区公园街道办事处财政所、科苑街道办事处财政所、车站街道办事处财政所、中埠镇财政所、傅家镇财政所,博山区白塔镇财政所,临淄区雪宫街道办事处财政审计所、齐陵街道办事处财政审计所、闻韶街道办事处财政审计所、敬仲镇财政所,高青县高城镇财政所、黑里寨镇财政所,沂源县悦庄镇财政所,高新区四宝山街道办事处财政所。

23日

省财政厅发布《关于表彰2010年度全省财政系统信息宣传工作先进单位和先进个人的通报》(鲁财办〔2011〕9号),我局获得信息工作先进单位、新闻宣传工作先进单位,沂源县财政局获得信息工作先进单位,全市财政系统两名同志获得信息工作先进组织者称号,两名同志获得优秀信息员称号,一名同志获得新闻宣传工作先进个人称号。

25 日

市委、市政府召开创建全国文明城市动员大会,对我市继续深入组织开展创建全国文明城市活动,全面实现创建工作目标作出具体安排和部署。局党组书记、局长王修德参加会议。

为切实推进创建全国文明城市工作开展,我局成立了由局主要领导任组长,分管领导任副组长,各牵头单位负责人任成员的创建工作领导小组,并将我局承担的工作任务进行细化分解,落实到局属各有关单位,做到分工明确,责任到人,确保创建工作顺利有序开展。

26 日

根据市政府纠风办统一部署,我局组织参加"政风行风热线"直播节目,解答听众的提问和咨询。局党组书记、局长王修德带领有关科室负责人参加。

补记

1 月 27 日,省财政厅发布表彰通报,我局和张店区财政局、淄川区财政局获得全省政府采购监管系统先进集体称号,两名同志获得先进工作者称号。

1 月 28 日,市纠风办发布了 2010 年度全市民主评议政风行风情况通报,我局以 95.88 分的成绩,列全部参评的 65 个单位第二名、经济和社会管理类 18 个单位第一名。

局领导兼职情况

王修德同志兼任淄博市行政审批制度改革工作领导小组成员、淄博市创建文明城市工作委员会委员。

孙兆科同志兼任淄博市打击和处置非法集资工作领导小组成员、全市村"两委"换届选举工作领导小组成员。

王守恕同志兼任淄博市人民政府勘界工作领导小组成员。

3 月份

4 日

淄博市第六届财政学会、会计学会和第五届珠算协会代表大会在齐盛国际宾馆召开。会议审议通过了淄博市第五届财政学会、会计学会和第四届珠算协会工作报告及学(协)会章程,选举产生了第六届财政学会、会计学会和第五届珠算协会理事会,研究部署了新一届理事会工作。市委副书记、市长周清利,山东省财政学会、会计学会和珠算协会向大会发来贺信,市委常委、常务副市长王顶岐到会祝贺并就加强财政学协会建设和财政理论研究工作提出要求,局党组书记、局长王修德出席会议并讲话,局领导卜德兰、孙兆科、王昌晖、王守恕、董博出席会议,学(协)会全体理事参加会议。

会议选举周清利同志为财政学会第六届理事会名誉会长,王顶岐、郭利民、曹在堂同志为顾问,王修德同志为会长;卜德兰同志为会计学会第六届理事会会长;王守恕同志为珠算协会第五届理事会会长。

6 日

我市举行纪念"三八"国际劳动妇女节 101 周年暨"创先争优 巾帼建功十二五"事迹报告会。会上,我局被表彰为全省城乡妇女岗位建功先进集体,王昌晖同志被表彰为全国巾帼建功标兵,齐兵同志被表彰为全省城乡妇女岗位建功先进工作者,王静同志被表彰为全市“十佳岗位明星”并被授予全市“三八”红旗手称号。

8日

我局在鲁中财会培训中心举办纪念“三八”国际劳动妇女节座谈会暨庆“三八”女职工趣味运动会。局领导王修德、孙兆科、王昌晖、王守恕、董博出席。

10日

省财政厅发布表彰通报,我局获得2010年度全省财政系统干部教育培训工作先进单位,淄博会校获得先进培训基地称号,一名同志获得先进个人称号。

15日

全市深化作风效能建设工作会议召开,局党组书记、局长王修德参加会议并就财政部门深化作风效能建设工作作了表态发言。

16日

市委副书记、市长周清利听取我局关于2011年市级财政预算安排等有关情况的汇报。局党组书记、局长王修德作了汇报。

21日

全市财政工作会议在齐盛国际宾馆召开。会议总结了“十一五”时期及2010年全市财政工作,分析了当前经济财政形势,安排部署了“十二五”时期和2011年的财政工作任务。市委副书记、市长周清利出席会议并作重要讲话,市委常委、常务副市长王顶岐主持会议,市政府秘书长蒲绪章,局党组书记、局长王修德出席会议。各区县政府主要领导和分管领导及财政局负责同志,局领导卜德兰、孙兆科、王昌晖、王守恕、董博,我局正科级以上干部参加会议。

周清利市长在讲话中对做好当前和今后一个时期财政工作提出了殷切希望和明确要求,指出财政部门要充分发挥职能作用,着力保发展、转方式、调结构、增财源,集中财力保民生、保重点,加快构建有利于科学发展的财政体制机制,切实提高科学聚财理财用财水平。王修德局长在下午的会议上作了讲话,系统总结了“十一五”时期全市财政工作,对做好当前和今后一个时期的工作作了安排部署。

24日

市人大财经委与政府财经部门联系会议在鲁中财会培训中心召开。市人大常委会第一副主任侯法生,市委常委、常务副市长王顶岐,市人大常委会副主任曹在堂出席会议,局党组书记、局长王修德参加会议并就“十一五”时期我市财政发展情况和当前及今后一个时期财政改革发展任务作了汇报发言。

28日

我局以淄财党组〔2011〕21号文件印发《2011年全市财政系统党风廉政建设和反腐败工作实施意见》,对我局承担的惩防体系建设和反腐败源头治理工作任务进行了细化分解,明确了分管领导、责任科室和责任人,确保相关工作顺利有序开展。

30日

我局召开全体干部职工大会,表彰先进,安排部署当前工作,并签订党风廉政建设责任书。局党组书记、局长王修德作重要讲话,要求局属各单位围绕年度工作目标,切实抓好工作任务落实;适应新的形势任务要求,切实抓好机关党建及精神文明建设工作;立足财政工作实际,大力加强财政反腐倡廉和作风效能建设。市纪委派驻纪检一组负责同志,局领导孙兆科、王昌晖、董博出席会议,全局干部职工参加会议。

获得2010年度先进集体的是:办公室、后勤服务中心、人事科、预算科、国库科、行政政法科、教科文科、经建科、农业科、基层财政管理科、机关党委、资产运营公司、企业处、非税局、科研所、政府采购办、淄博会校。

淄博市中心城区城市综合体华润中心项目开工奠基仪式在鲁中宾馆原址举行,局党组副书记、副局长、国资办主任卜德兰参加仪式。

人事任免事项

3月1日,淄财党组〔2011〕12号文件公布,冯祚栋、闫云祥同志提前离岗,不再担任市财政有偿资金管理处副处长职务。

3月28日,淄财党组〔2011〕22号文件公布,房旭贤、张睿同志提前离岗,免去房旭贤的市财政有偿资金管理处工交科副科长、正科级干部职务,张睿的淄博会校干教一科科长职务。

补记

2月,市委宣传部发布表彰通报,我局获得2010年度全市宣传报道先进集体,全市财政系统两名同志获得先进工作者称号。

2月28日,市委保密委员会发布表彰通报,我局获得2010年度全市保密工作先进单位称号。

局领导兼职情况

王修德同志兼任淄博市市志编纂委员会副主任、第十届中国艺术节淄博市筹备委员会成员。

卜德兰同志兼任淄博市外贸转型升级示范基地培养工作领导小组成员。

孙兆科同志兼任淄博市价格调控联席会议成员、淄博市体育彩票工作领导小组成员、淄博市治理教育乱收费联席会议成员。

王守恕同志兼任市委农村工作领导小组成员兼办公室副主任、第七届全国城市运动会淄博代表团成员、淄博市全民健身工作领导小组成员、淄博市青少年体育工作领导小组成员。

4月份

1日

市委常委会听取我局关于2011年市级预算安排情况的汇报。会议原则同意汇报意见,确定按程序安排部署,切实抓好组织实施。局党组书记、局长王修德参加汇报。

财政部以财办〔2011〕17号文件发布《关于表彰2010年度全国财政信息工作先进单位和先进个人及评选财政好信息的通报》,我局获得先进单位称号,一名同志获得先进个人称号,《山东省淄博市临淄区设立贷款贴息基金 扶持农民专业合作社建设》一文被评为"财政好信息"。这是我局自2000年被确定为财政部信息直接联系点以来,连续第十一年获得全国财政信息工作先进单位称号。

2日

市政府办公厅发布《关于2010年度

全市地方税收社会综合治税工作情况的通报》，市财政局及10名同志受到通报表彰。

8日

市委副书记、市长周清利主持召开第48次市政府常务会议，听取研究市级住房补贴基数调整等有关事宜。局党组书记、局长王修德参加会议。

12日

至13日，全市财政系统机关党建暨精神文明建设工作会议在博山区召开，会议总结表彰了2010年全市财政系统机关党建及精神文明建设工作，安排部署了2011年工作任务，并印发了《淄博市财政系统2011—2013年精神文明建设工作规划》。局党组成员、副局长、调研员孙兆科到会讲话，各区县、高新区、文昌湖区财政局分管负责同志和有关人员参加会议。

13日

至20日，市委常委、常务副市长王顶岐率我市经贸代表团赴台湾考察洽谈，局党组书记、局长王修德随同参加。

14日

2010年度全省地方金融企业财务报表汇审及地方金融工作会议在鲁中财会培训中心举行，局党组成员、会校党总支书记王昌晖参加会议。

19日

全市财政周转金管理工作会议在周村区召开，会议总结了2010年全市财政周转金管理工作，研究部署了下一步工作任务。局党组成员、副局长、调研员孙兆科到会讲话。

至22日，首期全市基层财政管理人员培训班在淄博会校举行，局党组成员、会校党总支书记王昌晖出席开班仪式并讲话，省财政厅预算处、基层财政管理处负责同志应邀授课，各区县财政局和乡镇财政所相关业务人员共95人参加培训。

市食品安全委员会发布表彰通报，我局一名同志获得2010年度全市食品安全工作先进个人荣誉称号。

20日

至21日，国家相关部委组成的检查组来我市对淘汰落后产能工作完成情况进行考核，并召开了国家检查考核山东省2010年淘汰落后产能工作汇报会，省财政厅副厅长文新三参加会议。会后，文新三副厅长到我市部分重点企业进行了调研考察，局领导王修德、卜德兰、孙兆科、董博陪同有关活动。

24日

按照市纪委统一部署，局党组书记、局长王修德通过淄博电视台《淄博新闻》栏目，代表市财政局作出作风效能建设公开承诺：一是大力推进转方式、调结构，支持经济发展的各类专项资金，在履行审批程序后3个工作日内拨付到位；二是不折不扣地落实各项民生政策，保障民生的专项资金在3个工作日内拨付；三是努力提高办事效率，一般业务事项3个工作日内办结；四是严格执行《廉政准则》，廉洁从政，坚决制止侵害企业及群众利益的行为；五是完善预算公开及政务公开制度，凡符合公开要求的财政业务，一律予以公开。

市委、市政府以淄委〔2011〕53号文件发布《关于2010年度全市目标管理考核优秀县级领导班子、领导干部和“十一五”科学发展成就奖的通报》,我局领导班子被表彰为优秀县级领导班子,王修德、卜德兰、孙兆科、王昌晖被表彰为优秀县级领导干部。

至26日,全市财政系统第十一届乒乓球比赛在鲁中财会培训中心举行。省财政厅驻淄博财检办、市财政局和各区县、高新区、文昌湖区财政局的12支代表队参加了比赛,淄川区财政局和市局代表队分获男女团体第一名。局领导王修德、孙兆科、王守恕、董博分别出席开、闭幕式并观看比赛。

25日

市委召开常委扩大会议,总结一季度经济工作,分析当前形势,研究部署下一步工作。局党组书记、局长王修德,党组副书记、副局长、国资办主任卜德兰参加会议。

淄博市市级新农保与国家新农保制度并轨工作会议召开,局党组书记、局长王修德出席会议。并轨后的新农保制度,在参保范围、个人缴费、政府补贴、计划生育特别扶助和退伍军人补助政策、残疾人补助政策、养老金待遇领取条件等六个方面作出规范和调整。

省政府以鲁政字〔2011〕100号文件发布《关于表彰省节能奖获奖单位、个人和成果的通报》,我局一名同志获得山东省节能突出贡献个人奖并记一等功。

26日

淄博鑫能能源集团暨淄博鑫能能源集团有限公司揭牌仪式举行,局党组副书记、副局长、国资办主任卜德兰出席仪式。

市政府发布表彰通报,我局一名同志获得全市民族团结进步模范个人称号。

27日

全市深化医药卫生体制改革工作会议召开,会议总结了2010年度全市医改工作,安排部署了2011年工作任务。局党组书记、局长王修德参加会议。

人事任免事项

4月1日,淄财党组〔2011〕23号文件公布,赵德春同志提前离岗,不再担任市财政局机关党委办公室主任职务。

4月21日,淄财党组〔2011〕36号文件公布,姜华同志提前离岗,免去其市财政局副科级干部职务。

局领导兼职情况

王修德同志兼任淄博市深化医药卫生体制改革领导小组副组长、淄博市新型农村基本养老保险工作领导小组副组长、《淄博工作》编辑委员会委员、市政府安全生产委员会成员。

卜德兰同志兼任淄博市深化医药卫生体制改革领导小组成员、中心城区客运站搬迁工作领导小组副组长、淄博市生猪屠宰暨猪肉食品安全专项整治活动领导小组成员。

孙兆科同志兼任市信访工作领导小组成员、淄博市国家安全领导小组成员。

王守恕同志兼任淄博市食品安全委员会委员、淄博市新型农村基本养老保险工作领导小组成员、淄博市教育发展和体制改革领导小组副组长。

董博同志兼任中心城区客运站搬迁工作领导小组成员。

5月份

3日

市委、市政府发布表彰通报,市财政局和张店区、淄川区、博山区、临淄区、高青县财政局获得市人口和计划生育工作先进集体,我局一名同志获得先进个人称号。

5日

全省农业综合开发监督检查培训会在我市召开,省财政厅副厅长窦玉明出席会议,局党组书记、局长王修德,局党组成员、会校党总支书记王昌晖陪同有关活动。

8日

至12日,市委书记、市人大常委会主任刘慧晏率领我市经贸代表团赴香港举办系列经贸活动。局党组副书记、副局长、国资办主任卜德兰随同参加。

9日

全市节能考核奖励大会在齐盛国际宾馆召开,会议总结表彰了"十一五"节能工作,研究部署了确保完成2011年和"十二五"节能目标任务工作措施。局党组书记、局长王修德参加会议。会上,市财政兑现全市节能考核奖励资金930万元。

11日

省财政厅发布表彰通报,我局和高青县财政局获得2010年度全省财政监督检查工作先进单位,全市财政系统5名同志获得先进个人称号。

14日

至15日,2011年度会计专业技术资格考试顺利举行,全市共有6232人参加考试。局党组成员、副局长王守恕参加巡视。

19日

省财政厅发布表彰通报,张店区、淄川区财政局获得全省行政事业资产管理信息系统建设先进单位称号,我局两名同志获得先进个人称号。

21日

市政府办公厅印发《关于提高农村居民最低生活保障标准的通知》,确定从2011年1月1日起提高我市农村低保补助标准,由每人每年不低于1250元提高到每人每年不低于1500元。

为确保此项政策落实到位,市财政提高了农村低保市级补助标准。自2011年1月1日起,市级对各区县平均补助标准提高至每人每月18元,其中:市级对张店区、临淄区、桓台县、高新区补助标准调整为每人每月14元,淄川区、博山区、周村区补助标准调整为每人每月19元,沂源县补助标准调整为每人每月21元;高青县作为省财政直接管理县,市级继续按每人每月13元标准给予补助。

23日

市委常委、常务副市长王顶岐来我局听取当前财政工作情况汇报,局党组书记、局长王修德作了汇报。

24日

至25日,全省地方政府性债务统计工作会议在我市召开,会议的主要内容是,传达全国政府债务统计工作会议精神,部署2011年全省债务统计工作,并对相关统计软件进行讲解培训。市委常委、常务副市长王顶岐,局党组书记、局长王修德看望与会人员,局党组成员、会校党总支书记王昌晖出席会议并致辞,省财政厅预算处、信息中心负责同志出席会议,全省各市、各县(市、区)财政局有关人员参加会议。

25 日

至27 日,省人大常委会预算工作委员会副主任张玉成带领调研组来我市就县乡财政建设情况进行调研考察,召开了有关部门参加的座谈会,到高青、沂源两县进行了实地调研。市人大常委会副主任曹在堂,局领导王修德、孙兆科、王昌晖参加有关活动。

山东电视台采访组在市纪委派驻纪检一组负责同志陪同下,来我局就廉政风险防范工作进行专题采访,局党组书记、局长王修德介绍了我局加强廉政风险防范管理、促进反腐倡廉建设的相关情况。

人事任免事项

5 月 3 日,淄财党组〔2011〕37 号文件公布,张敏同志提前离岗,免去市财政局正科级干部职务。

补记

3 月 14 日,市委市直机关工委发布表彰通报,我局获得2010 年度机关党建工作先进单位称号。

4 月 22 日,省人社厅、省经信委联合发布表彰通报,我局获得山东省节能先进单位称号。

4 月 29 日,全市工会工作会议暨庆祝“五一”国际劳动节大会召开,会上对有关工作先进单位和个人进行了表彰。张店区财政局、周村区财政局有关科室荣获淄博市工人先锋号称号,我局一名同志荣获山东省富民兴鲁劳动奖章。

局领导兼职情况

王修德同志兼任全市发展都市农业工作领导小组成员、淄博市经济责任审计工作领导小组成员、淄博市城市化工作领导小组成员、淄博市推进重点产业链发展工作领导小组成员、淄博市国土资源管理工作领导小组成员、淄博市住房保障领导小组成员、淄博国家新材料高新技术产业化基地领导小组成员、国家火炬计划淄博先进陶瓷特色产业基地领导小组成员、国家火炬计划淄博泵类制造业特色产业基地领导小组成员、国家火炬计划淄博医药制造业特色产业基地领导小组成员、淄博市社区工作领导小组委员。

卜德兰同志兼任淄博市推进重点产业链发展工作领导小组成员。

孙兆科同志兼任淄博市司法鉴定工作管理委员会成员、淄博市未成年人保护委员会成员、淄博市换发第二代居民身份证工作领导小组成员。

王守恕同志兼任淄博市农民负担监督管理领导小组成员、淄博市公共机构节能工作领导小组成员、淄博市严厉打击食品非法添加和滥用食品添加剂专项行动领导小组成员、淄博市托幼工作领导小组成员、淄博市中小学校舍安全工程领导小组成员、淄博市语言文字工作委员会委员、淄博市文物保护委员会委员、淄博市村务公开协调领导小组成员、淄博市防震减灾工作领导小组成员、亚足联中国展望淄博项目指导委员会委员、市政府防治艾滋病工作委员会成员、市政府地方病防治工作领导小组成员、市政府结核病防治工作领导小组成员、淄博市实施名医名科名院战略领导小组成员。

董博同志兼任淄博市和谐城乡建设行动领导小组成员、淄博市消防安全委员会委员。

6月份

1日

全市公务用车问题专项治理工作部署培训会议在齐盛国际宾馆召开，会议对公车治理工作作出具体部署，并对相关统计软件进行讲解培训。局党组成员、副局长、调研员孙兆科主持会议，市纪委有关负责同志出席会议，各区县、高新区、文昌湖区和市直各部门单位有关人员参加会议。

3日

我局召开离退休人员座谈会，通报近期全市财政工作开展情况，征求离退休人员对财政工作的意见建议。局党组成员、总会计师董博出席会议。

7日

市委组织部、市委老干部局联合发布表彰通报，我局离退休干部党支部和淄川区财政局老干部党支部获得全市先进离退休干部党支部称号。

8日

省"小金库"治理工作督导组来我市检查指导"小金库"治理工作开展情况，局党组副书记、副局长、国资办主任卜德兰参加汇报座谈。

12日

和15日，我局和省财检办组织合唱代表联队分别参加了市直机关纪念中国共产党成立90周年歌咏比赛和合唱展演，获得一等奖。局领导孙兆科、王昌晖带队参加。

13日

市人大财经委召开会议，审议并原则同意《关于淄博市2010年财政决算的报告》。局党组书记、局长王修德带领有关人员参加汇报。

15日

市政府下发《关于调整市与张店区契税管理体制有关问题的通知》，确定从2011年1月1日起，张店区境内原属市级征管的契税全部下划张店区，作为区级收入。今后张店区境内实现的契税，市和区按4:6的比例分享，市级分成部分通过体制结算上解。

18日

市委副书记、市长周清利听取我局和国税、地税部门关于当前财政收入情况的汇报，对抓好上半年的财政收入工作提出明确要求。局党组书记、局长王修德参加汇报。

市委办公厅发布《关于全市纪念中国共产党成立90周年理论研讨会优秀论文的通报》，我局报送的两篇论文分别获得一等奖和二等奖。

20日

市委市直机关工委发布表彰通报，我局三名同志获得市直机关优秀共产党员称号，一名同志获得优秀党务工作者称号。

22日

我局在齐盛国际宾馆召开区县财政局长座谈会，会议的主要内容是，调度分析2011年1－6月中旬财政收入情况，研究下一步工作措施。局党组书记、局长王修德主持会议并作重要讲话，要求全市各级财政部门深入分析当前面临的财政经济形势，统一思想认识，明确任务目标，切实抓紧抓好当前的收入组织工作。各区县、高新区、文昌湖区财政局长、预算科长、国库科长参加会议。

23 日

全市财政经建工作会议在淄川区召开，会议总结了 2010 年全市财政经建工作，安排部署了下一步工作任务。局党组成员、总会计师董博到会讲话。

省财政厅发布《关于表彰第十届全省财政好新闻获奖作品的通报》，我局报送的 6 件新闻作品全部获奖，其中一等奖 1 个，二等奖 2 个，三等奖 3 个，获奖层次和数量在各市名列前茅。

27 日

市委发布《关于命名表彰先进基层党组织、优秀共产党员、优秀党务工作者和优秀镇(街道)党(工)委书记的通报》，我局机关党委获得全市先进基层党组织称号。

28 日

淄博市财政系统庆祝建党 90 周年暨廉政主题书画摄影展开展仪式在淄博会校隆重举行。市人大常委会原副主任翟纯生，市委市直机关工委和市纪委派驻纪检一组有关负责同志，局领导王修德、卜德兰、孙兆科、王守恕，市书法、摄影界有关领导专家出席开展仪式。

29 日

至 30 日，市十三届人大常委会第二十九次会议召开。受市政府委托，局党组书记、局长王修德向会议作《关于淄博市 2010 年财政决算的报告》，会议经过审议，并根据市人大财政经济委员会的审查报告，决定批准淄博市 2010 年市级财政决算，同意王修德同志所作的报告。

人事任免事项

6 月 1 日，淄财党组〔2011〕42 号文件公布，商力同志提前离岗，免去淄博会校宣教科科长职务。

6 月 23 日，淄财党组〔2011〕47 号文件公布，任命：郭法伟、戚思伟为市财政局财政监督处副处长；陈波善为市财政局财政监督处行政事业科科长。免去：郭法伟的市财政局财政监督处行政事业科科长职务；戚思伟的鲁中财会培训中心副主任职务；陈波善的鲁中财会培训中心财务部主任职务。

6 月 23 日，淄财党组〔2011〕48 号文件公布，任命：牛永超为市财政局企业财务管理处副处长；齐爱芸为市财政局正科级干部；李军为市财政局企业财务管理处工交科副科长；孙玉彩为市非税收入管理局征管二科副科长；李前途为市财政局计算机应用管理中心副主任。免去：牛永超的鲁中财会培训中心副主任职务；齐爱芸、李军的鲁中财会培训中心财务部副主任职务；孙玉彩、李前途的鲁中财会培训中心办公室副主任职务。

补记

2 月 21 日，市委组织部、市委老干部局联合发布表彰通报，我局和淄川区、周村区、高青县财政局获得全市尊老敬老先进集体称号。

局领导兼职情况

王修德同志兼任淄博市科教兴市领

导小组成员。

卜德兰同志兼任市农村基层党风廉政建设工作联席会议成员、淄博市社会治安综合治理委员会委员。

孙兆科同志兼任淄博市“十二五”期间突发事件应急体系建设规划编制实施领导小组成员、淄博市地图集编纂委员会委员、淄博市住房公积金管理委员会成员。

王昌晖同志兼任市政府防汛抗旱总指挥部成员。

王守恕同志兼任淄博市星火计划领导小组成员、淄博市退役士兵安置工作领导小组成员。

7 月份

7 日

市委常委、副市长王顶岐到文昌湖旅游度假区调研转方式调结构工作,局党组书记、局长王修德参加调研。

省纪委调研组来我市,就纪检监察派驻机构实行统一管理后,与驻在部门加强联系沟通共同促进党风廉政建设情况进行调研。局党组书记、局长王修德出席调研座谈会并就财政部门加强与派驻机构工作联系等经验做法作了典型发言。

11 日

市委书记、市人大常委会主任刘慧晏听取关于我市上半年财政运行情况的汇报,对财政工作给予充分肯定,对做好下半年工作提出了要求。局党组书记、局长王修德作了汇报。

市委常委、副市长王顶岐到市地税局调研税收征管工作,局党组书记、局长王修德参加调研。

12 日

全市财政金融与国际合作工作经验交流暨工作会议在周村区召开,会议总结交流了全市政府外债管理和地方金融监管工作,研究部署了下一步工作任务。局党组成员、会校党总支书记王昌晖到会讲话。

15 日

我局召开全体干部职工大会,对我局参加“百个科室大家评”活动的三个参评单位进行民主测评,并集体观看了廉政警示教育片。局领导卜德兰、王昌晖、董博出席会议。

全市注册会计师行业党建工作会议在博山区召开,会议总结交流了全市注册会计师行业党建工作开展情况,研究部署了下一步工作任务。局党组成员、副局长王守恕到会讲话。

19 日

至 21 日,省委常委、副省长孙伟来我市调研财税、科技、环保、政府法制等工作,省财政厅副厅长文新三陪同调研,局党组书记、局长王修德陪同有关活动。

21 日

市委副书记、市长周清利主持召开第 51 次市政府常务会议,听取研究市属高校债务化解、全市城镇居民养老保险工作等事宜,局党组书记、局长王修德参加会议。

23 日

至 24 日,财政部国库司副司长史晔明率领检查组,在省财政厅副巡视员王慎民陪同下,来我市就财政专户清理整顿工作进行检查指导，对我市财政专户管理工作给予了积极评价。局领导王修德、王守恕陪同有关活动。

24 日

市政府办公厅印发《关于提高农村五保集中和分散供养标准的通知》，确定从2011年7月1日起，我市农村五保集中供养标准由现行的每人每年2200元提高到2800元，分散供养标准由现行的每人每年1400元提高到1700元，提高标准所需资金继续由原渠道负担。

27 日

至29日，全市财政投资评审工作会议在博山区召开，会议总结了近年来全市财政投资评审工作开展情况，安排部署了下一步工作任务，并对相关业务工作进行授课培训。局党组成员、总会计师董博到会讲话。

28 日

全省分类推进事业单位改革工作座谈会在济南召开，局党组书记、局长王修德参加会议。

人事任免事项

7月1日，淄财党组〔2011〕49号文件公布，安圣国同志提前离岗，免去市财政局正科级干部职务。

7月14日，淄财党组〔2011〕51号文件公布，接市委、市政府、市委组织部通知，孙兆科同志提前离岗，不再担任淄博市财政局党组成员、调研员、副局长职务；陈通同志提前离岗，不再担任鲁中财会培训中心主任职务；孙秀珍同志提前离岗，不再担任淄博市财政有偿资金管理处处长职务。

局领导兼职情况

王修德同志兼任第十一届中国（淄博）国际陶瓷博览会·第十届中国（淄博）新材料技术论坛筹备委员会委员、淄博市社会科学优秀成果奖评选委员会委员、淄博市机构编制委员会委员、淄博市维护稳定工作领导小组成员、淄博市食品安全委员会委员、淄博市生态市建设工作领导小组成员。

卜德兰同志兼任淄博市中心城区南部区域产业优化升级工作领导小组成员、淄博市企业诚信建设联席会议成员。

王昌晖同志兼任淄博市普通中小学办学条件标准化建设领导小组成员。

王守恕同志兼任淄博市职工服务中心协调工作领导小组成员、淄博市工程建设领域项目信息公开和诚信体系建设工作协调小组成员。

8 月份

1 日

至4日，市委召开理论学习中心组读书会，主要任务是，认真学习贯彻胡锦涛总书记“七一”重要讲话精神、省委理论学习中心组读书会和省委九届十二次全体会议精神，结合我市实际，分析当前形势，研究交流转方式调结构、统筹城乡发展、加强和创新社会管理的思路，进一步统一思想，提升境界，形成工作合力，加快推进淄博老工业城市科学发展。局党组书记、局长王修德参加会议并就当前财政运行情况作了汇报发言，局党组副书记、副局长、国资办主任卜德兰参加会议。

全市城镇居民社会养老保险工作会议召开,局党组书记、局长王修德出席会议并就财政积极支持城镇居民社会养老保险工作作了发言。

我局举行“庆祝建军84周年”军转干部座谈会,局领导王修德、王昌晖、董博出席。

2日

市人大财经委召开会议,审议并原则同意《关于淄博市2011年上半年预算执行情况的报告》。局党组书记、局长王修德带领有关人员参加汇报。

3日

市委副书记、市长周清利听取我局关于地方水利建设基金和市属高职院校债务化解等情况的汇报,并原则同意汇报意见。局党组书记、局长王修德作了汇报。

5日

中共淄博市委十届十二次全体会议在张店召开,会议深入学习胡锦涛总书记在庆祝中国共产党成立90周年大会上的重要讲话,学习贯彻省委理论学习中心组读书会和省委九届十二次全体会议精神,总结今年以来工作,分析当前形势,部署下一步工作任务。市委书记、市人大常委会主任刘慧晏,市委副书记、市长周清利分别作了重要讲话。局党组书记、局长王修德,党组副书记、副局长、国资办主任卜德兰参加会议。

全市财政信息化暨应用支撑平台建设工作会议在沂源县召开,会议总结交流了全市财政信息化工作,研究部署了应用支撑平台建设工作任务。局党组成员、会校党总支书记王昌晖到会讲话。

8日

至20日,全市产业升级与政府作用发挥专题培训班在新加坡管理大学举行,局党组书记、局长王修德参加培训。

10日

市十三届人大常委会第三十次会议召开。受市政府委托,副局长卜德兰代王修德局长向会议作《关于淄博市2011年上半年预算执行情况的报告》,会议经过审议,同意该报告。

12日

全省财政局长座谈会在东营市召开,主要任务是,贯彻落实全国财政厅(局)长座谈会和省委九届十二次全会精神,总结今年以来的财政工作,分析当前财政经济形势,部署下一步工作任务。省委常委、副省长孙伟,省财政厅党组书记、厅长于国安出席会议并作重要讲话。局党组副书记、副局长、国资办主任卜德兰带领有关人员参加会议。

15日

至20日,省农村义务教育化债考核组来我市对农村义务教育债务化解工作进行考核验收。局党组成员、会校党总支书记王昌晖陪同有关活动。

18日

市委、市政府召开全市创建全国文明城市工作会议,动员全市上下迅速行动起来,扎实做好各项迎评工作,全力争创全国文明城市。局党组副书记、副局长、国资办主任卜德兰参加会议。

人事任免事项

7月20日,淄财党组〔2011〕55号文件公布,接市委组织部、市总工会通知,孙玲同志任淄博市财政局工会主席；刘晓村同志任淄博市财政局副调研员。

8月18日，淄财党组〔2011〕57号文件公布，接市政府淄政任〔2011〕10号、市委组织部淄组干〔2011〕39号文件通知，刘永刚同志任淄博市财政局财政监督处处长；陆勇同志任淄博市财政有偿资金管理处处长（试用期一年）。免去刘永刚的市财政局企业财务管理处党支部书记职务。

8月26日，淄财党组〔2011〕59号文件公布，董光同志提前离岗，免去淄博会校总务科科长职务。

局领导兼职情况

卜德兰同志兼任淄博市低速纯电动乘用车试点工作领导小组成员、淄博市工艺美术大师和陶瓷艺术大师评审工作领导小组成员。

王昌晖同志兼任淄博市河道采砂专项整治行动联席会议成员。

王守恕同志兼任淄博市乡村旅游业联席会议成员、淄博市政法机关网络设施建设和信息资源共享工作领导小组成员、淄博市"国民休闲汇"活动领导小组成员。

董博同志兼任淄博市政府投资审计工作联席会议成员。

9月份

5日

中央文明办、财政部、教育部主办的中央专项彩票公益金支持乡村学校少年宫项目全国启动仪式在桓台县世纪中学举行，财政部综合司副司长汪义达、省财政厅巡视员阮凤英出席仪式，局领导王修德、王守恕参加有关活动。

6日

市政府发布《关于表彰淄博市特级教师优秀校长和尊师重教先进集体先进个人的通报》（淄政字〔2011〕73号），我局获得尊师重教先进集体称号，一名同志获得先进个人称号。

8日

至9日，全市基层财政管理暨农村综合改革工作会议在沂源县召开，会议总结交流了今年以来全市基层财政管理及农村综合改革工作，研究部署了下一步工作任务。局党组成员、会校党总支书记王昌晖到会讲话。

9日

会校举行庆祝教师节座谈会。局党组成员、副局长王守恕出席，会校教职工代表参加座谈会。

11日

市委副书记、市长周清利听取我局关于全省财政局长座谈会精神、文昌湖旅游度假区财政基数核定、市属中小学校舍安全工程投入等有关情况的汇报，并原则同意汇报意见。局党组书记、局长王修德作了汇报。

13日

市委副书记、市长周清利主持召开第52次市政府常务会议，听取研究关于筹集地方水利建设基金加大水利投入等事宜。局党组书记、局长王修德参加会议。

14日

按照市纪委、市委组织部的统一部署，我局召开以"坚持以人为本执政为民理念、发扬密切联系群众优良作风"为主题的党组民主生活会,着重围绕贯彻以人为本、执政为民理念,遵守换届纪律及廉洁从政情况等,深入剖析问题和不足,明确整改和努力方向。市委常委、常务副市长王顶岐出席会议并作重要讲话,充分肯定了今年以来财政工作取得的成绩,要求一是在增加财力、增加收入上,发挥好财政职能作用,加大对财源的培植,当好市委、市政府的参谋;二是要优化支出结构,进一步完善办法措施,重点保障好民生;三是加强财政监督,强化资金监管,提高使用效益;四是强化认真专业务实作风建设,抓好班子、带好队伍。市纪委、市委组织部有关负责同志出席会议。局党组书记、局长王修德代表局党组作中心发言,局领导卜德兰、王昌晖、王守恕、董博参加会议并分别发言。

20 日

至22 日,市财政局党组理论学习中心组读书会暨区县局长座谈会在淄博宾馆召开。会议的主要内容是,深入学习贯彻胡锦涛总书记“七一”重要讲话及全省财政局长座谈会、市委理论学习中心组读书会和市十届十二次全委会精神,总结今年以来工作,分析当前面临的形势,安排部署下一步工作任务。局党组书记、局长王修德出席会议并作重要讲话,要求全市各级财政部门要正确认识和分析把握当前财政经济形势,着重抓好以下几方面的工作:一是以支持转方式调结构为主线,促进经济平稳较快发展;二是以“三个不低于”为工作目标,切实抓好组织收入工作;三是以推进和谐社会建设为出发点,加大民生保障投入力度;四是以提高资金使用效益为着力点,进一步加强财政支出管理;五是以研究制定财政“十二五”规划为契机,谋划好今后一个时期的发展战略和思路措施。各区县在会上作了交流发言。局领导卜德兰、王昌晖、王守恕、董博出席,市局工会主席、副调研员、副县级以上干部、各单位主要负责人,各区县、高新区、文昌湖旅游度假区财政局长参加会议。

全省现代农业生产发展资金项目和小型农田水利重点县建设启动部署视频会议召开,对2011 年有关项目启动实施工作作出安排部署。局党组成员、会校党总支书记王昌晖出席我市分会场会议,各项目区县政府分管负责同志、财政及有关农口部门负责人参加会议。

21 日

国家海关总署、财政部、税务总局、外汇局四部委组成国务院联合验收组来我市对淄博保税物流中心进行验收。局党组书记、局长王修德参加有关活动。

22 日

省政府调研组来我市调研县域金融发展情况,赴桓台县、沂源县进行了实地考察。局党组成员、会校党总支书记王昌晖陪同调研。

24 日

至25 日,全省蓝黄两大战略督查组来我市检查指导工作,省财政厅副厅长文新三参加,局领导王修德、卜德兰、董博陪同有关活动。

27 日

第二期全市基层财政管理人员培训班在淄博会校举行,局党组成员、会校党总支书记王昌晖出席开班仪式并讲话，省财政厅基层财政管理处负责同志应邀授课，各区县财政局和乡镇财政所相关业务人员共155人参加培训。

我局举行学习贯彻胡锦涛总书记“七一”重要讲话精神报告会，邀请市委党校张存礼教授作了辅导报告。局党组成员、副局长王守恕主持报告会，全局干部职工参加报告会。

28日

省财政厅、省商务厅联合发布表彰通报，我市获得“2010年度家电下乡工作先进市”称号，淄川区、沂源县被评为家电下乡工作先进县，我局一名同志获得先进个人称号。

29日

重阳节到来之际，我局在淄博宾馆举行区县老财政局长座谈会。市人大常委会原副主任翟纯生，局领导王修德、卜德兰、王昌晖、王守恕、董博出席座谈会。

市纪委派驻一组廉政风险防范管理工作现场会在我局召开，参会人员现场考察了我局部分科室的廉政风险防范管理工作情况，给予了充分肯定和积极评价。局党组副书记、副局长、国资办主任卜德兰参加会议。

为活跃干部职工业余文化生活，我局举办迎国庆羽毛球比赛。

30日

全国、全省防治“小金库”长效机制建设经验交流电视电话会议召开。市委常委、常务副市长王顶岐出席我市分会场会议并作重要讲话，要求各级各部门进一步提高认识，坚持把“小金库”治理作为建立健全惩治和预防腐败体系的重中之重，从根本上解决“小金库”问题；加强对领导干部和财会人员的教育培训，进一步深化财政、财务、会计和资金管理体制改革，加强社会团体管理，强化督导检查，依法加大对私设“小金库”行为的处罚力度；明确分工，将长效机制建设落到实处，确保“小金库”治理工作取得实实在在的成效。市委常委、市纪委书记赵启全主持会议，局党组副书记、副局长、国资办主任卜德兰参加会议。

局领导兼职情况

王修德同志兼任淄博市事业单位改革领导小组成员。

卜德兰同志兼任淄博市事业单位改革领导小组成员，淄博市区县、镇人大换届选举工作联系会议成员，淄博市全民普法依法治理工作领导小组成员，淄博市资源环境审计工作领导小组成员。

王昌晖同志兼任淄博市文化市场管理暨“扫黄打非”工作领导小组成员。

10月份

8日

根据市政府纠风办统一部署，我局组织参加“政风行风热线”直播节目，解答听众的提问和咨询。局党组书记、局长王修德带领有关科室负责人参加。

9日

全省贯彻落实沂蒙革命老区政策工作会议在济南召开，传达学习国务院办公厅关于沂蒙革命老区参照执行中部地区有关政策的通知精神，就搞好政策对接落实工作进行研究部署。局党组书记、局长王修德参加会议。沂源县被国务院列入沂蒙革命老区范围,参照执行国家中部地区有关政策。

10 日

市人大常委会主任会议成员专题听取关于全市统筹城乡发展工作情况的汇报。局党组书记、局长王修德就财政支持统筹城乡发展工作情况作了汇报发言。

11 日

市政府发布《关于表彰全市第六次人口普查先进集体和先进个人的通报》(淄政字〔2011〕81 号),我局获得先进集体称号,一名同志获得先进个人称号。

市政府发布《关于表彰全市无偿献血工作先进集体和先进个人的通报》(淄政字〔2011〕82 号),我局获得先进集体称号,一名同志获得先进个人称号。

13 日

市委副书记、市长周清利来我局听取前三季度财政工作情况汇报。局党组书记、局长王修德,党组副书记、副局长、国资办主任卜德兰参加汇报座谈。

17 日

至 19 日,根据市政府主要领导同志指示精神,我局组织人员到各区县对财政经济运行情况进行调研。局领导王修德、卜德兰、王守恕分别带队参加。

22 日

至 23 日,全市科学发展现场观摩点评会召开,会议对今年以来各区县、高新区、文昌湖旅游度假区科学发展情况进行观摩点评,动员全市上下进一步明确重点、强化措施、狠抓落实,确保完成全年目标任务,确保实现“十二五”良好开局。局党组书记、局长王修德,党组副书记、副局长、国资办主任卜德兰参加会议。

24 日

市委召开常委扩大会议,在全市科学发展观摩点评的基础上,总结前三季度经济发展情况,分析当前经济形势,研究部署第四季度工作。局党组书记、局长王修德参加会议并就前三季度财政运行情况作了汇报发言,局党组副书记、副局长、国资办主任卜德兰参加会议。

26 日

省财政厅调研组来我市调研指导财政应用支撑平台建设使用情况,局党组书记、局长王修德,党组成员、会校党总支书记王昌晖陪同有关活动。

27 日

市政府发布《关于表彰淄博市集体林权制度改革工作先进集体和先进个人的通报》(淄政字〔2011〕89 号),我局一名同志获得先进个人称号并记二等功。

28 日

全市财政系统党风廉政建设社会监督员聘任暨座谈会议召开。会议重新聘任了 31 名社会监督员,通报了今年以来财政工作开展情况,征求了意见建议。局党组副书记、副局长卜德兰出席会议。

局领导兼职情况

王修德同志兼任淄博市供热计量改革与既有建筑节能改造工作领导小组副组长。

卜德兰同志兼任淄博市消防指挥中心建设协调小组副组长。

王守恕同志兼任淄博市慈善工作协调领导小组成员、淄博市县级广电网络整合工作领导小组成员。

董博同志兼任淄博市供热计量改革与既有建筑节能改造工作领导小组成员。

11 月份

1 日

市委常委、常务副市长王顶岐主持召开价格调节基金征收工作座谈会,专题研究强化基金征收措施等有关工作。局党组书记、局长王修德参加会议。

4 日

全市财政系统公文技能比武活动在淄博职业学院举行,来自各区县财政局和局属各单位的 56 名人员报名参赛。经过测试比武,成绩列前的 11 名人员,被授予"全市财政系统公文技能比武能手",并通报表彰。局党组成员、副局长王守恕视察比赛现场。

7 日

至 9 日,全市工业转方式调结构现场观摩会召开。会议对今年以来各区县转方式调结构情况进行了观摩,动员全市上下进一步理清思路、明确重点、强化措施、狠抓落实,确保完成全年目标任务,确保实现"十二五"良好开局。局党组书记、局长王修德参加会议。

9 日

至 10 日,省财政厅副巡视员张光月来我市调研财政监督工作。局党组书记、局长王修德,党组副书记、副局长、国资办主任卜德兰陪同有关活动。

10 日

全市财政经建工作座谈会在沂源召开,会议总结交流了今年以来全市经建工作,研究部署了下一步工作任务。局党组成员、总会计师董博到会讲话。

市委宣传部、市委政策研究室等 7 部门联合发布《关于表彰"转型与创新"调研活动暨 2011 年度全市社科课题研究成果展示活动获奖成果的通报》,我局报送的《加快小城镇建设 促进农村经济社会又好又快发展》获得一等奖。

15 日

中共淄博市委十届十四次全体会议在张店召开。会议深入学习贯彻党的十七届六中全会和省委九届十三次全体会议精神,听取和讨论了市委书记刘慧晏受市委常委会委托作的工作报告;审议通过了《中共淄博市委关于深入贯彻党的十七届六中全会精神加快建设文化强市的意见》和《中国共产党淄博市第十届委员会第十四次全体会议关于召开中国共产党淄博市第十一次代表大会的决议》。局党组书记、局长王修德参加会议。

16 日

至 17 日,省财政厅调研组来我市对企业研发投入和研发机构建设、财政支持企业自主创新等情况进行调研。局党组书记、局长王修德,党组副书记、副局长、国资办主任卜德兰陪同有关活动。

省财政厅发布表彰通报,我局获得 2010 年度部门决算工作二等奖、财政总决算工作三等奖。

17 日

我市成立妥善解决国有企业职教幼教退休教师待遇问题工作领导小组,副市长韩国祥任组长,市政府副秘书长张鲁辛、市财政局局长王修德任副组长,市财政局副局长、国资办主任卜德兰及有关单位负责同志任成员。领导小组办公室设在市财政局,卜德兰同志兼任办公室主任。

省财政厅、省人社厅联合发布《关于表彰社会保险基金预、决算编报工作先进单位和先进个人的通报》,我局获得先进单位称号,一名同志获得先进个人称号。

18 日

市委副书记、市长周清利主持召开市级银行业金融机构负责人座谈会,要求金融机构正确把握当前经济形势,抓住机遇,完善机制,全面落实国家和省有关支持小型微型企业发展的一系列政策措施,进一步加大信贷支持力度,努力保持全市经济平稳较快发展。局党组书记、局长王修德参加会议。

23 日

市政府办公厅转发了市财政局关于《加强对各区县 2011 -2012 年财政教育投入状况分析评价的意见》。《意见》规定,为确保各项教育投入政策落实,实现全市教育支出占财政支出的比例 2011 年达到 22.8%、2012 年达到 23.9% 的任务目标,我市建立财政教育投入分析评价机制,分析指标体系具体为:财政教育支出增幅权重 20%、财政教育支出比例权重 60%、教育附加征收率权重 10%、土地出让收益教育资金计提率权重 10%。根据各项评价指标的得分和排名,综合考虑财力状况和努力程度等因素,市对各区县评价结果分为 A、B、C 三个档次,对评价结果为 A 的区县给予奖励。

24 日

省财政厅发布表彰通报,我局获得 2010 年度全省地方金融企业财务报表工作成绩突出单位称号。

25 日

全市妥善解决国有企业职教幼教退休教师待遇问题工作会议召开,局党组副书记、副局长、国资办主任卜德兰出席会议并就相关政策作了说明。

市政府发布《关于表彰在第七届全国城市运动会上作出突出贡献的单位和个人的通报》(淄政字〔2011〕95 号),我局荣获集体三等功。

28 日

省财政厅发布表彰通报,我局获得“2011 年全省财政投资评审点评优秀单位”称号,我局及淄川区财政局、临淄区财政局、博山区财政局、高青县财政局获得“山东省财政投资评审最具影响力单位”称号,全市财政系统 11 名同志获得“山东省财政投资评审先进个人”称号。

30 日

财政部预算执行工作视频会议召开,财政部党组副书记、副部长廖晓军出席会议并讲话,要求切实加强预算执行管理,充分发挥资金使用效益,更好地贯彻落实党和国家的各项方针政策。局党组书记、局长王修德及局属相关业务科室主要负责人在我市分会场收听收看。

全市财政科研工作会议在博山召开,会议总结了近年来全市财政科研工作,安排部署了下一步工作任务。局党组成员、总会计师董博到会讲话。

人事任免事项

11 月 1 日,淄财党组〔2011〕64 号文件公布,郭法伟同志提前离岗,免去市财政局财政监督处副处长职务。

11 月 21 日,淄财党组〔2011〕65 号文件公布,单玉玲、白怀祥提前离岗,免去单玉玲的淄博会校干教二科副科长职务。

局领导兼职情况

董博同志兼任市政府房屋征收委员会成员。

12 月份

2 日

全省财政系统依法行政依法理财工作电视会议召开,省财政厅党组书记、厅长于国安出席会议并对今后一个时期依法行政依法理财工作任务作出安排部署。局领导王修德、卜德兰、王昌晖、董博,各区县财政局长、市局有关单位负责人在我市分会场参加会议。

5 日

市委副书记、市长周清利主持召开第 54 次市政府常务会议,听取我局关于《淄博市试行国有资本经营预算的意见》(审议稿)等有关情况的汇报。会议同意出台《淄博市试行国有资本经营预算的意见》,按照程序行文,并认真组织实施。局党组书记、局长王修德,党组副书记、副局长、国资办主任卜德兰参加会议。

6 日

全市财政决算工作会议召开,会议部署了财政决算相关工作,并就抓好年底组织收入和财政支出管理、做好地方水利建设基金筹集和使用管理、深入开展暂付款清收工作等作出具体安排部署。

9 日

省财政厅发布表彰通报,我局获得 2010 年度全省内资企业和外商投资企业财务决算工作先进单位称号。

12 日

市考核组来我局对领导班子和县级领导干部 2011 年度工作进行考核。局党组书记、局长王修德代表局领导班子进行述职述廉,局领导王修德、卜德兰、王昌晖、王守恕、董博和副县级干部就年度工作作了书面述职述廉。全局副科级以上干部参加了评议。

14 日

全市价格调节基金工作座谈会召开,会议调度了价格调节基金征收使用情况,研究部署了下一步价格调节基金征管工作。市委常委、常务副市长王顶岐出席会议并讲话,局党组成员、副局长王守恕参加会议。

17 日

全市工业经济过万亿、“双百工程”暨促进内涵发展大会在齐盛国际宾馆会议中心召开,会上,我局被表彰为淄博市工业经济发展突出贡献单位,一名同志被表彰为突出贡献个人并享受市级劳模待遇,两名同志被表彰为先进个人并记二等功。局党组书记、局长王修德参加会议。

18 日

市委副书记、市长周清利听取我局关于 2011 年全市财政收支有关情况汇报。局党组书记、局长王修德,党组副书记、副局长、国资办主任卜德兰参加汇报。

23 日

我局召开全体人员会议,对 2011 年度考核工作进行安排部署。局党组书记、局长王修德出席会议并讲话,要求严肃纪律、客观公正,扎实做好年度考核评议工作。局领导卜德兰、王昌晖、董博出席会议。

全市公务用车问题专项治理工作会议召开,会议总结交流了前一阶段公务用车问题治理工作,研究部署了下一步工作任务。局党组成员、副局长王守恕主持会议。

26 日

省财政厅发布表彰通报,我局获得 2011 年全省企业财务信息工作先进单位称号,三名同志获得先进个人称号。

市委、市政府发布表彰通报,我局获得"十一五"淄博市信息化工作先进单位称号,一名同志获得先进个人称号。

27 日

全市经济工作会议召开,会议认真学习贯彻中央和全省经济工作会议精神,总结了全市 2011 年经济工作,研究部署了 2012 年经济工作任务。局党组书记、局长王修德,党组副书记、副局长、国资办主任卜德兰参加会议。

市委市直机关工委通报全市机关岗位练兵公共项目比武情况,我局代表队取得优异成绩,在计算机办公应用、公文写作和法律法规比武中,集体成绩分列第 3 位、第 6 位和第 20 位;有 7 人的个人成绩进入前 30 名,其中有 3 人进入前 10 名。

省财政厅、省地税局联合发布表彰通报,我局获得 2011 年全省营业税纳税人税收资料调查工作先进单位称号,全市财政系统两名同志获得先进个人称号。

28 日

省财政厅发布表彰通报,我局被评为 2011 年度农业财政工作绩效考核优良单位。

省财政厅发布表彰通报,我局一名同志获得 2011 年度全省行政事业国有资产管理先进个人称号。

29 日

市委宣传部、市文明办等 5 部门联合发布《关于表彰第三届全市道德模范的决定》,我局一名同志获得敬业奉献道德模范称号。

30 日

市政府办公厅转发市中小企业局、市财政局《淄博市特色产业中小企业发展的意见》。《意见》确定,"十二五"期间,市级将扩大中小企业发展专项资金规模,加大对特色产业的财政扶持力度。对重点特色产业分区县给予重点支持,采取集中资金、集约投入方式,每年支持 2—3 个特色产业集群,3 年内支持一遍。重点扶持特色产业中的公共技术服务平台、骨干企业和延伸产业链项目。

31 日

市委书记、市人大常委会主任刘慧晏,市委副书记、市长周清利亲切看望慰问财政战线广大干部职工。市领导王顶岐、刘晓、唐会礼、唐福泉等陪同看望慰问。在听取了局党组书记、局长王修德所作的 2011 年全市财政工作情况汇报后,刘慧晏书记、周清利市长分别作了重要讲话,对 2011 年各项财税工作给予充分肯定和高度评价，对做好2012年的财税工作提出殷切期望和明确要求。刘慧晏书记指出，全市各级财税部门要按照中央和省、市经济工作会议的部署要求，创造性地落实好积极的财政政策和稳健的货币政策，有效发挥职能作用，更加自觉地服从和服务于内涵发展。具体要做到以下五点：一是要在财税征收环节服务于内涵发展；二是要在财政支出环节服务于内涵发展；三是要在培植财源上服务于内涵发展；四是要在优化财税结构上服务于内涵发展；五是要在对上争取支持和国有资产监管运营上服务于内涵发展。周清利市长要求，全市财税部门要牢牢把握主题主线，坚持内涵发展，坚持效益优先，加快培植壮大优质财源，依法加强税收征管，扎实推进综合治税，切实提高财政收入的质量和水平，为努力推动老工业城市新的转型发展作出更大贡献。局领导卜德兰、王昌晖、王守恕、董博参加汇报。

2011年，全市境内财政总收入完成476.21亿元，比上年增长19.59%，占GDP(预计3280亿元)的比重为14.52%，比上年提高0.63个百分点。其中地方财政收入突破200亿元，达到203.59亿元，完成预算的109.01%，比上年增长25.36%，高于全省各市平均增幅0.58个百分点，占GDP的比重为6.21%，比上年提高0.55个百分点。财政总支出完成253.19亿元，比上年增长25.42%。

补记

11月1日，“法治淄博”建设工作领导小组发布《关于命名“法治淄博”建设示范单位的通报》，我局获得“法治淄博”建设示范单位称号。

11月3日，市青年岗位能手青年文明号活动组委会发布《关于命名和认定2010年度淄博市青年文明号的决定》，我局企业处工交科被命名为淄博市青年文明号，计算机应用管理中心、财政投资评审中心和芳草摄影有限公司被继续认定为淄博市青年文明号。

11月4日，市委、市政府发布《关于表彰2006－2010年全市普法依法治理工作先进集体和先进个人的通报》，我局获得先进集体称号，一名同志获得先进个人称号。

11月16日，市编办以淄编办〔2011〕158号文件，批复同意我局设立行政许可科，为科级内设机构。

局领导兼职情况

王昌晖同志兼任2012年国际体操联合会体操世界杯A级赛执行委员会委员。

责任校对：马英民

机构和人员

市财政局及局属各单位

局党组

党 组 书 记:王修德
党组副书记:卜德兰
党 组 成 员:王修德
卜德兰
孙兆科(7 月 14 日离岗)
王昌晖
王守恕
董 博

局机关

局 长:王修德
副局长:卜德兰
副局长、调研员:孙兆科(7 月 14 日离岗)
副局长:王昌晖(1 月 16 日离职)
王守恕
总会计师:董 博
副调研员:李建平
梁慎全
刘晓村(7 月 20 日任职)

机关党委

副 书 记:顾 蓓
青年委员:孙 玲
群众委员:陈 通(7 月 14 日离岗)

党委办公室:

主 任:赵德春(4 月 1 日离岗)
副主任、主任科员:吕庆营
副主任:崔立德

工会委员会

主 席:孙 玲(7 月 20 日任职)
委 员:肖丕明
顾 蓓
周 明
李 莉
唐 亮

经费审查委员会:

主 任:马汉良
委 员:王树杰
荆延文

机关团委

书 记:唐 亮
组织委员:李慧斌
宣传委员:杨其帅
体育委员:门玓珠

办公室

主 任:刘晓村(兼)
副主任、正科级:付春华

机关后勤服务中心

主　任：王树杰
副主任：伊文峰
　　　　郭丽萍

人事科

科　长：孙　玲（兼）
副科长、主任科员：荆延文

税政科

科　长：陈　伟
正科级：苗　青
副科长：张骏华

预算科

科　长：陆　勇（兼）
副科长、主任科员：荆　国

国库科

科　长：李宝明
副科长：王　勇

行政政法科

科　长：王　英
副科长：杨世锋

教科文科（与行政事业资产科合署办公）

教科文科科长：马瑞辉
行政事业资产科科长：王云峰
教科文科副科长：祝赞美
行政事业资产科副科长：高　峰

经济建设科

科　长：常雁飞
副科长：桑克锋
　　　　张　林

农业科

科　长：崔金岩
正科级：张学利
副科长：卢洪涛
　　　　高　山

社会保障科

科　长：宋修照
副科长：赵云锋

金融与国际合作科

科　长：张以军
副科长：齐　兵

基层财政管理科

科　长：张兆升
主任科员：王学春
　　　　　车新东
副科长：李　莉

会计科

科　长：刘向阳
副科长：绳涌泉

离退休干部管理科

科　长：徐成利

财政监察科

科　长:赵树彬
正科级:蔡修纲
副科长:张玉刚

财政监督处

处　长:刘永刚(8 月 18 日任职)
副处长:刘永刚(8 月 18 日免职)
　　　牛宏彦
　　　郭法伟(6 月 23 日任职,11 月 1 日离岗)
　　　戚思伟(6 月 23 日任职)

行政事业科:
科　长:郭法伟(6 月 23 日离职)
　　　陈波善(6 月 23 日任职)
副科长、主任科员:李凤琴
副科长:王洪君

企业科:
科　长:王国华
副科长、主任科员:丛蔚华(2 月 9 日离岗)
　　　牛锡竹

国有资产管理委员会办公室

主　任:卜德兰(兼)
副主任:魏　波
　　　孙鸣文

综合科:
科　长:刘庆宏

资产管理科:
科　长:韦忠侠
副科长、主任科员:郭　燕
副科长:车晓林

股权管理科:
科　长:孙立春
副科长、主任科员:刘　涛

淄博市城市资产运营有限公司

副经理:张景明
　　　王连忠

综合部:
主　任、正科级:李　成

财务部:
主　任、正科级:黄　凯

运营部:
副主任:董昌水

项目部:
主　任、正科级:刘晓峰

企业财务管理处

处　长:王　静
书　记:刘永刚(7 月 20 日离职)
副处长:肖丕明
　　　魏毓俭
　　　牛永超(6 月 23 日任职)

综合科:
科　长:孙汝峰
正科级:张　敏(5 月 3 日离岗)
副科长:韩新玲
　　　张连磊

工交科:
科　长:刘福利
副科长、正科级:闫金爱
正科级:李帮锡
副科长:李　军(6 月 23 日任职)

商贸科:

科　长:徐　亮

正科级:李兆杰

副科长:陈玉梅

非税收入管理局

局　长:朱春鸣

副局长:徐　民

王少林

赵安修

综合科(与局机关综合科合署办公):

科　长:孙承宗

副科长:安　宁

征管一科:

科　长:刘　涛

征管二科:

科　长:杜　萍

副科长:孙玉彩(6月23日任职)

稽查科:

科　长:毕玉宝

副科长:王永亮

国库集中支付中心

主　任:王学刚

副主任:张　蔚

周美利

综合科:

科　长:方　勇

副科长:董　宁

会计科:

科　长:王　迪

副科长:荣国庆

支付科:

科　长:刘振军

正科级:齐爱芸(6月23日任职)

副科长:孔　莉

财政有偿资金管理处

处　长:孙秀珍(7月14日离岗)

陆　勇(8月18日任职)

副处长:周　军

冯祚栋(3月1日离岗)

闫云祥(3月1日离岗)

综合科:

正科级:刘维刚

副科长:李化冰

工交科:

科　长:傅怀守

副科长、正科级:房旭贤(3月28日离岗)

副科长:李卫萍

商贸科:

副科长:刘兆康

赵　慧

鲁中财会培训中心

主　任:陈　通(7月14日离岗)

副主任:戚思伟(6月23日离职)

牛永超(6月23日离职)

办公室:

副主任:孙玉彩(6月23日离职)

李前途(6月23日离职)

财务部:

主　任:陈波善(6月23日离职)

副主任:齐爱芸(6月23日离职)

李　军(6月23日离职)

财政科研所

所　长:隽兆刚

正科级:黄家俊
副所长:马英民

计算机应用管理中心

主　任:伊　军
副主任:赵金明
　　　　李前途(6月23日任职)

政府采购办公室

主　任:房景贤
副主任、正科级:郑增泉
正科级:周　明
　　　　马汉良

财政投资评审中心

主　任:李国臣
正科级:庞志清
副主任、正科级:李昌俊
副主任:李林城

山东省会计干部中等专业学校淄博分校

校　长:崔守智
书　记:王昌晖
副书记:路　刚
副校长:焦胜利
　　　　王培明

工会委员会

主　席:许　锋
委　员:姜淑华
　　　　曹　彤

经费审查委员会:

主　任:王培响
委　员:陈　沁
　　　　赵捍东

办公室:

主　任:王培响
副主任:宋新春(3月8日离职)
　　　　陈　沁(3月8日任职)

宣教科:

科　长:商　力(3月8日任职,6月1日离岗)
副科长:陈　勇(3月8日任职)

教务科:

科　长:耿庆波(3月8日任职)
正科级:丁　波(3月8日任职)
副科长:李林杰(3月8日任职)

财务科:

科　长:曹　彤(3月8日任职)
副科长:宋新春(3月8日任职)

总务科:

科　长:董　光(3月8日任职,8月26日离岗)
正科级:桑逢昆(3月8日任职)
副科长:刘希辉(3月8日任职)

干教一科:

科　长:张　睿(3月8日任职,3月28日离岗)
正科级:刘树亮(3月8日任职)
副科长:边晓梅(3月8日任职)

干教二科:

科　长:翟玉珍(3月8日任职)
正科级:李　峰(3月8日任职)
副科长:单玉玲(3月8日任职,11月21日离岗)

电教科:

科　长:赵捍东(3月8日任职)
正科级:张素贞(3月8日任职)

副科长:姜淑华(3月8日任职)

总务处:

主　任:翟玉珍(3月8日离职)

副主任:桑逢昆(3月8日离职)

学生生活科:

科　长:董　光(3月8日离职)

副科长、正科级:安圣国(副科长3月8日离职,7月1日离岗)

培训科:

科　长:曹　彤(3月8日离职)

副科长:陈　勇(3月8日离职)

教务处:

主　任:耿庆波(3月8日离职)

副主任:张素贞(3月8日离职)

丁　波(3月8日离职)

基础课教研室:

主　任:商　力(3月8日离职)

副主任:边晓梅(3月8日离职)

专业课教研室:

主　任:张　睿(3月8日离职)

副主任:刘树亮(3月8日离职)

姜淑华(3月8日离职)

财会专业人才服务中心:

主　任:赵捍东(3月8日离职)

副主任:李　峰(3月8日离职)

淄博芳草摄影有限公司

经　理:矫　斌

副经理、正科级:王丽娟

副经理:宋兴国

区县财政局及镇、街道办事处财政所

张店区

区财政局

党 组 书 记:王海波
党组副书记:胡元勇
党 组 成 员:王海波
胡元勇
张春生
王克伟
聂玉山(6 月 3 日任职)
局　长:王海波
副局长:胡元勇
张春生
王克伟

镇、街道办事处财政所所长

南定镇:高　芸
傅家镇:张春忠
马尚镇:张　伟
房镇镇:张春发
中埠镇:耿　霞
沣水镇:王云庆
车站街道办事处:石素贞
和平街道办事处:廉小红
公园街道办事处:张　艳
科苑街道办事处:袁静艳
体育场街道办事处:李爱玲
杏园街道办事处:张金凤

淄川区

区财政局

党 组 书 记:司志荣
党组副书记:杨宏伟
党 组 成 员:杨宏伟
司志荣
李永利
李　伟
李庆辉
高　萍
孙丰广
于建国
朱会叶
局　长:杨宏伟
副局长:司志荣
李　伟
李庆辉
高　萍
孙丰广
总会计师:于建国
工会主席:朱会叶

镇、街道办事处财政所所长

昆仑镇:李海霞
岭子镇:国翠芳
西河镇:李　华
龙泉镇:刘克峰(1 月 1 日任职)
寨里镇:张成纯(11 月 1 日离职)

李永堂(11月1日任职)
罗村镇:庄益民(3月16日离职)
张　镌(3月16日开始主持工作)
洪山镇:刘军英
双杨镇:马双吉(3月16日离职)
王盛谦(3月16日任职)
太河镇:刘新丽(11月6日离职)
安列虎(11月6日开始主持工作)
般阳路街道办事处:徐金霞
松龄路街道办事处:牛宗波(12月13日离职)
段心乐(12月13日任职)
将军路街道办事处:朱洪霞(12月26日不再主持工作)
于　萍(12月26日任职)
经济开发区(钟楼街道办事处):
李金厚(12月31日离职)
梁　浩(12月31日任职)

博山区

区财政局

党组书记:包希安(12月3日离职)
赵新年(12月3日任职)
党组副书记:孙兆昧(12月10日离职)
党组成员:包希安(12月3日离职)
赵新年(12月3日任职)
孙兆昧(12月10日离职)
池　蕊
张　伟
王　娜(9月16日离职)
黄利军
薛玉鹏
翟所信(7月27日任职)
局　长:包希安(12月6日离职)
赵新年(12月6日任职)
副局长:孙兆昧(12月19日离职)
池　蕊
王　娜(9月29日离职)
总会计师:黄利军

镇、街道办事处财政所所长

经济开发区(域城镇):张　辉
池上镇:赵新勇
源泉镇:赵以伟
博山镇:郑家杰
石马镇:于连伟
八陡镇:翟慎华(2010年5月4日离职,补发文件)
张　蕊(2010年5月4日任职,补发文件)
白塔镇:孙启海
山头街道办事处:孙荣英
城东街道办事处:穆新华
城西街道办事处:于　荣(9月5日离职)
昃会杰(9月5日任职)

周村区

区财政局

党组书记:于学民
党组副书记:贺兆周
党组成员:于学民
贺兆周
徐科学
宁卫东
王文君
刘　鹏

杨　红
韩志武
张守兴(3 月 25 日任职)
局　长:于学民
副局长:贺兆周
徐科学
宁卫东
王文君
总会计师:刘　鹏
工会主席:韩志武
局长助理:张守兴(3 月 25 日离职)

镇、街道办事处财政所所长

王村镇:马　超(12 月 3 日离职)
李　刚(12 月 3 日开始主持工作)
南郊镇:王丽娥
北郊镇:孙业国
大街街道办事处:王　健
丝绸路街道办事处:田　明(12 月 19 日离职)
张新玲(12 月 19 日任职)
永安街道办事处:孙丽萍
青年路街道办事处:李　青
经济开发区(城北路街道办事处):
王春玉

临淄区

区财政局

党组书记:李文远(11 月 28 日离职)
王守国(11 月 28 日任职)
党组成员:李文远(11 月 28 日离职)
王守国(11 月 28 日任职)
韩桂美
刘新运
路新民
张益年
孙　杰
局　长:李文远(11 月 28 日离职)
王守国(11 月 28 日任职)
副局长:韩桂美
刘新运
路新民
张益年
纪检组长:刘新运(兼)
工会主席:张益年(兼)
总会计师:孙　杰

镇、街道办事处财政所所长

齐都镇:刘振明
金岭镇:刘长利
金山镇:王昌柱
敬仲镇:朱献亮
朱台镇:张继贞
皇城镇:李东辉(3 月 3 日离职)
吴伯政(3 月 3 日任职)
凤凰镇:边宗杰
辛店街道办事处:李万年
闻韶街道办事处:李传强(12 月 4 日离职)
赵　青(12 月 4 日任职)
雪宫街道办事处:王　筱
稷下街道办事处:翟守礼
齐陵街道办事处:刘冰祥

桓台县

县财政局

党组书记:成　勇(11 月 30 日离职)
董兆清(11 月 30 日任职)
党组成员:成　勇(11 月 30 日离职)

董兆清(11月30日任职)
张 兴
田照礼
魏勤远
王 静
国悦德
张 超
局 长:成 勇(12月8日离职)
董兆清(12月8日任职)
副局长:张 兴
田照礼
魏勤远
王 静
总会计师:国悦德

镇、街道办事处财政所所长

索镇镇:张建珍
起风镇:巩兰梅
唐山镇:毕玉军
田庄镇:董学文
荆家镇:王 军
新城镇:伊德峰
马桥镇:张 晋
果里镇:吕修君

高青县

县财政局

党组书记:刘金峰(12月3日离职)
孟 军(12月3日任职)
党组成员:刘金峰(12月3日离职)
孟 军(12月3日任职)
张玉刚
信广永
帅卫东
张行鲁
局 长:刘金峰(12月3日离职)
孟 军(12月3日任职)
副局长:张玉刚
信广永
帅卫东
纪检组长:张行鲁

镇、街道办事处财政所所长

田镇街道办事处:李学峰
芦湖街道办事处:王 瑾(兼)
高城镇:陈爱学(兼,8月8日离职)
张广胜(8月8日任职)
唐坊镇:杨玉光
常家镇:王金堂(兼,12月5日离职)
李学征(12月5日任职)
青城镇:杨 勇(兼)
木李镇:王守岭
花沟镇:樊守辉
黑里寨镇:尹香田(兼)

沂源县

县财政局

党组书记:周礼泽
党组副书记:白如军
党组成员:周礼泽
白如军
吕春晖
吴慧君(3月10日离职)
朱化利
郑继光
刘志锋(11月26日任职)
齐元兵(11月26日任职)
李新国(11月26日任职)
局 长:周礼泽
副局长:白如军

吕春晖
吴慧君(3 月 10 日离职)
朱化利
工会主席:齐元兵

镇、街道办事处财政所所长

南麻镇:刘洪军
南鲁山镇:王　冬
鲁村镇:翟慎和
大张庄镇:李化训
燕崖镇:朱西平
中庄镇:王军国
西里镇:张勇忠
东里镇:王仕军
张家坡镇:任祥金
石桥镇:刁庆芳
悦庄镇:桑申虎

高新区

高新区财政局

局　长:杜玉林
副局长:许福年
　　　孟凡成
总会计师:王少军(2 月 14 日任职)

镇、街道办事处财政所所长

四宝山街道办事处:董文明(镇办合并后成立财政审计处,任主任)

文昌湖旅游度假区

文昌湖旅游度假区财政局

局　长:秦世强(11 月 27 日任职)

镇、街道办事处财政所所长

萌水镇:沈新修
商家镇:王桂芹

淄博市财政系统干部职工基本情况统计表

2011 年 12 月 31 日

单位:人

项目		总计	性别		学历					政治面貌				年龄							
			男	女	研究生	大学本科	大学专科	中专	高中及以下学历	中共党员	团员	民主党派	其他	25岁及以下	26岁至30岁	31岁至35岁	36岁至40岁	41岁至45岁	46岁至50岁	51岁至54岁	55岁以上
合计	合计	1416	842	574	66	868	385	81	16	1109	62	4	241	48	215	218	276	310	241	67	41
	地市局(处)级	27	26	1	4	21	2			27							1	8	15	1	2
	县局(科)级	318	251	67	26	235	47	10		266			52		14	15	62	108	89	16	14
	一般干部	1022	532	490	36	597	321	57	11	791	62	4	165	47	199	195	203	187	124	46	21
	工勤人员	49	33	16		15	15	14	5	25			24	1	2	8	10	7	13	4	4
市局	合计	380	271	109	41	238	87	14		231	21		128	2	71	53	75	99	62	12	6
	局(处)级及以上	27	26	1	4	21	2			27							1	8	15	1	2
	科级	178	136	42	19	126	32	1		127			51		14	13	43	66	37	2	3
	一般干部	160	104	56	18	89	43	10		73	21		66	2	57	35	29	22	6	8	1
	工勤人员	15	5	10		2	10	3		4			11			5	2	3	4	1	
区县局	合计	549	345	204	24	404	82	31	8	439	29	4	77	33	83	43	111	114	106	35	24
	局(科)级及以上	140	115	25	7	109	15	9		139			1			2	19	42	52	14	11
	股级	175	106	69	10	133	26	5	1	156		1	18		18	16	50	46	32	8	5
	一般干部	210	104	106	7	152	38	10	3	129	29	3	49	33	64	24	35	22	15	12	5
	工勤人员	24	20	4		10	3	7	4	15			9		1	1	7	4	7	1	3
镇办所	合计	487	226	261	1	226	216	36	8	439	12		36	13	61	122	90	97	73	20	11
	所(股)级及以上	98	62	36	1	56	40	1		98					1	11	20	36	28	2	
	一般干部	379	156	223		167	174	31	7	335	12		32	12	59	109	69	61	43	16	10
	工勤人员	10	8	2		3	2	4	1	6			4	1	1	2	1		2	2	1

光 荣 榜

市财政局表彰奖项

2011 年度全市财政系统文明单位、文明个人和文明建设工作先进个人

一、文明单位(44 个)

张店区财政局
淄川区财政局
博山区财政局
周村区财政局
临淄区财政局
桓台县财政局
高青县财政局
沂源县财政局
高新区财政局
文昌湖区财政局
市财政局办公室
市财政局机关后勤服务中心
市财政局人事科
市财政局机关党委
市财政局预算科
市财政局国库科
市财政局行政政法科
市财政局国库集中支付中心
市财政局教科文科
市财政局经济建设科
市财政局农业科
市财政局基层财政管理科
市国有资产管理办公室
市财政局企业财务管理处
市非税收入管理局
市政府采购办公室
市财政投资评审中心
山东省会计中等专业学校淄博分校
张店区中埠镇财政所
张店区公园街道办事处财政所
淄川区岭子镇财政所
淄川区罗村镇财政所
博山区石马镇财政所
博山区池上镇财政所

周村区开发区财政局	临淄区朱台镇财政所
临淄区齐都镇财政所	桓台县起凤镇财政所
桓台县荆家镇财政所	高青县田镇街道办事处财政所
沂源县石桥镇财政所	高新区四宝山街道办事处财政审计所
沂源县张庄镇财政所	文昌湖区萌水镇财政审计所

二、文明个人(93人)

张以军	隽兆刚	徐成利	王国华	周美利	戚思伟
徐　民	赵安修	车晓林	刘福利	孙汝峰	苗　青
马汉良	陈波善	李兆杰	李帮锡	荆延文	付春华
伊文峰	刘　峰	李林城	王　勇	荆　国	祝赞美
桑克锋	卢洪涛	车新东	绳涌泉	安　宁	高　峰
张连磊	刘晓峰	孙华义	孙欣欣	王新顺	唐　亮
刘　涛(国)	张　耀	刘兆康	李卫平	李永洪	齐　兵
郭　燕	张英博	陈莉群	吴晓红	张彦秋	张晓强
唐　飞	侯志宏	王晓明	翟玉珍	李林杰	宋新春
许　双	宋玉华	龚爱萍	李红霞	胡永江	袁静艳
张　伟	张　凤	张贞军	刘红香	陈　芸	谢兴隆
孙丽丽	孙荣英	张　辉	许　静	李振华	王丽娥
孙丽萍	王昌柱	刘长利	冯　岳	吕昌平	苏　丽
于　永	刘焕志	毕玉军	信广永	何　进	宋希岗
李树平	陈自堂	石振利	刘洪军	王　欣	许福年
田金宁	秦世强	石红艳			

三、文明创建工作先进个人(11人)

吕庆营	光　鹏	杨宏伟	刘永顺	何浬莉	梁荣云
李顺姬	张行鲁	白如军	王　倩	杨淑琴	

(2012年4月26日　淄财党组〔2012〕19号)

淄博市财政局2011年度
先进集体和年度考核优秀等次人员

一、先进集体

办公室	机关后勤服务中心
人事科	预算科
国库科	行政政法科
教科文科	经济建设科
农业科	社会保障科
基层财政管理科	离退休干部管理科
机关党委	企业财务管理处
非税收入管理局	科研所
政府采购办公室	山东省会计干部中等专业学校淄博分校

二、年度考核优秀等次人员

陈　伟	刘向阳	赵树彬	张骏华	杨世锋	张　林
张学利	赵云锋	李　莉	李德勋	张玉刚	李凤琴
孙立春	刘　涛(非)	王　迪	伊　军	李国臣	郭丽萍
陈妍君	赵翰林	袁文杰	邓　亮	付晓楠	孙小星
曹　原	崔立德	王中华	刘长浩	黄　凯	魏毓俭
韩新玲	杜　萍	毕玉宝	荣国庆	刘振军	刘维刚
孙建廷	黄家俊	周　明	李新华	赵　奕	翟永超
宋兴国	王培响	耿庆波	曹　彤	桑逢昆	陈　勇
边晓梅	姜淑华	田俏俏			

（2012年4月17日　淄财党组〔2012〕21号）

淄博市财政局2011年度先进基层党组织、优秀共产党员和优秀党务工作者

一、先进基层党组织(2个)

机关第二党支部　　机关第三党支部

二、优秀共产党员(48人)

荆延文	王　英	李　健	李慧斌	刘　涛(非)	孙承宗
李　卫	高　山	肖丕明	周　明	王庐强	李兆杰
李国臣	王　勇	李苗苗	张兆升	吕庆营	桑克锋
赵云锋	孔　莉	韦忠侠	苗　青	孙欣欣	李凤琴
蔡修纲	刘晓峰	丁　波	李　峰	张素贞	赵金华
宋　轲	田　丽	贾新平	赵德春	仇玉香	王延强
时立宏	孙即铭	张　轩	薛振兰	张春珠	徐星槎
张利江	王艳玉	孙东启	朱清滨	于　晓	边秀详

三、优秀党务工作者(12人)

付春华	赵安修	李林城	李宝明	王　迪	崔立德
唐　飞	赵捍东	付希伟	李立山	吴代玉	绳涌泉

(2012年4月25日　淄财党组〔2012〕7号)

淄博市财政局2011年度文明家庭名单

王修德	卜德兰	孙兆科	王昌晖	王守恕	董 博
孙 玲	李建平	梁慎全	刘晓村	朱春鸣	王学刚
刘永刚	魏 波	孙鸣文	张景明	王连忠	王 静
陆 勇	顾 蓓	王树杰	马瑞辉	崔金岩	李宝明
王 英	张兆升	宋修照	常雁飞	陈 伟	房景贤
李国臣	伊 军	赵树彬	刘庆宏	矫 斌	方 勇
周 军	吕庆营	冯 静	崔立德	李前途	陈 沁
李仁庆	卢 华	徐晓明	王 梅	范晓敏	

（2012年4月26日 淄财党组〔2012〕20号）

先进集体事迹简介

山东省妇女儿童工作先进集体——淄博市财政局

加强组织领导,完善工作机制。市财政局高度重视和关注全市妇女儿童工作,认真贯彻《淄博市妇女发展纲要》和《淄博市儿童发展纲要》,深刻领会市委、市政府实施"春蕾计划"的工作意图,进一步提高思想认识,把妇女儿童的生存、保护和发展做为一项重要任务来抓,使财政工作始终与上级的要求保持高度一致,确保保障有力,服务到位。建立领导负责制。局长负总责,分管领导靠上抓,相关业务科室和女工委按照职责范围各负其责,形成一级抓一级,层层抓落实的工作格局。积极参加市妇儿工委召开的会议和组织开展的培训活动,不断提高单位妇女工作人员的能力和水平。坚持做到年初有计划,半年有小结,年终有总结,对工作有布置、有检查,确保各项工作任务全面完成。及时报送"两纲"工作信息并认真完成市妇儿工委交办的各项任务。

加大资金投入,积极发挥财政职能作用。按照构建公共财政的要求,重点加大对妇女儿童工作的投入,在预算安排上,确保开展妇女儿童工作部门的人员经费和必要的公用经费。同时,围绕落实"两纲",对妇女儿童在教育、卫生保健、权益保障等市委、市政府确定的重点支出方面,给予优先安排和切实保障,确保党委、政府的决策和对妇女儿童工作的关心爱护落到实处。

切实关爱妇女儿童,维护妇女儿童权益。关注儿童健康成长。市财政局多年来认真实施"春蕾"计划,从精神和物质上关心儿童们的成长进步,让他们真正感受到党和政府的温暖。关心女干部职工身心健康,组织开展各种有益活动。认真组织普法学习宣传教育,把学习"两纲"贯穿在实际工作中;组织女干部职工参加党的政策、廉政建设、法律法规和健康知识讲座,通过组织丰富多彩的活动,切实提高妇女干部的综合素质。每年组织女干部职工参加计生健康检查,坚持对年老体弱和生病住院的女干部职工及时慰问,从各方面切实保护好女干部职工的合法权益,解决女职工的后顾之忧。

2006－2010年全国财政法制宣传教育先进集体——淄博市财政局

“五五”普法活动蓬勃开展。一是通过举办法律知识讲座和培训班等形式，对财政干部进行法律知识教育。2006－2010年，先后组织干部职工收看了“百名法学专家百场报告会”山东专场，举办了《人大监督法》、国防知识教育、法律课等讲座和《行政许可法》、《物权法》等培训班，受教育干部职工达7000多人次。二是积极为干部职工学法用法提供帮助。几年来，先后向全市财政干部发放《财政普法读本》、《法律进机关学习读本》、《公务员通用能力读本》等一系列法律法规和应用能力书籍，并在局域网设立了法律学习专栏。三是立足专业，广泛宣传财政法律法规。充分发挥新闻媒体的作用，2008年，在《淄博日报》上发表了《加强政府非税收入管理促进科学发展》的署名文章。举办全市非税收入知识培训班，全市非税收入各执收执罚单位、各代收银行主要领导200多人参加了培训。同时，印制《非税收入宣传手册》和《淄博市政府非税收入稽查实用手册》，免费向有关单位及个人发放300多本。2006年以来，先后多次组织局机关和区县财政部门开展节假日上街宣传活动，发放宣传材料4万多份。2008年，组织全市财政干部及广大财会工作人员参加了全国财政法律知识竞赛活动，参赛人数接近1.5万人。

依法行政工作卓有成效。一是进一步规范行政执法行为，全面推行行政执法责任制。2006－2008年，每年对全市财政行政执法依据进行梳理和清理，取消了2个行政许可事项，并印发了《关于实施〈淄博市财政局规范行政处罚自由裁量标准〉的通知》，正式在全市财政系统使用新行政处罚标准。二是积极宣传财政依法行政工作。2007年，组织参加全市规范行政处罚自由裁量权“宣传一条街”活动，从局属有关单位抽调业务骨干，走上街头宣传财政规范行政处罚工作情况，并现场解答群众提出的问题。三是强化财政执法监督。按规定定期审验，更换执法证件，规范行政执法检查工作。四是加强规范性文件管理。制定了《关于进一步加强规范性文件管理的通知》，从规范性文件起草、审核、发文等各个环节加强了管理。

全国财政信息工作先进单位——淄博市财政局

多年来,市财政局高度重视信息工作,以"服务经济社会发展,推动财政改革创新"为目标,紧紧围绕财政中心工作,深入挖掘信息资源,积极编报财政信息,有效地服务了领导决策。自2000年被财政部确定为信息直接联系点以来,迄今连续12年被评为全国财政信息工作先进单位,同时,连续多年被评为全省财政系统和全市党委、政府系统信息工作先进单位。

加强领导,为做好信息工作提供组织保障。坚持把做好信息工作作为提高财政科学化精细化管理水平的一项重要基础性工作,不断完善领导和工作机制,调动和激发了全市财政系统工作的积极性,推动了信息工作的深入开展。局党组高度重视财政信息工作,通过各种工作会议、文件批示等方式,出题目、压担子,研究部署工作任务,在全局上下营造了人人重视信息、人人关心信息工作的良好氛围。注重加强信息报送网络建设,不断健全完善覆盖局属各单位、各区县财政局和镇办财政所的信息员队伍、网络和制度,做到人人都是信息员、人人都有信息报送责任,真正做到了横到边、纵到底,不漏一条重要信息,为工作的深入开展奠定了坚实基础。

围绕中心,不断提高信息编写质量。紧扣财政支持经济社会发展、财政管理改革这两条主线,以服务领导决策为着力点,不断提高捕捉信息的敏锐性,抓重点、析难点、盯焦点、报热点,积极适应上级对财政信息的需求,力争全面、准确、及时地反馈财政重点工作进展情况、成功经验和重大问题,以信息工作反映和推动业务工作开展。积极改进工作方式方法,多渠道收集信息资源,在做好日常信息编辑的同时,注重从新闻报道、综合文稿、工作总结等文字材料和业务工作中发现信息,丰富和充实信息储备,拓宽思路和视野,变被动地等信息为主动抓信息。同时,为提高信息工作人员的信息综合处理能力,积极创造条件,使信息工作人员接受多方面的文字工作锻炼,提高其从各种综合材料和业务工作中提炼信息的能力,增强信息实效性。

强化考核,激发信息工作活力。将信息工作纳入全年督查和年度工作考核,进一步激发了各单位争先创优、不甘落后、努力做好信息工作的积极性和主动性。进一步健全完善了《淄博市财政系统信息考评管理办法》,将局属单位划分为业务科室和一般内部管理科室,分别考核记分,增强了考核的针对性和公平性;重新调整了信息报送、采用、领导批示情况分值,对约稿情况实行双倍记分,并加大了上级采用信息的分值比例,提高了各区县财政局、局属各单位发掘报送高质量信息的积极性。实行定期通报制度,根据报送采用情况，定期对各区县财政局、局属各单位和镇办直报点进行统计排序，在全市财政系统内进行通报，促进形成了争先恐后、竞相向上的信息工作局面。实行年终评比奖励制度，对一年来在财政信息工作中表现突出、成绩优异的区县、镇办、市局各单位和信息员进行表彰奖励，极大地激发了各级、各单位进一步做好财政信息的工作热情，使全市的财政信息工作充满了蓬勃活力。

创建全国文明城市工作先进集体——淄博市财政局

市财政局在市委、市政府的正确领导下，深入贯彻落实科学发展观，紧紧围绕转方式调结构，坚持内涵发展，促进社会和谐，积极助力全国文明城市创建，为建设殷实和谐经济文化强市做出积极贡献。

充分发挥财政职能作用，全力支持文明城市创建工作。一是加大财政支持力度，夯实文明创建经济基础。充分运用财税政策工具，加快推进转方式调结构，推进和谐宜居生态环境建设进程。2011 年，全市用于支持经济发展方面的支出 31 亿元。市级拨付资金 2.55 亿元，推动传统产业改造提升和战略性新兴产业发展，增强企业自主创新能力和核心竞争力。拨付资金 1.82 亿元，支持新兴服务业及特色产业集群、创新成长型企业和中小企业发展，实施标准化和品牌战略，培育新的经济增长点。拨付资金 1.75 亿元，支持节能降耗、环境保护和安全生产及“十大节能工程”、“三个节能 30 项”等重点节能工程实施，提升了经济内涵可持续发展水平。二是增强财政保障能力，营造和谐稳定文明的社会环境。社会事业发展得到有力支持。2011 年，全市教育支出 61.34 亿元，完善义务教育经费保障机制，健全家庭经济困难学生资助体系，支持中小学校舍安全工程建设，推动教育事业均衡发展，有效营造了未成年人健康成长的社会环境。全市医疗卫生支出 16.26 亿元，支持医药卫生体制改革，提高新型农村合作医疗和城镇居民基本医疗保险补助标准，全面推进基层医疗卫生机构综合改革，提高城乡居民医疗保障水平。全市社会保障和就业支出 29.04 亿元，全面推行新型农村养老保险，积极推进城镇居民养老保险试点，提高城乡低保补助标准，加快推进保障性住房建设，促进就业再就业工作开展，维护了人民群众的切身利益，有效营造了安全稳定的社会环境，提升了城市文明程度和市民幸福指数。

开展系统文明创建活动，为文明城市创建贡献力量。以建设社会主义核心价值体系为根本，切实加强机关思想道德建设，不断提高机关干部文明素质，营造廉洁高效的政务环境和健康向上的人文环境。一是制定实施全市财政系统 2011 - 2013 年精神文明建设工作规划，并将任务分解量化为 20 多项具体工作，明确分管领导、责任科室，形成了主要领导抓全面，分管领导抓督查，责任科室抓落实，综合部门抓协调的系统“一盘棋”精神文明建设工作责任网络。二是继续抓好系统精神文明建设的升级扩面工作。市财政局继续保持全国文明单位荣誉称号,各区县财政局继续保持省级文明单位或文明机关,全系统区县级以上文明单位建成面达到97%。三是继续开展年度文明单位、文明个人、文明家庭评选,结合创先争优、岗位练兵、巾帼建功等活动,不断丰富和扩大文明建设内容和范围,陶冶机关干部情操,增强干部职工集体荣誉感和队伍凝聚力。四是加强职工思想道德建设。强化以人为本的管理理念,倡导相互尊重、协调配合、服从大局的机关作风,营造团结和谐、求实创新、依法理财、廉洁高效的良好氛围。五是扎实做好《全国文明单位测评体系》相关工作。积极开展学习型单位建设、道德讲堂建设、志愿服务等13项测评体系内的活动,切实提升文明创建层次和水平,确保实现文明创建目标。

淄博市工业经济发展突出贡献单位——淄博市财政局

市财政局在市委、市政府的正确领导下,以科学发展观为指导,牢牢把握转方式调结构增财源的工作主线,充分发挥财政职能作用,扎实推进工业经济转型,推动我市经济内涵发展。在全市工业经济过万亿、“双百工程”暨促进内涵发展大会上,被表彰为工业经济发展突出贡献单位,并荣获全市工业经济过万亿突出贡献单位奖牌。

近年来,市财政局始终把支持经济发展作为财政工作的第一要务,认真落实积极的财政政策,大力促进转方式调结构,促进了经济又好又快发展。按照市政府的部署,2011年设立了1亿元工业转方式调结构专项引导资金,把支持产业链发展作为推进工业转方式调结构的工作重心,重点推进集成电路等六大产业链发展。积极筹措资金,支持新兴产业和重点行业、重点产业振兴和技术改造、百强重点企业和项目,有力地促进了工业产业结构调整。支持中小企业做大做强,积极兑现创新成长型工业企业、中小特色产业集群、企业上市融资、工业化与信息化深度融合等有关财税政策。积极支持企业产学研,推动企业自主创新和高新技术产业发展,财政资金重点用于企业技术中心、重点实验室、重点领域首台套技术装备、新能源产业发展等。推动标准化和品牌战略实施,对获得中国驰名商标和中国名牌的企业进行奖励,激励企业实施标准化战略。支持外经贸经济发展,提升外经贸发展的拉动作用,重点支持“走出去”、服务外包等新兴领域以及招商引资等。支持中心城区东部化工区搬迁工作,兑现新华制药等企业税收返还政策,促进产业布局调整。通过各方面的资金整合、政策集成,合力推动我市转方式调结构发展。

积极推动我市经济内涵发展,扎实推进环境保护和节能减排工作。以生态市建设为主线,管好用好排污费专项资金,推动环境质量持续不断改善。重点加强机动车尾气监测能力建设,按时拨付各种运营费用,确保在线监测设备的正常运转。严格按照《淄博市节能降耗专项资金使用管理暂行办法》规定,管好用好节能降耗专项资金,兑现节能降耗奖励政策,切实发挥资金使用效益,促进节能减排目标的实现。

“十一五”期间淄博市节能突出贡献单位——淄博市财政局

为全面贯彻落实科学发展观,加快建设资源节约型社会,淄博市财政局在市委、市政府的正确领导下,按照“结构调整是主线,节能环保是关键”的总体要求,积极落实各级节能政策措施,加大本级财政投入力度,扎实推进节能工作开展,确保我市节能目标的完成。

加强组织领导,建立完善协调机制。节能目标是经济社会发展的硬性约束性指标。市财政局高度重视节能工作,成立了节能工作领导小组,由分管局长任组长,有关业务科室负责人任成员,按照职责分工,将责任明确到人,保证了工作有人抓、有人干,任务得到落实。

发挥财政职能,确保节能目标的完成。一是加大财政投入力度。“十一五”期间,累计安排专项资金 1 亿多元支持节能工作,以“三个节能 30 项”工程为重点,对节能效果显著的节能先进技术和装备、节能重点项目等给予资金扶持,带动全社会节能技术改造和先进技术的推广。实施节能降耗奖励政策,对节能降耗贡献突出单位和个人进行奖励,抑制并逐步改变高耗能的消费习惯。通过财政的引导和示范,带动了全社会参与节能减排工作的积极性。二是加强专项资金监管。严格项目申报管理,从源头上杜绝虚报谎报等现象。企业提出项目申请时,要求所在地节能主管部门和财政部门做好项目审核工作,通过查看资料和现场审查相结合的方式,确保申报项目真实、可靠。建立项目评审专家库,召开项目公开评审会,独立打分、综合排名,做到科学评审项目、择优扶持项目、精心推进项目。抓好资金拨付管理,规范资金分配。建立资金拨付调度制度,督查资金使用,确保了资金的及时拨付和专款专用。三是积极争取上级资金支持。认真学习国家、省、市节能减排政策,深入领会政策精髓,把握好政策方向和支持重点,加强与上级部门的沟通和联系,积极向上级有关部门争取节能减排资金。“十一五”期间,全市累计争取上级专项资金近 5 亿元,为我市节能工作提供强大资金保障。

加强自身建设,建设节能型机关。广泛宣传教育,切实提高节能意识。认真贯彻《公共机构节能条例》,通过在局机关内悬挂宣传横幅,张贴宣传标牌,组织全体机关工作人员认真学习文件等方式,强化节能宣传教育,增强做好节能工作的责任感和使命感。宣传节能法律法规，普及日常生活中的节能技巧，进一步提高广大干部群众的节能参与意识，真正做到依法节能、全民行动，形成“人人节约、事事节约、处处节约”的良好氛围。

全市机关岗位练兵技能比武工作先进单位——淄博市财政局

近年来，按照上级工作部署，在全局组织开展了岗位练兵技能比武，掀起了“练硬功、打擂台、强技能、出人才”的练兵比武热潮，干部队伍整体素质得到了显著提升。2011、2012 年连续两年被市委办公厅、市政府办公厅表彰为全市机关岗位练兵技能比武工作先进单位。

率先行动，广泛参与。以“提高机关干部素质，提高机关工作效能”作为岗位练兵比武工作的目标。2008 年，率先在全市机关中组织开展了计算机办公应用技能比武工作。2009 - 2011 年三年间，制定了全市财政系统岗位练兵技能比武三年规划，多次举办计算机应用比武、财会知识和公文技能比赛等活动。

突出特色，服务工作。岗位练兵技能比武始终坚持按照学以致用的原则，以提高岗位工作技能为出发点，结合工作实际需要开展。本着“工作需要什么就练什么、练什么就比什么”的原则，明确以公文写作、财政法律法规、计算机应用和英语应用等为主的岗位练兵技能比武项目，增强了干部职工的业务素质和工作能力，达到了服务财政中心工作的目的。

强化措施，完善机制。一是建立领导机制，成立了市财政局岗位练兵技能比武工作领导小组，指导、协调和组织岗位练兵比武活动开展。二是制定规划，在 2009 年制定了三年工作规划基础上，2011 年又制定了 2012 - 2014 年三年规划。三是建立责任机制，建立了由机关党委总牵头，有关职能科(处)室协调配合的工作责任机制。四是建立信息通报机制，对取得优异成绩的同志予以通报表彰，激发干部职工的积极性。五是建立人才库制度，对在岗位练兵比武中涌现出的专业人才，纳入人才库管理。

近年来，岗位练兵比武工作取得了显著成效，干部职工自身素质也得到了显著提升。2009 年，两项团体成绩进入全市前 10 名。2010 年，计算机办公应用项目获得全市团体第 5 名，一名同志获得公文写作项目第 4 名。2011 年，取得了历史最好成绩，计算机办公应用获得团体第 3 名和科级干部组个人第 1 名，公文写作获得团体第 6 名，2 名同志分获县级干部组第 3 名和科级干部组第 5 名，全局共 7 人进入个人前 30 名。两年来，4 名同志获得“全市机关岗位能手”荣誉称号。

先进个人事迹简介

全国巾帼建功标兵——王昌晖

王昌晖,女,中共党员,市财政局党组成员、省会计干部中等专业学校淄博分校党总支书记。作为一名党员领导干部,她认真践行科学发展观,积极履职尽责,在服务“三农”、改善民生等工作中发挥了表率作用。

她情系“三农”,不断加大支持力度。积极协调争取上级资金3亿多元,重点支持农田水利基本建设、水库除险加固、农业综合开发、现代农业发展。主导整合各级各类资金1亿多元,支持玉米秸秆禁烧和转化利用、农业产业化及都市农业发展、农产品质量安全、畜牧防疫等重点工作。积极推动农业良种补贴、农机补贴、农村劳动力转移培训奖补以及政策性农业保险等强农惠农政策得到全面落实。她心系群众,全力保障和改善民生。督促落实各类资金3.5亿元,为全市45万多名农村、城镇义务教育段学生免除学杂费,完善家庭经济困难学生资助政策,妥善解决进城务工人员随迁子女义务教育问题。协调筹措资金,实施了农村贫困母亲脱贫致富行动和小额担保贷款工作。安排落实“一事一议”奖补资金1.1亿元,改善了农村生产生活条件,促进了社会主义新农村建设。拨付各级扶助资金8500多万元,支持扶贫开发、水库移民生活改善和农村计划生育家庭奖扶政策落实。她关注和支持重点事业发展。积极推动义务教育经费保障机制改革,实施中小学校舍安全工程和农村中小学“211工程”,促进教育事业均衡发展。认真贯彻落实“科教兴市”战略,协调筹集资金近3000万元支持科学事业改革与发展。指导制定实施意见,推动部分博物馆、纪念馆等公益文化设施免费开放和农村电影放映工程、文物维修、农家书屋建设等,让文化事业更多更好地惠及群众。

山东省就业工作先进工作者——宋修照

宋修照,男,中共党员,市财政局社会保障科科长,被省政府表彰为2011年度全省就业工作先进工作者。

他认真履行职责,统筹调度和科学安排资金,全面落实就业政策。2006－2010年,全市安排资金约3.06亿元,用于支持就业再就业,确保了全市就业局势的基本稳定。他心系下岗职工,以优惠政策推动就业。2006年以来,在他的精心指导和不懈努力下,全市累计发放“再就业优惠证”

约2.5万个,约有3万余名下岗失业人员进行了工商登记,并享受到各种税费减免政策,共减免税费6000余万元;共认定现有服务型企业70余家,安置下岗失业人员4000多人,减免税费过亿元;累计为2000多名下岗失业人员发放小额担保贷款3000多万元,带动近万名下岗失业人员实现了再就业。他将有限的财政资金用在"刀刃"上,推动多渠道安排再就业。先后支持开发交通协管员、环保协管员、看守所协勤员等公益性岗位数百个,社区保洁、保绿等公益性岗位上千个,用于解决"4050"等困难人员的就业问题。2007年以来,通过技能培训、专项服务、结对帮扶等措施,建立起了"出现一户、援助一户、消除一户、稳定一户"的动态援助机制,全市认定城乡"双零"家庭千余户,安置就业近千人。他注重支持就业信息平台建设,以畅通的信息引导就业。2006-2010年,全市累计安排人力资源市场建设专项资金数千万元,对市、区县两级人力资源市场进行了统一规划和改造,初步形成了"横向到边、纵向到底、管理到位、责任到人"的三级就业服务网格化管理体系。积极开展统筹城乡就业试点,在制度建设、管理服务、培训开发等方面进行了积极探索,积累了宝贵经验。

山东省节能突出贡献个人——凌选明

凌选明,男,中共党员,市财政局企业财务管理处副科级干部。

他深入学习领会节能政策精神,不断提高对节能工作重要性的认识,并与本职工作紧密结合起来,推动政策措施的顺利实施。认真把好每一道关,算好每一笔账。对企业提出的项目申请,严格把好项目审核关,必要时进行现场审查,确保节能项目真实可靠,从源头上杜绝虚报谎报现象。他及时办理资金拨付手续,保证资金及时足额到位。资金拨付企业后,会同经贸等部门多次深入现场,对"三个节能30项"等财政重点扶持项目进行督查,了解和掌握项目进度、资金使用情况,确保财政扶持资金效益最大化。"十一五"期间,他协助争取和兑现节能减排专项资金近5亿元,推动了我市节能工作的开展。他牢固树立"主动服务"的理念,想企业所想,帮企业所需,对前来咨询的企业,热情服务,耐心细致地讲解节能政策;多次深入企业一线,主动推介政策,增强政策服务的针对性和实效性,树立了财政干部的良好形象。他利用各种渠道,积极向社会和周边人宣传节能知识,带动大家树立节能意识,自觉从自身做起,在日常工作和生活中养成良好的节约习惯。

全国财政信息工作先进个人——李慧斌

李慧斌,男,中共党员,市财政局办公室科员。热爱并长期从事信息工作,紧紧围绕财政中心工作和领导决策需求,创新工作思路,完善工作措施,撰写报送了许多质量较高的财政信息,有效服务了领导决策。

立足深入,着眼创新,把握细节,重视抓点,善于从各类综合文稿、调研报告、工作总结、督查材料和业务工作中挖掘信息素材,丰富和充实信息储备,拓宽信息工作思路和视野,积极主动地搜集信息、调度信息、组织信息,以尽可能全面、广泛地反映财政整体工作。勤于学习,善于思考,对编发报送的每一篇信息,力求做到政策把握要牢,情况要实,数字要准,表述要精当,对信息来源的可靠性、素材的准确性、信息价值的有用性等摸准、摸实,不放过一个疑点,努力挖掘深层信息。善于从新的视角观察问题,通过纵向、横向的对比,包括与以前编发的相关信息和动态性信息、与上级刊发的外地、外部门信息和综合性信息等进行比较,从中发现问题、反映变化,创新财政信息工作。注重财政信息的深层次运用,将信息工作与新闻宣传有机结合,充分发挥信息资源蕴藏量大,信息报送及时、准确的特点,从中挖掘新闻亮点,积极组织新闻稿件,客观、真实地报道财政改革与发展的成就和经验,2011 年,在《中国财经报》、人民网、《淄博日报》和淄博电视台等国家、省、市级新闻媒体组织发表稿件 80 余篇,为淄博财政改革与发展营造了良好的舆论环境。

先后获得全省财政信息工作先进个人、全省财政新闻宣传工作先进个人、全市党委和政府系统信息工作先进个人、全市对外宣传工作先进工作者称号,2011 年荣获全国财政信息工作先进个人荣誉称号。

富民兴鲁劳动奖章——陆勇

陆勇,男,中共党员,市财政有偿资金管理处处长、市财政局预算科科长,先后获得“振兴淄博”和“富民兴鲁”劳动奖章。

他牢固树立发展是第一要务理念,积极推动财政实力发展壮大。认真贯彻落实市委、市政府和局党组决策部署,统筹安排使用有关政策资金,加大对转方式调结构的支持力度,有力推动了经济内涵发展,巩固壮大了财源基础。调整完善对收入征管部门和区县组织收入工作的考核奖惩政策,狠抓综合治税,加强收入征管,取得积极成效。2010 年,全市地方财政收入完成 162.4 亿元,是 2005 年的 2.53 倍,年均递增 20.42%。他牢固树立民生优先理念,积极推动民生财政建设。在收支矛盾异常突出的情况下,积极调整支出结构,不断加大民生投入,确保了中央和省市各项民生政策的落实,促进了社会和谐稳定。2010年,全市教育、医疗卫生、社会保障和就业、农林水事务合计完成94.8亿元,占总支出的比重为46.96%,比2005年提高7.3个百分点。他牢固树立改革创新理念,积极推动财政资金高效规范使用。创新财政体制机制,先后组织实施了部门预算、政府收支分类、市以下财政体制调整等重大改革,稳步推进预算公开、绩效评价、政府债务管理等重点工作,财政预算工作科学化精细化水平不断提高。他牢固树立"预算工作无小事"理念,积极加强自身建设。加强学习和调查研究,努力提高运用理论解决实际问题的能力。强化作风效能建设,兢兢业业、任劳任怨、精益求精、秉公办事、依法理财,得到领导和同志们的一致肯定。

全市创建全国文明城市突出贡献个人——朱春鸣

朱春鸣,男,中共党员,市财政局非税收入管理局局长。他秉承"创城为人人,人人为创城"的工作理念,把市委、市政府关于创城工作的决策部署融入到实际工作中去,为创建全国文明城市做出了突出贡献。

他从本职工作做起,全力抓收入保增长。不断深化"收支两条线管理"改革,建立完善了"单位开票、银行代收、财政监管"的非税收入征缴体系。2007－2011年,全市非税收入从52亿元增长到120亿元,年均增长23.25%。他充分发挥非税收入政策调控职能,积极推进转方式调结构,通过征收土地闲置费、矿山治理保证金、污水处理费、垃圾处理费等资源环境类非税收入,提高社会资源节约和节能减排意识,为全市生态文明建设做出了积极努力。他把创城任务落到实处,积极开展"非税收入管理宣传月"、涉企收费清理、教育乱收费整治等专项活动,大力推行政务公开,依法行政,积极打造"阳光非税",优化了经济发展环境。他积极落实民生政策,为和谐淄博建设尽责尽力。2011年落实发放城乡医疗救助、残疾人"温馨安居工程"、青少年活动场所等补助资金2072万元;积极筹措廉租房、公租房等保障性安居工程资金12865万元。他以"创文明机关、做诚信公仆、树良好形象"为服务宗旨,打造了一支"学习型、服务型、创新型、廉政型"的优秀团队,在全市"百个科室大家评"活动中,非税局获得了综合类第3名的好成绩,得到了领导和同志们的肯定与认可。

“十一五”淄博市节能突出贡献个人——王静

王静，女，中共党员，市财政局企业财务管理处处长，先后获得2010年度淄博市巾帼建功十佳岗位名星、淄博市三八红旗手等荣誉称号。

她坚决贯彻市委、市政府“节能降耗是关键”的总体战略思想，始终把节能工作作为重中之重来抓，协调和配合有关部门制定了《淄博市节能降耗专项资金使用管理暂行办法》等规范性文件，建立和完善了我市节能财政政策体系，为节能工作开展提供了政策保障。用好用足节能政策，累计兑现财政资金1亿多元，组织实施和落实“三个节能30项”工程、清洁生产审核、节能灯推广等活动。她注重加强与上级财政部门的沟通和联系，积极争取上级资金扶持。“十一五”期间，累计争取上级扶持资金近5亿元，为我市开展节能工作提供了有力的资金支持。她牵头组织建立了专项资金月调度制度，强化资金监管和跟踪问效，杜绝资金滞留和挪用，保障了资金安全，提高了资金使用效益。在她的积极倡导并和有关部门的共同努力下，财政政策有力地推动了节能降耗工作，并取得了明显成效。2010年底，全市万元GDP能耗为1.62吨标准煤，比2005年累计下降23.1%，全面完成“十一五”节能目标任务。5年间，全市以年均8.5%的能耗增长支撑了14.3%的GDP增长，并在全省节能目标责任考核中取得了连续三年第一名的好成绩。

淄博市工业经济发展突出贡献个人——肖丕明

肖丕明，男，中共党员，市财政局企业财务管理处副处长。

他紧紧围绕转方式、调结构、增财源工作主线，在学习研究上级财政政策基础上，指导并参与对我市企业扶持政策的制定和落实，有力推动了传统产业升级改造，促进了科技型、创新成长型和战略性新兴产业发展，巩固壮大了优势特色产业集群，优化了经济结构。他认真研究环境保护和农村环境连片整治等有关政策，在管好用好排污费专项资金、大力推动节能降耗及污染源在线监测能力建设等方面献计献策。为促进企业安全生产，他不断创新工作方式和资金管理模式，提出了建立上级安全生产专项资金评审机制的建议，并在实际工作中得到了落实和应用，取得了良好的效果。他积极探索建立公用企业财政投入最小化、使用效益最大化的补贴工作机制，发挥了财政资金的最大效能。在负责国有企业退休教师待遇落实工作中,结合上级政策精神提出了许多可操作性强的意见和建议,为市政府决策提供了可靠依据,为我市在全省率先完成省属企业办中小学退休教师待遇的落实工作做出了应有的贡献。

淄博市"十一五"主要污染物总量减排目标考核突出贡献个人——魏毓俭

魏毓俭,男,中共党员,市财政局企业财务管理处副处长。

他积极投身于节能减排宣传工作,会同市环境保护宣教中心,利用"6.5"世界环境保护日、环保世纪行、环保志愿者等活动,采取发放宣传手册、与企业和个人面对面交流等方式,开展节能法律法规宣传活动,提高全社会对减排工作的认识。他深入生产第一线、污染源发生地,调查了解全市污染减排方面的基本情况和存在的问题,有针对性地提出了鼓励完成减排目标的财政政策措施建议。他积极协调配合市环保局加大小清河流域污染治理,全面实现小清河流域水质恢复鱼类生长目标。他积极协调筹措资金3000多万元,投入环境基础设施建设,建立了包括重点污染源、河流断面、空气质量、机动车尾气在内的一体化环境在线监测体系,环境监测现代化水平得到大幅提升。他充分利用熟练掌握政策的优势,协助企业积极争取上级扶持资金近3亿元,为企业减排工作提供了资金保障。先后获得淄博市工业经济发展先进个人、山东省企业财务信息工作先进个人等荣誉称号。

淄博市对口支援北川灾后恢复重建工作先进个人——徐亮

徐亮,男,中共党员,现任淄博市财政局企业财务管理处商贸科科长。

"5.12"汶川大地震后,徐亮同志积极主动向单位要求到灾后重建第一线。7月他告别家中妻儿老小,毅然奔赴灾区。看到灾区同胞家园被毁、亲人罹难,他感同身受,迅速投入到工作当中去。他舍小家、顾大家,克服余震不断、环境恶劣、生活艰苦等各种困难,在潮湿、闷热的板房里查阅了大量的资料和书籍,根据援建实际情况,制定完善了多项财务管理规章制度,为加强会计基础工作的规范性、完善援建工作的管理机制奠定了基础。此外,还主动承担了后勤服务、物资管理等任务。由于工作头绪多,事务繁杂,身体过度劳累,引发了急性阑尾炎,医生建议做手术,但是为了不耽误工作,不给组织增添不必要的麻烦,他一边打着吊瓶一边坚守在自己的岗位上。带队的领导担心其病情恶化，让其回淄治疗，当时他很坚定地说了一句“就是死也要死在北川”。因为他深深地知道，来北川援建，展现的是一名淄博干部的形象。特别是援建工作转入北川新县城后，事务更加繁杂，工作更加繁重。为了提高自身管理水平，力争做到跟踪到位、服务到位、管理到位，他经常深入施工现场了解、掌握工程进度、工程变更，搜集各种与基建财务有关的资料，为领导在资金安排使用上进行决策提供了依据，加强了对基建工程的有效控制，提高了援建资金的使用效益。

全市敬业奉献道德模范——荆国

荆国，男，中共党员，市财政局预算科副科长、主任科员。

他积极稳妥、科学谋划，主导实施了分税制以来历次财政体制改革、部门预算改革、加强地方政府债务管理等多项事关全局的重大财政事项；具体制定和落实了全市财源建设两个“五年规划”，夯实了财政增收基础，为充分发挥财政职能作用，推进经济社会事业持续健康发展做出了应有的贡献。他爱岗敬业、一心为公，从事财政预算工作十几年来，一直秉承“预算工作无小事”的工作理念，兢兢业业、任劳任怨、精益求精，认真算好每一笔账，节约每一分钱，努力为财政事业发展当好家、理好财。他顾全大局、无私奉献，面对千头万绪的预算工作，坚持早到晚归，经常加班加点，舍“小家”顾“大家”。他注重学习、建言献策，主动应对新时期经济社会事业发展对财政工作带来的新要求、新挑战，加强自身学习，不断调整工作方式方法，完善提升工作能力；注重调查研究，围绕全市财源建设、财政体制改革等重大问题牵头组织调研，较好地发挥了参谋助手作用。先后获得全市敬业奉献道德模范、淄博市工业经济发展先进个人、市直机关振兴淄博劳动奖章、市直机关十大杰出青年、全市财政系统政风行风建设优质服务标兵、全市地方税收社会综合治税工作先进个人等荣誉称号。

振兴淄博劳动奖章——杨世锋

杨世锋,男,中共党员,市财政局行政政法科副科长。多年来,他爱岗敬业、依法理财、甘于奉献,圆满完成了担负的工作任务。先后被表彰为平安淄博先进个人、全市治安安民工程先进个人、淄博市第六次人口普查工作先进个人。

行政政法财务管理工作政策性强、责任大、任务重。面对财力紧、问题多、支出压力大的矛盾,他积极发挥主观能动性,出主意想办法,努力做好党政机关、政法部门财务管理工作,一方面,进一步细化预算支出,将人员、公用、项目支出预算直接细化到具体内容,提高预算透明度和到位率,突出重点,有保有压,保压有序,确保正常运转。另一方面,以综合预算为突破口,统筹使用预算内外财力,实现财政保障内涵增长,减轻了预算压力。2011年,非税收入安排行政政法支出2.24亿元,占预算的28.8%。围绕"平安淄博"建设,他就财政支持政法、统战、信访等关系社会发展稳定大局的工作提出许多有益的措施和建议,有力地推动了维稳工作。2009－2011年,积极配合协调争取中央、省级政法补助专款4.4亿元,为社会稳定和谐提供了有力支持。他积极参与政法经费保障体制改革、保障制度标准建设,参与制定了《淄博市出国经费管理办法》、《淄博市涉法涉诉资金管理办法》等一系列管理制度,进一步提高了财政财务管理科学化精细化水平。他勤于学习,注重调查研究,撰写的《淄博市政法部门经费保障情况调研》、《出国经费管理情况调研》等报告为领导决策提供了参考。

淄博市机关岗位能手——刘晓村

刘晓村,男,中共党员,市财政局副调研员、办公室主任。2011年在全市机关岗位练兵技能比武中取得公文写作县级干部组第三名,荣获淄博市机关岗位能手荣誉称号。

该同志立足岗位职责,努力践行认真、专业、务实的工作作风,积极进取、乐于奉献,圆满完成了所担负的各项工作任务。牢固树立大局意识、责任意识,认真负责地做好政务综合协调工作。坚持原则,注重细节,热情服务,促进了机关各项政务工作高效有序运转。面对复杂多变的财政经济形势,围绕财政热点、难点问题,组织带领办公室同志深入开展调查研究,形成了多篇有情况分析、有对策建议、有参考价值的调研报告,服务了领导决策和财政工作开展，较好地发挥了参谋助手作用。认真做好财政信息宣传工作，及时反映财政收支管理、民生政策落实等重点工作开展情况，为财政工作顺利开展营造了良好的舆论环境，市财政局连续多年被财政部、省财政厅、市委市政府表彰为信息宣传工作先进单位。把握工作重点，抓好政务督查，确保了各项财政工作任务落到实处。严谨细致地做好公文处理、综合文稿组织撰写等工作，讲求工作质量，提高工作效率，较好地满足了各项政务工作需要，保证了政令畅通。

淄博市机关岗位能手——唐飞

唐飞，男，中共党员，市财政监督处副科级干部。2011 在全市机关岗位练兵技能比武中取得公文写作科级干部组第五名，荣获淄博市机关岗位能手荣誉称号。

他注重学习积累，为提高写作水平奠定良好基础。针对财政监督检查文字材料多、专业性强的特点，多年来注重从领导讲话、工作信息、优秀调研报告中学习提炼，努力提高材料组织及写作水平。他带队或参与检查出上百户企事业单位、社会团体等违规违纪资金上亿元，上缴财政资金上千万元。他撰写的工作底稿、检查报告、处理处罚决定等材料，都做到事实清楚、数字真实、定性准确、建议得当、表述规范，有效地提高了财政监督工作的执行力和影响力。他负责起草了全市各个阶段“小金库”治理工作实施方案和工作细则，针对性强、可操作性高，有效促进了我市“小金库”专项治理工作的全面开展，受到省“小金库”治理办领导的高度评价。他起草制定了《淄博市财政监督检查信息宣传和调研工作管理考核办法》，并围绕财政监督工作的重点、热点和难点问题，撰写了许多质量高、参考价值大的财政信息与调研报告。

淄博市机关岗位能手——王晓明

王晓明，男，中共党员，现在市财政局计算机应用管理中心工作。2011 年在全市机关岗位练兵技能比武中取得计算机办公应用科级干部组第一名，荣获淄博市机关岗位能手荣誉称号。

王晓明同志主要担负全市财政系统财税库横向联网及查询分析、资产管理、办公自动化、CA 等财政业务应用系统的维护保障和技术支持工作。他认真负责，兢兢业业，加班加点，热情服务。对各科室在工作中遇到的信息技术难题，他细心分析，查找原因，及时解决；当干部职工微机应用中遇到问题时，他随叫随到，排忧解难；当系统和机房设备运行中出现异常情况时，总是第一时间到场处理排除故障。他积极协调局属科室、税务、银行、预算单位做好系统维护，保障了财政各项业务系统的正常运行，为我市财政科学化精细化管理提供了有力的技术支撑。他刻苦钻研计算机应用技术，不断充实计算机网络知识，努力提高实际操作能力，并结合财政业务需求，将网络知识和计算机应用技能用于实际工作，大大提高了工作效率。发挥自身专业知识较强的优势，在全市财政系统举办的各种软件培训班上，认真为学员授课，讲解软件知识和应用技巧，为普及财政信息化业务贡献了自己的一份力量。2011 年获得全省财政信息工作先进个人荣誉称号。

全市“四个一”活动学习讲坛一等奖——田俏俏

田俏俏，女，中共党员，淄博会校讲师。在全市开展的“日阅一文、月写一篇、季读一书、半年一讲”活动中，她积极参加“半年一讲”学习讲坛选拨赛，备赛期间，她利用业余时间认真选题，查找资料，撰写讲稿，精心制作 PPT，反复充实完善讲稿和课件，经过努力从市直机关 138 名选手中脱颖而出，获得了一等奖的好成绩。在市委市直机关工委举办的推进学习型机关党组织建设、深入开展“四个一”活动学习讲坛活动中，她作为一等奖获得者，代表市财政局围绕“谁动了中国人的道德奶酪”这一社会普遍关注的问题进行了演讲，充分展现出财政干部的良好素质和精神风貌。此外，在《鲁中财会》、《基础教育论坛》和《现代教育》等刊物先后发表论文 3 篇，主编高等财经院校成人教育《英语》教材一部。

先后获得山东省财政学院成人教育优秀教师、市财政局“学习、创新、奋进”演讲比赛第一名、市直机关“建设机关文化、塑造机关精神”演讲比赛优等奖等荣誉称号。

2011 年度市财政局受表彰情况统计表

（按获奖时间先后排序）

序号	获奖单位	荣誉称号	颁发单位	颁发时间
1	市财政局	淄博市对口支援北川灾后恢复重建工作先进集体	市委、市政府	2011.1
2	市财政局	2010 年度全省农业财政工作绩效考核优良单位	省财政厅	2011.1
3	市财政局政府采购办公室	全省政府采购监管系统先进集体	省财政厅	2011.1
4	市财政局	全市机关岗位练兵技能比武工作先进单位	市委办公厅、市政府办公厅	2011.2
5	市财政局	2010 年度全省财政系统信息工作先进单位	省财政厅	2011.2
6	市财政局	2010 年度全省财政系统新闻宣传工作先进单位	省财政厅	2011.2
7	市财政局	全省城乡妇女岗位建功先进集体	省妇联	2011.2
8	市财政局	全市尊老敬老先进集体	市委组织部、市老干局	2011.2
9	市财政局	2010 年度全省财政系统干部教育培训工作先进单位	省财政厅	2011.3
10	省会计干部中等专业学校淄博分校	2010 年度全省财政系统干部教育先进培训基地	省财政厅	2011.3
11	市财政局	2010 年度全国财政信息工作先进单位	财政部	2011.4
12	市财政局	2010 年度全市目标管理考核优秀县级领导班子	市委、市政府	2011.4
13	市财政局	山东省节能先进单位	省人社厅、省经信委	2011.4
14	市财政局	淄博市人口和计划生育工作先进集体	市委	2011.5
15	市财政局	“十一五”期间淄博市节能突出贡献单位	市政府	2011.5
16	市财政局监督处	全省财政监督检查工作先进集体	省财政厅	2011.5
17	市财政局机关党委	全市先进基层党组织	市委	2011.6
18	市财政局离退休干部党支部	全市离退休干部先进党支部	市委组织部、市老干局	2011.6
19	市财政局	2006－2010 年全国财政法制宣传教育先进集体	财政部	2011.7
20	市财政局	全市尊师重教先进集体	市政府	2011.9

续表

21	市财政局	2010年度家电下乡工作先进集体	省财政厅	2011.9
22	市财政局	全市无偿献血工作先进集体	市政府	2011.10
23	市财政局	全市第六次人口普查先进集体	市政府	2011.10
24	市财政局	全市社科课题研究成果一等奖	市委宣传部等七部门	2011.11
25	市财政局	全省财政协作科研课题一等奖	省财政厅	2011.11
26	市财政局	2006-2010年全市普法依法治理工作先进集体	市委、市政府	2011.11
27	市财政局	全市"法制淄博"建设示范单位	市委	2011.11
28	市财政局离退休干部党支部	全省离退休干部先进党支部	省委组织部	2011.11
29	市财政局	2010年度全省部门决算工作评比二等奖	省财政厅	2011.11
30	市财政局	山东省财政投资评审最具影响力单位	省财政厅	2011.11
31	市财政局企业处工交科	淄博市青年文明号	团市委、市委市直机关工委	2011.11
32	市财政局	全省社会保险基金预决算编报工作先进单位	省财政厅	2011.11
33	市财政局	2010年度全省财政总决算工作评比三等奖	省财政厅	2011.11
34	市财政局	2011年全省财政投资评审点评优秀单位	省财政厅	2011.11
35	市财政局	全省地方金融企业财务报表工作成绩突出单位	省财政厅	2011.11
36	市财政局	2010年度全省预算执行分析工作三等奖	省财政厅	2011.11
37	市财政局	山东省妇女儿童工作先进集体	省委、省政府	2011.12
38	市财政局	全省内资企业和外商投资企业财务决算先进单位	省财政厅	2011.12
39	市财政局	2011年度全省农业财政工作绩效考核优良单位	省财政厅	2011.12
40	市财政局	淄博市工业经济发展突出贡献单位	市委、市政府	2011.12
41	市财政局	全省企业财务信息工作先进单位	省财政厅	2011.12
42	市财政局	全省营业税纳税人税收资料调查工作先进单位	省财政厅、省地税局	2011.12

续表

43	市财政学会	2011 年度淄博市先进学会	市社科联	2011.12
44	市财政局	“十一五”淄博市信息化工作先进集体	市委、市政府	2011.12
45	市财政局	全市机关岗位练兵技能比武工作先进单位	市委办公厅、市政府办公厅	2012.2
46	市财政局	全市巾帼建功竞赛活动先进单位	市妇联	2012.2
47	市财政局国库集中支付中心会计科	淄博市巾帼文明岗	市妇联	2012.2
48	省会计干部中等专业学校淄博分校	2011 年度全省财政系统干部教育先进培训基地	省财政厅	2012.2
49	市财政局	2011 年度全国财政信息工作先进单位	财政部	2012.3
50	市财政局妇委会	淄博市三八红旗集体	市妇联	2012.3
51	市财政局	全市地方税收社会综合治税工作先进集体	市政府	2012.3
52	市财政局	全省资源综合利用管理工作先进集体	省经信委	2012.3
53	市财政局	全市就业工作先进集体	市政府	2012.3
54	市财政局政府采购办公室	全省政府采购监管系统先进集体	省财政厅	2012.3
55	市财政局	全省财政教科文工作先进单位	省财政厅	2012.3
56	市财政局	全省财政系统信息宣传工作先进单位	省财政厅	2012.3
57	市财政局	全市固本强基维稳工程先进集体	市委	2012.3
58	市财政局	全市消防安全工作先进集体	市政府	2012.3
59	市财政局	全市民主评议政风行风社会管理类第一名	市纠风办	2012.3
60	市财政局	淄博市“建设农村殷实小康十大工程”先进集体	市委、市政府	2012.3
61	市财政局	淄博市“十一五”主要污染物总量减排目标考核先进单位	市政府	2012.3
62	市财政局	创建全国文明城市工作先进集体	市委、市政府	2012.3
63	市财政局	2011 年度全市目标管理考核优秀领导班子	市委	2012.5
64	市城市资产运营有限公司	2011 年度全市企事业单位先进集体	市委组织部	2012.5

2011年度区县、镇办财政部门受表彰情况统计表

(按行政区划、获奖时间先后排列)

序号	获奖单位	荣誉称号	颁发单位	颁发时间
张店				
1	张店区政府采购办公室	全省政府采购监管系统先进集体	省财政厅	2011.1
2	张店区财政局	全省行政事业资产管理信息系统建设先进单位	省财政厅	2011.5
3	张店区财政局	2010年度家电下乡工作先进集体	省财政厅、省商务厅	2011.9
4	张店区财政局	省级文明单位	省文明委	2011.12
5	张店区公园街道办事处财政所	2011年度市级文明单位	市委、市政府	2012.4
6	张店区科苑街道办事处财政所	2011年度市级文明单位	市委、市政府	2012.4
7	张店区和平街道办事处财政所	2011年度市级文明单位	市委、市政府	2012.4
8	张店区车站街道办事处财政所	2011年度市级文明单位	市委、市政府	2012.4
9	张店区南定镇财政所	2011年度市级文明单位	市委、市政府	2012.4
10	张店区傅家镇财政所	2011年度市级文明单位	市委、市政府	2012.4
11	张店区中埠镇财政所	2011年度市级文明单位	市委、市政府	2012.4
淄川				
12	淄川区政府采购监督管理办公室	全省政府采购监管系统先进集体	省财政厅	2011.1
13	淄川区财政局	全市人口和计划生育工作先进集体	市委、市政府	2011.4
14	淄川区财政局	2010年度淄博市节能先进单位	市政府	2011.5
15	淄川区财政局	全省行政事业资产管理信息系统建设先进单位	省财政厅	2011.5
16	淄川区财政局	2010年度家电下乡工作先进集体	省财政厅、省商务厅	2011.9
17	淄川区财政局	山东省财政投资评审最具影响力单位	省财政厅	2011.11

续表

18	淄川区财政局	2006－2010 全市普法依法治理工作先进单位	市委、市政府	2011.11
19	淄川区洪山镇财政所	2011 年度市级文明单位	市委、市政府	2012.4
博　山				
20	博山区财政局	全市人口和计划生育工作先进集体	市委、市政府	2011.5
21	博山区财政局党总支	先进基层党组织	市委	2011.6
22	博山区财政局	山东省财政投资评审最具影响力单位	省财政厅	2011.11
周　村				
23	周村区财政局	全国巾帼文明岗	全国妇女“巾帼建功”领导小组	2011.2
24	周村区财政局	淄博市尊老敬老先进集体	市委组织部、市委老干局	2011.6
25	周村区永安街街道办事处财政所	2011 年度市级文明单位	市委、市政府	2012.4
临　淄				
26	临淄区财政局	淄博市人口和计划生育工作先进集体	市委	2011.5
27	临淄区财政局机关党支部	先进基层党组织	市委	2011.6
28	临淄区财政局	山东省财政投资评审最具影响力单位	省财政厅	2011.11
29	临淄区财政局	全市就业工作先进集体	市政府	2012.1
30	临淄区齐陵街道办事处财政审计所	2011 年度市级文明单位	市委、市政府	2012.4
31	临淄区齐都镇财政所	2011 年度市级文明单位	市委、市政府	2012.4
32	临淄区雪宫街道办事处财政审计所	2011 年度市级文明单位	市委、市政府	2012.4
桓　台				
33	桓台县财政局办公室	省级青年文明号	团省委	2011.1
34	桓台县财政局	全省档案管理先进单位	省档案局	2011.1
35	桓台县政府采购办公室	全省政府采购监管系统先进集体	省财政厅	2012.1
36	桓台县财政局	全市就业工作先进集体	市政府	2012.1

续表

37	桓台县财政局	全市创建全国文明城市工作先进集体	市委、市政府	2012.3
38	桓台县荆家镇财政所	2011年度市级文明单位	市委、市政府	2012.4
39	桓台县统一收费管理局	全市残疾人工作先进单位	市政府	2012.5
高青				
40	高青县财政局	全市人口和计划生育工作先进集体	市委、市政府	2011.4
41	高青县财政投资评审中心	淄博市青年文明号	团市委	2011.6
42	高青县财政局	第六次全省人口普查先进集体	省第六次人口普查领导小组办公室	2011.7
43	高青县财政局	山东省财政投资评审最具影响力单位	省财政厅	2011.11
44	高青县高城镇财政所	2011年度市级文明单位	市委、市政府	2012.4
45	高青县黑里寨镇财政所	2011年度市级文明单位	市委、市政府	2012.4
46	高青县花沟镇财政所	2011年度市级文明单位	市委、市政府	2012.4
沂源				
47	沂源县财政局	2010年贫困村村民发展互助资金绩效考评优秀单位	省财政厅	2011.6
48	沂源县财政局	2010年度家电下乡工作先进集体	省财政厅、省商务厅	2011.9
49	沂源县财政局	2011年山东省卫生先进单位	省卫生厅	2012.1
50	沂源县财政局	2011年全省财政信息工作先进单位	省财政厅	2012.3
51	沂源县财政局	2011年全省财政新闻宣传先进单位	省财政厅	2012.3
52	沂源县财政局	全市水利工作先进集体	市委、市政府	2012.4
53	沂源县悦庄镇财政所	2011年度市级文明单位	市委、市政府	2012.4
高新区				
54	高新区财政局粮食局	全省粮食系统产业指导先进集体	省粮食局	2011.12
55	高新区四宝山街道办事处财政所	2011年度市级文明单位	市委、市政府	2012.4
文昌湖旅游度假区				
56	文昌湖区商家镇财政所	2011年度市级文明单位	市委、市政府	2012.4

2011年度市财政局个人受表彰情况统计表

（按获奖时间先后排序）

序号	获奖个人	荣誉称号	颁发单位	颁发时间
1	徐　亮	淄博市对口支援北川灾后恢复重建工作先进个人（享受市级劳模待遇）	市委、市政府	2011.1
2	方　勇	淄博市对口支援北川灾后恢复重建工作先进个人（记二等功）	市委、市政府	2011.1
3	杨世锋	全市社会治安综合治理先进个人	市委、市政府	2011.1
4	杨世锋	淄博市创建全国社会治安综合治理优秀市先进个人	市委、市政府	2011.1
5	王昌晖	全国巾帼建功标兵	全国妇联	2011.2
6	王　静	淄博市十佳岗位明星	市妇联	2011.2
7	齐　兵	全省城乡妇女岗位建功先进工作者	省妇联	2011.2
8	付春华	淄博市机关岗位能手	市委办公厅、市政府办公厅	2011.2
9	杨世锋	振兴淄博劳动奖章	市总工会	2011.3
10	王修德	全市目标管理考核优秀县级领导干部	市委、市政府	2011.4
11	卜德兰	全市目标管理考核优秀县级领导干部	市委、市政府	2011.4
12	孙兆科	全市目标管理考核优秀县级领导干部	市委、市政府	2011.4
13	王昌晖	全市目标管理考核优秀县级领导干部	市委、市政府	2011.4
14	凌选明	山东省节能突出贡献个人（享受市级劳模待遇）	省政府	2011.4
15	王　静	“十一五”淄博市节能突出贡献个人（享受市级劳模待遇）	市政府	2011.5
16	祝赞美	淄博市人口和计划生育工作先进个人	市委、市政府	2011.5
17	陆　勇	富民兴鲁劳动奖章	省总工会	2011.5
18	车晓林	全省行政事业资产管理信息系统建设先进个人	省财政厅	2011.6

续表

19	史　伟	全省行政事业资产管理信息系统建设先进个人	省财政厅	2011.6
20	牛宏彦	全省财政监督检查工作先进个人	省财政厅	2011.6
21	唐　飞	全省财政监督检查工作先进个人	省财政厅	2011.6
22	王　勇	市直机关优秀共产党员	市委市直机关工委	2011.6
23	宋　轲	市直机关优秀共产党员	市委市直机关工委	2011.6
24	崔立德	市直机关优秀党务工作者	市委市直机关工委	2011.6
25	崔金岩	市直机关优秀共产党员	市委市直机关工委	2011.6
26	崔金岩	全省病险水库除险加固工作先进个人(记二等功)	省人力资源和社会保障厅	2011.7
27	崔金岩	全省集体林权制度改革工作先进个人(记二等功)	省人力资源和社会保障厅	2011.7
28	张学利	全市集体林权制度改革工作先进个人(记二等功)	市政府	2011.9
29	李化冰	全市无偿献血工作先进个人	市政府	2011.10
30	卜德兰	市第24次社科成果二等奖	市社科成果评奖委员会	2011.11
31	董　博	市第24次社科成果二等奖	市社科成果评奖委员会	2011.11
32	隽兆刚 黄家俊 王薇薇	市第24次社科成果二等奖	市社科成果评奖委员会	2011.11
33	陈妍君	市直机关“建设机关文化塑造机关精神”演讲比赛优等奖	市委市直机关工委	2011.11
34	陈　伟	2006－2010年全市普法依法治理工作先进个人	市委	2011.11
35	金绪猛	全省财政投资评审先进个人	省财政厅	2011.12
36	边　晓	全省财政投资评审先进个人	省财政厅	2011.12
37	杨其帅	全省社会保险基金预决算编报工作先进个人	省财政厅	2011.12
38	肖丕明	淄博市工业经济发展突出贡献个人(享受市级劳模待遇)	市委、市政府	2011.12

续表

39	马英民	全市学会工作先进工作者	市社科联	2011.12
40	雷子朋	全市学会工作先进工作者	市社科联	2011.12
41	张连磊	全省企业财务信息化先进个人	省财政厅	2011.12
42	邹承志	全省企业财务信息化先进个人	省财政厅	2011.12
43	隽　娟	全省企业财务信息化先进个人	省财政厅	2011.12
44	杨世锋	全市第六次人口普查先进个人	市政府	2011.12
45	孙晓红	全省第六次人口普查先进个人	省人社厅	2011.12
46	王国华	全省城乡妇女巾帼建功先进工作者	省妇联	2011.12
47	荆　国	全市敬业奉献道德模范	市委宣传部	2011.12
48	荆　国	淄博市工业经济发展先进个人(记二等功)	市委、市政府	2011.12
49	宋修照	山东省就业工作先进工作者(记一等功)	省政府	2012.1
50	宋修照	全省双拥工作先进个人(记二等功)	省人社厅、省民政厅、省军区政治部	2012.2
51	刘晓村	淄博市机关岗位能手	市委办公厅、市政府办公厅	2012.2
52	唐　飞	淄博市机关岗位能手	市委办公厅、市政府办公厅	2012.2
53	王晓明	淄博市机关岗位能手	市委办公厅、市政府办公厅	2012.2
54	苗　青	全市巾帼竞赛活动先进工作者	市妇联	2012.2
55	荆延文	2011年度全省财政系统教育培训工作先进个人	省财政厅	2012.2
56	刘树亮	2011年度全省财政系统教育培训工作先进个人	省财政厅	2012.2
57	谢　宁	全省重点产品国际竞争力调查工作先进个人	省财政厅	2012.3
58	李慧斌	2011年度全国财政信息工作先进个人	财政部	2012.3

续表

59	付春华	全市固本强基维稳工程先进个人	市委	2012.3
60	付春华	全市地方税收社会综合治税工作先进个人	市政府	2012.3
61	刘永刚	全市地方税收社会综合治税工作先进个人	市政府	2012.3
62	王学刚	全市地方税收社会综合治税工作先进个人	市政府	2012.3
63	朱春鸣	全市地方税收社会综合治税工作先进个人	市政府	2012.3
64	张骏华	全市地方税收社会综合治税工作先进个人	市政府	2012.3
65	张骏华	全省营业税纳税人税收资料调查工作先进个人	省财政厅	2012.3
66	李宝明	全市地方税收社会综合治税工作先进个人	市政府	2012.3
67	陈　伟	全市地方税收社会综合治税工作先进个人	市政府	2012.3
68	陈　伟	全省资源综合利用管理工作先进个人	省经信委	2012.3
69	苗　青	全市地方税收社会综合治税工作先进个人	市政府	2012.3
70	苗　青	全省税源调查工作先进个人	省财政厅	2012.3
71	荆　国	全市地方税收社会综合治税工作先进个人	市政府	2012.3
72	谢　宁	全市地方税收社会综合治税工作先进个人	市政府	2012.3
73	孔莉家庭	全市五好文明家庭	市妇联	2012.3
74	车晓林	全省行政事业国有资产管理先进个人	省财政厅	2012.3
75	伊　军	“十一五”淄博市信息化工作先进个人	市委	2012.3
76	刘　峰	全市安全生产先进个人	市政府	2012.3
77	张启孝	全省政府采购监管系统先进个人	省财政厅	2012.3
78	李　辉	全省政府采购监管系统先进个人	省财政厅	2012.3

续表

79	祝赞美	全省财政教科文工作优秀信息员	省财政厅	2012.3
80	牛宏彦	全省小金库治理表现突出同志	省小金库治理办	2012.3
81	唐　飞	全省小金库治理表现突出同志	省小金库治理办	2012.3
82	付春华	全省财政系统信息工作先进个人	省财政厅	2012.3
83	李慧斌	全省财政系统信息工作先进个人	省财政厅	2012.3
84	宋　轲	全省财政系统宣传工作先进个人	省财政厅	2012.3
85	常雁飞	全市消防安全工作先进个人(记二等功)	市政府	2012.3
86	崔金岩	全市粮食生产先进个人	市政府	2012.3
87	张学利	淄博市“建设农村殷实小康十大工程”先进个人	市委、市政府	2012.3
88	魏毓俭	淄博市“十一五”主要污染物总量减排目标考核突出贡献个人(享受市级劳模待遇)	市政府	2012.3
89	朱春鸣	全市创建全国文明城市突出贡献个人(享受市级劳模待遇)	市委、市政府	2012.3
90	王　英	全市创建全国文明城市先进个人(记二等功)	市委、市政府	2012.3
91	田俏俏	全市“四个一”活动学习讲坛一等奖	市委办公厅、市政府办公厅	2012.3
92	王修德	2011 年度目标管理考核优秀领导干部	市委	2012.5
93	卜德兰	2011 年度目标管理考核优秀领导干部	市委	2012.5
94	王昌晖	2011 年度目标管理考核优秀领导干部	市委	2012.5
95	王连忠	2011 年度全市企事业单位优秀等次领导干部	市委宣传部	2012.5
96	崔守智	2011 年度全市企事业单位优秀等次领导干部	市委宣传部	2012.5

2011年度区县财政部门个人受表彰情况统计表

(按行政单位区划、获奖时间先后排列)

序号	获奖个人	荣誉称号	颁发单位	颁发时间
张店区财政局				
1	孙琦	2010年度山东省优秀青年岗位能手	团省委、省经信委、省人社厅等	2011.1
2	王海波	优秀市人大代表	市人大	2011.8
3	杨广东	2011年度山东省粮食直补工作先进个人	省财政厅、省农业厅	2011.9
4	耿霞	2011年度山东省粮食直补工作先进个人	省财政厅、省农业厅	2011.9
5	李红霞	山东省财政投资评审先进个人	省财政厅	2011.11
淄川区财政局				
6	祝丛林	山东省财政投资评审先进个人	省财政厅	2011.11
博山区财政局				
7	黄利军	山东省第六次人口普查先进个人	省第六次人口普查领导小组办公室	2011.8
8	王骏	山东省财政投资评审先进个人	省财政厅	2011.11
9	张凤	全市就业工作先进工作者	市政府	2012.1
周村区财政局				
10	宓雯	淄博市机关岗位能手	市委办公厅、市政府办公厅	2011.2
11	于学民	淄博市优秀共产党员	市委	2011.6
12	唐玉同	2010年度家电下乡先进个人	省财政厅、省商务厅	2011.9
13	尚贞强	全省行政事业单位资产管理信息系统建设工作先进个人	省财政厅	2011.11
14	于学民	全市实施固本强基维稳工程先进个人	市委、市政府	2012.2

续表

临淄区财政局				
15	边荣立	全市宣传报道优秀通讯员	市委	2011.2
16	王红军	山东省财政投资评审最具影响力个人	省财政厅	2011.11
17	孔　玉	社会保险基金预决算编报工作先进个人	省财政厅、省人社厅	2011.11
18	高江波	2006－2010年全市普法依法治理先进个人	市委	2011.11
19	赵梅玲	全市就业工作先进工作者	市政府	2012.1
桓台县财政局				
20	成　勇	淄博市优秀共产党员	市委	2011.6
21	苗成林	2010年度家电下乡先进个人	省财政厅、省商务厅	2011.9
22	李顺姬	全市普法依法治理工作先进个人	市委宣传部、市人社局、市全民普法依法治理工作领导小组	2011.10
23	孙秀珍	山东省财政投资评审最具影响力个人	省财政厅	2011.11
24	刘　莹	全市就业工作先进工作者	市政府	2012.1
高青县财政局				
25	吕伟平	山东省财政投资评审先进个人	省财政厅	2011.11
沂源县财政局				
26	王学成	山东省财政投资评审先进个人	省财政厅	2011.2
27	谈军玲	优秀调查员	山东省第二次R&D资源清查领导小组办公室	2011.5
28	周礼泽	2011年度全市普法依法治理先进个人	市委、市政府	2012.1
29	魏　蒙	2011年全省财政新闻宣传先进个人	省财政厅	2012.2
30	王　欣	2011年全省财政信息工作先进个人	省财政厅	2012.3
31	郑继光	2011年全市水利工作先进个人	市委、市政府	2012.4

续表

高新区财政局				
32	邵玉华	全市实施固本强基维稳工作先进个人	市委、市政府	2011.1
33	邵玉华	全省重点产品国际竞争力调查工作先进个人	省财政厅	2011.3
34	刘　荔	2010年度全省财政监督检查工作先进个人	省财政厅	2011.6
35	张　国	全省粮食流通监督检查工作先进工作者	省粮食局	2011.12
36	杜玉林	全市创建文明城市先进个人(记二等功)	市委、市政府	2012.3
37	许福年	全市创建文明城市先进个人(记三等功)	市委、市政府	2012.3
38	张振民	全市创建文明城市先进个人(嘉奖)	市委宣传部、市人社局	2012.3
39	赵彦波	全市创建文明城市先进个人(嘉奖)	市委宣传部、市人社局	2012.3

特　辑

政府工作报告

——2011年2月20日在淄博市第十三届人民代表大会第四次会议上

市长　周清利

各位代表：

现在，我代表市人民政府，向大会作政府工作报告，请予审议，并请各位政协委员和其他列席会议的同志提出意见。

一、"十一五"时期经济社会发展回顾

"十一五"时期是我市发展史上极不平凡的五年。在中共淄博市委的坚强领导下，全市上下坚持以党的十七大和十七届三中、四中、五中全会精神为指导，深入贯彻落实科学发展观，积极应对国际金融危机等重大风险挑战，坚定不移走内涵发展的路子，突出加强结构调整，突出统筹城乡发展，突出改善民生维护稳定，充满激情，科学创业，胜利完成了"十一五"规划确定的各项目标任务，老工业城市转型取得重大进展，殷实和谐经济文化强市建设迈出坚实步伐。

"十一五"时期，我们始终坚持科学发展不动摇，全市综合实力迈上新台阶。过去五年，国内外环境的复杂性和重大风险挑战的严峻性历史罕见。面对极其复杂的国内外环境，尤其是面对国际金融危机的严重冲击，我们咬定发展不放松，奋力做好保增长、调结构、促改革、惠民生各项工作，快速扭转经济增速下滑趋势，保持了国民经济平稳较快发展的良好态势。2010年，全市完成规模以上固定资产投资1290.92亿元，社会消费品零售总额1005.68亿元，进出口总额67.23亿美元，分别是2005年的2倍、2.3倍和2.1倍，经济增长的协调性明显增强。与2005年相比，全市地区生产总值实现翻番，达到2866.75亿元，年均增长14.3%。境内财政总收入达到398.2亿元，其中地方财政收入162.4亿元，分别是2005年的2.48倍和2.53倍。金融机构存、贷款余额达到2470.56亿元、1686.13亿元，分别是2005年的2.24倍、2.29倍。城市居民人均可支配收入和农民人均纯收入达到21784元和9195元，分别是2005年的1.81倍和1.83倍。全市综合实力跨上了一个大台

阶。

“十一五”时期,我们始终坚持下大气力转方式调结构,经济转型升级迈出新步伐。工业结构升级步伐加快。坚持一手抓传统产业改造升级,一手抓战略性新兴产业培育,提前完成“5 年 1500 亿元”技改计划,地方骨干企业技术装备达到国际或国内先进水平的比重大幅度提高,一批传统产业实现脱胎换骨式的提升发展;启动实施新兴产业倍增工程,高新技术产业产值突破 3000 亿元,占规模以上工业总产值的比重达到 38.2%,比 2005 年提高 11 个百分点以上,一批创新成长型企业快速发展壮大;中心城区东部化工区搬迁改造、南部建材区综合整治取得重要进展,产业布局调整优化初见成效。科技创新能力不断增强。省级以上企业研发机构达到 172 家、其中国家级 8 家,产业技术创新联盟建设实现新突破,东岳氯碱离子膜等一批重大高新技术项目实现产业化,中国名牌产品、中国驰名商标总数分别达到 30 个和 43 件,我市被确定为国家知识产权工作示范城市。服务业发展明显提速。一批外埠银行和著名连锁超市入驻淄博,文昌湖省级旅游度假区、中心城区城市综合体、淄博保税物流中心等一批重大项目加快推进,“齐风陶韵·生态淄博”旅游品牌影响力日益增强,服务业投资占比达到 47% 以上,服务业增加值比重比 2005 年提高 5.7 个百分点,达到 34.7%。现代农业建设成效显著。粮食生产连续八年丰收,林果、畜牧、蔬菜等特色产业优势更加突出,无公害、绿色、有机农产品和地理标志产品达到 221 个,农产品质量安全水平显著提高,品牌农业、有机农业发展势头良好,都市农业顺利起步。

“十一五”时期,我们始终坚持统筹城乡发展,新型城镇化迈上新水平。按照“中心凸显、十字展开、组团发展”的思路,着力促进“四个层级”统筹协调发展,全市城镇化水平提高到 62.5%。抓住承办省运会等重大机遇,建设了市体育中心、运动员公寓、淄博客运中心等一批标志性建筑,大力推进城区道路、管网改造和旧居住区综合整治,加强城市精细化管理,城市面貌焕然一新。组织实施济青高速南线沂源段、国道 309 张店立交、中心城区大外环、引太入张、南水北调淄博段、泰青威天然气管线淄博段等一大批基础设施建设工程,城市的承载力和辐射力显著增强。抓住扩内需、保增长的历史机遇,策划实施了总投资 200 亿元以上的“两区三村”改造建设工程,已累计开工项目 291 个,完成安置房面积 874 万平方米,7 万多户城乡居民陆续乔迁新居,促统筹、惠民生、拓空间、带产业等多重功效日益显现。深入实施农村殷实小康十大工程,社会主义新农村建设取得显著成就。全面完成大中小型水库除险加固,五年新建改造农村公路 2320 公里,3008 个行政村的群众喝上了自来水,水、电、路、通讯、广电“村村通”和城乡一体的公共服务水平不断提高。

“十一五”时期,我们始终坚持加强节能减排和环境保护,生态文明建设取得新成效。坚持把节能降耗作为关键,把环境保护作为“命门”,以前所未有的力度狠抓工作推进和落实。严格目标责任约束,依法淘汰落后产能,切实加强节能减排技术改造，大力发展循环经济。先后淘汰水泥落后产能1100万吨、钢铁落后产能302万吨、建陶落后产能7750万平方米，关停“土小”企业3800多家。组织实施两轮“碧水蓝天行动计划”，完成环保投入260亿元，是“十五”期间的1.6倍。深度治理大气污染，空气质量良好率显著提高。新改扩建14座城镇污水处理厂，出水水质全部达到一级A排放标准，全市8条主要河流水质全面达到恢复鱼类生长的要求。建成市垃圾焚烧发电厂，城市生活垃圾全部实现无害化处理。全面提高大环境绿化水平，五年新增林地45万亩、园林绿地2000公顷，全市森林覆盖率达到35%，建成区绿化覆盖率达到42.2%，成功创建为国家园林城市和全国绿化模范城市。组织实施四宝山以及孝妇河、猪龙河、沂河、淄河等重点区域、重点流域生态修复工程取得重大成果。深入开展城乡环境综合整治，秸秆全面禁烧及综合转化利用工作成果不断巩固扩大，循环农业示范市建设取得明显成效。现在可以肯定地说，我们能够全面完成“十一五”节能减排各项目标任务，让淄博天更蓝、地更绿、水更清、气更爽的目标正在加快变为现实！

“十一五”时期，我们始终坚持用改革的办法破解发展难题，改革开放实现新突破。扎实推进重要领域和关键环节改革，着力消除制约老工业城市转型发展的体制机制障碍。市县政府机构改革基本完成，乡镇布局调整和机构改革稳步实施，扩权强镇改革顺利启动，区县域发展战略日益完善，经济社会发展活力明显增强。企业改革不断深化，创造性地组织实施一系列重大资产重组，上市公司历史遗留问题全部解决，股权分置改革全面完成，“淄博板块”健康发展壮大，五年新增上市公司8家，直接融资额达126亿元。抓住国家建立多层次资本市场的历史机遇，设立齐鲁股权托管交易中心，全省性股权交易市场建设迈出关键步伐。基本完成集体林权制度改革主体任务，其他各项改革取得积极成效。有效应对国际金融危机冲击，开放型经济水平不断提高。“十一五”期间，实际利用外资23.8亿美元，完成出口162亿美元，分别是“十五”时期的1.62倍和2.7倍，中海外、华润、茂业、PPG等一大批国内外著名企业进入淄博，宏达矿业成功收购秘鲁邦沟铁矿。成功举办了五届陶博会和新材料技术论坛，“新材料名都”和“淄博陶瓷·当代国窑”品牌影响力不断扩大。区域经济交流合作取得新成果，援川、援藏、援疆等工作成效显著。

“十一五”时期，我们始终坚持保障和改善民生，社会与民生建设取得新成果。各级财政用于民生建设的投入大幅增加，各项民生政策得到全面落实。实施积极的就业政策，五年累计新增城镇就业59万人次，农村劳动力转移就业39万人次。覆盖城乡的社会保障体系初步形成，保障水平逐步提高，城镇五项社会保险在全国同类城市中率先实现市级以上统筹，国有(集体)破产关闭企业退休人员医疗保险问题得到全部解决，新型农村合作医疗、新型农村养老保险实现全覆盖，城乡低保不断提标扩面，多层次住房保障体系逐步建立。五年来，我们全面实行了真正免费的义务教育，初步建立了从小学到大学的家庭经济困难学生资助体系;启动了医药卫生体制改革,政府办基层医疗机构实现国家基本药物零差率销售;组织实施了中小学布局规划调整、危房改造、标准化建设以及县乡卫生院、村卫生室改造提升等一大批民生和社会建设重点工程,突发公共卫生事件应急机制不断健全完善,低生育水平保持稳定,城乡教育、医疗条件显著改善。成功协办和承办第11届全运会、第22届省运会、省第8届残运会、亚青赛等重大体育赛事,全民健身深入开展,竞技体育连创佳绩。群众性精神文明创建活动蓬勃深入,文化事业和文化产业繁荣发展,被命名为创建全国文明城市工作先进市和全国未成年人思想道德建设先进市。国防动员和民兵预备役工作扎实有效,双拥工作实现“六连冠”。固本强基维稳工程深入实施,“平安淄博”建设成效显著,安全生产形势保持稳定,食品药品安全和质量监管不断加强,应急管理体制日益完善,荣获全国社会治安综合治理优秀市称号。妇女儿童、慈善、残疾人、红十字、仲裁、老龄、民族宗教、外事、侨务、对台、史志、档案、人防、防震减灾、气象、统计、新闻出版、广播电视等各项事业都取得了新成绩、实现了新发展。

在推动经济社会又好又快发展的同时,我们始终高度重视转变政府职能、加强自身建设,法治政府、责任政府、阳光政府和服务型政府建设取得新成效。深入推进依法行政,不断完善科学化、民主化、法治化决策机制,深化行政审批制度改革,全面推行政务公开,严格规范行政执法行为,加大行政问责力度。自觉接受人大及其常委会的监督和政协的民主监督,虚心听取各民主党派、工商联和社会各界的意见,认真办理人大代表建议和政协委员提案。严格落实党风廉政建设责任制,强化行政监察和审计监督,严肃查处违法违纪案件。切实加强公务员队伍建设,大力弘扬认真专业务实政风,不断健全推进落实的工作机制,行政效能和服务水平进一步提高。刚刚过去的2010年,全市上下认真贯彻落实党的十七大和十七届五中全会精神,统筹推进保增长、转方式、调结构、惠民生各项工作,胜利完成了市十三届人大三次会议确定的各项目标任务。全市地区生产总值比上年增长13.7%,地方财政收入增长26.1%,规模以上固定资产投资增长22.6%,社会消费品零售总额增长18.8%,外贸进出口与实际利用外资分别增长39.1%、11.8%,城市居民人均可支配收入和农民人均纯收入分别增长13%、14.75%,为“十一五”发展画上了一个圆满的句号。

各位代表!过去五年的发展历程波澜壮阔。在中共淄博市委的坚强领导下,我们积极作为、化危为机,坚决贯彻落实中央和省委、省政府一系列重大决策部署,积极应对国际金融危机冲击,谱写了在逆境中奋进、在转型中发展的壮丽篇章;我们万众一心、顾全大局,以顽强的作风和一流的工作,出色完成了支援北川灾后重建以及“4·28”救援处置等重大急难险重任务,彰显了淄博城市精神,为淄博和全省人民增了光添了彩;我们全力以赴、众志成城,成功举办了第22届省运会、亚青赛等一系列重大赛事,向省委、省政府和全省人民兑现了举办一届有特色、高水平、精彩圆满体育盛会的庄严承诺，充分展示了淄博科学发展、和谐发展的成就，极大地提振了全市人民的自信心和自豪感。这些大事、盛事、难事，必将在淄博经济社会发展史上留下浓墨重彩的一页！

过去的五年，是老工业城市加速转型发展的五年，是淄博新的竞争优势明显增强的五年，是人民群众得到更多实惠的五年，是我们在建设殷实和谐经济文化强市的道路上阔步前进的五年。如今的淄博，经济繁荣，社会和谐，政通人和，人心思上。这样的大好局面，得益于党中央、国务院和省委、省政府的科学决策和亲切关怀，胡锦涛总书记、温家宝总理亲临我市视察，给全市人民极大鼓舞和有力鞭策。这样的大好局面，得益于市委的正确领导，得益于市人大、市政协和社会各界的大力支持，得益于全市人民团结拼搏、励精图治、奋发努力。在此，我代表市人民政府，向全市人民，向各民主党派、工商联、各人民团体和社会各界人士，向驻淄部队、武警官兵、政法干警和中央、省驻淄单位，向海内外所有关心支持淄博发展的同志们、朋友们，表示衷心的感谢和崇高的敬意！

在充分肯定成绩的同时，我们也清醒地看到，我市经济社会发展还面临一些困难和问题，主要是：经济结构性矛盾依然比较突出，自主创新能力和产业竞争力还不够强，转变发展方式任务繁重；资源环境和发展空间约束增强，节能减排压力依然较大，推动可持续发展面临新的挑战；统筹城乡一体化和促进区域协调发展任务艰巨，保障和改善民生财政压力很大。同时，面对科学发展的新形势新要求，政府职能还需进一步转变，依法行政的能力还需进一步提高，作风效能建设还需进一步加强。对这些困难和问题，我们高度重视，要采取更加扎实有效的措施，努力加以解决。

二、“十二五”时期经济社会发展的总体思路和目标任务

从今年开始，已进入第十二个五年规划时期。根据党的十七大、十七届五中全会精神和市委十届十一次全会精神，市政府编制了《淄博市国民经济和社会发展第十二个五年规划纲要（草案）》。《纲要（草案）》及《说明》已印发大会，请一并予以审议。

“十二五”时期是全面建设小康社会的关键时期，是深化改革开放、加快转变经济发展方式的攻坚时期。今后五年，我们要高举中国特色社会主义伟大旗帜，以邓小平理论和“三个代表”重要思想为指导，深入贯彻落实党的十七大和十七届三中、四中、五中全会精神，以科学发展为主题，以加快转变经济发展方式为主线，以富民强市为目标，进一步坚持内涵发展，突出加强结构调整，突出统筹城乡发展，突出改善民生维护稳定，深化改革开放，着力推动淄博老工业城市新的转型发展，不断开创殷实和谐经济文化强市建设新局面。

——以科学发展为主题，就是始终坚持发展是硬道理的本质要求，聚精会神搞建设，一心一意谋发展，更加注重以人为

本,更加注重全面协调可持续发展,不断增创新优势,实现新跨越。

——以加快转变经济发展方式为主线,就是把加快转变经济发展方式贯穿到"十二五"发展全过程和经济社会各领域,痛下决心、坚定不移打好转方式调结构这场硬仗,切实做到在发展中促转变、在转变中谋发展。

——以富民强市为目标,就是坚持从人民群众的根本利益出发谋发展、促发展,坚持经济与文化融合发展,强市与富民有机统一,切实做到发展为了人民,发展依靠人民,发展成果由人民共享。

——进一步坚持内涵发展,突出加强结构调整,突出统筹城乡发展,突出改善民生维护稳定,就是将这一符合科学发展观要求、符合淄博发展阶段性特征的总体工作思路长期坚持下去,努力走出一条具有淄博特色的科学发展新路子。

——着力推动淄博老工业城市新的转型发展,就是坚持转方式、调结构、促增长有机统一,坚持规模、质量、效益有机统一,坚持产业布局、城镇建设、生态保护和谐统一,全面提高内涵发展、科学发展水平。

根据这一指导思想,综合考虑未来发展趋势和条件,《纲要(草案)》提出了"十二五"时期的主要发展目标,主要包括五个方面:一是经济保持平稳较快发展,地区生产总值年均增长12%左右,到2015年力争突破5000亿元;地方财政收入年均增长15%左右,到2015年突破300亿元。二是结构调整取得重大进展,服务业增加值占地区生产总值的比重提高到43%,高新技术产业产值占规模以上工业总产值的比重每年提高1个百分点以上,全面完成节能减排任务,初步建立起以战略性新兴产业和现代服务业为主导的产业体系。三是统筹城乡发展迈出更大步伐,"四个层级"的新型城镇化格局基本形成,城镇化率提高到68%,生态和谐宜居的城市特色更加彰显。四是群众生活更加殷实富裕,城市居民人均可支配收入和农民人均纯收入年均分别增长12%和13%左右,实现城乡群众收入与经济发展同步增长。五是社会事业协调发展,社会管理明显加强,社会更加和谐稳定。

各位代表!深入分析国内外发展形势,"十二五"时期仍然是可以大有作为的重要战略机遇期,我们既面临难得的历史机遇,也面临诸多可以预见和不可预见的风险与挑战。我们要切实增强机遇意识和忧患意识,科学把握发展规律,加快转变发展方式,着力推动淄博老工业城市新的转型发展,实现科学发展、富民强市新跨越。这是我市社会主义现代化建设承前启后、继往开来的重大历史使命,是全市人民过上更加美好生活的新期待新要求。我们坚信,有市委的坚强领导,有"十一五"发展打下的良好基础,有广大人民群众的信任和支持,只要我们同心同德、奋发进取,充满激情、科学创业,就一定能够战胜各种艰难险阻,把"十二五"美好蓝图变为现实,谱写殷实和谐经济文化强市建设的新篇章!

三、2011年经济社会发展的目标任务和工作重点

2011年是建党90周年,也是"十二

五”开局之年,做好今年工作具有十分重要的意义。考虑到与“十二五”发展目标相衔接,今年经济社会发展的主要预期目标建议为:地区生产总值增长12%左右,地方财政收入增长15%左右,规模以上固定资产投资增长20%左右,社会消费品零售总额增长18%左右,外贸进出口与实际利用外资均增长12%左右,城市居民人均可支配收入和农民人均纯收入分别增长12%和13%左右,人口自然增长率控制在2.6‰以内,城镇登记失业率控制在4%以内,居民消费价格涨幅控制在4%左右。万元生产总值能耗、二氧化硫、化学需氧量、氮氧化物、氨氮排放量削减目标,按照省下达的“十二五”总量控制任务分解到各年度,作为约束性指标确保完成。重点抓好以下五个方面的工作:

(一)努力保持经济平稳较快发展。深入把握积极稳健、审慎灵活的宏观经济政策取向,贯彻落实好积极的财政政策和稳健的货币政策,始终把保持经济平稳较快发展,作为一项长期性、全局性的重要战略任务,牢牢抓在手上。

抓好即期经济运行。加强对重要生产要素和生活资料的组织协调,确保城乡居民生活和企业正常生产的需求。积极帮助企业加大市场开拓力度,特别要研究利用好国家拉动内需的政策,扩大我市大宗产品的国内市场份额。加强市场与价格调控监管,保障重要生活必需品供应。及时采取临时价格补贴等措施,对相关困难群体进行补助,加快建立社会救助和保障标准与物价波动挂钩的联动机制。

促进投资、消费、出口协调拉动。一是保持有效投资的适度较快增长。充分发挥投资拉动经济增长的主导作用,把握投资重点,优化投资结构,促进投资稳定增长。加快推进扩内需、保增长结转项目建设,确保按期竣工达效。健全重大项目推进机制,完善建设条件,强化要素支撑,启动实施一批“十二五”规划重点项目。二是更加注重发挥消费对经济增长的拉动作用。认真落实中央和省关于收入分配制度改革的要求,努力实现居民收入增长与经济发展同步、劳动报酬增长与劳动生产率提高同步,增强居民消费能力。完善城乡流通网络,加快构建现代流通体系,不断优化消费环境,促进消费结构优化升级。三是稳定和拓展外需。加快出口结构转型升级,大力培育机电、医药、纺织、轻工等特色产业出口基地,扩大机电产品和高新技术产品出口。支持高新区等服务外包产业聚集区发展,扩大服务贸易规模。增加能源资源性产品、先进技术装备以及关键零部件进口。继续鼓励具有比较优势的企业“走出去”投资办厂,建设境外资源生产供应基地,扩大对外工程承包,拓展经济发展空间。

做好财税金融工作。强化效益优先理念,加强财政、信贷、产业、土地和节能、环保政策的协调配合,加大对优质财源项目的支持力度,合力推动转方式、调结构、增财源。依法加强税收征管,加大综合治税和非税收入管理力度,提高国有资产和政府资源运营收益。优化支出结构,严格控制一般性支出,集中财力保重点、保民生。进一步优化金融生态环境,完善政银企协作机制,支持金融机构创新金融产品、优化信贷投向,更好地为保发展、转方式服务。加快地方金融体系建设,支持地方金融机构创新发展、做大做强。

(二)推动结构调整实现新突破。经济结构的战略性调整是推进发展方式转变的主攻方向,是一项长期而艰巨的重要任务,必须以更大的决心和力度加以推进,务求取得实质性进展。

着力调整优化工业结构。坚持改造提升传统产业与培植壮大新兴产业"双轮驱动",切实提高淄博工业整体素质和竞争力。一是加快传统产业改造升级。启动实施新一轮技改计划,建立重大装备改造目录,逐年组织实施。每年重点扶持30个左右设备投资额在2亿元以上,规模、效益指标在国内同行业领先的重点技术改造项目,加快提升传统产业的技术装备和工艺水平。年内力争完成企业技改投资670亿元以上。通过技术改造,着力培植龙头企业,培育名牌产品,拉长产业链,提高产业集中度,壮大优势产业集群。深入推进工业化、信息化"两化融合",在重点行业培植15家信息化示范企业,扶持一批"两化融合"项目,以信息化促进传统产业改造升级。抓住时机引进更多的行业领军企业、国内外前沿技术和优质资本,做足做活"引进优质增量,盘活提升存量,扩大优化总量"这篇大文章。二是大力培育战略性新兴产业。积极实施新兴产业倍增工程,三年内筹措新兴产业专项资金3亿元,全力支持新材料、新能源、新医药等一批重大核心关键技术研发及产业化项目,加速形成技术与规模优势,提高核心竞争力,争取到2012年,新兴产业产值在2009年基础上翻一番。壮大创新成长型企业群体,增强对新兴产业的拉动作用。建立支持新兴产业跨越发展的体制机制,对重大革命性技术成果以及能够带来巨大市场效益的产业化项目,从土地、融资、人才、服务等各个方面研究采取优惠政策,全力以赴予以保障支持。

加快服务业提质增效。坚持壮大规模与提高质量并重,力争全市服务业增加值占比提高2个百分点左右,服务业对就业和地方财政的贡献明显提高。一是着力构建服务业跨越发展的优质载体。立足优势、突出特色,编制实施全市重点服务业发展规划,加快鲁中物流"旱码头"、全省性股权交易市场和国内外知名旅游品牌城市建设步伐。加大政策倾斜和要素保障力度,着力扶持一批既与现代制造业密切相关、又能有效提升城市功能、显著增加地方财源的高端生产性服务业和生活性服务业项目。集中力量推进文昌湖旅游度假区建设,争取用五年左右时间,将这一区域建设成为统筹城乡示范区、高端服务业聚集区,带动全市服务业规模扩张和业态提升。二是完善政策体系。认真落实省政府关于支持服务业跨越发展的30条政策,结合我市实际,研究制定配套措施,为服务业发展创造良好环境。进一步推动服务业对外开放,积极引进优质资本和著名品牌,带动服务业转型升级。三是加快推进大型生产企业剥离非核心业务。落实优惠政策,加快推进重点制造业企业非核心业务的剥离工作,培育一批面向生产、独立运营、单独纳税的生产性服务业群体。

加快发展精准农业和都市农业。积极推进农业转方式调结构，加快构建高产、优质、高效、生态、安全的现代农业产业体系，促进农业持续增效、农民持续增收。一是提高粮食综合生产能力。深入开展粮食高产创建活动，加强桓台、高青、临淄“全国新增千亿斤粮食生产能力规划县”以及沂源、临淄全国旱作农业示范基地项目建设，改造提升百万亩优质专用粮食基地。二是启动实施蔬菜、畜牧、果业、苗木花卉四大产业振兴计划。整建制推进沂源、博山和淄川东南部有机农产品生产区建设，以10万头山东黑牛产业化工程为龙头，加快建设高青黄河三角洲高效生态畜牧区，推进农业产业化、标准化、品牌化。三是大力发展都市农业。注意搞好与城建规划、土地利用规划、生态建设规划的有机衔接，突出抓好中心城区核心都市农业项目区和百家市级示范园区建设，丰富都市农业内涵，提高农业综合效益。四是进一步巩固农业基础地位。全面落实各项强农惠农政策，拓宽农民增收渠道。抓住用好国家启动新一轮水利设施建设、省里启动现代水利示范省建设的机遇，积极争取中央和省投资，加紧规划建设一批水利项目。今年再解决8.5万农村人口饮水安全问题。继续深化农村集体林权制度改革，积极稳妥推进农村土地承包经营权流转市场建设，大力发展农民专业合作社，增强农业和农村发展活力。

去年入冬以来，我市遭遇历史罕见的特大干旱，目前旱情还在进一步发展。我们要切实加强组织领导，动员全社会力量加大资金、科技、物资投入，确保大旱之年农业丰收、人畜饮水安全，坚决打好抗旱夺丰收、保发展、保民生这场硬仗。

（三）强化转方式调结构的有效支撑。打好转方式调结构这场攻坚战，需要切实强化关键因素、重要条件的有力支撑。为此，必须在以下五个方面狠下功夫：坚定不移抓好节能减排。进一步健全节能减排长效机制，强化节能减排目标责任考核，根据省下达我市的“十二五”和2011年节能减排目标，逐级分解落实到各区县、各有关部门和重点企业，加强督查，确保不折不扣地完成。加大淘汰落后产能力度，坚决关停能耗高、污染重、不具备安全生产条件的“土小”企业，确保完成省下达给我市的淘汰落后产能计划。加大对节能减排新技术、新工艺、新产品以及发展循环经济重点企业的扶持力度，加快重点装备节能减排技术改造，积极发展节能环保产业，加强公交、建筑以及公共机构等重点领域节能工作，积极稳妥地推进资源性产品价格和环保收费改革，加快构建低碳产业体系和绿色生活方式。把优化能源消费结构摆上重要位置，建设中石油沧淄线与泰青威天然气管线连接线工程，稳步推进清洁能源替代工作。

切实改善城乡生态环境。以创建国家环保模范城市为目标，全面提升城乡环境质量。一是加大污染治理力度。深度实施大气污染治理再提高工程，积极推进小电厂整合、大电厂替代发电工作，有效防治二氧化硫、粉尘、烟尘和扬尘污染。新建扩建改造一批城镇污水处理厂，加大城区雨污管网改造力度，污水处理能力提高到85万吨/日。继续抓好重点流域综合整治,确保全市主要河流水质稳定达标。大力加强水源地保护、农村面源污染治理,尽快完善城乡垃圾一体化处理体系,切实保障环境安全。大力推广农村沼气,巩固秸秆禁烧和转化利用成果。加大结构减排、管理减排力度,严厉打击环境违法行为。二是扎实推进生态建设。重点实施“两库三河一山一湿地”生态建设工程、“清水润城”工程和“森林围城”工程,高标准完成中心城区大外环绿化等重点项目,全年完成造林10万亩,新增园林绿地280公顷以上,加快创建国家生态园林城市。

着力增强创新发展能力。抓住我省开展国家技术创新工程试点的机遇,进一步完善创新体系。一是大力推进创新平台建设。组织开展“技术中心提升计划”,支持东岳膜工程研发中心建设,提升氟硅材料和医疗设备两大技术创新联盟的运作水平,加快组建化工行业技术创新联盟,提高集成创新能力。支持高新区创建国家创新型科技园区,切实发挥其辐射、带动功能。二是围绕提升产业核心竞争力,深化产学研合作。加强技术攻关,组织实施一批重大技术创新项目,重点抓好与山东理工大学等高等院校、科研院所在新能源汽车、超级电容、集成电路、大功率磁悬浮电动机等方面的联合攻关,力求取得实质性突破。三是优化创新环境。以建设国家知识产权工作示范市为契机,提高知识产权创造、运用和保护工作水平。设立市政府企业管理创新奖,推动企业管理创新。坚持人才优先、以用为本,加强高层次人才和高技能人才队伍建设,激发全社会创新活力。

大力推进集约发展。当前,我市发展面临的空间约束日益强化,这是影响可持续发展的重大瓶颈制约,必须高度重视优化产业布局、促进集约发展。一是提高园区集约集聚发展水平。切实加强新一轮城市总体规划、土地利用总体规划和年度计划、产业布局规划之间的有效衔接,以现有省级以上园区为主要载体,完善园区考核办法,创新园区利益分配机制,激励企业向园区集中,努力把重点园区建设成为高端高质高效项目和产业的聚集区。二是提高土地节约集约利用水平。深化国土资源管理改革试点,强化用地规划管控,加大存量土地盘活力度,优先保障重点项目建设用地。积极稳妥推进农村土地综合整治,进一步将土地综合整治与增减挂钩和农村住房建设有机结合起来,在尊重农民意愿、维护农民合法权益的前提下,加大启动资金投入,加快工作推进,提高规范整治水平。

创新投融资体制。政府投资要更加注重讲求收益和效率,发挥“四两拨千斤”的引导带动功能。切实放宽市场准入,进一步激活民间投资。毫不放松地抓好招商引资工作,突出抓好产业招商,加大股权并购、境外上市力度,扩大招商引资规模,优化利用外资结构,显著提高新兴产业和现代服务业利用外资比重。大力培育上市资源,推动具备条件的企业尽快实现上市,为转方式调结构提供坚实支撑。按照立足鲁中、辐射全省的要求,支持齐鲁股权托管交易中心健康快速扩容,全面提升监管运营水平,更好地发挥全省性股权交易市场的功能。

（四）扎实推进城乡统筹发展。坚持把统筹城乡发展作为转变经济发展方式的重要依托，科学把握新型城镇化发展趋势，加快生态和谐宜居城市建设，提高统筹发展水平。

进一步强化规划引控。贯彻落实国家主体功能区战略，深度对接全省"一蓝一黄"重大区域发展规划，抓紧编制完善全市主体功能区规划，明晰优化开发区、重点开发区、限制开发区和禁止开发区，形成全面、协调、可持续的空间开发建设格局。启动实施全市新一轮土地利用总体规划和城市总体规划，突出抓好"四个层级"控制性详细规划的编制，按照"六个一体化"要求，编制完善产业、生态、基础设施、公共服务等专项规划，实现发展目标、国土指标与规划坐标的有机统一。全面提升城市设计水平，进一步彰显城市特色，提升城市形象。

着力提升城镇功能。坚持"中心凸显、十字展开、组团发展"，协调推进新城区建设和老城区改造，全面提高城市现代化水平。一是加快新城区建设步伐。集中力量推进市文化中心建设，加快提升新城区商务、行政、文体功能，高质量建设新城区水系，启动中心城区百栋高层建筑建设工程，进一步推升中心城区建设发展水平。二是加大旧城改造力度。探索对老城区实行一个开发主体、连片综合开发新模式，集中推进中心城区城市综合体建设，打造功能现代、辐射力强的高端服务业聚集区。加大老旧居住区综合整治力度，基本完成主要道路两侧建筑物立面整治和背街小巷环境整治，进一步改善城市面貌。三是全面完成"两区三村"改造建设任务。如期完成三年改造建设计划，确保群众和谐还迁，兑现党委、政府向广大群众的郑重承诺。同时，与中心镇改革发展试点有机结合，加强中心镇、中心村规划建设，培育一批有一定产业基础、辐射带动能力强、特色鲜明的经济强镇、文化名镇和区域重镇。四是加强重要基础设施建设。组织实施一批公路交通、城区路网改造和农村公路建设重点工程，实现中心城区大外环东、北、西三面贯通。深化公交优先战略，创造安全快捷、低碳环保的出行环境。积极推进轻轨交通规划设计，推动晋豫鲁铁路通道沂源段、寿平铁路桓台段顺利建设。加快南水北调淄博段建设步伐。完善城乡一体化供水体系，确保城乡居民饮水安全。

提高城市管理水平。强化规划执法，确保规划的严肃性和权威性，坚决查处各类违规违章建设。加强市级数字化城市管理平台建设，构建网格化、即时性、全覆盖的城市管理长效机制，提高城市管理的精细化、规范化、科学化水平。深入实施城乡环境综合整治，抓好村镇硬化、绿化、净化、亮化，进一步改善城乡环境质量。

（五）加强社会建设切实保障民生。大力加强社会建设与管理创新，建立健全公共服务体系。全面落实国家和省有关保障和改善民生的决策部署，调整优化财政支出结构，将更多的财力投向民生支出，在改善民生上多办实事。

促进就业稳定增长。实施就业优先发展战略，多渠道开发就业岗位，最大限度增加就业容量。落实各项就业扶持政策,推进“三支一扶”、“服务社区计划”等基层就业项目,突出抓好高校毕业生等重点群体就业工作。加快规划建设统一规范的市级人力资源市场,完善职业介绍和培训补贴政策,加强创业孵化基地建设,提高劳动者就业、创业能力。力争年内新增城镇就业7.6万人,新增农村劳动力转移就业6.2万人。

健全社会保障体系。一是提高社会保障水平。根据省政府要求落实好市县配套资金,按期实现国家新农保全覆盖。选择有条件的区县开展城镇居民养老保险试点。加快建立社会保险待遇与经济发展、居民收入增长相联系的正常调整机制,稳步提高社会保障水平。较大幅度提高城乡低保、城镇居民医保、新农合财政筹资和公共卫生服务人均标准。继续提高企业退休人员养老金水平,提高失业保险金标准,调整工伤人员伤残津贴、护理费和供养亲属抚恤金标准。落实集中和分散抚养孤儿基本生活费财政支付政策。二是推进保障性住房建设。大规模推进公租房等保障性安居工程建设,多渠道增加保障性住房投入,积极开展公积金支持保障性住房建设试点。通过新建、改建等方式新增各类保障性住房8700套,新增廉租住房补贴500户。

加快发展社会事业。认真组织实施全市中长期教育改革和发展规划纲要,全面推进素质教育,加快普及学前三年教育,大力发展职业教育,积极开展教育改革试点,努力在促进教育公平的基础上增加优质教育资源。提高农村中小学生均公用经费补助标准和寄宿生生活费补助标准,提高各类高校和职业学校的生均拨款水平,提高高校助学金标准。继续深化医药卫生体制改革,着力抓好基本药物制度建设和公立医院改革试点,尽快启动市医疗中心规划设计工作,加快构建新型城市卫生服务体系和农村三级医疗卫生服务网络。健全激励和制约并重的利益导向机制,稳定低生育水平。健全食品药品监管网络,提高食品药品质量安全水平。抓好全市文化体制改革和文化产业振兴大会决策部署的落实,繁荣发展文化事业,加强公共文化服务体系建设,加快把文化产业打造成为国民经济新的支柱性产业。促进妇女儿童、老龄、残疾人、慈善、红十字等各项事业健康发展。努力争创全国文明城市。加强国防动员、民兵预备役和人民防空建设,深入推进双拥共建,努力实现“七连冠”。统筹群众体育、竞技体育、体育产业协调发展,做好第七届全国城运会协办工作。

推进社会管理创新。适应社会结构加快变动、利益格局深刻调整的新形势,科学整合社会管理资源,创新社会管理方式。深入实施第三个社区建设三年规划,增强社区的管理和服务功能。加强流动人口、网络虚拟社会和社会组织管理服务工作。大力实施固本强基维稳工程,推动“法治淄博”建设,以群众工作统揽信访工作,着力解决涉及群众利益的突出问题。完善社会治安防控体系,依法防范和严厉打击各类违法犯罪活动,不断提高人民群众的安全感和对社会治安的满意度。扎实开展“安全生产基层基础深化年”活动,坚决遏制较大以上安全生产事故。加强突发事件应急管理，提高预防预警和应急处置能力。

四、加强政府自身建设

面对“十二五”时期经济社会环境的新变化和人民群众的新期待，必须着力转变政府职能，切实提高依法行政水平和行政效能，加快建设法治政府、服务型政府。

（一）深化行政管理体制改革。深入推进扩权强县、扩权强镇改革，巩固发展市县政府机构改革和乡镇机构改革成果，搞好经济发达镇行政管理体制改革和中心镇发展改革试点，增强区域发展内生动力。积极稳妥地推进事业单位分类改革。进一步减少和规范行政审批，强化各级行政服务中心“一站式”服务功能，着力推进行政审批“两集中、两到位”和建设项目联合审批改革，加强电子政务建设，推动政府管理与服务创新。

（二）提高依法行政水平。更加注重加强制度建设，强化对行政权力运行的监督和制约，加快建设法治政府。健全重大行政决策规则，完善风险评估机制，推进决策的科学化、民主化、法治化。进一步规范行政执法，严格依照法定权限和程序行使权力、履行职责，严格规范行政裁量权行使，避免执法的随意性。加强行政复议工作，依法化解社会矛盾纠纷。自觉接受人大及其常委会的监督、政协的民主监督，高度重视舆论监督，依法保障人民群众监督政府的权力。强化行政监察和审计监督，严格行政问责，对有令不行、有禁不止、行政不作为、乱作为、失职渎职等行为，依法依纪严肃追究有关责任人直至主要行政负责人的责任，坚决做到有错必纠、有责必问、从严治政。完善依法行政考核制度。全体政府工作人员特别是领导干部要带头学法、尊法、守法、用法，做依法行政的表率。

（三）大力转变工作作风。面对复杂多变的经济形势和艰巨繁重的工作任务，各级政府及其部门要密切关注、准确把握宏观经济政策变化，更加善于发现机遇、抓住机遇、用好机遇，善于化挑战为机遇、变压力为动力，牢牢掌握工作主动权。进一步深化作风效能建设，把认真专业务实的要求融入到推动改革发展的具体工作中，体现到一个个工作项目上，狠抓落实，务求实效。健全完善与转变经济发展方式、促进内涵发展相适应的工作考核和绩效评价体系，树立正确导向，严格考核奖惩，确保各项任务目标顺利实现。

（四）加强廉洁勤政建设。深入推进反腐倡廉制度创新，严格执行党风廉政建设责任制，加大查办违纪违法案件工作力度，坚决查处和纠正损害群众利益的不正之风，维护社会公平正义，提高政府公信力。弘扬艰苦奋斗、勤俭节约的优良作风，加强节约型机关建设，各级行政性支出做到零增长，努力降低行政成本，把有限的资金和资源更多地用在发展经济和改善民生上。全体政府工作人员特别是领导干部，要牢记为人民服务的根本宗旨，严格执行廉洁自律各项规定，加强修养，自警自励，秉公用权，以廉洁勤政的实际行动取信于民，树立和维护政府的良好形象。

各位代表,我们已经踏上"十二五"改革发展的新征程。站在新的历史起点上,我们倍感肩负的使命重大而光荣。让我们更加紧密地团结在以胡锦涛同志为总书记的党中央周围,以邓小平理论和"三个代表"重要思想为指导,深入贯彻落实科学发展观,在中共淄博市委的坚强领导下,埋头实干,锐意进取,为夺取全面建设小康社会新胜利而努力奋斗!

责任校对:雷子朋

关于淄博市2010年国民经济和社会发展计划执行情况与2011年计划草案的报告

——2011年2月20日在淄博市第十三届人民代表大会第四次会议上

市发展和改革委员会主任　李树民

各位代表:

我受市人民政府委托,向大会提交2010年国民经济和社会发展计划执行情况与2011年计划草案的安排意见,请予审议,并请市政协委员和其他列席会议的同志提出意见。

一、2010年国民经济和社会发展计划执行情况

2010年,面对复杂多变的国内外形势,全市上下在市委的坚强领导下,坚持以科学发展观统领全局,认真组织实施市十三届人大三次会议批准的国民经济和社会发展计划,有效巩固和扩大了应对国际金融危机冲击成果,保持了经济平稳较快发展的良好态势,顺利实现了"十一五"发展目标。

(一)国民经济转入平稳健康发展轨道,运行质量和效益继续提高。全年全市地区生产总值完成2866.75亿元,同比增长13.7%。农业平稳发展,粮食生产连续8年获得丰收,粮食总产175.5万吨,同比增长7.5%;蔬菜、林果、畜牧等主导产业发展步伐加快,市级以上农业龙头企业发展到122家,已认证市级农业标准化生产基地100万亩,"三品一标"数量达到221

个。成功创建为全国绿化模范城市。工业保持较快发展,规模以上工业增加值1808.32亿元,同比增长16.18%。服务业发展开始提速,服务业增加值占地区生产总值的比重达到34.7%,同比提高1.1个百分点。经济效益继续提高,全市规模以上工业销售收入、利税、利润分别为7709.86亿元、966.72亿元和560.84亿元,同比分别增长31.1%、38.28%和50.09%。财税收入增长较快,全市境内财政总收入达到398.19亿元,同比增长26.01%;其中地方财政收入162.4亿元,同比增长26.11%。金融运行比较平稳,全市金融机构各项人民币存款余额2470.56亿元,比年初增加325.35亿元;各项贷款余额1686.13亿元,比年初增加290.84亿元。城乡居民收入继续增加,城镇居民人均可支配收入和农民人均纯收入分别为21784元、9195元,分别增长13%和14.75%。

(二)转方式调结构取得积极进展,经济发展的内在动力和活力明显增强。产业布局调整力度加大。中心城区东部化工区搬迁改造进展顺利,新建化工园区基础设施完成90%以上,村庄搬迁基本完成,企业搬迁项目全面开工。自主创新能力建设得到加强,高新技术产业较快发展。新增省级以上各类研发中心21家、省院士工作站10家、博士后流动工作站4家;组织实施技术改造项目1317项,实现技改投资580亿元;全市规模以上高新技术产业产值3022.11亿元,同比增长36.82%,占规模以上工业总产值的比重达到38.15%,比上年末提高2.35个百分点。现代服务业发展进一步加快。组织实施了42个现代服务业项目,文昌湖省级旅游度假区、中心城区城市综合体等一批重大项目签约实施。节能减排和环境整治取得显著成效。重点行业、重点企业能耗不断下降,能够完成省政府下达的"十一五"节能任务目标;全面启动创建国家环境保护模范城市工作,整治污染企业1576家,关停土小企业687家,全市8条重点河流、15个重点河流断面基本达到恢复鱼类生长要求,饮用水源地水质达标率100%,能够完成省政府下达的"十一五"主要污染物减排任务目标。需求结构趋于均衡。投资结构进一步优化,全市规模以上固定资产投资1290.92亿元,同比增长22.6%;其中,服务业投资所占比重达到47.1%,同比提高1.6个百分点。消费拉动作用增强,全市社会消费品零售总额1005.68亿元,同比增长18.8%;居民消费价格上涨2.7%,低于全国、全省水平。

(三)城乡基础设施建设进一步加强,统筹城乡发展迈出坚实步伐。生态和谐宜居城市建设加快推进。抓住承办省第22届运动会契机,圆满完成了体育中心和运动员公寓等重大项目建设。先后启动实施城市路网提升、园林绿化、城区亮化、环境综合整治等城市建设重点项目,城市面貌焕然一新。对56条城区道路进行了新建、改建,中心城区6条主干道路建设及改造提前竣工通车;组织实施了植物园景观提升等城市园林绿化工程,新增园林绿地286公顷;"两区三村"改造工程进度加快,累计开工建设棚户区、老旧工矿区、城中村项目86个,完成安置房面积242.07

万平方米;完成农村住房63894户、农村危房改造18271户。城乡垃圾一体化工程进展顺利,组织实施24座城乡生活垃圾中转站和卫生填埋场建设;实施了3座城市污水处理厂升级改造和3座乡镇污水处理厂建设工程,污水处理厂处理率位居全省前列。城乡交通设施建设力度加大。中心城区大外环和干线公路升级改造加速推进,张博附线北延长线等7个公路重点项目进展顺利。水利设施建设得到加强,“引太入张”供水工程及孝妇河提升改造工程进展顺利,田庄水库等大中型水库和58座小型水库除险加固工程全面完成。建设农村殷实小康十大工程取得新进展,优势绿色农产品基地建设、农业服务体系工程、农村社保网络建设工程、农村人居环境建设工程等顺利推进。

(四)体制机制改革向纵深推进,对外开放水平进一步提高。综合配套改革扎实推进,桓台县全省经济体制改革县级试点总体工作方案获省政府批准;农村各项改革继续深入,农村土地承包经营权流转面积达到15.2万亩,企业上市融资取得新突破,蓝帆股份等4家企业成功上市,鲁信高新完成增发,合计融资近70亿元。金融创新力度加大,全省性股权交易市场建设取得积极进展,齐鲁股权托管交易中心挂牌企业17家、托管企业78家,新增小额贷款公司3家。对外开放不断扩大,全市实现外贸进出口67.23亿美元,同比增长39.1%,其中出口40.32亿美元,同比增长31.6%;实际利用外资5.86亿美元,同比增长11.8%;对外经济交流和合作继续扩大,成功组织参加了“西洽会”、“青洽会”等经贸活动,成功举办了陶博会、新材料技术论坛,利用国外贷款1900万美元。

(五)社会民生建设进一步加强,和谐社会建设取得新成绩。就业和社会保障工作得到加强。城镇新增就业15.27万人,年末城镇登记失业率为2.72%,全市参加社会保险人数累计达660.4万人次,市级新农保实现全覆盖,参保人数达到125.6万人。社会求助体系进一步健全,农村低保标准提高到每人每年1250元以上,城市低保标准提高到每人每月316元,农村五保集中供养率达到86.3%。教育、文化、卫生等各项社会事业全面发展。素质教育深入实施,教育管理水平进一步提升;淄博中学、市特教中心、张店八中等学校建设及校舍安全工程、农村中小学“两热一暖一改”工程、农村中小学教学仪器更新工程等教育重点工程进展顺利;医药卫生体制改革加快推进,政府办基层医疗机构基本实现国家基本药物零差率销售,成为全省首批在所有区县启动实施基本药物制度的城市;市中医院病房楼、市精神卫生中心病房楼扩建等重点项目及沂源县医院门诊楼等16个中央投资项目顺利实施;新型农村合作医疗制度不断完善,参合人数233.9万人,参合率达99.4%。公共文化服务体系建设进一步加强,市文化中心建设正式启动,新改建乡镇综合文化站16个,完善农村文化信息共享工程服务点129个,建设农村文化大院(社区文化中心)106处。人口和计划生育事业健康稳定发展,人口自然增长率控制在0.6‰。深入实施固本强基维稳工程,保持了对刑事犯罪的高压态势,积极化解社会矛盾，妥善处置突发事件和安全生产事故，维护了社会和谐稳定大局。成功承办了第22届省运会、2010年亚青塞、省老年人运动会、省残运动会等大型赛事，在省运会上取得了总分和奖牌总数全省第一、金牌数全省第二的历史性突破。圆满完成了对口援建北川的各项任务。创建全国文明城市工作取得丰硕成果。

总体上看，2010年全市经济从恢复性增长逐步转入平稳较快发展的正常轨道，圆满完成了"十一五"规划目标，为"十二五"开好局、起好步奠定了坚实基础。这是市委正确领导、人大依法监督、政协大力支持的结果，是全市上下抢抓机遇、克服困难、扎实工作的结果。同时，我们也清醒地看到，受外部环境变化、经济发展阶段性规律、老工业城市客观条件等多方面因素影响，经济社会发展中还存在一些突出矛盾和问题。一是经济运行中的困难和问题仍然较多。经济增长"高开低走"，地区生产总值、工业增加值等部分主要经济指标增幅呈逐步回落态势；受生产要素价格大幅上涨、人民币持续升值等因素影响，企业综合成本上涨压力不断加大；房地产市场运行的不确定因素明显增多，对经济运行的影响不容忽视。二是转方式调结构任务艰巨。产业发展不均衡的状况尚未根本改观，服务业占比仍然偏低；工业结构层次不高、发展方式粗放问题仍然比较突出，新兴产业规模偏小，竞争力不足；节能减排压力巨大，受产业结构等因素影响，我市能耗总量、单位能耗、主要污染物排放总量仍处于全省高位，特别是随着经济的不断增长，新增能耗、排放的压力日益加大。三是社会和民生领域的问题仍然较多。物价上涨，特别是食品和日用消费品价格的大幅上涨，给低收入群众家庭生活带来了较大影响；就业和社会保障压力较大，就业结构性矛盾突出，招工难与就业难问题并存；安全生产形势比较严峻等等。对于这些问题，我们将采取积极有效的措施，认真加以解决。

二、2011年经济社会发展的总体思路和预期目标

2011年，是中国共产党成立90周年，也是"十二五"时期开局之年。发展环境有很多积极因素，也面临诸多困难和问题的挑战。从国际看，世界经济缓慢复苏的趋势比较明显，但复苏的动力不强；特别是发达经济体经济增长缓慢、失业率居高难下，一些国家主权债务危机隐患尚未消除，国际大宗商品价格高位震荡，各种形势的贸易保护主义抬头等，国际金融危机并没有结束，甚至可能出现反复。从国内看，我国仍处于重要战略机遇期，经济发展长期向好的趋势没有改变；国家实施积极的财政政策和稳健的货币政策，有利于经济的平稳健康运行；但国内宏观经济形势仍然复杂，经济结构不合理、收入分配差距扩大、通胀预期增强等矛盾和问题仍然较多，不确定、不稳定因素仍然存在。从我市看，我们面临着既要应对金融危机的后续影响、努力保持经济平稳较快增长，又要适应外部环境变化和经济长远发展需要、加快实现调整转型目标的双重压力。2011年全市经济社会发展的总体思路是：全面贯彻党的十七大和十七届三中、四中、五中全会精神,坚持以邓小平理论和"三个代表"重要思想为指导,深入贯彻落实科学发展观,以科学发展为主题,以加快转变经济发展方式为主线,以富民强市为目标,进一步坚持内涵发展,突出加强结构调整,突出统筹城乡发展,突出改善民生维护稳定,深化改革扩大开放,巩固和扩大应对国际金融危机冲击成果,保持经济平稳较快发展和社会和谐稳定,推动老工业城市新的转型发展,确保"十二五"开好局、起好步,以优异成绩迎接建党90周年。主要预期性目标建议为:地区生产总值增长12%左右,规模以上固定资产投资增长20%左右,地方财政收入增长15%左右,社会消费品零售总额增长18%左右,外贸进出口总额增长12%左右,实际利用外资增长12%左右,城镇居民人均可支配收入和农民人均纯收入分别增长12%和13%左右,人口自然增长率控制在2.6‰以内,城镇登记失业率控制在4%以内,居民消费价格涨幅控制在4%左右。全面完成省政府下达的万元地区生产总值能耗、化学需氧量、二氧化硫、氮氧化物、氨氮排放量削减等约束性指标。

上述预期性目标的安排,充分考虑了与市"十二五"规划目标的衔接,体现了转方式调结构的工作要求,体现了以人为本、关注民生的发展导向。地区生产总值增长12%左右,主要是引导全市上下把更多精力转到加快经济发展方式,提升经济发展质量和效益,保障和改善民生上来。

三、2011年经济社会发展的重点工作和主要措施

(一)继续扩大投资和消费,在增强内需拉动力上实现新突破。一是着力启动一批"十二五"重大项目。从"十二五"储备项目中,集中筛选并启动实施一批消耗资源少、产出率高、带动能力强、引领产业升级和结构调整的重大项目。重点抓好总投资417.6亿元的35个重大项目。其中,能源交通项目2项,总投资69.8亿元;战略性新兴产业和高新技术项目13项,总投资174.5亿元;工业结构调整和技术改造项目8项,总投资84.7亿元;现代服务业项目6项,总投资54亿元;农林水利项目2项,总投资11.5亿元;社会民生项目4项,总投资23亿元。二是继续抓好项目策划储备和对上争取。完善投资项目储备库,围绕战略性新兴产业、现代服务业、城乡统筹等方面,策划一批重点建设项目并做好前期工作,争取更多项目列入国家、省重点建设项目范围。集中抓好化工物流及电子交易市场、东部化工区搬迁企业原址开发等重大项目的策划工作。三是突出抓好重大项目推进和管理工作。认真贯彻落实《淄博市重大项目建设管理办法(暂行)》和《淄博市政府投资项目稽查办法(暂行)》,进一步规范重点项目和政府投资项目管理程序,促进项目顺利实施。进一步完善重大项目联系挂包和投资项目联席会议制度,为重大项目建设创造良好环境和条件。认真抓好中央扩大内需投资项目的建设管理工作,确保项目实施效果。着力解决项目建设的要素制

约。进一步完善地方性投融资平台，加强信用担保体系建设，增强担保能力。继续完善政银企合作平台，搞好项目与金融机构的对接。强化集约节约利用土地，统筹安排建设用地指标，优先保证重点项目的建设用地需求。四是着力优化消费环境，促进消费升级。全面落实国家鼓励消费的各项政策，稳定扩大汽车消费，大力发展社区商业、物业、家政等服务性消费，积极开发与节假日相适应的旅游、文化、体育健身和网络等热点消费，推动消费结构优化升级。组织开展价格、收费、食品药品安全检查，加强国家标准和行业标准建设。积极启动和扩大农村消费，继续加快“万村千乡”市场工程建设，搞好“农超对接”，推进“家电下乡”、家电及汽车以旧换新，促进农村消费。五是维护市场经济秩序，保持价格总水平基本稳定。加大粮食、油料、肉类等重要农产品及大宗生活消费品的储备力度，努力保障市场供应。切实加大市场监控力度，严厉打击囤积居奇、哄抬物价、游资炒作等扰乱市场行为。

（二）加大产业结构调整力度，在推进产业转型升级上实现新突破。一是改造提升与培植发展并举，加快工业调整转型步伐。加大传统产业改造提升力度。启动实施新一轮“技术改造计划”，力争年内完成技术改造投资670亿元。加快淘汰落后产能，重点抓好建材、钢铁、轻工、纺织、有色金属等行业落后产能的淘汰工作，有序引导建陶、耐火材料、冶金等产业向外转移。坚持以产业链的思路发展产业，着力打造特色产业集群，重点培植石油化工、氟硅材料、功能玻璃、电动汽车、头孢产品等特色产业链，打造精细化工、功能玻璃、生物医药等特色产业集群。启动实施新兴产业倍增工程，建立新兴产业专项资金，研究制定新材料、精细化工、现代医药、电子信息、新能源及节能环保、汽车及机电装备等新兴产业发展规划和扶持政策，集中推进一批新兴产业项目；继续抓好对47家创新成长型企业的扶持，发挥其对新兴产业发展的引领作用。积极推进信息化与工业化融合，重点扶持15家示范企业和30个信息化改造项目建设。二是落实主体功能区划，促进产业布局优化升级。研究制定全市《关于进一步优化功能区划和产业布局促进城乡统筹发展的指导意见》，研究制定差别化的主体功能区发展政策，建立与产业布局调整相适应的项目审批、核准、备案机制，原则上凡不符合主体功能区划和产业布局规划要求的项目，一律不予立项审批。三是加强自主创新能力建设。培植、提升一批国家级、省级研发中心，继续抓好产学研紧密结合的技术创新联盟建设，力争企业研发投入占销售收入比重有较大幅度提升；加强与同济大学、山东理工大学、中国工程物理研究院等高校和科研院所的合作，强化对关键技术、重大技术的联合攻关，增强企业核心竞争力。强化工业设计创新体系建设，鼓励引导企业争创国家级、省级工业设计中心。支持高新区争创“国家创新型科技园区”。四是着力加快服务业发展。坚持政策引导、招商引资、项目策划、人才培养引进相结合，努力在现代服务业发展上取得新突破，力争服务业增加值占地区生产总值的比重提高2个百分点左右。切实加大服务业结构调整力度,大力发展现代物流、金融保险、科技服务、信息服务、创意服务、文化旅游等现代服务业,尽快形成优势和特色。进一步加大服务业投入,抓好总投资601亿元的81项服务业重点项目建设,突出抓好中国淄博太空港、名尚城市广场等高端服务业项目,集中力量推进文昌湖旅游度假区建设。继续加大服务业项目策划力度,专业化、高水平地策划一批能够带动服务业发展的重大项目,并组织实施。五是加快现代农业发展步伐。适应组团式城市特色,大力发展都市农业,突出抓好中心城区核心都市农业项目区和百家市级示范园建设。加强高青、桓台、临淄"全国新增千亿斤粮食生产能力规划县"以及沂源、临淄全国旱作农业示范基地建设,改造提升百万亩优质专用粮食基地。启动实施蔬菜、畜牧、果业、林木花卉四大产业振兴计划,整建制推进沂源、博山和淄川东南部有机农产品生产区建设,加快建设高青黄河三角洲高效生态畜牧区。巩固和发展全市秸秆禁烧及综合利用成果,推行循环农业发展模式,积极创建全国循环农业示范市。加强农业标准化、产业化、集约化、品牌化建设,继续推进"三品一标"认证,扶持122家重点农业龙头企业发展。

(三)积极推进城乡统筹,在城乡一体化发展上实现新突破。认真贯彻落实《关于加快推进统筹城乡发展的意见》,突出重点,分步推进,力争取得明显突破。一是形成科学高效的统筹城乡规划体系。尽快启动产业布局、基础设施建设、生态环境保护、公共服务等专项规划的研究编制,适时出台《全市统筹城乡发展基础设施建设总体规划》和《全市统筹城乡社会发展总体规划》;积极推进控制性详细规划的编制工作,年内实现中心城区控制性详细规划全覆盖,其他城区的中心区、旧城改造地区、近期建设地区、拟进行土地储备或出让地区的控制性详细规划基本覆盖,启动中心镇的控制性详细规划编制工作。二是加大城乡基础设施建设力度。高标准推进中心城区、次中心城区建设,突出抓好鲁泰大道西延、重庆路南段改造、南外环西延等14条城区道路的改造建设和景观提升,加快启动实施文化中心、商务中心、华润城市综合体等中心城区标志性项目,实施中心城区百栋高层建筑工程。继续加强城乡一体的交通设施建设,加快推进晋豫鲁铁路运输通道淄博沂源段建设,开工建设寿平铁路,全面完成中心城区大外环、薛馆路沂源段建设工程,启动实施广青路大杜家至青城段、庆淄路高青段等干线公路建设。进一步完善城乡一体的水利设施,年内全面完成"引太入张"供水工程及孝妇河提升改造工程,推进桓台、临淄城乡一体化供水工程建设,推进实施刘春家和马扎子引黄灌区续建配套和节水改造。加快实施城乡一体的公用设施建设,继续加强城乡电网改造,实施110千伏龙齐输变电工程等7个电网项目;加快实施泰青威天然气输送工程,支持农村沼气、太阳能入万家项目建设,年内新建农村户用沼气池10000个,大型沼气工程5个;积极探索"三网融合",启动一批基础项目建设。继续实施"两区三村"改造工程,年内完成41项棚户区、老旧工矿区、城中村改造整治项目和12000户农村住房、4613户农村危房改造工程，全面完成“两区三村”三年建设任务。三是全面提升城镇管理水平。按照“四个原则”、“八个意识”要求，进一步加强城市的精细化管理，提升重点乡镇的管理层次。启动实施城乡环境综合整治提升工程，进一步抓好城市的绿化美化亮化，健全全时段、全覆盖的环卫保洁机制和长效管理机制，全面提升城市面貌和形象。四是建立统筹城乡发展的体制机制。加快建立与统筹城乡发展相适应的体制机制，积极探索农村集体产权、农村集体土地使用权流转、户籍制度、公共财政、扩权强镇、金融体制等各项改革，启动马桥镇等中心镇发展改革试点工作。

（四）强化生态文明建设，在增强可持续发展能力和再造环境优势上实现新突破。围绕打造生态宜居城市目标，以节能降耗为关键、以环境保护为命门、以生态建设为重点，着力在资源节约和环境友好上下功夫，努力增创环境优势。一是大力实施节能降耗攻坚工程。围绕大幅度降低能源消耗强度和二氧化碳排放强度，在工业、农业、建筑、交通、商贸、公共机构六大领域，实施节能科技增效工程、节能改造工程、节能环保产业倍增工程、合同能源管理推进工程、节能管理数字化工程、节能人才培养工程等六大工程，构建节能长效机制。严格固定资产投资项目节能评估审查，落实区域能源消费总量控制和新增能源消费总量预告预警制度。实施30个节能重点项目，提高传统产业装备水平。抓好通用高耗能落后机电设备淘汰改造工作，引导企业淘汰8类10种落后机电设备。支持钢铁、有色、电力等10大行业节能技术产业化。推进合同能源管理，每年扶持和创建20个合同能源管理示范项目。在300户重点用能单位开展节能低碳行动。二是进一步加大污染物减排和环境保护力度。围绕争创国家环保模范城市目标，进一步加强排放总量控制，抓好大气污染和水污染防治，进一步改善环境质量。严格落实污染物减排责任制，确保完成减排年度目标；探索制定排污总量有偿使用和流转管理办法，力争在部分企业、区域开展相关试点；在全市重点烟尘、粉尘排放企业安装在线监控设施，对50个大气污染重点单位进行限期治理，对部分水污染重点企业进行深度治理，继续抓好机动车尾气污染防治。着力抓好淄川双杨镇等3个乡镇污水处理厂和淄博职业学院、光大水务、淄博中学等重点中水回用工程建设，对博山环科、周村淦清污水处理公司实施扩建改造。三是大力推进低碳循环经济发展。继续扎实推进循环经济示范项目、示范企业和示范园区建设，有步骤地在石化、冶金、纺织、造纸、建陶等行业开展清洁生产。抓住高青县列入黄河三角洲高效生态经济区机遇，加快建设低碳循环经济示范区。按照国家、省的要求，扎实做好控制温室气体排放的各项工作。抓好机电产品再制造、治理过度包装等各项工作的落实，打造循环产业发展模式。开展循环经济试点示范，抓好10个循环经济示范单位、10个循环经济示范项目建设。加大清洁生产审核力度，开展对标建设活动，创建一批清洁生产示范单位。四是进一步强化生态建设。高标准完成中心城区大外环绿化工程,抓好“两库三河一山一湿地”生态建设工程、“森林围城”工程,实施济青高速公路林带更新改造工程及张博路附线等5条道路的新建林带工程,年内完成造林10万亩,新增园林绿地280公顷以上,加快创建国家生态园林城市。继续抓好农村环境保护工作,切实解决好垃圾污染、小河流污染和农业面源污染问题。

(五)提高对外开放水平,在集聚各类生产要素促进发展上实现新突破。一是加快构建对外开放平台。抓住国家、省实施“一蓝一黄”、省会城市群经济圈等重大区域战略的机遇,创新机制,主动融入,拓展发展空间。按照国家、省的部署,以实施过境铁路、城际轨道交通项目为契机,进一步畅通对外交通渠道,构建区域一体的大交通格局。抓住我省加强沿海港口建设机遇,加快建设齐鲁现代物流港、鲁中保税物流中心等一批物流基础设施,着力打造“旱码头”,强化区域交通枢纽地位。加快建设全省性股权交易市场,支持齐鲁股权托管交易中心健康快速扩容,力争年内持牌企业达到50家。二是加大招商引资力度,提高利用外资质量。进一步强化招商引资责任制,创新招商引资方式方法,提高招商质量。深入推进我市与港台、欧美、日韩等国家和地区的经贸合作,跟踪落实好各类经贸活动中洽谈并签约的项目;创新利用外资方式,重点抓好银仕来纺织、贵和纸业和宝恩集团等企业的上市融资,鼓励外商投资企业增资扩股,鼓励外商投资设立创业投资企业,积极利用私募股权投资基金。进一步优化利用外资结构,突出发展服务外包,加快引进培植一批技术层次高、带动能力强、吸纳就业多的外包企业;继续抓好淄博雨润增资、淄博张店特易购并购等一批重点在建、在谈利用外资项目。加大利用国外贷款力度,重点抓好市消防支队利用德国促进贷款等7个利用国外贷款项目。三是着力转变外贸发展方式。加大科技兴贸力度,调整对外贸易结构,提升外贸增长效益。扩大高新技术产品、高附加值产品出口,培育自主品牌,提高出口产品附加值。注重进口和出口相协调,扩大先进技术、设备和国内短缺资源进口。四是深入实施“走出去”战略,拓展海外发展空间。充分发挥我市采掘、冶炼等产业的相对优势,引导企业加快境外资源开发步伐,多渠道建立战略资源生产供应基地。重点抓好淄博宏达矿业有限公司收购并开发建设秘鲁邦沟铁矿项目的立项核准及与相关企业合作工作,推动纺织企业集群式向柬埔寨转移。继续抓好中国石化第十建设公司、山东天泰建工等境外的签约项目。

(六)加强社会建设和民生建设,在促进社会和谐稳定上实现新突破。一是积极扩大就业,完善社会保障体系。继续实施积极的就业政策,多渠道开发就业岗位,统筹推进“三支一扶计划”、“教师特设岗位计划”、“全科医师培训计划”等基层就业项目,进一步完善困难群体就业帮扶制度,突出抓好大学生等重点群体的就业工作。力争年内新增城镇就业7.6万人,新增农村劳动力转移就业6.2万人。贯彻实施《社会保险法》，继续完善社会保险制度，坚持抓好扩面征缴工作，按期实现国家新农保全覆盖，积极开展城镇居民养老保险试点工作；搞好城乡低保提标扩面和增补工作。积极推进保障性住房建设，新增各类保障性住房8700套，新增廉租住房补贴500户。尽快实行居住证"一证通"制度。继续推进双拥创城工作。二是大力发展教育卫生文化等社会事业。继续加快淄博中学、淄博市体育运动学校等学校建设，稳步实施中小学校舍安全工程，全面推进中小学、幼儿园布局调整。稳步推进医药卫生体制改革，提高新农合筹资和公共卫生服务人均标准，全面实施国家基本药物制度，继续探索公立医院改革，全力抓好重大传染病防控；规划建设淄博市医疗中心，启动市第四医院门诊楼建设，基本完成市中心医院病房楼扩建等项目。切实加强公共文化公共设施服务体系建设，重点抓好市文化中心及各区县的重点文化服务体系建设，继续大力推进文化惠民工程。积极支持出版印刷、文化创意、动漫制作、软件开发等产业的发展，培植新的文化产业增长点。稳定低生育水平，人口自然增长率控制在2.6‰以内，出生性别比控制在109以内。继续做好体育、新闻出版、广播电视等各项工作。三是维护社会和谐稳定。加大安全生产监督体系建设力度，坚决遏止重特大安全生产事故的发生。加强信访工作，坚持把矛盾化解在基层，化解在萌芽状态。强化社会治安综合治理，加强公安基础设施建设，进一步完善治安监控系统，严厉打击各类违法犯罪活动。

各位代表，2011年经济社会发展的任务光荣而艰巨。我们决心在市委的坚强领导下，在市人大和市政协的监督支持下，坚定信心、抢抓机遇、扎实工作，努力实现"十二五"良好开局，以优异成绩迎接建党90周年。

责任校对：吕　超

关于淄博市2010年预算执行情况和2011年预算草案的报告

——2011年2月20日在淄博市第十三届人民代表大会第四次会议上

市财政局局长　王修德

各位代表:

我受市人民政府委托,向大会提交淄博市2010年预算执行情况和2011年预算草案,请予审议,并请各位政协委员和其他列席人员提出意见。

一、2010年预算执行情况

2010年,全市各级在市委的正确领导下,坚持以邓小平理论和"三个代表"重要思想为指导,深入贯彻落实科学发展观,全面落实党的十七大和十七届三中、四中、五中全会精神,认真贯彻实施积极的财政政策,统筹推进保增长、转方式、调结构、惠民生各项工作,全市财政经济实现平稳较快发展,圆满完成了全市和市级预算任务。

2010年全市一般预算收入完成1623955万元,完成预算的112.60%,增长26.11%。全市一般预算支出完成1627548万元,完成预算的105.65%,增长15.16%。当年全市地方财政收入,加中央税收返还和各项补助及上年结转等转移性收入,扣除上解及结转下年等转移性支出,全市财政总支出完成2018768万元,增长24.64%;收支相抵,累计净结余7600万元。

市级一般预算收入完成308286万元,完成预算的117.21%,增长28.93%;一般预算支出完成394678万元,完成预算的105.58%,增长14.02%。当年市级收入,加中央税收返还和各项补助、区县上解及上年结转等转移性收入,扣除上解省、补助区县及结转下年等转移性支出,市级财政总支出完成496351万元,增长25.48%;收支相抵,累计净结余3211万元。

(一)立足发展增收,财政收入规模迈上新台阶。紧紧围绕市十三届人大三次会议确定的工作目标,坚持发展增收、效益增收,加强税收和非税收入征管,推进社会综合治税管费,完善工作考核和激励约束机制,加大收入调度组织力度,全市财政收入规模实现新的突破。2010年,全市境内财政总收入完成398.19亿元,比上年增长26.01%,是2005年的2.48倍,"十一五"期间年均递增19.91%;境内财政总收入占地区生产总值的比重为13.89%,比2005年提高2.67个百分点。全市地方财政收入总量是2005年的2.53倍,"十一五"期间年均递增20.42%;地方财政收入占GDP的比重为5.66%,比2005年提高1.18个百分点;其中税收收入完成116.52亿元,比上年增长26.72%,所占比重为71.75%,比上年提高0.34个百分点。增值税、营业税、企业所得税、个人所得税等四个主体税种合计完成64.25亿元,比上年增长29.78%,高于财政收入增幅3.67个百分点,拉动收入增长11.45个百分点。

（二）综合运用财政杠杆,推动经济内涵发展。灵活运用财政政策杠杆,加大奖补引导扶持力度,着力促进转方式、调结构、增财源。支持扩大内需项目实施,推进保障性住房等重点工程建设,争取中央和省扩大内需项目投资2.7亿元、落实地方配套资金2.2亿元,确保了扩内需项目的顺利实施。兑付家电、汽车摩托车下乡和以旧换新补贴资金2.53亿元,拉动消费27.84亿元,提高了居民消费水平和能力。加快传统产业改造提升步伐,市级拨付资金2.35亿元,支持传统产业技术改造,推进产业布局、产业结构优化调整,支持发展服务业,鼓励外经贸发展,提高了经济运行质量和效益。大力推进节能减排和环境保护,市级拨付资金1.42亿元,支持"碧水蓝天行动计划"、"十大节能工程"、"三个节能30项"等工程实施,促进了生态和谐宜居城市建设。加大自主创新投入,市级拨付资金1.37亿元,落实企业技术研发、企业技术中心建设、创新成长型工业企业发展、中小企业信用担保机构建设等奖励扶持政策,支持实施标准化和名牌战略,提高了企业核心竞争能力。

（三）调整优化支出结构,集中财力保重点促和谐。加大"三农"投入,全市财政预算内"三农"支出达40.61亿元,全面落实各项强农惠农补贴政策,加强农业基础设施建设,支持现代农业发展,大力发展都市农业,加快了新农村建设步伐。加大教育投入,全市教育支出完成40.17亿元,完善义务教育经费保障机制,落实各项教育资助政策和减免费政策,积极化解义务教育债务,支持中小学校舍安全工程和标准化学校建设,实施农村中小学"211"工程,推动了教育事业均衡发展。加大医疗卫生投入,全市医疗卫生支出完成12.59亿元,支持实施医药卫生体制改革,提高新型农村合作医疗和城镇居民基本医疗保险补助标准,支持城乡基层卫生机构建设、重大公共卫生专项实施和疾病预防控制,提高了城乡居民医疗保障水平。加大社会保障投入,全市社会保障和就业及住房保障支出完成24.70亿元,支持开展新型农村养老保险试点,提高城乡低保补助标准,加大对困难群体的帮扶力度,完善廉租住房货币补贴政策,支持保障性住房建设,促进就业再就业工作开展,维护和发展了人民群众的切身利益。加大科技、文化、计划生育、体育等社会事业投入,全市科技支出完成4.84亿元,增强了自主创新能力;全市文化体育与传媒支出完成

3.34亿元,推动了群众性文化体育活动深入开展,保证了第22届省运会、省残运会、亚青赛等重大赛会支出需要。加大城市基础设施建设投入,确保了市体育中心、运动员公寓、淄博客运中心、城区大外环、中心城区建筑物外立面整治等城建重点项目资金需要。全力以赴支援北川灾后重建,圆满完成了援建工作任务。大力支持实施固本强基维稳工程,推进政法经费保障体制改革,积极向上争取和落实政法经费保障资金1.45亿元。在保障好各项重点支出的同时,坚决贯彻中央、省、市关于厉行节约的有关规定,精打细算,科学用财,大力压减一般性支出,实现了党政机关公用经费压缩5%的工作目标。

(四)加强财政财务管理,提高财政运行质量和效益。深入推进财政科学化精细化管理,完善政府预算制度体系,强化预算编制和预算执行管理,加强基层基础工作,进一步提升了科学理财水平。积极推进公务卡改革,在进一步巩固市级改革成果的基础上,在各区县全部推行了公务卡结算制度,市级预算单位公务卡发卡量和刷卡消费金额均居全省各市首位。大力推进财政投资评审,完善评审机制,拓展评审领域,扩大评审规模,全市共完成评审值41.37亿元,审减资金7.91亿元,审减率19.12%。积极开展财政支出绩效评价,市级选择17个项目开展了试点,涉及资金近10亿元,为加强资金管理、细化预算编制提供了重要参考。加强政府采购监管,全市政府采购额完成29.49亿元,节约资金5.01亿元,节支率14.52%。强化财政监督,对促发展、保民生等重点领域资金实行跟踪问效,深入推进"小金库"专项治理,维护了良好的财经秩序。加强国有资产监管,推进基层财政管理,强化财务会计管理,抓好地方金融、政府债权债务和政府融资平台监管,促进了财政经济健康运行。

各位代表,2010年全市财政工作取得了新的积极成效,这是市委正确领导、人大依法监督、政协大力支持的结果,是全市上下、各行各业奋发有为、科学发展的结果。同时,我们也清醒地看到,当前和今后一个时期,财政改革发展仍然面临诸多困难和挑战,宏观经济形势仍然复杂,财源基础还不够稳固,财政收入继续保持高速增长的难度加大;财政收入"两个比重"相对较低,收入质量有待进一步提高;民生保障任务越来越重,财政支出刚性越来越强,收支矛盾依然突出;财政管理仍然存在薄弱环节,资金使用效益有待进一步提高,等等。对于这些问题,我们一定高度重视,采取有力措施,认真加以解决。

二、2011年预算草案

2011年全市预算安排和财政工作的指导思想是:坚持以邓小平理论和"三个代表"重要思想为指导,深入贯彻落实科学发展观,紧紧围绕科学发展主题,牢牢把握加快转变经济发展方式主线,进一步强化效益优先理念,加快完善公共财政体系,更加注重支持经济结构调整,更加注重保障和改善民生,更加注重推进城乡区域统筹协调发展,更加注重财政体制机制创新,更加注重科学化精细化管理,做大做强财政实力,增强财政保障能力,为建设股实和谐经济文化强市提供有力保障。

根据以上指导思想,综合考虑全市经济社会发展主要预期目标和财政收支增减因素,本着积极稳妥、留有余地的原则,2011 年全市地方财政收入预算安排 1867548 万元,增长 15%;按照现行财政体制和收支平衡的原则,全市一般预算支出相应安排 1822854 万元,增长 12%。

2011 年市级收入预算安排 313055 万元,同口径增长 15%;一般预算支出相应安排 438092 万元,增长 11%。

市级预算支出安排的重点是:

(一)推进发展方式转变和经济结构调整。这方面重点项目支出共安排 50730 万元。一是支持工业转型升级。推动传统产业改造提升,支持实施装备制造等五大产业调整振兴规划和医药等 11 个特色产业调整振兴指导意见,支持信息产业发展,兑现中心城区东部化工区搬迁优惠政策,加大安全生产投入,促进战略性新兴产业发展,支持实施新兴产业倍增工程和“新特优工程”。二是支持中小企业发展和自主创新能力建设。推动建立中小企业信用担保体系,提升中小企业技术创新能力和市场竞争力,支持品牌建设和标准化战略实施、自主创新体系建设、重大高新技术项目实施、科技成果转化、企业技术中心建设。三是促进服务业和外经外贸发展。重点支持现代服务业发展、农村新型经营服务体系建设,加大对出口信用保险、境外市场开拓及重大招商引资活动的扶持力度,兑现重点工业项目奖励,支持实施“走出去”战略。四是加大节能环保投入。支持污水和垃圾处理、重点流域及大气污染治理,发展节能环保和新能源产业。

(二)全面落实强农惠农政策。这方面重点项目支出共安排 11080 万元。一是积极支持现代农业发展。推动现代精准农业和都市农业发展,支持农业综合开发和产业化发展,推进优势农产品基地建设和农业信息化建设,支持实施蔬菜、畜牧等四大产业振兴计划。二是大力促进农民增收。支持农业专业合作组织发展,加大扶贫开发力度,扶持农村贫困妇女脱贫致富,对农民小额担保贷款进行贴息,实行农业政策性保险、农机购置、农村劳动力转移培训、粮食直补和良种补贴政策。三是加强农业农村基础设施建设。突出加强农田水利建设,对村级组织运转、农村远程教育设备购置进行补助,对村级公益事业“一事一议”事项进行奖补,支持农业生态工程、生态效益林补偿机制建设,加强森林防火和防汛抗旱、秸秆综合利用等工作。

(三)加大民生保障投入。这方面重点项目支出共安排 51980 万元。一是加大就业和再就业投入。兑现就业再就业优惠政策和下岗职工生活保障政策,对下岗职工小额担保贷款进行贴息,对“金蓝领”培训、选聘高校毕业生到村任职、“三支一扶”、购买公益性岗位促进高校毕业生就业、未就业高校毕业生就业见习、特困家庭大中专毕业生求职等进行补助。二是加大社会保障投入。提高城乡低保补助标准,扩大新型农村养老保险试点范围,对困难企业社会保障、在乡老党员和困难党员生活、城乡社区建设、优抚对象和低保重度残疾人生活等进行补助,支持五保供养、自然灾害救助、拥军优属、孤儿养育等工作开展。三是加大医药卫生投入。提高城镇居民基本医疗保险和新型农村合作医疗补助标准,加强优抚对象医疗保障、城乡医疗救助、重大公共卫生服务项目、基层卫生人员培训等工作。支持医药卫生体制改革、公立医院改革、城乡基本医疗卫生服务体系和医疗急救网络建设、食品药品监管等工作开展。

(四)推动重点社会事业发展。这方面重点项目支出共安排17030万元。一是推进教育事业发展。支持城乡义务教育免杂费、提高农村义务教育公用经费标准、农村义务教育化债、驻地高校重点学科建设,兑现落实城乡义务教育家庭经济困难学生生活补助、中等职业学校免杂费、国家助学贷款贴息及风险保证金等教育资助政策。二是支持文化体育科技事业发展。支持重点文化产业发展,培育骨干文化企业。对举办陶博会、实施亚足联足球展望计划、农村电影放映工程、文物维修、农家书屋建设等进行补助。支持实施人才战略,提高科技研发及成果转化能力,兑现科技和节能环保奖励政策。三是促进计划生育事业发展。兑现计划生育奖励扶助和特别扶助、计划生育目标管理奖励政策,对困难村计生主任进行补助,对农村和流动人口无业失业育龄妇女实行免费技术服务等。

(五)加大城乡基础设施建设投入。这方面重点支出共安排51160万元。加强城乡公共基础设施建设及运营维护、城乡环境综合整治,支持重大基础设施项目建设论证规划设计。支持中心镇改革发展试点工作开展,推进中心镇、中心村基础设施和基本公共服务体系建设,促进城乡统筹发展。支持保障性住房建设。支持新能源节能汽车推广使用,促进公交优先战略实施,对公交和供热企业进行政策性补贴。适度进行融资,并安排相应偿债支出,支持道路管网等重点工程建设、市文化中心建设、“两区三村”综合改造。

(六)加大对下转移支付力度。在保持市级基本支出适度合理增长的同时,继续加大对下转移支付力度。这方面重点支出共安排11800万元。主要用于提高困难区县基本财力保障能力,兑现高青、沂源两县和三个老工业区扶持政策,支持文昌湖旅游度假区建设等。

另外,市级安排预备费8762万元,占一般预算支出的2%,用于预算执行中各类重大不可预见支出。

三、扎实做好2011年各项工作,推动全市财政经济又好又快发展

2011年是中国共产党成立90周年,也是“十二五”规划的开局之年,做好各项财政工作意义重大。我们要以科学发展观为指导,科学把握财政改革发展规律,开拓进取,努力工作,推动全市财政经济又好又快发展,确保“十二五”开好局、起好步。

(一)突出加强结构调整,进一步加快经济转型发展步伐。贯彻积极的财政政策,落实好中央出台的政府公共投资、税收制度改革等方面的政策措施,发挥好财政在促进经济平稳较快增长、优化经济结

构中的职能作用。认真落实家电下乡和以旧换新等有利于扩大消费的财税政策，努力扩大消费需求。支持稳定和拓展外需，鼓励具有比较优势的企业“走出去”，拓展经济发展空间。推进工业结构调整，支持传统产业改造升级，推进工业化、信息化融合，提升传统产业的技术装备和工艺水平。大力培育战略性新兴产业，支持新材料、新能源、新医药等核心关键技术研发及产业化，推动新兴产业跨越式发展。积极支持服务业提质增效，集中力量扶持一批能够显著增加地方财源的高端生产性服务业和生活性服务业项目，加快推进大型生产企业剥离非核心业务，促进服务业繁荣发展。坚持产业发展、生态保护和谐统一，运用财税政策杠杆，推进节能减排和环境保护，鼓励企业减少消耗、降低排放、改善环境。建立政府引导和投入激励机制，鼓励科技自主创新，推进创新型城市建设，提高经济的科技含量。强化经济发展的效益导向，把结构调整和财源建设有机结合起来，推进财税政策与产业、金融、土地等政策的有机融合，引导社会资金更多地投向创造优质财源的产业和项目，提高经济的整体效益和创税能力，把经济发展的成果体现到税收增长、财政增收和居民收入增加上。

（二）抓好组织收入工作，进一步壮大财政实力。强化税收征管。坚持依法治税，完善税源控管体系，加大稽查稽核力度，确保税收较快增长，提高税收对地方财政收入的贡献水平。规范税收优惠政策，坚决制止越权减免税，依法加强缓缴税款和欠税管理，堵塞税收流失漏洞。加强社会综合治税，健全完善社会综合治税工作机制，进一步扩大综合治税范围，强化重点行业、重点企业和重点建设项目税收管理，努力增加地方税收。强化非税收入征管。进一步完善非税收入征缴管理机制，规范非税收入征缴行为和减免程序，加大征管和欠费清缴力度，努力实现应收尽收。完善资源环境非税收入政策，加强国有资产资源有偿使用管理，强化排污费、污水处理费、价格调节基金等环境资源性收入征管，充分发挥非税收入政策的引导促进作用。继续清理规范收费项目，减轻企业和社会负担，优化经济发展环境。切实抓好国有资产和政府资源监管运营，提高政府可用财力和宏观调控能力。在确保收入总量平稳较快增长的同时，着力优化财政收入结构，努力提高地方财政收入占 GDP 的比重和税收占地方财政收入的比重。强化收入征管工作考核。完善激励约束机制，调动各方面抓好组织收入工作的积极性。密切关注增值税、个人所得税、房产税、资源税等新一轮税制改革动向，做到未雨绸缪、提前应对，争取工作主动。

（三）统筹经济社会发展，进一步保障和改善民生。突出城乡统筹，继续增加“三农”投入，切实做到“三个重点、三个确保”，即：财政支出重点向农业农村倾斜，确保用于农业农村的总量、增量均有提高；预算内固定资产投资重点用于农业农村基础设施建设，确保总量和比重进一步提高；土地出让收益重点投向农业土地开发、农田水利和农村基础设施建设，确保足额提取、定向使用。同时，适应新型城镇化发展趋势,支持推进新城区建设和老城区改造,进一步加快城乡建设转型发展。突出改善民生维护稳定,大力支持社会建设转型发展。坚持教育优先发展战略,加大教育经费投入,巩固完善城乡义务教育经费保障机制,健全家庭经济困难学生救助制度,加大学前教育支持力度,促进城乡教育均衡发展,不断提高教育支出占财政支出的比重。完善公共卫生服务体系,支持深化医药卫生体制改革,抓好基本药物制度实施,提高基本公共卫生服务人均经费标准,加快构建新型城市卫生服务体系和农村三级医疗卫生服务网络,提升公共卫生服务水平。健全社会保障体系,支持保障性住房建设,加快推进新型农村社会养老保险,积极探索城镇居民养老保险办法,提高新农合、城镇居民医保和农村低保补助标准,完善社会保障标准与物价上涨相衔接的联动机制,稳步提高社会保障水平。支持实施更加积极的就业政策,落实好支持扩大就业的财税扶持政策,推进"三支一扶"等基层就业项目实施,突出抓好高校毕业生等重点群体就业工作。加大文化、体育等社会事业投入,健全公共文化服务体系,提升体育事业发展水平。

(四)完善公共财政体系,进一步提高财政科学化精细化管理水平。健全政府预算体系,规范政府性基金预算,完善社会保险基金预算,积极试编国有资本经营预算,强化综合预算管理,将除教育收费和彩票发行费以外的所有预算外收入全部纳入预算管理,逐步建立科学完整、结构优化、有机衔接、公开透明的政府预算体系。深化部门预算、国库集中收付、政府采购等预算管理制度改革,建立预算编制与预算执行、结余结转资金管理和行政事业单位资产管理有机结合的新机制。健全预算绩效管理制度,大力推行财政投资评审和绩效评价,提高资金使用效益。建立完善县级基本财力保障机制,保障县乡政府实施公共管理、提供基本公共服务以及落实各项民生政策的基本财力需要,逐步缩小地区间财力差距,推动基本公共服务均等化。强化财政监督,建立完善覆盖财政运行全过程的监督机制,促进监督与管理的有机融合。推进财政信息化建设,提升信息化对财政科学化精细化管理的支撑能力。坚持勤俭办一切事业,严格控制行政经费和一般性支出,努力降低行政成本,各级行政性支出原则上实行零增长。严格遵守《监督法》,积极推进预算公开,增强工作透明度,自觉接受人大、政协监督和社会监督。

各位代表,在新的一年里,我们要在市委的正确领导下,深入贯彻落实科学发展观,切实落实本次大会决议,充满激情、科学创业,确保圆满完成全年预算任务,努力为推进殷实和谐经济文化强市建设做出新的更大贡献!

责任校对:吕　超

淄博市人民代表大会财政经济委员会关于淄博市2010年预算执行情况和2011年预算草案的审查报告

（2011年2月24日淄博市第十三届人民代表大会第四次会议主席团第三次会议通过）

淄博市人民代表大会常务委员会副主任
淄博市人民代表大会财政经济委员会主任委员　曹在堂

市十三届人大四次会议主席团：

淄博市第十三届人民代表大会第四次会议，审查了市财政局局长王修德受市人民政府委托向大会提交的《关于淄博市2010年预算执行情况和2011年预算草案的报告》。会前，市人大财政经济委员会根据法律规定对报告进行了初步审查。现结合代表们的审查意见，将审查结果报告如下：

一、关于2010年预算执行情况

根据财政报告提供的数据，2010年全市一般预算收入完成1623955万元，完成预算的112.6%，增长26.11%；全市一般预算支出完成1627548万元，完成预算的105.65%，增长15.16%。其中：市级一般预算收入完成308286元，完成预算的117.21%，增长28.93%；市级一般预算支出完成394678万元，完成预算的105.58%，增长14.02%。按现行财政体制结算，收支相抵，全市及市级均实现了收支平衡，略有结余，完成了市十三届人大三次会议批准的预算任务。

财政经济委员会认为，2010年预算执行总体情况是好的。全市上下在市委的坚强领导下，认真学习贯彻党的十七大以来历次全会精神和胡锦涛总书记视察我市时的重要讲话精神，全面落实科学发展观，认真贯彻实施积极的财政政策，财政收入保持了较快增长，支出结构不断优化，重点支出得到了较好保障，财政管理改革扎实推进。同进，预算执行中还存在一些突出矛盾和问题：财源基础不够稳固，收入结构不尽合理；保障民生支出压力加大，财政收支矛盾仍较突出；财政监督管理还有待于进一步加强。

二、关于2011年预算草案

市人民政府提出的2011年全市预算草案为:地方财政收入预算安排1867548万元,增长15%;按照现行财政体制和收支平衡的原则,全市一般预算支出相应安排1822854万元,增长12%。其中:市级收入预算安排313055万元,增长15%;一般预算支出安排438092万元,增长11%。根据上述安排。全市及市级预算都是平衡的。

财政经济委员会认为,2011年市级预算安排体现了中央、省市经济工作会议精神,符合有关法律规定和我市实际。财政经济委员会建议,批准市财政局局长王修德受市人民政府委托向大会提交的《关于淄博市2010年预算执行情况和2011年预算草案的报告》,批准2011年市级预算草案。

三、关于2011年预算工作的建议

(一)运用财税政策杠杆,推动经济转型发展。继续贯彻积极的财政政策,落实好扩内需、促消费的各项政策措施,确保政府公共投资项目建设,努力扩大消费需求。加强财政、信贷、土地、节能、环保政策的协调配合,推进节能减排和生态保护,集中力量扶持培植地方优质财源的产业和项目,支持传统产业改造升级,支持新材料、新能源、新医药等核心技术研发及产业化,支持服务业提质高效发展,努力提高经济运行的质量和效益。建立政府引导和投入激励机制,促进产业结构优化。

(二)依法加强收入征管,不断提高收入质量。坚持依法征税和发展增收、效益增收,强化税源控制,推进综合治税管费,不断加强税收和非税收入征管,切实让经济发展的成果体现到财政增收上来。完善资源环境非税收入征管政策,切实抓好国有资产和政府资源监管运营,努力增加政府可用财力。在确保收入总量较快增长的同时,着力优化财政收入结构,不断提高地方财政收入占GDP的比重和税收占地方财政收入的比重。

(三)优化财政支出结构,保障和改善民生。集中财力用于改善民生,让人民群众共享经济发展成果。增加财政收入,促进城乡教育均衡发展,推进科教兴市和人才强市战略实施。完善公共卫生服务体系,支持深化医药卫生体制改革,支持保障性住房建设,认真落实新农保、新农合、城乡低保等新民生政策,不断提高社会保障水平。进一步落实好扩大就业的财税扶持政策,提高劳动者就业、创业能力。加大文化、体育等社会事业投入,进一步提高公共服务水平。

(四)健全政府预算体系,推进预算管理制度改革,切实提高科学化精细管理水平。强化综合预算管理,逐步建立科学完整、结构优化、有机衔接、公开透明的政府预算体系。深化部门预算、国库集中支付、政府采购等预算管理制度改革,提高预算科学性和透明度。坚持勤俭办一切事业,严格控制行政经费和一般性支出。建立完善县级基本财力保障机制,推动基本公共服务均等化。加强财政监督,健全预算绩效管理制度,提高财政资金使用效益。

以上报告,请予审批。

责任校对:雷子朋

关于淄博市 2010 年预算执行情况和 2011 年预算的决议

（2011 年 2 月 24 日淄博市第十三届人民代表大会第四次会议第三次全体会议通过）

淄博市第十三届人民代表大会第四次会议审查了市人民政府提出的《关于淄博市 2010 年预算执行情况和 2011 年预算草案的报告》和淄博市 2011 年全市和市级预算草案。会议同意市人民代表大会财政经济委员会的审查报告，决定批准《关于淄博市 2010 年预算执行情况和 2011 年预算草案的报告》，批准 2011 年淄博市市级预算。

责任校对：雷子朋

关于淄博市 2010 年财政决算的报告

——2011 年 6 月 29 日在市十三届人大常委会第二十九次会议上

市财政局局长　王修德

主任、各位副主任、秘书长、各位委员：

受市政府委托，我向会议报告 2010 年财政决算情况，请予审议。

一、全市财政决算

（一）收入决算。2010 年全市一般预算收入完成 1623955 万元，完成预算的 112.60%，增长 26.11%。其中，税收收入 1165174 万元，完成预算的 111.81%，增长 26.72%，占全市地方财政收入的比重为 71.75%。分税种决算情况是：增值税 229030 万元，完成预算的 99.37%，增长 14.23%；营业税 246577 万元，完成预算的 114.82%，增长 30.89%；企业所得税

134685万元,完成预算的140.71%,增长61.81%;个人所得税32203万元,完成预算的116.97%,增长33.36%;其他各税522679万元,完成预算的110.37%,增长23.49%。非税收入458781万元,完成预算的114.66%,增长24.61%,占全市地方财政收入的比重为28.25%。主要收入项目决算情况是:国有资产收益214011万元,完成预算的111.70%,增长22.87%;行政性收费126473万元,完成预算的143.64%,增长43.62%;罚没收入29942万元,完成预算的118.41%,增长23.49%;排污费、水资源费、教育费附加等专项收入66049万元,完成预算的93.04%,增长2.35%。

(二)支出决算。2010年全市一般预算支出完成1627473万元,完成预算的105.65%,增长15.15%。主要支出项目决算情况是:一般公共管理与服务支出246524万元,完成预算的102.00%,增长6.27%;公共安全支出106720万元,完成预算的108.42%,增长17.15%;教育支出401738万元,完成预算的104.58%,增长14.02%;科学技术支出36810万元,完成预算的106.60%,增长16.22%;文化体育与传媒支出23558万元,完成预算的108.81%,增长18.63%;社会保障和就业支出174815万元,完成预算的106.56%,增长16.18%;医疗卫生支出87113万元,完成预算的104.38%,增长15.86%;环境保护支出22457万元,完成预算的106.63%,增长15.17%;城乡社区事务支出168453万元,完成预算的125.78%,增长28.30%;农林水事务支出104261万元,完成预算的105.95%,增长15.62%;交通运输支出32152万元,完成预算的101.26%,增长4.30%;工业商业金融等事务支出106166万元,完成预算的110.47%,增长15.97%。

(三)财政平衡情况。当年全市地方财政收入,加中央税收返还和各项补助及上年结转等转移性收入,扣除上解及结转下年等转移性支出,全市财政总支出2018701万元,增长24.63%;收支相抵,累计净结余7600万元。

二、市级财政决算

(一)收入决算。2010年市级一般预算收入完成308286万元,完成预算的117.21%,增长28.93%。其中,税收收入139871万元,完成预算的118.84%,增长34.30%。分税种决算情况是:增值税21750万元,完成预算的122.26%,增长41.77%;营业税42408万元,完成预算的124.04%,增长41.42%;企业所得税16448万元,完成预算的126.04%,增长44.95%;个人所得税3796万元,完成预算的102.87%,增长17.20%;其他各税55469万元,完成预算的113.25%,增长25.40%。非税收入168415万元,完成预算的115.88%,增长24.78%。主要收入项目决算情况是:国有资产收益84139万元,完成预算的116.68%,增长28.35%;行政性收费45399万元,完成预算的162.26%,增长62.23%;罚没收入14738万元,完成预算的120.02%,增长31.99%;排污费、水资源费等专项收入17537万元,完成预算的70.91%,下降

23.40%，主要是上年探矿权采矿权价款收入存在一次性因素，当年下降较大。

（二）支出决算。2010年市级一般预算支出完成394603万元，完成预算的105.56%，增长14.00%。主要支出项目决算情况是：一般公共管理与服务支出53649万元，完成预算的100.71%，增长4.72%；公共安全支出46849万元，完成预算的107.40%，增长16.01%；教育支出66879万元，完成预算的106.34%，增长14.89%；科学技术支出11280万元，完成预算的108.67%，增长17.41%；文化体育与传媒支出9155万元，完成预算的110.71%，增长19.56%；社会保障和就业支出53573万元，完成预算的106.23%，增长15.04%；医疗卫生支出23907万元，完成预算的104.52%，增长14.97%；环境保护支出14812万元，完成预算的106.18%，增长14.70%；城乡社区事务支出48725万元，完成预算的121.96%，增长24.40%；农林水事务支出25424万元，完成预算的106.11%，增长14.89%；交通运输支出15690万元，完成预算的101.22%，增长1.50%；工业商业金融等事务支出16131万元，完成预算的110.64%，增长15.09%。

（三）财政平衡情况。当年市级收入，加中央税收返还和各项补助、区县上解及上年结转等转移性收入，扣除上解省、补助区县及结转下年等转移性支出，市级财政总支出496276万元，增长25.45%；收支相抵，累计净结余3211万元。

2010年全市财政工作取得了新的积极成效，这是市委正确领导、人大依法监督、政协大力支持的结果，是全市上下、各行各业奋发有为、科学发展的结果。同时，我们也清醒地看到，当前财政改革发展仍然面临诸多困难和挑战，宏观经济形势仍然复杂，财政支持转方式调结构的任务很繁重；财政增收基础还不够稳固，财政收入保持较快增长的难度加大；民生保障任务越来越重，财政支出刚性越来越强，收支矛盾依然突出；财政管理仍然存在薄弱环节，资金使用效益有待进一步提高。对于这些问题，我们一定高度重视，采取有力措施，认真加以解决。

三、扎实做好2011年各项财政工作，确保“十二五”开好局、起好步

2011年是中国共产党成立90周年，也是“十二五”规划的开局之年，做好各项财政工作意义重大。我们要紧紧围绕市十三届人大四次会议和本次常委会议确定的任务目标，全面贯彻落实科学发展观，坚定信心，扎实工作，确保圆满完成各项财政工作任务目标，推动全市经济社会又好又快发展。

（一）综合运用财政政策杠杆，着力推进转方式调结构。立足财政职能，统筹安排财政政策资金，积极支持转方式、调结构、增财源。大力支持工业结构调整，采取贴息、补贴、奖励和引导社会资金投入等方式，重点支持战略性新兴产业、产业链延伸和高新技术产业等重大项目建设，扶持企业自主创新，培育工业支柱财源。认真落实扶持中小企业发展的政策措施，支持创新成长型企业发展，推进中小企业重点项目和信用担保体系建设。支持服

务业提质增效，扩大服务业发展引导资金的规模和扶持范围，推进鲁中现代服务业中心城市和现代物流“旱码头”建设。认真落实有关财税扶持政策，支持文昌湖旅游度假区建设。继续实施标准化战略和品牌战略，安排专项资金，对主持或参与主持工业产品国际标准、国家标准、行业标准的企业，分档给予资助；对新创中国名牌和中国驰名商标及其品牌宣传给予补助。扎实做好节能减排和环境保护工作，扩大节能降耗专项资金规模，完善污染源监控设施运行费补助办法，对化工异味治理、道路扬尘治理等与群众生活息息相关的环保治理项目给予重点扶持，推进产业调整、环境保护协调发展。

（二）切实抓好增收节支，确保实现财政收支平衡。把增收节支摆在财政工作的突出位置，强化征管抓增收，注重绩效抓节支，确保完成财政收支任务目标。强化税收征管，坚持依法治税，完善税源控管体系，推进社会综合治税，规范税收优惠政策，加大稽查稽核力度，确保税收较快增长，提高税收对地方财政收入的贡献水平。强化非税收入征管，进一步完善非税收入征缴管理机制，规范非税收入征缴行为和减免程序，加大征管和欠费清缴力度，努力实现应收尽收。抓好国有资产和政府资源监管运营，多渠道增加财政收入。强化效益观念，着力提高收入的效益和质量，提高财政收入占 GDP 的比重、税收占第二、第三产业增加值的比重、税收占地方财政收入的比重，实现有效益、高质量的增长。在抓好财政增收的基础上，认真落实厉行节约各项规定，继续大力压减一般性支出，严格控制公务接待费、因公出国（境）费用、公务用车购置及运行维护费等支出，突出抓好公务用车专项治理。

（三）优化支出结构，集中财力保民生、保重点。强化民生意识，在预算安排和资金运筹上，高度重视民生，优先保障民生，采取积极措施，切实将民生资金安排足、落实好。突出城乡统筹，增加“三农”投入，全面落实各项强农惠农补贴政策，推进以水利为重点的农业基础设施建设，支持现代农业发展，大力发展都市农业，加快新农村建设步伐。增加教育投入，提高教育经费支出占财政支出的比重，将农村初中和小学的生均公用经费定额分别提高到 800 元和 600 元，进一步提高贫困学生资助标准和覆盖面，全面完成农村义务教育化债，支持学前教育发展。加大医疗卫生投入，支持深化医药卫生体制改革，将新农合与城镇居民基本医疗保险政府补助标准由 120 元提高到 200 元，人均基本公共卫生服务经费标准由 15 元提高到 25 元。支持建立覆盖城乡居民的社会保障体系，将新农保试点范围扩大到所有区县并探索推进城镇居民养老保险，将农村低保标准提高到不低于 1500 元。增加保障性住房建设投入，支持廉租住房、公共租赁房和农村住房建设，加快棚户区和农村危房改造，确保完成保障性住房建设任务。建立孤儿基本生活保障制度，保证集中和分散抚养孤儿每月基本生活费不低于 1000 元和 600 元。

（四）加快推进体制机制改革，提高科学聚财理财用财水平。推进支出管理改革，进一步完善政府预算体系，深化部门预算编制改革，从今年起，将除教育收费和彩票发行费以外的所有预算外收入全部纳入预算管理，切实提高预算的完整性和科学性。继续推进国库集中支付、政府采购、公务卡等改革，完善投资评审、财政监督和支出绩效考评机制，提高财政管理的精细化水平。强化财政体制机制的激励效应，因地制宜完善财政奖补政策，激励基层加快发展、努力增收。建立完善区县域公共管理、基本公共服务以及落实各项民生政策的财政保障制度体系，推进基本公共服务均等化。完善财政约束机制，在强化收入总量考核的同时，进一步强化收入质量考核，提高财政经济的运行质量。健全财政监督检查机制，加大对重点领域支出的监督检查力度，维护良好的财经秩序。大力推进预算公开，增强工作透明度，自觉接受人大和社会监督。

主任、各位副主任、秘书长、各位委员，2011年财政改革和发展的任务异常艰巨，我们一定认真落实本次会议决议，在市委的坚强领导下，在市人大及其常委会的监督、指导和支持下，以认真、专业、务实的作风，推动财政经济科学发展，努力为殷实和谐经济文化强市建设做出新的贡献，以优异成绩向建党90周年献礼！

责任校对：吕　超

淄博市人大财政经济委员会关于2010年市级决算的审查报告

——2011年6月29日在市十三届人大常委会第二十九次会议上

淄博市人民代表大会常务委员会副主任
淄博市人民代表大会财政经济委员会主任委员　曹在堂

主任、各位副主任、秘书长、各位委员：

市人大财政经济委员会第二十二次会议听取了市审计局《关于2010年市级预算执行和其他财政收支的审计工作报告》和市财政局《关于淄博市2010年财政决算的报告》，并对市级决算草案和决算报告进行了审查。现将审查结果报告如下：

2010年全市一般预算收入完成1623955万元，完成预算的112.60%，增长26.11%；全市一般预算支出完成1627473万元，完成预算的105.65%，增长15.15%。2010年市级一般预算收入完成308286万元，完成预算的117.21%，增长

28.93%。市级一般预算支出完成394603万元，完成预算的105.56%，增长14.00%。

按照现行财政体制计算，2010年全市当年地方财政收入，加中央税收返还和各项补助及上年结转等转移性收入，扣除上解及结转下年等转移性支出，全市财政总支出2018701万元，增长24.63%；收支相抵，累计净结余7600万元。2010年当年市级收入，加中央税收返还和各项补助、区县上解及上年结转等转移性收入，扣除上解省、补助区县及结转下年等转移性支出，市级财政总支出496276万元，增长25.45%；收支相抵，累计净结余3211万元。

财政经济委员会认为，2010年决算总体情况是好的。市政府及财政等部门认真贯彻科学发展观，努力组织财政收入，不断优化支出结构，积极推进预算管理和财政改革，全面完成了市十三届人大三次会议批准的市级预算。财政经济委员会建议本次会议批准市人民政府提出的2010年市级决算(草案)。

同时，财政经济委员会认为，市级预算执行中仍存在一些困难和问题。主要是财政增收基础不够稳固，民生保障任务越来越重，收支矛盾突出；部门预算还不够细化、预算执行进度不均衡；财政监督管理仍然存在薄弱环节等。审计工作报告反映了对市级预算执行审计的情况，提出了改进预算管理的意见。建议市政府责成有关部门对审计查出的问题，切实进行整改，并将纠正情况和处理结果向市人大常委会报告。

为确保我市2011年预算的顺利完成，财政经济委员会提出以下建议：

(一)培植壮大财源，夯实增收基础。统筹安排财政政策资金，集中扶持经济效益好、有利于地方财政增收的大项目、好项目；积极支持传统产业改造升级，大力支持战略性新兴产业发展，支持创新平台建设和创新成果转化，支持实施标准化和品牌战略；支持现代服务业提质增效，打造高技术含量、高附加值的产业集群，努力培植潜在、骨干财源。

(二)坚持依法治税，壮大财政实力。坚持依法应收尽收，坚决不收过头税。进一步完善税源控管体系，推进社会综合治税。强化对房地产和土地增值税等重点行业和税种的管理，努力增加税收。抓好国有资产和政府资源监管运营，多渠道增加财政收入。

(三)优化支出结构，保重点惠民生。进一步优化支出结构，集中财力用于改善和保障民生。加大教育、医疗卫生、社会保障等民生方面的投入，支持深化医药卫生体制改革，支持建立覆盖城乡居民的社会保障体系，支持保障性住房建设，加大对困难群体的扶持力度，不断提高社会保障水平。认真落实厉行节约的各项规定，继续压减一般性支出，严格控制“三公”支出，努力降低行政成本。

(四)积极推进预算管理改革，着力提高财政科学化、精细化管理水平。进一步完善政府预算体系，深化部门预算编制改革，严格预算执行，加快推进国库集中支付、政府采购、公务卡等改革，大力推行预算公开，努力提高预算的科学性、完整性和透明度。健全财政监督检查机制，加大对住房公积金、“治污减排”专项债券和“两区三村”改造等专项资金使用情况的监督检查，切实提高资金使用效益。

以上报告，请予审议。

责任校对：吕　超

淄博市人民代表大会常务委员会关于批准2010年市级决算的决议

（2011年6月30日市十三届人大常委会第二十九次会议通过）

淄博市第十三届人民代表大会常务委员会第二十九次会议听取了市财政局局长王修德受市人民政府委托所作的《关于淄博市2010年财政决算的报告》和市审计局局长侯全明受市人民政府委托所作的《关于2010年市级预算执行和其他财政收支的审计工作报告》。会议结合审议审计工作报告，对2010年市级决算草案和报告进行了审查，同意财政经济委员会提出的《关于2010年市级决算的审查报告》，决定批准2010年市级决算。

责任校对：雷子朋

关于淄博市2011年上半年预算执行情况的报告

——2011年8月10日在市十三届人大常委会第三十次会议上

市财政局局长　王修德

主任、各位副主任、秘书长、各位委员：

受市人民政府委托，我向市人大常委会报告今年上半年全市预算执行情况，请予审议。

一、上半年全市预算执行情况

今年以来，全市各级在市委的正确领导和市人大及其常委会的监督指导下，坚持以科学发展观为统领，全面贯彻落实积极的财政政策，着力推进转方式、调结构、保民生、促和谐，全市经济保持平稳较快增长，预算执行情况良好。

财政收入：全市一般预算收入完成1068909万元，完成预算的57.24%，增长29.39%。其中市级一般预算收入完成191122万元，完成预算的61.05%，增长26.77%。全市主要收入项目完成情况是：增值税118577万元，占预算的43.88%，增长12.42%；营业税144766万元，占预算的50.61%，增长25.56%；企业所得税105598万元，占预算的66.44%，增长64.46%；个人所得税21605万元，占预算的59.90%，增长25.52%；城市维护建设税62531万元，占预算的54.17%，增长56.62%；契税104468万元，占预算的56.79%，增长86.13%；排污费、水资源费、教育费附加等专项收入38213万元，占预算的46.63%，增长33.48%；国有资本经营和国有资源有偿使用收入183003万元，占预算的77.74%，增长38.02%；行政性收费和罚没收入108927万元，占预算的61.92%，增长57.68%。

财政支出：全市一般预算支出完成976008万元，完成预算的53.54%，增长21.81%。其中市级一般预算支出完成220384万元，完成预算的50.31%，增长20.69%。全市主要支出项目完成情况是：一般公共管理与服务支出129038万元，占预算的49.74%，增长14.83%；公共安全支出54510万元，占预算的46.02%，增长34.17%；教育支出211852万元，占预算的46.80%，增长24.82%；科学技术支出24139万元，占预算的58.29%，增长26.44%；文化体育与传媒支出14298万元，占预算的54.68%，增长22.45%；社会保障和就业支出92355万元，占预算的46.79%，增长22.19%；医疗卫生支出78058万元，占预算的79.26%，增长70.52%；环境保护支出14629万元，占预算的58.58%，增长39.01%；城乡社区事务支出111273万元，占预算的59.93%，增长10.62%；农林水事务支出60764万元，占预算的51.58%，增长48.59%。

二、上半年全市预算执行的主要特点

上半年，全市财政经济保持了平稳较快发展的良好势头，财政收支均实现了"时间过半、任务过半"。

收入方面。一是收入总量实现平稳较快增长。地方财政收入增幅高于全省各市平均水平，收入进度快于时间进度7.24个百分点，为完成全年预算任务奠定了坚实的基础。二是主体税种增势良好。与经济发展密切相关的增值税、营业税、企业所得税、个人所得税等四大主体税种合计完成39.05亿元，增长29.23%，高于各市平均增幅2.61个百分点。三是非税收入政策性增收效果明显。今年，除教育收费和彩票发行费以外的所有预算外收入全部纳入了预算管理，非税收入管理逐步规范，征管措施进一步加强，上半年全市非税收入完成35.14亿元，增长49.64%，与各市平均增幅基本持平。

支出方面。一是支出进度加快。上半年全市一般预算支出进度快于时间进度3.54个百分点，按照全省汇总预算，我市支出进度列各市第2位。二是各项重点支出得到较好保障。教育、科技、文化体育与传媒、社会保障和就业、医疗卫生、环境保护、农林水事务等各项重点支出，均高于一般预算支出增幅。出台的一系列惠及民生的政策全面落实，农村初中和小学的生均公用经费定额分别提高到800元和600元，新农合与城镇居民医保政府补助标准由120元提高到200元，人均基本公共卫生服务经费标准由15元提高到25元，农村低保标准由每人每年不低于1250元提高到不低于1500元，集中抚养、分散抚养孤儿每月基本生活费分别不低于1000元和600元。三是节支措施进一步强化。认真落实厉行节约各项规定，严格控制和压缩"三公"经费支出，深入开展党政机关公务用车问题专项治理工作，有效节减了财政开支。

我们清醒地看到，当前财政运行中仍然存在一些困难和问题。收入方面，下半年收入增幅可能会呈现逐步回落态势。一是货币政策由"适度宽松"转为"稳健"。今年，央行连续六次提高存款准备金率、三次加息，大型金融机构存款准备金率已达到21.5%的历史高点，使得企业特别是中小企业融资十分困难，生产经营及纳税受到很大影响。二是通货膨胀影响。当前，通货膨胀压力很大，劳动力、原材料及煤电油运等价格持续上涨，挤压了企业的利润空间，进一步加大了企业的经营压力。三是房地产调控政策影响。国家连续出台限购、限贷、加息、增税等政策措施，持续加大房地产市场调控力度，房地产市场出现成交萎缩现象，直接影响了营业税、契税、个人所得税等相关税收的增长。四是政策性减收因素影响。从9月1

日起,个人所得税起征点提高至3500元,将带来一定程度的减收。支出方面,上半年我市积极筹措资金,全面推行了新型农村养老保险制度,下半年我市又全面启动了城镇居民社会养老保险试点,高校债务化解数额也比较大,再加上落实之前出台的各项民生保障提标扩面政策,财政支出压力非常大。对于以上问题,我们要高度重视,采取积极措施,认真加以解决。

三、扎实工作,确保圆满完成全年预算任务目标

下半年,我们要在市委的正确领导下,深入贯彻落实科学发展观,紧紧围绕全年任务目标,狠抓工作落实,努力实现"十二五"良好开局。

(一)大力支持转方式调结构,提高经济运行质量和效益。推进工业结构调整,筹集使用好转方式调结构专项引导资金,采取贴息、补贴、奖励和引导社会资金投入等方式,加快推进重点产业链延伸,对氟硅材料、集成电路、新医药等产业链给予重点扶持。积极筹措资金,及时兑现落实支持创新成长型工业企业加快发展的政策措施,促进创新成长型工业企业发展壮大。用好用活中小企业发展资金,支持中小企业重点项目和信用担保体系建设,支持中小企业特色产业集群加快发展。大力发展战略性新兴产业,积极支持市场前景好、资源消耗低、带动系数大、综合效益好、具有自主知识产权的新兴产业项目实施。大力推进企业自主创新及高新技术产业发展,及时落实企业技术中心、重点实验室等研发机构奖励资金,对具有自主知识产权和先导带动作用的重大高新技术产业化项目给予重点支持,增强企业核心竞争能力。继续实施标准化战略和品牌战略,安排专项资金,对主持或参与主持工业产品国际标准、国家标准、行业标准的企业,分档给予资助。积极支持服务业提质增效,扩大服务业引导资金的规模和扶持范围,集中力量扶持一批能够显著增加地方财源的高端生产性服务业和生活性服务业项目,培植壮大新的经济增长点。

(二)切实加强收入征管,确保圆满完成预算任务目标。坚持依法治税,完善税源控管体系,积极推进综合治税,强化地方小税征管,认真做好税收优惠政策清理、税收清欠、税收稽查等工作,挖掘增收潜力,堵塞收入漏洞,保证应收尽收,使经济发展的成果充分反映到财政增收上来。加强非税收入征管,重点抓好城市基础设施配套费、污水处理运行费、水资源费、排污费、价格调节基金、土地收益等非税收入,努力增加政府可用财力。加强国有资产和政府资源运营收入征管,强化国有资产收益收缴,防止收益流失,最大限度增加政府收益。进一步强化效益观念,优化收入结构,努力提高财政收入占GDP的比重、税收占二三产业增加值的比重和税收占地方财政收入的比重,确保实现有效益、高质量的增长。

(三)加大民生投入力度,着力保障和改善民生。加大社会事业投入。支持教育优先发展,认真落实进一步加大财政教育投入的各项政策措施,妥善做好高校债务化解工作,加大学前教育支持力度,促

进教育公平。支持医疗卫生事业发展,深化医药卫生体制改革,健全公共卫生服务网络体系,提高公共卫生服务能力。支持文化、计生、体育等事业发展,提升各项事业发展水平。大力做好社会保障工作。完善新农保和企业职工基本养老保险政策,扎实推进城镇居民社会养老保险试点工作,实现养老保险制度全覆盖。完善医疗保险制度,巩固城镇居民医保和新农合制度,提高保障能力。完善失业保险制度,健全社会救助体系,推进社会福利、社会优抚事业发展。支持保障性住房建设,大幅度增加对廉租住房、公共租赁房、棚户区改造和农村危房改造等保障性住房建设的财政投入力度,实施好建材(水泥)下乡工程。支持城乡统筹发展。加大"三农"投入,提高"三农"支出占财政总支出的比重。大力支持发展都市农业、精准农业、有机农业,推进农业产业化经营,提高农业综合生产能力。积极筹措落实地方水利建设基金,支持以水利为重点的农业基础设施建设。统筹推进城市建设,适应新型城镇化发展趋势,支持新城区建设和老城区改造,提升城市形象。

(四)进一步强化财政管理,确保财政健康平稳运行。加强预算执行调度分析,在保证资金安全、规范、高效使用的基础上,加快财政支出特别是推进转方式调结构、保障和改善民生等方面支出的执行进度,不断提高预算执行的均衡性和有效性。严格预算执行,控制预算追加,提高财政预算的约束力。加强财政账户管理,健全完善财政专户和预算单位银行账户审批管理制度,严格按照有关规定清理归并账户,加强资金管理,确保资金安全。强化政府债务管理,健全偿债准备金制度,多渠道筹集偿债基金,加强和规范归口管理,实现对地方政府性债务的全口径管理和动态监控,防范地方财政风险。认真落实厉行节约各项规定,继续严格控制和压缩公务接待费、因公出国(境)费用、公务用车购置及运行维护费等"三公"经费支出,深入开展党政机关公务用车问题专项治理工作,有效节减财政开支。

另外,为落实积极的财政政策,支持地方经济和社会事业发展,今年中央继续代理发行地方政府债券,省分配我市的债券资金规模为34000万元,其中三年期占50%,年利率3.93%;五年期占50%,年利率3.84%。按照中央和省有关要求,地方政府债券资金应全额纳入一般预算管理。为此,依据《预算法》有关规定,按照"以收定支、收支平衡"的原则,应将市十三届人大四次会议通过的2011年全市支出预算由1822854万元调整为1856854万元,调增34000万元,提请本次会议审查批准。

主任、各位副主任、秘书长、各位委员,做好今年的财政工作责任重大,我们要紧紧依靠市委的正确领导和市人大及其常委会的监督指导,振奋精神,努力工作,圆满完成财政各项工作任务,确保实现财政收支平衡,努力为殷实和谐经济文化强市建设做出新的更大贡献!

责任校对:吕　超

财政文选

充分发挥职能作用　服务全市内涵发展

（2011 年 12 月 31 日）

市委书记、市人大常委会主任　刘慧晏

2011 年是“十二五”开局之年，全市上下牢牢把握主题主线，进一步强化生态文明和效益优先理念，坚定不移地走内涵发展的路子，工业经济跨越万亿元大关，成功创建为全国文明城市，经济社会呈现出增长较快、结构优化、效益提升、民生改善的良好态势。据快报统计显示，2011 年全市境内财政总收入完成 476.21 亿元，同比增长 19.59%，其中地方财政收入突破 200 亿元，达到 203.59 亿元，增长 25.36%，高于全省各市平均增幅；国税收入完成 262.12亿元，增长 13.5%；地税收入完成 130.9 亿元，增长 27.8%。财政总支出完成 253.19 亿元，增长 25.42%。全市银行机构人民币存款余额达到 2700 亿元，比年初增加 230 亿元；贷款余额达到 1871 亿元，比年初增加 184 亿元。成绩的取得，是全市上下共同奋斗、众力合为的结果，也是财税部门培植壮大财源、科学组织收入的结果。一年来，全市财税战线广大干部职工围绕中心、服务大局，创新思路、扎实工作，圆满完成了市委、市政府赋予的各项工作任务，为加快殷实和谐经济文化强市建设做出了重要贡献。

2011 年全市经济社会发展所取得的成绩，十分令人振奋，也使我们对坚持内涵发展、科学发展充满信心。2012 年是实施“十二五”规划承上启下的重要一年，做好财税工作，对于全市经济社会平稳较快发展具有十分重要的意义。全市各级财税部门要按照中央和省、市经济工作会议的部署要求，深入贯彻落实科学发展观，创造性地落实好积极的财政政策和稳健的货币政策，有效发挥职能作用，更加自觉地服从和服务于内涵发展。具体要做到以下五点：

一是要在财税征收环节服务于内涵发展。各级要正确认识和把握国内外经济形势变化，牢牢抓住转变经济发展方式这条主线，充分发挥财税调节经济的杠杆作用，促进转方式、调结构、增财源。要分类研究和制定支持转方式调结构的财税政策措施，特别是针对转调任务重的行业和企业，要综合运用环境保护、安全生产、劳动保障和财税政策等调控杠杆，加快其结构调整步伐。在此基础上，要坚持依法治税、依率计征，做到应收尽收，切实把科学发展的成果客观真实地体现到财政增收、税收增长上来,进一步激发全市科学发展的活力和动力。

二是要在财政支出环节服务于内涵发展。2012年,各级支持经济发展、落实各项民生政策的压力依然很大,各级财政部门要抓住关键环节,千方百计保证重点支出需要;要加强公共财政建设,进一步优化支出结构,严格控制“三公”支出,真正把有限的资金用到稳增长、调结构、惠民生上来。

三是要在培植财源上服务于内涵发展。经济发展压力大的时候,也是培植优质高效财源的关键时机。财源建设要体现出内涵发展导向机制,注重加强与产业政策的协调配合,对三农、战略性新兴产业、现代服务业等,要有针对性地分类制定和完善具体的财税扶持政策,加大扶持力度,促进其加快发展。在具体实施工作中,要强化效益理念,集中政策和资金,着力培育能够带来优质高效财源的重点项目,防止盲目决策和撒“芝麻盐”,增强财政资金的使用效益。

四是要在优化财税结构上服务于内涵发展。近年来,在经济平稳较快发展的基础上,我市财政实力进一步壮大,全市境内财政收入、境内税收和地方财政收入占GDP的比重逐步提高,全市经济运行的质量和效益有了稳步提升。下一步,要更加重视财税收入结构问题,在实现税收和非税收入应收尽收,把握好适度增幅的前提下,不断优化收入结构,提高税收收入比重,充分展现内涵发展的成果,增强全市科学发展的信心。

五是要在对上争取支持和国有资产监管运营上服务于内涵发展。看财政工作成绩如何,对上争取支持成果是一项重要的考核指标。要创造性地发挥好职能作用,更加积极有效地做好对上争取工作,支持我市经济社会发展。要切实抓好国有资产监管运营,在国家稳健的货币政策下,发挥好运营国有资产支持经济发展的重要作用,使其释放出更大的潜能。

(本文根据刘慧晏同志视察财政工作时的讲话整理)

责任校对:孙华义

把握主题主线
努力开创全市财政工作新局面

（2011年3月21日）

市委副书记、市长　周清利

一、正确把握当前的财政经济形势

“十一五”时期是我市发展史上极不平凡的五年。五年来，我们深入贯彻落实科学发展观，积极应对国际金融危机等重大风险挑战，推动老工业城市转型迈出坚实步伐，全市综合实力迈上了一个大台阶。这五年，也是我市财政经济快速增长的时期，收支规模一年一个新台阶，五年实现了大跨越。回顾“十一五”时期的财政工作，可用四个“成效明显”来概括：

一是依法治税管费，组织收入工作成效明显。2010年，全市境内财政总收入完成398.19亿元，地方财政收入完成162.4亿元，分别是2005年的2.48倍和2.53倍，年均分别增长19.91%和20.42%；全市财政总支出首次突破200亿元，完成201.88亿元，比上年增长26.64%。

二是支持转方式调结构，促进科学发展成效明显。全市各级灵活运用财政政策杠杆，大力支持扩大内需项目实施，落实刺激消费政策，推进节能减排和自主创新，仅2010年，全市用于上述领域的奖励扶持资金就达14亿元。全市财政经济运行质量不断提高，2010年，境内财政总收入占地区生产总值的比重达到13.89%，比2005年提高了2.67个百分点。

三是加大民生投入力度，保障和改善民生成效明显。2010年，全市财政用于民生的支出达到102.47亿元，占总支出的比重达到50.76%，比2005年提高8.1个百分点，“十一五”时期年均递增24.42%。“三农”、教育、科技、文化、医疗卫生、社会保障、公共安全、环境保护、城市建设等重点支出得到较好保障，各项民生政策得到全面落实。

四是深化财政管理改革，绩效财政建设成效明显。深入推进财政科学化精细化管理，完善政府预算制度体系，在财政投资评审、财政支出绩效评价、政府采购监管、财政监督、国有资产监管和完善对区县的转移支付政策等方面积极改革探索，促进了财政经济健康运行。

这些成绩，是在宏观经济形势复杂多

变、财政减收增支压力不断加大的情况下取得的,是全市上下埋头实干、拼搏进取的结果,全市财政系统也为此付出了艰苦努力,做了大量卓有成效的工作。各级财政部门认真落实市委、市政府的决策部署,既算财政账、收支账,又算政治账、发展账,勤勉尽责、扎实工作,表现出了很强的全局意识、大局观念和科学理财能力,为经济社会发展作出了重要贡献。市委、市政府对财政工作是满意的。在此,我代表市委、市政府,向全市财政系统广大干部职工表示衷心的感谢和诚挚的问候!

今年是“十二五”开局之年,正确分析把握财政经济形势,做好财政工作至关重要。总体上看,我们仍处于可以大有作为的重要战略机遇期,经济发展长期向好的趋势没有改变,做好财政工作面临许多有利条件。特别是近年来我们着力扩内需保增长、转方式调结构,一批优质高效财源项目陆续投产达产,效益将逐步体现到财政增收上来。从今年前两个月情况看,全市财政经济继续保持了良好发展势头,地方税收同比增长40.67%,地方财政收入同口径增长41.11%。但同时要看到,目前财政工作也面临一些突出矛盾和困难。收入方面,宏观经济环境依然十分复杂,货币政策由“适度宽松”转为“稳健”,最近连续通过加息、提高存款准备金率等措施,加大流动性回收力度,企业融资难度明显加大,经济运行面临许多不确定因素。国家加快推进税制改革,扩大增值税征收范围,继续实施结构性减税政策,也将对财政增收带来深刻影响。支出方面,今年改革发展稳定的任务十分繁重,发展需要加强财政调控,改革需要财政支付成本,稳定需要财政增加投入。尤其是在保障和改善民生方面,新的民生政策不断出台,原有的民生政策持续扩面提标,财政保障任务非常繁重。据测算,今年兑现已知的上级新出台的民生政策,仅市级就需增支2亿元左右,支出压力非常大。与此同时,“十二五”时期国家将加快推进财税体制改革,对地方财政将产生深远影响。财政是各级党委、政府履行职能、保持经济社会正常运转的物质基础和体制保障。各级一定要充分认识做好财政工作的重要性,准确把握财政经济形势,坚定信心、迎难而上,未雨绸缪、科学谋划,牢牢把握财政工作的主动权,为科学发展、和谐发展提供有力的财政支持和保障。

二、着力保发展、转方式、调结构、增财源

按照市十三届人大四次会议批准的全市经济社会发展主要预期目标和财政预算方案,“十二五”时期全市地方财政收入年均增长15%左右,到2015年突破300亿元;2011年全市地方财政收入预算安排186.75亿元,增长15%;市级收入预算安排31.31亿元,同口径增长15%;全市和市级一般预算支出分别按增长12%、11%来安排。这样的安排体现了积极稳妥、留有余地的原则,是符合我市实际情况的。围绕实现上述目标,各级的收入计划要继续按照“三个不低于”的要求来安排,即:全市地方财政收入增幅要不低于全省平均水平,国税、地税收入增幅要不低于全省各市平均水平,各区县地方财政收入增幅要不低于全省区县级平均水平。工作中要把握好以下几点：

（一）坚定不移地做好发展增收这篇大文章。发展是解决一切问题的关键，更是财政增收的根本。没有较快的、健康的、可持续的发展作保证，财政增收就是无源之水、无本之木。因此，各级要坚持科学发展不动摇，始终把保持经济平稳较快发展作为关系全局的战略任务，紧紧抓住不放。要处理好速度与质量、效益的关系，坚持好字优先、好中求快、又好又快，只要是符合科学发展观要求、有实实在在效益的速度，能搞多快就搞多快。要强化财政投资的调控引导功能，推动投资、消费、出口"三驾马车"协调拉动，特别要充分发挥投资拉动经济增长的主导作用。各级都要吃透用好积极的财政政策，精心策划优质项目载体，更加务实有效地做好中央和省投资的争取工作；同时，不断创新投融资机制，通过支持信用担保、创业投资等有效途径，发挥好政府投资"四两拨千斤"的带动功能，积极带动和扩大信贷资金与民间投资。要完善扩大消费的政策措施，更加注重发挥消费对经济增长的拉动作用。要着力提高对外开放水平，支持有实效的招商引资活动，鼓励企业扩大出口和加快"走出去"步伐，不断提高外向型经济发展水平。

（二）全面深入地贯彻效益优先的理念。效益优先，不仅是一切财政经济活动的本质要求，而且也应当成为政府工作、城市建设乃至社会事业等各个领域都必须强化的重要理念。近年来，我们大力推进城市建设，组织实施"两区三村"工程，综合效益非常显著，单就其经济效益来讲，也是相当可观的。2010年，全市建筑业及房地产业缴纳的地税收入同比分别增长了32%和63%，两者合计占全市地税收入的24%。近三年来，淄博新城区配套费年均增幅达323%。我们举全市之力承办省运会、亚青赛，不仅交出了一份出色的政治答卷，而且交出了一份出色的经济答卷，实现大幅增值的，是我们的整个城市，这是我们通过坚持效益优先理念、科学谋划、精心运筹所创造的一笔巨大财富！就财政工作而言，要效益，一是要强化效益优先的理念。低效益甚至负效益，发展就不可持续，稳定就缺乏支撑，民生就没有保障。因此，必须依法聚财、科学理财、高效用财，前提是要时时处处体现效益优先的理念，各级都要强化这个意识。二是要突出抓好重大效益增长点。例如城市增值，要坚持规划出效益的原则，通盘谋划功能区划、重要公共设施布局、开发建设次序，努力谋求城市增值空间的最大化，惠及整个城市，惠及全体居民。三是要强化效益优先的政策导向。要加强财政投资绩效评估，把财政扶持的重点，更为集中地放到有利于地方财政增收、可用财力增加、城乡居民收入增长的项目和领域，努力使有限的资金发挥最好的效益。

（三）统筹推进转方式、调结构、增财源。转方式调结构既是经济工作的主线，又是培植壮大优质财源的根本途径。东岳集团今年前2个月纳税1.68亿元，是去年同期的6.2倍；信绛纳士机械有限公司去年纳税8079万元，职工人均税收贡献超过27万元,这都是扎实转方式调结构的结果。因此,必须把转方式调结构与培植壮大财源更加紧密地结合起来。一是支持传统产业改造升级。深入实施新一轮技改计划,充分发挥财政专项资金的作用,引导企业用好增值税转型和装备制造业"首台套"等优惠政策,每年扶持30个左右设备投资额在2亿元以上、规模和效益指标在全国同行业领先的技术改造项目,显著提高地方骨干企业的技术装备和盈利水平。二是支持战略性新兴产业发展壮大。三年内筹措专项资金3亿元,实施新兴产业倍增工程,认真落实高新技术企业所得税优惠、技术研发费用加计扣除等鼓励政策,支持创新平台建设和创新成果转化,打造高技术含量、高附加值的产业集群。三是支持现代服务业提质增效。充分用好服务业发展引导资金,重点支持既有利于产业升级、有利于完善城市功能、又能够显著增加地方财源的金融、物流、文化旅游等现代服务业项目,支持生产企业剥离非核心业务。在推进转方式调结构的过程中,要高度重视财税政策与产业、金融、土地、环保等政策的协调配合,形成集成优势,全方位加大对优质财源建设项目的支持力度,把转方式调结构的成果,更加充分地体现到增强创税能力、做大财政蛋糕上来。

(四)切实加强收入征管。要坚持依法征税管费,切实做到应收尽收,真正把经济发展的成果充分反映到财政收入上来。一是对税收收入,要强化税源管理,完善协税护税体系,切实将各类税源摸清楚、管起来,为依法治税奠定基础。要认真做好契税、耕地占用税征管职能划转工作,确保"两税"征管顺利交接、平稳过渡。加强社会综合治税对堵塞收入漏洞、增加地方税收发挥了非常重要的作用,去年通过综合治税增加税收收入5.3亿元。要完善综合治税工作机制,重点在土地使用、房屋销售租赁和剥离生产企业非核心业务等领域,进一步加大工作力度,务求取得更大成效。二是对非税收入,要进一步完善征缴管理机制,规范征缴行为和减免程序,突出抓好土地、矿产、国有资本经营收益等资产和资源性收入征管,加大欠费清缴力度,努力实现应收尽收。

三、集中财力保民生、保重点

综合考虑今年的总体收支状况,支出压力依然很大。必须精打细算,调整优化支出结构,在做到行政性支出零增长的同时,把财政倾斜和支持的重点,集中放到民生和社会事业、重大公共工程建设、节能减排和环境保护等关键领域和环节上。

(一)着力保障和改善民生。"十二五"时期,中央和省市各级对保障和改善民生的重视程度和工作力度都是前所未有的,国家积极财政政策的实施重点,将更多地向民生领域倾斜。关于今年强农惠农、就业与社会保障、教育与卫生等社会事业发展、保障性住房等方面的民生政策和建设项目,全市经济工作会议和市人代会通过的《政府工作报告》已经作了初步安排,从目前已知的情况看,今年要落实的民生政策较多,资金保障任务很重。各级要进一步优化财政支出结构,科学运筹资金,年初预算安排要将民生资金留足备好,新增财力也要重点用于民生,确保把国家和省出台的各项民生政策兑现落实到位。同时,要注意量入为出、量力而行,不要擅自出台不切实际、缺乏财力保障的题目。要积极创新财政保障机制,改变供给方式,扩大政府购买服务范围,逐步实现基本公共服务提供主体和供给方式的多元化。

(二)支持水利等重大公共工程建设。今年,中央以一号文件下发了《关于加快水利改革发展的决定》,把水利建设摆在基础设施建设的优先领域,十年内总投资将达4万亿元;同时我省启动了现代水利示范省建设,用于水利建设的投资大幅增加,这是水利建设千载难逢的机遇。我们要抓紧搞好项目规划,积极争取中央和省投资,落实好地方配套资金,在继续推进农村饮水安全工程、巩固扩大水库除险加固成果的基础上,大力加强水利重点工程和区域水网建设,推动我市水利建设实现新的历史性突破。当前,要及时安排和拨付抗旱专项资金,全力以赴做好抗旱工作,最大限度降低旱灾损失。实施农村土地综合整治,具有改善农村生产生活条件、提高农业综合生产能力、拓展发展空间等多重功效,综合效益相当可观。目前,我市获省政府批准的土地综合整治项目共4个,整治规模20.5万余亩。市和区县要按规定比例落实好配套资金,加大投入力度,保障整治项目顺利推进,力争早日发挥效益,并为争取后续项目奠定良好工作基础。

(三)加强节能减排和环境保护。"十二五"期间,国家将进一步加大能耗和污染物排放控制力度,增加主要污染物控制种类,强化相关指标约束。同时,今年又是我市创建国家环保模范城市的攻坚之年,节能减排和环保工作任务十分繁重,必须切实加大这方面的财政投入。要认真落实节能减排和资源综合利用税收优惠、政府采购和财政奖补政策,加大对重大节能技术产业化项目以及重点行业淘汰落后产能的奖补力度。要积极筹措建设资金,保障城镇污水和生活垃圾处理等重点治污减排设施和重点生态修复治理工程建设需求。大力支持大气污染防治、重点流域水污染防治和农村环境综合整治,确保完成节能减排和环保工作任务。

四、加快构建有利于科学发展的财政体制机制

科学合理的财政体制机制是引导经济社会健康发展的重要杠杆。今后一个时期,国家将在财税领域推出一系列新的改革举措。我们要抓住机遇、改革创新,加快形成充满活力、富有效率、有利于科学发展的财政体制机制。

(一)完善财政激励机制。好的财政体制机制,首先要有利于树立正确的发展导向,最大限度地调动方方面面科学发展的积极性。要总结经验、完善思路、开拓创新,强化财政体制机制的激励效应。要完善财政奖补制度。今明两年,省里将继续实施营业税、企业所得税、个人所得税增收返还激励办法和粮食生产大县奖励、农村公益事业建设"一事一议"等财政奖补政策。我们要根据省里的有关要求,因地制宜完善财政奖补政策,激励基层加快

发展、努力增收。要建立完善区县域公共管理、基本公共服务以及落实各项民生政策的财政保障制度体系,推进基本公共服务均等化。

(二)完善财政约束机制。促进科学发展,既要强化正向激励,又要健全约束机制,硬化责任约束。一要强化收入总量考核。对市委、市政府提出的“三个不低于”的目标要求,各级要加大工作力度,强化工作措施,确保完成。二要强化收入质量考核。今年国家将对各省生产总值实行下算一级制度,省里也将下算一级,直接测算各市的生产总值,并比照国家的做法,建立相应的生产总值数据质量评估体系,按季测算各地税收收入占二三产业增加值的比重。各级一定要重质量、讲效益,在努力扩大规模总量的同时,更加重视提高财政经济的运行质量。

(三)推进支出管理改革。各级各部门要牢固树立过紧日子的思想,大力压缩一般性支出,努力降低行政成本。今年行政办公经费要按照省、市明确要求,做到零增长,要健全财政监督检查机制,精打细算,勤俭办一切事业。要进一步完善政府预算体系,深化部门预算编制改革,从今年起全面取消预算外资金,将除教育收费和彩票发行费以外的所有预算外收入全部纳入预算管理,切实提高预算的完整性和科学性。继续推进国库集中支付、政府采购、公务卡等改革,完善投资评审、财政监督和支出绩效考评机制,提高财政管理的精细化水平。

五、切实提高科学聚财理财用财水平

各级政府主要负责同志要高度重视财政工作,深入研究财政政策,增强依法聚财、科学理财、高效用财的本领,提高运用财政手段推动经济社会发展的能力。要切实加强对财政工作的领导,及时帮助财政部门协调解决工作中遇到的困难和问题,为财政工作健康发展创造良好环境。各有关部门要强化大局观念,积极支持和配合财政部门的工作。各级财政部门一定要强化宗旨观念和廉政意识,切实加强干部队伍建设和作风建设,全面提高干部队伍的政治素质、业务能力和职业道德水平,大力弘扬艰苦奋斗、科学理财、文明服务的优良传统,严格自律、秉公用权、依法理财,为财政改革发展提供有力保障。

今年财政工作任务重、压力大、要求高。全市各级、各部门要在市委、市政府的正确领导下,开拓创新,扎实工作,努力开创全市财政工作新局面,为推动老工业城市新的转型发展、加快殷实和谐经济文化强市建设做出新的更大贡献,以优异成绩迎接建党90周年!

(本文系周清利同志在全市财政工作会议上的讲话,内容有删节,题目系编者所加)

责任校对:孙华义

提高认识　强化措施
建立健全防治“小金库”长效机制

（2011年9月30日）

市委常委、副市长　王顶岐

全国、全省防治“小金库”长效机制建设经验交流电视电话会议召开了。国家和省分别对今年以来“小金库”治理工作情况作了通报，对下一阶段机制建设工作作了安排，并听取了先进城市的经验介绍，希望各级认真学习领会，切实抓好贯彻落实。

市委、市政府高度重视“小金库”治理工作，专门成立了以清利市长为组长，我和启全书记为副组长，市直相关部门负责人为成员的“小金库”专项治理工作领导小组，并制定印发了专门的工作实施方案。各级按照统一部署和要求，深入推进机关事业单位、社会团体、国有及国有控股企业“小金库”治理工作，圆满完成了全面复查、督导抽查、整改落实三个阶段的工作，全市防治“小金库”长效机制建设取得明显成效。目前，全市所有单位都按照要求提报了全面的复查报告，并严格实行了公示承诺制，建立健全了覆盖重点地区和重点单位的督导抽查制度，围绕长效机制建设，制定完善了《关于规范商业企业发票管理、严格行政事业单位办公用品采购报销制度的意见》等9项规章制度，对复查抽查发现的个别单位存在的“小金库”问题进行了严肃处理。总体上讲，市委、市政府对防治“小金库”长效机制建设取得的成绩是满意的。

一、进一步提高对防治“小金库”长效机制建设重要性的认识

“小金库”治理事关反腐倡廉的根本，是建立健全预防和惩治腐败体系的基础和关键。尽管我市在防治“小金库”长效机制建设方面取得了一些成绩，但与反腐倡廉的新形势新任务新要求相比，与广大人民群众的期望相比还有较大差距，各级必须始终坚持把“小金库”治理作为建立健全教育、制度、监督并重的惩治和预防腐败体系的重中之重，统一思想，提高认识，以此次会议为契机，深刻领会会议精神，吸收借鉴好先进经验，按照标本兼治、堵疏结合、惩防并举、综合治理的方针，紧密联系实际，认真落实长效机制建设有关

规定、制度和措施,从根本上解决“小金库”问题。

二、把握重点、强化措施

要以加强培训为基础,将防治“小金库”内容纳入财会人员后续教育、干部教育规划、各级党校及其他干部培训机构教学计划,加强对领导干部和财会人员的教育培训,使其充分认识到私设“小金库”的危害性;要进一步深化财政、财务、会计和资金管理体制改革,加强非税收入管理,强化国有资产监管,用实实在在的制度建设和体制创新解决“小金库”问题;要加强社会团体管理,逐步理顺社会团体的职能、人事、财务关系,确保社会团体财务核算的独立性;要强化监督检查,切实将“小金库”作为重要检查内容,通过严密的日常检查和专项检查,做到早预警、早发现、早纠正,增强威慑力和严肃性;要加大处罚力度,对私设“小金库”行为,严格按照法律法规,依法加大处罚力度,坚决杜绝有章不循、执法不力等突出问题。

三、明确分工,将长效机制建设落到实处

各级各部门要把长效机制建设的阶段性任务和长期性战略目标结合起来,确保机制建设的系统性和持续性。要强化“一盘棋”的思想,严格按照要求落实责任主体和任务分工。各级“小金库”治理工作领导机构要对长效机制建设负总责,抓好组织协调和督导检查。各职能部门要结合自身特点,积极推进改革和制度办法的制定工作。其他有关部门和单位要认真落实改革的各项措施,制定切实可行的具体办法。要通过全市上下的齐心协力,密切配合,共同努力,确保“小金库”治理工作取得实实在在的成效。

建立健全防治“小金库”长效机制工作意义重大、任务艰巨,各级要积极作为,科学务实,抓紧抓实,为维护良好的财经秩序,为促进殷实和谐经济文化强市建设提供有力保障。

(本文系王顶岐同志在全国全省防治“小金库”长效机制建设经验交流电视电话会议淄博分会场会议上的讲话,内容有删节,题目系编者所加)

责任校对:孙华义

充满激情　利学创业
推动全市财政工作再上新台阶

（2011 年 3 月 21 日）

市财政局党组书记、局长　王修德

一、“十一五”时期全市财政工作取得显著成绩

“十一五”时期的五年，是极不平凡的五年。面对复杂多变的经济财政形势和艰巨繁重的改革发展任务，全市各级财政部门在市委、市政府的正确领导下，深入贯彻落实科学发展观，迎难而上、开拓进取，积极作为、科学务实，扎实推进财政改革发展进程，我市“十一五”期间提出的发展型财政、民生财政、协调型财政、创新型财政、绩效财政和文明财政建设任务均取得显著成效，全市财政工作实现了新的跨越式发展。

（一）坚持发展增收，财政实力迈上新台阶。过去的五年，我们针对复杂多变的经济形势，准确把握中央宏观调控意图，结合实际灵活审慎地制定政策措施，促进财政经济又好又快发展，取得了显著成效。“十一五”初期，围绕“防通胀、防过热”，认真落实稳健的财政政策，维护了经济社会稳定。金融危机爆发后，围绕“扩内需、保增长”，贯彻实施积极的财政政策，认真落实结构性税费减免政策，为全市经济回升向好提供了强力支撑。后金融危机时期，围绕“转方式、调结构、增财源”，大力支持传统工业升级改造，支持战略性新兴产业和服务业发展，支持自主创新、节能减排和环境保护，促进了经济发展方式转变和财政收入稳定增长。经过不懈努力，我们经受住了国际金融危机的严重冲击，应对复杂局面的能力明显增强。在经济发展的基础上，着力抓好财政增收，确保了财政收入持续、稳定增长。2010 年，全市境内财政总收入完成 398.19 亿元，比上年增长 26.01%，是 2005 年的 2.48 倍，“十一五”期间年均递增19.91%；境内财政总收入占地区生产总值的比重为 13.89%，比 2005 年提高 2.67 个百分点。全市地方财政收入完成 162.40 亿元，增长 26.11%，是 2005 年的 2.53 倍，“十一五”期间年均递增 20.42%；地方财政收入占 GDP 的比重为 5.66%，比 2005 年提高 1.18 个百分点；其中税收收入完成

116.52亿元,比上年增长26.72%,所占比重为71.75%,比上年提高0.34个百分点。全市财政总支出首次突破200亿元,达到201.88亿元,“十一五”期间年均递增20.17%。“十一五”时期,成为我市财政经济增长最快的一个时期。

（二）加大民生保障投入,民生财政建设实现新跨越。“十一五”时期,是民生政策出台最多、民生投入力度最大的时期。各级财政部门不断强化民生意识,集中财力为群众办实事、办好事,民生财政建设取得积极成效。“十一五”期间,我们根据中央和省、市统一部署,实施义务教育经费保障机制改革,免除义务教育学杂费,完善家庭经济困难学生资助政策,全市累计投入家庭经济困难学生资助补助资金5871万元,惠及学生7.65万名。启动实施医药卫生体制改革,在政府办基层医疗卫生机构全面推行国家基本药物制度,建立了政府购买城市社区卫生服务的财政补偿机制。建立实施新农合、城镇居民医疗保险政府补助政策并将补助标准提高到每人每年120元,全市人均公共卫生服务经费达到15元,截至目前,全市新农合参合人数达234万人,城镇居民医疗保险参保人数达80万人。支持健全社会保险政策体系,企业职工基本养老保险、城镇职工基本医疗保险、机关事业单位养老保险、失业保险、工伤保险、生育保险等社保政策体系进一步健全和完善。完善城市低保制度,将补助标准提高至每人每月316元并建立实施分类施保制度和物价上涨联动机制,保障人数达到3.6万人。建立农村低保制度,并逐步将农村低保补助标准提高至每人每年1250元,2010年底保障人数达到8.1万人。完善农村五保供养制度,将集中供养标准提高到每人每年2200元,分散供养标准提高到每人每年1400元,6329名五保老人得到妥善救助。增加保障性住房投入,积极支持实施“两区三村”改造,全市棚户区、老旧工矿居住区、城中村整治改造项目开工86个,农村危房改造完成18741户,完成安置面积800多万平方米,受益群众近30万人。积极开展新型农村养老保险试点,截至目前全市有100个乡镇开展了试点,参保居民达到100万人。支持实施积极的就业政策,初步构建起了涵盖职业介绍、职业培训、社会保险、公益性岗位开发、职业技能鉴定、特定就业等财政补贴和小额贷款担保贴息等政策的就业政策框架体系。经过“十一五”期间的持续较大投入,覆盖城乡的教育、卫生、文化、就业、住房和社会保障体系从无到有、日趋完善,民生政策覆盖范围从小到大、逐步拓宽,保障标准由低到高、逐年提升。全市新增财力大部分都用在了改善民生上,不仅让人民群众实实在在地得到了实惠,而且极大地强化了财政的公共服务职能。2010年,全市财政用于民生的支出达到102.47亿元,占总支出的比重达到50.76%,所占比重比2005年提高8.1个百分点,“十一五”时期年均递增24.42%,高于财政总支出增幅4.25个百分点。

（三）加大“三农”投入,城乡统筹发展取得新成效。积极支持社会主义新农村建设。“十一五”时期,我们按照“多予少取放活”的方针,努力增加“三农”投入。

自2007年建立"三农"投入统计制度以来,初步统计全市财政2007－2010年用于"三农"方面的资金达144.91亿元,占期间全市财政总支出的23.25%。在资金安排使用上,支持农业基础设施建设,提前完成了水库除险加固任务。加大农业综合开发和土地综合整治力度,支持农业科技推广和农业产业化发展,积极开展农业保险试点,农业综合生产能力明显提高。大力支持农村社会事业发展,农村社会事业投入大幅度增加,农村饮水安全、村村通柏油路等工程取得重要成果。推动农村综合改革,全面取消农业税,结束了农民种地交税的历史。大幅度增加对农民的直接补贴,全市五年累计发放粮食、良种、农机和农资综合补贴8.71亿元,兑付家电与汽车摩托车下乡及以旧换新补贴3.48亿元。总的看,过去五年是公共财政支出范围由城市快速向农村延伸的五年,并逐步呈现出"先农村、后城市"的特征,有效拓展了财政的服务领域和发展空间,极大地促进了农民增收和农业农村发展。同时,积极支持城市现代化和新型城镇化建设。深刻把握组群式城市发展特点,加大城建投入力度,切实保障"两区三村"和市体育中心、运动员公寓、淄博客运中心、城区大外环、中心城区道路改造、建筑物外立面整治等城建重点项目资金需要,完善了城市功能,提升了城市形象。

（四）大力深化财政管理改革,绩效财政建设取得新突破。深化财政体制改革,调整完善市对下财政体制,规范财政分配关系,调动了各级加快发展的积极性。完善收入分配制度,清理规范机关事业单位津贴补贴,稳步提高企业退休人员基本养老金水平和社会保障对象的收入水平。全面落实增值税、企业所得税、燃油消费税、耕地占用税等改革政策,确保了各项税制改革顺利推进。规范预算管理制度,深化财政支出管理改革,提高了财政运行质量和效益。强化支出管理,全面落实厉行节约规定,大力压减一般性支出,集中财力保重点、办大事。多方筹集资金切实做好省运会、省残运会、对口援建等支出保障,确保了市委、市政府重大决策部署支出需要。做好向上争取工作,五年累计争取中央和省各类转移支付资金94.69亿元,对缓解我市财政压力、促进经济社会发展起到了重要作用。积极推进财政投资评审,"十一五"期间,全市共完成评审项目1100余个,评审值77.34亿元,审减资金12.81亿元,审减资金额超过1995年全市财政收入的总和。大力推进绩效评价,2009年我市在全省率先开展了财政支出绩效评价工作,选择农村中小学"211"工程、城乡低保、柳泉路人防枢纽工程等近30个项目,开展了绩效评价试点,涉及资金近10亿元,为加强项目管理、提高政府投资效益提供了重要参考。加强政府采购监管,全市政府采购额完成111.13亿元,节约资金18.51亿元,节支率14.28%。强化财政监督,深入开展"小金库"专项治理,维护了良好的财经秩序。加强基层基础管理,切实抓好基本数据信息、定员定额、行政事业单位资产管理、政府债权债务管理、财务会计管理等方面的工作,规范业务流程,落实岗位职责,提高了财政管理水平。

(五)坚持内强素质、外树形象,干部队伍建设呈现新面貌。“十一五”期间,我们切实注重增强广大干部职工的大局观念、创新观念、服务观念,增强依法理财、为民理财、科学理财的本领,为做好新形势下的财政工作提供了队伍基础和组织保障。积极开展党员党性定期分析制度试点、解放思想大讨论、深入学习实践科学发展观、创先争优等学习教育活动,干部队伍的凝聚力、战斗力明显增强。狠抓干部教育培训,提高干部队伍的政策理论水平、科学文化素养和理财能力。巩固提升系统文明创建工作水平,制定实施了全市财政系统第三轮文明创建工作规划,完善责任落实、协调联动、考核激励等工作机制,促进了文明创建工作的顺利开展。深化作风效能建设,倡导认真专业务实作风,提高工作质量和服务水平。推进财政反腐倡廉建设,大力开展理想信念、优良传统、党纪法规等教育,不断夯实财政干部廉洁从政的思想道德基础。完善和落实各项廉政制度,健全拒腐防变的长效机制、反腐倡廉的制度体系、权力运行的监控机制,加强廉政风险防范管理,防止了廉政问题的发生。市财政局继续保持全国文明单位,并获得全省第十四届职业道德建设十佳单位、富民兴鲁劳动奖状、全省财政系统先进集体和全市民主评议政风行风活动先进单位,各区县、高新区财政局继续保持全省文明单位(文明机关),全市有7个单位、7名同志获得全省财政系统先进集体和先进工作者,全系统区县级以上文明单位创建面达到97%。

回顾过去五年的工作,我们深刻认识到,实现财政事业跨越式发展,必须坚定不移地用科学发展观统领全局。始终坚持科学发展、和谐发展,正确处理当前和长远的关系,不断加强对宏观经济形势的把握能力,切实增强工作的预见性、主动性、创造性,推动全市财政经济又好又快发展。必须坚定不移地维护好、实现好、发展好人民群众的根本利益。坚持以人为本、理财为民,按照公共财政的要求,不断优化支出结构,加大民生投入力度,逐步形成惠及全民的公共服务体系,促进公共服务均等化。必须坚定不移地推进改革创新。善于破除旧体制、老做法的束缚,大力推进体制、机制和制度创新,增强又好又快发展的内在动力和活力。必须坚定不移地加强干部队伍建设。不断强化干部职工的学习意识、服务意识、廉政意识,提高干部职工的理财能力和服务水平,打造一支素质过硬、作风优良、廉洁勤政的财政干部队伍,为财政改革发展提供人才保证和智力支撑。必须坚定不移地依靠市委、市政府的坚强领导。认真贯彻落实市委、市政府的决策部署,围绕全市经济社会发展大局来谋划财政工作,是我们做好一切工作的根本保证。

二、正确认识当前面临的财政经济形势

“十二五”时期是加速推进转方式、调结构,实现经济社会长期平稳较快发展的重要战略机遇期。准确把握“十二五”时期经济社会发展形势,是我们做好经济财政工作的重要前提。

总体看,“十二五”时期我市经济财政发展面临较多有利条件:一是世界经济复

苏有利宏观经济运行。当前,全球经济正继续复苏向好,无论是发达经济体,还是新兴经济体,经济复苏态势明显,“十二五”时期国际经济环境总体上是有利的。二是国内经济形势向好将为我市发展创造良好条件。国际金融危机以来,受益于中央一系列力度空前的保增长促发展政策措施,我国经济已逐步走出危机影响,转入平稳发展常态。“十二五”时期,我国工业化、城镇化进程将加速,国内投资需求和消费需求有望保持强劲增长态势;居民消费结构、产业结构升级加快,新的经济增长点将不断涌现;随着国际经济形势逐步好转,出口也将恢复增长。这些都将对我市下一步发展产生积极影响。三是我市具备了较好的发展基础。“十一五”时期布局建设的一大批重要基础设施项目、重点民生工程和产业发展项目,为“十二五”发展打下了坚实基础。同时,“十二五”期间我市又将布局开工一批重点工程项目,这些重点工程项目的建设将进一步夯实我市发展基础,对确保完成“十二五”目标任务提供有力支撑。以上积极影响将逐步体现到财政税收上来,预计税收收入会保持平稳增长。国家正在研究制定的房产税、环境保护税等税制改革政策,将为财政收入带来新的增长点。非税收入增长仍然具备潜力,随着资产价格的上涨,政府资源运营潜力很大,尤其是土地增值较大,将会拉动相关收入增长。

同时,我们也要清醒地看到,当前和今后一个时期财政经济发展也面临诸多不利因素的影响,存在不少困难和问题:从经济层面看,世界经济复苏的基础并不牢固,不仅引发危机的深层次问题没有根本解决,而且出现了许多新情况、新问题。欧洲主权债务危机尚未消除,美国推出量化宽松政策,进一步推高了大宗商品价格,增加了通胀压力,以及最近发生的日本大地震,世界经济发展的不稳定不确定性增加。国内当前物价高企,通胀压力较大,今年中央已确定实行积极财政政策和稳健货币政策,随着我国经济步入发展常态,国家非常规的刺激经济增长的政策将减弱或取消,特别是货币政策由“适度宽松”转为“稳健”,国家连续通过加息、提高存款准备金率等措施,加大流动性回收力度,这些给经济运行增加了新的不确定因素。国家清理规范政府投融资平台,市场融资环境趋紧,资金压力有所增加。同时,节能减排、结构调整和发展方式转变任务艰巨,短期内将对我市经济财政发展带来较大压力。从财政层面看,一是目前我市收入结构仍然不尽合理。2010 年,我市税收占地方财政收入的比重为71.75%,比 2005 年下降 4.18 个百分点,比各市平均水平低 6.5 个百分点。其中,“四税”比重仅为 39.56%,比 2005 年下降 9.09 个百分点,比各市平均水平低 7.62 个百分点。二是当前影响财政增收的不确定性因素较多。宏观政策调整与经济运行的不确定性加大,财政收入增长将受到一定制约。国家加快推进税制改革,对地方财政收入的影响也不容忽视。以营业税合并征收增值税改革为例,新的增值税改革草案中的征税范围,涵盖建筑业以及金融、交通、房地产等主体服务业。如果该草案得以通过,预计将对地方财政产生深远影响。三是财政支出压力越来越大。预计“十二五”时期,新的民生政策将继续密集出台,原有的民生保障标准将大幅提高。各级政府债务陆续进入还本付息期,财政支出压力越来越重。与此同时,财政统筹调控余地有缩小趋势,比如,最近国家出台规定要求将土地出让净收益的10%专项用于水利设施建设,至此,土地出让净收益的45%已有专项用途,进而影响城市建设和偿债资金来源。四是财政管理仍然存在薄弱环节。区县之间发展不平衡的问题仍然突出。在个别领域,财政资金仍存在低效使用问题,科学化精细化管理还需要加强。市对下转移支付制度还不健全,在调动区县增收节支、推动区域基本公共服务均等化等方面仍然任重道远。

总之,当前和今后一个时期,我们面临的经济财政形势依然十分复杂,我们要进一步增强做好各项财政工作的历史使命感,准确把握经济财政形势,坚定信心、迎难而上,未雨绸缪、科学谋划,按照市委、市政府的统一部署,紧紧围绕“十二五”规划的目标要求,以科学发展为主题,以加快转变经济发展方式为主线,进一步坚持内涵发展,突出加强结构调整,突出统筹城乡发展,突出改善民生维护稳定,着力推动老工业城市转型升级,努力促进全市经济社会长期平稳较快发展。

三、准确把握“十二五”时期财政工作的指导思想、任务目标和思路措施

“十二五”时期是加快建设殷实和谐经济文化强市的关键时期,也是深化改革开放、加快转变经济发展方式的攻坚时期,财政改革发展既面临难得机遇,也面临诸多矛盾和挑战。做好“十二五”时期和2011年的财政工作,要准确把握经济社会发展的阶段性特征,坚持以邓小平理论和“三个代表”重要思想为指导,深入贯彻落实科学发展观,紧紧围绕科学发展主题,牢牢把握加快转变经济发展方式主线,进一步强化效益优先理念,加快完善公共财政体系,更加注重支持经济结构调整,更加注重增收节支,更加注重城乡统筹,更加注重保障和改善民生,更加注重科学管理,更加注重队伍建设,做大做强财政实力,增强财政保障能力,为建设殷实和谐经济文化强市提供有力保障。

根据以上指导思想,综合考虑全市经济社会发展主要预期目标和财政收支增减因素,市委、市政府确定“十二五”时期全市财政工作主要预期目标为:地方财政收入年均增长15%左右,到2015年突破300亿元。其中2011年全市地方财政收入预算安排186.75亿元,增长15%;市级收入预算安排31.31亿元,同口径增长15%;全市和市级一般预算支出分别按增长12%、11%来安排。

实现上述目标,具体工作中,要建立健全以下“五大体系”:

——建立健全推动经济社会又好又快发展的财税政策体系。准确把握中央宏观调控政策意图,灵活审慎地制定财政调控政策措施,切实增强财政调控的针对性、灵活性、有效性。重点是着眼于优化经济增长的动力结构,支持建立扩大消费的长效机制,调整优化投资结构,积极争

取和完善鼓励出口的财税政策，形成消费、投资、出口协调拉动的局面。构建现代产业体系，创新财税扶持政策，促进提高科技创新能力，支持改造提升传统工业，加快发展战略性新兴产业，繁荣发展服务业，增创农业发展新优势，优化经济和财源结构。支持发展绿色、低碳、循环经济，完善生态补偿机制，加快淘汰落后产能，推动节能减排，促进经济财源可持续发展。放大财政资金“乘数效应”，创新财税扶持手段，吸引银行、企业和社会加大对转方式调结构关键领域的投入。

——建立健全稳定可持续增长的地方财政收入体系。适应纳税主体多元化、交易方式多样化的新形势，完善税源控管体系，加强综合治税管理，促进依法治税、应收尽收。超前研究应对和认真落实增值税、营业税、个人所得税、资源税、房产税、环境保护税等改革政策，进一步健全地方税体系，深入挖掘政策性增收潜力。健全非税收入征管机制，完善国有资产资源有偿使用制度，加大资产资源性收入征管力度，拓宽财政增收渠道。

——建立健全以人为本的地方公共财政支出体系。把保障和改善民生作为财政工作的出发点和落脚点，大力调整优化支出结构，新增财力重点向以民生为重点的社会发展领域倾斜，切实增强政府提供公共服务的能力。统筹考虑群众需要、经济发展水平和财力状况，稳步提高各项民生保障标准，加快建立符合实际、比较完整、覆盖城乡、可持续的民生保障体系。合理界定政府与市场以及各级政府间的经费保障分担责任，吸引社会资本加大民生领域投入，着力构建“政府主导、社会参与”的多元化民生投入格局。加大城乡统筹发展力度，完善支农投入机制，增加财政支农投入，确保农业投入增幅高于经常性财政收入增幅。

——建立健全科学合理的收入分配调节体系。强化财政的收入分配调节职能，加快推进收入分配制度改革。支持深化农村改革，拓宽农民增收渠道，建立农民减负增收长效机制。深化企业收入分配制度改革，完善企业职工工资正常增长机制和支付保障机制；建立垄断行业收入分配监管机制，完善垄断企业资本收益收缴使用办法。推进事业单位绩效工资制度改革，建立科学合理的机关事业单位收入分配制度。建立低保标准、职工最低工资与物价水平相挂钩的联动机制，提高城乡居民特别是中低收入者的收入水平。充分发挥税收调节收入差距的作用，推动形成公开透明、公正合理的收入分配秩序。

——建立健全制度严密的地方公共财政管理体系。进一步完善政府预算体系，将各类政府性收入全部纳入预算管理。进一步深化部门预算、国库集中支付、政府采购、收支两条线、投资评审、绩效评价、财政监督等管理改革，建立健全编制科学、执行严格、监督有力、注重绩效、各环节有机衔接的预算管理机制，努力提高财政资金使用效益。完善行政事业单位国有资产管理机制，以建立新增资产预算配置制度为重点，逐步实现资产管理与预算管理的有机结合。完善行政成本控制机制，大力压缩一般性开支，减轻财政负担，降低行政成本。完善国库现金管理机制和账户管理制度,提高国库管理水平。完善债务管理机制,有效防范财政风险。完善财务会计管理,加强注册会计师行业党建工作,提高会计信息质量。完善民主理财机制,积极推行预算公开,强化社会监督。

四、扎实做好2011年的财政工作

2011年是中国共产党成立90周年,也是“十二五”规划的开局之年,做好各项财政工作意义重大。我们要以科学发展观为指导,科学把握财政改革发展规律,开拓进取,扎实工作,推动全市财政经济又好又快发展,确保“十二五”开好局、起好步。具体工作中,要做到以下“六个坚持不动摇”:

(一)坚持内涵发展不动摇,着力推进转方式调结构增财源。支持经济内涵发展、培植壮大财源,全力推进转方式、调结构,是关系财政长远发展的战略基点,必须持之以恒地抓紧抓好。要认真落实中央出台的各项宏观调控政策,积极争取中央项目投资,发挥好财政在促进经济平稳较快增长、优化经济结构中的职能作用。充分利用中央投资、地方政府债券、政府外债和预算内资金,加大对传统产业改造升级、战略性新兴产业培育、服务业发展、自主创新、节能减排等方面的投入,加快推进经济结构战略性调整。继续实施家电下乡和以旧换新补贴政策,支持城乡流通体系建设,促进扩大居民消费。管好用好外贸发展资金,支持企业扩大出口。继续实施结构性减税政策,清理规范行政事业性收费和政府性基金项目,落实好对高新技术企业、服务业、中小企业、节能减排、环境保护等的税收优惠政策,减轻企业和社会负担。注重效益导向,放大财政资金的“乘数效应”,更多地采用贷款贴息、投资参股、风险补偿、以奖代补等方式,发挥好财政资金“四两拨千斤”的作用。

(二)坚持增收节支不动摇,着力增强财政实力。按照市委、市政府决策部署,今年的收入工作要继续按照“三个不低于”的目标来谋划和考核,即:全市地方财政收入增幅不低于全省平均水平,国税、地税收入增幅不低于全省各市平均水平,各区县地方财政收入增幅不低于全省区县级平均水平。我们要紧紧围绕上述目标,把增收节支摆在财政工作的突出位置,强化征管抓增收,注重绩效抓节支,确保完成财政增收任务目标。一方面,要抓好收入征管。要强化税收征管,坚持依法治税,完善税源控管体系,推进社会综合治税,规范税收优惠政策,加大稽查稽核力度,确保税收较快增长,提高税收对地方财政收入的贡献水平。要强化非税收入征管,进一步完善非税收入征缴管理机制,规范非税收入征缴行为和减免程序,加大征管和欠费清缴力度,努力实现应收尽收。抓好国有资产和政府资源监管运营,多渠道增加财政收入。另一方面,要提高收入的效益和质量。要强化效益观念,一手抓增收,一手抓质量,努力提高财政收入占GDP的比重、税收占二三产业增加值的比重、税收占地方财政收入的比重,实现有效益、高质量的增长。在抓好财政增收的基础上,要努力挖掘节支潜力,牢固树立过紧日子思想,继续大力压减一般性支出，严格控制公务接待费、因公出国(境)费用、公务用车购置及运行维护费等支出，努力降低行政成本。要继续做好对上争取工作，增强工作主动性、敏感性，研究好政策，搞好工作沟通对接，尽力争取上级资金支持，缓解地方支出压力。

(三)坚持城乡统筹不动摇，着力推进城乡一体化进程。今年是中央和省委连续第八年下发“1号文件”聚焦“三农”发展，无论是资金保障，还是政策落实，财政部门肩负的任务都更加繁重。要进一步加大强农惠农力度，健全财政支农投入机制，努力达到“三个重点、三个确保”的要求，即：财政支出重点向农业农村倾斜，确保用于农业农村的总量、增量均有提高；预算内固定资产投资重点用于农业农村基础设施建设，确保总量和比重进一步提高；土地出让收益重点投向农业土地开发、农田水利和农村基础设施建设，确保足额提取、定向使用。加快现代农业发展，整合统筹各类生产性资金，支持构建现代农业产业体系，促进农业生产经营的专业化、规模化和集约化。支持都市农业和现代精准农业发展，增强都市农业和现代精准农业对经济增长和农民增收的带动能力。认真落实粮食直补、农资综合补贴、良种补贴、农机补贴等强农惠农政策，拓宽农民增收渠道。当前要继续大力支持做好抗旱工作，及时拨付和安排抗旱专项资金，确保春灌春播需要。要大力推进新型城镇化进程，支持完善中心城区、次中心城区、中心镇、中心村四个层级的统筹发展规划，统筹推进新城区建设和老城区改造，加大基础设施建设投入力度，进一步完善城市配套、提升城市功能，推进生态和谐宜居城市建设。

(四)坚持改善民生不动摇，着力推进和谐社会建设。今年中央和省、市出台的民生政策仍将比较密集，有些是新实施的政策，有些是原有政策扩面提标，资金保障任务很重。在预算安排和资金运筹上，我们要高度重视民生，优先保障民生，积极采取措施，切实将民生资金安排足、落实好。重点抓好以下几个方面：一要增加教育投入。提高教育经费支出占财政支出的比重，将农村初中和小学的生均公用经费定额分别提高到800元和600元，农村初中和小学的寄宿生生活费补助标准分别提高到1000元和750元，并进一步提高贫困学生资助标准和覆盖面，大幅度提高高校和职业学校的生均拨款水平，支持学前教育发展，促进高校债务化解。二要加大医疗卫生投入。支持深化医药卫生体制改革，将新农合与城镇居民基本医疗保险政府补助标准由120元提高到200元，人均基本公共卫生服务经费标准由15元提高到25元，推进基层医疗卫生机构实施基本药物制度，稳步推进公立医院改革试点。三要支持建立覆盖城乡居民的社会保障体系。将新农保试点范围扩大到所有区县，并探索推进城镇居民养老保险办法；将农村低保标准提高到1400元；将企业退休人员基本养老金发放标准提高10%以上。四要增加保障性住房建设资金。支持廉租住房、公共租赁房和农村住房建设，加快棚户区和农村危房改造，确保完成保障性住房建设任务。五要建立孤儿基本生活保障制度。保证集中和分散抚养孤儿每月基本生活费不低于1000元和600元。六要根据物价上涨情况,适时提高对低收入群体的基本生活补助。对上述各项民生支出,特别是新增支出,省里将结合各地财力情况确定各级的分担比例,我们要认真研究相关政策,做好对上争取工作,确保各项民生政策不折不扣地落实到位。

(五)坚持科学管理不动摇,着力提高财政管理绩效。进一步完善市以下财政管理体制,通盘考虑、合理划分政府间财政收入,提升基层财政保障能力。强化综合预算管理,将除教育收费、彩票发行费以外的非税收入,全部纳入预算管理,增强财政调控能力。加强预算执行管理,深化国库集中支付、政府采购、公务卡等改革,增强预算执行的科学性。加强预算绩效管理,探索建立事前、事中、事后绩效评价相互衔接的预算管理体系,充分发挥财政投资评审、绩效评价在部门预算编制和执行中的"技术服务"职能,提高资金使用效益。加强政府采购监管,强化政府采购预算编制和执行,扩大政府采购范围和规模。加强财政监督检查,提升财政监督水平。认真抓好财政"六五"普法的规划制定和启动工作,推动财政普法工作再上新水平。及时把握中央税制改革动态,搞好超前研究,争取工作主动。认真落实《政府信息公开条例》,建立完善预算公开制度,主动接受社会监督,增强预算管理的透明度。强化国有资产、政府债权债务和基层财政管理,推进财政信息化建设,抓好各项综合性工作,提高财政基础管理水平。

(六)坚持队伍建设不动摇,着力提高财政干部综合素质。加强干部队伍建设,是做好一切工作的根本保证。今年是建党90周年,面对新形势、新任务、新要求,我们一定要始终抱着坚定的信念,不断提高自我修养、加强自身建设,继续深入开展创先争优活动,永葆先进性。要全面加强财政干部队伍建设和基层党建工作,以加强党的执政能力和先进性建设为主线,以提升党建科学化水平为目标,全面加强基层党组织建设,不断提高财政干部思想道德素质和政策理论水平。坚持正确的选人用人导向,认真落实干部选拔任用"四项监督"制度,调动和激发工作积极性。抓好干部教育培训,把组织需求、岗位需求和个人需求结合起来,增强干部教育培训的针对性和实效性。不断深化系统文明创建和机关作风效能建设,维护财政部门的良好社会形象。扎实推进财政反腐倡廉建设,不断完善廉政风险防控机制,强化财政反腐源头治理功能,发挥好财政在反腐倡廉建设中的治本作用,确保财政干部在廉政上不出问题。

新时期的财政工作光荣而艰巨,让我们在市委、市政府的正确领导下,深入贯彻落实科学发展观,充满激情,科学创业,推动全市财政经济不断跨上新台阶,努力为殷实和谐经济文化强市建设做出新的更大贡献,以优异成绩迎接建党90周年!

(本文系王修德同志在全市财政工作会议上的讲话,内容有删节,题目系编者所加)

责任校对:孙华义

准确把握财政经济形势 确保完成全年各项目标任务

（2011年9月22日）

市财政局党组书记、局长　王修德

一、关于今年以来财政运行和财政工作情况

今年以来，面对复杂多变的经济形势，全市各级财政部门在市委、市政府的正确领导下，深入贯彻落实科学发展观，积极作为、科学务实，全力推进转方式、调结构、惠民生、促和谐，经济社会呈现良好发展态势。上半年全市地区生产总值增长11.9%，规模以上工业增加值、社会消费品零售总额、规模以上固定资产投资等主要经济指标健康平稳运行，城乡居民收入稳步增加，社会民生持续改善，各方面都取得了新的积极成效。

在经济社会平稳较快发展的基础上，全市各级财政部门充分发挥职能作用，扎实实施积极的财政政策，狠抓增收节支，财政经济运行呈现出平稳健康、又好又快的特点。突出表现在以下几个方面：

（一）财政收入保持平稳较快增长的良好态势。全市各级财政部门在市委、市政府的正确领导下，采取积极措施，加强收入征管，保持了财政收入的平稳较快增长。前8个月，全市地方财政收入完成138.6亿元，比上年同期增长29.52%，完成预算的74.22%，收入增幅高于全省各市平均水平0.09个百分点。分级次看，市级完成26.63亿元，增长29.15%；区县级完成111.97亿元，增长29.61%，有4个区县收入增幅超过30%。分部门看，国税部门完成25.69亿元，增长32.45%；地税部门完成53.73亿元（不含耕地占用税和契税），增长26.76%；其他部门完成59.19亿元，增长30.85%。从收入结构看，全市地方税收完成94亿元，增长22.24%，占地方财政收入的比重为67.82%，其中增值税、营业税、企业所得税、个人所得税四大主体税种完成52.64亿元，增长27.61%，增幅高于各市平均水平0.3个百分点；全市非税收入完成44.6亿元，增长48.11%，占地方财政收入的比重为32.18%。

（二）财政支出保障水平进一步提升。全市各级财政部门认真贯彻落实市委、市

政府决策部署,坚持压一般、保重点,优化支出结构,统筹安排支出,推动了经济社会又好又快发展。一是支出进度进一步加快。前8个月,全市财政总支出完成142.35亿元,增长27.57%,占预算的78.09%,快于时间进度11.42个百分点,支出进度居全省第5位。二是支出结构进一步优化。“三农”、教育、科技、医疗卫生、社会保障、住房保障、环境保护等重点支出增幅均高于一般预算支出增幅,较好地体现了保重点的要求。三是民生保障投入大幅增加。全市用于民生方面的支出达到69.73亿元,增长46.5%,占总支出的比重达到48.99%,所占比重比上年同期提高6.33个百分点。全面推行新型农村社会养老保险,启动城镇居民社会养老保险,建立实行孤儿基本生活保障制度,认真执行新农合、城镇居民医保、农村低保、城乡中小学生均公用经费等一系列提标扩面政策,各项民生保障政策得到不折不扣地全面落实。认真做好农村义务教育债务化解工作,全市化解债务2.32亿元,提前全面完成化债任务。支持公用事业发展,前8个月累计拨付成品油、公交、燃气、供热等补贴2.07亿元。四是节支效果明显。坚持厉行节约,严格控制和压缩“三公”经费支出,深入开展党政机关公务用车问题专项治理工作,实现了经费压缩目标。全市一般公共管理与服务支出增长17.7%,增幅低于财政总支出增幅9.87个百分点。五是向上争取工作成效显著。切实加大对上争取工作力度,缓解我市财政支出压力,截至8月底,共计争取上级专款22.08亿元,比上年同期增长50.8%。

(三)支持转方式调结构取得积极进展。设立转方式调结构专项引导资金,为推进转方式调结构提供了有力的资金支持。一是把支持产业链发展作为推进工业转方式调结构的重要抓手和平台,认真研究支持产业链延伸的政策措施,加快推进重点产业链延伸。二是支持百强重点企业和项目,及时兑现落实奖励资金,鼓励企业做大做强。三是加大对创新成长型工业企业的扶持力度,及时兑现创新成长型工业企业专项扶持资金和税收优惠政策,加快创新成长型工业企业发展步伐。四是支持中小企业发展,认真落实中小企业特色产业集群、中小企业贷款风险补偿和中小企业发展专项资金,促进中小企业加快发展。五是支持企业上市融资,对年内在A股上市的5家企业给予了奖励。六是扩大服务业发展引导资金规模,并出台实施了减免房产税、城镇土地使用税等扶持现代物流业发展的政策措施,促进服务业及现代物流业跨越发展。七是积极推进企业自主创新,及时足额落实企业技术中心、重点实验室等研发机构奖励和高新技术产业化扶持资金,提升企业核心竞争能力。八是用好节能降耗专项资金,支持“十大节能工程”、“三个节能30项”等重点节能工程实施,推动节能环保和新能源产业发展。前8个月全市累计拨付支持经济发展方面的专项资金达5.6亿元。

(四)财政财务管理进一步规范。加强财政法制宣传教育,严格依法行政,市局被财政部授予全国财政“五五”法制宣传教育先进集体。强化政府债务管理,健全偿债准备金制度，加强和规范归口管理，防范地方财政风险。继续扎实开展“小金库”专项治理，对全市党政机关、事业单位、社会团体和国有及国有控股企业“小金库”治理进行了全面复查，进一步巩固了专项治理工作成果。推进财政投资评审，前8个月，全市完成财政投资评审值9.48亿元，审减资金1.14亿元，审减率达12.03%。积极开展财政支出绩效评价，前8个月，市级完成评价项目11个，涉及资金近4亿元。认真履行政府采购监管职能，前8个月，全市政府采购额完成23.15亿元，节约财政资金4.03亿元，节支率达14.82%。加强财政账户管理，严格按照有关规定清理归并账户，确保资金安全。加强地方金融监管，积极争取国际金融机构和外国政府贷款，支持地方经济发展。抓好基层财政监管，推进规范化财政所和惠民服务大厅建设，提高基层财政管理水平。

（五）干部队伍建设工作取得新的积极成效。一是加强机关党建工作。以建党90周年为主题，深入开展爱党爱国教育，通过组织收看庆祝中国共产党成立90周年大会实况、深入学习胡锦涛总书记“七一”重要讲话精神、组织参加党史知识竞赛、举办主题书画摄影展等，激发了广大党员干部干事创业的积极性。抓好系统文明创建，推进基层党务公开，提高干部队伍综合素质，为做好各项财政工作提供了坚实的队伍基础和组织保障。二是深入推进系统精神文明建设。认真实施全市财政系统2011—2013年精神文明建设工作规划，加强组织领导，丰富创新活动载体，健全完善创建工作机制，促进了全系统精神文明建设工作的扎实推进。切实抓好创建全国文明城市分工工作，认真落实市委、市政府统一部署，狠抓分工工作落实，为我市创城工作做出了应有的贡献。三是加强作风效能建设。全面推行政务公开、服务承诺制度，积极通过新闻媒体、政府门户网站、财政信息网等载体平台，宣传财经政策，公开办事依据、办理流程及服务事项、工作标准等，提高了财政工作透明度。坚持工作任务、工作指标量化管理，认真落实限时办结制度，对市委市政府重大决策部署、市领导交办事项等，及时分解细化量化，责任落实到人到岗，严格按时限要求办结，提高了工作效能。继续实施财政社会监督员制度，自觉接受社会各界和服务对象的监督。

二、关于当前财政经济形势

今年以来，我市财政经济运行情况总体是好的，但我们也清醒地认识到，工作中仍然存在一些问题与不足，面临的矛盾和困难依然相当突出。

（一）从经济运行层面看，不确定因素依然较多。一是货币政策影响。今年以来央行连续六次提高存款准备金率并扩大存款准备金基数、三次加息，大型金融机构存款准备金率已达到21.5%的历史高点，使得企业特别是中小企业融资十分困难，生产经营及纳税受到很大影响。上半年，全市金融机构人民币贷款余额同比少增86.38亿元，增量仅为去年同期的56.6%，分别低于全国、全省平均水平29.79个和41.89个百分点。其中中小企业新增贷款余额同比少增72亿元,增量仅为去年同期的48.46%,企业融资压力很大。二是通货膨胀影响。当前,通货膨胀压力很大,煤炭、天然气、电力、物流、用工以及融资成本全面上涨,导致企业直接运营成本大幅攀升,挤压了企业的利润空间,加大了企业的经营压力。据有关方面测算,上述因素将增加我市企业直接运营成本100亿元以上。三是房地产调控政策影响。国家连续出台限购、限贷、加息、增税等政策措施,持续加大房地产市场调控力度,房地产市场出现了交易萎缩现象,据有关部门统计,上半年我市新建商品房销售量同比下降30.5%。目前,来自房地产业的税收已经占到我市地税部门组织收入总量的20%以上,房地产市场波动将直接影响营业税、契税、个人所得税等相关税收的增长。

(二)从财政增收方面看,组织收入工作难度加大。一是国家宏观调控和经济运行趋紧给财政增收带来了压力,财政增收基础仍然不够稳固。全市增值税增幅始终偏低就是一个集中体现。二是落实国家减税清费政策将影响财政收入的增长。以个人所得税为例,从9月1日起个税起征点提高将影响全市地方财政收入3000万元。三是我市地方小税征管有待于进一步加强。前8个月,我市地方小税增幅始终偏低,9个地方小税共完成41.36亿元,增长16.02%,增幅比各市平均水平低7.73个百分点。我市地方小税增幅若能达到各市平均水平,则可增收2.76亿元,挖潜增收的效益非常可观。

(三)从财政支出需求看,财政增支因素继续凸显。年初我们测算,今年落实教育、医疗卫生、社会保障等各项已明确的民生政策,全市需安排财政资金14.38亿元,比上年新增7.40亿元,增长106.02%,其中地方需配套落实10.39亿元,新增5.61亿元,增长117.36%。年初预算确定后各级又出台了一些新的增支项目,如启动城镇居民社会养老保险试点、高校债务化解、中小学校舍改造、扩大工伤保险范围、加快推进保障性住房建设,以及免费开放美术馆、公共图书馆、文化馆等,财政收支矛盾非常突出。对此,各级财政部门一定要保持清醒头脑,正确分析把握财政经济形势,既要看到有利条件,坚定做好工作的信心和决心,又要看到不利因素,增强忧患意识、责任意识,牢牢把握财政工作的主动权,努力取得更大更好的成绩。

三、关于下一步重点工作

从现在到年底,是一个十分重要的时间段。全市各级财政部门要结合学习胡锦涛总书记"七一"重要讲话和上级一系列重要会议精神,解放思想、创新思维,凝心聚力、狠抓落实,努力推动各项工作再上新水平。着重抓好以下几方面的重点工作:

(一)以支持转方式调结构为主线,促进经济平稳较快发展。坚持效益优先理念,用好用活财政资金政策,保持经济平稳健康运行。一是支持抓好即期经济运行。支持化解企业融资难问题,针对今年以来汇率、利率和存款准备金率"三率齐动"的实际情况,认真落实鼓励金融机构增加信贷投放的财政扶持政策,支持解决企业生产经营的资金需求。及时兑现落实企业上市和再融资的奖励政策，支持企业直接融资。支持抓好煤电油气运等生产要素的供需调节，保障要素供应。发挥财税政策的调节作用，继续支持稳定物价。二是强力推进工业结构调整。坚持把重点项目作为结构调整的根本抓手，集中政策资源支持列入“省转方式调结构1000项”的73个项目、列入“省首批100个战略性新兴产业项目”的7个项目和列入市“双百工程”的110项工业重点项目建设。完善财政扶持政策，培植壮大重点产业链，提升产业内涵发展水平。支持加快中心城区东部化工区搬迁改造和南部区域产业布局调整，优化产业布局。三是推动服务业提质增效。认真落实促进服务业加快发展的政策措施，着力支持鲁中物流旱码头、国内外知名旅游目的地城市和全省性股权交易中心三大服务业品牌建设，提升服务业发展水平。四是提高现代农业发展水平。支持蔬菜、畜牧、果业、苗木花卉等产业振兴规划实施，大力发展生态农业、有机农业、品牌农业。加快都市农业发展步伐，支持发展特色种养、休闲观光等都市农业园区，推动实施已经启动的120项都市农业项目，提高农业综合效益。五是支持做好节能减排和环境保护工作。支持重点用能企业节能、节能技术改造和产业化项目实施，加快淘汰落后产能，确保实现节能减排目标。支持做好创建国家环保模范城的相关工作，突出抓好大气和水污染防治，推进生态文明建设。在支持发展的项目资金安排上，要坚持择优投放、资金整合、政策集成，不搞“普惠制”，不撒“芝麻盐”。

（二）以“三个不低于”为工作目标，切实抓好组织收入工作。按照市委、市政府决策部署，今年的收入工作要继续按照“三个不低于”的目标来谋划和考核，即：全市地方财政收入增幅不低于全省平均水平，国税、地税收入增幅不低于全省各市平均水平，各区县地方财政收入增幅不低于全省区县级平均水平。我们要紧紧围绕上述目标，把增收节支摆在财政工作的突出位置，强化征管抓增收，确保完成财政增收任务目标。一是突出抓好综合治税。去年我市通过加强社会综合治税，增加地方税收5.3亿元。今后我们将进一步完善工作机制，强化重点建设项目、房地产、专业市场及零散税源管理，加快推进大型生产企业剥离非核心业务，努力增加地方税收。二是突出抓好地方小税。逐个对地方税种进行调查摸底，分类施策，强化征管措施，堵塞管理漏洞，实现应收尽收，提高地方小税的贡献水平。加强对耕地占用税和契税的征管考核，强化与有关部门的协调配合，确保移交后“两税”增幅达到各市平均水平。三是继续强化非税收入征管。进一步完善非税收入征缴管理机制，规范非税收入征缴行为和减免程序，加大征管和欠费清缴力度，真正做到该免的免足、该收的收齐。四是健全完善增财源抓收入的体制机制。认真落实区县增收激励机制，从2010年起连续三年，对收入增幅达到全省平均水平的区县，市级分成收入增长15%以上部分全部予以返还，作为区县转方式调结构基金，并且不作为下年的财力分享基数。工作中,我们要继续落实好这一政策,调动区县加快发展的积极性。在抓好总量增收的同时,要进一步强化效益观念,逐步优化收入结构,努力提高财政收入占GDP的比重、税收占二三产业增加值的比重和税收占地方财政收入的比重,实现有效益、高质量的增长。对财政工作来说,三季度是一个重要的时间节点。现在距三季度结束还有一周的时间,各级要加强收入调度分析,层层分解和落实工作任务,配合和督促收入征管部门做好组织收入工作,确保达到"三个不低于"的工作要求,为完成全年收入任务目标赢得主动。

(三)以推进和谐社会建设为出发点,加大民生保障投入力度。今年,民生保障的事项多、任务重。各级要进一步优化财政支出结构,集中财力加大对"三农"、教育、科技、文化、社会保障、医疗卫生、公共安全、环境保护、城市建设等各项重点支出的保障力度,把国家和省、市出台的各项民生政策不折不扣地落到实处,努力在改善民生上多办实事。要着重抓好以下几项重点工作:一是确保城乡居民养老保险制度全覆盖。这项工作涉及面广、政策性强,是人民群众热切期盼、政府极力推动的一件大事,也是当前财政民生保障的重中之重。按照省、市统一部署,我市新农保已与国家新农保实现并轨,城镇居民社会养老保险也已经全面启动,总体要求是自7月1日起落实待遇,年底实现制度全覆盖。全市各级财政部门要认真落实财政补助资金,深入组织好参保缴费等工作,扎扎实实地把这两项制度落到实处,让所有符合条件的人员都能按时、足额领到基础养老金。二是大力支持保障性住房建设。今年省下达给我市的保障性住房建设任务是必须完成的约束性指标、硬任务。全市各级财政部门要全面落实资金投入、税费减免等优惠政策,千方百计筹措资金,切实加大财政投入,加快资金拨付进度,确保完成全年目标任务。三是积极筹集落实地方水利建设基金。水利建设事关经济发展和社会进步,历来是治国安邦的大事。全省水利工作会议要求今后十年我省全社会水利年均投入水平比2010年高出一倍,水利将成为当前及今后一个时期财政资金安排的重点。根据省政府有关规定,以2010年有关数据测算,今年我市地方水利建设基金预计筹集5.98亿元,其中省级1.06亿元、市以下4.92亿元。希望各级财政部门严格按照有关规定,认真做好地方水利建设基金筹集和使用管理等工作,为建立稳定的水利建设筹资机制、促进水利事业发展创造条件。四是努力加大教育投入。要认真落实教育投入政策,在预算安排和超收收入使用分配上向教育重点倾斜,特别是要落实好土地出让收益10%用于教育的规定,确保教育支出比重有明显提高。根据全省统一部署,积极稳妥地做好高校债务化解工作,促进各类高校均衡发展。五是大力推进医药卫生体制机制改革,当前要抓住各级医疗卫生投入大幅度增加的有利时机,加快推进基层医疗卫生机构综合改革,以此为突破口促进各项医改任务全面完成。

(四)以提高资金使用效益为着力点,进一步加强财政支出管理。近年来我市财政改革不断深化，财政管理逐步规范，但工作中仍存在一些问题和不足，需要进一步加大管理改革力度，切实提高科学化精细化理财水平。一是要进一步加快支出进度。财政支出进度是衡量和检验财政管理水平的重要标志。在预算确定后，财政部门要督促有关方面尽快把该花的钱花出去，促使规划早落实、项目早实施、资金早见效。二是要进一步深化财政支付方式改革。目前，国库集中支付制度改革和公务卡结算制度改革已在市级全面实施，各区县也积极推进，两项改革都走在了全省的前列，但仍然面临提高直接支付比例、增加公务卡结算金额等问题。各级要进一步加大改革推进力度，扩大国库集中支付资金覆盖面，提高直接支付比例；采取有力措施，加大公务卡推广应用力度，积极扩大公务卡结算范围，力争今年底在全市各级全面推广应用。三是要积极稳妥地推进财政预决算公开。财政预决算公开是大势所趋。中央、省多次对这项工作做出部署。我们要按照上级统一部署和要求，认真做好预决算公开的各项准备工作，主动接受社会检验。省里确定了先预算、后决算，先总额、后明细的公开工作顺序，并确定要分三个步骤到 2013 年基本实现所有省级预决算信息内容的全面公开。同时，省里要求市级和区县级财政也要积极稳妥地做好预决算公开工作。这项工作系统性强、涉及面广、敏感度高，我们要及早谋划，把各方面的工作做细、做深、做扎实，确保这项工作稳妥、扎实、有序地推进。四是要进一步抓好财政节支。牢固树立“过紧日子”的思想，加强对各类经费使用的监管，坚决压缩一般性支出，切实抓好压减“三公”经费有关措施的进一步落实，确保实现压减目标。五是要全面加强各项财政基础管理。加快推进金财工程应用支撑平台建设，确保今年完成市级平台建设任务，2012 年完成区县级平台建设任务。大力推进财政支出绩效评价和财政投资评审，加快推进绩效财政建设。认真落实好企业会计准则，健全高端会计人才选拔培养机制。在强化财政内部监督的同时，切实加强对重大民生政策落实、预算编制与执行、会计信息质量等的监督检查，进一步规范财经秩序。抓好干部教育培训，认真开展财政“六五”普法工作，提高干部综合素质和依法理财能力。六是要确保财政资金安全。近年来，全国财政系统发生了多起资金安全和干部腐败案件，我省也发生了几起严重违法违纪问题，在社会上造成了很坏的影响。这个问题必须严肃认真对待，从思想上引起足够重视。要严肃财经纪律，财政资金分配必须严格按制度规定办事，并切实加强漏洞和风险的排查与管理。严格财政专户管理，在前段时间清理整顿的基础上，进一步加强监督检查，落实整改措施，健全管理制度，确保财政资金运行安全、规范、有效。严格资金安全岗位和人员管理，加强内控制度建设，强化制衡和监督，完善财政资金管理内控机制，确保财政资金和财政干部都不出问题。

（五）以研究制定财政“十二五”规划为契机，谋划好今后一个时期的发展战略和思路措施。“十二五”是全面推进殷实和谐经济文化强市建设的关键时期，也是

全市财政改革发展的重要战略机遇期。去年以来,根据上级财政部门统一部署,我们紧密结合淄博实际,组织实施了我市财政“十二五”规划编制工作。目前,规划草案已在一定范围内作了讨论修改,近期将下发各区县财政局、局属各单位征求意见。规划草案综合考虑我市各项经济指标,提出“十二五”期间全市地方财政一般预算收入年均增长15%左右,到“十二五”末全市地方财政收入达到300亿元。在工作指导上,规划草案提出要深入贯彻落实科学发展观,以建设殷实和谐经济文化强市为目标,更加注重推进经济发展方式转变,更加注重促进城乡区域协调发展,更加注重保障和改善民生,更加注重财政体制机制创新,更加注重强化财政科学管理,努力促进全市经济长期平稳较快发展和社会和谐稳定。规划发布以后,各区县财政局、局属各单位要结合实际,认真抓好贯彻落实。在研究落实“十二五”规划过程中,大家要重视研究财政可持续发展问题。财政是党和政府履行职能的物质基础、体制保障、政策工具和监管手段,推进财政可持续发展是一个关系全局、影响深远的重大问题。如果财政发展的可持续性出了问题,轻则使财政工作陷入被动,影响财政事业自身的科学发展,重则诱发一系列社会问题,影响社会稳定。如非税收入占比问题。规模过大、比重过高的非税收入,不仅不利于争取上级转移支付,也不利于提高财政统筹安排财力的能力。现在很多刚性支出项目,如农业、教育、科技支出等,都与财政收支增幅或比重挂钩。非税收入增长越快,落实刚性支出的难度和压力就越大。因此,对非税收入要依法征收、依法管理,防止因收入结构不合理、收入质量不高,影响财政可持续发展。又如财政收入真实性问题。从省内近年情况来看,有个别地方存在虚增收入问题,这对财政收入持续增长带来了负面影响。去年,中央出台了领导干部经济责任审计规定,审计内容的第一条就是财政收入的真实性。财政部门一定要为党委政府当好参谋、出好主意,严格依法抓好组织收入工作,努力把财政收入做实,确保经得起检验。总之,大家要高度重视研究财政可持续发展问题,切实谋划好当前和今后一个时期的发展思路,为财政经济健康平稳运行奠定基础。

(本文系王修德同志在市财政局党组理论学习中心组读书会暨区县局长座谈会上的讲话,内容有删节,题目系编者所加)

责任校对:孙华义

健全制度　狠抓落实
做好新形势下财政监察工作

（2011年5月19日）

市财政局党组副书记、副局长　卜德兰

一、适应形势发展，全市财政监察工作取得新成效

去年以来，全市各级财政部门适应新的形势需要，充分发挥党纪监督和内部监督两项职能，围绕财政中心工作，扎实做好反腐倡廉和内部监督检查各项工作，财政监察工作取得新的成效。

（一）财政反腐倡廉建设取得长足进步

1. 抓廉洁从政教育，廉政自律规定得到进一步落实。2010年，各级财政部门深入开展“增强制度意识、争做执行表率”和“《廉政准则》学习月”教育活动，大力宣扬以沈浩为代表的典型人物先进事迹，认真组织反腐倡廉警示教育，系统内共组织专题讲座、座谈会13场次，撰写读书笔记和学习心得320余万字，观看警示教育片17场次，进一步增强了干部职工廉政勤政意识，筑牢了拒腐防变思想基础。各级财政部门认真落实报告个人重大事项、52个不准、实行问责、廉政谈话等廉洁从政制度规定，进一步增强了各级财政干部的责任意识和自律意识。

2. 抓责任制分解落实，党风廉政建设得到进一步加强。各级高度重视落实党风廉政建设责任制工作，将其作为抓好反腐倡廉建设的“抓手”，主要负责同志都坚持与各科室单位签订《党风廉政建设责任书》。各级按照党风廉政建设责任制和“一岗双责”要求，将上级党委赋予的源头治理牵头和配合工作分解细化，明确牵头、配合科室单位及负责人，并通过党风政风行风联络员、政风行风联席会议和内部监督检查等形式，加强督查和检查，促进了工作落实。

3. 抓风险防范管理，财政管理制度得到进一步完善。去年以来，各级按照上级纪委的统一部署，开展了廉政风险防范管理工作，分别成立廉政风险防范管理工作领导小组，制定了实施意见，主要负责同志亲自担任组长，并设立了办公室。各级以界定工作职责为基础，从梳理工作流程入手，采取自上而下查找和自下而上逐级审核的方式，全面深入查找可能存在的廉

政风险。综合运用教育、制度、监督等多种手段,建立起了以前期预防措施、中期监控机制和后期处置办法为主要内容的廉政风险“三道防线”。系统内共出台各项制度规定 17 个,加强资金运作管理规章、规则 32 条,对廉政风险防范管理起到了很好的促进作用。

4. 抓机关效能转变,政风行风建设得到进一步强化。去年以来,各级积极推进政务公开、服务承诺,健全监督制约机制,认真落实首问负责、AB 角工作、一次性告知、限时办结、挂牌上岗、责任追究等规定,积极参与政风行风热线,促进政风行风建设的深入开展。上年度的行评中,市局取得了社会管理类第一名,全市第二名的好位次;各区县局也均进入了当地前十名,其中 4 个区县局名列综合管理类第一名。

(二)财政内部监督检查工作取得积极进展

1. 各级高度重视,把财政部门内部监督工作作为一把手工程来抓。各级财政部门高度重视内部监督检查工作,自觉将控制与防范作为财政部门内部监督检查的方向和目标。各区县财政部门内部监督检查工作,有的和市局同步、有的则早于市局。临淄区财政局主要负责同志亲自领导,亲自布置,亲自过问,亲自推进;淄川区财政局充分发挥协同作战、协同监管的功能,把内部监督作为财政部门的共同职责,有效地推进了内部监督检查工作。高新区财政局及时调整领导分工,落实工作岗位,内部监督工作开展得有声有色。

2. 明确工作思路,为全面开展内部监督工作奠定了坚实基础。2010 年是市局监察科成立后首次开展内部监督工作,各级认真学习先进地区开展财政内部监督工作的经验,明确了“注重制度建设、健全工作组织、规范工作程序、扎实搞好检查、逐步开展工作”的工作思路,基础打得比较牢固,沂源县财政监督局及时调整部分科室职能,完善工作流程,积极参与政府采购招标活动,对工程、货物及服务等采购过程实施全程监督。桓台县财政局按自查自纠、重点检查、整改建制三个阶段进行内部监督检查工作,效果非常明显。

3. 加大宣传力度,努力营造良好的财政部门内部监督工作氛围。全市各级财政部门,加强对财政监督工作的宣传力度,充分利用电视、报刊以及网络等媒体,提高公众对财政监督体系的认知度,树立财政监督的良好形象。博山区财政局结合“创先争优,建设学习型党组织”活动,发动财政干部上讲台,在全局展开讨论和交流,取得了很好的效果。

4. 狠抓工作落实,确保了内部监督工作健康开展。一是制定办法。市局经广泛征求意见,出台了《内部监督检查办法》,明确了我局开展内部监督检查的主体、目标、原则、范围、方式及相关程序等内容。二是制定了年度内部监督检查计划。按照省财政厅及局党组要求,确定局属 7 个单位为 2010 年度重点检查单位。三是认真搞好监督检查。对 7 个单位 2009 年及今年 1－6 月的会计报表、账本、凭证及其他会计资料进行了就地检查,规范了财政内部资金收支管理程序,提高了财务管理水平。市纪委和市纪委派驻一组对我们的做法给予了充分肯定并在全市推广。

二、认清当前形势，进一步增强做好财政监察工作的责任感和紧迫感

在全省财政系统反腐倡廉建设工作会议上，省厅党组成员、纪检组长傅清卿同志通报了近期我省财政部门发生的几起典型案件。比如，济南市财政局经建处原处长王革新，利用职务便利，将财政资金拨付之后再设法转入个人账户，贪污受贿652万元。临沂市财政局机关党委原副书记杨宗玉在主持城区契税征收工作时，利用职务之便，以返还契税款为名，从契税收入过渡户中将768.9万元税款划到某公司账户，然后通过该账户转到个人账户。德州市财政局原副局长王德才贪污受贿1163万元，被判无期徒刑，剥夺政治权利终身。省厅机关副处级干部李福禄因涉嫌齐鲁银行票据诈骗案被省纪委“双规”，现已移送检察机关查处。

分析这些案件原因，其共同点就是私欲膨胀，胆大妄为，恃权轻法。但也说明我们的制度还存有漏洞，在落实制度、执行纪律、追究责任方面力度还不到位，客观上给这些人留下了作案的机会。对此，我们要认真分析，汲取教训，正确研判当前反腐倡廉工作形势，克服盲目乐观情绪，尽快改革完善监管制度机制，规范理财行为和执法程序，尤其是要加强对重点部位、关键岗位人员的监督，防止出现各类问题。各级既要看到财政监察工作取得的成效，又要充分认识到反腐败斗争的长期性、复杂性、艰巨性，宁愿把问题考虑得严重一些，把风险估计得充分一些，把措施制定得周全一些，也不能让我们队伍中的一个干部掉队。

2011年是中国共产党成立90周年，也是“十二五”开局之年，财政工作十分繁重。圆满完成今年各项财政工作任务，对财政监察工作提出了新的更高要求。我们要从政治和全局的高度，充分认识新形势下加强财政监察工作的极端重要性，采取切实有力的措施，认真整改存在的问题，努力开创财政监察工作新局面。

三、围绕中心任务，扎实推进全市财政反腐倡廉建设

2011年，各级财政部门要认真贯彻党的十七大、十七届五中全会、省市纪委全会精神，以科学发展观为统领，以加快推进财政系统惩防体系建设为重点，严格落实党风廉政建设责任制，围绕中心、服务大局，促进财政反腐倡廉建设，为开创全市财政事业新局面提供坚强保障。

（一）深入贯彻《廉政准则》，在增强干部职工廉政勤政意识上下功夫

各级要不断加强理想信念、从政道德和党纪国法教育，提高干部职工的政治觉悟和法纪观念，使社会主义核心价值观深入财政干部职工心田。今年在全市党员干部中开展“以人为本、执政为民”主题教育活动，各级纪检监察机构要组织好、落实好，保证主题教育扎实稳步推进。要大力推进廉政文化建设，营造有利于干部职工廉政勤政的良好环境。今年市局结合庆祝建党90周年，开展“八个一”教育活动：收看一部反映沈浩先进事迹的影视片、树立一批先进典型、组织一次红色传

统教育、编写一本党风廉政手册、组织一次廉政主题书画摄影展览、组织一次职务犯罪警示教育、组织一次典型案例分析、创建一个廉政学习园地。各区县财政局要结合实际，突出特色，有针对性地开展廉政教育活动，增强教育的感染力和震慑力。

（二）加强制度机制建设，在构建廉政风险防范长效机制上下功夫

各级财政部门要大力推进制度创新，不断完善监督制约，构建起风险防范长效机制。一是要按照“先有办法、后拨资金，一项资金对应一个办法”的要求，加强财政预算和支出管理，完善资金管理制度体系，实现科学化、精细化管理。二是在权力梳理的基础上，建立健全廉政风险防控机制。去年各级开展了廉政风险防范管理工作，今年要在深入查找制度风险和岗位风险的同时，探索建立廉政风险防控机制。三是完善落实党风廉政建设责任制相关制度。今年以来，市局党组出台了系列制度，主要包括：《落实党风廉政建设责任制考核办法》、《党员干部廉政谈话暂行办法》、《反腐倡廉联席会议制度》等，财政纪检监察机构要加强组织协调，认真抓好落实。

（三）加强作风效能建设，在促进政风行风建设取得实效上下功夫

各级财政部门要坚持把政风行风建设作为反腐倡廉建设的重要内容，将各项纠风任务具体化，分工落实责任，精心组织，系统联动，全面推进政风行风建设。一是扎实做好“百个科室大家评”活动。今年，市纠风办确定市非税局、政府采购办、市局社保科为“百科评”活动参评单位。相关单位要以这次活动为载体，广泛宣传财政政策、办事程序、优质服务措施等内容，促进全系统政风行风建设深入开展。二是自觉接受社会监督。各级要积极参与“政风行风热线”活动，广泛宣传财政惠民政策，认真解决群众困难，主动接受群众监督。三是积极推行首问负责、限时办结等工作制度，精简压缩财政审批事项，完善财政审批规程。要加大问责追究工作力度，维护财政干部为民、务实、清廉的良好形象。

（四）深化财政管理改革，在促进反腐倡廉源头治理工作落实上下功夫

强化综合预算管理，将除教育收费、彩票发行费外的非税收入，全部纳入预算管理，进一步增强财政调控能力。加强预算执行管理，深化国库集中支付、政府采购、公务卡等改革，增强预算执行的科学性。加强财政投资评审和财政监督管理，进一步提高财政资金使用效能。加强政府采购监管，强化政府采购预算编制和执行，进一步扩大政府采购范围和规模。继续推进“小金库”专项治理，深入开展对社会团体、国有及国有（金融）控股企业“小金库”专项治理，建立完善综合治理长效机制。深入开展庆典、研讨会、论坛过多过滥问题的专项治理，严把预算审批关，严肃查处违规使用财政资金举办活动的行为，建立健全相应的规章制度。

四、狠抓工作落实，积极推进财政内部监督工作深入开展

全市各级财政部门要统一思想，提高认识，抓住机遇，按照财政科学化精细化

管理的要求，组织开展各项检查，督促本级各部门各单位切实做好各项制度的执行落实工作。

(一)要推进财政部门内部监督检查工作全面深入开展

全市各级财政部门要按照财政部58号令《财政部门内部监督检查办法》和《关于进一步完善制度规定切实加强财政资金管理的通知》的要求，把财政部门内部监督检查工作作为履行职责的重要事项，列入工作日程，做出明确的工作计划和规划，有组织地分步实施，做到有计划、有步骤推进财政部门内部监督检查工作。

(二)要推进财政部门内部监督专项检查和日常监督协调发展

当前，全市财政部门内部监督检查，还仅仅停留在一般性监督检查的层面，还没有真正实行财政信息资源共享，每年就选几个业务管理机构、所属单位来开展工作，影响了日常监督的效果。全市各级财政部门必须齐心协力，推进财政部门内部监督专项检查和日常监督有机协调、协同发展。

(三)要推进财政部门内部监督检查考核和成果利用

各级财政部门在检验和评价工作时，也要把内部监督检查工作作为一个重要考核内容。通过考核，来促进、改进财政内部监督工作；通过成果利用，来扩大财政内部监督的影响，增强约束力、威慑力，更好地规范财政内部监督行为。

(四)要推进财政部门内部监督检查基础工作和技术支撑

全市各级财政部门要尽可能地争取党政领导和业务机构的支持。要充分、合理、有效地利用财政管理信息系统。财政监督机构人少事多，靠传统的方法和手段，工作效率低，必须要寻求技术支撑，充分利用财政管理信息系统，切实实现财政信息资源共享。

(五)要加强财政部门内部监督检查干部队伍建设

各级财政部门要注重内部监督检查队伍建设，整合纪检监察与内部监督检查资源，进一步理顺工作关系，推动工作深入开展。要加强业务培训，提高内部监督检查干部综合素质。要加强调查研究，开拓思路，逐步丰富和积累财政内部监督理论研究成果，切实提高内部监督工作质量。市局监察科要加强对区县财政内部监督检查工作的指导，注重调研和检查相结合，善于从具体财政监督实践中，总结归纳提炼出有指导性的意见和建议，提高我市财政部门内部监督工作的整体水平。

加强财政监察工作，使命光荣，任务艰巨，责任重大。我们要以高度的责任感和使命感，振奋精神，求真务实，开拓进取，以更坚决的态度、更有力的措施、更扎实的工作，深入推进全市财政监察工作取得新成就，迈上新台阶。

(本文系卜德兰同志在全市财政系统财政监察工作会议上的讲话，内容有删节，题目系编者所加)

责任校对：王薇薇

完善财政监督机制 实现财政监督工作新突破

(2011年5月30日)

市财政局党组副书记、副局长　卜德兰

一、强化监督,全市财政监督工作取得显著成效

(一)坚持防治结合,认真开展"小金库"专项治理工作

2010年,我市各级财政部门充分发挥牵头作用,积极与纪检、监察、审计、民政、国资等部门沟通协调,认真制定实施方案,切实加强组织领导,扎实开展"小金库"治理工作。在全市范围内开展了党政机关和事业单位"小金库"治理"回头看"、社会团体和国有及国有控股企业"小金库"专项治理工作,取得了显著成效。全年共查出各类违规违纪金额1691万元,其中:往来账款长期挂账964.44万元,"小金库"424.15万元,违规处置固定资产241.81万元,其他60.6万元。自查自纠阶段,全市共自查单位2139个,自查面达到100%,发现"小金库"问题单位20个,"小金库"23个,涉及资金170.31万元。重点检查阶段,全市共重点检查278个单位,发现"小金库"问题单位5个,"小金库"6个,涉及资金31.93万元。举报检查工作,全市共受理各种举报43件,经查属实或部分属实10件,其中:属于私设"小金库"3件,涉及资金221.91万元。上述问题,已全部整改完毕。

(二)坚持监督服务管理,探索开展部门预算编制执行检查

近年来,我市各级财政部门不断创新财政监督工作理念,完善监督方式,扩充监督内容,将监督融入预算编制和执行的各个环节,成为财政监督工作的一大亮点。市级对5户单位2009年度的部门预算、财务收支、公务卡使用及集中支付等情况进行了监督检查,共查出违规违纪金额4251.33万元,其中:会计信息失真2890.75万元,往来账款长期挂账586.91万元,"小金库"384.44万元,不合理支出104.85万元,未通过政府采购49.15万元,少缴各种税款、应交财政专户款及罚款24.72万元,违规发放福利补贴22.23万元,其他188.28万元。对检查发现的问题,及时与局内相关科室进行了沟通,提

出了整改建议，为财政改革与管理服务。在去年的部门预算编制执行检查工作中，各区县结合自身实际，积极探索，取得了较好成效。如淄川区在部门预算检查中加大宣传力度，增强社会透明度，营造了良好的社会氛围，检查的6个单位共发现各类违规违纪资金113.9万元。博山区重点对一般预算收支情况、预算调整和结转下年使用收支情况、非税收入收支情况等情况进行检查，查出各类违规违纪资金189.61万元。沂源县统筹兼顾，周密部署，将预算编制执行与“小金库”治理、专项资金检查相结合，与其他部门开展联合检查，对检查发现的问题进行深入分析，提出了切实可行的整改措施及建议，收到了良好的效果。

（三）坚持市区联动机制，开展企业会计信息质量检查

2010年，按照“统一组织部署、市区联动、分级实施”的原则，根据年初制定的监督检查计划，全市共对23户企业进行了会计信息质量检查，其中：市级检查7户，市区县联动检查16户。查出违规违纪金额41925万元，其中：会计信息失真36280.23万元，重大欠缴和偷漏税款5644.77万元；处理处罚23户，责令调账8062万元。从检查的企业看，有21户存在会计信息失真问题，占检查总数的91%。各区县结合检查，在着力解决会计信息失真问题的同时，密切关注政府改革发展政策的落实情况。如临淄区将企业会计信息质量检查与经济奖励扶持政策审核相结合，共检查工业企业和商贸流通企业121户，审减不符合奖励政策单位49户；同时扩大了会计信息质量检查面，有效维护了财经秩序。博山区与国地税联合，对3户企业会计信息质量、14户企业纳税情况进行了检查，共查补各项税款336.75万元，增强了企业依法纳税意识。

（四）坚持促进改善民生，积极开展专项资金检查

先后开展了中央专款、强农惠农资金、小水库除险加固资金的监督检查。通过检查，发现我市各种专项资金使用基本规范，多数区县能够做到专款专用、专户管理、专账核算、拨付及时足额。针对发现的问题，提出了严格落实管控措施、加大资金筹措力度、整合涉农资金、优化支出结构等建议。此外，按照局统一安排，市处还对市医疗保险事业处2007－2009年度离休干部医疗费筹集、管理、使用情况进行了监督检查，提出整改建议并督促整改落实。此外，淄川区开展了村居书记补贴发放专项检查，桓台县开展了农村医改情况检查，张店区、高新区、临淄区等认真开展了强农惠农资金专项清理，确保了专款专用、及时拨付。

（五）坚持做大财政蛋糕，开展非税收入检查

市级共对6户单位的政府性基金、收费、罚没等非税收入征管质量情况进行了监督检查。从连续多年的检查情况来看，我市非税收入征管质量和征收比例逐年提高，违规减免缓问题逐步减少，各执收单位能够依据相关财经法规，严格征收各种非税收入，较好的保证了非税收入对我市可用财力的积极贡献。当然，在非税收入征收方面还存在整体征收率绝对值依

然偏低、应征未征金额较大、擅自减免缓及核销应征欠费等问题。博山区去年安排检查3户单位,共检查发现坐支非税收入18.7万元,滞留非税收入121万元。

(六)坚持规范财务管理,开展社会团体财务收支检查

结合"小金库"专项治理工作,为切实提高社会团体财务管理水平,根据年度检查计划,市级对市社会福利企业协会等七户单位2009年度财务收支情况进行了专项检查。存在的问题主要有:财务制度执行不严格,协会与主管部门经费混淆使用,如使用协会资金为主管部门购买车辆、办公用品,通过协会为主管部门发放福利、奖金等;招待费、会议费、礼品等占经费支付比例偏高;会计基础工作不规范,存在账务记录不连续、报表不完整等问题;部分单位未认真履行个人所得税代扣代缴义务。

(七)坚持从自身实际出发,创造性地开展工作

近年来,各区县根据各自工作重点,逐步探索开展了一些工作。如张店区、周村区连续多年开展行政事业单位财务会审,通过财务会审为各单位财务人员提供了相互学习交流的平台,提高了行政事业单位财务管理水平。沂源县对全县重点工程资金使用情况进行全程监督,充分发挥财政监督职能,拓宽监督层面与领域,提前介入、全程参与,做到了财政监督为县域重点工程保驾护航。桓台县充分发挥事前监督职能,实现监督关口前移,积极参加全县税源调查工作,对重点企业生产经营情况和纳税情况进行了摸底调查,为领导决策和科学安排下一年度财政预算盘子提供了可靠依据。

当前和今后一个时期,要把财政监督工作推向更高的层次,进一步提升财政监督效果,需要准确把握以下四个方面:一是要有准确的定位。财政监督作为财政三大职能之一,必须准确把握财政监督与财政分配的关系以及财政在国家宏观调控中的地位与作用,紧紧围绕财政资金分配、财经法规的贯彻执行开展监督工作,为财政管理和财政改革服务,增强财政监督的针对性和有效性。二是要有科学的方法。目前,我市各党政机关事业单位、各类型企业、社会团体等,基本上做到了使用财务软件进行核算和管理。财政监督工作也要与时俱进,创新监督手段,促进财政监督工作水平的提升。要以省厅监督局推广使用财政监督检查软件为契机,争取我市在较短时间内使用并逐步完善这套软件,促进我市财政监督工作迈上一个大台阶。三是要有严密的程序。财政监督作为一种具体执法行为,必须做到依法行政,严格执法程序。从检查计划制定、检查通知书下达、检查组织、情况反馈、处理处罚等各个环节进行逐一落实,环环相扣。四是要有合理的结果。合理结果的核心是做到实事求是,即对检查工作做到事实清楚、证据确凿、定性准确、处罚得当,同时将全套检查资料完整有序归档,保证日后有据可查、有档可依。

二、加强会计监督,提高会计信息质量

会计是财政经济工作的重要基础。加强会计监督,开展会计信息质量和会计

师事务所执业质量检查，是《会计法》和《注册会计师法》赋予财政部门的一项重要职责。多年来，我市各级财政部门不断创新会计监督工作思路，丰富会计监督工作手段，完善会计监督工作机制，取得了很好的工作成效。同时，我市仍然存在一些区县对会计监督工作重要性认识不足、工作开展流于形式、监督成效不够明显等问题。在今后的工作中，各级财政部门一定要深刻认识会计监督工作的重要意义，进一步明确工作要求，推动会计监督再上新水平。一是要有重点地选择涉及国计民生的基础设施、能源交通、医疗教育、公用事业等行业开展会计信息质量检查，充分发挥会计监督在财政经济管理中的基础作用和综合效能。二是按照财政部的统一要求，市和有条件的直管县（市）要实施会计信息质量检查查前公示和查后公告，进一步扩大会计监督的社会影响。三是各级要切实加强对会计监督工作的考核。为推进会计监督工作的深入开展，今后省将对各市、直管县（市）会计监督工作的开展情况进行考核。参照省考核办法，市将对各区县进行考核，考核采取定量和定性相结合的方式，内容主要包括选择检查重点、执行检查程序、工作创新、检查成效和会计信息检查软件使用等方面的情况。考核结果将在全市范围进行通报，以推动全市会计监督工作的开展，提高工作整体成效。

三、抓住重点，明确责任，实现财政监督工作新突破

今年是“十二五”开局之年，是我市财政加大改革创新力度、推进科学化精细化管理的关键一年，也是完善财政监督机制、提高财政监督绩效的重要一年。各级财政部门一定要准确把握经济社会发展的阶段性特征，紧扣科学发展这个主题，围绕结构调整这条主线，积极创新财政监督工作思路，完善财政监督机制，为加快转变经济发展方式、保障和改善民生、促进财政体制机制创新、推动财政科学化精细化管理作出积极的努力。

（一）要高度重视财政监督工作

各级财政部门一定要进一步统一思想，提高认识，按照党的十七大提出“建立健全预算编制、执行和监督相互协调、相互制衡的新机制”的要求，高度重视，推动财政监督工作的深入开展。一是要切实加强机构和干部队伍建设。我市监督机构现有监督力量与工作要求相比，还有很大差距。按照财政部《财政检查规则》的要求，组成一个检查组至少在两人以上，我市部分区县财政局监督机构算上负责人也只有两人，有些还是非专业人员，不利于财政监督工作的顺利开展。加强财政监督，搞好机构队伍建设，已经成为当前亟待解决的重点问题。各级要针对自身实际，在机构建设、人员配备上下真功夫，把政治业务素质高、能适应财政监督工作的同志充实到监督岗位上，以保障工作正常开展。按照财政部近期多次强调的强化县乡财政监管职能的要求，使县（区）财政监督机构规格、编制、力量与其承担的任务相适应，并切实加强监督干部培养、使用的力度。这次会议后，希望各区县在机构、干部队伍建设方面有所突破。二是要以制度建设为突破口，进一步健全完善监督机制。为全面履行财政监督职能，建立“大监督”机制要求，既要发挥有关业务管理机构的监督职能，更要发挥专职监督机构在“大监督”机制建设中的作用。一方面，要抓好检查计划的制定。为避免重复检查，提高监督整体效能，各级都要围绕财政中心工作，由监督机构牵头制定年度检查计划，并将各业务管理机构和监督机构要开展的检查项目详细列示，经局长办公会批准后组织实施。年度中间，没有特殊情况，不能随意变更。多年来，市局一直坚持这一做法，收到很好效果。另一方面，要建立财政监督结果利用反馈制度。监督机构开展的专项检查工作，要认真总结，并向局长办公会进行汇报。有关业务管理机构要认真研究利用检查成果，制定完善制度办法，将检查结果与预算编制和资金分配挂钩，并及时将利用结果向专职监督机构进行反馈。通过建立反馈制度，加强专职监督机构和业务管理机构的沟通交流，提高财政监督成果的利用水平，切实达到“标本兼治”的效果。三是要进一步加大对财政监督工作的投入。通过监督工作开展，可以切实加强收入征管，减少损失浪费。从这个意义上讲，保障和加大财政监督方面的资金投入，是财政增收节支的一项重要措施，是值得的。尤其是会计信息质量检查因力量不足需聘用中介机构人员的经费，中央、省、市在每年的检查通知中都有明确要求，各级一定要落到实处。根据省厅监督局的要求，今年我市将采用财政监督系统统一使用的会计信息检查软件开展会计信息检查工作，市处将首先配置部分软件投入使用，各区县也要根据各自实际情况积极配置，保证全市会计信息检查工作统一运行，促进先进检查手段的采用和推广，提高检查工作效率和检查成效。

（二）围绕中心，积极作为

一是要围绕财政收支搞好监督检查。近年来，中央、省、市加大了支农、教育、就业、社保等民生方面的财政资金支出，财政支出的重点就是财政监督工作的重点。各级要做好涉及民生资金检查，确保中央、省、市重大财税政策全面贯彻落实，发挥应有的作用。同时，要按照各项财政性收入纳入预算管理的要求，加强收入监督，为提高收入质量、优化收入结构做出贡献。二是要围绕加强预算管理搞好监督检查。预算管理是财政管理工作的核心环节。预算编制质量的高低、预算执行情况的好坏，直接影响到财政效能的有效发挥。在去年开展预算编制和执行情况检查的基础上，今年市局继续统一部署了这项检查。各区县要高度重视，认真组织实施。结合检查情况，有针对性地提出改进工作、完善制度的措施建议，为深入推进部门预算改革、提高编报质量创造条件。三是要切实搞好“小金库”治理工作。自2009年部署开展“小金库”治理工作以来，各级切实加强组织领导和宣传发动，深入推进“小金库”治理工作，严肃查处了一批“小金库”问题，取得了重要的阶段性成果。各级要克服畏难、厌战情绪，按照《2011年全市“小金库”专项治理工作实施方案》（淄财办发〔2011〕87号）的要求，继续深入推进党政机关、事业单位、社会团体和国有及国有控股企业“小金库”专项治理,认真组织落实好全面复查、督导抽查、整改落实、机制建设和总结验收5个阶段的工作任务,确保圆满完成今年的治理目标。

(三)要切实强化财政监督的基础工作

做好基础工作是开展监督检查的关键环节,是提升检查质量、提高检查效率、防范执法风险的重要保证。经过多年的工作实践和教育培训,我市各级财政监督机构的人员素质不断提高,基础工作逐步规范,执法程序日趋完善,业务质量有了很大的提升。但也要清醒地认识到,在基础工作方面还存在不少问题,很容易发生执法风险。对此,必须引起我们的高度重视。一是加强学习培训。要进一步强化基础知识的学习,练好监督检查的基本功,更加系统地学习行政单位和事业单位财务准则、企业会计准则等基础财务会计管理知识以及行政处罚法、财政违法行为处罚处分条例等行政执法的法规制度,真正做到入脑入心,准确运用。二是严格执法。要切实增强法制意识和责任意识,不断加强执法能力建设,严格按监督检查的规定和程序开展工作,依法行政,依法监督。要切实加强作风建设和廉政建设,认真执行廉政勤政建设的各项规定,切实做到规范检查、廉政检查,以廉洁的作风和过硬的素质,树立财政监督干部的良好形象。三是搞好调查研究。要围绕提高财政监督成效,促进调研和检查的紧密结合,在查处违规违纪问题的同时,总结提炼、研究分析财政政策在贯彻执行中的情况和问题,提出改进方向和加强管理的政策建议,注重解决体制机制上存在的深层次问题。要高度重视信息宣传工作,及时向领导和有关部门报送监督工作动态,反映检查发现的普遍性和重大违纪问题,总结工作中的经验做法。市局已印发调研信息工作考核办法。各区县要按照要求,进一步做好信息宣传工作,提高信息报送质量,不断扩大监督工作影响。四是加强信息化建设。随着信息技术的广泛使用,各单位普遍运用财务软件处理会计业务。传统检查方式受到很大挑战。我们也要适应形势变化,适时推广使用监督检查软件,研究探索电子查账的方法和技巧,提高检查效率。要研究打造财政监督法规库、案例库等信息平台,及时收录、编辑有关法律法规和典型案例,为更好地开展监督工作提供参考和借鉴。要探索运用电子信息技术,实现监督检查与业务管理信息的共享,逐步实现对财政资金运行全过程的动态查询和监控。

(本文系卜德兰同志在全市财政监督工作会议上的讲话,内容有删节,题目系编者所加)

责任校对:王薇薇

弘扬改革创新精神 加强机关党建和精神文明建设

(2011 年 4 月 13 日)

市财政局党组成员、副局长、调研员　孙兆科

一、围绕财政中心工作,切实抓好机关党建及系统文明建设工作

2010 年,在上级党组织的重视支持和指导下,在市局党组的正确领导下,全市财政系统机关党建和文明建设工作以邓小平理论和"三个代表"重要思想为指导,深入贯彻落实科学发展观,全面贯彻党的十七大和十七届四中、五中全会精神,按照认真专业务实的要求,圆满完成了年度工作目标。

(一)突出抓好学习型机关党组织建设工作

一是按照市委要求,制定实施了《市财政局关于推进学习型党组织建设的实施意见》,对加强学习型党组织建设进行了部署。二是根据市委市直机关工委统一部署,深入开展了"日阅一文、月写一篇、季读一书、半年一讲"的"四个一"活动。三是积极创建市委宣传部理论宣教基地,我局被市委宣传部命名为全市第三批理论宣教基地。

(二)继续推进机关党建质量标准化管理工作

一是加强组织领导,建立完善了机关党的工作"书记抓、抓书记"的工作机制。二是加强设施建设,不断提升活动室质量。三是全面推行机关党组织换届选举公推直选制度,严格按照公推直选办法要求,选举产生了全市注册会计师行业第一届党总支委员会。四是优化党建质量标准化管理评价标准,实现了党建工作科学化、规范化、标准化管理。

(三)系统文明创建工作取得显著成绩

2010 年,紧紧围绕转方式、调结构、增财源这一主题,继续加强了系统文明建设工作。一是量化了工作任务。将文明创建任务分解量化为 29 项具体工作,明确分管领导、责任科室,形成了主要领导抓全面,分管领导抓督查,科室领导抓落实,综合部门抓协调的系统一盘棋文明建设工作责任网络。二是继续抓好系统文明创建的升级扩面工作。市局继续保持了全国文明单位荣誉称号,各区县、高新区财

政局继续保持了省级文明单位或文明机关,2010年又有14个财政所创建为市级文明单位,全系统区县级以上文明单位建成面达到97%;新确定了8个乡镇财政所文明创建联系点,较好地发挥了联系点的示范带动作用。市局一个科室被评为市直机关青年文明号。

(四)大力推进机关文化建设

以塑造"团结和谐、求实创新、依法理财、廉洁高效"的淄博财政精神为目标,认真开展各项活动,促进了干部职工核心价值理念的形成。一是组织开展了爱岗敬业大讨论活动。二是通过加强文化长廊建设、印发《文化手册》等措施,把深入挖掘单位精神内涵融入到社会主义核心价值体系建设之中。三是加强机关文化宣传推广。充分利用报纸、局域网、《鲁中财会》、简报等媒体和形式,及时宣传我局建设机关文化塑造机关精神的做法,不断扩大机关文化建设的社会影响。

(五)扎实开展岗位练兵技能比武工作

举办了第三届计算机应用技能比武;举办了第二届全市财政系统财会知识竞赛;举办了岗位练兵全员考试;积极组织参加了市直机关岗位练兵技能比武活动,公文写作项目取得全市第二名的好成绩。市局被市委、市政府表彰为全市机关岗位练兵技能比武工作先进单位。

(六)积极开展创先争优、争做淄博先锋活动

按照市委统一部署和市局工作安排,积极协助组织开展了以"创建淄博先锋基层党组织、争做淄博先锋共产党员"为目标的创先争优、争做淄博先锋活动。一是通过强化党员责任意识、制度建设意识、优质服务意识、依法行政意识和督查考核意识等"五种意识",营造浓厚氛围;二是坚持与财政工作紧密结合、与建设学习型党组织紧密结合、与抓支部、支部抓紧密结合等"三个结合",积极推进活动开展;三是注重载体创新,组织开展以向沈浩同志学习为主要内容的"五学五比五落实"主题实践活动,深入开展争创"共产党员示范岗"活动,确保活动实效,推动了财政中心工作开展。

二、适应形势任务要求,全面推进机关党建及精神文明建设工作再上新水平

最近,市局党组专题研究了机关党建和精神文明建设工作,确定了2011年度27项机关党建和系统精神文明建设工作任务,并已分解落实到分管领导和相关科室。为完成今年各项工作任务,我们要进一步增强工作责任感,以改革创新精神全面推进机关党的建设和精神文明建设再上新水平,为各项工作顺利开展提供强大精神动力。

(一)进一步加强机关党的建设工作

今年是建党90周年,要把开展建党90周年纪念活动作为今年党建工作的核心和主题,作为对广大干部职工进行爱党爱国教育的有效载体,积极开展丰富多彩的理论学习教育活动、主题实践活动、纪念活动等,激发广大党员干部干事创业的积极性、创造性,以优异成绩向建党90周年献礼。

一是继续深入开展创先争优活动,按照"五个好"、"五带头"要求,充实完善承

诺内容并认真践行;深入开展“创先走在前、争优做表率”的主题活动,充分发挥党组织的战斗堡垒作用和党员的先锋模范作用;注重挖掘、发现、培养典型,形成各类活动有典型、各项工作有先进,学有目标、赶有方向的良好局面。

二是积极探索党建工作的新方法、新路子,大力推进机关党建质量标准化建设,完善和落实党组织学习制度、组织生活制度、公推直选制度等,实现党建工作项目化、规范化,努力使机关党的工作在载体上、活动方式上、工作方法上、运行机制上适应新形势新任务的需要,满足机关党员干部的需求。

三是进一步加强党务干部队伍建设,配好配强机关基层党组织班子。广大党务干部要解放思想,勤于学习,增长才干,尽职尽责,出色完成各项工作任务。

四是扎实推进学习型机关党组织建设。深入开展“日阅一文、月写一篇、季读一书、半年一讲”活动,把“四个一”活动制度化,使其成为学习型机关党组织建设的有效载体。建设“书香机关”,营造浓郁的读书学习氛围,使读书学习成为机关干部的自觉行动和良好习惯。

五是深化建设机关文化塑造机关精神工作。实现单位精神、科室理念上墙,个人格言上桌。广泛开展人生格言诠释活动。充分利用办公楼长廊、门厅、楼梯走廊等场所和空间建设文化长廊。

六是搞好党员活动阵地建设。进一步规范党员活动室内容,提升质量,建设标准化党员活动室。更新完善网上党校内容。

(二)深入推进系统精神文明建设工作

2011年,全市财政系统精神文明建设工作要围绕全市财政工作大局和中心工作,以建设社会主义核心价值体系为根本,切实加强机关思想道德建设,以创建全国文明城市为契机,深化精神文明建设活动,不断提高机关干部文明素质,为加快建设殷实和谐经济文化强市提供强大精神动力。市局已制定了全市财政系统2011—2013年精神文明建设工作规划,明确了2011—2013年全市财政系统精神文明建设工作的指导思想、目标任务、保障措施,全系统干部职工要按照新一轮建设工作规划的要求,切实抓好目标任务落实,努力开创精神文明建设工作新局面。

一是进一步加强组织领导。要建立健全精神文明建设组织领导机构,坚持一把手亲自抓、负总责,局党组领导同志要切实担负起职责范围内的文明建设工作领导责任,全体干部职工要紧密结合工作实际,积极投身精神文明建设。要增强工作的可操作性,将文明建设工作任务分解量化为具体工作指标,明确分管领导、责任科室,提出工作标准和要求,形成齐心协力、齐抓共管的领导体制和工作机制。

二是加强思想道德建设。积极组织党员干部深入学习贯彻党的十七届五中全会精神,大力开展形势政策宣传教育,引导党员干部把思想和行动统一到党的十七届五中全会精神上来,把力量凝聚到实现我市“十二五”规划确定的目标任务上来。把社会主义核心价值体系融入精神文明建设全过程,加强社会公德、职业道德、家庭美德、个人品德教育,提高机关干部思想道德素质。

三是健全完善工作机制。通过加强工作研讨交流,定期召开工作调度会、经验交流会等,通报工作情况,交流经验做法,查找问题不足,落实改进措施。要坚持面向系统、面向基层,加大对基层单位的工作指导,促进全系统精神文明建设工作协调推进。

四是继续实行文明建设联系点制度。为进一步创新发展系统精神文明建设经验,培养树立典型,推进系统文明建设工作的全面协调发展,2011 年继续实行文明建设工作联系点制度,新设立 6 个联系点,市局党组成员分别挂包联系。

五是丰富创新活动载体。充分发挥党组织及工、青、妇组织活动阵地作用,积极开展丰富多彩的群众性文体活动,继续开展年度文明单位、文明个人、文明家庭的评选,以陶冶机关干部情操,增强干部职工集体荣誉感和队伍凝聚力。

三、服务全市工作大局,切实抓好创建全国文明城市分工工作

创建全国文明城市,是市委、市政府作出的重大战略决策。前段时间,市委、市政府专门召开动员大会对我市继续深入开展创建全国文明城市活动、全面实现创建工作目标作出了具体安排和部署,对涉及各级、各单位的工作任务进行了分解立项,明确了牵头单位和责任单位。财政部门在创城工作中承担着重要职责,既有资金投入和经费保障方面的,也有机关和干部职工自身精神文明建设方面的,市局已将承担的工作任务进行了分解落实,并成立了由王修德局长任组长、分管领导任副组长、各牵头单位负责人为成员的创建工作领导小组。各区县也要高度重视,自觉将本职工作融入创建全国文明城市这个工作大局,落实分解任务,切实抓好组织实施,确保所承担的相关工作落到实处,切实做好创城有关工作,教育引导机关干部自觉养成良好的文明行为,为迎接测评创造良好环境。要强化大局意识,加强协调配合,对共同负责的工作搞好沟通衔接,做到不等、不靠、不推、不让,努力形成工作合力。要落实问责制度,对在创城工作中落实任务措施不力、造成工作失误和不良影响的,严肃追究相关人员责任。全系统干部职工思想上要高度重视,行动上要步调一致,从自身做起,为我市创城工作做出应有的贡献。

机关党的建设和系统精神文明建设工作是一项长期的系统工程,离不开各级的共同努力,齐抓共管。在新的一年里,全市财政系统要在市委、市政府和市局党组的正确领导下,深入贯彻落实科学发展观,以十七届四中、五中全会精神为统领,把机关党的建设、精神文明建设、党风廉政建设、作风效能建设与做好各项财政工作紧密结合起来,努力推动财政改革、发展上台阶、上水平,为全面完成财政中心工作任务、进一步推动全市经济社会又好又快发展做出应有贡献!

(本文系孙兆科同志在全市财政系统机关党建暨精神文明建设工作会议上的讲话,内容有删节,题目系编者所加)

责任校对:王薇薇

建立教育投入评价机制
保障教育事业优先发展

(2011年11月22日)

市财政局党组成员、淄博会校党总支书记　王昌晖

一、要进一步增强加大财政教育投入的责任感和紧迫感

教育投入是教育事业发展的重要物质基础,也是支撑长远发展的基础性、战略性投资,更是公共财政的重要职能和保障重点。近年来,各级财政部门认真贯彻市委、市政府关于教育优先发展的重大方针政策,始终把教育作为公共财政的保障重点,不断加大投入力度,全市财政一般预算安排的教育经费从2007年的27.5亿元,增加到2010年的37.3亿元,为教育事业发展提供了有力保障。在各级财政的支持下,我市城乡义务教育全面实现免费、职业教育快速发展、高等教育进入大众化阶段,各类学校办学条件显著改善,教育公平迈出重要步伐,全市教育事业得到了快速健康发展。同时我们也要清醒地看到,与上级的要求相比,与教育事业发展的需要相比,我市财政教育投入还有一定差距,主要体现在:教育支出占财政支出的比例呈下降趋势;城乡、区域之间差异较大,促进教育均衡、协调发展的任务仍十分艰巨;重投入轻管理的现象依然存在,财政教育投入的管理水平尚有待提高。

为促进教育事业加快发展,国家要求到2012年财政性教育经费占国内生产总值的比重达到4%。这是党中央、国务院立足经济社会发展全局作出的重大决策,也是各级政府的共同责任。为保障各项投入政策落实,财政部建立了财政教育投入分析评价机制,确定从2011年起,对各级财政教育投入情况进行分析评价,并将评价结果作为中央财政安排转移支付的重要依据。根据财政部的要求,省财政厅近期也对此项工作进行了部署,明确了各市的财政教育支出目标比例,其中省核定我市2011、2012年的比例分别为22.8%、23.9%。

从目前我市财政教育投入情况看,要达到上述要求,压力很大。2010年,全市财政教育支出占财政支出的比重(不含省以上教育转移支付)仅为18.8%,要实现财政部确定的目标比例,2011年全市需提

高4个百分点,2012年需再提高1.1个百分点,时间紧迫,任务艰巨,对各级财政来讲是一个严峻的考验。实现教育投入目标,需要市、县各级财政的共同努力。为强化区县的投入责任,市里参照省厅的做法,分解核定了各区县的财政教育支出目标比例。这是市里"不得以"并且"不得不"采取的一项措施,大家一定要从战略和全局的高度,充分认识加大教育投入的重要性和紧迫性,坚定信心、迎难而上,千方百计筹集资金、加大投入,确保今明两年全市财政教育支出达到目标比例。

二、要准确理解把握评价机制的政策内涵

建立教育投入评价机制,是落实中央、省和市委、市政府教育发展战略的重要举措,是贯彻《教育规划纲要》的有力保障。各级一定要吃透精神,认真谋划,切实抓好落实。

(一)明确评价指标

市对各区县的评价指标包括财政教育支出增幅、财政教育支出比例、教育附加征收率、土地出让收益教育资金计提率四个方面,涵盖了教育投入的主要政策和来源渠道。其中:财政教育支出比例所占分值最高,为60分。在财政教育支出目标比例的确定上,市里充分考虑了各区县现有投入水平、努力程度、提高潜力、教育需求等因素,应该说,方案本身是科学的。有的区县感到压力特别大,主要有两方面的原因:一是"共性"的,省下达我市的比例很高,落实这一比例市级和各区县普遍感到压力很大;二是"个性"的,市里是在2007至2010年平均比例的基础上确定目标比例的,而部分区县这一比例下降较快,有的区县甚至从2007年的32.77%,一路下滑到2010年的22.71%,降幅达10.06个百分点。这次感到压力特别大的,主要就集中在近几年财政教育支出比例下降较大的区县,要分析原因,认真研究教育投入问题。

(二)强化激励引导

2012年和2013年年初,市里将按照评价指标体系,根据上年预算执行相关数据,对各区县财政教育投入状况进行分析评价。根据各市评价总分、排名等因素确定综合评价结果,分为A、B、C三个档次。分析评价情况将报省财政厅及市政府,并以适当方式通告各区县。为加强激励和引导,市财政将设立财政教育投入综合奖励资金,对综合评价结果为A档的区县给予奖励,具体奖励额度根据各区县教育规模和财力状况等因素确定,奖励资金由各区县统筹用于支持教育事业发展。

三、要加大投入保障教育事业优先发展

加大教育投入,既要注重量的增加,更要注重质的提升。各级财政部门要在千方百计筹集资金、大幅增加教育投入的同时,进一步优化支出结构,着力解决教育事业发展关键领域和薄弱环节的问题,促进各阶段教育协调发展。

(一)集中精力,落实好"投"的政策

加大教育投入,是实现目标比例的根本保障,也是促进教育事业发展的物质基础。

一要严格落实法定增长要求。不仅

年初预算安排要保证财政教育支出增幅明显高于财政经常性收入的增幅,而且预算超收收入也要优先用于教育,确保全年预算执行达到法定增长要求。今年市级财政在年初预算的基础上,又拿出大量资金用于高校化债,年底前还将安排部分资金用于校舍安全工程和建立学前教育资助制度等。各区县也要将超收收入优先用于教育。同时,各级要把支持教育事业发展作为公共投资的重点,确保用于教育的预算内基建投资明显增加。

二要明显提高财政教育支出比例。近几年,我市财政教育支出比例总体呈下降趋势。2010 年,全市财政教育支出比例为 18.75%,比 2009 年下降 2.22 个百分点,部分区县的下降幅度更大。对此,有关区县要引起高度重视。今明两年,市财政将在增加本级教育支出的基础上,不断加大对区县特别是财政困难区县的转移支付力度,确保市级财政安排的教育经费大幅度增加。各区县财政也要下大决心和大力气,积极调整优化财政支出结构,大力压缩一般性支出,通过优化"存量",扩大"增量",确保今明两年财政教育支出占财政支出的比例都有明显提高。

三要多渠道筹集财政性教育经费。在增加公共财政教育投入的同时,各级还要大力拓宽财政性教育经费来源渠道,确保按增值税、消费税、营业税的 3% 征收教育费附加、2% 征收地方教育附加,并从土地出让收益中按规定比例计提教育资金,从地方分成的彩票公益金中安排一定比例用于教育。通过落实上述政策增加的收入,要按规定全部用于教育,不得因此减少其他应当由公共财政预算安排的教育经费,严防出现"挤出效应"。同时,要统筹管理和使用教育经费,最大限度发挥资金使用效益。

(二)统筹规划,做好"支"的文章

当前,各项教育投入政策集中出台,未来几年将会是教育经费增长最快的时期。2012 年全市如实现 23.9% 的目标比例,预计将比 2010 年增加教育投入 31 亿元。各级财政部门要按照市《教育规划纲要》要求,根据本区县教育事业发展实际,统筹规划配置教育资源,科学确定资金投向,真正把钱花在"刀刃"上,促进各阶段教育协调发展。

一要推动义务教育均衡发展。目前,我省地区之间、城乡之间、校际之间的办学条件差距依然较大,在农村地区还存在着相当数量的薄弱学校,办学条件比较差,师资比较薄弱。教育公平是最大的公平。各级要进一步深化农村义务教育经费保障机制改革,促进城乡、区域之间义务教育协调发展,重点向农村倾斜,尽快缩小教育差距,促进基本公共服务均等化。

二要加大学前教育投入力度。学前教育是我市教育事业发展的一个"短板"。根据学前教育规划,到 2013 年,全市学前三年毛入园率要达到 98%,全市需新增、改扩建 183 所幼儿园,任务十分艰巨。各级要加大对学前教育的投入力度,在新增教育经费中,安排一定比例用于发展学前教育,确保财政性学前教育经费在同级财政性教育经费中所占的比例,未来三年有明显提高,加快普及学前三年教育,切实解决好"入园难"问题。

三要加强职业教育基础能力建设。要进一步明确投入重点，大力改善职业教育教学、实训条件，建设一批特色鲜明的职业学校和实习实训基地，促进工学结合、校企合作，着力提高职业教育办学水平，提升职业教育服务经济社会发展的能力。

四要大力支持教师队伍建设。师资不均衡是制约教育均衡发展的关键因素。今后各级财政要继续加大投入力度，健全覆盖各个教育阶段的师资培养体系，增强教师素质，提高教学质量，促进教育均衡发展。

五要完善困难学生资助政策。要结合当地教育发展情况，逐步完善家庭经济困难学生资助体系，进一步拓宽资助范围、提高资助标准，切实减轻人民群众教育负担，多做雪中送炭、促进公平的实事、好事，让人民群众共享加大财政教育投入和教育改革发展的成果。

（三）科学理财，不断提高“管”的水平

从近年来审计监督情况看，各级财政教育经费管理依然存在一些薄弱环节，“重分配、轻管理”、“重投入、轻效益”的问题比较突出。各级要一手抓投入，一手抓管理，全面推进教育经费科学化精细化管理。

一要严格依法理财。提高教育经费管理水平，必须强化制度约束。要建立健全教育经费管理的规章制度，确保每一项工作开展、每一笔资金分配都有法可依、有章可循。要严格执行各项法规制度和财经纪律，在预算编制、执行的各个环节，都严格按制度办事，逐步建立公开透明的预算分配机制和安全高效的预算执行机制，增强预算约束力，提高教育经费管理的制度化、规范化水平。

二要强化绩效管理。对教育方面的项目资金，要强化监督管理，尤其是重大项目的实施，要充分论证、统一规划，避免一事一议、一年一议，切实提高资金使用的前瞻性、有序性。要积极推进绩效预算管理，强化对重大项目经费的绩效考评，科学运用考评结果，将其作为改进预算管理和调整预算安排的依据，不断提高资金使用效益。

三要完善监督机制。针对教育资金的特点，进一步完善“事前防范、事中把关、事后检查”相结合的监督机制。同时，建立责任追究制度，明确教育事权责任主体，督促教育部门和学校加强教育经费管理，解决违规问题屡查屡犯、屡禁不止的问题，确保财政资金安全、规范、高效运转。

四要加强基础工作。基础工作做不好，管理水平的提升将无从谈起。要进一步完善教育经费支出标准，引导学校健全财务会计和资产制度，规范学校经济行为，防范学校财务风险。要与相关管理部门搞好衔接，着力做好教育基础数据的收集、分析和信息化管理等工作，为制定完善财政政策、加强财政管理提供基础支撑。要加强学习、注重研究，全面掌握财政政策，了解教育事业发展规律，不断提高理财水平。

（本文系王昌晖同志在建立财政教育投入评价机制工作会议上的讲话，内容有删节，题目系编者所加）

责任校对：雷子朋

坚持以人为本
全力推进财政社会保障工作健康发展

(2011 年 7 月 8 日)

市财政局党组成员、副局长　王守恕

一、"十一五"时期我市财政社会保障事业发展取得重大成就

过去的五年,是财政社会保障发展史上极不平凡的五年,国内外经济形势不断变化,改革发展任务艰巨繁重,民生新政密集出台,财政社会保障工作大事、新事、急事、难事之多前所未有。五年来,全市财政社保系统干部职工在各级党委政府的领导下,深入贯彻落实以人为本的科学发展观,各项事业改革取得了历史性突破和重大发展成就。全市社会保障和医疗卫生累计支出达 128.61 亿元,年均递增 12.27%,其中 2010 年达到 36.7 亿元,是 2005 年的 3 倍。

(一)就业扶持政策体系日趋完善

就业是民生之本。"十一五"时期,全市各级财政坚持以市场为导向,统筹城乡就业,连续实施更加积极的就业政策,累计投入资金 3.06 亿元,极大地促进了城乡劳动者充分就业。通过积极支持基层公共就业服务平台建设,大力实施加强就业培训提高就业与创业能力工程,建立高校毕业生面向基层就业统筹协调机制,实施以"技能扶贫"、"双零"就业援助等为重点的就业援助机制,初步建立起以就业政策支持为核心、以职业培训与就业能力提升为重点、以公共就业服务为保障的积极的就业政策及服务体系。五年中,全市累计新增就业 59.77 万人,城镇登记失业率始终控制在 3% 以下。

(二)社会保险体系建设得到跨越式发展

"十一五"时期,我市初步建立起以企业职工基本养老、城镇职工基本医疗、失业、工伤、生育五项主要保险为主体的基本社会保障体系,五项保险全部实现市级统筹。市财政建立了社会保险基金征缴奖励机制,极大地调动了各级经办机构扩面征缴的积极性和主动性。五年间连续五次提高企业退休人员养老金待遇,截至 2010 年,全市企业退休人员养老金待遇水平达到每人每月 1550 元;失业金从 2006 年的每人每月 255 元提高到 2010 年的

490元。除了五险之外，又陆续或继续开展了新型农村合作医疗、城镇居民基本医疗保险、新型农村社会养老保险。到2010年底，全市累计投入新农合和城镇居民医疗保险政府补助8.49亿元。城镇职工基本医疗、城镇居民基本医疗和新农合三大基本医疗保障制度实现了全面建制、全民覆盖。还彻底解决了关闭破产企业退休人员医疗保障问题。

(三)医药卫生体制改革取得初步成效

第一，城乡基层医疗卫生服务体系建设初见成效。“十一五”时期，全市财政累计投入2670万元，采取以奖代补的办法，实施了乡镇卫生院“360工程”、“1127工程”和1200所村卫生室服务能力提升工程。第二，建立和完善基本公共卫生服务制度。人均基本公共卫生服务经费从2006年的4元提高到2010年的15元，覆盖范围由79个城市社区扩大到全市所有城乡居民，全市各级财政累计投入达到1.16亿元，支持开展了为城乡居民建立健康档案、传染病防疫、儿童保健、孕产妇保健等9项基本公共卫生服务。第三，支持实施农村重大公共卫生服务项目。截至2010年，全市投入2240万元，支持实施了农村妇女“两癌”检查、孕产妇住院分娩和补服叶酸、贫困白内障患者复明、农村饮用水安全监测等重大公共卫生服务项目，农村公共卫生保障水平有了新的提高。第四，在政府办基层医疗卫生机构启动实施了国家基本药物制度，建立了以政府投入为主的多渠道补偿机制。全市财政投入1.54亿元，用于基层医疗卫生机构基本药物取消药品加成后的补偿，确保了基层医疗卫生机构的正常运转。

(四)社会救助体系“防护”能力得到快速提升

一是城乡居民最低生活保障制度逐步规范。农村低保连续4年提标，由不低于700元提高到不低于1250元，均高于省政府确定的低保标准，到2010年底，农村低保对象达到8.1万人。城市低保连续3次提标，且实行了分类施保，到2010年底，城市低保对象达到3.6万人。二是城乡医疗救助制度全面建立。五年中共救助城乡群众17.6万人次，发放救助金3642万元，有效缓解了城乡困难群众因病致贫、返贫问题。三是农村五保供养工作成效明显，集中供养比率高于全省平均水平。2009年7月1日起农村五保集中供养标准由2000元提高到2200元，分散供养标准由1200元提高到1400元，各级财政投入资金7488万元，保障了他们的基本生活。四是对乡镇敬老院进行集中改造。2005－2007年投入资金3800万元，对全市92处乡镇敬老院进行了集中改造，增加床位2000余张，2010年底全市实际床位达到6929张，集中供养率提高到80%以上，高于全省平均水平近10个百分点。五是实施农村贫困残疾人安居工程。2006－2009年，各级财政投入2880万元，为2400户农村贫困残疾人进行了危房改造和建设，保障了农村贫困残疾人的基本住房需求。六是流浪乞讨人员救助工作更加规范完善。2007年投入资金近600万元，新建淄博市救助管理站，结束了我市没有固定流浪乞讨人员管理机构的历史。七是投入巨额资金建设市老年福利服务中心和儿童福利院。2007－2010年,市财政从福彩公益金中拿出9000余万元,用于建设市老年福利服务中心和儿童福利院。八是自然灾害应急救助机制不断完善。积极研究建立救灾资金分级负担机制,及时落实拨付资金,有效应对了春荒、暴雨、冰雹等多种自然灾害,并动员全社会力量募集抗震救灾资金2亿元,全力支持汶川、玉树等地震灾区的抗震救灾和重建。

(五)食品药品安全保障体系建设初具规模

"十一五"期间,各级财政投入资金1.6亿元,进行食品药品安全保障体系建设和能力提升,其中市财政投入3109万元。一是圆满完成省以下食品药品监管机构经费下划和卫生部门食品监管的划转工作;二是大力支持食品药品抽验工作;三是配备执法车辆,购置办公、检验设备,支持各级食品药品监管;四是及时处置了婴幼儿奶粉事件,完成了奥运会、全运会、省运会、足球亚青赛等重大活动的食品药品安全保障任务。

(六)特殊群体保障体系建设有了新发展

健全和完善离休干部离休费、医疗费的支持保障机制,确保了"两费"资金的落实。多渠道筹措资金,切实做好困难企业军转干部解困工作。建立起优抚对象抚恤标准自然增长机制、城镇退役士兵自谋职业财政保障机制,切实保障退役军人和优抚对象的基本生活。大力支持开展"助残康复"和"助残就业"工程,积极为脑瘫、智残儿童等实施康复救助,为贫困白内障患者实施免费手术。扩大了残疾人就业保障金扶持就业的范围,实行保障金预算管理,使保障金扶持残疾人就业与创业的作用得到了进一步发挥。

(七)深化财政社会保障管理模式改革

一是进一步完善阳光化、透明化分配机制,对社会保障制度性和政策性资金,按照工作努力程度、事业发展需求、人均可用财力等因素所占权重,实行规范化分配。二是创新建立政府购买公共服务机制,有效激励了各类社会服务机构转变理念,竞相提高服务质量。三是完善绩效管理评价体系,积极探索社会保障领域重大投入的财政投资评审和政府采购办法,逐步建立起"事前论证、事中监控、事后评价"的全程绩效管理机制,充分发挥财政资金的使用效益。

二、"十二五"时期我市财政支持加快社会保障事业发展的总体思路

(一)着力加强保基本、广覆盖,加快实现"人人享有基本保障"的目标

要及时总结新农保试点经验,完善个人缴费、集体补助、政府补贴相结合的筹资办法,确保与国家新农保试点制度全面顺利并轨;尽快建立城镇居民养老保障制度,妥善解决未参保集体企业退休人员等群体的基本养老保障问题;加紧解决国有企业"老工伤"等历史遗留问题。进一步加强社会保障公共服务体系建设,使人民群众享受更加便捷高效的社会保障公共服务。

(二)着力加强抓统筹、促衔接,加快推进社会保障事业协调发展

要加大制度整合和衔接力度,掌握好

社会保障制度在不同群体之间的平衡和不同单位之间的平衡。要积极探索城市与农村养老保障制度、新农保制度与农村五保供养制度的衔接;积极稳妥促进城镇居民医保和新农合制度的统筹,降低运行成本,提高运行效率;整合各项农村劳动力转移培训和农民工技能培训项目,解决项目交叉和重复问题;进一步完善最低工资、低保标准与失业金标准联动机制,避免"养懒汉"问题。

(三)着力加强可持续、谋长远,加快构建社会保障健康运行机制

要将社会保障制度模式逐步由传统的补偿型向与经济发展相互促进的新模式转变。更加注重发挥职业培训、就业援助、健康促进等干预性措施的作用,提高社会成员的自我发展能力。要加快推进医药卫生体制改革,努力建立政府与市场、公平与效率、激励与约束有机结合的医药卫生体制机制,保障城乡居民获得最基本、最直接、最有效的医疗卫生服务。要积极引导支持社会力量兴办养老服务机构,建立起"政府引导、社会参与、优胜劣汰、公平竞争"的社会化养老服务新机制,有效应对老龄化社会中的养老服务需求。健全社会保障筹资机制,合理划分政府与市场之间、各级政府之间的责任,充分发挥慈善、社会捐助、残疾人保障金、补充保险等的功能和作用,调动多方面积极性。建立和巩固财政社会保障投入稳定增长机制,进一步加大对社会保障事业的支持力度,使社会保障支出在"十二五"期间继续保持较快的增长速度。

(四)着力加强增待遇、惠民生,加快提高社会保障制度的保障效能

养老方面,进一步完善个人缴费与社会保险待遇挂钩机制,激励参保人多缴多得;探索建立企业退休人员养老金正常调整机制。医疗方面,稳步提高城镇职工医保、城镇居民医保、新农合、城乡医疗救助的保障水平。低收入群体基本生活保障方面,进一步建立完善城乡最低生活保障标准动态调整机制;对重病、重残、"三无"对象等特困低保家庭实施重点救助,落实重度残疾人生活补贴政策,增强对特困低保对象基本生活的保障能力;根据当地村民平均生活水平、财力状况等因素,科学核定五保供养标准,确保供养水平达到当地村民平均生活水平。

(五)着力加强转方式、求绩效,加快完善财政社会保障分配管理模式

要进一步强化依法理财、科学理财的观念,全面提高财政社会保障精细化、绩效化管理水平,增强资金运筹的科学性和高效性,为制度运行搭建更加坚实的基础平台。要抓好信息化技术在资金管理中的推广应用,加快推进社会保障实名制管理,并将资金管理纳入信息化轨道,增强及时性、有效性和准确性;要全面实施绩效管理,依托第三方力量实施绩效考评,建立预算与考评挂钩、分配与绩效衔接、预算与绩效良性互动的预算分配新模式,使社会保障资金整体效益得到较大提升;要进一步丰富资金分配手段和支出方式,充分发挥政府投入的"杠杆效应",撬动社会资金积极投入社会保障事业;要以项目购买、服务购买、设施设备购买为重点,充分发挥市场在资源配置方面的基

础性作用，不断拓展政府购买适用范围，探索形成“公益先行、基金衔接、社会跟进、市场运作”的新型社会保障筹资分配模式，增强全市社会保障事业的社会基础和发展活力。

三、奋发有为，突出重点，全力做好2011年财政社会保障工作

（一）突出抓好促进就业创业工作

就业问题始终是经济社会发展的重大问题，也是改善民生的基本前提和主要途径。财政部门要把促进就业与创业摆在更加突出的位置。一要积极推动创业。创业是最积极、最主动的就业。今年，市里将重点建设新的人力资源市场和大学生创业孵化基地，并以此为契机，进一步加大对大学生创业的扶持力度，各区县也要把促进大学生创业作为当前就业工作的重中之重，着力解决政策落实中的难点问题，完善具体操作办法，畅通政策落实渠道，全力推进工作开展。二要积极开展技能培训。授人以鱼，不如授人以渔。在职业技能培训方面，要继续实施加强就业培训提高就业与创业能力工程，将城乡劳动者职业培训全部纳入这一项目统筹实施，并探索建立按工种分类施训办法，增强培训的针对性，提高培训后的就业率。在高技能人才培养方面，要紧跟市委市政府人才工作部署，进一步完善“技术能手”、“首席技师”等培训、选拔、奖励机制，为增强企业竞争力提供人力资源支持。三要积极支持基层公共就业服务平台建设。今年年初，市里已将基层公共就业服务平台建设补助资金拨付到项目区县，区县财政部门要结合上级补助，加大配套资金投入，科学制定工作方案，确保完成规划建设任务，省、市将于下半年进行考核和验收。

（二）突出抓好医药卫生体制重点改革

一要加快推进基本药物制度实施。2011年基本药物制度将实现基层全覆盖，建立健全基层医疗卫生机构补偿机制，保障其正常运转和医务人员合理待遇水平。要按照统筹算账、综合核补，先预拨、后结算的方式，及时下达补助资金。二要大力促进基本公共卫生服务逐步均等化。2011年，人均基本公共卫生服务经费标准由15元提高到25元，各级财政部门要足额安排经费预算，并积极配合主管部门，进一步规范基本公共卫生服务项目实施和绩效考核，根据提供服务的数量、质量、社会效果以及单位综合服务成本核定补助资金，并按照先预拨、后结算的方式及时拨付项目资金，加快支出进度。三要大力推进公立医院改革试点。充分发挥政府投入资金的导向作用，更加积极地采用市场手段，鼓励、支持和引导社会资本投入，拓宽筹资渠道，形成竞争机制，加快构建投资主体多元化、投资方式多样化的办医体制。

（三）突出抓好养老保障体系建设

“老吾老以及人之老”。养老保障事关每个人的切身利益，老人们的今天就是我们的明天。因此，我们要满腔热忱地积极推进养老保障体系建设。一要全力做好市级新农保试点与国家试点制度并轨工作。从今年4月1日起，市级新农保试点与国家试点制度全面并轨。要根据省、

市有关要求,积极调整支出结构,大力筹措资金,确保完成并轨任务。二要建立城镇居民养老保险制度。国务院确定从今年7月1日起开展城镇居民社会养老保险试点工作,2012年实现全覆盖。省委省政府要求,我省要在2011年全面建制并实现全覆盖。已经先期建制的区县,要认真总结经验、完善制度,并与国家及省政策做好衔接,确保政策执行的一致性;尚未开展这项工作的区县,要积极配合主管部门抓紧搞好调研测算,尽快按照国家试点意见开展此项工作。三要支持健全完善社会化养老服务体系。要紧密结合老年人口的消费和服务需求,进一步完善以奖代补和购买服务办法,充分发挥财政资金的宣传、带动、示范和引导作用,吸引社会资本投入、激励社会力量参与兴办养老服务事业,满足日益增长的养老服务需求。四要大力支持老龄事业发展。各级财政要按市政府要求,足额安排预算,建立老龄事业发展专项资金,大力支持养老托老事业发展。健全完善高龄老人长寿补贴制度,规范长寿补贴资金申请、审核、发放程序,加强资金管理,确保制度落实到位,使老年人颐养天年、安度晚年。

(四)突出抓好社会救助管理和优抚安置政策落实

一是完善最低生活保障制度。今年我市农村低保标准提高到不低于1500元,城市低保从去年开始执行316元标准,各区县要按照不低于全市最低标准的要求,不折不扣地落实提标政策。同时,要切实加强低保管理工作,要进一步完善低保金社会化发放机制,于7月1日前全面实行按月发放。要进一步健全最低生活保障标准与物价上涨挂钩的联动机制和低保家庭收入核查机制,及时跟踪政策落实情况,切实发挥保障效能。二是建立城乡统筹的医疗救助制度。今年,省里要研究出台城乡医疗救助管理办法。各区县要按照省市统一部署,按照统一救助政策和救助内容,统一结算方式和结算流程的思路与原则,积极支持构建更加公平公正、便民快捷的医疗救助机制。三是提升自然灾害生活救助制度保障能力。省里正研究制定出台自然灾害生活救助资金管理办法,不断提高救灾资金的使用效率和保障效益。各区县要切实按照这一要求,加强救灾资金管理,确保不挪用、不挤占、不滞留。四是积极落实各项优抚安置及社区建设政策。各区县要及时足额安排资金,继续认真落实优抚对象抚恤和医疗保障政策。要加大退役安置支持力度,加强技能教育培训,提高退役士兵就业能力。要落实好社区办公经费和人员补助政策,推动我市社区建设再上新台阶。五是认真落实关于残疾人有关政策。积极推进实施阳光家园计划,为智力、精神和重度残疾人托养服务机构和居家托养残疾人家庭提供资助。继续做好残疾人职业技能培训工作,采取购买公益性岗位、优先招聘就业等方式,扩大残疾人就业渠道,充分利用残疾人就业保障金扶持有就业愿望和就业能力的残疾人就业。

(五)突出抓好食品药品安全保障体系建设

一要进一步推进食品药品监管体制改革。继续加大对食品药品监管体系建设的支持力度,各区县要进一步落实政府投入责任,切实做好资金保障,不断提升食品药品监管技术支撑能力,确保广大人民群众的饮食用药安全。二要支持开展食品药品市场专项整治。着力推进餐饮服务、保健食品和化妆品监管,强化药械生产、经营、使用各环节监管,完善食品药品安全预警和应急体系建设。三要切实保障基本药物质量安全。要大力支持基本药物全品种覆盖抽验工作,认真抓好流通和使用环节监管,保障药品市场安全有序,确保基本药物质量安全。

(六)突出抓好财政社会保障管理机制建设

要继续创新管理思路,完善管理办法,推动社会保障管理工作上水平、上台阶。一是社会保险运行管理要有新成效。在政策完善方面,今年的工作重点是解决好两个历史遗留问题,即关闭破产企业退休人员和困难群体等纳入城镇医疗保险收尾工作;国有企业老工伤人员等纳入工伤保险统筹管理工作。各区县要按照多渠道筹资原则,切实发挥基金的统筹互济作用,确保按照省市部署完成工作任务。在基金监管方面,重点是配合主管部门,做好审计署驻济南特派办对我市养老保险审计和省厅对我市失业保险检查工作。二是绩效预算管理机制建设要有新突破。今年要重点对就业培训、基层公共就业服务平台建设、中医服务能力提升、基本和重大公共卫生服务项目、药品技术支撑能力建设等投入项目实施绩效管理,并将应用范围从支出环节延伸到预算编制环节。通过实施绩效预算,进一步增强理财用财能力,不断提高财政社会保障管理效率和公共服务水平。三是政府购买公共服务管理机制要有新进展。要在总结已有经验的基础上,充分借助市场调配功能,不断完善政府购买机制,在养老、医疗、就业等各项公共服务领域,积极推进政府购买服务,努力建立财政资金引导、社会广泛参与、公开公正公平的政府购买制度,激励各类服务机构转变服务理念,提升服务能力。四是社会保障预算执行机制建设要有新举措。近几年来,财政资金支出进度偏慢、部分资金结余较大的问题比较突出,引起了各方面关注。去年以来,省厅连续下发通知,要求加快预算执行进度,并建立了通报制度。各区县要切实引起重视,对资金运转环节进行逐一分析,查找原因,有针对性地改进和完善资金拨付方式,切实加快各项社会保障资金拨付进度,提高预算执行的时效性和均衡性。

(本文系王守恕同志在全市财政社会保障工作会议上的讲话,内容有删节,题目系编者所加)

责任校对:吕　超

认清形势　强化责任
提升财政经建工作水平

（2011 年 6 月 23 日）

市财政局党组成员、总会计师　董　博

一、紧紧围绕财政中心工作，服务我市经济建设大局，抓支出，保民生，圆满完成了各项工作任务

（一）大力加强财政专项资金使用管理，最大限度地发挥财政资金的投资效益

一是中央和省财政补助类专项资金争取工作成绩突出。2010 年，全市共争取中央和省各类补助性质的财政专项资金 348601 万元，其中城建类专款补助 6175 万元；交通、公路类专款补助 18270 万元；矿产资源补偿费安排的地质勘查项目和经费补助 8396 万元；产粮大县及超级产粮大省突出贡献奖励资金 1299 万元；粮食类经费补助专款 340 万元；专项经费补助资金 380 万元。

二是中央和省财政专项资金拨付及时，日常管理到位。去年一年，全市共收到中央和省财政专项资金 48978 万元，各级财政经建部门严格按照中央、省、市有关政策规定和局党组的工作要求，严格按照工程建设拨付资金，大力加强监督检查和跟踪问效，确保了中央和省财政专项资金到位及时，使用得当，确保了项目顺利建设，投资效益得到了切实发挥。

三是市级城市维护建设资金预算编制合理、执行顺利。2010 年市级城市维护建设资金预算以城市维护建设实际工作量为准，积极推行政府采购和财政投资评审，提高国库集中直接支付比率。当年市级城市维护建设资金预算 5665 万元，根据政府采购和财政投资评审认定值，实际执行 5422 万元，有效节约资金 243 万元，重点保障了城市环境卫生、公园维护、园林绿化、交通设施、消防安全等城市功能作用的正常运行，其中，特别安排了交通安全管理设施建设专项资金 1000 万元，有力保障了第二十二届全省运动会的胜利举办。

四是市级城建重点工程投资计划安排周密、执行顺畅。2010 年，以重、大工程和必保工程为保障重点，安排市级城建重点工程投资计划 31186 万元，根据工程实际建设情况和财政投资评审值，全年实际

执行22952万元,一大批城建重点工程建设完成并投入使用,其中,安排张博附线北延征地拆建和建设资金14500万元,确保了城区大外环建设的顺利开展;安排中心城区亮化工程资金3000万元,全面提升了城市形象。

此外,2010年,全市财政经建系统还在垃圾处理费审核拨付、消防设备购置建设、政府投资计划结转执行等方面,严格把关,加强监督,取得了很好的效果,其中,全年审核拨付垃圾处理费1776万元,保证了城市垃圾处理工作的正常运行;拨付消防车和消防专用装备购置资金746万元,有效提高了我市防灾抗灾能力,提高了保障人民生命财产安全的能力,意义重大。

(二)大力筹集落实财政资金,贯彻落实好各项民生政策,切实保障了人民群众的根本利益

一是贯彻执行好国家、省对种粮农民补贴政策,确保补贴资金及时、准确落实到位。去年,全市共筹集落实并按照国家要求补贴小麦种植面积204.93万亩,实际兑付补贴资金17068万元,其中按照14元/亩的粮食直补标准和69.15元/亩的农资综合直补标准,兑付补贴资金17068.29万元,惠及61万户小麦种植农户,连续7年做到了亩数、户数兑付率两个100%,被评为全省粮食直补工作一等奖单位。按照省政府规定的每亩10元的奖励标准,兑付种粮大户奖励资金17.07万元,惠及单户小麦种植面积100亩(含100亩)以上的种粮大户92户。

二是家电与汽车摩托车下乡和家电以旧换新补贴资金审核兑付工作扎实有序进行。全市财政经建部门严格按照上级要求,积极主动地协调配合有关部门,认真做好宣传发动,严格办理审核兑付,确保了补贴资金快速、足额兑付。全市实际筹集落实补贴资金30830万元,主要是家电与汽车摩托车下乡补贴资金22300万元,家电以旧换新8530万元。全年全市实际销售家电下乡产品363211件,销售金额84895万元,实际兑付产品380938件,兑付补贴资金10792.95万元,兑付率达104.88%,位居全省第六位;实际销售汽车摩托车下乡产品61885辆,销售金额87453.68万元,实际兑付补贴产品57100辆,兑付补贴资金8217.84万元,兑付率达92.27%,位居全省第二位;实际销售家电以旧换新产品321240件,销售金额123586.33万元,实际兑付产品300151件,兑付补贴资金9352.99万元,兑付率达93.43%,位居全省前列,得到了省厅和市委、市政府以及市局党组的高度认可。

三是廉租住房货币化补贴工作顺利开展,政策得到了全面落实。廉租住房保障是当前国家民生政策的重头戏,为确保廉租住房补贴政策落到实处,全市财政经建部门多方筹集资金,全面调查落实补贴数额,有效保证了补贴工作的顺利开展。全年全市实际发放廉租住房货币化补贴2325.42万元,其中市财政安排对区县补助资金1039.71万元,实际补贴廉租住房保障对象8825户,有效地改善了20681位低收入城镇居民的居住条件,受到了人民群众的一致好评。

(三)粮食风险基金和地方财政应负

担粮油储备资金筹集落实到位，地方粮油储备充足，地方粮食安全进一步加强

去年，我市地方食用油（花生油）储备达到2590吨；粮食储备达21.3万吨。为保证地方粮油储备利息和管理费用支出需求，确保地方粮食安全，全市财政经建系统积极筹集粮食风险基金，落实地方财政应负担地方粮油储备资金的来源，并加强财政财务管理，确保专款专用。全年全市实际筹集落实粮食风险基金5584万元，在确保粮食直补工作需要的同时，保证了规模内地方粮食储备安全。按照省财政厅、粮食局等部门的要求，完成食用植物油地方储备计划2590吨，基本完成了我市食用油储备总体目标。根据当年地方储备粮油轮换计划，筹集拨付轮换费用267万元，顺利完成市级储备中28075吨粮食和1000吨食用油的轮换任务。同时，根据市政府同级财政负担的原则，市区（县）财政经建部门足额筹集落实地方新增粮食储备财政应负担利息和管理费用，确保了新增地方粮食储备管理需要和利息支出。根据有关政策规定，筹集拨付全市1992－1998年间形成的新增政策性粮食财务挂账利息地方应承担部分700多万元，保证了地方粮食储备管理工作运转有序。

（四）地方电力附加费支出管理方式不断完善，电力附加费服务地方经济发展的方式更加多样，作用更加突出

2010年，市局与淄博供电公司重新签订了《淄博市地方电力附加费征收管理协议》，对我市地方电力附加费征收管理和使用进一步加以规范和明确，有利于地方电力附加费的足额征收和及时上缴，将更有效地保障我市地方电力基础设施、电网建设和亮灯工程的投入。去年，市级实际拨付地方电力附加费7000万元，确保了我市电力基础设施和电网改造建设、亮灯工程等重点支出。

（五）管理基础工作进一步加强，各项规章制度进一步建立完善，财政经建管理工作水平全面提高

一是认真做好部门预算编制工作。严格按照部门预算编制标准，在认真审核的基础上，编制完成了2010年部门预算，为各部门预算单位正常开展工作提供了保证。其中，第一次完成了市交通局、公路局的部门预算编制和批复工作，正式把市交通局、公路局全面纳入地方财政部门预算管理。年度执行中，严格按照部门预算，根据部门实际工作需要及时拨付资金，既保证了各部门正常行使各项职能，又维护了部门预算的严肃性。二是大力推行国库集中支付。按照国库集中支付改革的要求，加大城建口、粮食口、交通口部门预算单位资金集中支付力度，要求各级各类财政专项资金，能直接支付的必须实行直接支付，财政经建资金使用效率进一步提高。三是工作考核机制得到了严格执行和有效完善。根据省厅制定出台的《山东省财政经济建设工作效能考核办法》和《山东省财政经济建设系统信息工作考核评比办法》，结合我市实际制定印发了一系列的考核评比制度，对包括职能到位、资金管理、财务报表、信息调研等基本涵盖财政经建日常管理工作的各项内容，进行全面考核考评，努力开创全市财政经建工作新局面。四是管理工作制度

建设进一步完善。各项财政经建资金管理制度逐步建立完善,靠制度“管人、管事、管钱”的要求基本落到实处,保证了资金管理使用的安全性、规范性、有效性、科学性。五是信息调研工作深入开展。各级经建部门坚持从各项业务工作实际出发,把调查研究作为发现问题、解决问题的重要手段,组织各项专题调研学习,开拓了工作思路,提高了工作认识,提升了干部队伍素质。

二、认清工作形势,增强工作信心,强化责任意识,全力推进我市财政经建工作再上新台阶

(一)上级各类专项资金的争取工作

目前来说,大家在财政专项资金管理方面,都可以说是行家里手了,但在上级各类专项资金争取工作上,还没有引起足够的重视,工作态度还需要进一步端正,积极性和严肃性还需要进一步提高。从实际工作中看,区县包括一些市直单位对项目申报工作不够重视,对上级各类专项资金争取工作不够认真,存在敷衍了事的心态。上级财政给了我们利用上级资金支持促进地方发展的机会,错失了是很可惜的,严格意义上说,这是对政府不负责任,对财政工作不负责任。要严格按照上级财政部门的要求,准确把握投资方向,力争把资金申报资料做到尽善尽美,争取更多的上级支持,服务我市地方经济建设。市局经建科要进一步规范工作程序,严把初审关,对于不符合要求的申报材料,宁肯不报,也不要影响我市在上级财政部门的工作形象,以免不利于其它的申报工作。同时,市局经建科要大胆试点,选择资金政策延续性强,易于操作的一类或几类上级财政专项资金补助项目,进行项目备选库建设试点,做到早动手、早筛选、早准备,择优报送项目,在确保符合上级有关要求的同时,满足地方建设需要,切实发挥财政资金的带动作用和投资效益。

(二)粮食直补工作

从2004年开始对种粮农民实行直接补贴,2006年开始农资综合直补,2009年开始种粮大户奖励补贴以来,我市粮食直补工作一直平稳有序,年年处于全省先进市之列,这与全市各级财政经建部门大量卓有成效的工作密不可分,成绩是不可否认的。下一步,各级财政经建部门要多想一些好的办法和建议,多出一批好的经验和措施,进一步加强与有关部门的协调配合,及时处理好补贴工作中群众反映的问题,切不可袖手旁观,更不可推诿扯皮,从政治和全局的高度来对待这项工作,一定要把好事办好。根据目前了解的情况,明年和以后年度,省厅将重点监控我市的粮食种植面积,并重点关注我市的粮食直补工作。对于我市上报的粮食种植面积,省里将启用卫星遥感技术加以核实,错报尤其是少报的部分将采取地方自补的方式予以解决。针对这一情况,为摸清家底,确保不再出现任何问题,我要求近期开展一次全市的粮食直补大检查,采取区县自查,市级询查和重点抽查的方式,重点检查粮食直补资金的存储、兑付情况,兼顾种粮面积核定、公示情况,真正做到心中有数,坚决避免类似情况的发生。

（三）家电下乡和家电以旧换新工作

去年，汽车摩托车下乡工作已全面完成，我市名列前三，可以说是圆满地完成了这项整治和工作任务。截至6月20日，全市实际销售家电下乡产品836754件，销售金额192532.67万元，实际兑付产品816669件，兑付补贴资金22868.27万元，兑付率达97.6%，位居全省第三位；实际销售家电以旧换新产品564025件，销售金额218333.58万元，实际兑付产品496811件，兑付补贴资金15710.5万元，兑付率达88.08%，位居全省前列。各级要在严格按照上级有关要求，贯彻执行政策规定的基础上，进一步加快补贴资金兑付进度，提高补贴资金兑付准确率和及时率。同时，家电下乡和家电以旧换新工作也要加强日常的监督检查，发现问题，解决问题，将其消灭于萌芽状态。前两天，省财政厅、商务厅、经信委引发了《家电下乡政策执行监管及违规处理办法》，市局经建科要抓紧时间予以转发，各级要高度重视，切实学习领会掌握办法内容，按照办法规定，加强监督管理。建议开展一次全市的家电下乡和家电以旧换新工作大检查，检查的重点是资金兑付情况。

（四）财政资金投资计划安排、项目管理和跟踪问效工作

各级要切实加强预算内外建设资金的计划安排和拨付执行工作，要根据建设项目实际需要，合理安排财政性建设资金投资计划，全面实行政府采购和财政投资评审，按工程建设需要及时拨付资金。要进一步加强业务学习，提高管理水平，按照轻重缓急的原则，及时拨付各级财政专项建设资金，确保工程建设需要。要强调投资效益，加强政府投资项目的效益考核，包括对经济效益、社会效益和环境效益的全面考核，考核结果既要作为安排投资的依据，也是考核项目投资效果，评价投资的合理性和有效性的硬性指标。要采取积极有效的措施，协调有关科室，加大评审力度，提高政府采购比例，从根源上节约财政建设资金，确保财政资金合理投入使用，充分发挥投资效益。今年，市级财政要着重做好城市维护建设资金预算和市级城建工程重点工程投资计划的执行工作，加快执行进度，特别是要着重加快和民生以及城市形象提升密切相关的工程项目的执行进度。例如廉租住房、公共租赁房、农村危房等保障性住房建设项目，中心城区积水点改造、大外环绿化、大气污染防治等城建重点项目，中心镇中心村建设等加快城镇化进程的建设项目，要切实采取措施，加快资金执行进度，确保财政资金充分、尽快体现出投资效益，把市委、市政府保民生、促发展的决心有形地体现出来。

（五）几项具体的工作

第一是科学化精细化管理工作的问题。各区县经建部门也要大力开展科学化精细化管理工作，结合各自实际，拟定切实可行的措施，进一步规范工作流程，明确工作要求，力争通过实施科学化精细化管理，全面提高管理水平。第二是新增地方粮食储备，核定应供应商品粮人数的问题。目前，我市地方粮食储备共21.3万吨，其中，市级储备8.9万吨，区县储备12.35万吨；规模内16.25万吨，地方自储

5.05万吨。本次核定地方应供应商品粮人数,要求各区县根据自身实际,合理确定各自应供应商品粮人数,并以此作为是否增加地方粮食储备的依据。如测算需增加地方粮食储备,则本次增加的地方粮食储备,完全由同级财政负担。第三是根据省发改委、粮食局、财政厅、农业发展银行要求,在全省范围内开展食用植物油库存大检查,本次检查自5月25日开始,大体分为地方自查、省级普查、国家抽查三个阶段,各级财政经建部门要根据工作安排,积极配合好本次检查工作。第四是要继续重视信息调研工作,要把信息报送和调查研究作为一项日常工作来做。在信息调研这项工作上,市局经建科做得比较好,去年信息工作位居市局第四名,一篇调研报告获得了全市财政系统优秀调研成果二等奖,可以说工作成绩不俗。下一步,希望各区县财政经建部门要高度重视起信息调研工作,并按要求定期向市局报送信息和调研报告,争取通过信息调研的报送,在市区(县)间架起一条及时沟通交流工作情况,了解掌握工作动态的桥梁,做到上下一盘棋,共同做好财政经建工作。

(本文系董博同志在全市财政经建工作会议上的讲话,内容有删节,题目系编者所加)

责任校对:雷子朋

全市财政工作

全市财政工作综述

【概述】 2011 年,全市各级财政部门在市委、市政府的正确领导下,以科学发展为主题,以加快转变经济发展方式为主线,全力推进转方式、调结构、保民生、促和谐各项工作,全市财政经济保持了平稳较快发展态势,实现了"十二五"良好开局。全市境内财政总收入完成 476.21 亿元,比 2010 年增长 19.59%,占地区生产总值的比重为 14.52%,比 2010 年提高 0.63 个百分点。全市境内税收突破 400 亿元,达到 408.27 亿元,比 2010 年增长 16.95%。地方财政收入突破 200 亿元,达到 203.59 亿元,完成预算的 109.01%,比 2010 年增长 25.36%,占 GDP 的比重为 6.21%,比 2010 年提高 0.55 个百分点。与经济发展密切相关的增值税、营业税、企业所得税、个人所得税等主体税种合计完成 77.55 亿元,比 2010 年增长 20.71%,高于税收增幅2.78个百分点。财政总支出完成253.19 亿元,比 2010 年增长 25.42%。

【促进经济平稳较快发展】 充分运用财税政策工具,大力推进转方式调结构,促进经济又好又快发展。加大对内涵发展重点领域的支持力度,市级设立转方式调结构专项资金,全市用于支持经济发展方面的支出近31 亿元。支持工业转型升级,市级拨付资金 2.55 亿元,推动传统产业改造提升和战略性新兴产业发展,增强企业自主创新能力和核心竞争力,推进工业重点项目建设,培育发展重点产业链,支持产业布局调整,全市工业总产值、主营业务收入双双越过 1 万亿元大关。市级拨付资金 1.82 亿元,支持新兴服务业发展,支持特色产业集群、创新成长型企业和中小企业发展,支持企业上市融资和外经贸发展,实施标准化和品牌战略,培育壮大了新的经济增长点。市级拨付资金 1.75 亿元,支持节能降耗、环境保护和安全生产,支持"十大节能工程"、"三个节能 30 项"等重点节能工程实施,提升了经济内涵发展水平。统筹区域发展,市级筹措落实对下转移支付资金近 7 亿元,增强三个老工业区和高青、沂源等相对困难县财政保障能力,支持强区县加快发展,支持文昌湖旅游度假区开发建设,推动了区县域经济健康协调发展。

【支持民生建设和重点事业发展】 积极优化支出结构,加大重点支出保障力度,全市用于民生方面的支出达到 140.23 亿元,增长 36.59%,占总支出的比重达到 55.39%,比 2010 年提高 4.53 个百分点。加大"三农"投入,全市财政性"三农"支出达 60.77 亿元,足额兑现强农惠农补贴资金,加强以水利为重点的农业基础设施建设,支持发展品牌农业、都市农业,促进了农业增产、农民增收。加大教育投入,全市教育支出完成61.34亿元,完善义务教育经费保障机制,健全完善家庭经济困难学生资助体系,积极化解农村义务教育债务和市属高校银行债务,支持中小学校舍安全工程建设,推动了教育事业均衡发展。加大医疗卫生投入,全市医疗卫生支出完成16.26亿元,支持实施医药卫生体制改革,提高新型农村合作医疗和城镇居民基本医疗保险补助标准,实施基本和重大公共卫生服务项目,全面推进基层医疗卫生机构综合改革,提高了城乡居民医疗保障水平。加大社会保障投入,全市社会保障和就业及住房保障支出完成29.04亿元,全面推行新型农村养老保险,全力推进城镇居民养老保险试点,提高城乡低保补助标准,加快推进保障性住房建设,促进就业再就业工作开展,维护和发展了人民群众的切身利益。加大对文明创建的投入力度,全市文化体育与传媒支出完成4.03亿元,支持创建全国文明城市,发展文化事业和文化产业,推动了群众性文化体育活动深入开展。加大对上争取工作力度,全市对上争取补助资金51.4亿元,比2010年增加15.27亿元,增长42.25%,有效缓解了地方财政支出压力。

【强化财政财务管理】 加强综合预算管理,将除教育收费、彩票发行费以外的非税收入,全部纳入预算管理,强化了预算约束。进一步深化国库集中支付、公务卡等改革,强化银行账户管理,加快预算执行进度,确保了资金安全规范使用、早见成效。加强预算绩效管理,深入推进财政投资评审和支出绩效评价,全市共完成评审值51.63亿元,审减资金7.68亿元,审减率达14.88%;市级完成绩效评价项目27个,涉及资金近18亿元。加强政府采购监管,强化采购预算编制和执行,扩大政府采购范围和规模,全市政府采购额完成43.16亿元,节约资金7.26亿元,节支率达14.4%。坚持厉行节约,严格控制"三公"经费支出,全市一般公共管理与服务支出增长18.44%,低于财政总支出增幅6.98个百分点。加强财政监督,加大对财政收支和会计信息质量的监督检查力度,深入开展党政机关公务用车问题专项治理,继续扎实开展"小金库"专项治理,维护了良好的财经秩序。坚持依法理财,加大普法宣传力度,市财政局被财政部授予全国财政"五五"法制宣传教育先进集体。不断健全完善行政事业资产管理制度,建立事业单位资产管理考核机制,推进资产管理信息化建设,加强事业单位对外投资和无形资产及事改企资产监管,积极推进存量资产整合,提高了资产利用率和管理水平。抓好基层财政工作,推进乡镇惠民服务大厅建设,提高基层财政财务管理水平。强化政府债务归口管理,健全偿债准备金制度,防范了地方财政风险。

【加强干部队伍建设】 以不断深化创先争优活动为总抓手,全面加强班子自身建设和干部队伍建设,树立了财政干部队伍的良好社会形象。加强班子建设。坚持和完善党组学习制度、调查研究制度、联系基层制度、民主决策和科学决策制度,不断提高班子的执政能力和领导水平,努力建设学习型组织、创新型团队、实干型集体、廉洁型班子。认真贯彻落实民主集中制,定期召开党组会、班子民主生活会、局务会、局长办公会,对重要事项实行集体研究、集体决策,确保了各项工作有序高效开展。加强干部队伍建设。立足财政工作实际,继续深入开展创先争优活动,通过组织开展向沈浩同志学习活动、争创“共产党员示范岗”活动、“四个一”活动以及加大宣传力度、先进经验交流等,进一步营造了立足本职创先进、争优秀、做先锋的浓厚氛围,切实提高了工作效率和服务水平。加强干部思想教育和业务培训,以纪念建党90周年为主题,开展了丰富多彩的理论学习教育活动、主题实践活动和纪念活动,举办专题讲座和业务培训27期,培训干部1600余人次,进一步增强了干部队伍的政治业务素质。抓好系统精神文明建设,制定实施了全市财政系统2011—2013年精神文明建设工作规划,完善长效工作机制,不断巩固和深化创建工作成果,进一步增强了集体凝聚力和向心力。

【推进财政反腐倡廉建设】 认真履行党风廉政建设责任制,坚持把财政反腐倡廉建设摆上重要议事日程,建立完善局党组统一领导,一把手负总责,分管领导靠上抓,科(处)室各负其责,一级抓一级、层层抓落实的反腐败工作格局。坚持把党风廉政建设纳入年度工作总体规划,做到反腐败工作与财政业务工作目标同步确立、指导检查同步实施、考核奖惩同步兑现,确保了廉政建设工作任务的落实。加强财政反腐倡廉源头治理,制定了《2011年全市财政系统党风廉政建设和反腐败工作实施意见》,将承担的全市党风廉政建设责任制源头治理6项牵头和16项配合工作,分解细化成23项工作,分别落实到12个相关科室,明确分管领导、牵头和配合单位、完成时限,确保了任务落实。加强廉政风险防范管理,强化对重点人员、重点岗位、重要事项的全方位全过程监督,增强了监督的权威性和有效性。加强财政内部监督,按照“三年一审、一审三年”的总体要求,2011年选择了10个局属单位,对其内部管理制度建设、作风效能建设、岗位风险控制、岗位风险防范等开展内部监督检查,防止了各种违规违纪问题发生。深入开展制度廉洁性评估试点,对2007年以来市局制定出台的制度、规章和规范性文件,从廉洁性、合法性、科学性等方面进行了评估,为建设具有财政特色的惩治和预防腐败体系奠定了基础。加强廉政教育,扎实开展廉政主题教育、警示教育、红色传统教育等学习活动,进一步增强了廉政教育的感染力和震慑力。认真贯彻落实《廉政准则》等各项廉政规定,全面抓好党组中心组理论学习、民主生活会、廉政档案、廉政谈话、个人重大事项报告等制度落实。深化作风效能建设,大力推行政务公开,抓好公开承诺事项落实,在2011年度全市民主评议政风行风活动中,市财政局位居社会管理类单位第一名。

(撰　　稿:李慧斌)
责任编辑:黄家俊
责任校对:魏　蒙

法规税政

【概述】 2011年,全市法规税政工作紧紧围绕年初工作目标,深入研究财税政策,加强社会综合治税,促进了全市地方财政收入稳步增长;强化依法行政,进一步增强了全市财政系统依法行政、依法理财和依法治税的能力。

【继续深入开展社会综合治税工作】 一是抓好"淄博市社会综合治税信息管理系统"应用考核。制定完善《淄博市综合治税工作考核办法》,积极争取纳入政府系统目标管理考核范围,督促社会综合治税各成员单位搞好综合治税信息采集和税收协助工作,巩固综合治税工作基础。二是继续深入开展分行业税收专项治理。制定《2011年社会综合治税工作要点》,重点加强土地使用环节、不动产销售环节、房屋租赁环节、法院审判环节、企业单位集资建房和小产权房、"两委会"、被审计单位税收环节和驾驶员培训学校8类行业项目的税收管理,继续实行集中办公,组织专门力量,加大分行业税收专项治理力度。三是加大社会综合治税工作宣传力度。结合税收宣传月,联合综合治税领导小组各成员单位,组织了全社会以"综合治税人人参与,和谐社会人人受益"为口号的综合治税宣传活动。不定期编发《全市社会综合治税工作简报》,反映工作动态,并利用媒体或者新闻单位对社会综合治税工作进行宣传,努力营造部门协税、群众护税的良好氛围。通过以上积极措施,综合治税工作成效显著,全年入库地方税收5.9亿元,超额完成了市政府下达的5亿元综合治税任务。

【认真制定全市财政"六五"普法规划】 按照全省财政"六五"普法规划的目标、要求,结合工作实际,制定了《全市财政法制宣传教育第六个五年规划》,明确了今后五年法制宣传工作的指导思想、目标任务,明确了普法对象和具体要求,提出了较为详细的实施措施以及监督检查等内容,突出强调程序法及财经法律法规的学习,并对区县财政部门开展法制宣传教育工作提出了具体要求。

【扎实开展依法行政工作】 一是认真开展行政审批制度改革工作。根据淄博市人民政府办公厅《关于深入推进行政审批制度改革的意见》和《关于印发深入推进行政审批制度改革实施方案的通知》要求,提出了市财政局行政审批制度改革意见,包括:设立行政许可科,实行行政审批工作"两集中、两到位",即"部门行政许可职能向一个科室集中,部门行政许可科室向行政服务中心集中;部门行政许可项目统一纳入行政服务中心要落实到位,部门对窗口工作人员要授权到位"。二是继续做好分解执法职权确定执法责任工作。

结合全局部分职能调整情况,对部门及执法科室的执法职权进一步分解,更加明确了相关执法责任。同时,对原有的执法依据,按照处罚、强制、征收等6个类别重新进行了梳理,明确了执法主体资格。三是认真开展规范性文件清理工作。对2008年以前颁布实施的各类地方法规、规章、规范性文件进行了进一步清理。四是贯彻实施《行政强制法》,确定行政强制主体。进一步对全局现有行政执法依据进行了梳理,申报我局为行政强制主体。五是加强行政执法人员管理。结合部分人员调离、离岗情况,先后向市政府法制办申请停用了9名同志的行政执法证件,为6名新增行政执法人员申办行政执法证件。

【积极开展法规税政宣传和培训】 一是深入开展财政法制、税收及关税政策宣传,使社会各界了解熟悉、掌握财税法规和政策,更加理解和支持财政工作。二是加大对新颁布的行政及财税法律法规学习培训力度,组织全局行政执法人员参加了《山东省行政程序规定》培训班,参加了全省法规税政业务培训,不断提高业务水平。2011年,市财政局先后荣获全国财政"五五"法制宣传教育先进集体、全市规范行政执法先进集体、全市法治淄博建设工作示范单位等荣誉称号。

【深入开展调查研究工作】 积极开展企业所得税、重点产品国际竞争力等税收调查,摸清主体税种、重点税源状况和支柱产业、行业税收缴纳情况,加强对新兴税源、潜在税源、零星税源的分析研究,有针对性地提出了涵养税源、促进征管、组织收入建议。结合车船税税收制度改革,深入调查研究,向省厅提出了车船税适用税额建议。

【应用房地产评估技术加强对存量房交易税收征管,推进房地产税制改革】 我市被省列为应用房地产评估技术加强对存量房交易税收征管试点地区,下半年各区县开展了应用房地产评估技术加强对存量房交易税收征管工作,招标确定四家评估公司对张店区等7个区县56万余套房产进行评估,逐步建立起全市的标准房价格体系。6月1日,存量房交易价格评估系统在全市推广应用,正式上线运行,不仅可以堵塞存量房交易税收漏洞,也有利于推进房地产税制改革。

【非核心业务剥离工作初见成效】 非核心业务剥离工作是有效提高企业核心竞争力,加快生产性服务业跨越发展,推动第二、第三产业融合互动发展的有效途径,对促进地方财政收入的增长有极大的推动作用。2011年,全市共完成非核心业务剥离企业287家,实现营业收入7.4亿元,实现税收2.4亿元。

【进一步规范一般增值税退税工作】 一是结合国家对再生资源企业退税政策的调整,转变工作思路,将新的政策迅速落实到位,为再生资源企业的发展提供服务。二是继续严格按照《淄博市一般增值税退税申报及退付管理暂行办法》有关规定,认真审核退税企业的原始资料,做好退付资金的监督管理工作,保证退税企业严格按照国家财务政策规定合理使用退税资金。2011年,共上报增值税退税申请企业46户,其中:再生资源企业40户、监狱劳教企业6户。申请退税额6877万元，其中：再生资源企业3150万元、监狱劳教企业3727万元。实际退付（含2010年应退未退）9732万元，其中再生资源企业4040万元、监狱劳教企业5692万元。

【努力推动税收征管，促进财政增收】 认真审核有关规范性文件中涉及税收的条款，严控临时性税收优惠政策出台，及时清理规范税收优惠政策，纠正越权减免税行为，维护税收秩序。充分利用税收稽查收入专项补助经费审核管理这一有效手段，继续强化税政基础工作，促进税务部门做好税收稽查，加大税收稽查力度。2011年，全市国税、地税稽查税收入库达到1.15亿元。

（撰　稿：谢　宁）

责任编辑：黄家俊

责任校对：魏　蒙

预算管理

【概述】 2011年，全市预算管理工作紧紧围绕全市财政工作中心，积极推进转方式调结构增财源，狠抓增收节支，大力组织收入，不断优化支出结构，加大转移支付力度，进一步提高预算管理科学化、精细化水平，圆满完成了全市和市级预算任务，实现了“十二五”良好开局。

【财政收支及平衡情况】 收入预算执行情况：2011年，全市一般预算收入完成2035852万元，完成预算的109.01%，增长25.36%，高于全省各市平均增幅0.58个百分点。从收入级次上看，市级完成358805万元，完成预算的114.61%，增长31.81%，占全市的比重为17.62%。区县级完成1677047万元，完成预算的110.62%，增长24.07%，占全市的比重为82.38%。从收入结构看，税收收入完成1374073万元，完成预算的102.55%，增长17.93%，占地方财政收入的比重为67.49%。其中：增值税完成246638万元，增长7.69%；营业税完成298904万元，增长21.22%；企业所得税完成193381万元，增长43.58%；个人所得税完成36616万元，增长13.7%。非税收入完成661779万元，增长44.25%，占地方财政收入的比重为32.51%。分部门情况看，国税部门完成379153万元，增长22.69%，占地方财政收入的比重为18.62%；地税部门完成（不含契税、耕地占用税）805000万元，增长21.25%，占地方财政收入的比重为39.54%；其他部门完成（含契税、耕地占用税）851699万元，增长30.83%，占地方财政收入的比重为41.84%。

财政运行质量进一步提高。全市境内财政总收入完成476.21亿元，比上年增长19.59%；占地区生产总值的比重为

14.52%，比上年提高0.63个百分点。全市境内税收达到408.27亿元，比上年增长16.95%。地方财政收入突破200亿元，占GDP的比重为6.21%，比上年提高0.55个百分点。与经济发展密切相关的增值税、营业税、企业所得税、个人所得税等主体税种合计完成77.55亿元，比上年增长20.71%，高于税收增幅2.78个百分点；其中企业所得税完成19.34亿元，增长43.58%，充分反映了全市转方式调结构的积极成效。

支出预算执行情况：全市财政总支出完成2531904万元，增长25.42%。从支出级次上看，市级完成607398万元，增长22.39%，占全市的比重为23.99%。区县级完成1924506万元，增长26.41%，占全市的比重为76.01%。从支出项目上看，全市农林水事务支出242821万元，增长35.35%；教育支出613364万元，增长52.68%；医疗卫生支出162553万元，增长29.11%；社会保障和就业支出275689万元，增长14.4%。

财政收支平衡情况：全市当年财力加上年结转、上级专款和调入资金，扣除结转下年支出，收支相抵，累计净结余7773万元。市级财力加上年结转、上级专款、调入资金，扣除分配区县专款和结转下年支出，收支相抵，累计净结余3211万元。

【认真做好组织收入工作，地方财政实力再上新台阶】 紧抓组织收入工作不放松，积极适应形势发展变化，进一步完善工作思路，强化工作措施，确保完成市委、市政府确定的组织收入任务。一是高标准确定工作目标。科学把握经济发展实际、省内各市竞争态势等因素，积极向市委、市政府和局党组建言献策，确定了组织收入工作“三个不低于”的目标，即全市地方财政收入增幅不低于全省各市平均水平、两个税务部门组织收入增幅不低于本系统全省各市平均水平、各区县地方财政收入增幅不低于全省区县级平均水平，并逐一落实到收入征管部门和各区县，加强收入调度和督导，确保完成。二是进一步健全完善考核激励机制。对税务部门，继续实行总量和进度分项考核政策，促进了两个税务部门深化综合治税、加强收入征管。国税部门组织的地方财政收入超过全省各市平均水平7.09个百分点。对区县认真落实增收激励约束机制，健全完善共享收入超收15%以上部分市级分成全额返还政策，有力调动了区县增收积极性。区县中，地方财政收入过10亿元的8个，过20亿元的4个，过30亿元的2个，区县域财政实力显著增强。三是加强收入调度分析。健全完善预算执行分析制度，逐旬、逐月、逐季调度分析财政收入状况，提高信息综合分析能力，及时发现收入征管漏洞，有针对性地提出做好组织收入工作的措施建议。密切跟踪全省各市组织收入动态，及时掌握有关情况，抢抓工作主动权，1—12月，全市收入增幅均高于全省各市平均水平，较好地体现了市委、市政府“收入进度要均衡”的要求，确保了组织收入工作目标的顺利完成。

【大力优化支出结构，增强财政保障能力】 坚持压一般、保重点，积极优化支出结构，加大重点支出保障力度，财政保障能力持续增强。一是加大“三农”投入。全市财政性“三农”支出达60.77亿元,增长33.21%,全面落实各项强农惠农富农政策,促进了农业增产、农民增收。按照全省统一部署,与有关科室密切配合,制定出台了《淄博市地方水利建设基金筹集和使用管理实施细则》,同时对市以下水资源费分配关系进行了适当调整,全年全市筹集水利建设基金4.5亿元,其中市级8400万元,确保了相关政策执行到位。二是支持民生建设和重点事业发展。在预算安排上重点向民生和重点社会事业倾斜,通过预算优先安排、超收重点倾斜、对上积极争取“三措并举”,全面提高财政对重点支出的保障能力。全年全市用于民生方面的支出达140.23亿元,增长36.59%,占总支出的比重达55.39%,比上年提高4.53个百分点,各项民生政策得到不折不扣地贯彻落实。三是积极推进节支增效。在优先保证人员经费支出、机构运转需要和落实各项民生政策的基础上,严格贯彻落实加强厉行节约的各项规定,市级公用经费标准继续维持不变,项目支出继续实行“零增长”,从严控制党政机关出国经费、公务购车及运行费、公务接待费等“三公”经费支出,从严控制会议、论坛、庆典、节会等一般性支出,取得较好成效。全市一般公共服务支出增长18.44%,低于总支出增幅6.98个百分点。四是加大对上争取力度。深入研究中央和省有关扶持政策,扶持重点,积极搞好对上沟通联系,争取理解和支持,赢得了工作主动,对上争取工作取得重大进展,全市对上争取各类补助资金51.4亿元,增长42.25%,有效缓解了地方支出压力。特别是抓住淄川区被列入国家资源枯竭型城市扶持范围、沂源县被列入沂蒙革命老区范围参照执行国家支持中部崛起有关政策,高青县享受黄河三角洲高效生态经济区建设有关扶持政策等有利机遇,努力争取上级支持,取得新突破。淄川区获得中央财政资源枯竭型城市转移支付补助1.87亿元。

【加大对下转移支付力度,推进区域统筹协调发展】 健全完善激励与约束并重的转移支付制度,在保证市级支出适度合理增长的基础上,继续加大对下转移支付力度,筹措落实对下转移支付资金近7亿元,推动了区县域经济健康协调发展。一是推动财力下移。认真测算核实省市共享收入超收返还数额,实现了财力整体下移,全年兑现省市税收返还政策资金4.9亿元,增强了基层财政保障能力。统筹使用地方政府债券资金,在市级留用部分重点项目资金的基础上,根据各区县、高新区财力状况和需要,对下分配2.46亿元,提高了区县调控能力,有力支持了重点公益项目建设。结合全省契税和耕地占用税征管职能划转变化情况,对市与张店区契税管理体制进行了调整,将张店区境内原属市级征管的契税全部下划区级管理,进一步理顺了市区分配关系。二是加大对困难区县的支持力度。安排对下转移支付补助6970万元,全面启动提高困难区县津贴补贴水平工作,博山、淄川、周村、高青、沂源等5个财政相对困难区县人均增资400元以上,缩小了区县间收入差距,促进了市域内基本公共服务均等化。加大对太河库区水源地生态保护投入,安排转移支付补助840万元，增强库区经济社会可持续发展能力。认真落实市委、市政府重大决策部署，兑现扶持高青、沂源政策资金5100万元，提高了两县财政保障能力。三是支持文昌湖旅游度假区开发建设。制定出台了市对文昌湖旅游度假区财政管理体制、预算管理办法，安排转移支付补助2622万元，并在机构运转、民生政策落实、生态建设、产业布局调整等方面加大支持力度，减轻其配套压力，为旅游度假区开发建设提供了良好的财力保障。

【深化管理改革，提高预算管理科学化精细化水平】 一是继续推进部门预算改革。确定了“三围绕、三提高”的工作思路，即：围绕增强财政调控能力，提高收入预算的完整性和科学性。严格非税收入计划编报，细化非税收入管理，加强明细核算，提高预算统筹能力。围绕优化支出结构，提高支出预算的准确性和合理性。准确编制基本支出预算，科学确定项目支出预算，实现不同预算体系的有机衔接，形成资金合力，提高财政资金使用效益。围绕推进预算管理改革，提高预算编制的时效性和规范性。扎实做好预、决算公开准备工作，细化预算编制，大力压减一般性支出，加强预、决算的衔接审核，强化政府采购管理。加强预算绩效管理，制定出台《淄博市市级财政支出绩效评价管理暂行办法》，优先选择部分数额较大、涉及民生和公益性较强的项目进行绩效评价，以后年度逐步扩大范围，推动建立健全“预算编制有目标、预算执行有监控、预算完成有评价、评价结果有反馈、反馈结果有应用”的预算绩效管理机制，确保了财政资金安全规范高效使用。二是加快预算执行进度。把加强预算执行管理作为日常工作重点，密切跟踪已批复预算的后续执行情况，及时分析掌握和督促加快预算执行进度，不断提高支出预算的均衡性和有效性。完善预算执行情况分析报告制度，定期通报各区县支出预算执行情况，要求支出进度偏慢的区县分析原因、完善措施，加快工作进度，取得了明显成效，全年各个月份支出进度均居全省各市前列。三是加强政府债务管理。发挥好牵头作用，认真配合省审计组搞好政府性债务审计工作，进一步摸清了全市政府债务的规模、结构。抓好审计事项的整改落实，积极协调有关部门单位，逐项研究落实整改措施，保证审计事项整改工作落实到位。以审计整改为契机，积极探索建立健全政府性债务管理长效机制，各级普遍制定出台了加强债务管理的政策措施，对债务归口管理、举借程序、偿债准备金管理等方面加以规范，建立了全口径动态债务统计管理体系。扩大政府偿债基金规模，对到期债务按时还本付息，维护了政府信誉。

（撰　稿：教传涛）
责任编辑：魏　蒙
责任校对：黄家俊

财政国库管理

【概述】 2011年,国库管理工作围绕预算执行主线,以征管收入为重点,以资金调度为保障,以改革创新为动力,强化资金安全管理,全面夯实基础性工作,切实履行各项工作职能,圆满完成了各项工作任务,国库管理工作水平进一步提升。

【加强预算执行管理与分析,确保财政收支稳定运行】 一是加强收入征管,实现了“三个不低于”工作目标。面对复杂多变的经济财政形势和结构性减税等宏观调控实施,加强与国税、地税以及其他征收部门的沟通协调,深入调研,准确把握经济发展动态,认真分析收入增减因素,及时做好收入预测和调度工作。即时与各市对比分析,查找我市收入的不足与差距,建言献策谋划措施,确保了财政收入持续稳定增长和均衡入库。全市各月收入增幅均保持了高于各市的平均水平。全市地方财政收入完成203.59亿元,完成预算的109.01%,增长25.36%,高于全省各市平均增幅0.58个百分点,收入增幅居全省第9位。我市各区县收入增幅也达到了各市平均水平。二是多方聚集资金,加快资金支出进度。加大非税收入入库力度,将除教育收费和彩票发行费外的所有非税收入缴入国库,充实国库存款。继续压减财政暂付款,立足回收清理。加大对上争取力度,确保上级超调资金,保持相对充裕的国库存量。加快资金支出进度,全市支出进度始终保持在各市前3位。在切实保障工资发放和政权运转的同时,优先保障“三农”、教育、科技、社会保障、医疗卫生、环境保护、城乡建设等重点支出。全市财政总支出完成253.19亿元,增长25.42%。重点事业支出高于全市平均支出水平。认真落实节支增效、厉行节约的各项规定,做到统筹兼顾、有保有压,基本公共服务支出增长18.48%,增幅低于财政总支出增幅6.94个百分点,节支增效成效明显。三是突出三个“增强”,提升预算执行分析水平。增强针对性,紧扣经济运行态势,在搞好月度分析的基础上,对重点税种和社会关注的难点、焦点问题进行了专题分析,为调整和优化我市收入结构做了大量工作。增强时效性,准确把握经济运行中出现的新情况、新问题,掌握税收入库的规律性,对宏观政策调整影响收入的变化进行测算分析,及时反馈政策效应,并提出建设性意见。增强实用性,拓宽信息来源渠道,与国税局、地税局、发改委、统计局等多个部门建立了沟通和交流制度,重点反映和分析倾向性、苗头性问题,进一步发挥参谋助手作用。市财政局被评为全省预算执行分析工作先进单位。

【强化资金安全管理,顺利完成财政专户

清理整顿工作】 根据财政部《关于清理整顿地方财政专户的通知》、《关于进一步完善制度规定切实加强财政资金管理的通知》精神，我市各级对所有财政专户进行清理整顿，全面完善各项制度措施，切实提高了财政资金管理水平。全市共清理财政专户842个，撤并181个，保留661个。其中，市本级财政专户61个，撤并8个，保留53个；区县级财政专户442个，撤并91个，保留351个；乡镇财政专户339个，撤并82个，保留257个。完善制度保障，制定《淄博市财政局财政资金支付操作规程》、《淄博市财政局财政专户管理办法》、《淄博市财政局财政资金管理办法》，建立健全财政资金规范管理长效机制，建立覆盖财政资金运行各个环节的制度体系，进一步明确内部岗位职责，健全内部控制制度，保证了资金的安全运行。

【深化和完善国库改革，现代国库管理制度基本形成】 一是深化国库集中支付改革。在改革范围上横向到边、纵向到底，在资金上涵盖了预算内、外和政府性基金，全市各级共1278个预算单位完全实现集中支付。国库集中支付运行机制不断完善，各项流程更加符合现代国库管理制度的要求。及时反馈预算执行中存在的问题，从源头上加强资金管理，促进预算编制科学化、精细化。充分发挥集中支付“直通车”作用，扩大直接支付范围，减少中间环节，加快支付速度，使财政资金尽快转化为经济社会效益，保障党委、政府重大决策贯彻落实。二是全面推行预算单位公务卡改革。全市903家预算单位实施了公务卡改革，改革面74%，办理公务卡23755张，公务刷卡消费6277万元，增长21.22%；市级276家预算单位全部实施改革，改革面100%。制定淄博市公务卡消费强制目录，暂定为8项内容，主要有办公费、差旅费、会议费、培训费、公务用车及维护费等。进一步规范了预算单位授权支付行为，使公务消费更加公开透明，各单位公务支出纳入了财政监控之下，从源头上预防损失浪费、腐败等现象的发生，极大地促进了财务精细化管理水平。我市是全省各市中率先改革并取得明显成效的市，并作为典型在全省推广做法和经验。三是积极推动完善国库集中支付信息系统。市级于10月31启用了财政业务综合管理平台系统，实现了部门预算、国库集中支付、工资统发等多个子系统的无缝连接。市级启用了平台账务系统，是全省第一家使用账务系统的市，极大地提高了我市的财政信息化水平，也为全省的大平台建设积累了经验。

【认真做好财政决算编审工作，切实加强决算信息分析与应用】 重视制度建设，决算工作规范化水平进一步提高。设计了决算编审规程，制定了决算工作考核办法，实现了编审操作程序化、激励与约束规范化。重视工作创新，按照决算数据“全面、真实、准确、完整”的八字方针，采取分组互审、全面汇审和集中汇总相结合的办法，决算审核效率进一步提高。重视数据利用，利用好决算信息资源，紧扣决算反映出来的问题深入分析，为财政政策的制定和改进预算管理提供了有价值的依据。严格按照规定程序对各级各单位部门决算及时进行了批复。2011年我市财政总决算和部门决算在全省决算评比中均获得表彰奖励。

【强化会计核算基础地位,全面加强资金管理】 不断规范资金运行程序,切实加强内控制度建设,严格执行岗位分设、印鉴分管、拨款复核等制度,强化资金管理和监督,确保财政资金安全。为预算单位提供更方便、更快捷的服务,坚持"四方对账"原则,实现了年内无差错拨款。加强财政总预算会计、预算外会计核算工作,准确完整核算和记录资金运行状况。加强社保基金、粮食风险基金和价格调节基金会计核算工作,严格按有关规定和要求处理会计业务,做到账目清晰,账证相符,程序合规。

(撰　稿:王　勇　翟　凯)
责任编辑:魏　蒙
责任校对:黄家俊

国库集中支付

【概述】 2011年,国库集中支付工作坚持现代国库管理制度的改革方向,扎实推进改革,认真开展直接支付、授权支付、财政统发工资、会计核算等各项业务工作。全年共拨付市级282个预算单位财政资金416047万元。其中:直接支付228105万元,授权支付187942万元,直接支付比例为55%。按资金性质看:预算内资金377316万元,占总支出的91%;预算外资金38731万元,占总支出的9%。按预算类型看:基本支出201781万元,占总支出的48%;项目支出214266万元,占总支出的52%。

【切实做好国库集中支付工作】 强化制度约束。建立健全岗位责任制和内部制约机制等管理制度,严格责任分工,规范资金流程,确保财政资金安全、规范、高效运行。对工作中发现的问题及时提出对策建议,并以制度或文件形式给予明确规定,以保障支付工作规范有序安全运行。优化操作规程。将集中支付系统纳入市级财政应用平台,进一步规范财政资金直接支付与授权支付操作流程,确保资金拨付依据充分、要素齐全。直接支付方面,建立了科学规范的财政资金支付管理流程,严格审核预算单位按规定提供的相关附件,对不符合规定的资金拒绝支付;授权支付方面,对财政授权支付业务建立严格的额度控制和监督机制,通过国库集中支付系统监督预算单位授权支付大额提现和违规转存零余额资金现象,并及时予以纠正。加强拨款印鉴管理。对拨款印鉴实行专用保险柜、专人分类妥善管理,建立印鉴移交登记制度,强化印鉴章保管责任。实行支付凭证专人管理,建立支付凭证领用、缴销登记制。针对大量的授权业务，力争改变只能在事后才能提取支付信息的弱点，借鉴先进城市的成功经验办法，利用现代化的计算机信息手段，对预算单位不合理或不符合制度规定的支出业务进行事前、事中审核和监督，提升了监督水平。

【认真做好财政统发工资工作】 细化统发工资工作流程及工作职责，确保工资发放及时、准确到位。根据《中华人民共和国个人所得税法》规定，及时组织人员调整纳税基数和比例，确保了9月按新税法要求代扣个人所得税；10月按照市政府的统一要求，结合全年个人所得税的变化，进一步规范市级部门的津贴、补贴，将原有各预算单位发放的节日补贴、统一补贴，全部纳入工资统发并作个人所得税的起征基数，经过此次调整改革，全面实现了市级统发工资个人所得税的全员全额申报管理。将集中支付系统、工资统发系统作为市级财政应用平台的两个门户进行操作，取消了对代发银行和预算单位的某些限制，工资数据自动生成支付数据，极大地减轻工作量并提高工作效率。密切保持与组织、人事、社会保障和金融部门的协作，对每一项业务都采取"组织人事部门审批、预算单位核对、财政复核"的操作规程，多层把关，将误差减小到最低。全市纳入财政统发工资单位共182户，统发工资人员12900多人，统发工资金额49500余万元。全年累计代扣代缴养老保险993万元，医疗保险659万元，个人所得税500万元。

【扎实做好会计核算和账务处理工作】 继续以《会计法》及相关法律法规为准绳，严格执行预算会计制度和政府收支分类改革的相关规定，按照财务制度和会计基础工作规范化的要求，明确工作重点，强化内部管理，不断提高会计核算和账务处理工作水平。充分运用网上四方对账功能，依托市级财政应用平台，每月定期与国库科、各预算单位、代理银行进行网上集中支付旬报、月报、年报核对，及时在国库集中支付网站发布有关通知、相关会计业务信息等，督促相关单位及时报送、更改、调整，简化了程序，做到对预算单位会计资料审核准确无误。通过数据接收、过账、制单、凭证登记、记账、对账、报表等各个环节，把好市级行政事业单位财政国库集中支付资金会计核实的最后一道程序关，掌握市级行政事业单位财政国库集中支付资金动态情况，确保资金支付顺畅、有序进行。

（撰　稿：张彦秋）

责任编辑：张学利

责任校对：宓　雯

行政政法财政财务

【概述】 2011年,行政政法财政财务工作紧紧围绕全市财政经济工作中心,统筹安排、突出重点,创新机制、强化措施,努力做好各项经费保障工作,为全市行政政法工作的顺利开展提供了有力保障。

【统筹兼顾,重点保障】 一是保运转,加强政权建设。面对财力紧、矛盾多、支出压力大的实际,在资金安排上坚持"保工资、保稳定、保运转"的原则,切实做到突出重点,有保有压,保压有序。2011年,市级行政政法单位预算安排7.77亿元,实际完成8.98亿元。同时努力做好非税收入管理的文章,以综合预算为突破口,统筹使用预算内外财力,实现财政保障内涵增长,减轻了预算压力。2011年,非税收入安排2.24亿元,占预算安排的比重为28.8%。在强化预算管理的基础上,进一步细化预算支出,将人员、公用、项目支出预算直接细化到具体内容,提高预算透明度和到位率,减少单位之间的支出差距,较好地保证了各单位的经费需要。二是保稳定,维护社会良好局面。立足财政工作实际,以"实施固本强基维稳工程"、"平安淄博"建设等活动为总抓手,围绕政法部门经费保障、制度建设,顺利完成了政法经费保障体制改革、保障制度标准建设,为政法机关提供了有力的资金支持。针对维稳安保工作任务繁重的情况,对高度重视的政法、统战、信访、民族宗教、反邪教等关系社会发展稳定大局的工作,给予了重点关注和支持,加大财政投入,加强部门协调,认真落实政策,较好地保障了维稳工作需求。其中,拨付工程融资租金907万元,支持公安"金盾二期工程"实施;拨付市看守所832万元,专项用于市看守所监控系统的升级及维修改造;安排市级政法机关干警加班补贴900万元,提高了干警工作的积极性;安排专项资金对市级刑警技术实验楼进行改造升级,改造完成后的刑警技术实验楼将达到国家实验室认可标准,进一步提高了全市司法鉴定工作水平;支持法院"天平工程"国家司法审判信息系统工程建设,实现了全市所有人民法院的网络连接,建设科技法庭系统,庭审同步录音录像系统,为创新和加强审判质量和维护公平提供了科技保障。2011年市级共安排政法、信访、610办等部门经费预算4.17亿元,实际完成支出4.75亿元。其中,追加政法办案、维稳等专项经费3240万元。积极争取上级支持,争取中央、省级政法补助专款1.64亿元,为我市稳定和谐的社会环境大局提供了有力保障。三是保民生,拓宽就业渠道。认真落实市委、市政府关于做好高校毕业生就业工作要求,多方筹集资金,安排专项资金,引导和鼓励高校毕业生面向基层就业,不断加大投入力度,保障了各项政策措施落到实处。拨付市级专项补贴资金340万元,进一步提高了工资待遇,充实110接警员队伍,人数达140名。四是促发展,支持经济增长。在保障部门正常运转的前提下,围绕市委、市政府的工作重心,充分发挥财政资金的支持和引导作用,促进社会事业可持续发展。加大经贸洽谈扶持力度,把招商引资专项经费落到实处,签约项目投资总额比上年增长23%。2011年预算安排外经外贸、招商、旅游专项经费387万元,年度追加专项经费2746万元,重点支持了外经外贸、招商引资、举办陶博会等工作。在旅游服务发展方面,财政预算安排旅游发展专项资金1000万元,用于旅游捆绑营销等项目。另外,充分利用中央旅游发展基金140万元,重点支持了周村古商城景区建设。支持人才强市战略实施,严格执行《淄博市人才工作专项资金管理使用办法》,2011年,预算安排市级人才工作专项资金1469万元,当年实际完成支出777万元,为全市经济又好又快发展提供人才支持。

【创新机制,强化措施】注重机制创新和手段完善,用改革的办法解决工作中的矛盾和问题。一是强化预算约束,严格编制和执行。严把预算审核执行关,按申报从严、审核从紧的原则,对基本支出严格按规定审核,对项目支出分轻重缓急,严禁盲目申报。年度执行中严把预算追加关,除市委、市政府决定重大事项和突发性事件外,一般不予追加。积极规范资金运行风险。资金审核努力做到"三个一律",即凡是能够投资评审的一律投资评审,凡是能够政府采购的一律政府采购,凡是能够集中支付的一律集中支付,进一步提高了资金的使用效益。二是厉行节约,勤俭办事。牢固树立过紧日子的思想,坚决制止奢侈浪费。要求各级党政机关严格配置新车,压减用车经费,压减会议费、接待费、出国经费。从严审核会议经费,确保完成压减行政运行成本目标。三是装备共建,资源共享。建立健全协调机制,推动不同单位之间办公用房、闲置设备调剂共享,切实提高共享共用水平。进一步加强市直机关第一、二办公楼的运行管理,节约运行成本。安排专项经费,对原法院办公楼、原工会办公楼等闲置办公场所进行整修,协调有关部门及时入驻,提高资源利用水平。四是不断加强行政政法制度建设,制定了《淄博市应急处置和困难救助资金信访资金管理办法》等制度规定。

【加强调研,突出重点】一是结合工作实际,深入部门、基层,针对改革发展和管理中的难点问题进行前瞻性研究。重点开展了政法部门装备情况、法律援助办案经费情况、促进旅游业快速发展等调研。在调查研究的基础上,提出了针对性、操作性较强的意见和建议,为领导决策提供了详实的第一手资料,增强了工作的预见性和主动性。二是明确责任,提高效率。面对今年大事多、安保任务重的实际情况,积极发挥职能,按照加强管理、严格审核、规范程序、提高效益的基本要求,区分轻重缓急,对紧急特殊、领导交办以及政策依据明确的事项立即办理,确保领导意图在第一时间得到落实。特别是对涉及民生、涉及稳定的事项,及时处理,保证了各项工作的有序开展。严格把握政策,及时高效地办理了市委、市政府交办事项,全年共办理领导交办事项320余件。三是顺利完成省厅交办事项。组织编报了《2010年政法部门经费保障情况调研报表》,为政法单位争取中央、省财力支持打好基础。

(撰　稿:杨世锋)
责任编辑:张　暖
责任校对:宓　雯

教科文财政财务

【概述】 全市教科文财政财务工作贯彻落实教育优先发展战略和"科技兴市"战略,积极推进科学化精细化管理,优化财政支出结构,优先保障教育投入,2011年全市财政教育支出占财政一般预算支出的比例达到23.02%,超额完成省定22.8%的目标。继续深化农村义务教育经费保障机制改革,巩固完善家庭经济困难学生资助政策体系,在实施中小学校舍安全工程,化解高职院校债务,实施文化惠民工程,健全公共文化服务体系等方面做了大量的工作。

【全面深化农村义务教育经费保障机制改革】 在落实已有政策措施的基础上,全面深入推进改革,推动城乡义务教育经费保障机制一体化,进一步提高寄宿生的生活补助标准和资助比例,对农村义务教育段学生免费提供国家和地方课程教科书,提高农村中小学生均公用经费标准。加大薄弱学校改造力度,落实好进城务工农民随迁子女就学的各项政策。一是加强统筹协调,严格落实经费分担责任,在确保市级改革资金足额纳入预算并及时拨付到位的基础上,积极督促县级财政部门落实应分担的改革资金。二是配合有关部门继续实施免费提供教科书方案,严格控制教科书种类、数量和价格,做好教科书循环使用工作。三是认真落实义务教育经费保障机制改革情况月报制度,及时掌握该类信息,为做好动态监测工作奠定基础。四是配合有关部门对农村中小学财务负责人进行培训,提高农村中小学财务管理水平,确保改革资金的安全高效运行。2011年全市共落实资金22335万元,为29.8万名农村义务教育段学生免除杂费,提供免费教科书,并对家庭经济困难寄宿学生补助生活费,切实减轻学生家庭负担。另外,2011年各级财政部门积极落实资金4357万元,为14.19万名城市义务教育段学生免除了杂费。

【巩固完善家庭经济困难学生资助政策体系】 一是落实各项奖助学金政策。夯实基础数据,将各项资助经费足额纳入预算,确保及时拨付。二是落实中等职业学校农村家庭经济困难学生和涉农专业学生免学费政策。三是进一步推动生源地信用助学贷款工作，扩大生源地信用助学贷款规模。2011 年各级财政共落实健全完善家庭经济困难学生资助政策体系补助资金 7471 万元，新资助政策惠及了4.25万名学生。

【积极筹措资金，支持教育事业发展】 一是实施校舍安全工程。全市投入资金15.14亿元，完成工程面积 124.96 万平方米。其中，市级投入 2.32 亿元，完工面积16.09万平方米，较好地保证了校舍安全工程的顺利实施，促进了中小学教学基础设施的改善。二是实施农村中小学“211工程”。筹集资金 1832 万元，对全市 58 所中小学进行了热水热饭、冬季取暖和改厕治污改造工程，受惠师生达 5 万多人，有效地改善了农村中小学学生学习和生活条件。三是积极支持高职院校银行债务化解。根据省关于积极化解高等学校银行债务的部署，筹集资金 1.7 亿元，支持市属高等职业院校化解银行债务，努力降低高校负债水平，促进了高等职业教育健康协调可持续发展。四是保障初中学业考试改革实施。安排专项资金 160 万元，支持教育综合素质评价机制建设，深化高中阶段学校招生制度改革，形成以初中学业考试成绩和基础素养评价结果为标准的高中录取新依据，切实推进素质教育健康发展。五是大力支持全市乡村少年宫建设。按照公益性、基础性、依托学校和特色发展的“四条原则”，坚持政府投资为主、社会捐助为辅、市场化运作为补充，多渠道筹措建设和运行资金，2011 年各级财政安排资金 348 万元，共建成各类乡村少年宫 87 所，使全市农村中小学生拥有了新的课外活动场所。

【积极贯彻“科教兴市”战略，促进科学事业改革与发展】 一是安排专项资金 310 万元重点保障第八届国际新材料论坛、“863”计划成果推介会等一系列国际科技成果招商活动经费。通过吸纳国家 863 成果、省内外优秀成果在我市转化，整合和引导各类社会资源集中投入，实现产业链的集成创新，推动我市具有优势和发展潜力的高新技术向产业群发展。二是做好 2011 年省自主创新成果转化重大科技专项项目申报工作。积极争取上级资金 625 万元，落实市级配套资金，对我市三家民营企业科技创新研发项目予以重点扶持，同时加大专项资金的监督检查力度，保证资金使用效益最大化。三是集中财力，优先扶持高新技术企业技术创新和发明创造，2011 年安排市级科技应用研发资金 2200 万元，重点扶持引导新能源类项目。四是大幅提高市级科学技术奖励标准，自 2002 年我市设立科学技术奖以来，已先后两次提高奖励标准及奖励金额，2011 年一、二、三等奖的奖励标准分别提高到 10 万元、5 万元、2 万元，获奖项目涉及生物技术、环境治理、医药医疗、新材料、精细化工、农业高新技术等方面，涵盖我市多个高新技术企业和创新发明领域。新增环保节能科技奖为历年首次，凸显了财政资金对科技创新的导向和激励作用。五是加强产学研合作力度，以山东理工大学技术和人才优势为依托，共建山东理工大学新能源汽车工程技术研究院，安排专项资金,用于新能源汽车工程技术研究,在优势互补、互惠互利、共同发展的原则下,开展合作。六是实施“科技富民强县专项行动计划”,选择部分试点县,培育、壮大一批具有较强区域带动作用的特色支柱产业,有效带动农民致富、财政增收。建立富民强县长效机制,促进县域经济持续、协调发展。七是继续实施“科普惠农示范工程”,筛选、表彰一批农村科普活动先进单位和先进个人,通过“以点带面、榜样示范”的方式,带动更多的农民提高科学文化素养,掌握生产劳动技能,引导广大农民建立科学、文明、健康的生产和生活方式。

【加大投入力度,完善计划生育利益导向机制】 一是继续实施农村计划生育家庭奖励扶助制度,扩大奖扶范围,将农村“半边户”家庭纳入,共落实资金2209万元,对符合奖励扶助条件的30591人进行了奖励扶助,极大地调动了广大农村群众自觉实行计划生育的积极性。二是全面落实计划生育家庭特别扶助制度,落实资金253万元,对符合救助条件的2286人进行了特别救助,体现了对弱势群体的关爱。三是安排专项资金76万元,继续对全市部分经济困难村计生专职主任实行岗位补贴。四是采用多种方式,面向全市育龄妇女,包括流动人口,免费提供避孕、节育技术服务,所需经费实行市、区县分担。五是连续八年对全市基层计生服务站设施建设给予补助,2011年补助额达到100万元,支持乡镇服务站新建或改扩建。六是实施国家孕前优生健康检查项目试点工程,落实专项资金37万元,对试点区的农村夫妇提供计生服务。七是建立稳定的计生公益金救助制度,2011年发放救助资金46.1万元,救助困难家庭716户。八是社会保障政策向计生方向倾斜。2011年我局联合市计生委、卫生局、民政局出台《关于独女家庭参加新型农村合作医疗补助制度的通知》,对符合补助条件的家庭,参加新农合时个人应缴纳部分全部由市、区县两级财政负担。共落实资金127万元,补助人员达25401人,切实体现计划生育利益导向作用。九是积极推动困难企业独生子女父母退休后加发30%养老补助政策的落实。根据《关于认真落实企业退休职工中独生子女父母养老补助有关规定的通知》精神,分别按照分批分次解决和社会统筹解决的原则,2011年落实市属企业退休职工独生子女父母养老补助700万元,补助人数2365人。

【实施文化惠民工程,健全公共文化服务体系,促进文化事业和文化产业发展】 一是积极争取上级补贴资金817万元,继续实施部分博物馆、纪念馆等公益文化设施免费开放,保障人民群众享有基本的文化权益。二是继续开展送文化下乡活动。全市共完成农村文化大院216个,完善农村文化信息共享工程服务点82个。筹集资金370万元,大力推进公共文化服务体系建设,通过政府采购,为基层乡镇综合文化站、村文化大院配备灯光音响、电脑、相机、投影仪等文化设施、器材,活跃农村文化生活。三是继续加大对市级文物和非物质文化遗产的抢救保护力度,有重点、有规划地抢救、保护不可再生的物质文化遗产。四是加大对市直艺术表演团体创作和道具购置投入,保证其演出创作的基本需要。五是安排专项资金,加大对艺术表演团体精品创作投入,为备战“十艺节”提供良好的财力保障。六是积极筹措资金,加快“农家书屋”建设进度,计划建设农家书屋1957家,共覆盖2374个行政村。至年底,全市共计完成2077个行政村的农家书屋建设,累计投入资金1965万元。七是继续实施农村电影“2131”工程。各级财政安排专款317万元,支持文化部门开展电影下乡活动,全年送电影下乡39210场。八是安排文物事业专项资金,用于文物维修和文物保护,齐国故城城墙遗迹等一大批文物遗址、遗迹得到了修缮。

【大力支持竞技性体育与全民健身活动顺利开展】 一是圆满完成保障第七届城市运动会参赛和组织协办经费任务,得到市领导充分肯定。二是全民健身服务体系进一步完善,启动实施了2011年度全民健身工程,共建设1个县级全民健身中心,12个乡镇(街道)全民健身活动中心,24个城市社区和21个农村社区体育场地,900个农民体育健身工程点。三是安排专项资金继续实施亚足联足球展望计划,不断规范城市联赛、学校联赛等精品赛事和校园足球活动,推动社会及青少年足球运动的普及。四是联合市体育局、市教育局在全市部署开展中小学生“五项联赛”,推动了青少年体育活动的广泛开展,促进了全市青少年健康成长。五是积极探索市体育中心运营管理模式,鼓励其对外开放、承接赛事及演出,取得了良好的经济和社会效益。

【加强制度建设,推动科学化精细化管理】

一是扎实做好2012年度部门预算编制工作。超前谋划,认真分析,搞好测算,按照科学化精细化规范化要求,进一步完善预算编制机制,积极组织好预算编制,不断提高编制质量。二是配合省厅做好教科文预算执行分析系统工作,夯实数据、强化审核、定期分析、及时上报。三是及时反映工作动态,加强信息宣传。充分利用广播电视、报刊杂志等新闻媒介,先后在中国教育报、中国文化报、山东教育报、齐鲁晚报、鲁中晨报等报道信息6篇,大力宣传教科文各项重要改革,取得良好的舆论效果。

(撰　　稿:祝赞美)

责任编辑:张　暖

责任校对:宓　雯

经济建设财政财务

【概述】 2011年,全市经济建设财政财务工作紧紧围绕全市财政工作中心,认真贯彻落实扩大内需和强农惠农政策,加大对市重点工程建设和城市维护投入力度,不断强化政府投资管理和跟踪问效,有效发挥专项资金投资效益,有力推动了全市城乡统筹发展。

【认真贯彻落实扩大内需政策,构建投资消费协调增长的长效机制】 一是进一步加强上级财政专项投资资金和财政专款管理。加大对财政投资资金监督检查力度,重点强化投资资金中、后期管理,及时掌握投资项目进展情况和资金使用情况,协调配合有关部门搞好工程建设领域突出问题专项治理活动,坚决杜绝滞留、挤占、挪用工程建设资金现象的发生,确保财政资金规范、安全运行,着力提高资金使用效益。2011年,我市共获得省以上财政专项投资资金24797.46万元,已按项目建设实际需要拨付有关区县和项目单位,确保了投资项目建设需求。争取省以上各类财政专款31327.19万元,有力地支持促进了全市经济和社会各项事业发展。二是认真落实扩大城乡消费政策,努力做好家电、摩托车下乡和家电以旧换新工作。积极配合相关部门,加大政策宣传力度,通过开展"宣传月"、"集中兑付月"等活动,建立情况通报、工作考核等制度,确保了相关补贴资金及时准确兑付,同时会同有关部门进一步加强监督检查,严厉打击骗补行为。探讨补贴资金兑付方式改革,细化工作流程,改进补贴方式,规范资金管理,进一步加快资金兑付,提高补贴资金兑付率。2011年,全市家电与摩托车下乡和家电以旧换新产品销售量、兑付率均居全省前列,进一步繁荣了全市城乡消费市场,为不断优化消费环境、促进扩大消费、拉动经济增长创造了良好条件。当年全市实际销售家电下乡产品737299件,兑付补贴资金24464万元;实际销售摩托车下乡产品39920辆,兑付补贴资金2524万元;实际销售家电以旧换新产品638267件,兑付补贴资金20178万元。

【扎实落实强农惠农富农政策,大力促进城乡统筹发展】 坚持城乡统筹,狠抓各项强农惠农富农政策的落实,扎实推进农村民生工程,注重发挥城镇的辐射带动作用,促进城乡一体化加快发展。一是切实做好财政粮食工作,确保粮食增产农民增收。及时落实种粮农民补贴政策,通过完善措施,严格程序,明确责任,及早动手,顺利完成了对种粮农民直接补贴和农资综合补贴以及种粮大户奖励工作。实际落实补贴小麦种植面积200.26万亩,兑付补贴资金19749.71万元,其中按照14元/亩的直补标准和84.45元/亩的农资综合补贴标准，兑付补贴资金19715.6万元；按照每亩10元的奖励标准，兑付奖励资金34.11万元。进一步完善粮油储备调控机制，支持建立健全储备制度，及时应对物价上涨带来的影响，更好地保障市场供应、维护市场稳定；进一步强化粮食风险基金管理，全面落实相关政策，努力发挥粮食风险基金的调控功能，提高基金的支持保障作用。市级筹集落实粮食风险基金6479万元，在确保粮食直补工作需要的同时，保证了规模内地方粮食储备安全，并争取中央和省级粮食风险基金26970万元，全部用于消化剩余粮食政策性挂账和利息，有效减轻了地方财政负担。二是加强农村基础设施建设，促进农村环境改善。筹措资金5890万元，加大对农村公路建设和养护的支持力度，新改造农村公路321.4公里，对全部9155公里农村公路进行养护，农村公路建设养护机制更加完善。落实农村危房改造“以奖代补”扶持政策，拨付奖补资金603万元，对区县农村危房改造五保户、低保户和困难户进行奖补，全市完成农村危房安置改造6284户。坚持以点带面、统筹发展，筹集资金1310万元用于支持中心镇、中心村的规划及道路、排水、环卫等基础设施建设。以农村污水和垃圾处置为重点，安排资金400万元用于支持中心城区城乡垃圾处理设施和垃圾运输车辆购置，促进了中心城区城乡环卫一体化长效机制建设，进一步改善了中心城区城乡环境面貌。拨付资金922.5万元，用于农村沼气项目建设；拨付资金3836万元，用于农村饮水安全工程建设，进一步提高农民生活质量。

【不断加强城市维护和市重点工程建设，进一步优化城市功能，提升城市形象】积极筹措资金，确保城市维护和市重点工程建设项目的顺利实施，有效保障了城市管理职能的正常运行，提高了城乡环境质量。一是加强城市维护资金管理。2011年市级城市维护资金预算5058万元，根据项目进度以及政府采购和财政投资评审认定值，实际执行4329万元，其中用于园林绿化养护以及亮化工程868万元，市政环卫605万元，城市执法和管理457万元，交警交通设施1145万元，消防安全1054万元，机关公房维修200万元。追加城市维护资金250万元用于植物园养护和鲜花进城。二是加强市级重点工程项目资金管理。2011年市级重点工程建设投资计划12045万元，根据项目进度以及政府采购和财政投资评审认定值，实际执行6846万元，其中保障性住房建设4500万元，中心城区积水点改造500万元，城建专项规划490万元，中心城区大外环绿化370万元，城乡环境综合整治和环境污染治理437万元，火车站南站建设前期150万元，物业管理全覆盖100万元。追加支出100万元，用于城市轨道交通线网规划。三是加强城市生活垃圾处理费管理。认真审核、及时拨付城市生活垃圾处理费，累计拨付1900万元。四是支持新城区建设。及时拨付新城区市政设施维护、绿化养护等资金531万元，拨付新城区排洪沟疏通资金150万元，安排资金350万元支持新城区垃圾处理设施和公厕建设，安排资金100万元用于新城区核心区金带建设规划方案。

【努力做好热点难点工作,全面推进重点领域业务开展】 一是深化交通财务管理改革。根据省厅《关于交通财务管理体制改革的意见》,立足实际,完善交通财务管理办法,进一步提高交通资金使用管理水平,促进交通财务管理体制改革的顺利实施。2011年拨付交通公路建设维护类专项资金16039万元,用于公路的建设改造、日常养护、小修工程、公路绿化、标志标线、防汛和水毁修复、示范路建设等。二是努力做好住房保障建设工作。不断加大对住房保障工作的支持力度,加快推进保障性安居工程建设,有效缓解了城乡困难群众和中低收入群体住房问题。2011年落实廉租住房货币补贴资金533.71万元,实际补贴廉租住房保障对象8825户,改善了20681位低收入城镇居民的居住条件。争取上级廉租住房建设资金264万元。三是加强矿产资源勘察保护资金管理。拨付矿产资源勘察保护资金3277万元,用于支持矿产资源综合利用、地质生态环境治理和开展地质调查工作。四是支持建筑节能降耗。筹集资金1753.46万元,专项用于居住建筑供热计量及节能改造工作的奖补;筹集资金175万元,用于公共建筑节能改造及监测平台建设。五是推进地方电力附加费支出管理改革。按照《淄博市地方电力附加费征收管理协议》有关要求,根据"足额征收、全额上交、收支分离、比例分配、预算管理"的原则,全年协调组织地方电力附加收入6000万元,实际拨付4000万元,确保了我市电力基础设施和电网改造建设、亮灯工程等重点需要。

【强化财政经建资金管理,进一步提高资金管理科学化、精细化水平】 一是加强制度建设。认真贯彻省厅关于《进一步加强规范财政资金管理和进一步完善制度规定切实加强财政资金管理》的通知精神,落实我局《关于加强财政经济建设专项资金管理的意见》、《政府投资项目建设单位管理费暂行规定》等制度规定,进一步完善财政管理规章制度,努力做到有章可循、有规可依。二是规范预算管理。严格按照有关标准、定额和实际工作量,进一步细化和规范经建口预算编制,努力提高预算编制的完整性,切实将年初预算细化到具体单位和项目,提高年初预算到位率。严格预算执行管理,按照部门、单位实际工作需要及时拨付预算资金。重点完善了对市级绿地、水面绿化养护预算的动态化管理。三是综合运用财政管理手段。只要符合条件的经建类项目,都积极运用国库集中支付、政府采购、投资评审、绩效评价、财政监督等财政管理手段,节约了大量财政资金,进一步加强财政资金管理,提高资金使用绩效。四是强化项目管理。进一步完善市级重点建设工程项目库建设,以项目预算滚动管理为中心,研究完善项目设立标准,规范项目审核、筛选、论证、排序程序,严肃查处虚报项目、套取财政资金的行为。

【加强自身建设,努力提高综合素质和服务水平】 一是加强学习。认真深入学习中央和省、市有关政策精神,紧密联系财政经建工作实际,及时调整工作思路,提出了科学有效的解决方案,进一步细化工作流程,改进补贴方式,规范资金管理,努力提高家电、摩托车下乡和家电以旧换新补贴效率。举办基本建设财务管理知识培训班，对市直单位和区县财政部门有关人员进行了集中培训，有效提高干部队伍业务素质。二是搞好调研，完成《我市国道、省道建设养护情况》和《我市保障性住房安居工程情况》两篇调研报告，为领导决策提供参考依据。三是完善考核。进一步完善财政经建工作考核机制，不断加大对自身和区县财政经建部门工作考核力度，完善考核办法，对包括职能到位、资金管理、财务报表、信息调研、业务开展等基本涵盖财政经建日常工作的内容进行全面考评，奖励先进，鞭策落后，有效促进了全市财政经建工作的开展。

（撰　　稿：张　林）

责任编辑：李林城

责任校对：张　暖

农业财政财务

【概述】 2011 年，全市农业财政财务工作科学整合各级资金，积极调整优化支出结构，进一步加大投入力度，不断完善财政支农资金稳定增长机制，全面落实各项强农惠农补贴政策，强化扶贫工作力度，努力提高财政支农服务水平，各项工作有序推进。

【制定贯彻一号文件意见，完善财政支农资金稳定增长机制】 按照工业反哺农业、城市支持农村和多予少取放活的方针以及“大兴水利强基础、狠抓生产保供给、力促增收惠民生、着眼统筹添活力”的总体要求，制定《关于贯彻落实全市农村工作会议精神和市委“一号文件”的实施意见》（淄财办〔2011〕12 号），共 6 个方面 30 条具体措施：财政支出重点向农业农村倾斜，确保用于农业农村的总量、增量均有提高；预算内固定资产投资重点用于农业农村基础设施建设，确保总量和比重进一步提高；土地出让收益重点投向农业土地开发、农田水利和农村基础设施建设，确保足额提取、定向使用。2011 年，全市财政预算安排“三农”资金 52.58 亿元，增长 36.6%，其中一般预算资金 47.33 亿元，基金 5.25 亿元。科学编制 31 个市直农口单位支农预算，市级支农支出预算安排 1.5 亿元。督促协调区县支农预算安排和落实，在预算安排上进一步向农业倾斜，充分体现农业重中之重的位置，推进优势农业产业集群发展，引导社会资金支持农业发展。全市市级都市农业示范园区达到 70 家，年实现经济效益 4 亿元以上；山东得益乳业有限公司等 42 家农业产业化龙头企业享受 2011 年度市财政“一贴一补三奖励”扶持政策，获得奖扶资金 620 万元，引导金融机构发放贷款 6.8 亿元，企业、职工等投资1.8亿元;42家新型农民经济合作组织获得省、市财政扶持资金443万元。积极争取中央、省对我市农业重点项目的扶持,全年中央、省财政扶持我市农业发展专项资金达34250万元,增长12.99%。

【整合各级资金,全面落实各项强农惠农补贴政策】　一是落实农机购置补贴政策。全年各级共落实财政农机购置补贴资金5810万元,其中市与区县补贴资金490万元,对13685台机械进行了补贴,拉动社会投资1.09亿元,受益农户达9285户。二是落实良种补贴政策。全市优质小麦良种推广补贴面积达164万亩,补助资金1640万元;玉米良种推广补贴面积达222万亩,补助资金2220万元;水稻良种推广补贴面积0.7万亩,补贴资金10.5万元;棉花良种推广补贴面积14.2万亩,补贴资金213万元。三是落实农村劳动力转移就业培训政策。按照"政府推动、学校主办、部门监管、农民受益"的原则,市级安排奖补资金568万元,开展了6大类13项短期技能培训,全年培训农民工1万人。四是积极推进支农资金整合试点。市级安排500万元,支持博山区、淄川区农业基础设施、农业产业化经营、农业科技、生产农业、增强农民增收能力等支农整合项目建设。拨付省专款180万元,支持临淄区、桓台县、沂源县建设粮棉油高产创建示范工程。

【突出财政扶持重点,提高农业生产综合能力】　一是支持重点水利工程建设。全年共拨付中央、省专项资金2020万元、地方债券资金1500万元。继续支持小型农田水利重点县建设,沂源县成功申报为小农水重点县、高效节水灌溉示范县,市以上扶持资金达7530万元。拨付中央、省资金1300万元,支持山洪灾害防治、水土保持等工程建设。面对去冬今春的特大旱情,及时拨付中央、省特大抗旱补助和农业生产救灾资金4335万元,市级特大抗旱资金1000万元,有力地保证了全市抗旱救灾工作的开展。二是支持农业综合开发。各级财政投入资金9123万元,支持土地综合治理项目和农业产业化龙头企业发展。市级安排121万元,加强农业开发项目管护。三是支持林业生产建设。落实市以上专款1702万元,实施森林生态效益林补偿。落实省、市森林防火资金432万元,增加防火物资储备、设备。继续实施美国白蛾飞机防治作业市级补贴办法,高青县每亩补贴1万元,其他区县每亩补贴2万元,全市飞机防治作业121.2万亩,市级补贴232.4万元;拨付省、市防治资金85万元,对生物天敌繁蜂、松林线虫病监测进行补助,支持区县加强美国白蛾防控工作的开展。落实"绿化山东"专项资金508万元,支持防护林及防沙治沙建设,对绿化示范村建设给予补贴。争取中央财政林业贷款贴息资金146万元,支持4家林业企业健康发展。四是支持畜牧防疫工作。安排疫苗补助资金350万元,支持全市春秋两季动物防疫工作;拨付资金148万元,支持3291名村级动物防疫员队伍建设;拨付资金156万元,支持市畜产品检测中心开展疫病检测、奶站检测,开展畜禽"瘦肉精"专项紧急抽样检测,开展"血脖肉"专项整治活动;恢复实施能繁母猪补贴工作，与市畜牧兽医局共同制定实施方案，确定补贴范围、标准、资金拨付方式等，市级预算追加安排410万元。五是支持现代农业生产发展项目县建设。落实市以上财政资金650万元，支持沂源县现代化农业生产发展果菜产业项目建设。拨付中央专款380万元，支持临淄区等5个区县开展测土配方施肥，支持林业科技推广。拨付省、市专款525万元，积极支持小麦宽幅精播等技术推广，促进科技成果转化。六是加强农产品质量安全建设。争取中央财政“菜蓝子”扶持资金725万元，支持25个蔬菜标准园、水产品标准化养殖场、畜禽标准化生产基地项目建设。市级安排410万元，支持农业、畜牧、蔬菜、水产四个市级检测中心的农产品日常监测工作。兑现农业标准化生产专项资金160万元，支持区县、乡镇创建标准化生产示范点，开展农产品认证。

【围绕民生重点，支持扶贫工作开展】 一是加大扶贫开发支持力度。继续实施第三期扶贫项目，重点支持沂源县、淄川区、高青县等区县的省、市扶贫项目建设。拨付市以上财政资金400万元，支持沂源县承担国家级试点扶贫互助社50个、省级试点21个。按照《市财政支持沂源县开展贫困村村民互助资金与农民小额贷款结合试点意见》，市级兑现奖补资金145万元，有效缓解贫困村村民初步脱贫后继续发展农业生产资金瓶颈制约问题。二是支持库区移民、少数民族经济发展。拨付大中型水库移民后期扶持资金2285万元、小型水库移民后期扶助资金980万元，支持水库移民经济发展。拨付中央专款60万元，支持周村区、沂源县少数民族经济发展。三是支持农村饮水、沼气项目建设。拨付省专款2703万元，支持张店区、周村区等4个区开展农村打井和饮水设施改造工程建设。拨付省专款263万元，支持沂源县、临淄区等4个区县积极推进农村沼气项目建设。

【强化各项基础保障措施，提高财政支农服务水平】 一是积极开展农业财政工作科学化精细化管理活动。部门预算编制更加科学化。按照“保重点，压一般”的原则，科学编制31个市直支农预算单位的部门预算，并严格预算执行进度，确保市直农业部门的正常运转和项目建设的正常进行。积极开展支农资金绩效评价，与财政投资评审中心联合开展了秸秆综合利用项目、水库移民项目绩效评价。重点项目资金实行财政投资评审制，根据项目工程的投资情况、进展情况，请财政投资评审中心提前介入，依据评审结果安排并拨付财政资金。基础管理工作规范化。下发《关于进一步加强抗旱救灾资金使用管理的意见》，严格按照中央、省规定管理使用各级抗旱救灾资金，积极推行政府采购招标制、公告公示制、工程监理制，确保抗旱救灾物资及时到位。提高信息化管理水平。适时组织市直农口部门财务人员培训班，参训80多人；安排资金50多万元，为市直31个农口预算单位各配置计算机1台并安装软件1套，提高市直农口部门财务管理水平。二是创新财政支农方式。制定《关于2011年财政支持农业产业化发展的实施意见》，支持农业产业化龙头企业发展；制定《关于财政支持蔬菜产业发展的实施意见》,确定五条财政扶持蔬菜业政策;制定《淄博市森林生态效益补偿基金管理办法》,促进生态效益林建设;制定《淄博市农业综合开发土地治理项目市级管护资金管理办法》,加强对土地治理项目的管护。三是强化信息宣传与调查研究,完成《财政支持农田水利基本建设情况的调研》。信息质量高,其中"淄博市支持紧急安排1000万元支持抗旱救灾工作"信息被国办采用,《创新思路,多措并举,不断提高农业综合开发管护水平》被《农村财政与财务》、《中国农业综合开发》刊用,《落实财政支农惠农政策,推进"建设农村殷实小康十大工程"》被市委《淄博新农村》刊用。信息工作在全局考核中列第3名。四是加强监督检查,提高财政支农资金安全有效使用。顺利完成了国家、省农业综合开发两次检查验收任务;配合市直农口部门顺利完成了上级部门对小型农用水利重点县水利建设项目的检查,完成2010年度农业综合开发项目市级检查验收,以及春、秋两季动物防疫检查工作,促进财政支农资金的规范化管理。

(撰　稿:张学利)

责任编辑:教传涛

责任校对:宓　雯

社会保障财政财务

【概述】 2011年,社会保障财政财务工作科学运筹资金,调整支出结构,充分发挥公共财政在改善民生促进社会和谐方面的职能作用,优先保民生政策落实、保社会稳定,全市社会保障和就业支出27.57亿元(含省专款),比上年增长14%,医疗卫生支出16.26亿元(含省专款),比上年增长29%。

【大力支持深化医药卫生体制改革工作】 不断完善城镇职工和城镇居民基本医疗保障制度。实施了城镇基本医疗保险普通门诊统筹,将全市城镇职工基本医疗保险、城镇居民基本医疗保险参保人员全部纳入普通门诊统筹范围。普通门诊统筹起付标准为50元,参保人年度内最高支付限额为900元,起付标准以上至最高支付限额以下部分由门诊统筹基金支付30%,个人自负70%。提高城镇居民基本医疗政府补助标准。从1月1日起,对城镇居民基本医疗保险参保居民的政府补助标准提高至每人每年200元。各级财政累计拨付城镇居民基本医疗保险补助资金1.57亿元,其中市级2574万元。至年末,全市城镇居民基本医疗保险参保人数达到82万人,全年医疗待遇支出达到2.56亿元。巩固完善新型农村合作医疗制度。从1月1日起,全市新农合政府补助标准达到每人每年200元。各级财政累计拨付新农合补助资金4.62亿元，其中市级7410万元。至年末，新农合参合人数达到231万人，参合率达到99%，医疗待遇支出5.21亿元。支持实施基本和重大公共卫生服务项目。认真落实财政补助政策，进一步促进城乡基本公共卫生服务均等化，确保人均达到25元标准，全年市级支出1890万元。启动实施重大公共卫生服务项目，市级拨付190万元，推动各服务项目顺利开展。全面推进政府办基层医疗卫生机构综合改革，进一步扩大村卫生室实施国家基本药物制度试点，科学制定对基层医疗卫生机构的补偿政策，充分发挥医疗保险基金的补偿作用，至年末，全市对基层医疗卫生机构投入2.23亿元，其中市级1250万元，确保了改革的顺利推进。

【加强社会救助体系建设】 进一步完善城市低保制度。确保城市低保应保尽保，城市低保标准达到每人每月316元，至年末，城市低保人数达到3.5万人，各级财政共支出资金11561万元，其中市级1746万元。继续实施城市低保对象分类施保，对城市低保对象中的特殊困难家庭分别按30元和20元两档提高补助水平，市级落实补助资金71万元。健全农村低保制度。提高农村最低生活保障标准，从1月1日起，农村低保标准由每人每年不低于1250元提高到1500元；10月1日起再次提高到1700元。这是我市自2006年实施农村低保制度以来第六次提标。至年末，农村低保人数达到8.2万人，各级财政共支出资金10653万元，其中市级1778万元。继续落实农村低保家庭独生子女和双女家庭补助政策，对符合条件的农村低保计生家庭，在享受低保待遇的基础上，每人每月再增加10元补助，全年市级落实补助资金34万元。切实做好农村五保供养工作。从7月1日起，将农村五保集中和分散供养标准由每人每年2200元、1400元分别提高到2800元和1700元。至年末，全市累计支出2216万元，其中市级492万元。集中供养人口5436人，分散供养889人，全市农村五保集中供养率达到86%。落实低保重度残疾人补助资金。对城乡低保对象中的重度残疾人，在正常领取低保金的基础上再增加每人每月50元的生活补助。至年末，全市共为4916名低保重度残疾人拨付生活补助资金295万元，其中市级41万元。及时落实对城区困难群体的供暖补贴。2011年，市财政继续按城市低保对象每户补贴626元、城区失业和下岗人员每人补贴313元的标准，为1200余户低保家庭、1.8万余名下岗失业人员发放取暖补贴677万元，保障了城区困难群体的冬季取暖。切实做好困难企业军转干部财政保障工作。在财政支出压力不断增大的情况下，全市各级财政部门积极筹措资金，确保落实困难企业军转干部有关政策。至年末，市财政累计支出资金2615万元，为下岗、失业、内退军转干部发放生活补助、缴纳社会保险，为退休人员发放社会补贴及养老金，确保各项规定待遇落实到位。

【加强就业和再就业工作，确保就业局势稳定】 积极落实各项就业扶持政策。全市累计支出促进就业资金9934万元，其中市级2915万元，共惠及就业困难人员、登记失业人员及进城登记求职农村劳动者等各类人员8.05万人。市财政会同公安、人社部门新增"4050"交通协管员30名，全年市财政支出补助资金554万元，用于"4050"交通协管员和看守所协勤员生活补助。着重解决高校毕业生就业问题。加大面向基层就业的项目实施力度，扩大项目范围，鼓励和引导高校毕业生面向基层就业。2011年，全市新增"三支一扶"大学生、服务社区大学生等岗位241个，市级还新增社区养老服务管理员等公益性岗位109个。全年市财政累计拨付补助资金936万元。强化对特困家庭高校毕业生的帮扶，为5所市属大中专院校的96名特困家庭毕业生发放一次性求职补贴4.8万元。支持开展未就业高校毕业生就业见习计划，为900余名就业见习的未就业高校毕业生落实生活补贴82万元。积极落实扩大失业保险基金支出范围试点政策。全年支出扩大失业保险基金支出范围试点资金9000万元，主要用于完善基层公共服务平台信息化建设、失业动态监测及社会保险补贴、职业培训补贴和职业技能鉴定补贴等，极大地优化了我市就业服务的信息化、网络化程度，有效减轻了企业负担，确保了全市就业形势的基本稳定。

【全力推进居民养老保险工作，建立起覆盖所有居民的养老保险体系】 一是新农保试点与国家试点制度全面并轨。自4月1日起，我市新农保试点与国家试点制度全面并轨。并轨后，各级财政对基础养老金的补助水平将达到不低于每人每月55元，缴费补贴不低于每人每年30元。市财政对各区县(不含高青)给予基础养老金补助，标准为每人每月2元，在此基础上，对国家和省未给予基础养老金补助或补助不足每人每月22元的区县，市财政补齐至22元。至年末，各级财政拨付补助资金3.25亿元，其中市级3706万元，领取基础养老金的农村居民达到46万人，待遇支出3.09亿元。二是实施城镇居民养老保险试点。自7月1日起，我市开展了城镇居民社会养老保险制度试点工作，养老保险制度实现了对全体社会居民的无缝隙覆盖。按照试点意见要求，各级财政对基础养老金的补助水平不低于每人每月55元，缴费补贴不低于每人每年30元。市财政对各区县(不含高青)按每人每月5元的标准给予基础养老金补助，至年末，各级财政拨付补助资金2753万元，其中市级341万元，领取基础养老金的城镇居民达到4.05万人，待遇支出1393万元。

【做好食品药品监管工作】 2011年，市财政累计拨付食品药品监管工作经费3516万元，用于支持食品药品监管工作。一是支持做好城运会等重大活动的食品药品安全监管工作，确保重大赛事饮食用药的"零失误、零事故、零投诉"。二是支持开展了食品药品市场专项整治，重点加强对食堂、配送餐单位等易发生群体性食物中毒环节的监管，并且对监管力量薄弱的农村药品市场、高温季节药品储存、高风险骨科植入医疗器械等开展了拉网式检查，收到了良好效果。三是积极支持食品药品高新区分局机构改革和职能划转工作。年内全市4316家医疗机构全部完成了药品使用规范化管理确认工作，发放餐饮服务许可证2542份。四是鼓励公民和法人组织等对食品安全生产经营领域违法行为进行举报，市财政专门设立50万元举报奖励资金，用于市级受理食品安全举报案件查实奖励。

【大力支持老龄事业和残疾人事业发展】 一是支持举办第二届老年文化艺术节，包括民间艺术作品展、刻瓷展、摄影大赛、集报展和才艺大赛等7项内容，3万余名老年人参与其中。二是继续发放百岁老人长寿补贴，全年为186名百岁老人发放补贴资金39.6万元。三是市财政按照60周岁以上老人每人10元的标准，设立了老龄事业发展专项资金680万元，其中市级170万元，专项用于支持城镇养老服务机构建设等。四是支持残疾人事业发展，配合市残联出台《加快推进残疾人社会保障体系和服务体系建设的实施意见》和《淄博市残疾人事业"十二五"发展规划》，市级安排452万元资金，用于残疾人康复、精神智力和重度残疾人托养、职业技能培训、残疾人就业、无障碍设施改造等。

【加强社会保险基金管理，确保基金安全】 一是出台了企业职工独生子女父母退休一次性养老补助统筹办法，变一次性养老补助由过去的企业发放为社会统筹，确保资金按时足额发放，减轻了企业负担，维护了企业职工合法权益。二是降低企业职工基本养老保险缴费比例。从7月1日起，我市企业职工基本养老保险单位缴费比例从20%降低至19%，减轻全市企业负担近6000万元。三是圆满完成年度社会保险基金预决算编制工作，市财政局连续两年被省财政厅、省人社厅评为社会保险基金预决算编制工作先进单位。到2011年，五项社会保险基金滚存结余达到84亿元，社会保险基金的支撑能力得到进一步增强。

（撰　稿：杨其帅）
责任编辑：周　明
责任校对：张　暖

金融与国际合作

【概述】 2011年，金融与国际合作工作按照年初确定的工作思路，积极进取，开拓创新，圆满完成了各项任务目标：全年催收各种债务本金利息5100万元，完成计划的146%；汇编金融企业报表12户，全面完成任务；撰写调研报告2篇，完成计划的100%。

【积极做好政府外债工作，支持地方经济社会事业发展】 在做好投资评估、环境评价、效益分析的基础上，继续做好政府外债工作，积极引进国际金融组织和外国政府贷款支持地方经济社会事业发展。4月，山东大地肉牛清真食品有限公司利用亚行贷款"农村能源生态建设二期"项目申报成功，并签署了转贷协议，项目协议金额200万美元，转贷期15年，含宽限期

5 年,贷款利率为 LIBOR +0.20%。项目计划对养殖场产生的废弃物、废水等进行综合利用,建设养殖场大型沼气综合利用工程,项目建成后,可打造出集约化、规模化、标准化优质肉牛育肥示范小区,促进农业增效、农民增收。10 月,市消防支队利用奥地利政府贷款购置消防设备项目获财政部批复。项目总投资人民币 10817 万元,其中拟申请借用奥地利政府贷款 1000 万欧元。市消防支队按照《外国政府贷款项目采购公司招标办法》要求,在规定时间内组织开展了采购公司招标工作,该项目正处于对外磋商谈判阶段。淄博周北热电有限公司申报了烟气脱硫利用世界银行贷款项目,项目计划总投资 7798.6 万元,拟申请世界银行贷款 600 万美元(折合人民币约 4000 万元)。项目主要建设内容包括脱硫装置、脱硫剂制备系统、脱硫副产物处置系统及其他相关设施,项目建成后,对改善淄博市的大气环境、提高人民群众的生活质量以及促进地方经济的可持续发展等方面将起到显著的作用。与市宣传部门多次进行沟通,积极协助做好市齐文化开发与保护利用世界银行贷款项目前期立项及贷款申报工作。

【强化政府债务管理,积极化解地方政府债务风险】 重点抓住“借、用、还”三个环节,突出“资金、财务、债务”这一主线,采取多项措施,从不同角度加强对政府债务的管理。一是抓好项目立项审批。切实加强财政部门在项目前期立项审批中的作用,筛选符合经济社会发展需要、可行性计划翔实科学、财务计划合理规范的项目充实了国外贷款项目库。上半年对淄博周北热电有限公司烟气脱硫利用世界银行贷款项目进行了评审,初步掌握了公司的经营及财务状况,以及其债务举借及偿还能力。二是梳理统计全市政府外债情况。对全市政府外债进行了梳理统计,对还本付息情况进行了检查。截至 2011 年底,我市在建和已完工正偿还的外债项目有 9 个,协议利用外债达 9665 万美元,其中利用世行贷款项目 3 个,合计金额 2157 万美元;利用亚行贷款项目 1 个,金额 200 万美元;利用外国政府贷款 5 个,合计金额 7308 万美元。现有外债项目还本付息及时,无拖欠。三是加强项目监督检查。认真行使财政部门作为政府外债债权债务代表人和归口管理部门的职责,重点加大项目实施过程中资金使用和招标采购等关键环节的监管力度,确保外债资金使用效率。委托市局投资评审中心对周村区污水收集系统工程利用世行贷款项目进行了检查,确保了项目的成本费用支出及提款报账材料的真实、合法性,保证了资金使用的安全、规范。11 月,在丽景苑酒店成功举办了为淄博市消防支队利用奥地利政府贷款购置消防设备项目“招标会”,是《外国政府贷款项目采购公司招标办法》实施以来全市第二次严格按照《办法》的相关规定开展招标工作。四是有效运用金融工具规避债务风险。经市政府批准,委托美国高盛公司对我市新城区建设再贷款 30 亿日元开展了掉期业务,截至 2011 年底,通过掉期交易,共计节省本金利息支出 3562 万元人民币。

【加强金融监管与服务,努力促进地方金

融企业规范发展】 按照“政府推动，市场运作”的原则，遵循“诚信为重，监督为主，积极防范，促进发展”的方针，进一步加大对地方金融企业、机构资产和财务的监管力度，促进了地方金融良性健康发展。一是继续做好地方金融企业的财务报表汇编和上报工作，并结合地方金融企业及经济运行中的热点、难点问题，对各类报表数据进行深层剖析，为各级政府进行宏观决策提供参考依据。二是认真配合省厅做好地方金融企业绩效评价工作。今年省厅继续委托中瑞岳华会计师事务所山东分所对我市地方金融企业组织评审，该项工作顺利完成。三是做好国有资产产权登记。深入各国有产权出资人单位，对其登记上报的出资人资料进行核实，对产权不明晰、投资主体性质有异议的，到相关部门取得有关证明材料后，重新进行了界定。四是对齐商银行会计信息质量进行检查。根据《关于对部分地方金融企业开展财务和国有资产管理检查的通知》(鲁财便函〔2011〕7 号)精神，安排专人并抽调山东博会会计师事务所的专业人员组成检查组，对齐商银行 2008 - 2010 年度会计信息质量、资产运营及财经制度执行情况进行了检查，强化了财政监督，有效防范了金融风险。五是做好县域金融发展调研。9 月，由省厅牵头的省政府调研组一行来我市进行县域金融发展调研，并实地考察了桓台、沂源两县的金融业发展现状。

【小额担保贷款贴息和服务工作取得新突破】 根据小额担保贷款发放额度，2011 年，财政共贴息 359 万元，同比增长 185%，有力支持了我市的就业再就业工作。一是担保基金规模扩大。市人社局、市财政局联合下发了《关于进一步做好小额担保贷款工作的通知》，要求各区县必须成立担保机构并注入担保基金。截至年底，我市五区三县全部成立小额贷款担保机构，追加担保基金 370 万元，规模达 875 万元。市级追加担保基金 1360 万元，规模达 2960 万元，全市担保基金总额达 3835 万元。二是贷款范围扩大。根据中央及省文件精神，服务对象由原来的只针对下岗失业人员扩大为有创业愿望和具备创业条件的登记失业人员、军队退役人员、被征地农民、残疾人、高校毕业生、返乡农民工及城乡妇女等自谋职业、自主创业人员。三是加大宣传力度。通过进点入户调查和实地召开劳动密集型小企业、乡镇、村、创业代表座谈会等形式，进行发动宣传，广大城乡妇女的申贷积极性明显提高。四是配合上级部门深入开展小额担保贷款调研。6 月省厅联合省妇联及省人社厅对我市小额担保贷款工作开展情况进行了调研，并走访了临淄 3 家贷款贴息受益企业。

【创新财政支农方式，深入推进政策性农业保险开展】 一是继续推进农业保险工作。积极与相关部门和各承保机构搞好联系沟通，切实做好各项数据测算和资金保障工作，保证了政策性农业保险工作的顺利开展。截至年底，在全市全面开展了能繁母猪保险，在高青县开展了小麦、奶牛等政策性农业保险试点，在临淄区、桓台县开展了小麦、玉米、棉花种植业农业保险试点。二是做好农业保险监督检查。

2月,根据省监察厅等五部门《关于开展全省农业保险试点工作全面自查自纠的意见》精神,会同市监察局,成立专项检查组,对农业保险工作进行全面检查。5月,又配合省厅驻淄博财政检查办事处对我市农业保险保费财政补贴资金管理使用情况进行了检查,形成了报告。据统计,全年共计拨付市级以上农业保险补贴资金664万元,其中小麦保险补贴资金569万元,能繁母猪保险补贴资金95万元。

【做好资金申报工作,促进金融机构发展】 一是对战略性新兴产业科技项目贷款风险进行补偿。根据《山东省金融机构战略性新兴产业科技项目贷款风险补偿资金管理办法》规定,由财政、科技、人行三家单位联合组织统计全市银行业金融机构2010年度战略性新兴产业科技项目贷款发放情况,并进行了资金申报。经审核,我市符合补偿申请条件的5家银行2010年末科技贷款余额合计为86676万元,同比增加52216万元,按照补偿比例,共计申请并拨付风险补偿资金293万元。二是对县域金融机构涉农贷款增量实行奖励。根据《山东省县域金融机构涉农贷款增量奖励资金管理办法》,组织桓台、沂源、高青三县对辖区内金融机构涉农贷款发放情况进行了统计,并对2010年度涉农贷款增量奖励资金组织申报。经审核,我市符合补偿申请条件的5家银行2010年涉农贷款平均余额合计为84685.42万元,可予奖励增量为35673.24万元,按照2%的奖励比例,共计奖励713.47万元。根据各级负担比例,全年共拨付市级以上奖励资金307.68万元。三是对新设金融机构进行奖励。根据《山东省新设金融机构省级奖励资金管理办法》,对在我市新设的4家金融机构申请并拨付奖励资金50万元。

【开展经验交流,加强基础管理,提升财政债务金融工作总体水平】 一是7月组织召开了全市财政金融与国际合作工作经验交流暨工作会议。总结交流全市政府外债管理和地方金融监管工作经验,研究部署新形势下政府外债管理和地方金融监管工作任务。二是积极开展调研。按照年初计划,完成了两项调研活动,即我市农业保险业务开展情况调研及齐商银行会计信息质量调研。三是加强业务培训。积极采取走出去、请进来的办法,进一步提高了政府外债管理和地方金融企业监管水平。四是注重基础管理。进一步完善国际金融组织和外国政府贷款项目申报程序,加强图片、档案的基础资料管理,建立了外债项目资料档案库。对各区县的专项借款进行了对账,建立了台账,为加强外债管理工作奠定了扎实基础。

(撰　　稿:孙小星)

责任编辑:周　明

责任校对:张　暖

基层财政管理

【概述】 2011年，全市基层财政管理工作认真贯彻落实中央和省市各项惠农政策，创新思维抓改革，集中精力抓落实，转变职能，加强基层财政科学化精细化管理，圆满完成农村义务教育债务化解任务，扎实开展村级公益事业建设“一事一议”财政奖补工作，实现了职能转换后的良好开局。

【精心组织，周密安排，扎实做好耕地占用税和契税的征管职能划转工作】 年初在继续认真做好两税征管工作的同时，精心组织，周密安排，协调有关部门，积极稳妥地做好两税征管职能划转准备工作。3月1日，全市顺利完成两税职能划转，实现“两税”征管工作的平稳有序过渡。

【加强机构建设，上通下达，确保工作有效衔接】 经市编办批复，基层财政管理科增挂农村综合改革办公室牌子，增加农村综合改革工作职能。积极主动与非税局进行各类文件、资料和各项业务工作的交接；加强与省综改办的工作联系，建立省、市、区县协调一致的沟通联系渠道。各区县基层局也分别成立农村综合改革办公室或增加相应职能，确保了工作有效衔接延续。淄川区、沂源县、博山区成立了综改办，为副科级事业单位。

【适应新形势新变化，积极推进基层财政科学化、规范化、精细化管理】 一是认真做好乡镇惠民服务厅建设工作。按照省厅的统一部署和要求，我市全面启动乡镇惠民服务大厅建设工作。截至年底，全市88个乡镇全部完成惠民大厅建设并投入使用，申报的20个省级乡镇惠民服务厅顺利通过省考核组的验收。二是认真做好省级规范财政所创建工作。进一步加强乡镇财政科学化、精细化、规范化管理，切实增强乡镇财政公共服务能力，指导乡镇做好省级规范化财政所创建工作，我市首批申报省级规范化财政所43个。三是加大对乡镇财政干部的培训力度。制订了《淄博市乡镇财政干部教育培训实施方案》，建立了乡镇财政干部培训长效机制和“以业务知识更新为内容，以能力提高为标准，统一计划、分步实施”的培训体系，实施“三、二、一”培训规划。举办两期全市基层财政管理人员培训班，共培训249人。四是积极开展调研工作。围绕乡镇财政机构队伍建设、涉农财政资金监管、惠民大厅建设等方面进行调研，掌握了乡镇财政相关情况，为今后基层财政管理工作开展提供依据。五是认真组织编报2010年度“两税”及乡镇财政决算。召开会议部署决算工作，抽调熟悉业务人员认真进行会审并按时上报。2010年度“两税”决算和乡镇财政决算工作获得省财政厅充分肯定，乡镇财政决算获得一等奖。

**【全力以赴，攻坚克难，圆满完成农村义务

教育债务化解任务】 积极落实筹资责任，主动化解债务，全面完成农村义务教育债务化解工作。全市累计化解农村义务教育债务23154万元，其中：上级财政奖补资金10586万元（含淄川、博山、临淄、沂源、高青5区县上解省级化债专项资金2076万元），占全部债务的45.72%；市级财政奖补资金5532万元，占全部债务的23.89%；区县财政安排7036万元，占全部债务的30.39%，偿还债权人22843人次，完成省财政厅审核锁定我市债务的100%。历时三年的农村义务教育债务清理化解工作于6月30日圆满结束。一是积极筹措化债资金，实行专户管理、直接支付制度。各区县财政设立化解农村义务教育债务资金专户，将上级以奖代补资金、县财政安排资金统一纳入专户管理，封闭运行，由特设专户统一支付到债权人账户。二是合理确定偿债顺序。在偿债过程中优先偿还农村"普九"债务；优先偿还对教师、学生家长和工程队的欠债；优先偿还因病致贫、遭受灾害的农村债权人的债务；优先偿还债务本金。三是严格执行债务偿还兑付的销号制度，及时处理相关账务。依托农村义务教育债务监管系统，建立债务偿还台账，及时登记债务偿还信息，对已偿还债务，逐笔销号。相关的档案资料全部进行重新归档整理，以备随时查阅。同时，对已销号的债务通知学校等有关单位，做好相应的账务处理。四是顺利通过省考核组检查验收。开展了全市农村义务教育债务化解工作自查自验和"回头看"活动，及时发现问题，采取有效措施进行整改。省考核组抽查了沂源县和淄川区，两个区县均顺利通过检查验收。

【真抓实干，农村公益事业"一事一议"财政奖补工作有序推开】 2011年度，全市8个区县（不含高青，下同）、59个镇（街道办）、950个行政村开展了"一事一议"财政奖补筹资筹劳项目，受益人口117万人，项目建成道路硬化项目580多个，村内小型水利设施200多个，村内公共活动场所70个，绿化植树42万余株，桥涵8座，安装路灯1600余盏。一是加大宣传力度，做好发动工作。充分部署，做好宣传发动，在乡镇、村庄营造"一事一议"工作氛围，做大做强"一事一议"项目建设。二是坚持规划先行，积极推进"一事一议"财政奖补工作。指导各区县结合各自区域特色和群众意愿，科学合理地制定2011－2013年村级公益事业"一事一议"财政奖补工作三年规划。建立"一事一议"奖补项目库，优先选择群众最急需、受益最直接的民生项目，如村内道路硬化、小型水利设施等项目。三是实行项目备案制，加强资金监管，奖补项目以区县为单位组织实施，市局及时下达资金使用计划，各区县再配套资金后报市局备案，市局预拨奖补资金，保证工程顺利实施。四是加快预算执行进度，确保"一事一议"财政奖补有序开展。采取有力措施，狠抓预算执行，注重提高预算执行的及时性、均衡性和有效性，及时将奖补资金拨付到基层，拨付到项目单位，保证"一事一议"建设项目按期开工、按期实施、按期完工。五是以点带面，稳步推进"一事一议"财政奖补工作。重点扶持那些领导重视、工作认真、积极主动、配套资金有保障的区县，实施好部分精品项目,逐步推广以带动其他区县,推动全市"一事一议"财政奖补工作的全面开展。六是加强财政奖补各环节的规范管理。根据鲁财农改〔2011〕2号规定的奖补范围、资金来源、奖补标准、工作程序和配套措施,严格按照《工作指南》规定的操作流程,夯实工作基础,规范各环节的管理。七是建立健全项目实施档案。每一个纳入奖补的实施项目都做到有据可查,按照省厅村级公益事业建设"一事一议"财政奖补《工作指南》所规定的工作流程和各环节所留取的相关表格资料,建立健全档案,按项目装订成册。八是切实加强监督检查。加强资金监管,确保奖补资金使用安全、有效。重点检查是否存在没有通过"一事一议"筹资筹劳开展村级公益事业、虚列项目套取奖补资金的行为,"一事一议"筹资筹劳项目是否符合适用范围,村民出资出劳是否自愿,"一事一议"财政奖补工作程序是否规范,所筹资金、劳务和奖补资金的管理使用是否公开透明、张榜公示,有无截留挪用等。"一事一议"财政奖补政策的实施,不仅使农村"行路难、饮水难、环境差"的突出问题得到有效缓解,改善了农村的生产生活条件,还加快了新农村建设的步伐,促进了区域经济社会发展,得到了广大基层干部和农民群众的衷心拥护。

(撰　　稿:付静静)
责任编辑:教传涛
责任校对:宓　雯

会计管理

【概述】 2011年,会计管理工作紧紧围绕财政工作中心,以规范管理为重点,在强化会计人员培训,推动会计准则贯彻实施,推进学会建设等方面做了大量工作,提高了全市会计工作管理水平,圆满完成了年初既定的各项任务。

【顺利完成2011年度全国会计专业技术资格考试(淄博考区)和2012年度全国会计专业技术资格考试报名工作】 一是2011年度全国会计专业技术资格考试(淄博考区)于5月14日至15日顺利完成。淄博考区共设2个考点,200个考场,6232人报名参加了考试。其中,初级报考人数为3991人,出考2483人,出考率63%;中级报考人数为2241人,出考人数963人,出考率43%。为确保本次考务工作顺利进行,成立了考试工作协调小组,全面负责考试工作的组织实施和管理,确保了本次考试严格规范、公平公正和科学有序进行,为广大考生创造了良好的、公平的考试环境,从严把紧了全市会计专业技术资格认证的关口。二是2012年度全国会计专业技术资格考试报名工作于11月7日至16日进行。及早着手组织培训,使每个会计管理人员都能全面掌握考试相关的政策规定和专业操作技术,充分利用现有的淄博会计网站,进一步完善应用和服务功能;同时收费全部实行"收支两条线"管理,保证考试收费及时、足额入库。2011年共组织报名5952人。

【圆满完成会计学会和珠算协会换届工作】 组织召开了淄博市第六届会计学会和第五届珠算协会代表大会。大会一致通过了淄博市会计学会第五届理事会和淄博市珠算协会第四届理事会工作报告,审议并通过了学(协)会章程,选举产生了第六届会计学会和第五届珠算协会理事会,研究部署了新一届理事会工作。

【组织会计从业人员信息采集工作】 按照属地原则成立信息采集工作领导小组,及时下发文件,并充分利用网络和各类宣传媒体,进行广泛宣传发动。配备专业人员具体负责信息审核确认工作,对信息采集过程中可能遇到的问题进行模拟演练,编制了问题解答,以确保信息采集的顺利进行。注重加强与省厅和区县财政部门的联系,通过多沟通、多交流,真正做到上下联动、密切配合。在前期信息采集系统不稳定时,耐心做好电话和现场咨询的解释工作,并及时向省厅反映情况,适当顺延了信息审核确认时限,满足了会计用人单位和会计人员信息采集的要求。加强对县区工作指导和服务,及时掌握工作进度,积极帮助协调解决工作中遇到的困难与问题,确保全市会计信息采集工作的全面整体推进。全市共注册信息55800人,信息审核确认51559人,市直信息审核确认5834人。

【开展全市基层医疗卫生机构财务会计制度培训】 与市卫生局联合举办了全市基层医疗卫生机构财务会计制度培训班。全市乡镇卫生院、城市社区卫生机构财务主管近200余人参加。参训学员对基层医疗机构财务会计制度进行了全面学习和准确把握,取得了预期的培训效果,为下一步普级应用打下了良好基础。

【理顺了全市注册会计师行业党建工作】

按照事务所党组织归行业党组织管理、行业党组织归财政部门管理的要求,建立起了党委统一领导、组织部门牵头、财政部门党组织具体指导、依托行业党组织开展工作的格局。健全组织机构,理顺了区县管理模式;做好党员组织关系接转工作;坚持把建立完善党建工作机制,作为推进行业党建工作的重要抓手,以制度规范党建工作,建立完善党员学习教育机制,建立完善党建工作创新机制、配套联动机制、督导督查机制和激励约束机制。遵循"党建促活动、活动助党建"的思路,在全市注册会计师行业因地制宜地设计主题活动,将活动开展与行业发展和事务所业务工作相结合,以党建的各项活动助推行业加快发展、科学发展,形成行业党建与行业发展相互促进的良性循环。生动活泼的主题活动,为注册会计师行业创先争优活动提供了新的载体。

(撰　　稿:绳涌泉)

责任编辑:周　明

责任校对:宓　雯

财政监督

【概述】 2011年,全市财政监督工作认真贯彻落实上级工作部署,紧紧围绕全市经济建设大局和局党组中心工作,积极开展财政监督检查。一方面,继续开展党政机关事业单位、社会团体和国有及国有控股企业“小金库”专项治理工作;另一方面,根据年度监督检查计划,开展了部门预算与财务收支、企业会计信息质量、专项资金等的监督检查工作。

【加强培训,促进监督检查工作顺利开展】

为更好地帮助被查单位提高财务管理水平,2011年,先后开展了多项培训工作,培训人员230余人。一是开展了全市财政监督干部业务培训,全市30多名财政监督干部参加了集中培训;二是开展了系统内会计信息质量检查软件培训,强化培训效果,提高业务能力。三是对周村区行政事业单位和市直农口各单位180余名财务人员进行业务培训,提高了单位的财务管理水平,扩大了财政监督影响力。

【强化组织协调,扎实开展各项检查工作】

克服人手少、任务重的困难,加强组织协调,整合多方力量开展检查工作,取得了明显成效。2011年,全市共对153家党政机关、企事业单位进行了检查,重点开展了部门预算编制与执行、行政事业单位财务收支、企业会计信息质量、非税收入征管质量、财政专项资金、地方电力附加费征管使用情况、社团财务收支情况等监督检查。共查处各种违纪金额9412.8万元,其中:坐支滞留财政资金6164万元,截留挪用财政资金585.48万元,虚列财政支出虚报冒领财政资金104.99万元,其他2558.33万元。资产不实虚增546万元,虚减1148万元;所有者权益不实虚增23万元,虚减415万元;损益不实虚增7835万元,虚减1899万元。检查的153户单位中,有违纪问题的131户,占总户数的86%,已处理123户,查补财政收入4282.31万元,纠正违法、违规、违纪金额821.61万元,罚款8.43万元。

开展了国有资产垄断性收益专项检查。与城市资产运营公司联合,对淄博金宅测绘有限公司、淄博消防协会等4个单位2010年度国有资产垄断性收益及财务收支情况进行了检查。主要问题:欠缴国有资产垄断性收益的现象比较突出,欠税问题比较明显,为主管单位承担费用的问题比较普遍,主要是给主管单位发放奖金、补贴,支付办公费用等。另外,无偿为主管单位提供办公及交通设施,通过检查,摸清了我市国有资产垄断性收益情况,加强了国有资产管理,增加了政府可用财力。

开展了房租收入征收缴纳情况专项检查和企业会计信息质量检查。从4月中旬开始,与城市资产运营公司联合,对市交通局、职业学院等 8 个单位的房租收取、上缴等情况进行了专项检查。发现的主要问题:欠缴国有房产收益的现象比较突出,2010 年 8 个单位累计实收房租收入 737.73 万元,欠缴 441 万元。根据省厅统一部署,组成 17 个检查组,对基础设施、房地产、能源交通、粮食、节能环保等行业开展了会计信息质量检查,受省厅委托,还对部分会计师事务所的执业质量进行了检查。全市共检查企业 45 个,会计师事务所 3 个。全市共查出各类违规违纪金额 16976 万元,其中:会计核算不实 12616 万元,补缴各项税款 823 万元,信息披露不实 3252 万元,其他违规问题 284 万元(其中未及时缴纳国有股分红 108 万元)、责令调账 5166 万元。

开展了部门预算编制执行情况检查。根据省厅统一部署,从 4 月开始,采取分级组织实施的办法,认真开展了部门预算编制执行情况检查,共检查 58 个单位,其中:市级检查 18 个,区县检查 40 个。共查出违规问题 17 类,违规金额 1529.87 万元,其中市级下达处理处罚决定书 18 份。存在的主要问题包括:一是部门预算编制不够完善,具体表现为预算基础信息填报不准、项目预算不够准确、政府采购预算编制项目不完整。二是部门预算执行不严格,具体表现为公用经费多数单位超支、项目支出部分未专门明细核算、突破预算盲目采购等。三是会计基础工作不规范,存在账务处理错误、原始凭证不完整、固定资产管理不严格等问题。

开展了社团财务收支情况检查。对市民办教育协会、市产品质量鉴定协会、市汽车商会等 7 家社团 2010 年度财务收支情况进行了检查。发现的主要问题:一是会计基础工作有待进一步提高,存在不合规票据入账、会计科目使用错误、超规定列支费用等问题。二是预提费用无依据,随意预提人员工资、水电费等。三是承担外单位费用。四是出租房屋收入未缴纳相关税款。针对检查中发现的问题,提出了有针对性的整改建议,进一步规范了我市社会团体财务管理工作,保障了会计信息真实、完整,提高了会计信息的质量和透明度。

开展了专项资金检查。一是开展了城乡医疗救助资金与基本公共卫生服务补贴资金检查。与社保科联合,对 2009、2010 年城乡医疗救助资金、基本公共卫生服务补贴两项资金的筹集、管理及使用情况进行了全面检查。针对存在的救助制度不完善、医疗救助资金结余大、未按规定设置医疗救助基金专户、救助审批手续不严格等问题提出了整改意见。二是开展了廉租住房货币补贴资金使用情况检查。2010 年,全市累计有 8825 户家庭享受了廉租住房货币补贴,基本实现住房困难家庭的应保尽保。三是开展了中央、省公共安全转移支付资金和抗旱救灾资金使用情况检查。对检查中发现的转移支付资金到位不及时,资金使用效益不高,抗旱设备到位晚,救灾储备物资管理不规范,物资采购和工程建设未按正规程序进行等问题提出了改进意见。四是开展了地方电力附加费征收、管理、使用情况检查。截至 2010 年底,企业累计欠缴地方电力附加费18216万元,其中2010年度未缴6164万元;电网改造资金结余较大,截至2010年底共结余资金6481万元,其中2010年度新增结余1370万元。五是开展了中央专项资金检查工作。2010年我市共收到各项中央财政专项资金(含省配套资金)118182.89万元,未拨付资金3496.13万元,其中国库结余3246.13万元,专户结余250万元。我市专项资金使用情况整体相对规范,能够做到专款专用、专户管理、专账核算,分配和拨付也符合规定的程序。六是开展了上级财政扶持资金、配套资金等专项资金检查。对山东华联矿业股份有限公司等8户企业上级财政扶持资金、配套资金等专项资金进行了检查,资金使用情况良好。

【严密组织,认真做好"小金库"专项治理工作】 按照上级关于开展"小金库"专项治理工作的统一部署,从4月中旬开始,在全市党政机关和事业单位、社会团体和国有及国有控股企业相继开展了全面复查、督导抽查、整改落实、机制建设和总结验收5个阶段的工作。全面复查阶段发现"小金库"问题事业单位1个,私设"小金库"1个,涉及资金4.41万元。受理群众举报2起,经核实不存在私设"小金库"问题。同时结合"小金库"治理,组织各区县、各党政机关事业单位、国有及国有控股企业、社会团体学习了贺国强同志关于"小金库"治理工作的指示精神;为充分利用"小金库"专项治理工作成果,发挥典型案例的警示教育作用,推动建立和完善防治"小金库"长效机制,市及区县治理办撰写了"小金库"典型案例信息13篇,并向省治理办报送4篇;在全市范围内开展"小金库"有奖竞答活动,全市共书面答题5346份,其中市级102个单位答题2816份。

【认真做好调研信息工作,为领导决策服务】 制定下发了《淄博市财政监督检查信息宣传和调研工作管理考核办法》。全市财政监督系统共撰写信息200余条,调研报告10余篇。其中向省厅监督局报送信息70余条,调研报告5篇,被省厅监督局采用信息13条;在省、市、区县级报纸、电台、网络等媒体发表各类信息31篇次。

(撰　　稿:唐　飞)
责任编辑:宓　雯
责任校对:张　暖

国有资产监管

【概述】 2011年,全市国有资产监管工作围绕全市财政年度任务目标,强化日常监管,不断完善制度建设,积极推进存量资产整合,推动企业深化改革,同时立足本职,做好国有资产监管的基础性工作,圆满完成了年初确定的各项目标任务。

【完善制度建设,加强资产监管】 一是以行政事业单位资产管理信息系统建设为契机,提高资产管理水平。根据省厅确定的运行流程,结合我市实际,研究确定市级资产管理信息系统运行流程,保证信息系统数据更新的及时性和准确性,保障系统功能的充分发挥。督促部门单位及时将增量资产录入系统,将报废核销的资产及时在信息系统中减少,确保信息准确无误。以信息系统为平台,做好资产数据的归集分析工作,及时为领导决策提供依据。二是建立企业国有资产监督管理机制。建立企业负责人经营业绩考核制度。结合我市现状,拟在不改变现行企业负责人管理体制的前提下,对其进行考核。考核业绩作为市委、市政府共享的信息,作为组织部门对企业干部考核奖惩、任免的依据。建立考评机制。通过科学订立考核目标、与企业负责人签订责任书、开展专项审计、考核结果媒体披露并与薪酬挂钩等措施,确保国有资产保值增值责任落实到位。建立重大事项报告制度。以贯彻落实两办"三重一大"决策制度要求为契机,建立完善符合我市实际的国有企业重大事项报告制度。逐步建立完善针对目前产权统计、财务报表报送等相关工作质量还不高,功能作用发挥不完全到位等问题,在加强审计,确保会计信息真实可靠的基础上,将各企业主要财务状况和经济效益指标通过快报、季报、年报等形式及时向市领导和有关部门汇报反映,国有企业信息报告制度。三是完善资产管理机制,提高行政事业单位资产管理水平。在省财政厅出台的对各市考核评价制度的基础上,探索建立了我市事业单位资产管理考核机制。制定印发了《淄博市行政事业资产管理工作考核评比试行办法》,从职能及机构队伍建设、资产管理制度建设、基础信息管理、综合管理、信息宣传及理论调研等方面对区县财政和主管部门进行考核,通过考评,完善了资产管理机制,为下一步对行政事业单位进行绩效考核打下良好基础。对事业单位的对外投资和以行政事业单位无形资产为依托兴办的与本单位相同或相关经营业务的各类经济组织,探索更加科学规范的管理体系,加强事改企资产的监管。根据省财政厅下发的土地管理、房屋管理和车辆管理的有关办法,通过财政审批、财政确认、产权登记和土地、房屋、车辆使用权过户等程序强化对行政事业单位资产的管理。做好资产租赁文本印制工作,印制前请专业人员把关,确保工作到位,不遗漏,并以此为契机,强化行政事业单位资产租赁工作。对市政府已授权有关单位经营的行政事业国有资产,与之签订委托经营管理责任书,明确责任义务;对市政府未授权经营的,研究出台租赁办法,规范租赁行为和收入管理。

【推动企业深化改革,促进企业健康发展】 以淄博市焦化煤气公司改制为契机,扎实推动城市公用企业改革。根据市政府《关于组建淄博鑫能能源集团有限公司有关问题的批复》(淄政字〔2010〕43 号)精神,组织中介机构对焦化煤气公司及其子公司全部资产进行了评估,并按照市政府的意见,由市国资办代表政府作为出资人,以评估后的全部净资产出资设立淄博鑫能能源集团有限公司，于2011年年初完成注册。淄博鑫能能源集团是通过焦化煤气公司及其子公司整体改制组建的企业集团，是我市积极推进实施集团发展战略和转方式、调结构的重大成果。该集团注册资本3.8亿元，由市国资办代表市政府行使出资人职能，持有淄博鑫能能源集团公司国有产权。作为资产总额超过5.6亿元的国有企业，淄博鑫能能源集团将在巩固发展传统燃气产业的同时，大力发展新型能源、煤化工和现代服务产业，积极探索新兴产业发展战略，依靠技术进步和管理创新提升企业和产品核心竞争力，通过产业整合和资本运作，推动企业快速、可持续发展。

【积极推进存量资产整合，提高资产利用率】 本着提高资产利用率的原则，积极推进存量资产有效整合。实施了原山林场、颜山宾馆、淄博宾馆、鲁中财会培训中心等四单位资源整合工作。制定了资源整合工作方案，对资源整合的基准日、范围、原则和时间进行了具体规定。组织了三个工作小组，加班加点，按时高质量地完成了市委、市政府交给的工作任务。其中：颜山宾馆成建制地合并到原山林场，既解决了职工的就业问题，又盘活了资产。鲁中财会培训中心全部实物资产划转给淄博宾馆，淄博宾馆搬迁至鲁中财会培训中心，原淄博宾馆的部分资产进行了公开拍卖。并协助有关部门解决颜山宾馆和淄博宾馆欠缴的社会保险费问题。

【加强对市属国有企业和市直行政事业单位房地产监管】 根据市政府办公厅《关于加强国有企业和行政事业单位房产土地使用权管理的通知》精神，对市直国有土地和房产进行了全面调查摸底。市国资办、市国土局、市房管局、市规划局四个部门联合下发调查通知，明确了调查范围、方法、目标和报送时间。通过调查，初步摸清了房屋和土地的基本状况，查找出了当前管理中的薄弱环节，为下一步做好市级国有房屋和土地的管理打下了基础。根据调查摸底情况，已基本建立市直单位房地产资产档案，并在此基础上提出整合管理意见。严格按照文件要求对国有企业和行政事业单位土地房产进行处置，建立起由国资、国土、规划、房管四部门联合审核，上报市政府审批的制度。

【做好国有资产监管的基础性工作】 一是做好产权登记，确保资产安全、完整、真实。完成了2010年度企业国有资产报表决算工作。汇总决算企业42户，其中市属企业25户、区县17户。全市42户企业资产总额494.47亿元，负债总额421.18亿元，净资产73.29亿元。完成了2010年度企业国有资产产权登记检查工作。企业国有资产产权登记检查企业42户，其中市属企业25户、区县17户；登记国有资产总额33.24亿元，其中市属企业25.19亿元、区县8.05亿元。完成了2010年度全市行政事业单位国有资产产权年检和信息统计工作。至2010年底，我市共有1558户行政事业单位纳入编报范围，其中市直单位327户、区县单位1231户；资产总额288.41亿元，其中市直单位资产总额110.24亿元、区县资产总额178.17亿元。完成了企业法律顾问继续教育及注册登记工作。根据省国资委的布置，组织聘请有关专家对淄博驻地企业法律顾问进行继续教育培训,培训企业法律顾问30人,并帮助其完成执业资格注册。二是加强基础管理,规范财务报表报送程序。要求企业定期向市国资办报送财务报表和财务分析报告,并实行报表联系人制度,按月对企业财务报表报送情况进行考核,每季度对市属重点企业报表进行汇总分析,强化对报表资料的分析利用,并对市属重点企业经济运行形势进行分析。三是加大监管力度,对市属部分企业资产财务情况进行检查。为加强对企业的日常监管,组织人员对市属4户重点国有企业及其重要子公司2008年1月1日至2010年12月31日的财务收支、资产运营、经营效益情况和企业执行财务会计制度、国有资产监管制度等情况进行了审计检查。对检查中发现的部分国有企业资产质量差、效益下滑、国有资产保值增值得不到保障等问题提出了整改措施,为今后加强企业国有资产监管奠定了良好的基础。

(撰　稿:刘长浩)

责任编辑:宓　雯

责任校对:张　暖

企业财政财务

【概述】 2011年,企业财政财务管理工作牢牢把握转方式调结构的工作主线,支持企业发展,壮大地方财源。大力推进节能降耗,积极落实好各项民生政策,强化财政科学化精细化管理,不断提高财政企业工作水平,较好地完成了全年各项工作任务。

【扎实推进转方式调结构增财源工作】 按照市政府的决策部署,设立了1亿元工业转方式调结构专项引导资金,把支持产业链发展作为推进工业转方式调结构的重要抓手和平台,重点扶持集成电路等产业链发展。加大力度支持重点产业和重点企业,兑现资金10709万元,支持新兴产业和重点行业、重点产业振兴和技术改造、百强重点企业和项目。积极支持中小企业做大做强,兑现财政资金12360万元,把重点扶持创新成长型工业企业、中小企业特色产业集群、企业上市融资、产业结构调整、"两化"融合等,作为推动转方式调结构的重点。积极支持企业产学研,推动企业自主创新和高新技术产业发展,拨付各类资金6232万元,重点用于企业技术中心、重点实验室、重点领域首台套技术装备、新能源产业发展等。大力促进服务业加快发展,兑现资金4769万元,集中扶持市委、市政府确定的重点服务业和物流业项目,推动服务业提质增效。兑现外经贸发展资金4189万元,提升外经贸发展的拉动作用,重点支持"走出去"、服务外包等新兴领域以及招商引资等。支持中心城区东部化工区搬迁工作，兑现新华制药等企业税收返还政策，促进了产业布局的调整。通过各方面的资金整合、政策集成，合力推动我市转方式调结构步伐。

【扎实推进环境保护和节能减排工作】 扎实推进环境保护工作。以生态市建设为主线，管好用好排污费专项资金，加大环保投入力度，累计拨付环保资金4820万元，推动环境质量持续不断改善。大力推进节能降耗，努力促进转变经济增长方式。严格按照《淄博市节能降耗专项资金使用管理暂行办法》规定，管好用好节能降耗专项资金，累计拨付资金6012万元，兑现节能降耗奖励政策，切实发挥资金使用效益，促进了节能减排目标的实现。

【不折不扣地落实好各项民生政策】 做好公用企业管理工作。累计拨付补贴资金25325万元，支持公用企业发展，确保供热、供水、供气及公共汽车等企业的正常运转。做好成品油价格改革财政补贴兑付工作。2011年，中央财政下达我市油价补贴17898万元，采取由车辆所属企业代发的办法发放，我们对资金拨付过程进行全程监督检查，确保了资金及时足额到位，维护了补贴对象的权益和社会的稳定。扎实做好职教幼教工作，妥善处理教师待遇问题。根据省财政厅的部署和要求，积极与人力资源、教育等相关单位对接，继续推进解决国有企业职教幼教工作。支持供销合作社强化为农服务功能，发挥好供销社改革创新发展专项资金的作用，扶持农村新型经营服务体系建设。拨付资金500万元，用于拓展“一个网络、两个平台”建设，加快构建农村现代经营服务新体系。加强安全生产工作。拨付专项资金756万元，支持安全生产综合监管信息平台和应急救援指挥中心建设，加大重大安全隐患治理力度，提升了安全生产管理水平。

【进一步完善财政基础管理工作】 严格财政预算管理和执行进度，加强年度部门预算和各项专项资金的管理，确保资金拨付及时到位。出台了四项财政专项资金管理办法，具体是《淄博市创新成长型工业企业发展专项资金暂行管理办法》、《淄博市服务业发展引导资金管理办法》、《淄博市中小企业发展专项资金管理使用暂行办法》和《淄博市供销社改革创新发展专项资金管理使用暂行办法》，进一步强化财政专项资金管理，提高资金使用效益。完善了财政资金项目库申报网络平台，建立了财政专项资金申报项目库。强化业务培训，提高干部的业务素质。组织全市财政企业政策培训、软件管理和项目库网络平台建设培训，组织对物联网、物流业等新兴行业财政支持政策的专题培训。做好专题调研，针对创新成长性企业发展、中小企业开拓国际市场、促进物流业发展、支持战略性新兴产业以及引导地方特色产业集群加快发展等方面进行专题调研。做好企业财务税收信息快报工作，快报户数突破1000户，达到1016户，纳入快报范围的企业上缴税金占国税、地税组织收入的比重达到74%。

（撰　稿：孙汝峰）

责任编辑：教传涛

责任校对：张　暖

非税收入管理

【概述】 2011年,非税收入管理工作切实强化收入征管,确保全市非税收入稳定增长,充分发挥财政综合职能,为支持地方经济社会发展发挥了积极作用。全市非税收入共完成120.01亿元,增长25.98%。其中,市级非税收入73.61亿元,增长27.76%;市级土地收益3.74亿元,增长3%;市级罚没收入完成1.67亿元,增长27%。

【大力抓收,财源建设成效显著】 切实强化非税收入征管,增加政府可用财力。一是抓"土地"龙头。全面推行招拍挂制度,提高招拍挂比例,同时将土地出让价款全面纳入非税收入征缴系统,实行"票款分离",避免随意减免及截留土地收入。2011年市级土地出让收入完成53.84亿元,完成年初预算的150%。二是抓系统控制。着力规范非税收入征缴,切实把所有非税收入纳入全省非税收入系统征缴管理,以"非税收入系统征缴率"为考核重点,以"收支两条线"和"票款分离"为抓手,大力强化非税收入稽查,确保应收尽收;着力提升信息化管理能力,随同省财政、交通等部门学习调研临沂市交警系统电子化征缴改革,同时加快推进财政票据电子化管理改革。三是抓考核导向。不断完善非税收入征管考核、奖惩措施,加强部门协作,健全财政、国土、住建、水利、人防等部门间联动征管机制,谋求合力优势,催生增长合力。四是抓基金筹集。大力做好地方水利建设基金测算计提,按照全市行政事业性收费和政府性基金总额的3%、中央对地方成品油价格和税费改革转移支付资金的3%、城市维护建设税的15%、"三税"基数的1%、土地出让收益扣除成本性支出的10%等五大类来源计提地方水利建设基金。2011年提取地方水利建设基金4.9亿元,全市可增加净财力6530万元。

【科学管理,完善征缴措施得力】 一是积极完善政策体系。制定出台《淄博市地方水利建设基金筹集和使用管理实施细则》,明确基金的筹集渠道和使用范围;印发《淄博市建材(水泥)下乡试点实施方案》,积极开展建材(水泥)下乡试点,促进农村住房建设与危房改造;拟定《淄博市水资源费征收使用管理实施办法》,进一步规范我市水资源费征收使用管理;制定出台《淄博市市级土地闲置费征缴工作考核暂行办法》、《淄博市耕地开垦费征缴使用管理暂行办法》、《淄博市土地整理项目资金管理暂行办法》,促进土地资源集约节约利用,加强土地资源保护和利用,优化土地资源配置,逐步盘活闲置土地,充分发挥土地资产效益,提高资金使用效益。二是稳步推进综合预算。将教育收费、彩票发行费外的非税收入全部纳入预算管理。同时严格非税收入预算编制，推行综合预算管理制度，按照“收益全部上缴、支出统筹安排”的原则，统筹安排各项支出，进一步增强政府统筹调控能力。2012 年非税收入预算 57.11 亿元，同比增长 11%，扣除帮困资金、地方水利建设基金等，形成可用财力 37.38 亿元。三是不断创新征缴方式，努力实现非税收入征缴电子化。着手开展 POS 刷卡、网银缴费等电子征缴改革试点，立足实现征缴规范、快速、便捷，积极促进非税收入直缴入库。

【深化职能，政策导向有所突出】 一是落实清理收费政策，优化经济发展环境。全面清理涉企和民生类收费，贯彻落实上级保障性住房税费减免政策，积极打造“民生非税”。二是立足“转方式、调结构”，促进两型社会建设。充分发挥非税收入在收费价格方面的调控作用，严格落实加强土地、水、电、矿产等资源环境类非税收入的征管政策。通过全力推行矿产资源“两权”转让审批制度，2011 年实现收入 7427 万元，完成年初预算的 514%。三是密切关注民生公益，促进社会和谐发展。为全市 174 名无军籍职工发放临时住房补贴，解决了无军籍职工政策待遇问题；发放财政补助 12466.6 万元，大力促进廉租房、公租房、棚户区改造、林场危房改造等保障性住房建设；及时拨付城乡医疗、社区服务中心、低保大学生补助乡村少年宫等上级专项彩票公益金项目资金，为全市福利和体育事业做出了重要贡献。

【重视“双基”，团队建设进步明显】 努力加强基层基础工作，为促进非税收入征管再上新台阶打下基础。一是搞好宣传培训。开展全市第五个“非税收入管理宣传月”活动，全面宣传非税收入征管政策。积极加大培训力度，不断提高征管水平。二是加强调查研究。重点开展非税收入征缴情况、征缴方式改革、财政支持保障性住房建设政策等省、市级专题调研，为进一步完善非税收入征缴管理，促进科学决策提供理论依据。三是以人为本，加强机关自身建设。努力打造学习型、创新型、服务型机关，全面提高团队协作、创新能力，在全市组织的“百个科室大家评”活动中取得综合类第 3 名的好成绩，营造了良好的工作格局。

（撰　　稿：张延振）
责任编辑：张学利
责任校对：张　暖

有偿资金管理

【概述】 2011年,全市有偿资金管理工作发扬“团结互助、尽职尽责、遵纪守法、共谋发展”的敬业精神,围绕财政周转金管理工作的具体要求,充分调动工作积极性,力求保全工作有新进展,回收工作有新突破,管理工作再上新台阶。全年保全财政周转金1.36亿元,完成年度计划的100.74%;回收财政周转金171.88万元,完成年度计划的107.43%,圆满完成两项量化目标任务。

【强化责任,做细做实基础工作】 增强责任意识,做细做实基础工作,是强化财政周转金管理的重要环节。为摸清财政周转金占用状况,2011年对市财政局管理的384户单位、409笔财政周转金,按级次、分布区域、占用情况等进行了彻底梳理,认真进行账目核对,积极采取措施完善保全手续,加强财政周转金的监护。在此基础上,制定了《资金回收保全工作动态情况表》,对欠款单位的生产经营基本情况进行了登记造册,加强了对财政周转金保全回收状况的实时分析。通过动态分析,及时反映资金占用变化情况,为领导决策提供了依据,为做好财政周转金保全回收奠定了基础。

【尽职尽责,做好财政债权保全工作】 随着企业发展和形势的变化,财政周转金管理工作面临的困难逐年加大,为确保完成年度量化目标任务,一是采取积极措施,完善保全手续,并把财政精细化管理的要求落实到具体工作中。层层落实,将保全项目落实到科,保全责任明确到人;对联系困难、无法实行定期对账的单位,实行寄发催款通知函的形式进行保全;对诉讼暂不能执行的单位,通过办理《债权凭证》的形式进行保全;对破产单位及时采取法律保全;登门挨户进行财政周转金的登记保全。二是进一步加大了周转金诉讼保全工作力度。切实加强了与市区法院、市仲裁机构等执法部门的横向联系,抓住有利时机,积极主动实现维权,几笔较大数额借款得到保全。如对某单位借款,在多年催收无效、单位不予对账的情况下,向市仲裁委提出仲裁申请,最终仲裁庭裁决,借款单位应支付本金730万元及资金占用费184.5万元,至此该借款单位拖欠的借款从法律上得到保全;积极征得省、市法院的支持与配合,做好某公司房产的查封工作,保全债权961万元;不等不靠,对3户一直拒绝核对账目、面临失去诉讼时效的借款单位,通过各方面的努力,多次登门做工作,终于使该单位重新履行了法律手续,210万元债权得到保全。

【强化管理措施,努力回收财政周转金】 将资金回收作为重点,通过召开一年一度的全市财政周转金管理工作会议,明确

2011年度工作任务和目标。根据借款单位履行《还款协议书》的情况，认真分析核实每个单位的资信状况、偿还能力、财政资金的安全性等各种因素，按借款金额的一定比例落实拟订年度回收计划。一是实行了借款项目的区域化管理模式，即按债权单位所在地进行管理责任到科，极大地提高了工作效率。二是继续实行市区财政部门配合联动措施，对部分借款单位实行市区共同催收或委托区县财政部门直接催收相结合的回收方式。三是各科室根据工作目标认真加以落实，通过召开财政周转金回收协调会、上门催收等多种形式，逐户与借款单位签订《还款协议书》，落实回收计划。四是加强日常工作调度和督查，按照制订的资金还款计划，督促借款单位按协议履行偿债义务。五是通过多次交流做工作，使部分多年不履行偿债义务的单位，重新签订《还款协议书》并开始履行还款。六是通过诉讼执行以物抵账、积极变卖的方式进行回收。

【加强资产管理，努力实现国有资产保值增值】 加强抵债、抵押资产管理工作，完善了现有资产的相关手续。通过与房管局、国土资源局以及相关企业调查取证，将柳泉商城四宗房产的手续资料全部补齐，从法律手续上有效地保护了国有资产安全。通过具有合规资质的拍卖公司，对历史遗留"以物抵账"的问题，进行全面清理变现。对部分闲置资产实行租赁形式，努力实现资产保值增值。

（撰　　稿：刘维刚）
责任编辑：李永洪
责任校对：张　暖

财政科研

【概述】 2011年，财政科研工作按照年初确定的工作思路，开拓创新，扎实工作，圆满完成了《淄博财政年鉴》编辑出版、《鲁中财会》和《财政研究资料》编发、课题研究、优秀调研成果评选及汇编、学会换届等各项工作任务。

【努力做好2011卷《淄博财政年鉴》编辑出版工作】 2011卷《淄博财政年鉴》秉承业已形成的编写风格，在框架结构保持总体稳定的基础上，实现了新的改进。图片部分得以调整、充实和优化，将各级领导莅临视察指导工作和局领导重要活动的部分放在前面，其他依次为文明创建、党风廉政建设、财政管理、支持经济发展、强农惠农、改善民生、城市建设等七大版块，考虑到内容的相近性，原收支平衡版块并入财政管理版块。文字部分包括财政大事记、机构和人员、特辑、领导讲话、全市财政工作、区县财政工作、重要法规政策、财税统计资料等八个版块，其中领导讲话为新增版块,替换了原来的财政文选,主要考虑到原编入财政文选版块的大部分文章已收录在每年编辑的《探索创新实践》一书中。2011卷《淄博财政年鉴》图文并茂、全面真实地记录了2010年全市各级财政部门深入贯彻落实科学发展观,抢抓机遇、积极作为、科学务实,在全力推进转方式、调结构、增财源、惠民生、促和谐等各方面取得的新的积极成就。2011卷《淄博财政年鉴》由中国财政经济出版社出版发行,全书66万字。同时制作了随书光盘。

【加大财政宣传力度,发挥财政科研工作喉舌作用】 作为淄博市优秀内部资料出版物,《鲁中财会》紧紧围绕局党组中心工作,不断加大宣传力度,努力提高办刊质量和水平,全年共编发6期。一是立足创新提高,优化栏目设计。新设"促转调增财源"栏目,连续6期全方位宣传全市各级财政部门在转方式、调结构、增财源方面的措施、成绩和经验。深入发掘中国传统理财经验和做法,在"齐国理财思想"栏目刊载反映《管子》财政经济思想的文章,做到传承有序、以史为鉴和启迪未来。二是紧跟财经热点,精选刊载内容。"专家视点"栏目刊载了2011年宏观经济走势与调控政策选择、构建城乡统筹的财税体制建议、遏制收入差距扩大的财税改革建议、提供保障性住房的建议等焦点问题,开阔了读者视野、拓展了读者思路。三是拓展宣传领域,扩大社会影响。积极拓宽稿件来源,与市直部门、高等院校、企事业单位和区县财政部门约稿合作,开辟了"区县长谈财政"等栏目,加强对基层一线财经管理经验的探讨、研究与交流,进一步扩大宣传效果和社会影响。

全年编发《财政研究资料》49期,重点刊发了转方式调结构增财源、宏观经济走势与调控对策选择、预算制度改革、分税制体制改革、化解地方债务风险等热点专题,及时、快速地反映财政经济改革的最新动态,将专家学者的一些前瞻性理论观点提供给有关部门和领导参阅,增强了对财政实际工作的启迪指导作用。

【创新方式方法,扎实开展调研工作】 一是积极做好全省协作课题研究。与济南、潍坊、临沂市财政局组成协作课题组,就加快小城镇建设问题进行协作调研。调研过程中,精心组织,周密安排,组织专门力量,深入基层实地调研,并抽调部分区县采取自上而下的联合调研方式,保证了成果质量,形成的1.5万字《加快小城镇建设促进农村经济社会又好又快发展》调研报告,荣获2010-2011年度山东省财政科研成果评选一等奖第一名。该课题在市委宣传部等七部门联合组织开展的"转型与创新"调研活动暨全市社科课题研究成果展示活动中也荣获一等奖第一名。二是创新调研方式。在11月召开的全市财政科研工作会议上,对调研工作进行了改革和完善:根据财政改革发展中亟待解决的重点难点问题拟定了《促进地方文化产业发展的财政政策研究》、《地方财政可持续发展问题研究》两个课题,根据各区县申报情况和工作优势,将各区县分为两个课题组,选题相同的为一组,便于参与同一课题调研的区县交流沟通、集思广益、协作调研,整合了力量,形成了调研工作合力。

【组织优秀调研成果评选,汇编《探索创新实践》一书】 为进一步推动全市财政系统调研工作质量和水平的不断提高,鼓励多出针对性强、对实际工作指导作用明显的优秀调研成果,更好地服务领导决策和财政改革发展,我们完善评选程序、细化评选标准,组织完成了2010年全市财政系统优秀调研成果评选活动,共评出优秀调研成果29项,其中一等奖5项、二等奖9项、三等奖15项。这些成果主题鲜明、论证充分,紧密结合财政中心工作,提出了许多建设性的意见和对策建议,对增强财政工作的前瞻性、预见性、针对性,促进财政改革与发展产生了积极的影响。将评选出的优秀调研成果汇编成《探索创新实践》一书,理论的指导参考作用得到进一步体现。

【召开工作会议,推动财政科研工作创新发展】 11月下旬在博山召开了全市财政科研工作会议,局党组成员、总会计师董博同志出席会议并作重要讲话,各区县、高新区、文昌湖区财政局分管领导、办公室主任、财政科研骨干共30余人参加了会议,这是多年来召开的第一次全市财政科研工作会议。会议传达学习了全省财政科研工作暨财政科研培训会议精神,表彰了2010年优秀调研成果,总结了近年来全市财政科研工作,安排部署了2012年财政重点课题调研工作任务,就办好《淄博财政年鉴》、《鲁中财会》及积极开展财政学会工作征求了意见及建议。同时,邀请市委党校管理教研部主任王怀昌做了"关于当前国际国内经济形势问题"的专题报告。会议的召开进一步提高了全市各级财政部门对财政科研工作重要性的认识,营造了浓厚的学术研究氛围,为推进全市财政理论创新,提高财政科研工作水平奠定了良好的基础。

【加强学会建设,服务财政改革发展】 一是精心筹备,牵头组织召开了淄博市第六届财政学会、会计学会暨第五届珠算协会代表大会。审议通过了淄博市财政学会、会计学会第五届理事会暨淄博市珠算协会第四届理事会工作报告,通过了《淄博市财政学会章程》、《淄博市会计学会章程》、《淄博市珠算协会章程》,选举产生了淄博市财政学会、会计学会第六届理事会和珠算协会第五届理事会。有利地加强了学(协)会建设,推动了财经理论研究工作的开展。二是收集整理学(协)会理事论文,组织力量进行多轮编审,出版了《淄博市第六届财政学会、会计学会暨第五届珠算协会代表大会文选》一书,全书39.5万字,由中国财政经济出版社出版。三是市财政学会秘书处积极组织会员单位和理事参加征文和社科成果评选活动。组织参加省财政学会"山东省转方式、调结构的财政政策"笔谈活动,择优选送28篇文章,省财政学会对我市的组织工作提出了表扬。组织参加省财政学会"改革与创新:山东财政可持续发展"征文活动,择优选送42篇文章。在淄博市第二十四次社会科学优秀成果奖评选活动中,市财政学会选送的一本专著和三篇论文全部获奖,其中一等奖一项、二等奖三项,所获奖项的等级和数量在市直综合经济部门主管的学会中均名列第一。四是积极组织局属相关单位和重点区县,认真填报财政部中国公共财政管理(2011)调研问卷(市级卷和县级卷),完成了对我市以财政预算为主的财政管理现状的全面调查。

【提供优质高效的摄影、摄像宣传服务】 本着服务中心、服务大局的宗旨,为局内重要会议、活动提供了优质高效的摄影、摄像宣传服务。同时,对摄影、摄像资料及时分类整理并妥善保存。积极配合有关科室办好宣传栏和在财政内部信息网上的宣传展示工作。

(撰　　稿:雷子朋)
责任编辑:李林城
责任校对:张　暖

政府采购管理

【概述】 2011年,全市政府采购工作按照"抓两头、控中间、夯基础"的工作思路,突出抓好规范化建设,完善内外部监管控制体系,进一步提高服务水平和工作质量。全市完成政府采购额43.16亿元,节约额7.26亿元,节支率14.4%;其中市本级完成政府采购额11.51亿元,节约额1.77亿元,节支率13.3%。同时按照局党组安排部署,认真做好公务用车问题专项治理工作。

【加强政府采购监督管理,提高政府采购工作水平】 一是抓两头,保证采购效率和效益。认真编制政府采购计划。根据批复的2011年部门预算和政府采购预算,及时下发文件,要求部门单位把属于政府采购的项目编制采购计划,并对归集的采购计划分析、整理,将计算机、打印机、复印机、数码产品、车辆等项目,相对固定采购时间,形成切实可行的采购计划。强化履行政府采购合同。结合计算机、打印机、复印机、数码产品等项目标准相对统一、技术参数比较直观、验收相对简单的特点,对部分单位的相关采购项目验收情况进行了抽查。通过验收抽查,严格了纪律,保证了政府采购项目完整性。二是控中间,规范采购过程监管。制定了全市统一的监管文件格式和范本,明确了统一的监管运作程序和各环节监管的内容,实现了政府采购监管标准化。要求区县政府采购监管部门按照统一的要求,对采购文件仔细审查、认真把关,采购文件要公平合理,不得存在歧视性和排斥潜在投标人的条款。重大的采购项目,其采购文件要引入专家会审制度,杜绝采购文件"带病"发出。严把采购程序关,重点强化开标、评标现场对用户代表、评委评标过程的监督,要求按照招标文件确定的评标办法客观公正地打分,不得发表不利于评委打分或诱导性的言语,做到阳光采购。三是夯基础,规范政府采购运作。完善政府采购专家库。按照省厅要求,保质保量地完成专家库充实人员工作,特别是向有关高等院校、科研院所发出邀请,将许多业务素质高、道德水平高、协调沟通能力强的专业人员充实到省、市政府采购专家库。加强培训。4月组织全市具有政府采购代理资格的代理机构业务人员进行了集中培训,系统讲授政府采购项目操作规程,按照不同的采购方式制定不同的规范化监管标准文本和采购项目资料标准文本,并将可能引发质疑、投诉的细节作为切入点,通过不同的案例,提高受训人员的业务水平和处理事物的能力。就有关的疑难问题,由代理公司发言,探讨实际工作中解决问题的方式方法。同时对代理公司提出了更加严格的廉政纪律,为保持政府采购队伍的健康、纯洁和代理业务的规范开展奠定了基础。

【扎实做好全市公务用车问题专项治理工作】 根据省委、省政府部署和我市专项治理工作方案的安排,坚持清纠并举,边审核,边纠正,边规范,不等不靠,确保专项治理工作稳步扎实推进。一是加强领导,落实职责。根据全省公务用车问题专项治理工作会议精神,我市专门成立了由市纪委、市委办公厅、市政府办公厅、市监察局、市财政局、市委组织部、市编办、市发展改革委、市公安局、市审计局等为成员单位的淄博市公务用车问题专项治理工作领导小组,在市财政局设立办公室,负责全市公务用车问题专项治理的日常组织协调工作,并抽调纪委、财政、编办、公安(交警)等人员组成了综合、政策、督查三个工作小组,明确了各小组工作职责。二是快速部署,措施到位。根据省实施方案要求,结合我市实际,制定了《淄博市公务用车问题专项治理工作实施方案》,对专项治理各阶段的工作作了部署安排。各区县、各部门(单位)也立即组成专项治理工作领导小组,制定了公务用车问题专项治理工作实施方案。专项治理工作共分四个阶段:动员部署(截至5月31日)、清理纠正(6-9月)、重点检查(截至10月20日)、建章立制(截至11月20日)。工作中,各级注重健全工作机制,落实公务用车问题专项治理工作责任制,一级抓一级,层层抓落实,形成了公务用车治理齐抓共管、协调统一的良好工作局面。针对登记自查阶段各部门单位存在的顾虑和问题,市公车治理办公室积极开展宣传教育活动,阐明这次公车治理工作的重要性和现实意义,严格执行党政机关和领导干部公务用车编制配备和使用管理规定,严格配备标准、严格牌照管理,健全规章制度,进一步提高公务用车编制配备和使用管理的科学化、规范化和制度化水平。各级公车治理办深入到交警车管部门,对照车辆品牌型号、购置落户时间、购买价格、车牌号码、排气量、车辆类型等信息,逐一核实甄别,对照车辆查单位,防止出现错报单位;对照单位查车辆,防止出现车辆漏报。对于审核过程中发现的调出未过户车辆,要求单位尽快联系过户,漏报的车辆,及时上报。同时按照省公车治理办的要求,认真开展登记自查工作"回头看",补充登记漏报车辆,修正登记信息错误的车辆。对出现问题较多的单位进行了现场抽查,抽查车辆行驶证、固定资产账,核实车辆运行费用,车辆审查面达到了100%。通过核实,发现部门单位有364辆车漏报,组织人员及时进行了补报,确保了统计数据的准确性。对违规的超标车、借(换)车逐一进行了核实甄别统计,为清理纠正违规车辆奠定了基础。三是把握界限,统一政策。公车专项治理办公室人员认真学习了中央、省、市对公务用车管理方面的规章制度,并针对本次专项治理工作中遇到的新问题、新政策,积极与省专项治理办公室联系,并及时传达到各区县各部门(单位)。专项治理办公室及时编发了专项治理《工作简报》,转发了上级文件,保证了政策迅速落实。要求各区县认真对照编制管理部门提供的单位数量、性质、人员编制及实有人员状况,分清单位部门的性质、理清机关、直属事业和所属事业单位个数,保证数据填报准确。特别要求区县不仅要抓好本级部门单位情况的核查,还要把镇级的单位数量弄清查实,不留死角,保证专项治理工作的全面、准确,确保取得实实在在的效果。

【做好创建文明城市和"百个科室大家评"工作】　一是认真做好创建文明城市的资料申报工作。按照市里部署,根据政府采购工作实际,认真整理能够反映创建文明城市的资料和文件,汇集成档,上报市创建文明城市办公室。二是做好"百个科室大家评"工作。按照要求,及时向社会公布了淄博市政府采购办公室工作职责、办事项目、办事程序、办事时限和优质服务措施,向有关部门单位发放了《致管理服务对象的一封信》,征求对市政府采购办公室监督管理工作的意见和建议。并根据市纠风办反馈的部门意见,提出今后政府采购工作监督管理的措施和方向,促进政府采购工作的开展。

(撰　　稿:周　明)
责任编辑:黄家俊
责任校对:张　暖

财政信息化建设

【概述】　2011年,全市财政信息化工作以财政应用支撑平台建设为重点,全面开展财政核心业务系统升级改造,加强网络运行维护管理,大力推进财政一体化建设,为财政工作科学化、精细化管理提供有力的技术支撑和保障,较好地完成了各项工作任务。市局荣获"十一五"淄博市信息化工作先进单位荣誉称号。

【发扬创先争优精神,做好技术服务工作】

按照年初确定的工作思路和工作计划,计算机中心以科学发展观为指导,以认真负责的工作态度,积极推行工作目标管理岗位责任制度,学习与业务工作相互促进,在提高服务质量和工作效率上下功夫,全面推动财政信息化建设各项工作落实,取得了明显成效。在工作中,进一步发扬创先争优精神,始终坚持用户至上的原则,结合计算机中心业务实际,提高服务意识和业务水平,不断改善服务质量,提高工作效率,对局内业务科室以及市直预算单位、银行等用户提供有力的技术支持。强化服务保障意识,提升服务能力,及时解决问题和排除故障,做到文明服务、优质服务,为财政工作提供高效稳定的信息化应用环境。全市财政应用支撑平台建设启动以来,面对平台建设时间紧、任务重、人手少的实际情况,工作人员加班加点,团结一致,努力工作,圆满完成了全年各项工作任务。

【开展市级财政应用支撑平台建设,平台核心业务系统上线运行】 按照财政部、省财政厅统一部署,全面开展了财政应用支撑平台建设工作。年初进行了平台建设的前期调研,3 月带领沂源、淄川、临淄等区县,赴日照、泰安等地实地考察、学习了全省平台建设试点及兄弟市的先进经验,综合比较多种平台实施方案。7 月全省财政信息化工作会议暨应用支撑平台建设会议召开以后,我市迅速开展了市级财政应用支撑平台建设工作,成立了淄博市财政应用支撑平台建设领导小组,制定印发了《淄博市市级财政应用支撑平台建设实施方案》。总体目标是建设市级财政应用支撑平台,形成完整的财政业务基础数据,并基于平台进行表层应用系统的开发、接入和整合,着力构建集中化、一体化的财政业务“大系统”,通过平台实现业务系统的数据共享、工作协同。平台建设参照日照试点模式,核心业务系统建设以生长模式为主,其他业务系统以接入模式为辅。建设周期上按照统筹规划、分步实施的原则,分两个阶段进行。第一阶段 2011 年 10 月前完成,建设内容:基于平台“生长”核心业务系统,主要包括部门预算编制系统、指标管理系统、集中支付系统、公务卡系统、账务处理系统、工资统发系统、综合分析查询、CA 安全管理认证系统、门户管理等系统。第二阶段(2012 - 2013 年)建设内容:政府采购管理系统、非税系统接入、行政资产系统接入、财税库横向联网系统接入、乡镇财政资金监管信息、一事一议财政奖补资金信息、预警监控系统等其它应用系统开发建设。指导区县全面完成区县级财政应用支撑平台建设工作。实现省、市、县三级平台数据的纵向贯通。

市级财政应用支撑平台建设方案报经省财政厅批准以后,8 月正式启动,在工作中强化平台建设项目管理,按时保质保量地完成各阶段工作任务。对平台实施方案进行论证,东软公司平台建设项目组正式进驻,开始进行业务梳理和软件开发。9 月,对平台硬件设备进行政府采购,完成了平台硬件系统的环境搭建。10 月,组织业务科室、代理银行和预算单位对平台进行测试和功能优化。对财政用户、银行用户和预算单位用户分批次进行了平台相关业务培训,共计培训 450 多人次。截至 10 月 22 日,经过三个月的紧张施工,平台一期建设任务已经基本结束。自 10 月 24 日至 28 日,组织预算单位、代理银行、市局业务科室集中进行平台测试和在途数据处理工作。10 月 29 – 30 日,对业务系统历史数据进行迁移,10 月 31 日,核心业务系统正式上线运行。一期上线的业务系统有预算编制、指标管理、集中支付、公务卡、工资统发、账务管理等系统。平台上线后,启用了财政综合业务管理平台,财政相关业务科室、代理银行、预算单位集中在平台中办理相应财政业务。原老版集中支付、公务卡、工资统发、账务管理等系统停用,正式启用平台内新版业务系统。平台上线后系统运行顺利,大大提高了业务系统运行效率,实现了跨系统业务数据共享。同时,根据业务科室提出的平台业务模块功能修改意见,积极组织平台项目组进行系统完善。2011 年底,配合业务科室做好平台数据结转和对账工作,确保了新旧系统平稳过渡,数据资料万无一失。

【认真做好财政各业务系统的日常维护工作】 以认真、专业、务实的工作态度做好业务系统服务器及系统后台运行维护。加强对各业务系统服务器及后台系统的监测,发现问题,及时处理,同时做好应用系统的数据备份及优化调整等工作,保证系统正常稳定运行,各项财政业务数据安全。为财政部门、预算单位、银行等用户提供良好的技术支持,及时解决各种技术问题,保证财政各业务系统稳定运行。一是继续做好财税库横向联网的日常维护,协调人民银行、国地税、代理银行之间的工作配合,保证系统正常运行,税款及时入库,收入查询系统数字准确及时;二是配合预算和业务科室做好 2012 年度部门预算的编制工作;三是做好国库集中支付系统的日常维护和保障工作;四是做好非税征管、行政事业单位资产管理、一本通、会计管理、远程教育等业务系统的服务器日常维护工作。

【开展 CA 安全管理系统建设,保障财政网络和业务系统安全】 平台建设以来,财政综合业务管理平台系统和数据安全的重要性日益突出。为确保系统稳定运行和业务数据的安全,2011 年启动了市级财政身份认证及授权管理系统(简称 CA 系统)建设。该系统是用于鉴别和确认网络及应用系统的用户合法身份,保障网络及应用系统安全。确保财政业务系统用户身份的真实性、访问权限的有效性以及数据信息的机密性、完整性和不可抵赖性。通过以硬件 USKY 形式对财政合法用户发放数字证书,根据用户真实信息,由 CA 系统生成和派发给财政业务用户唯一身份标识,以此来登录市级财政综合管理平台,办理相应业务。市级 CA 系统于 8 月开始进行项目规划论证,10 月开始部署实施,进行硬件环境和相关系统功能测试。11 月开始对财政业务科室、预算单位、代理银行的相关用户信息进行采集,制作数字证书。12 月开始面向财政用户、预算单位、代理银行发放数字证书,共计发放 USKY433 个,其中局内财政用户 90 个,预算单位 277 个,代理银行 66 个,同时制定并印发了《淄博市财政身份认证与授权管理系统应用安全接入和证书使用管理办法》,规范了数字证书的使用、领取以及日常管理细则。12 月中旬进行了 CA 系统试运行,试运行期间系统稳定,用户登录和后台管理正常。

【加强计算机日常应用和管理，提高行政管理工作信息化水平】 一是做好对全局范围内的计算机安全保密的日常管理工作，组织了互联网网络电子邮箱的专项检查。提高局属各单位计算机及存储设备使用的安全保密意识，有效地预防了我局计算机应用失、泄密情况的发生。在市委市政府组织的安全保密联合检查中，我局的计算机安全保密管理工作得到了充分肯定，被评为2011年度全市保密工作先进单位。二是认真做好正版软件专项检查工作，积极推进正版软件的使用，制定了《正版软件界定办法》，严格按要求对各电脑终端使用的操作系统、办公软件及杀毒软件进行检查、登记。通过检查，摸清了我局正版软件的使用情况，局属各单位进一步树立了版权意识，并在正版软件推广中鼓励使用国产软件。三是规范计算机杀毒软件的使用，保护了计算机设备及财政内部网络的安全，免受病毒攻击。四是保障财政办公自动化系统的正常运行，对工作岗位变动的工作人员及时进行系统设置调整，提高机关公文处理水平和工作效率。五是做好淄博财政内部信息网站的维护工作。网站及时反映淄博财政工作动态，信息丰富，对于进一步加强财政宣传与信息交流，促进各项工作高效运转发挥了积极的作用。全年淄博财政内部信息港总浏览人次突破390万，共发布各类信息近千条。

【机房服务器设备升级，财政内网提速，机房网络维护水平进一步提高】 一是更新部分服务器，保障平台建设和CA系统的顺利实施。结合应用支撑平台和CA系统建设，新增添七台服务器，一台存储设备，淘汰了部分使用年限较长的服务器，极大地改善了核心业务系统的硬件运行环境。二是对财政内网主干线路进行提速。积极联系相关部门，组织技术力量进行财政内网线路和设备改造，全面完成了省厅至市局、市局到各区县的财政内网线路提速升级改造工作，财政内网纵向主干线路由以前的2M带宽提速为10M带宽。财政内部网络更加通畅，通信质量和效率大幅提高。三是采取多项措施保障机房设备正常运行。严格执行机房硬件及系统维护管理办法，明确责任，落实分工。加强了对机房服务器和精密空调和UPS电源设备的监控力度，对机房设备每天进行例行检查，每季度组织技术力量进行全面巡检。设备一旦出现故障，第一时间组织力量维修排除，确保网络和机房安全运行。四是做好视频会议系统的维护工作，认真做好设备检测和会议期间的试机试线，以及日常维护工作。根据省财政厅下发的视频系统操作规范，对视频会议室进行优化改造，做好技术保障工作，使电视会议系统线路通畅，信号稳定。五是完成了入侵检测及漏洞扫描系统部署。按照财政部及省财政厅要求，12月安装了入侵检测及漏洞扫描系统，并调试成功，对机房服务器开始定期扫描。同时新购置IBM服务器一台，专门用于入侵检测系统后台管理。

【进一步推动区县财政信息化工作向纵深发展】 根据“金财工程”建设下管一级的原则，进一步加大了对区县财政信息化工作的指导力度，推动区县财政信息化工作向纵深发展。一是全面推进区县财政应用支撑平台建设工作。4月,将沂源县作为我市平台建设试点,率先在全市开始平台建设工作,于6月完成平台建设并成功上线运行。8月5日在沂源县召开全市财政信息化暨财政应用支撑平台建设工作会议,传达全省会议精神,现场观摩沂源县平台建设试点成果,部署区县的财政应用支撑平台建设工作。指导区县全面开展区县级财政应用支撑平台建设。各区县结合本地财政信息化应用情况,迅速展开了平台建设工作。至年底,已有沂源、淄川、张店、临淄等区县平台建成上线运行,其他区县相继开展了平台上线前的业务梳理工作,完成了平台硬件采购和搭建,为明年平台上线做好了硬件基础准备。同时,市级财政拨付区县平台建设专项资金135万元,结合各区县平台建设情况,给予了相应的平台建设补助。在区县平台建设模式上,全部采用东软公司平台建设模式,业务系统以生长模式为主,核心业务系统要求市区两级统一。区县级平台建设均按照财政部及省财政厅平台规范标准来具体实施,核心业务系统均统一基于原先省财政厅推广的县级版预算编制执行系统进行升级改造。二是开展乡镇财政信息化应用调研,结合基层财政管理工作的要求,对乡镇财政线路联网、业务系统应用情况进行实地调研,积极探索提高乡镇财政信息化应用水平的方式方法。三是举办了区县财政CA系统培训班,面向区县财政信息中心培训CA身份认证和授权管理系统的相关知识,指导区县结合平台建设同步开展CA系统建设。

(撰　　稿:伊　军)
责任编辑:李永洪
责任校对:张　暖

财政投资评审

【概述】 2011年,财政投资评审工作积极完善工作机制,丰富评审内涵,狠抓评审质量,力创评审精品,评审工作水平和质量全面提升。在11月进行的全省财政投资评审集中点评活动中,淄博市财政局被授予“山东省财政投资评审最具影响力单位”称号,评审中心被确定为2011年度全省财政投资评审工作优秀单位。

【丰富内涵、拓展空间,评审工作实现跨越式发展】 2011年,全市完成评审项目821个,评审值51.63亿元,审定值43.95亿元,审减值7.68亿元,审减率14.88%。其中市级完成评审项目50个,评审值10.37亿元,审定值9.06亿元,审减值1.31亿元,审减率12.63%。财政评审规模稳定增长,评审范围进一步扩大,质量稳步提升,评审工作呈现了良好的发展态势。一是评审规模连创新高。全市财政投资评审规模大幅增长，评审实效显著提升。评审项目突破800个。全市共完成评审项目821个，比上年增加212个，增长35%。评审额突破50亿元。全市完成评审额51.63亿元，同比增加10.26亿元，增长25%，保持了高位快速增长的态势。其中区县级完成评审值41.25亿元，同比增加10.44亿元，增长34%。审减资金突破7亿元，达到7.68亿元。评审中，始终坚持“不唯减、不唯增、只唯实”的评审理念，认真“评”好每一个项目，客观“审”定每一分钱，不仅为各级政府节约了大量“真金白银”，提高了资金使用效益，而且及时弥补了项目申报中的漏项，在保障重点事业发展、缓解财政收支压力、化解潜在管理风险、提高财政管理科学化精细化水平、提高财政资金使用效益等方面发挥了重要作用。二是评审内涵更加丰富。以服务财政预算管理为主线，不断开拓评审范围，完善评审环节，把握评审重点，为实现财政科学化、精细化管理提供了专业技术支撑和服务。评审范围“广覆盖”。在巩固基本建设类资金评审的基础上，逐步将专项资金、部门预算支出、土地复垦整理资金及外国政府贷款等涉及财政资金的各类项目纳入评审范围，使财政评审真正渗透到财政支出的各个方面。通过对财政支出的合理性和资金管理使用情况进行审核评价，进一步优化支出结构，规范预算资金分配，促进资源的合理配置，充分发挥了财政评审的“参谋”和“哨卡”作用。如对某业务经费的评审中，针对预算编制不细致、取费不合理等问题，严格把握政策界限，进行认真测算，由提报预算的1068.90万元，审定为833.81万元，审减资金235.09万元，审减率21.99%，节支效果显著。评审环节“全过程”。积极探索评审工作服务财政管理科学化精细化的最佳方式，不断前移评审关口，进一步完善了“方案论证—预算评审—过程跟踪—结算评审”的全过程、全方位评审体系，为财政支出管理和政府投资决策提供了重要技术支撑。市局先后参与了市委印刷所设备升级改造、移动警务系统及图像信息综合应用平台建设、电子政务系统维护等项目的前期可行性论证，涉及项目概预算投资2亿元。如在对某项目方案论证中，本着实用性、经济性的原则，通过现场调研和技术论证，由提报的868万元审定为564.18万元，审减资金303.82万元，审减率35%。三是严把质量，精益求精。全市各级财政投资评审机构不断强化质量优先意识，狠抓项目评审质量管理，切实推动了财政评审事业的科学、规范和健康发展。评审质量保障机制不断完善。对每一个评审项目，严格执行项目“三审”和内部稽核制度，认真把好现场勘查关、专家论证关和质量稽核关。严格推行“谁评审谁负责、谁失误谁担责”的项目评审责任追究制度，明确财政评审人员在项目评审中的权利、义务和责任，增强责任意识和质量意识，在提高财政资金效益的同时，确保评审质量。如高青县结合项目特点，通过实行领导负责制、建立部门协调联动机制、合理利用专家库及健全廉政风险防范机制等四项措施，切实保证了评审结论的客观、准确，提高了财政投资评审质量和工作水平。评审工作的科学化精细化水平不断提高。加强业务培训，举办投资评审业务培训班。结合评审案例，从市政、道路、绿化、管网等项目评审的重要性，隐蔽工程签证、工程量计算等，建设工程结算定额套用、取费审核方法，以及如何有效加强签证价格控制等方面，详细讲授了建设工程项目评审的重点、难点、要点，需要注意的问题以及评审的方式方法等，丰富了全市评审干部的评审理论和评审经验，使大家系统了解掌握了建设工程造价全过程评审尤其是结算评审的要点和方式方法。“评”、“研”结合不断深入。大力推行研究型评审，认真做好财政投资评审信息的归纳、分析和提炼，及时将评审结论转化为有深度、有高度、有价值的调研成果，将单纯的评审结论转化为针对性和可操作性强的对策建议。2011 年，全市累计提出合理化评审对策建议 1000 余条，最大限度地发挥了财政投资评审在投资决策、资金管理等方面的作用。四是力创精品，影响显著。近年来，各级评审机构按照“出大作、出精品”的工作要求，着力培养精品意识，启动精品工程，打造精品项目，切实提升了评审工作的影响力，引起了社会各界的广泛关注，精品项目的示范效应和带动作用得到了充分发挥。有代表性的是张店城区建筑物外立面整治项目结算评审，市中心抽调精干力量，创造性采取“先测量，后提报”、“先询价，后提报”、“先论证，后评审”的结算评审方法，全程实测实量，保质保量按时完成了结算评审任务。一期项目送审值 20457 万元，审减资金 6870 万元，审减率达到 33.58%；二期项目送审值 38909 万元，审减资金 14929 万元，审减率高达38.37%；三期项目送审值 10421 万元，审减资金 3570 万元，审减率 34.26%。三期项目累计审减资金 2.54 亿元，节支效果非常显著，得到了市领导的高度评价，极大地提升了投资评审的影响力。借助精品项目，投资评审工作得到了更为广泛的认可，路子越走越宽，影响力越来越广，服务领导决策和财政预算管理的空间越来越大，为我市经济又好又快发展提供了强力支持。

【建章立制、扩大影响，区县评审工作水平不断提升】 2011 年，区县级财政投资评审机构积极探索、大胆创新，通过构建科学合理、权责明确、运行规范的评审工作机制，促进了财政投资评审工作的科学化、精细化。全年共完成评审项目 771 个，评审值 41.25 亿元，审减资金 6.37 亿元，节支效果显著。一是评审机制进一步完善。区县评审机构立足全过程、全方位项目资金管理，不断完善投资评审职能，进一步拓宽评审服务领域，初步构建了包括工程预、结算评审和专项资金评审在内的评审体系和工作机制，为财政支出监控和政府投资决策提供了重要依据。如淄川区，建立了财政资金评审工作“齐参与”、财政资金评审范围“广覆盖”、财政资金监管“全过程”的“大评审”管理机制，开创了财政资金绩效管理的新局面。《中国财经报》、《大众日报》、省财政厅《财政情况》、淄博市委政策研究室《决策参考》等先后对“大评审”管理机制进行了登载。二是评审制度建设实现新突破。区县级财政投资评审机构把制度建设放在重要位置来抓，出台了财政投资评审工作管理办法、操作规程等30余个文件,明确了工作职责,规范了工作流程,理顺了财政内部关系,使评审工作逐渐走上制度化、规范化轨道。三是评审队伍规模不断壮大。区县级高度重视财政投资评审机构队伍建设,文昌湖区挂牌成立后,第一时间成立了财政投资评审中心。区县在职评审人员由2009年的15人,发展到现在的32人,其中具有高级会计师、工程师、注册会计师、造价师等专业职称和资质的专业技术人员12人。高素质的评审队伍,为高质量开展评审工作提供了智力支持。尤其是淄川区和桓台县,正式在职评审人员分别达到6人和7人,涉及经济、财政、工程等各个专业,有力推动了评审工作的深入开展。四是评审工作的影响力不断提升。各区县不断加大工作力度,评审工作取得了显著成绩,越来越受到各方面的支持和重视,得到了区县党委政府的高度评价和大力支持,财政评审工作影响力大幅提升。在11月份进行的全省财政投资评审集中点评活动中,博山区财政局、淄川区财政局、临淄区财政局、高青县财政局被授予山东省财政投资评审最具影响力单位称号。

【开展财政支出绩效评价,服务财政支出管理】 认真贯彻各级领导对财政支出绩效评价工作的指示精神,紧紧围绕“拓展范围、提升质量、扩大影响”的工作目标,继续完善以部门预算为切入点,以项目支出为重点,以制度建设为保障,事前、事中、事后全过程评价以及各部门自我评价、财政综合评价为一体的财政支出绩效评价工作机制,深入有序的推进绩效评价工作。一是高质量完成了27个项目的绩效评价。从强农惠农、社会保障和就业、重点社会事业等专项支出项目中选择了中小企业发展专项资金、秸秆综合利用补助资金等27个绩效评价项目,评价资金18亿元。相比2010年,绩效评价资金类别、项目数量、投资总额都实现了较大幅度的突破,有力推动了绩效评价“扩面增量、提质增效、全面铺开”预期目标的实现。在项目评价中,始终坚持服务财政管理科学化、精细化的原则,在全面进行项目经济效益、社会效益、生态效益评价的基础上,重点对部分重点项目、民生项目在转方式、调结构、保重点、促民生方面所发挥的作用进行了重点评价。根据省厅部署,市、区县两级评审机构共同对山东省2010年度加强就业培训提高就业与创业能力培训、2006－2010年度中央投资农村沼气项目开展了绩效评价工作。二是举办了“全市深入开展财政支出绩效评价,积极推进绩效财政建设”的讲座。通过讲座,区县财政部门对财政支出绩效评价工作有了基础性的认识,初步掌握了开展绩效评价工作的方式方法,以及进行每一类项目评价的切入点,为今后财政支出绩效评价工作全面推开打下了坚实基础。

【加强信息宣传理论调研,营造良好工作氛围】 加大信息宣传力度,充分利用各种媒体、平台充分展示评审工作的新思路、新举措、新进展、新成效,进一步扩大了中心的社会影响力。一是注重加强信息收集,完善中心财政内部信息网络建设,初步建成了上下联动、信息共享的评审管理平台,提高评审业务信息化水平。

二是积极向各有关部门宣传在政府建设项目监督管理上财政投资评审的作用,通过介绍具体项目评审成果,赢得了市直部门的理解和支持。三是深入开展调查研究,注重了解全市财政投资评审工作情况,就财政评审工作中的重点、热点、难点问题进行深入调研,研究制定理论调研规划,认真撰写调研报告,加强全市财政投资评审工作的业务交流。四是借助媒体、网络平台,展示财政评审成果及经验,有效提升了我市财政评审工作的知名度和认可度。一年来,采用信息、简报,调研报告、工作交流等形式向主管部门报送信息60余篇,网上发布200余篇,其中《关于加强我市财政支出事前绩效评价工作的调研》一文被收录进《探索创新实践—2010淄博财政调研成果选》,并荣获全市财政系统优秀调研成果二等奖;《关于我市财政支出绩效评价工作开展情况的调研》一文刊登在《鲁中财会》2011年第四期上。

(撰　稿:张　峰)
责任编辑:李永洪
责任校对:张　暖

办公室工作

【概述】 2011年,在局党组的正确领导下,办公室紧紧围绕全市财政工作中心,强化决策服务,促进督查落实,抓好政务协调,圆满完成了各项工作任务。

【抓好综合文字和调研工作】 紧紧围绕财政工作大局,充分发挥办公室政务综合职能,切实抓好决策服务工作,较好地发挥了参谋助手作用。严谨细致地做好综合材料的起草和撰写,全年共形成综合文字材料40多万字,保证了各项政务工作的需要。健全完善调研工作制度,年初,结合局领导工作分工,经局长办公会研究,确定了年度重点调研课题,明确了分管领导、责任科室和完成时限等,为全年调研工作的顺利开展奠定了基础。年中,围绕支持转方式调结构、推动财政可持续发展等,组织人员深入开展调查研究,组织完成了多篇具有较高参考价值的调研报告,有效服务了领导决策。

【强化督查协调工作】 紧紧围绕上级和局党组重大决策部署,加大督查工作力度,确保了各项决策部署的贯彻落实。一是抓好上级领导批办件的督促办理。全年协调、配合和督促办理560余件市领导批办、交办件,均按规定时限办理完毕,无一贻误。二是抓好局党组决策部署事项的督查落实。对局党组的重大决策部署和重要工作安排,做到及时督办,营造了狠抓落实、务求实效的良好工作氛围。健全完善量化工作指标制度,年初结合财政工作实际,将全局年度重点工作任务分解落实为100多项量化工作指标,抓好年中工作督查，定期通报工作进展情况，确保了局党组部署的各项工作任务不折不扣地落实到位。三是认真做好人大代表建议、政协提案办理工作。2011年共办理人大代表建议、政协提案56件，内容涉及新农村建设、区域发展、社会保障和就业、医疗卫生、文化教育等多个方面和领域，工作中继续完善重点走访座谈、面复会等工作机制，圆满完成了人大代表建议、政协提案的办理工作，代表、委员满意率达到100%。

【抓好信息宣传工作】 围绕财政工作中心，抓紧抓实抓好财政信息宣传工作，继续保持了各级信息宣传评比先进位次。淄博市建立部分退役士兵老年生活补助制度、保障群众温暖过冬、淄博市财政“十二五”规划建立健全“五大体系”、淄川区推进财政科学化精细化管理等多条信息被财政部采用，淄博市大力培育创新成长型企业引领带动战略性新兴产业发展等信息被省政府采用，另有110多条信息被省财政厅和市委、市政府采用或以特刊、调研版等形式刊用，进入了决策层，财政信息在服务领导决策、反映工作开展方面的重要作用得到充分发挥。抓好宣传工作，对重大财经政策、民生政策落实、财政工作取得的成效等，主动协调新闻媒体做好宣传工作，全年在市级以上报刊发稿5.4万多字，市电台、电视台发稿45条次，其中在《中国财经报》、《中国财政》等中央媒体发表稿件1.1万字，为财政工作开展营造了良好的舆论氛围。

【做好政务服务工作】 认真做好重要会议、重要活动组织协调工作，注重细节，讲求效率和质量，有效避免工作纰漏和失误。加强公文管理，及时做好公文收发、传递、办理和督查等工作，确保了政令畅通。组织开展了全市财政系统公文处理比武活动，提高了干部职工公文处理能力和水平。抓好局机关保密工作，在全局建立实行了保密工作责任制，认真落实保密工作规定，杜绝了失泄密问题的发生。加强和规范档案管理，扎实做好档案室标准化建设工作。做好信访工作，积极协调局属有关单位及时妥善处理信访问题，尽快予以办结反馈，维护了当事人的合法权益和局机关正常办公秩序。进一步规范值班、会议记录、文印服务等工作制度，保证了机关政务工作有序运转。加强办公室干部队伍建设，深入开展创先争优活动，严格遵守各项廉政纪律和规定，时刻绷紧廉洁自律这根弦，做到依法行政、廉洁奉公，工作人员的综合素养和服务水平进一步提高。

（撰　　稿：李慧斌）

责任编辑：李永洪

责任校对：张　暖

人事教育工作

【概述】 2011年,人事教育工作坚持科学的发展观和人才观,强化措施,管好队伍,深入开展创先争优活动,增强了队伍的生机和活力,调动了广大干部职工的工作积极性和主动性,各项工作取得了明显成效。

【认真做好干部队伍管理工作】 一是不断健全完善干部队伍的考核机制。制定了一系列干部管理、考核的制度和办法,建立了以工作实绩为主要内容的考核指标体系,进一步细化了考核评价标准,努力拓宽了考核渠道,扩大考核面,充实考核内容,使干部的德、能、勤、绩、廉五个方面得到全面客观的考核,保证了干部考核工作既科学合理又便于操作。年初对全局213名科级以下干部进行了考核,并对评选出的16个先进集体、50名优秀个人进行了表彰。同时配合市委考核组,对我局25名副县级以上领导干部及领导班子进行了考核,领导班子和局主要领导连续十五年被市委考核组评为优秀等次。配合市委考核组完成了对淄博会校、城市资产运营公司领导班子的考核。二是加强对干部队伍的监督。将加强干部监督工作作为提高干部队伍素质、关心爱护干部、正确使用干部的有效措施。建立健全了党内党外、自上而下和自下而上相结合的监督制度。按照以人为本的思想,通过民主推荐、张榜公示、信息反馈、设立举报投诉电话等多种形式,从动态上掌握每个干部的德才表现,为干部的正确提拔任用和干部队伍的健康成长打下了良好基础。三是认真做好领导干部选拔任用“四项监督制度”和严肃换届纪律的宣传学习工作,大力营造风清气正的用人环境。四是加强了对干部的提拔、交流和轮岗,根据我局干部队伍实际和工作需要,提拔科级以下干部14名,对19名干部进行了岗位交流。

【扎实做好干部教育培训工作】 一是制定培训规划。按照上级关于大规模培训干部的要求,对我市财政系统干部队伍教育培训的具体情况进行了深入细致地调查,制定了《2011—2015年淄博市财政干部教育培训规划》,提出了全面提高财政干部队伍素质的多项教育培训措施,建立起了科学、高效、有序的干部教育培训工作制度。二是建立健全了教育培训学习制度、作息制度、请销假制度、量化考核、质量评估等制度。三是抓好政治理论培训,制定印发了《加快建设学习型党组织的具体意见》和党组中心组、基层党组织学习制度,组织广大党员干部认真学习党的路线方针政策,学习中央和省市重大决策部署,始终保持政治上的清醒和坚定。选派我局15名干部分期参加了市委组织部和省厅组织的培训，通过学习培训，广大财政干部的理想信念进一步坚定，宗旨观念和廉洁勤政意识明显增强，工作作风有了明显转变，对树立正确的世界观、人生观和价值观，促进财政部门的廉政勤政建设，起到了积极的推动作用。四是抓好更新知识和专业知识培训。根据各项财政改革加快推进的要求，采取紧随改革进程跟踪培训的方法，把部门预算、企业财务会计制度改革、国库集中支付、政府采购、社会保障体系建设、财源建设、转方式调结构等改革新举措作为培训的重点。2011 年，先后安排 6 场讲座，全局干部职工累计参加学习 1500 人次。通过专家讲座、专题培训、书面考试等形式举办各类新知识、新业务培训 22 余期，培训干部 1600 余人次。五是积极组织协调做好系统内外财会人员的培训工作。2011 年，除组织全市财政系统 85 名干部职工参加全省财政系统综合岗位网络培训和局机关 89 名公务员参加全市公务员应急知识网络培训外，年内还先后协调各业务科室组织了系统内各类培训 32 期，培训 800 人次。六是鼓励支持干部职工参加高层次的学历教育。年内局机关有 2 名干部取得了研究生学历进修班结业证书。2011 年，市局荣获全省财政系统教育培训工作先进集体，一名同志荣获全省财政系统教育培训工作先进工作者。

【积极履行职责，努力提高工作水平】 一是较好地完成了事业单位登记管理工作。组织局属 11 个事业单位进行了事业单位年检并进行了事业法人登记，同时根据财政工作的需要，完成了对我局所属 11 个参照公务员法管理的事业单位上报工作，同时完成了对全局事业人员的身份职务的确认和登记管理工作。二是落实事业单位人事制度改革，与局属事业单位干部职工 166 人签订了聘用合同。三是对局机关及局属事业单位编制人员进行实名制信息化管理，共审核录入信息人员 386 人。四是加强干部档案整理工作。整理档案 20 卷，材料 300 余份，补充上报副县级以上干部档案材料 80 余份。五是对人员进行调整。年内共调整交流干部 32 名，配合市委组织部民主推荐干部 4 人次，县级干部转正 2 人次。干部调整过程中，为 13 名干部进行了职务晋升，为 15 名同志办理了提前离岗手续，为 5 名同志办理了退休手续。六是调整工资福利。自 10 月起，将全局干部职工统一补贴、日均节日补贴、新增住房补贴全部纳入工资统发系统。调整全局干部职工 2011 年度晋级晋档工资，并补发增资工资，为 8 名同志办理了市级劳模补贴手续，为 3 名新进局工作人员办理相关工资手续，为 12 名离休干部办理增发生活补贴手续。七是加强职称管理工作。组织 3 名同志参加了 2011 年度会计资格考试，组织 4 名同志参加了职称外语、计算机考试并办理了资格证书。八是办理出国手续。为 6 名同志办理了出国政审和出国签证手续。九是配合机关后勤服务中心做好合同用工管理工作，为 50 名办理了五项保险手续。十是做好各项统计调查及年检工作。组织上报了 2010 年度财政系统统计报表和全市干部统计有关材料，获得全省财政系统干部职工统计报表二等奖。十一是对局机关 2 名援川干部和10名参加全省系列运动会筹备及赛事工作的同志进行通报嘉奖。

【强化组织领导，确保创先争优活动取得实效】 按照市委部署要求，把开展创先争优、争做淄博先锋活动作为重要工作来抓，以“科学发展、富民强市”为主题，以“科学理财、争创一流，促进殷实和谐经济文化强市建设”为实践载体，以“创建淄博先锋基层党组织、争做淄博先锋共产党员”为目标，积极引导基层党组织和广大党员干部立足本职创先进、争优秀，取得了积极成效。活动中，通过报刊、杂志、网络、宣传栏等方式加大活动宣传力度，共编发活动简报136期，下发组织活动的相关通知规定38期，印发上级会议精神和领导讲话等学习材料77篇，交流局内各支部、各单位和个人先进经验材料32期，统计并及时公布局内各种奖项98项，树立党员先锋岗集体5个、党员先锋岗个人5名，发布宣传图片200余幅，制作宣传栏7期，通过人民网、中国财经报、大众日报、淄博日报、淄博工作等报刊媒体对外发布宣传稿件41篇，形成了浓厚的活动氛围。活动开展期间，市领导刘慧晏、周清利、王顶岐等同志亲临我局视察和指导我局创先争优活动，肯定了活动成效。抓好创先争优活动，引导广大党员干部在推动财政事业科学发展、促进社会和谐稳定的实践中当先锋、作表率。活动开展以来，我局共取得市以上各类表彰89项，获奖165人次，市财政局继续保持“全国文明单位”称号，局人事科获省级“青年文明号”，工会女工委被省委省政府表彰为全省妇女儿童工作先进集体。一是深入开展丰富多彩的载体活动。开展了一把手讲党课活动，分别就创先争优活动、党风廉政建设、深化机关作风效能建设，对如何做好学习与工作的结合、创先争优活动与财政中心工作的结合等进行了重点讲解并提出要求；深入开展向沈浩同志学习活动，印发了《关于开展向沈浩同志学习活动的通知》，并紧密结合财政工作实际，广泛开展了“五学、五比、五落实”活动；深入开展争创“共产党员示范岗”活动，组织党内外群众按工作业绩突出和群众认可度高等标准评选了五个“党员示范岗”，选树了5名党员作为身边典型，并将他们的先进事迹通过财政内网进行广泛宣传和通报表彰；广泛开展了“日阅一文、月写一篇、季读一书、半年一讲”的“四个一”活动，及时选购600余册优秀书目供广大党员干部阅读，举办了主题演讲比赛，开展了“好书我推荐，书香伴我行”等主题实践活动。在市直机关工委组织举办的“四个一”学习讲坛活动中，我局荣获优秀组织奖，选派代表荣获一等奖。深入开展了岗位练兵技能比武活动，分别举办了第三届计算机应用技能比武、第二届系统财会知识竞赛、岗位练兵全员考试，参加了全市岗位练兵技能比武活动，均取得了优异成绩。二是以创先争优活动为契机，促进干部队伍建设。进一步加强学习型党组织建设，制定了党组中心组、基层党组织学习制度，组织开展了爱岗敬业大讨论活动。进一步加强党风廉政建设，深入开展“增强制度意识、争做执行表率”主题教育活动，认真落实“四项监督制度”，全面落实党风廉政建设责任制，加强风险防范管理，查找各类风险部位85个、各类风险点1083个。进一步加强作风效能建设，推进政务公开，积极参加“政风行风热线”直播节目，答复热线电话和短信提问，将财政工作动态及时向社会公开，提高了工作透明度。狠抓系统文明创建工作，健全系统文明创建工作机制，形成了主要领导抓全面，分管领导抓督查，科室领导抓落实，综合部门抓协调的系统一盘棋文明创建工作责任网络格局。三是注重工作实践、突出财政特色，推进财政改革发展。坚持把创先争优活动与财政中心工作密切结合，全力抓好组织收入工作，大力支持经济内涵发展，集中财力保重点促和谐，加强财政财务管理，努力在推动财政经济又好又快发展中体现创先争优，在解决问题、促进工作中创先争优。

（撰　稿：赵翰林）
责任编辑：黄家俊
责任校对：宓　雯

机关党建

【概述】 2011年，机关党建工作以加强思想、组织、作风、制度建设为主线，通过开展创先争优、学习型机关党组织建设、党建质量标准化管理、精神文明建设和岗位练兵技能比武等重点工作，实现了机关党建工作科学发展，圆满完成各项工作目标，被市委表彰为全市先进基层党组织。

【扎实推进学习型机关党组织建设】 一是认真贯彻落实《市财政局关于推进学习型党组织建设的实施意见》。制定印发了《党组中心组理论学习安排意见》和《党员干部理论学习安排意见》。要求党员干部综合运用各种学习手段，通过解决本单位的具体问题这一理论联系实际的具体形式，把学习成果转化为实际效果，把学习能力转化为工作能力。我局推进学习型机关党组织建设的做法被市直机关工委选登在淄博日报上进行了推广交流。二是注重载体创新，采取多种形式加强对干部职工的教育。依托高等院校和科研院所，多次举办高层次培训班，邀请数位专家学者讲解党的路线方针政策和经济社会发展形势，并开设科室负责人讲坛，为全局干部职工作专题讲座，国库科、监督处、国资办、政府采购办、农业科、基层财政管理科等相继作了专题业务授课，提高了学习效果。三是深入开展“四个一”活动。把“四个一”活动制度化，使其成为学习型机关党组织建设的有效载体。积极建设“书香机关”，营造浓郁的读书学习氛围，使读书学习成为机关干部的自觉行动和良好习惯。及时更换荐书台并选购1000余册书目供广大党员干部阅读，开展了“我最喜欢的书”、“最感动我的佳作”评选和读书征文活动。选送一人参加了全市机关"半年一讲"讲坛活动并获得第一名，并被选拔参加市直机关选讲活动。四是大力推进机关文化建设。以塑造"团结和谐、求实创新、依法理财、廉洁高效"的淄博财政精神为目标，认真开展各项活动，促进了干部职工核心价值理念的形成。加大了机关文化宣传力度，参加了市直机关工委举办的"建设机关文化、塑造机关精神"演讲比赛，获优秀组织奖，两名同志获得优秀奖。

【切实抓好机关党建日常管理工作】 一是继续推进机关党建质量标准化管理工作。加强组织领导，建立"书记抓、抓书记"的工作机制；加强设施建设，不断提升活动室质量，更新完善网上党校；全面推行机关党组织换届选举公推直选制度，选举产生了全市注册会计师行业第一届党总支委员会；强化组织生活管理，落实"两簿一册"、民主生活会、党费收缴等工作；优化党建质量标准化管理评价标准，实现了党建工作科学化、规范化、标准化管理。二是深化岗位练兵技能比武工作。组织举办了全市财政系统公文写作技能测试比武活动，对测试比武中取得较好成绩的11名同志授予"全市财政系统公文技能比武能手"称号，并予以通报表彰；选派18人组队参加了全市2011年度岗位练兵技能比武公共项目比武工作，计算机办公应用和公文写作分获团体第3名和第6名，在个人项目中，我局获得1个第1名、1个第3名、1个第5名，共有7人进入全市机关前30名，取得了历史最好成绩。三是深化机关作风效能建设和廉政建设。认真学习十七届中央纪委六次全会精神、《廉政准则》等文件，认真履行作风效能建设和廉政公开承诺，积极参与"百个科室大家评"和"万人评"机关活动。抓好"十不准"规定的督查落实。四是组织举办了局机关党务干部培训班。集中学习了《中国共产党和国家机关基层组织条例》，邀请市直机关工委领导就机关党务工作程序、要求进行了授课。全局50多名专职兼职党务干部参加了培训。五是注册会计师行业党组织建设取得新成绩。2011年，3个事务所党支部被省注册会计师行业党委授予全省先进会计师事务所党组织，8名同志被表彰为先进党务工作者和先进党员。

【围绕建党90周年，深入开展系列爱党爱国教育活动】 一是开展了"学党史、增党性、当先锋"主题实践活动。召开专题民主生活会，组织党员紧密联系个人思想和工作实际，认真查摆在党性修养、纪律观念、工作作风、廉洁勤政等方面的问题；开展"入党为什么、在党干什么，创先争优创什么、争什么"大讨论；开展党员奉献活动，组织党员到基层、到群众中开展义务奉献活动。二是组织开展了庆祝建党建国系列活动。组织全局干部职工收听收看了庆祝中国共产党成立90周年大会实况，邀请专家做了深入学习胡锦涛总书记"七一"重要讲话精神报告会；组织100余人参加了市直机关工委举办的"红星·美凯龙"杯纪念中国共产党成立90周年歌咏合唱比赛并荣获一等奖；举办了庆祝建党90周年暨廉政建设主题书画摄影展；举办了庆祝建国62周年羽毛球比赛；组织部分干部职工赴革命圣地井冈山接受革命传统教育。三是积极开展了各项主题实践活动。组织20余名新党员和入党积极分子参加了“党在我心中”3.12义务植树活动;组织全局党员参加了“捐献图书、奉献爱心”,向贫困地区失学少年儿童捐书兴建市直机关党员爱心图书阅览室活动,共捐书320本;组织“慈心一日捐”活动,捐款4万余元;举办了第十一届财政系统乒乓球比赛等职工喜闻乐见的活动,活跃了干部职工业余文化生活,激发了广大干部职工干事创业的积极性。

【深入推进系统精神文明建设】 一是制定实施了全市财政系统2011－2013年精神文明建设工作规划。将2011年精神文明建设任务分解量化为20多项具体工作,明确分管领导、责任科室,形成了主要领导抓全面,分管领导抓督查,科室领导抓落实,综合部门抓协调的系统一盘棋精神文明建设工作责任网络格局。二是继续抓好系统精神文明建设的升级扩面工作。市局继续保持了全国文明单位荣誉称号,各区县、高新区财政局继续保持了省级文明单位或文明机关,14个财政所创建为市级文明单位,全系统区县级以上文明单位建成面达到97%;新确定了6个乡镇财政所为文明创建联系点。三是切实抓好创建全国文明城市分工工作。认真落实市委、市政府统一部署,狠抓分工工作落实,为我市创城工作做出了应有的贡献。

【深入开展以“创先走在前、争优做表率”为主题的创先争优活动】 一是做好新一轮公开承诺工作。各党支部和广大党员对照公开承诺的内容、措施和时限要求等,逐条逐项进行自查,重点看承诺事项是否如期完成,看办理结果是否得到广大党员群众认可,在此基础上,按照《关于建立“五诺”机制,推动创先争优争做淄博先锋活动深入开展的通知》的有关要求,组织广大党员开展新一轮公开承诺。二是积极开展“以人为本、执政为民”活动。开展学习中国特色社会主义理论体系、党的十七大和十七届四中、五中、六中全会精神;召开专题民主生活会,落实“以人为本、执政为民”教育;在全局范围内开展了深入学习孟祥民先进事迹活动。三是按照创先争优活动“五个好”、“五带头”要求,充分发挥党组织的战斗堡垒作用和党员的先锋模范作用。积极探索党建工作的新方法、新路子,努力使机关党的工作在载体上、活动方式上、工作方法上、运行机制上适应新形势新任务的需要,满足机关党员干部的需求。注重挖掘、发现、培养典型,形成各类活动有典型、各项工作有先进,学有目标、赶有方向的良好局面。

【群团妇和计划生育工作取得较好成绩】

一是妇女工作成绩显著。市局获得全省城乡妇女岗位建功先进集体荣誉称号,3名同志分获全国巾帼建功标兵、全省城乡妇女岗位建功先进工作者和全市巾帼建功“十佳岗位明星”荣誉称号。二是团委工作取得新进展。1个单位被评为市级“青年文明号”,另3个单位的“青年文明号”荣誉称号也复审通过,并成功争取了1名团干推优入党名额。三是做好经常性的计划生育工作。确保了全局计划生育率、优生优育率、独生子女率达到100%。四是做好党代会和区人大代表的推荐选举工作。按照有关部门要求,积极组织做好全国、省、市、市直机关四级党代会代表和张店区人大代表的推荐选举工作。

(撰　稿:崔立德)

责任编辑:李林城

责任校对:张　暖

纪检监察

【概述】 2011年,财政纪检监察工作以深入学习贯彻《廉政准则》为主线,扎实开展廉政勤政教育,加强源头治腐制度建设,分解落实牵头和配合任务,开展风险防范管理工作,努力完善政务公开和服务承诺措施。不断强化监督检查,财政反腐倡廉建设取得新的进展,促进了财政工作又好又快发展。

【扎实开展廉政勤政主题教育活动】 根据市纪委部署要求,围绕解决"冷、躁、庸、堕、散、横"等方面存在的突出问题,按照组织学习、查摆问题、整改提高三个阶段,在全局干部职工中深入开展了"以人为本、执政为民"主题教育活动。开展了党的性质和宗旨教育、科学发展观教育以及责任意识、忧患意识、公仆意识、岗位担当意识、服务意识教育;开展了作风效能建设公开承诺和廉政公开承诺活动;局党组成员以"以人为本、执政为民"为主题,普遍对分管单位的党员干部讲授了一次廉政党课,深入开展了正反两方面警示教育。另外,按照《2011年度全市财政系统党风廉政建设和反腐败工作实施意见》部署,开展了"八个一"廉政教育活动,即:收看一部反映先进事迹的影视片、树立一批先进典型、组织一次红色传统教育、编写一本财政干部廉政手册、组织一次廉政主题书画摄影展览、组织一次职务犯罪警示教育、组织一批典型案例分析教育、创建一个财政内部廉政学习园地。通过这些活动,进一步增强了廉政教育的感染力和震慑力。

【认真抓好党风廉政建设责任制落实】 局党组始终将党风廉政建设责任制落实作为抓好反腐倡廉建设的重点,局主要领导继续与局属单位负责同志签订《党风廉政建设责任书》。为加强对局属各单位落实党风廉政责任制工作的检查指导,出台了《淄博市财政局落实党风廉政建设责任制考核办法》。按照党风廉政建设责任制要求,年初,局党组印发《2010年全市财政系统党风廉政建设和反腐败工作实施意见》,将市委赋予的源头治理6项牵头和16项配合工作,分解细化成7项和16项,分别下达到12个相关科室单位,明确牵头、配合科室单位及负责人。各牵头科室单位也将承担的任务进一步细化,明确责任和完成时限,做到了目标到人、任务到人、责任到人。领导小组办公室充分发挥组织协调职能，通过党风政风行风联络员和党风政风行风联席会议形式，加强督查和检查，对落实牵头和配合工作情况进行调度，定期了解情况、掌握进度，及时发现问题、解决问题，促进了工作落实。

【积极参与“百个科室大家评”活动】 4月以来，成立领导小组，并在监察科设立办公室。办公室积极做好宣传发动工作，印制《淄博市财政局百个科室大家评宣传手册》2200份，向各大班子、市直各部门、各区县、各乡镇、各大企业、各大院校广泛发放，进行宣传；印制并发放《致服务、管理对象一封公开信》350份；8月2日，在《淄博晚报》开辟专版，广泛宣传社会保障、非税征管、政府采购等方面的财政政策及工作成效，提高了财政工作的知名度和透明度，对社会各界理解、支持财政工作起到了很好的促进作用，得到了市纪委、市纠风办、市纪委派驻机构有关领导同志的高度评价。非税局、社保科分别取得综合管理类第三名和第八名的好成绩。

【扎实做好基层党组织党务公开工作】 根据市委统一部署，在局机关基层党组织中深入开展了党务公开工作。一是广泛发动。4月中旬，全局召开动员会议，王修德局长亲自对基层党务公开工作进行动员，提出要求。通过局内部信息网，印发文件、学习材料等方式，深入宣传党务公开的目的、意义、内容、形式和程序，进一步统一思想，提高认识。各党支部（党总支）通过“两会一课”、学习日、活动日、民主生活会等形式，组织党员干部学习。二是典型带动。机关第三党支部为全市党务公开工作的示范点，同时也是局机关的示范点、先行支部。4月以来，第三党支部迅速行动，科学组织，积极带头，对基层党务公开工作进行了有益的探索，取得了宝贵的经验。先后制定了实施方案、公开目录，完善了党务公开档案材料，丰富了公开的内容。为了提高工作水平，局领导小组办公室及第三党支部一班人赴桓台县地税局学习参观，取得了较好的效果。三是加强工作调度。5月上旬，全局召开基层党务公开工作调度会，全面推广了第三党支部党务公开工作的做法，各党支部（总支）积极行动，按照局实施方案要求，结合本单位实际，认真完善党务公开内容、载体，健全相关档案材料，实现了党务公开工作的全面整体推进。四是完善公开制度。出台关于加强基层党务公开一系列制度，主要包括：工作制度、考核制度、档案管理制度、依申请公开制度、责任追究制度等，进一步完善了基层党组织党务公开长效机制。

【扎实做好制度廉洁性评估试点工作】 积极探索开展制度廉洁性评估试点工作，出台了《制度廉洁性评估试点工作实施方案》，成立领导小组及其办事机构，确定评估目录，设立由11人组成的专家组，及时进行动员部署，扎实开展了评估试点工作。对2007年以来出台的财政部门规章、制度及其他规范性文件从廉洁性、公正性、利益冲突和科学性等方面进行评估、把关。工作中，做到了“四个明确”，即：明确范围、明确内容、明确办法、明确责任，对45个制度、规章及规范性文件，进行了全面评估检查，评估面达到了100%，废止

2件、修订完善5件,较好地纠正了一些突出问题,进一步优化了制度环境。

【全面促进系统内政风行风建设】 积极推进政务公开、服务承诺,健全监督制约机制,政风行风建设取得了明显成效。一是深化政务公开。充分利用报刊、信箱、网站、举报电话、政务公开栏、电子触摸屏等方式,将财政综合业务、单项业务和工作动态及时向社会进行公开,提高了财政工作透明度。二是积极参与政风行风热线。认真组织局属有关单位先后两次收听省财政厅领导参加的"阳光政务热线"直播,增强干部职工责任意识。局主要领导先后两次带领有关人员走进直播间,参加了"政风行风热线"直播节目,就全市财政经济发展和社会关注的热点问题与主持人进行了访谈交流,回答了热心听众提问,共答复热线电话和短信提问60个。三是严格落实效能管理制度。认真落实加强作风效能建设十项规定,政务公开、工作日午间禁酒、首问负责、AB角工作、一次性告知、限时办结、重大事项报告、挂牌上岗、咨询答疑、责任追究等规定得到进一步落实,维护了财政机关良好形象。

【扎实开展内部监督检查工作】 以"推动财政精细化管理,切实提高部门执行力和财政资金使用效益"为目标,对局属10个科室会计报表、账本、凭证及其他会计资料开展内部监督检查,努力帮助被检查单位规范账务管理,规范工作程序。对存在的相关问题进行了对接并提出了整改意见。同时,自觉接受社会监督,从社会上重新聘任31名社会监督员,其中,市直部门代表15人,占48%,企业代表4人,占13%,区县7人,占23%,具有广泛的代表性。9月下旬,召开了社会监督员座谈会,广泛征集社会各界对财政工作、财政反腐倡廉建设及财政干部职工意见建议,并采取有效措施,认真及时进行整改,促进了财政反腐倡廉建设深入开展,得到了社会各界的好评。

(撰　　稿:张玉刚)

责任编辑:张学利

责任校对:张　暖

机关后勤服务

【概述】 2011年,机关后勤服务中心坚持以创新管理和优质服务为主题,以提高各项工作水平为目标,以规范业务管理、增强保障实效性、提供优质服务为工作重点,牢记"服务"宗旨,坚持"务实"作风,充分发挥参谋、助手、协调、服务职能,求真务实,开拓创新,奋发进取,扎实工作,圆满完成了全年各项工作任务,为机关的正常运转和干部职工的生活提供了有力的后勤保障。

【提高综合素质,夯实服务根基】 始终坚持以培养和造就一支思想坚定、业务精干、作风过硬、高效务实的后勤队伍为目标,始终坚持把提高机关后勤人员的综合素质作为重点工作来抓,通过抓思想教育、抓业务学习,促进了人员整体素质的提高。在建设综合型服务中心的过程中,着力坚持思路创新,坚持作风转变,坚持效能推动,服务保障水平和服务层次有了明显提高,服务中心"管理科学化、服务优质化、保障法制化"建设取得了新成效。一是抓观念转变,服务意识进一步增强。强化服务意识,充分发挥机关服务中心桥梁纽带和窗口作用,把为机关提供优质、高效、文明服务作为机关后勤工作人员的立足之本。对会议接待、车辆保障、购电维修等诸多事项,根据干部职工的合理要求,努力认真地做好服务保障工作,体现出了后勤干部应有的职业素质和基本觉悟。二是抓学习,后勤服务水平显著提高。充分利用会议、讲座和学习日等多种形式,加强干部职工的学习教育,培养正确的人生观和世界观,提高后勤队伍的政治素质和业务技能。通过抓政治理论学习,为全局服务的思想更加牢固,服务根基更加扎实;通过抓业务学习和技能培训,管理水平和服务能力有了进一步提高。三是抓协调,综合服务处置能力明显提升。坚持保正常、保经常,统筹安排,合理分工,营造一个良好的工作环境,确保工作不失误、无漏洞。积极探索新形势下服务财政运行工作的新规范、新要求,努力把好事做实,把实事做好,尽最大努力让服务对象满意,让领导和同志们满意。在处理应急事务中,始终坚持"一盘棋",综合协调能力及服务水平显著提高。四是抓作风,工作作风更加扎实。严格执行工作规范和规章制度,严格各项工作纪律。坚持实事求是的原则,坚持用规章制度、业务标准规范中心的各项工作,工作扎扎实实,后勤服务努力做到纵到底横到边,确保精细到位。

【加强规范化、制度化建设,向管理要效益】 一是建立健全后勤工作制度,用制度明确权利、义务和责任,使后勤管理工作科学化、制度化、规范化。进一步完善了《淄博市财政局机关内部会议及接待工作管理办法》、《淄博市财政局机关内部车辆管理办法》和《淄博市财政局驾驶员管理办法》等规章制度,确保各项工作有章可循,科学规范。工作中,坚持用严格的制度管理人、用严密的程序规范人、用严明的纪律约束人,形成了按规章办事、按工作程序办事、按职责要求办事的良好机制。二是细化后勤管理、改进工作作风。坚持做到会计业务规范、会议接待保障全面、车辆维修及时、应急性工作突击完成,切实增强了后勤服务保障能力。

【科学组织、精心调度,圆满完成了各项工作任务】 牢记服务宗旨,坚持务实作风,以管理为抓手,以创新为动力,在"优质保障、高效服务"上下功夫、求突破,圆满完成了各项工作任务。一是严格预算管理,合理安排支出,加强会计核算,提高资金使用效益。始终坚持勤俭节约、精打细算、量入为出、保证重点的原则,少花钱多办事,严格遵守国家财经纪律,严格执行机关部门预算和局机关内部财务管理规定,既最大限度地为各单位和广大干部职工提供便利,又注重有效节减机关经费开支。2011年,机关财务实现收支平衡、略有结余,完成了年初制定的量化指标。严格财务管理,加强会计核算,做到手续完备、账目清楚、内容真实、报送及时。二是遵循热情得体、简朴大方的原则,做好会务、活动组织及接待工作。2011年接待工作的特点是层次高、规模大、时间长,涉及单位多。先后接待了国家、省、市级10余个审计检查组来我市检查指导工作。在接待过程中严格执行《淄博市财政局机关内部会议及接待工作管理办法》,注意细节,突出"精细化"、"个性化"和"特色化",努力当好淄博财政的接待员、服务员、宣传员和信息员,展示了淄博财政的良好形象。全年共安排会议30次,接待来宾6000余人次,较好地完成了全年会务组织及接待工作任务。在全市财政系统庆祝建党90周年暨廉政主题书画摄影展的活动中,服务中心担负着场地改造和布展等任务,任务重、时间紧、要求高,由于原布展场地不规范,通过积极咨询相关部门,提出了改建方案,多次聘请设计和布展专家到现场进行指导,组织施工力量昼夜施工,利用一周的时间完成了1000平方米的展区改造任务,保证了书画摄影展的如期举行。三是采取切实措施,加强车辆和驾驶员管理及安全教育工作。结合《关于加强公务用车治理通知》的要求,进一步强化了车辆管理,在办理车辆登记上报、旧车报废注销的过程中,全面把握车辆动态,分析可能出现的问题,提出合理化建议。先后办理了公务用车进出市委市政府门厅车辆通行证、车辆保险及车辆年审。严格执行《淄博市财政局机关内部车辆管理办法》和《淄博市财政局驾驶员管理办法》,以人车安全、油料降耗、车辆维修为重点工作,细化管理。强化安全教育培训。通过聘请交警部门人员授课、观看录像、现场考试等形式,组织驾驶员认真学习了《交通安全法》和各种规章制度,学习与车辆、安全有关的资料,广大驾驶员服务态度有了明显转变、服务意识和责任意识明显增强,杜绝了酒后驾驶,做到安全驾驶、文明驾驶,较好地完成了各项出车任务。2011年全局车辆安全行驶160万公里,无安全责任事故发生,连续8年荣获市级道路交通安全先进单位,有多名同志荣获市级道路交通安全先进个人。四是强化以人为本意识,努力为干部职工营造良好生活环境。通过政府惠民资金补贴与电力供电公司合作,对华瑞园小区住户的电表进行了一户一表改造,消除了线路因年久老化带来的不安全因素;对生活区的热水锅炉和自备水井进行了检修,更换了部分设备;组织金花村宿舍区的住户进行了社区居民健康登记;督促卫生清运部门对我局生活小区生活垃圾及时清理,做到随有随清;移栽树木,对金花村宿舍区的部分道路两旁进行了绿化,对绿化带及草皮及时浇灌、定期修剪、防治病虫害;注重对变电、配电设备设施的检测、检修,对检测发现的问题进行维修、更换,及时消除安全隐患;为几户特殊情况的干部职工办理了房产证、土地证,解决了因无房产证而给生活带来的诸多不便,解决了部分职工因房产、户籍和学校不在同区的子女入学问题；加强和公安部门联系，认真做好干部职工及家属的户籍管理，及时办理户口迁入、迁出、报出生和注销等手续；加强生活小区的用电、用气管理，对华瑞园小区的煤气管道进行了及时维修。对生活小区部分房屋屋面进行防水处理，维修了部分管道，清理了小区内的化粪池，疏通了地下污水管道；对干部职工的食堂餐卡、宿舍区电卡、有线电视卡、天然气卡等进行了充值，充值总数达到了1500余次。五是抓好安全保卫工作，维护机关秩序稳定。牢固树立“安全第一、预防为主、综合治理”的思想，全力抓好安全管理工作。突出抓好重点部位、重点设施的安全监管，对宿舍区调试了监控设备，加强了宿舍区的夜间安全巡逻。加强锅炉机房的管理工作，严格遵守《锅炉房管理与值班制度》、《锅炉工工作职责》，中央空调机房工作人员每日对公用设备，如水泵房、设备间、共用管线、电路等进行常规的巡检，并做好维修，确保了锅炉安全、经济、稳定运行。坚持节假日值班制度，严格落实安全工作防范机制和保障措施。抓好安全管理责任制的落实，全面落实安全主体责任，防微杜渐，常抓不懈，有效防范和杜绝各类安全事故，确保局机关安全、有序、高效运转，确保全局干部职工财产和人身安全。

（撰　　稿：刘　峰）
责任编辑：张学利
责任校对：张　暖

离退休干部管理服务

【概述】 2011年，离退休干部服务管理工作以全面保障落实离退休干部两项待遇为工作重点，加强离退休干部管理，注重党建工作，市财政局被市委组织部和市委老干局表彰为全市尊老敬老先进集体。离退休党支部被省委组织部和省委老干部局表彰为全省离退休先进党支部。

【注重坚持实效，严格保障老干部政治待遇】 一是为老干部活动室订阅各种报刊、杂志十余份，及时发放有关学习材料，为老同志学习提供方便。借建党90周年之际，为每个离退休干部购买了《中国共产党历史》第二卷。二是坚持每两周一次的学习活动制度，及时组织学习党的路线、方针、政策，传达上级和局里有关文件和会议精神，制定详细的学习计划，收集整理和发放学习资料。三是坚持重大事项通报和召开座谈会制度。6月，召开了庆祝建党90周年老干部座谈会，局离退休干部党支部30余名老党员、老同志通过回顾党走过的光辉历程，畅谈对党的感情，表示始终遵守党的纪律，在思想上、行动上同党中央保持一致，也对我局的各项建设提出了诚恳的意见和建议。我们坚持一年两次向老干部通报全市财政经济工作情况和局重大事项,受到了老干部们的肯定。

【健全基层党建示范长效机制,加强离退休党支部建设】 一是坚持理论学习经常化,不断提高老党员干部的政治理论水平。坚持每月一次党员集中学习,做到学习有内容、讨论有记录、过程有考勤、自学有笔记,做好支部和党小组的台账记录。二是着眼支部工作规范化,不断建立健全党建工作机制。按照基层党建工作示范点标准要求,把党的思想建设、组织建设、制度建设等方面目标任务具体化、规范化,先后制定了全年理论学习计划表、参加人员考勤表、党费收交明细表等,保证老党员按时足额交纳党费。三是推进党员管理科学化,不断发挥共产党员先锋模范作用,组织老干部主动参加局里组织的"慈心一日捐"等活动,为和谐社会和经济建设发挥余热。

【强化以人为本的服务理念,全面落实生活待遇】 一是定期联系安排查体,做到有病及时发现及时治疗;帮助办理住院转院手续,积极协调医院关系,制定最佳治疗方案,帮助协调报销医药费,为病人及家属解决困难。二是对体弱多病者经常上门看望,带去领导的关心。三是安排联系机关门诊部医生为老同志进行健康巡诊,组织老干部参加市委老干局组织的北京中医研究院心脑血管专家的健康知识讲座。四是为离休干部逢五逢十过生日,为他们购买鲜花、蛋糕上门祝寿,并为其照相留念,使他们处处感受到组织的关心和温暖。五是及时落实保障各种待遇。严格落实《离休干部及遗属特殊困难帮扶救助办法》文件精神,保证了符合条件的人员待遇及时落实。

【积极开展文化娱乐活动,充实老干部的精神生活】 一是外出参观旅游。根据季节和老同志的身体状况,适时组织外出参观旅游。春天组织离休人员到高青大芦湖和黄河风景区参观游览,重阳节组织全体离退休人员到周村古商城游玩,并发放过节慰问品;9月,组织身体条件好的离退休人员到枣庄、曲阜等地休闲旅游。二是参加健康向上的文化娱乐活动。组织参加了市委老干局开展的"庆祝建党90周年知识竞赛",我局离休干部孙即铭获得个人二等奖;组织参加了市人力资源和社会保障局、体育局共同举办的全市离退休人员运动会;组织部分老同志观看了电影《建党伟业》和《杨善洲》;组织老党员参加了市直机关工委开展的"回顾历史、珍惜荣誉"活动,为每个老党员制作了纪念瓷盘,发放了中组部和省委组织部给老党员的慰问信,丰富了老干部的精神文化生活,让老干部们切实体会到党和政府的关爱。

(撰　　稿:李德勋)
责任编辑:李永洪
责任校对:张　暖

资产运营

【概述】 2011年,运营公司遵照刘慧晏书记"科学谋划、适度超前、降低成本、提高效率、规避风险、稳健经营"的指示,围绕"融资、投资、建设、运营"中心工作,求真务实,扎实工作,全面完成了各项工作任务,实现了"一个目标、两个保证、三个突破",得到了市委、市政府的肯定。"一个目标",即建立起了符合公司发展要求的现代企业运营和管理新机制,实现了建立现代企业运营管理机制的目标;"两个保证",即保证了政府信用和公司信誉、保证了重点工程建设资金需求;"三个突破",即实现了对外投资企业监管、资产分类监管和资产运营收益三个突破。

【完善企业管理,建立现代企业运营管理机制】 按照市委、市政府、市国资委对公司"公司化运作"的定位,秉承"制度化、规范化、程序化"的运营管理理念,以城市资产和对外投资"六大板块"监管运营为主线,以"资源资产化、资产资本化、资本证券化"为发展战略目标,狠抓外部监管和内部管理,完善了外部监管和内部管理制度,规范工作流程,加大资本运营力度。截至年底公司资产总额为406.65亿元,净资产达到170.44亿元,资产负债率仅为58%,已成为"政府监管、自主经营、独立核算、自负盈亏"的法人实体,实现了建立现代企业运营管理机制的目标。一是完善法人治理结构,奠定运营管理基础。为进一步完善法人治理结构,增强政府对国有资产的调控能力,市政府于2011年将市财政局企业处和有资处持有的公司股权无偿划转至市国有资产管理委员会办公室,代表市政府履行出资人职责,并将公司注册资本增加至13.8亿元。公司变更为国有独资公司,既有利于明确国家与公司的产权关系和经营责任,有利于国有资产的保值、增值,又有利于公司的独立经营,自负盈亏。二是加强内部管理,完善运营管理体制。秉承"制度化、规范化、程序化"的运营管理理念,狠抓内部管理,完善管理制度,规范了资金拨付、资产处置、项目建设、对外投资等一系列工作流程。在资金管理上,建立起了"建设单位申报、公司初审、市投融资领导小组审批"的融资资金融入、支出的控制程序;成立了公司内控(审计)委员会,形成了"审核员初审、内控委员会集体审议、公司经理办公会议集体研究上报审批"的内部资金监管程序;在市政府出台"两区两村"改造资金、调控资金、债券资金等管理办法的基础上,出台了财务机构及人员、预算管理、内部审计、对外担保等办法,做到了有章可循,风险得到有效掌控;在资产管理上,从基础管理入手,建立了资产档案管理、资产分类管理和资产定期处置制度,形成了“公司上报、政府审批、公开处置、收益收缴”的处置程序,保证了资产处置的公开、公平、公正和收益最大化;在项目工程管理上,出台了《工程投资控制小组管理暂行办法》、《代建单位配合实施投资控制暂行办法》等一系列制度,并与建设单位签订委托建设协议书,约定建设期间的责任。对投资项目进行全过程财务控制,监督建设单位完善招投标等管理制度,超前进行工程预算审查,做好工程实施过程控制和项目竣工结算审计,实现了低成本建设;在对外投资管理上,出台了《重大事项管理办法》、《对外投资企业预算管理制度》和《对外投资企业绩效考评制度》等,建立起了公司对外投资的审批管理、经营管理、财务管理、人事管理、对外投资处置、审计和监督处罚制度,规范了工作流程,有效加强了对外投资的监管。

【按时还本付息,保证政府和公司的信用】

自2007年起,市委、市政府确定由公司作为“两区两村”及市级重点建设项目统借通还主体,承担了市级融资及还款任务,一大批城乡统筹项目及市级重点工程得以顺利开工建设,进一步推动了我市的城市化进程。随着各项重点工程的陆续完工,2011年公司进入还款集中期。公司加强资金筹集和调度,按规定日期和金额做好还款工作,保证了政府信用和公司信誉。一是加大还本付息资金的筹集力度。加大资产处置力度,努力增加资产处置收入,筹集更多的资金用于还本付息。对使用银行贷款资金的有关区县和单位,按月发放提示付息通知单,贷款到期前发放还本通知单,督促有关区县和单位提前筹集资金,按时向公司还本付息。对需市财力还款的项目,积极进行协调,保证还款资金及时到位。二是加强资金调度。根据资金状况和资金需求情况,认真测算公司现金流量,按月制定并严格执行资金使用计划,提高了资金收支的计划性。加大催收力度,做到收入早到账。对大额资金支付,尽量安排到月底或还本付息之后拨付,提高了资金存量。对银行存款资金,加大调度力度,采取多种方式提高资金使用效益,进一步盘活存量资金。

【拓宽融资渠道,全面完成政府融资任务】

一是认真分析资金需求,确定融资规模。认真分析还本付息资金需用、重点建设项目资金需要和公司运营资金需求,按照轻重缓急的原则,以维护政府信用、促进社会稳定发展、保证工程建设和促进公司发展为指导思想,合理确定2011年的资金需求额度,确定了即期融资任务和远期融资目标。二是加大协调力度,开展广泛合作。积极协调各家金融机构,加大融资力度。继续与四大国有银行搞好合作。通过加强相互沟通,及时解决合作中的问题和困难,采取多种措施保证协议如期履行,努力增加信贷额度,保证政府投资项目建设的资金需要。广泛接触,先后与招商、光大、民生等多家银行进行了广泛接触,提供了贷款基础资料,为今后的合作打下了基础。落实框架合作协议,开展银企深度合作。1月,市政府与省农发行签订了战略合作协议,重点支持我市新农村建设及统筹城乡发展项目。为更好地落实这一框架合作协议,公司与省、市农发行进行了广泛的沟通,将城乡统筹和水利建设项目作为合作重点，在统筹分析经济效益和社会效益后，商定分两期开展文昌湖城乡统筹项目和水利设施建设项目合作。一期的南部湿地和南水北调两个项目已获授信10亿元，二期的城乡统筹项目也有序推进。三是创新融资方式，降低融资成本。为支持我市保障房建设，公司积极探索发行第二期企业债。开展中短期票据、融资租赁、子公司承贷等多种形式的融资业务，努力降低融资成本。在与券商广泛沟通后，初步确定了发行规模、期限和发行时机，中国再担保公司出具了担保手续，完成了评级机构增信等前期工作后，相关资料报经市政府、省发改委批准后，上报国家发改委。公司与部分金融机构就融资租赁问题进行了洽谈，拟将公司已形成的部分固定资产，采取融资租赁方式进行融资，实现融资方式的新突破。

【科学划分板块，加强公司对外投资管理】

按照对外投资企业的生产经营特点，分类进行管理和重点培育，做大做强投资企业。一是将对外投资进行科学分类，努力打造金融服务、文化创意、能源、节能环保、城市功能设施开发和地产物业为主营业务的“六大板块”。形成了公司多层次、多元化发展的新格局，成为公司未来发展的亮点和利润增长点。二是加强对外投资企业的监管。对控股子公司，按照管人、管事、管资产相结合原则，通过建立全面预算管理制度、绩效考评制度、重大事项报告制度、统一的劳动人事管理制度、经营预警机制、定期业绩分析报告制度和审计制度等一系列日常经营管理制度，对控股子公司发展战略、人力资源、经营、财务、资产与投资、风险等进行全面监管；对参股子公司，主要通过建立外派董监事事先授权制度、外派董监事工作报告制度、财务监管制度等方式，对其行使管理、协调、监督、考核等职能。三是对事关国计民生的项目进行投资或增资扩股。2011年，继续对重点领域、重点行业、重点企业新增投资或增资扩股，增强了公司发展后劲，提高了公司的盈利能力。截至年底，公司共投资了28家重点企业，当年新增对外投资额8800万元。其中，对山东铁路建设投资有限公司增资4800万元，投资1200万元新设立淄博市节能投资有限公司。

【优化资产结构，努力提高资产运营收益】

一是优化资产结构，提高资产质量。进一步优化公司资产规模和结构，公司名下房产达到62.13万平方米，土地3.39万亩，资产数量进一步扩大，质量进一步提高。二是加大运营力度，提高运营收益。通过购买划转等方式取得部分行政事业单位土地产权。根据市政府统一部署，对名下部分资产有计划地进行了处置，资产运营收益大幅增加。三是科学分类，实施分类监管和运营。将资产划分为委托管理、委托运营、委托经营、委托租赁、租赁经营、自主经营及其他经营七种类型，按照类型的不同，采取分步实施的办法，实施分类监管和运营，实现了资产监管的新突破。四是加大对房产运营和垄断性收益的征缴管理力度。会同监督处，对部分垄断性收益和经营性房产运营单位开展了专项监督检查，联合监察、房管等部门，下发催缴通知书，加大征缴管理力度。

【加强项目管理,严格控制工程投资支出】 根据市委、市政府的安排部署,2011年公司承担了29个项目的投资建设任务,通过加强项目管理,合理安排建设项目支出,保证了市级重点项目建设进度。一是明确保障建设项目重点。重点支持同源同网饮水工程、新区水系项目,管庄片区还迁房建设等保障性住房项目,张店八中、淄博中学、淄博新区学校等教育类公共基础设施建设项目,公安局指挥中心业务用房、法院综合审判楼、检察院检察业务技术大楼等公检法基础设施建设项目,以及文化中心建设项目等,保证了重点项目的建设进度。二是加强对投资项目的外部监管。通过向文化中心、新区水系、同源同网引水安全供水工程、张店南部湿地土地综合整治配套工程、河道工程和东部化工企业搬迁(基础设施)等工程项目派驻投资控制小组,对工程预算进行投资审核,对资金使用情况进行监管,对工程勘察、设计、监理、施工、材料、主要设备的招标、合同签订、合同履行、工程进展、竣工验收等进行全过程的监控,定期汇报工程进展及投资情况,有效控制了工程造价,保证了资金安全高效使用。三是加强对工程招标、概预算及结算审核。全年共完成文化中心、张店南部湿地综合整治配套工程、鲁泰大道西延、东四路改造、西八路绿化等10个项目的设计、施工、监理、绿化及材料设备采购等招标采购,以及招标控制价的审核。完成东部化工区企业搬迁、运动员公寓4号楼装饰及配套、张周路周村段罩面、大张学校变电室迁移改造等7个工程概算审核。完成鲁泰大道西延、南外环西延、河道建设、同源同网净水厂绿化等32个工程预算审核。完成2009年中心城区污水管网、新城区雨污分流、萌山水库生态建设二期工程等10个项目的结算审核。以上共审减资金3.65亿元。

【发挥公司职能作用,做好破产企业和困难企业职工安置工作】 根据市委、市政府的部署,公司承担了五户破产企业及部分困难企业的职工安置和企业搬迁工作,共安置企业职工5294人,维护了社会稳定。一是做好五户破产企业职工安置工作。二建陶、丝织三厂、华龙陶瓷、汇宝纸业、柳泉石矿等企业,因资不抵债,多年之前已进入破产程序,由于多方面的原因,始终未能彻底解决职工安置等有关问题。市政府决定,破产企业的职工安置费先由公司垫支,公司接收破产企业的资产由公司处置,处置收入用于归还垫支的资金。2011年,审核拨付破产企业有关费用4786.66万元。至此,公司已累计拨付5户破产企业资金2.76亿元,彻底解决了五户破产企业遗留问题,全面完成了市政府交办的破产企业职工安置工作。二是做好淄博宾馆搬迁后续工作。根据市政府对解决淄博宾馆资产负债有关问题的批示,分批拨付淄博宾馆3959.07万元用于偿还债务,保证了淄博宾馆的顺利搬迁和经营和职工队伍的稳定。

(撰　稿:史　伟)

责任编辑:张学利

责任校对:张　暖

会计学校工作

【概述】 2011年,会校工作以工作转型为契机,转变观念,统一思想,不断适应新的形势和任务要求,全面履行新的职责和职能,切实提升"服务财政、服务财会、服务社会"的能力和水平,圆满完成了各项目标任务。全年共完成系统内干部教育培训325人次,完成社会会计人员继续教育培训4079人次,组织会计从业资格考试17168人次,组织各种短期培训315人次,完成财政调研课题1项,顺利完成山东财政学院成人函授教育各项教学任务及自查评估工作。

【推动工作转型,各项工作扎实有序开展】

为适应工作转型的新要求,我校在明确单位职能和科室职责、重新划分内部科室、加强基础硬件设施和环境建设以及强化内部管理等方面做了大量扎实细致的工作,推动工作重心顺利实现了整体转移。一是进一步明确学校工作职能和科室工作职责。以市局党组文件的形式进一步明确了全市财政干部教育培训、会计人员继续教育培训、全市农村财会人员财政支农政策培训、会计从业资格考试、会计专业技术资格考试、财政财会调研科研和会计短期培训等七项主要工作职能,为今后工作开展明确了目标,指明了重点。在此基础上,对内部科室进行合理调整划分,进一步梳理明确了科室工作职责和任务,确保了内部科室之间工作理顺、目标明确、职责清晰。二是全面加强基础硬件设施建设。先后对办公区、阶梯教室、食堂等进行了较大规模的装修改造和维护修缮,对办公楼、学员餐厅和沿街房的供热管网进行了系统的改造安装,全面加强了基础硬件设施建设,为组织承办大规模的系统内干部教育培训提供了有力保障。三是内部管理逐步制度化、规范化。着力从完善规章制度、加强内部协调配合、严格监督考核、落实责任制等四个方面加强内部管理,着重从工作纪律、专业技术职务聘任、工作量化考核、学习制度等方面,对原有规章制度作进一步的梳理、修订和完善,相继出台了《师资安排、科研及业务学习实施意见》、《干部教育培训考试考核办法》、《会计从业资格考试规程》等,做到每项工作都有章可循,有据可依,内部管理进一步制度化和规范化。

【注重岗位职责引领,全面加强干部师资队伍建设】 一是合理调整内部人员工作岗位。按照"人岗相适、人事相宜,以责定岗、发挥优势"的原则,对内部人员工作岗位进行了合理调整,充分调动每一名干部职工的工作热情和积极性,切实提高了干部教师队伍的凝聚力和战斗力。二是扎实开展爱岗敬业珍惜岗位活动。集中两个多月的时间在全校干部教师中组织开展了“爱岗敬业做表率、珍惜岗位比奉献”活动,通过专题讨论、承诺践诺、专题报告、自纠自查、评先树优等活动载体,营造了“干事创业、创先争优”的良好工作氛围。三是突出抓好专业师资建设。组织专业教师针对新会计准则、企业内部控制、税法、国库集中支付等授课内容,到有关高校进行封闭式的学习培训,在组织专业教师参加大成方略和中国税网等网络学习的基础上,选派部分业务骨干参加其举办的集中培训,并定期举行专业师资交流研讨,实现学习成果共享,切实提升了师资队伍的专业素质和业务水平。全年共选派专业教师17人次参加了有关学习培训。

【紧贴财政工作实际,干部教育培训工作取得实效】 2011年是学校干部教育培训工作有所突破、有所创新的一年。全年共举办封闭式培训4期,参训学员涉及各区县和高新区、文昌湖区财政局所辖83个镇(办)财政工作人员,农、林、水、机、牧等8个市直农口部门及其所属34个核算单位的财务工作人员和全市国有企业的法律顾问,为近年来举办的规模最大、覆盖面最广、培训内容最丰富的培训活动,有效提升了基层财政财会干部队伍的综合素质和岗位技能。一是紧贴岗位需求设置培训课程。分别围绕地方预算管理、财政涉农惠农专项资金政策等倍受关注的重点难点问题设置培训内容,体现不同层次、不同岗位干部的培训需要,突出培训的差别化、特色化,针对性强、实用性强。二是立足业务归口选择培训师资。采取“贴近工作面对面”的方式,对口选聘省财政厅和市局有关科室主要负责人走上讲台,亲自授课,每一个讲授专题都紧扣财政工作实际,总结工作中的经验体会,剖析业务流程中存在的问题,讲授最新出台的财经法规政策,分析干好财政工作的思路和方法,切实增强了培训的实效性和吸引力。三是建立台账强化培训考核。严格备课、考勤、授课、考核等关键环节,实行参训人员现场签到,并将参训出勤情况在财政内部信息网及时通报,把干部个人参加教育培训情况和考试考核成绩分别建立台账,记录在案,作为干部工作学习考核的重要依据,促进干部教育培训工作扎实有效开展。

【维护财政部门窗口形象,扎实做好财会专业人才服务工作】 一是认真组织会计人员继续教育培训工作。培训前在政策要求、师资集中培训、课程设置、班级管理、完善规章制度等方面都做了细致到位的准备工作;培训中积极探索集中面授、联合办班、送教上门、远程教育相结合的培训方式和方法,严格教学和学习纪律,严格考试考核,注重提升会计人员的职业道德和综合素质,注重教学内容的及时更新和完善,培训后提供“一条链”跟踪式服务,对于会计人员的咨询、培训、辅导、年检、办证、资格考试等各个环节,都百问不厌,用心服务。全年共完成市直企事业单位会计人员继续教育培训26期4079人次。二是严密组织会计从业资格考试。从申报计划、设备维护、考场排查、组织考试、打印发放证书等每个环节,都做到分工明确,责任到人,严谨细致;制定了规范严格、便捷高效的监考规程和服务器操作流程，健全完善了行之有效的网络设备应急处理办法，考试过程中没出现任何纰漏，受到省财政厅、市财政局和广大考生的一致好评。全年共打印并发放会计电算化证 816 份，组织会计从业资格考试 17168 人次。三是配合市财政局相关科室圆满完成 2011 年度全国会计专业技术资格考试淄博考区考务工作和 2012 年度市直报名及信息确认工作。会计职称考务工作涉及面广、工作程序细，要求高、难度大，从考前准备、考场布置、监考培训、设备安装、保密工作、后勤保障等每一个环节，都做到严谨规范、细致到位，学校全员参与，确保了各项工作高效、顺畅、有序开展，圆满完成了 7 个考点 459 场次 13575 人次的职称考试任务。信息确认工作作为职称考试的关键环节，时间紧、社会影响力大，我们细化工作流程及分工，严格报名条件及资格审查程序，严把关口，逐一审核，圆满完成市直 713 人的考试报名和 672 人的信息确认工作任务。

【牢固树立服务意识，行政后勤工作成绩显著】 一是日常政务工作运转协调有序。认真履行参谋、协调、服务职能，积极加强内外沟通协调，及时汇报上级和市局各项工作安排并强化督查落实，保证了各项量化指标和日常工作目标任务的及时有效完成，为学校工作的开展营造了良好的内外环境。二是抓好综合文字和信息宣传工作。努力提高对全局性工作的分析判断和把握能力，严谨细致地做好综合材料的起草和撰写，严抓文字质量和格式要素规范化，全年共形成综合文字材料 7 万余字，编写上报信息 11 篇，其中 2 篇被市局采用并上报市直机关工委，在《鲁中财会》刊登调研论文 2 篇，较好地宣传和展示了学校的工作和形象。三是后勤服务工作细致有效。在财务管理工作中，严格执行财务制度，认真做好财务工作的规范化、精细化管理，合理安排收支预算，严格预算和日常财务收支管理，切实加强固定资产管理，特别是在涉及职工切身利益的工资套改、住房公积金和各种保险的理顺缴纳等方面，都做了积极的争取协调工作，有效保障了学校和全体干部教师的利益。在职称人事管理、评先树优以及车辆保障等方面，按照有关政策，克服困难，积极协调，全力争取，充分调动了教职员工的工作热情和积极性。四是食堂工作狠抓了内部管理、环境改造和菜品质量，较好地实现了服务工作目标。五是安全保卫工作得到进一步加强。针对学校周围治安秩序较乱和院情复杂的实际情况，严抓保安队伍建设，加强了重点时间、重点部位的安全保卫工作，扎实开展“平安校园”建设，全年未发生重大安全责任事故，维护了良好的校园秩序。

（撰　　稿：王培响）

责任编辑：李永洪

责任校对：张　暖

芳草摄影

【概述】 2011年,淄博芳草摄影公司把发展作为第一要务,灵活经营,创新管理,积极调整服务项目结构,提升服务品质,在做稳做精的基础上,追求做大做强,经营规模日益壮大,企业利润稳步提升,圆满地完成了全年的各项工作任务,取得了较好的经济效益和社会效益。全年实现营业收入969万元,营业利润25万元。

【完善组织架构,实现系统管理】 为进一步提高企业管理水平,公司组建了流程管理中心,负责公司所有信息管理、数据管理以及整个公司的流程改善。流程管理中心的建立,明确了各部门工作范围和工作中心,避免彼此之间因工作衔接出现的矛盾,并协助各个一线执行单位运营,完成各自的创收目标。管理架构的建立使管理部门站在整个公司的角度来综观全局,培养了一支具有全局观念的核心团队。从成立之日起,管理中心就十分注重各项核心管理能力的培养,如流程规划、人员训练、技术能力等,由人力资源中心督促一线负责人员不断提升这些关键能力。通过这样的运作,培养了关键人才,促进了公司发展。

【拓展网络营销,提高网络知名度和影响力】 随着网络的普及,营建积极正面的公司网络形象成为公司宣传推广的重点。公司精心挑选了影响力强,关注度高的淄博本地网站,如淄博信息港、聊斋网、淄博旮旯网等城市论坛、婚嫁社区,开展有计划有目标的推广活动。精心设计建设完善公司官方网站,经过前期的规划和设计,建成了系统化的网络客户数据库,为持续性的网络经营活动提供了不断累积的资源。同时还开展了网络营销实战工作,分为具体的营销推广活动和相应的内部管理体系两个层面。营销推广活动主要由产品推广交流和引客入店两部分组成,管理体系则是由流程管理、分工管理和激励机制组成。

【产品推陈出新,引进先进技术合作加盟】

公司对相册、水晶、油画框等产品的品种花色等定期进行更新,及时引进新的品种,不断提高公司产品的吸引力;注重技术更新,与省内颇具实力的烟台依依摄影集团进行加盟合作,充分利用他们研发水准高,研发速度快的优势,采用标准化的流程操作予以消化吸收,迅速、持续地提高公司的技术水准,满足顾客不断增长的摄影需求。

【实行目标管理,细化绩效考核】 公司在设定管理目标时,以历史同期的数据为基础,并结合现在对市场的预测评估,以及参加评比员工的人数等多方面参数来综合设定。制定目标时,在尊重目标执行者的愿望,提高他们的责任感和积极性的基础上,完善考核办法及薪酬制度,根据全年的目标任务进行层层分解和细化,按照"多劳多得、按劳取酬"的原则,制定合理的薪酬分配方案,按照技术含量、劳逸程度、责任大小、工作贡献等系数指标适当地拉开岗位(职务)分配差距,绩效工资细化考核到每一个岗位,强化考核体系,加大考核力度。

【提高服务水准,赢得顾客赞誉】 进一步激发企业内在活力,调动了职工工作的主动性、积极性与创都尊崇"顾客就是上帝"的服务理念,"想顾客所想,急顾客所急",真真正正把顾客当作自己的亲人朋友,对顾客郑重承诺:不满意可以重拍,重拍不满意可全额退款,服务不满意投诉可获赔偿。目前,接受过公司服务的顾客数以万计,"芳草"已经逐渐形成品牌,深入到社会各界以及广大民众的心目中。

除此之外,公司还建立了TCS顾客百分百满意客服系统,将原来由门市负责的摄控、看控、取控的工作交给专门的客服部,由客服部重点围绕公司的流程调查顾客满意度。顾客的消费流程得到了有效的监督。这一系统的建立标志着芳草的服务流程更加完善,售后更加有保障。截至2011年底,公司客服中心数据显示,顾客满意度在97%以上,转介绍顾客占60%以上。

【感恩回馈社会,爱心奉献公益】 公司在稳步发展的同时,始终怀着一颗感恩的心真诚回馈社会,通过积极组织举办大型活动,向弱势群体奉献爱心等多种形式感恩社会,回报社会。为倡导移风易俗、婚事新办的社会新风,培养青年健康、文明、节俭的婚尚理念,9月28日,公司与共青团淄博市委联合举办了大型公益活动——淄博市"新风青年—和谐淄博"集体婚礼,活动主题是倡导新一代年轻人对婚礼文化移风易俗的自主创新,让自己的婚礼变得更加有意义。活动举办得非常成功,受到了社会各界和广大新人朋友的广泛赞扬。

2011年,公司取得了多项荣誉,荣膺"全国十大杰出影楼"、"全国服务行业百姓放心品牌"、"全国服务行业诚信示范单位"、"淄博市消费者满意单位"、"淄博市青年文明号"、"支持第七届全国城市运动会(淄博赛区)组织工作贡献奖"等荣誉称号。

(撰　　稿:李苗苗)

责任编辑:宓　雯

责任校对:张　暖

区县财政工作

张 店 区

2011 年,张店区以科学发展观为指导,按照“巩固、提升、精细化”的要求,加快推进转方式、调结构和统筹城乡发展,各项社会事业取得全面进步。全年地区GDP 完成653.61亿元,同比增长11.95%,其中第二产业完成317.15亿元,同比增长11.99%;第三产业完成334.70亿元,同比增长12.03%。地方财政收入完成30.08亿元,同口径增长26.02%。规模以上固定资产投资完成225.54亿元,同比增长24.10%。规模以上工业企业销售收入、利税、利润分别完成1270.37亿元、236.96亿元、135.29亿元,同比分别增长24.11%、36.51%和33.92%。全社会消费品零售总额完成326.51亿元,同比增长18.31%。

全区地方财政收入完成 300777 万元,比上年决算数 222616 万元增长35.11%,比上年调整数 258680 万元增长 16.27%。扣除市级下划契税因素后,同口径财政收入完成 276526 万元,占预算的 105.27%,增长 26.02%。全区地方财政支出完成 275968 万元,占预算的 113.24%,增长 28.22%。按现行财政体制计算,结余 8 万元,连续第 28 年实现财政收支平衡。

【有效利用各项政策措施,抓收入强征管】

按照区人代会通过的 2011 年财政收支预算,立足中心城区,围绕改革、发展、稳定,抓住经济回升机遇,继续加快实施三产强区、环境立区、发展科技工业和推进城市化四大战略,积极拓宽融资渠道,打造招商引资的良好环境,为财政收入稳定增长奠定了坚实基础。一是切实强化税收征管。加强和改进税源监控,进一步推进税收信息网络化和征管现代化建设。各级财税部门层层落实任务,加大税收稽查力度,坚决堵塞漏洞,严厉打击偷、逃、骗税等各种涉税违法犯罪行为。继续深入开展综合治税工作,依托多部门联合建立的税源信息平台,突出抓好“异地纳税”问题的清理整治,有效改善了漏征漏管的状况。二是各镇、街道办事处立足实际,根据省、市、区财源建设和经济发展的各项政策措施,积极招商引资,千方百计膨胀经济总量,提高发展质量,为财政增收做出了积极贡献。三是进一步理顺完善市、区财政分配关系,积极协调市财政部门调整契税分成比例,确定张店区境内契税按市、区 4:6 分成,有效增加了区可用财力。四是继续做好代征“政府投资建设项目税金”工作,全年累计代扣“政府投资建设项目税金”787 万元。五是继续强化政企合作意识,积极培育财税收入新的增长点。全力协调相关部门支持新入驻的保险、金融等现代服务业企业,并积极给予财政支持,为增加本地区经济总量和税收财力打下坚实基础。

【合理安排预算支出,不断提高财政管理水平】 一是在预算安排上,坚持积极稳妥、稳中求进的原则,收入预算打足,支出预算打紧,适当留有余地,确保全面完成收支预算任务。2011年财政总支出预算安排243710万元,比上年增长13.23%。二是按照区人代会提出的"按预算、按计划拨款,按事业进度拨款,按核定的支出用途拨款,按预算级次拨款"的原则,在保工资、保运转、保稳定的前提下,严把资金出口,保证社会保障、教育、农业等各项重点项目支出需求。三是继续推进和深化财政国库集中支付改革,全年共有124个预算单位完全实现国库集中支付,集中支付资金209140万元,其中直接支付119958万元,授权支付89182万元,直接支付比例达57%。四是加强财政资金安全管理,印发《张店区财政资金安全管理办法》,进一步完善内部控制体系,切实堵塞财政资金管理漏洞。组织各级财政部门对所管理的财政专户进行全面自查,累计撤并财政专户17个。五是全面启动预算单位公务卡改革。完成了前期制度建设、设备调试和业务技术培训工作,将适时在全区进行推广。六是升级完善财税信息查询系统,新的部门预算和指标管理系统运行良好,为财政部门收入入库查询、重点税源监控和预算管理提供了稳定的技术支持。七是做好各项会计事务管理工作。2011年组织5635人参加会计从业资格考试,办理会计从业资格证书1107个,审核通过2012年度全省会计专业技术资格考试报名1119人,完成会计人员基本信息采集注册10838人,审核通过9952人。八是《基层财政业务核算规范》一书整理工作全面结束,进入出版发行准备阶段,为在全区开展"基层财政业务核算规范"课题培训提供了一本指导性强、特色鲜明的工具书籍。

【充分发挥融资平台作用,积极争取和筹措资金投入全区重点经济建设项目】 为确保全区各项重点项目与民生工程顺利开展,积极拓宽融资渠道,与市农发行进行战略合作,为农村集中住房建设申请项目贷款4.5亿元,到位资金2.4亿元;与市城市运营公司对接,吸纳调控资金、项目借款1.01亿元,累计达24.23亿元。一是继续认真贯彻落实省、市、区关于推进农村住房建设工作有关政策精神,完善农村住房专项资金使用管理办法,稳步推进新农村住房建设工作。城郊农村住房建设项目借款累计12亿元,先后与27个村签订借款合同并拨付资金10.75亿元。二是严格制定"两区一村"资金使用管理办法,与项目所涉及的镇、街道办事处签订借款合同,并保证资金的顺利到位和项目的正常开工。累计收到"两区一村"改造项目借款8.3亿元,支付棚户区、城中村改造相关资金3.42亿元,支付外立面整治费用1.58亿元。三是做好创业园资金使用监管工作,保证项目顺利进行。项目累计拨付资金1.09亿元,主体建设及园区配套设施基本完工,并投入使用;供热基础设施已于10月投入使用,为区招商引资工作提供了有力保障。

【扎实推进非税收入管理工作】 一是依托非税收入征管系统,不断健全"政策监督、以票管收、收缴分离、集中统一管理"

的非税收入征管机制。新增张店农村商业银行作为区非税收入征收的代收银行，实现了多渠道归集非税收入。全年完成非税收入135773万元，其中本级代收24368万元；市级返还111405万元，其中一般预算收入完成87149万元。二是以“限量发售、批次核销、金额核对、重点查询”为主要措施，进一步加强票据管理，基本实现“以票管收”，“张店区财政票据网上查询举报系统”运行正常。三是加强福利彩票公益金、体育彩票公益金的管理，全年争取福彩公益金308.15万元，争取体彩公益金81.71万元。四是认真做好公房公共维修基金的管理工作，按现有政策严格审批，确保专款专用。五是全面完成农村义务教育化债工作，化解债务912.8万元，占省审计确认债务的100%，涉及债权人985人。

【加强经费保障能力，努力提高资金使用效益】 一是调整支出结构，压缩一般性支出，加大对政法系统、信访等部门的投入，确保区委、区政府中心工作顺利开展和行政政法单位履行职能的基本需求。二是创新政府采购管理机制，全年政府采购额完成49916万元，节约资金6834万元。三是全面落实城乡义务教育经费保障机制，不断提高中小学生均经费标准，达到了省级教育示范县的新标准。启动校车工程，走在了全市前列。开展中小学温暖工程，在保证生均取暖费基础上安排取暖补助400万元，保证学生温暖过冬。四是在全市各区县中率先开展公务用车专项治理工作，及时做好超标车辆的处理，治理工作取得了较好效果。五是及时调度、核拨资金12513万元，用于保障张博附线北延绿化工程、立面整治工程、黑铁山生态恢复工程、背街小巷及开放式小区路灯维护工程等2011年城建重点工程。六是加强财政投资评审管理，拓展评审范围，逐步实现由只对基建工程评审扩大到对财政专项支出项目的评审，对财政投资300万元及以上项目派驻财政监管员，强化对财政投资项目全过程控制的力度。全年共评审工程项目58个，送审值19825万元，审定值15998万元，审减值3827万元，审减率19.30%。七是加大财政周转金清理力度，通过灵活多样的清理手段，按照规范的程序，积极清理财政周转金。

【社会保障财务管理逐步完善】 在财政支出压力增大的情况下，在财力的分配上坚持压一般、保重点，继续向民生倾斜。一是积极筹措资金，认真落实民生政策。按照上级要求继续提高城市和农村低保补助标准，分别达到人均每月225元和114元。二是搞好困难企业职工春节救助工作，2011年共救助困难职工2394人，支出资金100万元。三是按照“保基本、广覆盖、有弹性、可持续”的原则，自2011年4月起，张店区新型农村养老保险与国家制度进行接轨，建立起个人缴费与政府补贴相结合的新型农村养老保障体系；认真做好资金测算工作，全年需支出政府补贴资金2065万元。四是以“两深化、两推开”为重点，加快推进医药卫生体制改革。积极筹措资金及时拨付基本药物补贴，全年累计拨付基本药物制度补偿资金1614万元。起草了《基层卫生机构运行补偿办法》，完成了镇卫生院竞聘上岗、全员聘用工作,健全了以政府投入为主的多渠道筹资机制,确保了基层医疗卫生机构的正常运行。五是积极落实退役军人灵活就业社保补贴,2011年拨付灵活就业社保补贴3.9万元,补贴32人;拨付退役人员创业扶持资金和救助资金43.8万元,扶持、救助退役军人164人。六是积极筹集资金认真落实再就业政策,预算安排包括安置再就业人员各项岗位补贴、培训补贴、养老保险补贴、小额担保贷款等各项再就业专项资金400余万元,在全市各区县中率先启动了下岗失业人员小额担保贷款业务。

【积极落实惠农政策,促进新农村建设】 一是继续保持财政支农力度。全年累计拨付资金13065万元,支持都市农业发展、抗旱、美国白蛾防控及其它病虫害防治、重大动物疫病防疫检测、小型病险水库除险加固及雨季防汛等项目建设。二是认真做好粮食直补资金核拨工作。积极落实种粮大户奖励政策,556万元补贴资金通过"山东省财政涉农补贴一本通"管理系统一次性兑付到种粮农户手中。三是认真执行家电下乡、汽车摩托车下乡、家电以旧换新相关规定,以家电下乡办公室为依托,做好各项补贴的兑付工作。四是大力加强财政惠民服务厅建设,已完成财政惠民服务厅11处,争取省、市配套资金78万元,其中中埠镇、科苑街道办事处2处已通过了省、市两级验收。五是切实做好村级公益事业"一事一议"财政奖补工作。以"五化"建设和水系工程为抓手,统筹兼顾基础设施建设、四化项目、文化活动等项目,2011年共确立并建设项目98个,总投资11388万元,其中筹资筹劳2873.5万元,财政奖补2000万元。六是切实增强基层财政公共服务能力,积极开展规范化财政所创建工作,申报5处财政所并全部通过初验,争取配套资金126万元。

【国有资产管理工作取得新进展】 一是行政事业资产管理信息系统建设工作圆满结束,实现了资产管理部门与全区行政事业单位的无缝连接,区国资局被省财政厅评为全省行政事业资产管理信息系统建设先进单位。二是圆满完成2010年度全区行政事业单位及区属国有企业国有资产管理信息统计工作,国有资产产权登记及年检工作全面展开,全区共有170个行政事业单位和26个企业纳入年检范围。三是维护投资各方权益,参加外贸储运公司、张店水泥、淄博纺织机械厂等企业的破产清算工作,促进破产工作程序规范化。四是加强国有资产基础管理工作,从严控制资产的购置、管理、处置、收益,全年共审批购置资产41519件,价值6263万元,处置申报资产1884件,累计收缴处置收益28万元。五是行使出资人权利,确保国有资产保值增值。完成对金挚联有限公司100万元的投资;出资500万元成立了旌旗泊车公司,加强张店中心城区停车管理;做好汇通小额贷款公司、淄博金泰铁路储运公司的运营监管,对于增加国有资产收益和培育壮大我市投资担保业龙头企业具有积极意义。

【财政监督工作进一步加强】 按照省、市统一部署,在全区所有党政机关、事业单位范围内全面开展"小金库"治理复查工作,全年共检查单位46户,入库违纪资金

130 万元，并完成 241 户企事业单位“小金库”复查和知识竞赛工作；认真组织开展 2010 年度中央财政专项支出资金使用情况自查；配合市局对 2008 – 2010 年度全区公共卫生资金配套筹集使用情况开展检查；对区机关事业保险处 2010 年度养老保险基金征管情况进行监督检查。

【充分发挥财政职能，加大企业扶持力度】 一是继续做好南部工业结构调整有关企业的政策兑现工作，全年共兑现南部工业结构调整专项资金 921 万元，累计支出达 5065 万元。二是充分发挥财政补助资金的引导作用，加大对企业的扶持力度，积极组织企业做好各类专项扶持资金项目的申报工作，全年共拨付企业各项上级专项扶持资金 2874 万元。三是认真及时做好企业财务税收信息指标快报的上报、分析工作，合理安排、协调中央企业、区属企业和镇办企业的信息上报，全区上报企业达到 154 户。四是开展外商投资企业财政登记和网上联合年检工作，通过财政年检的外资企业达 53 户。五是做好建陶企业保证金收缴工作，全年共收缴综合保证金 3820 万元。

【抓好内部公文处理及财政信息调研工作】 一是针对今年以来领导批示件数量较多的情况，研究下发了《关于加强领导交办件办理工作的通知》，印制了专门的《领导交办件处理笺》，建立起跟踪销号制度，进一步提高机关办文质量和效率，确保为区领导提供及时、准确的决策参考。二是加强财政信息上报工作，全年共向各级报送财政信息 300 余条次，被采用近 100 条次。三是完成了 2011 卷《淄博财政年鉴》张店部分资料、2011 卷《山东财政年鉴》张店部分资料以及 2011 卷《张店年鉴》财政部分的编撰工作，并积极参与区委、区政府和市财政系统组织的各项调研活动。

【加强机关党风廉政建设，文明创建不断深入】 一是认真组织开展“创先争优、争做张店先锋”活动和“巩固、提升、精细化”等大型学习活动，开展各项财政专业知识和业务技能培训，全面提高干部的政治理论素养和综合业务水平。二是全面推进党务公开工作。通过将党务公开与政务公开等其他财政工作相结合，丰富公开内容；依托电子触摸屏系统的建立，创新公开形式，保证了党务公开工作的扎实有效，并顺利通过了市级示范点验收，得到了市、区领导高度评价。三是严格落实党风廉政建设责任制。深入开展廉政风险防范管理，继续健全涵盖机关行政管理、业务工作、队伍建设、廉政建设等各个方面的机关规章制度。认真学习《严肃换届纪律学习材料》和“5 个严禁、17 个不准、5 个一律”要求，营造了人人知晓、风清气正的换届环境。四是扎实开展理想信念教育、帮扶共建活动；组织全体在职干部参加“团队建设”拓展培训，增强了局机关凝聚力和团队协作意识；在创建全国文明城市工作中，充分发挥财政职能，积极筹措调度资金，并组织近 30 名干部职工主动参加各项志愿活动，为创建全国文明城市贡献了力量。一系列活动的开展极大提高了全区财政系统的整体文明创建工作水平，连续 9 年保持了省级文明单位荣誉称号。

南定镇

2011年,南定镇按照“保增长、促改革、转方式、惠民生”的工作思路,攻坚克难,强化财税管理,全镇财政收入保持了平稳增长,产业结构持续优化,经济和社会各项事业呈现全面发展的良好态势。全镇规模以上固定资产投资完成20.69亿元;规模以上工业企业销售收入、利税、利润分别完成249亿元、42.3亿元、28.8亿元;地方财政收入完成4812万元,增长23%,地方财政支出完成3040万元,增长38.56%。

*加强财源建设,拓宽增收渠道,确保财政收入稳定增长。*继续加强对重点税源的分析和预测。掌握重点税源的动态,加强与工商税务部门的协调配合,定期进行税收调度分析,及时搞好税源监控,确保了各项税款的及时、足额入库。认真研究国家税收政策对全镇财政收入的影响,加强对收入执行情况的动态分析与检查,及时发现和解决实际问题,确保了财政收支平衡。坚定不移地抓投入、上项目,为全镇经济发展积聚后劲。积极调整招商工作思路,坚持以发展新型工业和现代服务业为主线,突出招商重点,扩大对外联络,加强服务协调,规范办事程序,实行多渠道招商,招商引资和项目建设均取得了显著成绩。优化产业结构,不断加大对能源、机械加工和铝材料产业投资的引导力度,对张博路沿线汽贸产业发展作出总体规划,拉长产业链条,加快淄博亿丰国际汽车博览城等重点项目招商、引进和落地工作,努力形成张博路由北到南集名车4S展销、汽车会展、旧车交易、汽配、维修检测及养护、车证办理、汽车俱乐部等为一体的汽贸产业带。

*重民生,求民利,社会主义新农村建设稳步推进。*认真落实各项惠民政策,全年累计发放粮食直补、汽车摩托车下乡补贴14万元,城市、农村低保金498万元,农村新农合补助34万元,农村五保供养资金16万元。加大教育投入,实施中小学供暖改造和校车工程。大力发展都市农业,加快“北园南林”规划实施,做好生态建设与休闲观光旅游的结合,流转土地2100余亩,新增林木1000余亩。大力实施农村住房改造工程,累计投资6亿元建成村民还迁楼139幢共60万平方米。进一步完善基础设施建设,深入实施碧水蓝天行动计划,开展环保治理专项行动,全面实现了玉米秸秆禁烧,城镇面貌大幅改观。

*加强队伍建设,树立财政干部良好形象。*以创建省级规范化财政所和市级文明单位为契机,进一步提高财政人员整体素质,加深对国家财经法规的系统了解,掌握粮食直补、汽车和摩托车下乡、村级公益事业“一事一议”财政奖补等惠民政策,提升会计基础管理工作水平。加强职业道德教育和勤政廉政建设,做到廉洁自律,不谋私利,务实高效。

傅家镇

2011年,傅家镇紧紧围绕加强党的建设与基层组织建设,突出“经济发展、城镇建设、和谐社会”三大重点,实施“服务业强镇、环境立镇、推进新型工业化和城市化”四大战略，解放思想，真抓实干，全镇经济实力显著增强，产业转型迈出坚实步伐，城乡面貌焕然一新，人民生活持续改善。全年规模以上工业总产值、销售收入、利税分别完成127.03亿元、125.13亿元、22.55亿元，完成固定资产投资11亿元，社会消费品零售总额12.8亿元。地方财政收入完成5715万元，增长1.73%，创历史新高；地方财政支出4170万元，增长112.32%。连续10年保持了全市“经济强乡镇”的荣誉称号。

调整结构，重点建设，大幅提升镇域经济实力。充分运用“倒逼机制”转变经济发展方式，服务业规模层次同步提升，以通力五金机电、鲁中煤炭交易中心为代表的新型物流业快速发展，以淄博国际会展中心、中国陶瓷科技城服务外包基地为代表的新型服务业加速推进。工业结构转型升级进程加快，万元生产总值综合能耗下降7.6%。加快推进新型工业化，实施南部工业区升级改造工程，累计淘汰转移建陶、机制砖等落后生产线23条，主要工业支撑搪玻璃制造业发展势头强劲。抢抓资本市场机遇，企业融资手段实现重大突破，鸿嘉铝业、迪浩耐磨管道股份有限公司在齐鲁股权托管交易中心挂牌交易，成功融资2804万元。重大项目建设成效显著，淄博客运中心成功运营，投资60亿元的淄博嘉亿国际财富中心顺利奠基，吸纳7000人就业的太平洋财险电话保险淄博运营中心落户中国陶瓷科技城，贝尔华韵医药物流园一期工程进展顺利，春申・君临天下高档生态社区正式开工。

统筹发展，改善环境，加快生态宜居新型城镇建设。坚持把群众需求作为工作的出发点和落脚点，紧抓全区城郊农村住房建设机遇，积极行动，旧村改造工作有序铺开，环境整治成效显著，农村管理服务机制不断健全，人居环境不断改善。全镇19个行政村中有13个村启动了旧村改造工程，投资300余万元高标准完成了华福大道、世纪路傅家段立面整治工程。大力开展环保治理专项行动，镇域空气环境质量极大改善。强化生态水系建设，全面解决了镇域河流排污问题，完成了孝妇河溢流堰及生态湿地工程，省级生态镇创建卓有成效。吉田园、银基农业生态园等都市农业园区不断发展壮大，成为市民休闲消费热点区域，农民收入实现较快增长。

以人为本，民生为重，提高和谐社会建设水平。牢固树立以人为本理念，把改善和保障民生放在更加突出的位置，扎扎实实为群众办实事、做好事、解难事，让人民群众共享改革发展成果，推进社会各项事业全面发展。2011年农民人均纯收入达到12106元。高标准建设了镇民生保障服务中心，真正实现了“一个窗口受理、一站式办结”，农村社区服务实现了全覆盖。扎实做好农村劳动力培训、就业再培训工作，免费培训农村劳动力1200余人。认真落实各项支农惠农政策，兑现粮食直补、玉米深耕还田、良种补贴、抗旱浇水补助、汽车和摩托车下乡等各项财政补贴166万余元。

加强协作，完善制度，推进财政工作精细化管理。积极采取一系列有效措施，通过与国税、地税部门密切配合，相互协作,大力组织税收收入,成效显著;不断优化财政支出结构,保障各项事业资金需要;完善各项财务规章制度、内部管理制度及财务档案管理制度,提高财政人员的政治业务素质,各项财政工作和精神文明建设水平不断提高。2011年,傅家镇财政所被评为市级文明单位。

马尚镇

2011年,马尚镇深入实施“服务业强镇、环境立镇、推进城市化”三大战略,充满激情、科学创业,圆满完成各项工作任务,经济及社会各项事业再上新台阶,先后荣获国家级生态镇、省级文明镇、省级卫生镇等荣誉称号。

经济建设持续发展,综合实力大幅提升。2011年,全镇地方财政收入完成7613万元,占年度目标的117.09%,同比增长44%,地方财政支出完成3685万元,增长36.73%;固定资产投资完成17.06亿元,占年度目标的110.5%;完成规模以上企业工业销售收入27.55亿元、利税6.55亿元、利润2.85亿元,分别占年度目标的100.2%、100.2%、100.4%;社会消费品零售总额完成3.43亿元,占年度目标的145.3%;外贸进出口总额完成3509万美元,占年度目标的109%;利用外商直接投资306万美元,占年度目标的102%;万元工业产值综合能耗降低4.2%。全镇500万元以上生产性项目22个,完成投资32.5亿元。

转方式调结构深入推进,产业转型成效显著。认真落实市、区转方式调结构的政策要求,加快实施招商引资和项目建设,服务业规模层次进一步提升。淄博义乌小商品城商业二期、西班牙风情街、永旺淄博购物中心等大型商贸设施建成启用。海丰园生态酒店、驿泰大酒店、江南濠景等餐饮休闲业日益繁荣。先后引进英大泰和保险、泰山财产保险等金融保险机构。伯仲真空在齐鲁股权托管交易中心挂牌,共募集资金493.5万元,企业上市实现零的突破。加快推进“森林围城”建设,先后建成石村休闲都市会所、孝妇河沿岸生态经济林带、滨博高速公路沿线经济林果带等生态园区,并启动实施了张店特色观光园、原山大道北延绿化、汇美生态园等一批园区工程。购置大型农业机械165台套,建成农机专业合作社7家,农机装备水平显著提高。

城乡面貌变化显著,城市功能日趋完善。以市、区重点工程建设、“两区三村”建设为依托,加快城镇化建设进程,城乡面貌日新月异。辖区内主干道四纵六横贯通东西南北,快捷高效路网体系基本建成,城市功能进一步增强。加快推进生态镇建设,全镇新增城区绿地面积99.5万平方米,森林覆盖率达到41.1%。新建省级花园式单位4个,市级花园式单位2个,区级花园式单位9个。农村住房建设取得新进展,全镇20个村(居),8个基本完成建设任务,8个正在建设中,4个正在筹划启动。完成拆迁150万平方米,建成还房楼130万平方米。城市化管理进一步加强,全镇数字化城市管理系统启动运行,建立健全了工作责任落实体系。认真贯彻执行节能减排和环境保护政策,全面落实节能减排责任制，深度治理大气污染，全面实现玉米秸秆禁烧。

人民生活水平不断提高，社会事业全面进步。农民人均纯收入14346元，同比增长20%。城乡就业制度全面落实，新增城镇就业2661人，其中新增农村劳动力转移就业1859人。各类保险覆盖面不断扩大，全镇加入失地农民养老保险达15个村(居)，新型农村基本养老保险和城镇居民医疗保险基本实现全覆盖，新型农村合作医疗保险参合率连续9年达到100%。认真做好双拥、优抚优待、低保、大病救助、老龄、残疾人等工作，坚持按照上级政策要求，发放各类抚恤金及生活补贴74.8万元。老年人事业进一步加强，镇财政投入20余万元，在重阳节期间走访慰问全镇70岁以上老人，为全镇60岁以上老人免费健康查体。建成文化大院、农家书屋、健身广场等一批村居文化基础设施，成立马尚镇星光艺术团及群众合唱团13支，完成文艺、戏剧演出32场次，成功举办重阳节文艺晚会。新购校车12辆，校园安全工作进一步加强。

全面落实惠农政策，改善民生维护稳定。积极开展“一事一议”财政资金奖补工作，正确引导，突出重点，累计投资4043万元，完成道路建设10000余平方米、文化广场建设32000余平方米、老年公寓建设6700余平方米，群众投工13600余个，受益农民1.4万余人。兑付“一事一议”财政奖补资金90余万元，调动了农民生产积极性，村级公益设施和农业基础设施明显改善，农业综合生产能力明显提高，农业抵御自然风险的能力明显增强，农民收入稳定增长，促进了农村社会稳定和经济发展。

房 镇 镇

2011年，房镇镇紧紧围绕“统筹城乡发展，服务‘两区’建设、建设和谐房镇”的目标，以淄博科技工业园和创业园为平台，大力实施招商引资；以服务淄博新区和市、区重点工程为重心，全力推进城市化进程；以都市型现代农业和旧村改造为契机，新农村建设步伐不断加快，圆满完成了各项目标任务。全镇经济实力显著增强，产业转型迈出坚实步伐，镇域面貌焕然一新，人民生活持续改善，镇域经济和社会各项事业迈入健康、快速、持续发展的轨道。

坚定信心，迎难而上，全镇经济实现平稳快速发展。一是经济建设实现新跨越。在北部，依托淄博科技工业园、创业园，着重打造科技含量高、自主创新力强的项目，为经济发展注入新的动力；在南部，依托淄博新区的发展优势，强化服务，突出三产，一批规模大、档次高的市场、综合办公楼和餐饮服务中心等三产项目正在规划建设中，逐步形成了“北工南商”的发展格局。二是招商引资成效显著。规划面积7.35平方公里的淄博科技工业园，现有企业100余家，全年销售收入完成47亿元，利税总额7.52亿元；其中总投资1.8亿元、占地60亩的创业园一期工程，已入驻企业47家；计划总投资15亿元、占地320亩的创业园二期工程，已有10家企业签约入驻。三是企业上市取得新突破。

山东科汇电气已被列为上市资源企业,淄博恒昌塑胶在齐鲁股权交易中心上柜并融资1000万元。2011年全镇地方财政收入完成3083万元,同比增长28%;地方财政支出完成2203万元,同比增长15.52%。

统筹城乡一体发展,镇域面貌焕然一新。紧紧抓住房镇镇作为新区建设主战场的历史机遇,加快步伐,借势发展。多条道路顺利竣工通车,形成了四通八达的交通网络。旧村改造稳步推进。全镇16个村实施旧村改造,计划拆迁91.67万平方米、还房103.47万平方米,已建成71.64万平方米。重点工程顺利推进,市、区重点工程涉及19个村,用地3855亩。目前,镇域内涉及的市文化中心、市检察院办公大楼、市公安局办公大楼、创业园二期、新区水系工程、区公租房建设等市、区重点工程开工建设;张店八中已竣工交付使用;张田路、鲁泰大道、原山大道等道路绿化和升级改造项目进展顺利。各项重点工程的顺利建设,带动了全镇经济社会各项事业的迅猛发展,全面提升了淄博新区的城市形象。认真落实节能减排目标责任制,规模以上企业万元工业增加值能耗较2007年降低30%,连续4年完成节能减排目标任务。大力整治化工异味和扬尘污染,投资1200余万元深入开展"三秋"防火和秸秆禁烧工作,环境质量明显改善。

调整优化支出结构,推动社会和各项民生事业发展。加快土地流转步伐,截至年底,全镇完成流转土地12000亩,签订承租协议10000亩;大力推进"森林围城",按照精品化、品牌化、特色化的要求,种植高档苗木2500亩。投资150万元,实施饮用水改造工程,钟家、东平等8个村村民和3所中小学的学生喝上了安全饮用水。大力发展都市农业,建设生态型、高效型精品农业园区,发展花卉、苗木、蔬菜园区近20家,4家被列为市级都市农业示范园。全力做好动物防疫、农民转岗就业培训等工作,美国白蛾防控完成目标任务。完善管理机制,强化"五代管"工作,财务定期张榜公布,并保存影像资料,农村财务管理实现了公开化、规范化。社会保障水平不断提升。全镇24个村全部加入新型农村合作医疗,人口和计划生育工作走在全区前列,独生子女奖励费及时足额发放,积极开展各种形式的扶贫救助"送温暖"活动,切实保障了困难群众、优抚对象的基本生活。建立失地农民基本养老保障制度,为1.1万人办理了养老保险,发放养老保险金354万元。为16个村6175人办理国家新型农村养老保险,共缴费313.4万元。

沣水镇

2011年,沣水镇大力实施"工业强镇、环境立镇、三产兴镇、推进城市化"四大战略,将创建环境优美镇、打造文化名镇作为产业转型的突破口,全镇经济社会实现了又好又快发展。全镇规模以上工业企业销售收入完成231.22亿元,利税完成35.56亿元,利润完成19.76亿元,固定资产投资完成16.35亿元,地方财政收入完成3748万元,同比增长38%;地方财政支出完成2415万元,同比增长45.31%。

突出抓好产业结构调整,努力培育新的经济增长点。大力实施项目带动战略,着力在关系经济发展全局的战略重点上寻求突破,充分发挥财税杠杆作用,认真落实考核奖励等措施。在财源建设工作中,加大资金投入和政策落实力度,努力为企业提供优质高效服务,完善辖区内水、电、路等基础设施。公铁联运物流园、山东金安化工一期、山东鲲鹏新材料科技有限公司的板状刚玉、联创聚醚多元醇、万昌医药中间体等重点项目陆续投产或施工,成为沣水新的经济增长点。抢抓资本市场机遇,企业融资手段实现重大突破,万昌科技(沣水板块)成功在深交所上市。积极拓宽聚财视野,努力培植和发展民营企业,有力促进了全镇经济和各项社会事业又好又快发展。

加快农业结构调整,大力发展循环生态农业。充分用好加快都市农业发展的鼓励政策,大力种植名优果品、名贵苗木等长效经济作物,共调整土地面积1000亩,栽植法桐、樱花、速生杨等7.8万株。投资200余万元的东高都市农业特色养殖项目、投资6700万元的沣源蓄水项目均已开工建设。在做好炒米山名典彩叶园和昌城生态观光园、沣源水库等项目开发建设的同时,大力实施东部山区生态恢复工程,将东部山区打造成为近郊生态旅游风景区。

加大民生投入力度,落实各项支农惠农政策。投资1000余万元对城东路进行了整修和亮化,投资160余万元新购校车10辆,投资500余万元完善了张一等5个新村的配套设施建设,投资200万元新建浅水中学阶梯教室、沣水第二小学多功能教学楼,投资15万余元对镇敬老院进行了升级改造。积极筹措资金,保证了农村新型合作医疗工作的顺利开展。增加对社会公益事业资金投入,发放烈军属优抚金、抚恤金101万元,支付镇敬老院及弱势群体经费24万元。兑现粮食直补、农机购置补贴、汽车摩托车下乡补贴共153万元。

发挥财政管理与监督职能,不断提高理财水平。严格遵守《预算法》,合理确定基本支出标准和项目支出顺序,实现预算的完整统一和规范透明。坚持按预算拨款原则,合理调度资金。进一步提高预算管理水平,优化支出结构,合理安排支出,提高财政保工资、保稳定、保法定支出的能力。加强财政资金日常监管,加大对专项资金的监督管理力度,确保财政资金的规范使用。

和平街道办事处

2011年,和平街道办事处坚持以“五个率先”为导向,以“和谐、平安”和“科学发展惠民生,建设和谐新和平”为工作理念,以“抓发展、抓城建、抓党建、抓稳定、抓惠民”为载体,攻坚克难、真抓实干,各项工作取得了丰硕成果,较好完成了全年各项工作任务,实现了经济社会事业又好又快发展。

加快推动经济发展,各项经济指标再创新高。全年完成工业销售收入3.37亿元,同比增长26.29%;工业利税8276万元,同比增长34.20%;规模以上工业万元总产值能耗同比下降6.01%。社会消费品零售总额8.6亿元,同比增长59.5%。完成固定资产投资11.55亿元,同比增长41.57%。招商引资1.5亿元,直接利用外资380万美元。进出口额完成1200万美元。全年地方财政收入完成4363万元,增长25.63%;地方财政支出完成1070万元,增长41.16%。

积极推进转方式调结构,经济发展质量不断提升。以节能新技术、新工艺、新材料引进推广和技术改造为重点,以产业结构调整为依托,强化企业节能意识,积极引导企业进行技术创新,推进产学研紧密结合,提升企业竞争能力和可持续发展能力,通过节能降耗提高经济效益。大力实施重点项目带动战略,将百脑汇、华茂观邸、天府清华园等一批投资力度大、辐射带动强的服务业项目列为重点项目,积极发挥政府的服务职能,主动有效地帮助企业解决实际困难,为项目的顺利建设创造良好环境。

加大民生保障力度,促进社会和谐发展。城乡低保管理进一步规范。对符合条件的城市低保对象305户673人全部纳入低保范围,共发放低保金60余万元。为辖区90岁以上老人发放老龄补贴3.6万元,发放特困低保户救助、大病救助11.4万元。加快发展社会慈善事业,开展赈灾、扶贫、安老、助医等慈善捐款活动,共筹集善款11万余元。认真做好优抚对象保障工作。对辖区优抚对象的健康状况及患病情况进行了统计并建立健康档案,开展优抚对象住房困难状况调查,及时发放提标后的优扶对象抚恤补助。开展涉军人员帮扶结对活动,定期上门走访看望,组织社区志愿者为优抚对象提供多种志愿服务。

健全规范制度,提高财政管理精细化水平。坚持量入为出,统筹安排调度资金。对预算外资金做到收支两条线、专户储存,使预算外资金真正纳入财政管理。强化制度建设,严格执行公务用车和派餐单制度。规范社区财务管理,实行独立记账、超支计划、项目审批和半年一审计的财务管理制度。组织社区会计人员进行业务培训,社区财务日臻规范完善。

加强系统文明建设,提高财政人员素质。坚持"围绕中心、服务大局、为全面贯彻落实科学发展观服务"的重要指导思想,引导财政干部牢固树立大局意识、效率意识、服务意识和廉洁自律意识,狠抓效能建设,从加强内部管理入手,切实提高服务水平。坚持推进政务公开,在办事处办公区设立政务公开栏,达到了既方便群众了解政策,又公开接受监督的目的,组织全所干部职工系统的学习了《会计法》、《税法》以及经济等方面的业务知识。2011年,和平街道办事处财政所被授予市级文明单位荣誉称号。

公园街道办事处

2011年,公园街道办事处以保持经济平稳较快发展为中心,以提高财政保障能力为目标,以招商育税和培植财源为抓手,强化收入征管,优化支出结构,有力地促进了街道办事处各项事业的发展。全年地方财政收入完成5879万元,同比增长32%,地方财政支出完成2276万元,增长95%;完成固定资产投资10.2亿元,同比增长26%;服务业营业收入完成26.1亿元,同比增长37%;服务业利税完成2.9亿元,同比增长34%;社会消费品零售总额完成8.8亿元,同比增长32%;进出口总额完成8300万美元;招商引资完成9.1亿元,同比增长379%,在全区率先完成利用外资任务。

*加强经济和社会事业建设,推进统筹协调发展。*大力实施“三产兴办、商贸强街”战略,突出抓好项目建设,尚美第三城、蓝钻国际商务中心等重点项目已完成招商并全面运营。山东齐赛创意产业园一期工程竣工开业,动漫创意产业初具规模。全年投资3000万元以上的生产经营性项目共11个,包括投资20亿元的华润中央公园、投资4亿元的茂业百货淄博金帝店、投资1.3亿元的金领世家等项目,完成年度投资共9.2亿元。以“争创全国文明城市”为契机,完善辖区三级环卫工作网络的建设,深入开展市容环境综合整治。升级改造街道惠民综合服务大厅,全面推行计划生育、劳动保障、民政事务、财政惠民、党员服务和居家养老的“一站式”便民服务。发放城市最低生活保障金170万余元,有效地提升了困难群众的生活质量。辖区1380名60岁以上老人免费领取养老保险金,实现了老有所养。认真做好辖区低收入住房困难家庭实物配租的申报工作,努力实现居者有其屋。深入实施“固本强基维稳工程”,投资20余万元成立了街道群众工作中心,实现了信访、司法、综治合署办公,进一步畅通居民利益诉求渠道,为辖区经济社会的稳定、健康发展提供了保障。

*深化财政管理,提高依法理财水平。*认真贯彻落实《预算法》、《会计法》、《政府采购法》等财经法规,强化税收征管,确保收入目标顺利实现。牢固树立开源、增收和节流意识,及时对辖区内税源进行分析,保证巩固原有税源、培育新税源,财政保障能力有所提高。优化支出结构,在保工资、保运转的基础上,努力保障重点支出需求,促进经济社会平稳较快发展。深入实施政府采购制度,严格执行公务用车定点加油、定点维修、统一结算和招待费“派餐单”制度。严格审批程序,加大监督检查力度,提高资金使用效益。依法履行会计管理职能,加强对会计人员的业务培训和监督力度,积极组织会计从业人员参加继续教育,不断提高业务水平。

*狠抓队伍建设,提升干部整体素质。*牢固树立立党为公、理财为民的理念,进一步增强为政府、为人民管好财、理好财的责任感和使命感。加强政治理论和业务知识学习,注重提高政治素质;积极开展形式多样的业务培训,对财经法规、乡镇财政等知识进行巩固和提升。增强团队精神和责任意识,组织全体人员参加野外拓展训练,挖掘自身潜力,培养团队协作意识。开展“先锋论坛”活动,营造了团结和谐、奋发向上的工作氛围。开展“严肃换届纪律”专项学习,保证了换届工作风清气正。公园街道办事处财政所连续多年保持市级文明单位荣誉称号。

科苑街道办事处

2011年，科苑街道办事处紧紧围绕“经济建设、社区建设、社会稳定”三件大事，加快转变经济发展方式，大力发展第三产业，紧紧围绕社区服务保障工作，团结各方面力量，以高度的政治责任感，迎难而上，求真务实，团结奋战，全面完成了各项工作任务，经济和社会各项事业实现平稳较快发展。全年固定资产投资完成25.76亿元，占年度计划的135%；服务业利税完成5.36亿元，同比增长31%；社会消费品零售总额完成24.58亿元，占年度计划的117%；规模以上企业工业销售收入完成8.24亿元，占年度计划的100%；工业利税完成1.71亿元，占年度计划的116%；工业利润完成9965万元，占年度计划的130%；地方财政收入完成7548万元，同比增长31%，地方财政支出完成2487万元，同比增长86%。

加大招商引资力度，综合经济实力显著增强。坚持走“科苑模式”发展之路，立足区域优势，全力构筑以四大超市为龙头，以潘庄市场环带为依托，以浦发银行、招商银行为核心的“四片一环一中心”北部商业发展格局。以发展优势三产、建设中心城区北部商业圈为重点，进一步拓展招商领域，扩大引资规模，全年引进招商项目19个，引进资金3.6亿元，完成年度计划的240%；实际利用外资1380万美元，完成年度计划的394%。其中，总投资4亿元的黄金国际彩世界商业广场、总投资3.6亿元的市气象局综合改造工程、总投资3亿元的冠华橄榄城、总投资2.51亿元的巴黎春天二期工程等重点项目进入施工阶段。特易购淄博“乐都汇”购物中心、潘成购物广场、潘成大厦一期工程、海悦大酒店、尚城大厦、云龙国际商务楼、御景国际商务楼、黄金国际四期等续建项目进展顺利。一系列项目的实施，必将对办事处综合经济实力的提升起到重要作用。

税收征管细化深入，确保财政收入快速增长。加强税源监控，进一步提高税源管理的整体水平，加强税收的科学化、精细化、规范化管理。每季度开展一次实地调查，摸清出租房屋经营业户税源情况，做到及时入库、应收尽收。同时，狠抓盯牢异地纳税企业，进一步加大与村居、企业、税务等部门的密切协作，采取综合措施，推进异地纳税企业地址变更，尽最大努力确保税款不外流。积极落实企业抵、退税政策，清理不合理税费，减轻企业负担，增强对企业的吸引力，带动区域经济快速发展。

强化预算资金管理，进一步优化支出结构。认真执行《预算法》，加强对预算内、外资金统筹管理。在控制支出，强化管理的同时，合理确定基本支出标准和项目支出顺序，统筹调度资金解决涉及改革和社会稳定的重点难点问题。继续推行政府采购，逐步扩大采购规模和范围，严格采购方式，对公务用车全部实行定点加油、定点维修、统一结算。对办公用品的购买，实行严格的审批制度，从严控制招待支出。提高财政资金综合使用效益，将城建、社事委等部门财务全部纳入财政统一管理。

深化创建内涵，巩固和发展文明创建

工作成果。开展以优良素质、优质服务、优化环境、做人民群众满意单位为内容的“三优一满意”活动,全面加强干部队伍素质建设,把提高行政效能作为着力点,提高工作质量和效率。加强财政工作人员业务知识培训,健全完善各项财务管理制度,提高服务质量,增强凝聚力和向心力,使文明创建工作不断迈向新的台阶。建立惠民服务大厅,开展规范化财政所建设。2011 年,科苑街道办事处财政所被授予市级文明单位荣誉称号。

杏园街道办事处

2011 年,杏园街道办事处紧紧围绕“坚持科学发展和城乡统筹,努力建设富裕文明生态宜居东部新型城区”的总体要求,以项目建设为基础,以化工园区为载体,完善项目推进机制,壮大主导产业,发展规模效益,不断调整优化产业结构,街道经济实现了又好又快发展。

经济指标取得新突破。全年规模以上工业企业实现销售收入 151.22 亿元、利税 40.73 亿元、利润 21.01 亿元,同比分别增长 32.25%、39.5%、49.3%;服务业实现营业收入 5.76 亿元、利税 0.98 亿元,同比分别增长 25.6%、28.4%;地方财政收入完成 8238 万元,完成年度计划的 119%,同比增长 46%,地方财政支出完成 3112 万元,同比下降 0.32%。

项目建设取得新成绩。全年在建工业项目共 24 个,其中过亿元项目 5 个,总投资近 4 亿元的 5 万吨异戊橡胶和 3 万吨碳五树脂技改、投资 2.8 亿元的民基化工氯乙酸、投资 1.5 亿元的阿司匹林等项目稳步推进;齐隆化工 16 万吨石油树脂等项目完成了年度建设任务,精细化工、机械制造等主导产业的规模效益不断提升。注重引导科技创新。齐隆、鲁华、新塑、万昌等高新技术产业实现财政收入占办事处财政收入的 36% 以上。齐隆公司的高纯度双环戊二烯、甲基环戊二烯和新塑公司聚乙烯催化剂等产品和项目技术处于全国领先水平。辖区内投资 1000 万元以上的工业技改项目有 6 个,可实现年增销售收入 4.8 亿元,利税 5900 万元。

城建改造效果显著。深入开展城乡环境综合整治,配合市、区完成了老杏园路等城区道路改造提升工程;投资 480 余万元,完成了阳光路等农村道路整治工程;完成了主干道两侧乱搭乱建、广告牌匾清理及立面粉刷等工作。投资 300 余万元,完成了张辛路、冯北路等主干道路绿化工作;投资 200 余万元,种植白桦树、垂柳、法桐等苗木 1 万余株,建成了街头游园、村庄片林 30 余亩。辖区 3 个村(居)进行了旧村改造,总建筑面积 15 万平方米,复垦土地 40 余亩。

农业发展和社会保障水平全面提升。玉黛湖 1 万平方米智能温室大棚基本完工。高质量完成总投资 488 万元的农业综合开发工程。辖区 8 个村(居)流转土地 6000 余亩,都市农业整体推进。投资 40 余万元,建设惠民服务中心 1 处。累计发放低保金、粮食补贴等各类惠民资金 500 余万元,涉及 2.1 万余人。免费为流动人口育龄妇女健康查体 9300 余人次。新增就业人员 2350 人,居民养老保险新增参保

2926人。总投资2600万元,建设塑胶运动场地1.3万平方米,建成2400平方米的湖田中学艺体中心,启动了湖田实验小学改扩建工程。投资200余万元,完成了农村敬老院设施改造等民生工程。

(撰　稿:光　鹏)
责任编辑:教传涛
责任校对:侯永明

淄　川　区

【概述】 2011年,面对复杂多变的经济形势,淄川区以科学发展观为指导,坚持"五保一降"的工作原则,认真贯彻落实积极的财政政策,围绕经济转调发展和改善民生这一主线,凝神聚力,积极进取,扎实工作,开拓创新,国民经济始终保持平稳较快增长的良好态势。累计实现规模以上固定资产投资640亿元,年均增长18.9%;社会消费品零售总额555.3亿元,年均增长19.2%;进出口总额33.5亿美元,年均增长18.4%;全区GDP实现476亿元,年均增长13.3%;经济增长的协调性和发展后劲显著增强。

2011年,全区地方财政收入完成181278万元,同比增长25.60%;地方财政支出完成187153万元,同比增长28.76%,按照市对区财政体制算账,当年结余29万元,实现了财政收支平衡。

【充分发挥财政杠杆作用,着力推动经济转调发展】 落实经济转调发展扶持资金2.19亿元,争取上级财源专项资金6538万元,重点扶持骨干企业51家,支持企业技术改造和创新型项目53个,落实节能减排、淘汰落后产能、环境治理等补助资金2901万元,兑现财源建设、招商引资奖励资金1503万元,积极培育纺织服装、生物制药、精细化工等新兴骨干财源,大力支持建陶产业转型升级和物流运输等服务业较快发展,提升经济运行质量。进一步扩大镇办财权范围,调动经济强镇发展增收动力,促进区与镇域经济均衡协调发展。2011年镇办地方财政收入同比增长22.73%,4个镇办地方财政收入超过1亿元,4个镇办超过5000万元。落实城建资金1.78亿元,主要用于将军路西延、文化路南延、柳泉湿地、新建般阳中学、城乡垃圾"一体化"等重点工程建设,城市面貌明显改善。积极落实扩内需各项激励政策,累计兑现家电、汽车摩托车下乡和家电以旧换新补贴资金1.22亿元,拉动社会消费5.05亿元,促进了消费市场繁荣健康发展。同时,面对日益突出的财政困难和收支矛盾,坚持发展和增收并重,深入推进综合治税,加强国有资本运营监管,狠抓非税收入源头控制,积极做好价格调节基金和国有资产运营收益收缴,规范高新技术、资源综合利用和福利企业税收优惠政策，统筹安排资源枯竭型城市转移支付补助资金，积极争取上级调度资金，努力克服各种减收因素的影响，多渠道、多方式增加政府可用财力，为全区经济调控政策落实和社会事业全面发展提供财力保障。

【调整优化财政支出结构，全面改善民生保障水平】 坚持"理财为民"原则不动摇，2011 年，全区民生支出累计达到 11.56 亿元，比上年新增支出 1.2 亿元，教育、医疗卫生、社会保障和就业、农林水事务等重点民生支出同比增长 29.06%，超过区级平均支出增幅7.43 个百分点，主要用于提高新农合、城镇居民医疗保障补助标准，实施国家基本药物制度和支持公共卫生事业发展，用于新型农村养老保险、城镇居民养老保险提标扩面和提高城乡最低生活补助标准，帮助 13568 名城镇失业人员和农村劳动力解决就业问题，全区多层次社会保障体系更加完善。高度重视教育事业发展，当年教育支出达到6.64 亿元，同比增长 40.56%，比上年新增支出 1.92亿元。其中安排新增支出 486 万元用于提高义务教育阶段生均公用经费标准，新增支出 3219 万元完成农村义务教育化债，新增支出 9006 万元用于新建般阳中学、农村中小学标准化建设和校舍维修改造，新增支出 809 万元用于城乡中小学教学仪器设备更新、校园安全和校车购置，全区教育办学条件显著改善，教育事业实现健康发展。扎实推进农业、农村事业发展，投入农业发展资金 4140 万元，积极支持农业综合开发、农村合作组织、优质核桃等特色优势农产品和农业示范基地发展，落实农村环境治理专项资金 5424 万元和"一事一议"奖补资金 1500 万元，重点支持农村水利建设、农田生态修复、饮水安全、秸秆禁烧、沼气、森林防火等项目实施，农村生产生活条件明显改善。积极落实各项强农惠农政策，发放大中型水库库区移民补贴资金 888 万元，兑现粮食直补、农资综合补贴、农机购置等各类补贴资金 2914 万元，维护群众切身利益。同时，高度重视保障房建设，安排资金 1294 万元，支持新建廉租住房 60 套，公共租赁房 500 套，经济适用房 504 套，努力缓解低收入人群住房困难问题。2011 年，淄川区被国务院批准为"资源枯竭型城市"，获得中央财力性转移支付补助资金 1.86 亿元，严格按照国务院和财政部的规定进行了安排，主要用于社会保障支出 10237 万元，民生事业投入 3162 万元，国有企业分离办社会区级负担 3714 万元，供热管网改造 1550 万元。

【扎实推进财政管理创新，全面提升科学理财水平】 坚持财政综合预算管理，将预算内资金、非税资金、政府基金、融资资金纳入政府预算统筹安排，继续压减非民生类项目支出，严格控制一般性支出增长，增强预算约束力，提高预算执行透明度。扎实推进国库集中支付管理改革，启动区直行政事业单位公务卡结算制度，全面开展财政专户清理整顿工作，建立财政账户统一监管新机制。2011 年全区国库集中支付资金达 16.40 亿元，占地方财政支出的 73%，撤并财政专户 33 个，办理公务卡 665 张。健全完善政府采购招投标制度，不断扩大政府采购范围，全年开展政府采购261次,完成政府采购金额5.43亿元,节约资金9704万元,节支率达15.17%。深入实施财政“大评审”机制,累计完成各类评审项目227个,评审资金5.21亿元,审减资金9706万元,审减率达18.60%。财政资金使用效益得到有效提高,新华社内参《山东参考》、《中国财经报》、《山东社会科学》等相继刊文予以肯定。制定国有资产运营和监管办法,建立国有资产业绩考核体系,实行行政事业单位资产动态监管,促进国有资产保值增值。深入开展“小金库”专项治理、社保资金、支农资金、强农惠农资金、会计信息质量等一系列专项监督检查活动,积极维护良好的财经秩序。年内共组织继续教育2700人次、会计从业资格考试1342人次、办理新证560个,并于6月顺利完成全区近5700名会计人员信息采集工作。

【创新机制,强化管理,积极推动党风廉政建设】 紧紧围绕全区党风廉政建设部署和要求,立足财政工作实际,以推进财政管理改革为重点,不断强化廉政监督,切实推动全系统党风廉政建设工作的深入开展。制定全年党风廉政建设工作意见,签订廉政建设目标责任书,切实把党风廉政建设工作落实到具体科室和个人。坚持“以审促管”原则,定期开展内部财务审计活动,坚持干部离任审计和财务移交审计制度,及时纠正和处理财政会计基础、账户管理、财经法纪等方面存在的问题和不足,从严规范内部财务行为。坚持“两手抓,两手都要硬”的工作方针,将党风廉政建设责任制落实情况纳入科室和个人年终政绩考核,作为对干部职工业绩评估、奖励惩处、选拔任用的重要依据,确保了廉政建设责任制的全面落实,不断扩大政务公开范围,及时将社会关注、群众关心的财政热点、焦点问题,通过电子显示屏、设置公开栏、设立举报电话、参加阳光政务热线等方式向社会公开,增强了财政工作透明度。不断完善“首问负责制”、“服务承诺制”等工作制度,制定严格的责任范围和服务标准,增强干部职工的宗旨意识。积极组织各项文体活动,促进机关精神文明建设。深入开展“创先争优、争做服务先锋”、创建学习型党组织等学习教育活动,加强党员干部党性修养,增强干部职工廉政意识。继续抓好系统内文明创建工作,精心安排文明创建活动,区内基层财政所全部建成市级或区级文明单位,局机关连续13年保持了省级文明单位荣誉称号。

昆仑镇

2011年,昆仑镇以试点中心镇建设为抓手,解放思想,抢抓机遇,乘势而上,狠抓落实,经济社会发展取得新成绩。完成规模以上工业销售收入234亿元;固定资产投资24亿元;工业生产总值320亿元;税收总额2.7亿元;农民人均纯收入达到10493元;实现地方财政收入1.03亿元(按可比口径计算)同比增长8.39%,地方财政支出3503万元,同比下降4.82%。

突出优化产业集聚区,夯实老工业基地转型升级的产业支撑。2011年全镇确定17项工业重点工程,其中投资3000万元以上项目10个,投资过亿元的3个,已完成投资7.14亿元,实现产值8亿元。坚持调强机械制造产业集群。引导机械制造企业向精细化、智能化和敏捷化方向发展,培育形成了一批以天晟机械、功力机械为代表的高新技术企业,高新技术企业产值占全镇总产值的45%以上。调活陶瓷文化产业集群。培育发展以鲁青瓷为代表的艺术陶瓷产业,发展壮大以宾馆用瓷为代表的日用陶瓷产业,创响“当代国窑、鲁青瓷韵”品牌,中国鲁青瓷馆已经建成开馆,投资1.2亿元的国瓷文化城二期工程明年初竣工。调优生物医药产业集群。强化资本运营,金城医化6月在深交所上市,成功实现融资5.9亿元,成为全市首家在创业板上市的企业,企业发展方式进一步优化。

扎实推进城乡一体化进程,加快建设区域性次中心城市。一是编制完善规划体系,引领中心镇建设。聘请同济大学、市规划局编制全镇总体发展规划和镇区控制性详细规划。在规划布局上,按“西进、东控、北扩、南连、中优”原则搞好功能分区。明确“陶瓷文化名城、生态宜居新城”的发展定位,形成1个中心城区和5个中心社区的空间布局。二是扎实做好城市建设文章。积极吸引开发商参与中心城区规划建设,计划总投资6.5亿元,已建成住宅面积33万平方米。扎实推进中心城区的道路、给排水、电力、通讯、污水处理等设施建设,优化人居环境与发展环境。三是抓好城市景观带建设。深入开展环境卫生综合治理,重点实施主次干道“绿化、净化、亮化、功能化、秩序化”五化工程。投资1200万元进行主次干道外立面治理和孝妇河提升改造工程,总投资100万元对党建文化主题广场进行改造,有效提升了新昆仑的对外城市形象。四是高度重视生态昆仑建设。坚持把环境保护作为中心镇建设的“命门”,基本完成了138家“土小”企业的治理、关停、取缔工作。突出抓好生态修复、荒山绿化和护林防火等工作,新增绿化面积1000亩,新增城市绿地2万平方米,进一步提高了森林覆盖率和城市绿化率。

着力构建社会管理新机制,各项社会和民生事业得到有效推动。一是扎实做好党风廉政和党建工作。全面落实党风廉政建设责任制和领导干部廉洁自律各项规定,加大廉政文化建设力度,扎实做好廉政文化示范点建设工作。新划分8个党建责任片区,健全完善“镇党委—党建责任片区—村居—企业”四级党建工作网络。二是统筹协调各项社会事业发展。积极抓好科学、教育、文化、卫生事业,完善医疗、养老、救助、就业等社会保障体系,推进社会事业协调发展。总投资1290万元的18个校舍安全工程改造建设项目进展顺利,其中投资800余万元的磁村中学教学楼、试验楼已经竣工投入使用,投资266万元新购置校车19辆,投资1280万元的福利中心项目明年竣工。积极推动农业产业发展,大力发展以椿芽花椒采摘、农家乐、生态休闲度假为重点的都市农业,努力把西南部山区建设成为全区重要的都市农业基地。三是加强精神文明建设。围绕建党90周年,相继组织开展了红歌大赛、今日昆仑摄影大赛、广场文艺巡演、书法文石展等一系列庆祝活动,有力调动了社会各个层面为中心镇建设献计出力的内在活力,在全镇上下营造了加快发展的浓厚氛围。

岭子镇

2011年,岭子镇以建设生态型经济强镇为目标,坚持以重点项目为带动,以环境综合整治为重点,全面推动镇域经济社会发展上层次、上水平,圆满完成了年初确定的各项任务目标。完成地方财政收入1.34亿元,同比增长27.96%,完成地方财政支出1621万元,同比下降34.05%。

*以科学规划为龙头,不断引领城乡统筹发展。*聘请山东建筑大学专家,高起点编制全镇总体规划,绘制岭子镇长期科学发展的宏伟蓝图。占地4平方公里的新材料产业基地控制性详细规划和占地17.79平方公里的东泰社区修建性详细规划已经完成,占地29.48公顷的赵家社区修建性详细规划正在组织编制。结合实施"两区三村"改造,加快推进合村并居,集中建设现代化的大型居住社区,着手实施东泰社区棚户区改造。深化城镇管理,实施道路运输车辆撒漏专项治理,深入治理"六乱"问题,城镇面貌有了较大改观。

*以重点项目为带动,持续促进经济转型升级。*抓好重点项目建设。4个区级重点项目进展顺利,淄博永安达工贸有限公司年产2万吨高纯合成莫来石项目一期工程已经建设完成,二期工程正在进行土建施工,山东鑫淦实业有限公司年产10万吨纳米级粉体材料项目进展顺利。科技创新和第三产业蓬勃发展。利用第四届"百名专家淄川行"活动,完成了与山东理工大学合作的永安达工贸硕士生工作站和鑫淦超微细碳酸钙多用途研发实验室两个项目签约,凯顺、隆基两大物流企业投入运营,年内全镇物流产业新增税收1526万元,实现地方财政收入795万元。成立全省首家乡镇级中小企业服务中心,积极为辖区企业搞好服务,该中心被评为山东省2011年度中小企业发展先进单位。

*以环境建设为重点,努力打造生态宜居城镇。*开展"环境综合整治建设年"活动,率先在全区引入市场化运作机制,对镇内宝山路、山水生产路等3条干道保洁进行服务外包,配备专门道路机扫车、洒水车,定时进行主干道机器清扫和洒水降尘。大力实施"五化"工程,新增绿地4万余平方米。完成了泉王路全线路灯亮化、胶王路朱家路口至铁路涵洞段绿化提升和泉王路至胶王路段102处平交道口硬化工程。全面推动山区有机农业综合开发,筹建了土地流转中心,初步建立了核桃种植基地,全面实施生态镇建设,大搞荒山绿化和矿山修复工程,完成植树造林5万株,经济林3万株。

*以群众利益为根本,切实筑牢和谐稳定基石。*民生工程建设扎实推进。总投资超过5000万元的社会化供水二期、泉王路山水路口至朱家段快慢车道分行、李里村道路全面硬化和110千伏青云变电站等重点民生工程进展顺利。教育卫生条件不断改善。镇中心校综合楼和镇卫生院康复理疗中心项目建设完成,募集教育基金72万元,与淄博师专开展教育教学合作。牢固树立"安全为重"的思想,以基层

安监机构规范化建设为契机，形成了“一家三口”管理模式，全镇安全生产形势持续稳定。深入实施固本强基维稳和双基工程，成为全区唯一一个信访“三无”乡镇，创造了和谐稳定的发展环境。

龙 泉 镇

2011 年，龙泉镇坚定不移地实施“项目立镇、产业强镇”战略，以“加快转调”为重点，积极应对金融危机、资源枯竭、节能减排、产业转型等一系列严峻挑战，开拓奋进，扎实工作，全镇经济社会各项事业实现持续、快速、健康发展。2011 年，全镇实现工业总产值 150 亿元；规模以上固定资产投资完成 17 亿元；上交税金 1.6 亿元；地方财政收入完成 6897 万元，同比增长 55.65%，地方财政支出完成 1905 万元，同比增长 117.96%。

工业经济实现了新跨越。一是产业结构更加合理。坚持破立结合、改建并举、以引促调，进一步加速产业集聚，东华水泥低温余热电站项目、广通化工氧化锆项目、隆泰机械制造、淄博宜龙化工球团等一大批科技含量高、发展前景好、绿色环保型的新兴产业正在崛起。改造新上纳米超纯锆、英吉瓷件、凯诺涂料等新项目、新企业，初步形成新材料、机械制造、精细化工三大产业集群，有力提升了镇域经济的可持续发展能力。二是转方式迈出新步伐。运用环保倒逼机制，引导传统产业加快升级改造，建陶企业由 35 家减少至 12 家，并全部完成技术改造，生产规模达到 1 亿余立方米。关停取缔焦宝石、小炼铁、陶管企业近百家，引进盘活新的项目，重点打造宏杰机械、鹏瑞金属等 30 余个机械制造类项目，全力创建“市机械工业强镇”。先后关停 8 家地下非煤矿山，促进地下资源依赖向地上高新产业支撑发展。新材料产业发展壮大，形成了年产千吨纳米氧化锆、1.8 万吨新型电瓷、4 万吨特种玻璃的生产规模；新型无机化工产业形成了年产近 20 万吨球团粘合剂、氧氯化锆、新型塑胶等无机化工产品的生产规模。

城镇面貌发生了新变化。一是环境综合整治成效显著。投资 1400 余万元对湖南路实施了以“亮化、绿化、治乱、延伸”为主要内容的路域环境综合整治工程。健全完善环境综合整治长效机制，大力推进垃圾一体化处理，对各种乱搭乱建、乱摆、乱放行为进行了治理，有效提升了城镇形象。二是环保治理强力推进。开展环保联合执法行动，加大对企业粉尘、烟尘化工异味整改治理力度。强化措施，扎实推进水污染治理。投资 1680 万元，对般阳河龙泉段进行了综合整治，般阳河上游水质得到有效净化。三是完成了“两区三村”及道路改造工程。投资 1.2 亿元完成城建综合开发 12 万平方米，完成公共设施投入 1700 万元。投资 1820 万元完成文化路南延和韩苗公路建设，对“百年玉石街”进行保护性规划，为提升城镇文化品位奠定了基础。

农业农村工作取得新突破。一是抓农业园区建设。精心打造以金毫相生态园、天龙生态园、天际山有机食品加工区等为代表的“四园一区”建设，开展了“桑葚采摘节”等特色活动,增加农业旅游的吸引力。扎实推进土地流转试点工作,争取了6000亩涉及山、水、林、田、路的农业综合开发工程,为都市农业发展提供空间。二是实施大绿化工程。对沿路、环村、荒山、荒滩实施绿化,种植侧柏1500余亩,经济林6000亩,绿化山体500亩;投资500万元对湖南路龙泉段沿线实施绿化补植,新增绿化面积1.5万平方米。加大设施投入力度,健全管护队伍,扎实做好护林防火工作,巩固绿化成果。三是抓农村饮用水工程和清洁能源工程。分期分批实施了11个村的农村安全饮水工程,解决了2.6万人的吃水问题。扎实做好秸秆禁烧和转化利用工作。大力推广农村清洁能源工程,户用沼气池数达125个。

民生保障水平实现新提升。民生保障工作稳步提高。对全镇14所幼儿园进行了资源整合。投资1600万元实施了农村水网改造、安装安全警示电子屏等一大批惠民工程。农村低保标准由每人每年700元提高到每人每年1500元。认真贯彻落实粮食、农机和农资补贴、“家电下乡”等惠民政策,实施“爱心帮扶救助工程”,建立“镇慈善基金会”,完善救助体系。大力实施银龄安康工程,免费为全镇60岁以上老人进行查体,拨付20余万元对低保群众进行补助。认真做好新型农村合作医疗、城镇居民合作医疗、新农保、新城保等工作,参合率、参保率不断提高。积极开展精神文明建设。组织举办了新春晚会、迎“国庆”广场文艺演出、“魅力龙泉”摄影展、“和谐家园”书画展等一系列群众性文化活动,成立了戏曲协会,丰富了群众的文化生活。

寨里镇

2011年,寨里镇全面实施“一个中心、二大建设、三个板块、四大集群、五大基地”发展战略,保持了经济健康发展、社会和谐稳定、干群风正气顺的良好局面。全镇完成规模以上工业总产值52亿元,增长42.9%;完成固定资产投资8.3亿元,增长21.27%;完成招商引资2.32亿元;完成地方财政收入4964万元,同比下降6.31%,地方财政支出1061万元,同比增长122.84%。

发展环境不断优化,经济转型步伐加快。一是大力实施各类治理整顿。组织对各类企业烟尘、粉尘和道路扬尘进行集中整治。对全镇50家环保不达标企业实施关停或治理。严格土地管理,查处违法占地行为18宗。对4家地下非煤矿山实施回撤关闭,对各类地上矿山企业实施达标整顿,严厉打击非法开采矿产资源行为。二是企业上新创新步伐加快。坚持“关停并转”、“上大压小”,积极引导传统产业实施转产或转移。新能源、电器类产业发展迅速,正大电源、中正电器、三星机床等一批公司发展壮大,总投资2.3亿元的全国同类规模最大的镍氢动力电池项目已完成投资8000万元,新材料、建陶产业得到技改提升,投资5000万元的天烁矿业等轻质碳酸钙项目建成投产,投资3000万元的欧斯克公司K金抛晶砖问世,江北规模最大的金敦煌壁画公司等一批陶瓷企业实现技改提升。

组织实施科学规划,大力开展城镇整治建设。一是深入实施政府驻地改造工程。建成商住楼4栋,建筑面积1.6万平方米,拆除旧房5000平方米、乱搭乱建2000余平方米,全镇窗口形象明显提升。二是大力实施道路建设和旧村改造工程。投资280万元,完成黑青路、徐家村道路硬化工程。投资1600万元,完成南沈村8000平方米还房建设。投资550万元、建筑面积4800多平方米的北黄村整村迁建一期工程和投资600万元、建筑面积5000平方米的甘泉村一期工程竣工交付使用,"两区三村"改造项目进展顺利。三是路域综治工程成效明显。投资1000多万元,全面实施黉阳路、胶王路、湖南路等路域综合治理,拆除违规、废弃建筑3000多平方米,统一安装广告牌3000余平方米,粉刷立面6000余平方米,完成新增绿地5000余平方米。

大力发展特色农业,农业增效农民增收明显。一是扶持发展特色农业基地建设。累计投资900多万元,发展壮大富硒蔬菜、有机杂粮、优质核桃、生态养殖等农业基地工程,引领农业转型发展。有机杂粮基地不断壮大,总面积超过3000亩。优质核桃基地稳步发展,全镇总量超过5000亩。生态养殖基地发展迅速,成立鑫晟等19家养殖合作社,规模养殖户达600余户。投入300余万元,实施黉山、甘泉柒峪、赵到沟等生态农业开发。二是实施生态绿化工程。完成荒山造林任务3000亩,栽植侧柏、火炬等60万株。全面加强护林防火工作,有效杜绝森林火灾的发生。

大力抓好民生工程和社会事业发展。认真抓好安全生产,全面开展辖区安全隐患排查,积极落实整改措施。投资200余万元,完成黉阳中学餐厅、北沈联小改造等教育工程。不断完善救济制度,全面落实低保定补、困难户救助等措施,2011年新审批低保户80户,全镇农村低保户累计达到1536户。组织科级干部开展大走访活动,积极为困难群众送去温暖。扎实抓好新型农村合作医疗,农村群众参合率达到100%。大力抓好计划生育工作,2011年社会抚养费征收突破100万元。深入实施固本强基维稳工程,扎实开展矛盾纠纷大排查,加大社会治安综合治理力度,保持了全镇和谐稳定大局。

罗 村 镇

2011年,罗村镇以经济建设为中心,以淄川区无机非金属新材料产业聚集区建设为有效支撑,凝心聚力,干事创业,经济社会继续保持良好发展势头,被评为"全市经济强镇"。全镇固定资产投资完成16.8亿元,同比增长28.9%;规模以上工业企业增加值完成34.2亿元,同比增长32.6%;利润完成11.1亿元,同比增长39.6%,利税完成19.4亿元,同比增长38.9%;实现入库税金1.28亿元,同比增长65.7%;地方财政收入完成5421万元,同比增长59.28%,地方财政支出完成1739万元,同比增长164.55%;农民人均纯收入14135元,同比增长13%。

加大投资、建设工作力度,实现经济发展新跨越。2011年全镇共开工千万元以上工业项目27个,其中,投资过亿元项目6个,列入区级重点工程4个,完成投资过3000万元项目26个,投资2.8亿元的赤泥选铁及滤干处理等资源综合利用和投资8000万元的水泥生产线技改等23个项目均已投产,前景良好。投资100万元编制了聚集区区域控制性详细规划和总体规划,鲁中耐火投资5亿元年产20万吨镁铁铝尖晶石砖、中新晟通投资6.7亿元的LNG调峰储配站等一批市、区重点项目正在建设,聚集区建设呈现快速发展态势。

*生态农业、服务业发展迅速。*万亩核桃基地规模进一步扩大,全年新增核桃种植1100亩。总投资706万元的团山都市农业工程规划10大功能区42片,目前7大主体功能区已完工。加大农业基础设施投入,推进农业产业化进程,全年完成投入2500万元,同比增长177%。大力支持规模养殖,提升生态经济效益。正业、天福养殖基地等4处规模养猪场生猪保有量达到3万头。新增8个较大规模服务业项目,投资1.8亿元的建设物流运输配套和投资6.7亿元的储存能力12万方的LNG储配站等4个项目已开工。全年服务业投资额完成5.6亿元,占固定资产投资比重35.4%,同期增长5个百分点。

*环境保护工作成效显著,城镇建设展现新面貌。*关停取缔小化工、矿粉类企业及治理直燃煤锅炉企业30家;实施电动机、变压器、水泥磨机和双盘摩擦压力机节能改造淘汰工程,规模以上万元工业增加值能耗降低3.8%以上,超额完成了区下达的任务指标;完成了8家重点用能企业能源网上直报工作。投资830万元实施湖南路综合整治工程,投资600万元实施湖南路、罗南路"弱电下移"工程。投资700万元,实施的罗千路、新区中心路升级改造工程已全线通车。严治"六乱",对店外经营、流动经营、露天洗车及路边劳务市场进行专项整治。扎实推进旧村改造工程,新建村民住宅楼20栋、老年公寓1栋,居民居住水平明显提升。

*关注民生,服务群众,社会事业实现长足发展。*筹资200余万元,对9处中小学校进行基础设施改造;投资30余万元,狠抓校园安全。投资230万元实施敬老院改造工程,建成可容纳70位老人居住的新型敬老院。多方筹资100多万元,对镇卫生院进行基础设施改造。规范高效运行新型农村合作医疗,为参合农民报销门诊医疗费110余万元,报销大病494人次,2011年度全镇新农合参合率达99.6%。新增低保参保人员600余人。落实独生子女奖励政策,发放独生子女费26万元。倡导社会文明风尚,积极扶持文化产业发展,淄砚制作工艺被市政府列为非物质文化遗产,罗村镇被评为市级文明镇。

洪 山 镇

2011年,洪山镇以建设东部新城为目标,以结构调整为主线,以城市建设为重点,以聊斋旅游为突破,以服务民生为根本,以社会和谐为保障,努力打造聊斋文化名镇、机械工业重镇、建材工业强镇、都市农业大镇、文明幸福城镇,着力构建经济、社会、文化、民生和谐发展的魅力洪山。社会固定资产投资完成10.36亿元,同比增长23.3%；工业产值达88.43亿元，同比增长32.9%；完成税收9896万元，同比增长16%；完成地方财政收入4717万元，同比增长22.84%，地方财政支出1065万元，同比下降24.5%。

明确定位，加大投入，倾力打造东部新城。突出洪山镇区位优势，加快建设东部新城，快速融入主城区。一是大力推动基础设施建设。配合实施了淄矿路东段雨污分流、升级改造工程，同步实施弱电下移、增设慢行车道等一体化项目。投资930万元，按照城区治理标准对淄矿路、湖南路实施了建筑立面整治。投资350万元对大街道路及洪峨路五松山段进行升级改造，解决了群众多年来出行不便的问题。投资近300万元对湖南路、洪峨路进行绿化提升，把湖南路洪山段建成绿色景观长廊。二是快速推进"两区三村"改造。八个村居年内累计投资4.9亿元，完成建筑面积22.4万平方米，有效的改善了群众的居住条件。同时，配合实施了淄博天然气管网支线工程、杜坡山污水管网及般河治理。全镇的整体环境得到明显提升，东部新城的框架初步形成。

转方式，调结构，倾力打造工业强镇。一是主导产业优势地位更加突出。做大做强机械、化工、建材及新材料、服装生产等主导产业，着力建设淄川东部重要的汽车零配件及机械制造加工基地、生物化工基地、建材及新材料基地、服装加工基地。扎实推动重点项目建设，总投资4.9亿元的八个工业重点项目进展顺利。二是深入实施技术创新提升工程。中食歌瑞公司被评为市级研发中心，元绪机械公司建立了院士工作站，生产的导盘总成占到全国市场份额的60%。三是节能减排卓有成效。狠抓环保治理，加大环保执法检查力度，空气质量良好天数逐年增加。全镇万元增加值能耗同比下降12.6%，二氧化硫排放量降低29.6%，化学需氧量排放量降低20.3%。

依托资源优势，打造农游一体化发展格局。创新确立"一点两线"农游一体化发展思路，打造农游一体化新格局。一是围绕"一点"，抓好聊斋文化产业。努力提高服务业对经济发展的贡献率。委托同济大学对聊斋文化产业园进行总体规划，投资50万元改造维护聊斋城景区，景区年接待游客10余万人次，旅游综合收入达1000万元。二是依托"两线"做活生态旅游业。以留仙谷、洪山峪"石头村"、"农家乐"休闲度假区为依托，抓好留仙谷景区旅游开发、土峪村生态旅游开发、贾石村都市农业开发等项目。三是加快推进农业产业化进程。围绕发展循环农业，深入实施农村清洁能源工程，重点抓好车家、贾石两个秸秆固化点建设，构筑起清洁、高效的生物能源综合利用体系。围绕发展有机农业，以陈氏黄粉虫养殖专业合作社为龙头，培植一批农业专业合作组织，年营业收入突破1000万元。

切实保障民生，建设幸福洪山。坚持将民生事业与经济发展同谋划、同部署，不断加大财政投入，着力解决群众关心的热点、难点问题。提高城乡最低生活保障标准，城镇低保人数达到504人，农村低保人数达到535人。卫生事业健康发展，新农合参合率达到100%，新农保、城镇医保、城镇养老保险参保率逐年提高。教育事业健康发展，投资80万元改建6处幼儿园，取缔10处无证幼儿园，清理无证办园工作走在了全区前列。投资1600万元实施社区水电暖改造，投资500万元建设五处社区居民服务中心，社区基础设施建设明显提升，社区服务水平不断提高。

双 杨 镇

2011年，双杨镇按照“转方式、促统筹、惠民生、保稳定”的工作思路，积极应对各种风险挑战，凝心聚力、锐意进取，较好地完成了年初确定的各项目标任务。全年完成税收收入3.14亿元；完成地方财政收入1.45亿元，增长5.7%，地方财政支出3249万元，增长22.79%；完成规模工业总产值326.29亿元；农民人均纯收入达14916元，各项指标均居全区前列。先后获得山东省绿化模范镇、山东省小城镇建设示范镇、山东省第六次全国人口普查先进集体、淄博市先进基层党组织等荣誉称号。

坚持转方式调结构，产业转型升级迈出坚实步伐。综合运用环保、安全、节能减排等手段，倒逼企业转型升级，关停企业28家。扶持统一、狮王、新博等骨干优势企业提高技术研发水平和自主创新能力。做大做强生物医药产业。鲁维制药10万吨山梨醇、凯盛新材料氯亚砜、中食歌瑞赤藓糖醇等总投资10.61亿元的四个主要生物医药项进展顺利。以建材城和财富陶瓷城为支撑，繁荣发展现代服务业。投资3亿元的财富陶瓷城三期工程和投资4000万元的淄博唯达4S店已投入运营，建材城、财富陶瓷城两大市场交易额突破190亿元。积极发展现代农业。投资560万元，实施白沙巴西菇基地、张博路附线两侧苗木基地建设和环企大绿化工程，新增绿化面积1500余亩，全镇绿化覆盖率达39.2%。

坚持抓统筹促协调，城镇化进程明显加快。投资120万元，委托国内知名规划单位对全镇进行新一轮的总体规划。用足用好“两区三村”改造优惠政策，重点抓好孟机、杨寨、月庄等七个村的改造工程。全镇新开工住宅楼43栋，已完成28栋，面积7.1万平方米。投资450余万元，对双罗路、亚细亚路进行维修改造；积极配合市区完成中心城区南外环工程；投资1.2亿元，实施污水、供热、供气、供水四大管网工程。深入实施环境综合整治。加大“六乱”治理和立面整治力度，狠抓环境保护和生态治理，积极配合双杨污水处理厂建设。投资4500万元实施孝妇河提升和双杨段氧化塘工程，有效改善了水质和周边环境。

坚持惠民生解民忧，群众幸福指数不断提升。加大教育投入力度，投资200余万元新建高标准幼儿园1处，关停无证幼儿园29处。扎实做好新农保、新农合、城镇居民医疗和养老保险保障工作，参保参合率达到100%。实施“银龄安康”工程，为全镇80－90岁老人各加入两份意外伤害保险。全力做好优抚安置和低保救助工作，全年共发放各类救助金120余万元，有效保障了困难群众的基本生活需要。开展文化广场演出活动，丰富群众的业余文化生活。投资300余万元,解决杨兰、郭家等七个村7000余村民和两所学校1900名师生的安全饮水问题。认真落实减轻农民负担和其他各项惠农政策,保持了农业稳定发展。对全镇育龄妇女进行三次计划生育查体,全镇合法出生率保持在99%以上。

般阳路街道办事处

2011年,般阳路街道办事处以构建和谐般阳为主线,以创建全国文明城市为动力,团结一致,奋发进取,务实创新,攻坚破难,圆满完成了年初确定的各项目标任务,实现了全街道经济又好又快发展。固定资产投资完成10.89亿元,同比增长32.83%;全年完成招商引资9900万元,占年度任务数的198%;大力实施综合治税,积极培育税源,全年完成地方财政收入7318万元,同比增长100.33%;完成地方财政支出1845万元,同比增长69.47%。

坚持转方式、调结构,经济发展取得新突破。重点工业项目进展顺利,山东天健纸业股份有限公司总投资1.2亿元的"10万吨高强度瓦楞纸和2.6万吨文化纸生产线项目"被列为全区重点工业项目,项目达产后,可实现年新增产值3.5亿元,利税3500万元。该公司于今年在齐鲁股权托管交易中心挂牌上市,为企业规范、健康发展奠定了基础。积极支持服务业发展,大力实施"退二进三"战略,淘汰和迁出小工业企业10余家,为服务业发展腾出了空间;银座商城、海汇电器、兴华房产、仟佰汇商厦等重点企业发展良好,引进的如家酒店、莱茵酒店、绿景佳苑等项目稳步发展,带动了服务业经济的整体推进。计划总投资9000万美元、建筑面积28万平方米的市级服务业重点项目-SM商城项目进展顺利,项目投产后,每年可新增销售收入1.3亿元,实现利润0.4亿元。全年服务业完成增加值37120万元,占比达67.3%,同比增长32%;营业收入完成66410万元,同比增长29%。

坚持抓项目、重整治,城市建设取得明显成效。聘请上海同济大学、山东建筑大学等规划设计单位对本辖区进行了整体规划,规划面积达71.6公顷。其中,总投资1.6亿元、规划建筑面积7万平方米的阳光水岸项目完成建筑面积2万平方米;总投资1.5亿元、规划建筑面积6万平方米的东润枫景项目完成建筑面积3万平方米,项目进展顺利。以创建全国文明城市为契机,集中开展市容市貌整治活动,坚持把环境综合整治作为基础性工作来抓,狠抓辖区内生活垃圾整治工作,认真组织开展"周六环境卫生义务清扫"活动,在辖区内重点路段清理、巡逻,使社区环境和城市面貌得到有效改善。

坚持抓民生、促和谐,街道各项社会事业取得新发展。推进贫困家庭帮扶救助工程,积极申报城市低保户,走访慰问困难家庭,为特困居民发放医疗救助金。推进劳动就业和社会保障工程,年内对2722名退休人员进行了养老金资格认证;帮助实现就业、再就业850余人次。严格落实新农保、城保、城镇居民养老保险等制度。推进住房保障工程,帮助460余户低收入家庭办理经济适用房政策相关手续,改善了低收入家庭居住条件。推进居家养老服务工程,突出抓好总投资100余万元、规划建筑面积750平方米的全区首家居家养老日间照料服务中心建设。扎实做好无证幼儿园关停工作,督促各校落实学生接送车辆管理责任制,切实维护校园安全。积极开展文明创城、青年文明号、希望工程圆梦和“慈心一日捐”等活动,组织机关干部开展唱响“三德歌“和吟诵《新三字经》等活动,围绕建党90周年,组织开展红歌大赛、知识竞赛、送温暖等系列活动,丰富了居民群众业余文化生活,密切了党群干群关系。

松龄路街道办事处

2011年,松龄路街道办事处坚持以基层党组织建设为总抓手,以大力发展城市经济为动力,以提高居民生活质量为根本,着力打造和谐宜居松龄。全年共完成固定资产投资8.8亿元,同比增长23.7%;完成地方财政收入4976万元,同比增长54.44%,地方财政支出819万元,同比下降4.28%。

稳妥推进城建开发,积极搭建城市发展框架。一是抓好重点城建项目建设。淄川火车站广场棚户区改造工程完成投资8000万元,拆除面积1.6万平方米,土地补偿款全部发放到位。淄川数码广场项目沿街12.6万平方米商铺及基础设施已投入使用。二是抓好七个社区改造。其中朱家、三里、泉龙、城张四个社区旧居改造年内已完成投资5600万元,拆迁7000平方米,开工建设3.6万平方米。三是抓好九个高档生活小区建设。松龄华府、金域华庭、清华苑、雁阳美地、鑫益家园等9个生活区年内共完成投资2.6亿元,建成商住楼10万平方米。四是抓好泉龙北路建设。投资6000万元建设全长800多米的泉龙北路,投资1100万元的水电暖煤气等管网已全部实现下地,解决了周边1.5万居民交通不便问题。

科学谋划产业布局,多点助推城市经济发展。一是从管理入手,提升传统产业竞争力。大力实施品牌战略,扩大商贸副食批零、五金配件、总部经济、家居装饰、餐饮娱乐等五大产业品牌影响力,五大传统龙头产业实现长足发展,年营业额突破8亿元,解决就业7000多人,新增投资200万元以上商业企业12家。二是从服务入手,壮大物流产业规模。组织人员深入物流企业对经营状况、发展需求等情况进行详细调查,及时解决困难,争取政策扶持。钢铁、医药、商贸等三大主力物流年内实现销售收入9.5亿元,投资1.2亿元的新星集团物流三期、有机农产品深加工及配送项目已完成建设并投入使用。

突出抓好三项建设,提升城市管理档次。一是积极推进便民服务平台建设。投资30余万元成立了街道综合服务中心,为居民集中提供民生保障、群众工作、党员管理、城管环卫等服务。二是加快社区中心广场和街头游园建设。投资100余万元新建街头游园3处,投资80余万元进行道路绿化和苗木补植,小区绿化率达到40%以上。三是加强环保节能监管网络建设。加大对高耗能、高污染行业的监管力度,淘汰落后产能3780吨。坚持疏堵结合,较好地完成了玉米秸秆禁烧和转化任务。

牢固树立民本意识,合力构建和谐宜居松龄。一是扎实开展“民生工程落实年”活动。审查通过了409户经济适用房、廉租住房申请,共为507个困难、残障家庭提供了180万元的资金救助。建立就业平台,积极开展就业再就业工作,多方筹资确保城镇居民养老、医疗两项保险参保率均保持在97%以上,为1500余名老年人办理了“银龄安康”意外伤害保险。二是推动社会事业蓬勃发展。加强文化大院建设,社区图书馆存书达2.5万册。关停取缔无证幼儿园12所,投资20万元强化校园校车安全。加强双拥共建,发放复员军人补助费20余万元,大学毕业生入伍比例达到54%。投资45万元建设规范化财政惠民大厅,各项强农惠农政策及时落实到位。

将军路街道办事处

2011年,将军路街道办事处紧紧围绕“繁荣发展鲁中商城、加快建设南部新城区”的总体目标,坚持“西部抓发展促繁荣、南部抓建设促升级、总体抓跨越”的工作思路,创先争优,干事创业,全面实现了经济和各项社会事业又好又快发展。全年固定资产投资完成15.6亿元,税收收入完成10675万元,地方财政收入完成5404万元,按同比口径计算同比下降7.74%,地方财政支出完成1353万元,同比下降7.34%。

以城市建设为中心,抓重点破难题,城市建设实现重大突破。通过大力实施“城市建设突破年”活动,先后完成30多万平方米的拆迁任务,城市建设实现街道历史上的重大突破。8个总投资过20亿元的旧村改造工程全面铺开,建筑面积达15万平方米。大力推进城市基础设施建设,先后完成柳泉湿地一期、将军路西延、松龄西路西延、文化路南延、般河治理、将军路雨污分流等十大重点工程。以治脏治乱治差为重点,以松龄西路立面整治为突破口,全面实施环境综合整治。投资200余万元,完成松龄西路立面整治工程;投入163万元,完成17个村居的路面整治和绿化工程。

以项目建设为中心,抓改造重特色,推动服务业、农业长效发展。加快促进服务业提升,投资2亿元,完成建筑面积10万平方米的鞋城改造一期工程,投资500万元完成服装城四号厅改造工程,改造摊位1252个;投资215万余元完成服装城夜景灯饰亮化和留仙湖路升级改造工程。全力抓好3.8亿元的山川大酒店项目和中海大酒店项目建设,服务业发展档次明显提高。大力推进都市农业发展,总投资3000万元、占地300亩的圣樵农耕园项目完成投入1500万元。建设秸秆沼气池1800立方米,完成花卉展销、蔬菜种植、特色养殖等大棚面积1万多平方米,被评为市级都市农业示范园区。

以大企业发展为带动,抓调整促优化,工业实现新跨越。全力推进山川药械、鲁泰纺织等产业又好又快发展,实现工业企业发展新跨越。着力推进山川工艺园总投资1.8亿元的山川药械一体化新项目建设,加快山川集团上市融资步伐。加快推进总投资6亿元、建筑面积10万平方米的鲁泰20万锭纺纱及5万锭倍捻生产线项目建设,重点项目建设成效显著。坚持把关停并转作为推进工业结构调整的重要抓手,强化执法力量,组织环保专项治理行动,永久关停取缔83家环保治理不达标企业、土小企业。

以构建和谐街道为目标,保稳定惠民生,民生事业实现大发展。组织实施了道路升级改造、垃圾处理一体化、危旧房改造、供电供水管网改造等一批实事项目,解决了关乎群众切身利益的热点、难点问题。总投资4000万元的全市投资最多、规模最大、标准最高的夕阳红老年公寓主体工程完工。投资建设高标准群众工作站和便民服务中心,有效解决了群众办事难问题,推动了就业再就业工作的顺利实施。全面落实各项强农惠农政策,加强财政综合惠民服务大厅建设,并通过省财政厅达标验收。积极探索解决特困学生上学难、特困家庭生活难问题,为全街道困难群众发放各类救助金200余万元,成立全区首家党员爱心基金,积极救助困难群众、党员。投入70余万元对2000余名70岁以上老人免费健康查体。大力加强文化建设,先后组织开展了“祖国您好”庆国庆文艺晚会、“圣樵杯”老年书画展、“舞动魅力”广场舞展演等一系列志愿活动。

经济开发区

2011年,经济开发区(钟楼街道办事处)紧紧围绕区委、区政府提出的“加快建设工业发展的创新区、城市建设的示范区、财力增长的贡献区、人才价值的实现区、幸福和谐的开发区”五区发展定位,充满激情,干事创业,经济社会发展保持良好势头。全年实现工业总产值310亿元,同比增长28%;利税34亿元,同比增长32%;实现税收收入2.8亿元,同比增长22%;完成地方财政收入10955万元(按可比口径计算),同比增长36.69%,地方财政支出8372万元(按可比口径计算),同比增长81.18%。

突出工业发展主题,提升发展质量,区域经济发展实现新跨越。2011年全区确定了30个重点工业项目,开发区占11个,总投资60亿元,占全区工业重点项目投资总额的60%。投资11亿元的新能源电池项目、绿色注塑成型技术及铺助制造等引进项目扎实推进;鲁丰公司的5000万米高档面线技术改造、山东科恒的高纯度LED氧化铝、山东唐骏的10万辆轻卡专用车等扩建项目前景良好,效益可观,投产达效后对开发区经济可起到强劲的拉动作用。企业上市取得重大突破。6月金城医药公司在深交所创业板成功上市;上德电器、红阳耐火近期在淄博上柜。环保、节能降耗和安全生产工作成绩突出。关停治理各类企业30余家;深入开展安全生产专项整治活动和“安全生产规范化管理年”活动,认真排查各类安全事故隐患;施行节能降耗工作责任制,扎实开展节能降耗工作。

坚持依法治税,地方财政收入实现新突破。以土地使用税综合整治为突破口,联合成立综合治税工作小组,形成了以强化税源控管为核心,政府主导、税务主管、司法保障、社会参与的综合治税体系。深入企业核实面积、催缴税款,对重点企业负责人实行约谈,对拖欠企业下发通知,限期缴纳,为地方财政收入突破亿元大关奠定了坚实的基础。积极协助企业办理土地手续,规范企业纳税行为,增加财政税收收入。

全面落实各项惠农政策,积极推动各项民生事业发展。2011年通过惠农"一卡通"发放粮食直补、玉米良种补贴、抗旱补助等资金1117.91万元。争取资金68万元,用于支付失地村农民养老保险。落实财政奖补资金53万元,积极支持公益事业"一事一议"项目建设。认真落实各项优抚政策,重点抓好农村低保、五保供养、特困救助、老龄补贴等专项救助,发放各项救助资金80余万元;全面推进城镇医保、新农合和新农保工作,全年参保3万余人次。惠民服务大厅建设初具成效。进一步完善教学设施,优化教学环境,全年教育投入300多万元;义务教育巩固率达100%,初中升高中升学率达100%;加强校园安全治理,重点抓了校车安全、食品卫生安全,为师生营造了良好的学习、生活环境。开展了"慈心一日捐"、"爱心救助"等系列慈善活动。实施社会化供水、天然气管线铺设、道路升级改造等10余项民生工程建设。加强敬老院规范化建设,对部分基础设施进行了改造和修缮。组织用工企业和院校参加招聘会,提供就业岗位600余个,解决居民就业1000余人。

坚持城乡统筹,推动各项经济和社会事业发展。城建"6442"工程全面启动。即:6大地产项目、4个社区的旧村改造、4条道路的建设改造整治工程和2所学校建设工程,共16个城建项目、总投资40余亿元。投资1.6亿元的开发区雨污管网升级改造工程和14万平方米的园区道路绿地管护工程全面完成;完成了张博附线将军路路口苗木移植、七星路两侧绿化,共移植栽植树木11000余株;积极做好园区企业的供气、供热、用电、用水协调和配套服务工作,基础设施配套进一步完善。突出都市农业建设,总投资3700万元、年产1200万袋食用菌菌袋种植基地项目已正式投入生产。扎实做好荒山绿化、水土保持工作,全年植树造林1000亩。认真做好美国白蛾防控、护林防火、防汛抗旱、畜牧防疫、粮食直补等工作。抓好精神文明建设,23个社区建起了文化健身广场,30个社区全部建设了农家书屋。

(撰　稿:李成明)
责任编辑:侯永明
责任校对:光　鹏

博山区

【概述】 2011年,博山区坚持科学发展不动摇,认真贯彻落实中央和省、市一系列重大决策部署,解放思想、抢抓机遇,锐意进取、攻坚克难,经济社会实现了平稳较快发展。全年实现地区生产总值305.33亿元,增长10.6%;完成规模以上固定资产投资180.59亿元,增长23.5%;规模以上工业主营业务收入、利税、利润分别完成682.88亿元、99.1亿元、63.72亿元,分别增长20.64%、11.76%、23.27%;城市居民人均可支配收入和农民人均纯收入分别达到22730元和10498元,分别增长11.82%、14.58%。

2011年,全区地方财政收入完成133999万元,完成预算的109.58%,增长26.02%,其中镇级收入完成40057万元,增长15.29%。全区地方财政支出完成137867万元,完成预算的114.07%,增长25.24%,其中镇级支出完成18003万元(不含农村教育支出),增长12.15%。按市与我区现行财政体制计算,当年总财力为160686万元,财政总支出完成160686万元,实现了财政收支平衡。

【狠抓收入,壮大财政实力】 继续实行执收部门目标责任制度,与国税、地税部门签订年度收入目标责任书,明确奖惩,确保完成各项收入任务。定期召开各执收部门联席会议,加强收入调度分析,及时发现并解决预算执行中存在的问题。发挥协税护税职能,积极开展以城镇土地使用税为重点的综合治税工作,全年入库城镇土地使用税7219万元。完善考核奖励机制,对镇(街道、开发区)完成任务内部分按5%的比例奖励,超任务部分按50%的比例给予奖励,并赋分20分作为年度考核加分事项。进一步加强非税收入管理,充分发挥财政票据的源头控制作用,以票控费;加强监督检查,杜绝坐收坐支;抓大不放小,在突出抓好水资源费、污水处理运行费、城市基础设施配套费等重点收费项目的基础上,严格加强其它零散收入的征管;加大城市资产运营力度,突出抓好土地收益管理,增加出让收入。加大对上争取和融资工作力度,争取各类专款26016万元,融资32000万元,有力地缓解了全区财力和资金不足的状况。

【优化支出,提高保障能力】 加强资金调度,集中财力保民生、保运转、保稳定。“三农”方面投入资金5500余万元,用于支持现代农业发展奖励、农业综合开发、农林水基础设施建设等,推动整建制有机农产品区建设。民生保障方面投入资金近2亿元,切实做好城乡低保、新农合、新农保、城镇居民医疗保险、各项优抚及就业再就业政策的落实工作,新农保与国家政策实现并轨,城镇居民医疗保险、新农合、城乡低保等保障标准全面提高，城镇居民养老保险逐步推开，就业形势保持稳定，社会保障体系进一步完善。重点社会事业方面投入资金近1亿元，用于落实各项义务教育保障经费、博山中学建设、农村义务教育化债、计生奖励扶助政策、文体广播及科技事业发展、完善城乡公共卫生服务体系、支持医药卫生改革等。维护稳定方面投入资金3000余万元，用于政法、信访等部门经费保障和装备购置，支持实施固本强基维稳工程。

【发挥职能，支持经济发展】 充分发挥财政政策的杠杆作用，加大对新城工业区、老城工业区的扶持力度，推动以重点园区、重点企业和重点项目为载体的工业调整提升工程，积极支持转方式、调结构，努力培育新的财源。拨付资金1900余万元，落实企业经济发展贡献奖励及财税扶持政策。拨付资金750万元，加快传统产业改造提升步伐，支持发展服务业，鼓励外经贸发展，推进产业布局和产业结构优化升级。拨付资金600万元，支持“三个节能15项”等工程实施，加快淘汰落后产能，推进节能减排和环境保护，促进生态文明城市建设。拨付资金1611万元，用于国家泵类产品质量监督检验中心建设，提高企业自主创新能力和核心竞争力。拨付资金17000余万元，用于中心路东段改造、城市立面整治、老旧小区改造、园林绿化等城建重点工程，增强城市承载功能，优化地区经济发展环境。

【深化改革，强化财政监督】 深化部门预算编制改革，取消预算外资金，将所有政府性收入全部纳入预算管理，严格政策标准，提高预算编制精细化水平，强化预算执行动态监控，严格预算追加审批程序，提高预算执行的及时性和均衡性。积极推行财政国库管理制度改革，在区级预算单位全面实行公务卡制度。加强基层财政管理，积极做好农村“一事一议”奖补工作。继续推进政府采购改革，完善投资评审机制，出台实施《关于进一步加强政府采购和财政投资评审及审计工作的意见》，提高财政管理的精细化水平。全年完成政府采购额30011万元，平均节支率17.84%；完成项目评审额34341万元，平均审减率20.91%。探索启动财政支出绩效评价，努力构建科学、合理的财政支出绩效评价体系。进一步规范国有资产购置处置程序，确保国有资产的安全和完整。加强政府债务管理，及时防范债务风险。加强财政监督，完善事前审核、事中控制、事后检查的财政监督检查机制，逐步构建起覆盖财政运行全过程的财政监督体系。

【廉洁自律，依法秉公理财】 认真落实牵头部门责任，组织开展了“小金库”及公务用车专项治理工作，深入推进反腐倡廉建设。加强局机关党风廉政建设，认真落实党风廉政建设责任制，由一把手负总责，并与科室负责人签定党风廉政建设目标责任书。加强廉政教育，进一步提高干部职工的思想觉悟和自律意识，增强拒腐防变的能力。积极推进惩治和预防腐败体系建设，全面开展廉政风险防范管理工作，认真排查廉政风险点，努力提高新形势下反腐倡廉建设成效。积极落实《博山区财政局财政监督员工作规定》，及时向监督员通报我区财政执行情况,广泛征求社会各界对财政工作的意见,进一步完善财政社会监督网络,规范财政执法行为。召开专题民主生活会,组织党员干部联系实际,认真查找和纠正在思想、作风、纪律等方面存在的问题,努力做到思想上有明显提高,政治上有明显进步,作风上有明显转变,纪律上有明显增强。

【规范管理,提升干部素质】 定期召开党组会和局长办公会,研究局内重大事项,充分发挥班子成员的聪明才智,不搞"一言堂",经常交流思想,增进共识,班子凝聚力和向心力有了明显增强。坚持"三会一课"制度,进一步加强机关党的建设。高度重视机关文化建设,组建了篮球、乒乓球、羽毛球活动小组,不定期组织友谊赛活动,丰富干部职工精神生活。组队参加全区建党90周年合唱比赛、全市财政系统乒乓球比赛等,均取得较好成绩。进一步加强内部管理,严格执行各项工作制度,以制度促进财政工作更好的开展。继续深入开展创建学习型党组织、创先争优活动,充分利用"机关干部上讲台"形式,加强学习交流,提高干部职工业务素质。组织全体干部职工参观全区工业企业、有机农业基地,了解企业、基层单位实际情况,努力为企业、基层单位办实事、办好事。组织中层以上干部到区公安分局学习规范化管理经验,进一步提高局机关规范化管理水平。加强机关党风廉政建设,扎实转变工作作风。积极参加"政风行风热线"、"百名中层干部大家评"活动,努力提高行政效能和服务质量,树立了财政部门良好形象。2011年,局机关继续保持省级文明单位荣誉称号。

经济开发区

2011年,经济开发区(域城镇)认真贯彻落实区委、区政府的决策部署,以提升境界、提升层次、提升标准统领各项工作,突出"转方式调结构"这条主线,集约优化产业布局,全面拓展发展空间,经济社会保持了平稳较快发展。全年完成社会固定资产投资34.3亿元,同比增长31%;规模以上工业企业销售收入完成120亿元,同比增长32%;实现地方财政收入1.37亿元,同比增长25.7%,地方财政支出6180万元,同比增长10.97%。

坚持结构调整,工业化竞争力不断增强。积极实施总投资135.41亿元的38个投资过千万元的工业经济项目,目前已开工31项,完成投资17.8亿元。总投资14.5亿元的山东鲁桥硅铝质功能新材料项目一期工程、总投资5亿元的淄博中科达耐火材料有限公司高档耐火材料生产线项目一期工程等工业重点项目全部建成投产。全力推进企业技术标准化建设,汇祥健身器材有限公司被评为高新技术企业和首批"淄博市知识产权教育(培训)基地",龙泉管道创建为省级企业技术中心,博山晨晟等3家企业创建为市级工程技术中心,淄博水环真空设备有限公司超大抽气量高效水环真空泵项目列入2011年国家火炬计划,"颜神龙泉"商标被认定为中国驰名商标,完成专利申报80余项。积极加快技术服务平台建设,总投资1.06亿元的国家泵类产品质量监督检验中心进入主体建设阶段。积极组织协调建设银行、交通银行等金融机构与辖区企业开展银企合作，通过开展集合票据贷款、助保金贷款、中小企业小额贷款等形式，解决中小企业融资难题，共帮助企业融资5.1亿元。

坚持城乡统筹，城市化带动力稳步提升。投资1000余万元实施绿化美化工程，进一步提升了城市建设品位和整体形象。以“两区三村”改造为契机，积极整合城乡资源，汪溪片区、颜山社区、九龙峪社区、姚家峪社区建设稳步推进。投资500余万元，对张博路附线、西过境路、华成路、银龙路等主干道两侧的路域环境开展了综合整治。加快西部生态片开发步伐，总投资27亿元的姚家峪生态旅游度假区已建成16栋连体、独栋别墅和度假公寓，已完成投资3亿元。石门景区整体旅游规划开发项目，正会同有关专家进行论证。积极引导岭西、石门景区发展都市观光农业，逐步形成了泽蒜峪200亩有机金银花、岳峪100亩脆皮核桃、西北峪100亩大樱桃和岭西100余亩上水茶场金银花种植加工基地。突出抓好节能技术改造，全面推行清洁生产、循环经济，华成集团获得“省级节能环保企业”称号。强化对辖区重点用能企业的监督和管理，继续巡查辖区“土小”企业，对辖区76家冲天炉和46根烟囱进行摸底调查，并督促其进行了治理整改。健全完善了环境卫生长效管理机制，辖区环境面貌取得明显成效。

坚持服务基层，民生保障体系更加完善。投资400余万元，建设便民服务大厅。全面推行国家新型农村养老保险和城镇居民养老保险，覆盖率达到95%以上。大力实行新型农村合作医疗制度，农村低保及重度伤残人员缴费全部由政府负担。突出抓好校园安全工作，扎实做好校车安全监管，大力实施教育信息化和教师素质提升工程，教育教学质量进一步提高。加快公共文化体系建设，积极推动文化信息资源共享工程，形成了综合文化站、文化大院、文化广场和农家书屋点面结合的公共文化环境。深入实施固本强基维稳工程，确保了辖区社会和谐稳定。

加强制度建设，推进财政管理科学化精细化。加强财政干部队伍建设，促进工作作风转变，明确人员分工，切实做到各司其职，各负其责。制定完善了学习制度、工作制度、票据管理、档案管理等20余项内部管理制度，使各项工作有章可循。坚持秉公理财，依法理财，规范税收管理秩序，促进财政收入稳步增长。优化支出结构，保障重点工程项目支出需求，提高资金支出效益。坚持实行政府采购制度，压缩办公经费支出，促进财政工作迈上新台阶。

八 陡 镇

2011年，八陡镇围绕建设“工业重镇、经济强镇、新型城镇”的工作目标，坚持走内涵发展的路子，充满激情，开拓奋进，圆满完成了各项目标任务，开创了全镇经济社会科学发展、和谐发展、率先发展的新局面。全镇完成工业总产值350亿元，实现产品销售收入347亿元，实现工业利税30亿元；地方财政收入完成4208万元，同比降低5.65%，地方财政支出完成1460万元，同比增长10.61%；外贸进出口额完成5200万美元；固定资产投资完成23亿元；农民人均纯收入达12420元。

综合实力不断攀升，经济发展质量显著提升。支柱产业优势凸显。以宏马集团、山东机器集团为龙头的机械装备制造业，以山东晶鑫晶体科技有限公司、八陡耐火材料有限公司为龙头的新材料产业，以黑山玻璃制品有限公司、山东福泰陶瓷有限公司为龙头的陶瓷玻璃产业形成集群发展。全年三大产业实现产品销售收入291亿元，同比增长36%；实现工业利税26.19亿元，同比增长36.7%。项目建设亮点突出。全镇开工建设项目55个，其中，淄博卡博迪汽车配件股份有限公司总投资2.4亿元的汽车板簧等3个项目被列为区重点工程项目。成功盘活了原淄博涤纶厂202亩闲置土地，引进了山东晶鑫晶体科技有限公司的年产3万吨蓝宝石晶体项目；福山片区激活可发展用地100亩，引进了淄博卡博迪汽车有限公司的精密铸造和汽车驾驶室项目；山东福泰陶瓷有限公司太阳能集热板项目顺利实现生产。骨干企业支撑发展。全镇规模以上企业达到87家，规模企业总产值实现136亿元。以宏马集团、黑玻集团、福泰公司等为龙头的骨干企业成为推动全镇工业经济增长的主动力。

城镇建设强势推进，城镇面貌日新月异。一是道路框架日趋完善。完成老湖南路、博福路、黑山路、福山路等道路建设，累计完成道路建设24公里，初步形成了环八陡、环黑山、环福山的主干道路框架；东顶村等8个村实施了村村通工程，硬化了村内道路，全镇道路交通框架日趋完善。二是社区建设步伐加快。按照高标准规划、高起点定位、高质量建设的原则，全镇规划建设八陡社区、福山社区、黑山社区、石炭坞社区和北峰峪社区5个相对独立的社区。全镇累计完成旧村改造面积31万平方米。鑫鼎苑小区、增福小区、金桥小区、和平小区等一批精品社区建成使用，福山片区依托土地增减挂钩政策新开发的桂馨园小区正在加紧建设。三是环境整治成效显著。投资100余万元，对乱搭乱建、违章建筑、生产生活垃圾等进行重点整治，实施主次干道立面整治和城乡绿化清洁工程，建立了环境卫生长效管理机制，全镇环境卫生质量逐步改善。以路域整治为重点，先后聘请园林专家及专业绿化队伍对主次干道绿化带进行设计和施工，镇域生态环境得到显著改善，森林覆盖率达到58%。

民生保障持续改善，群众生活更加殷实。全年共发放城乡低保金180余万元，发放小麦粮食直补、家电下乡补贴、汽车摩托车下乡补贴、抗旱补贴等100余万元，为全镇90岁以上高龄老人发放生活补助费4万元，发放优抚金9万元。在全镇广泛推行了城镇居民基本医疗保险、农村居民养老保险、城镇居民养老保险，参保人数达1.6万余人，实现了应保尽保。2011年投资300余万元建设便民服务中心，实现了为民服务“一站式”办结和“零距离”服务。新型农村合作医疗参合率达到100%，社区卫生服务站、卫生室覆盖全镇。开展丰富多彩的文体活动，先后举办了锣鼓比赛、纳凉晚会、庆祝建党九十周年文艺演出,成立了书画研究会并多次举办展览,被评为“全省基层文化工作先进乡镇”。做好食品安全、学校幼儿园安保、群众供暖供气等各项工作,维护了社会和谐稳定。

白 塔 镇

2011 年,白塔镇以建设博山新区工业区为目标,坚持转方式、调结构、惠民生,攻坚克难,开拓奋进,经济社会实现了平稳较快发展。全年地方财政收入完成 6139 万元,同比下降 19.97%;地方财政支出完成 1985 万元,同比下降 5.07%;全社会固定资产投资累计完成 25 亿元,同比增长 24.9%;规模以上工业企业达 85 家,实现销售收入 140.2 亿元、利税 25 亿元、利润 14 亿元,分别同比增长 23.1%、15.6% 和 13.8%。

调结构强投入,不断增强经济发展活力。突出抓好项目建设。2011 年全镇共新上过千万元工业项目 16 个,累计完成投资 4.2 亿元,其中,海洲百万吨粉末冶金材料等 3 个项目被列入全市百项重点项目。积极引导企业走内涵发展道路。10 余家企业与高等院校建立了长期合作关系,海博与武汉理工大学合作建立了 SMC 产品开发实验基地,签订了“863”项目技术转让协议,鲁博与中国石油大学合作建立了大学生教学科研实习基地。北汽海华开发出高附加值的变截面汽车钢板弹簧和替代进口产品的汽车悬挂件系统,使传统产业具有了新优势。积极打造资本市场的“白塔板块”,人和、安博、三丰 3 家企业在山东齐鲁股权托管交易中心挂牌交易,海洲上市工作已正式启动。加快发展现代服务业。继续实施太阳山休闲体验度假区项目,先后两次成功举办全国、全省汽车场地越野比赛。积极打造张博公路沿线商贸物流带,泵都商贸广场、钢材市场、旧机动车交易市场等运转正常,汽车交易市场初具规模。计划投资 7000 万元,建设规模约 22000 平方米的装饰材料市场,项目建成后可容纳 200 余家商户,可提供 1800 余个就业岗位。

以基础设施建设为重点,不断提高城镇承载能力。委托淄博市规划设计研究院全面展开《白塔镇总体规划》编制工作,总体规划初稿已基本完成。进一步推进新型社区建设,和贵、海西等社区建设工作稳步推进。投资近 630 万元,对孝妇河排污管网进行雨污分流改造,确保了污水处理厂的正常运行。抓好民用天然气改造工程,14 个村、社区已办理审批手续,累计改造住宅楼 71 栋。完成了文姜铁路道口的北移工程,成为连接张博路与张博附线的又一重要通道。投资 1000 余万元,对镇域内主干道两侧进行综合整治,生态环境不断改善。切实抓好扬尘污染综合治理、铸造行业调整提升等各项工作,加大土小企业整治力度,节能减排工作取得了初步成效。

以民生工程建设为重点,积极推进和谐社会建设。全面落实新型农村养老保险、新型农村合作医疗、城镇居民医疗保险等各项保障措施,通过完善最低生活保障、贫困老年人救助等制度,加大了对弱势群体的保障力度。投资350万元新建镇敬老院,各项基本生活设施都已配备齐全。在及时拨付区级高龄老人补贴基础上,镇财政为80—90岁老人每人每月发放生活补助10元。筹集资金245万余元,对困难户、优抚对象、老人进行走访慰问。高度重视双拥工作,及时兑付义务兵优待金40万元。大力推进各项惠民政策的落实,积极做好家电下乡、汽车下乡、粮食直补、农资补贴等各项工作。深入推进素质教育,加强教师队伍建设。全面实施校舍安全工程,投资530万元,新建、改造校舍4500平方米。高度重视安全稳定工作,不断完善"六位一体"的社会矛盾纠纷排查网络,严格落实党政领导公开接访制度,积极排查各类不稳定因素,化解矛盾纠纷,维护了社会和谐稳定。

山头街道办事处

2011年,山头街道办事处以工业调整提升、城市改造提升、文化旅游资源提升、固本强基维稳提升"四大提升工程"为抓手,以建设特色工业区、宜居生态区、幸福和谐新街道为目标,开拓进取,各项工作均实现了新突破。全街道工业总产值完成185亿元,增长23.65%;固定资产投资完成24亿元,增长25.36%;招商引资完成2.8亿元,增长40.8%;地方财政收入完成3769万元,同比增长9.47%,地方财政支出完成1326万元,同比下降26.94%;外贸进出口总值完成11341万美元。

实施工业调整提升工程。全力抓好10个投资过5000万元、10个投资过1000万元的工业重点项目建设,10家企业与大专院所合作、10家企业争创10项省级以上名牌或著名商标。长运集团投资1.8亿元的特种罐车项目、东佳集团年产40万吨硫酸配套余压余热综合利用项目、淄博金泰丰制釉有限公司投资1亿元的磷酸铁锂和高纯氧化铝项目等20个工业重点项目相继开工建设。国华瓷器公司投资3000万元引进日本全自动陶瓷成型生产线扩产项目已投入生产。颜山泵业山东泵类试验平台,已成为具有专业资格的泵类试验基地。年内省高新企业达到8家,山东名牌产品企业达到10家,颜山泵业的"颜山牌"潜水电泵、凤凰健身器材公司的"达因牌"电动跑步机已申报中国名牌产品。积极做好外经贸工作,培植新的出口创汇增长点,年内新增外贸出口企业2家,总数达到28家。

实施城市改造提升工程。重点组织实施了"7543"城建重点工程,全力抓好城乡环境综合整治工作,凝神聚力打造生态居住区。水岸名居、水印蓝山、陶琉国际商贸城、鼓浪屿陶然佳苑、丽景园小区、棚户区改造等"7"大地产开发工程开工建设楼房62栋,完成投资3.2亿元,楼房建筑面积超过26万平方米。博福路与执信路连接、马公祠人防隧道、乐疃至凤凰天池道路贯通等"5"条道路建设工程总投资7900余万元。总投资1.3亿元的秋谷社区、窑广社区、北神头文姜社区、乐疃村等"4"个旧村改造工程建设楼房21幢,开发面积11万平方米。总投资500余万元,做好泉水路、新博南路、南过境路"3"条道路提升工程,3条道路总长11.7公里。完成人行道铺设2万平方米，粉刷居民楼4万余平方米，绿化面积3万余平方米。对道路两侧立面、人行道进行改造并实施绿化升级，进一步提升了辖区城市化水平。集中开展居民小区、城区道路“治脏治乱”综合整治活动，辖区容貌明显改观。

实施文化旅游资源提升工程。按照“一城、一区、一村、一漂流”的工作目标，抓好中国（博山）陶瓷琉璃艺术大师村建设，规划总面积168亩，计划投资3亿元；投资2000万元、建筑面积2万余平方米的博陶艺术中心完成主体工程建设；天星湖旅游度假区项目已经启动；樵岭前水上漂流项目已开始组织实施。总投资1亿元，启动占地49亩的山东慕榕餐饮娱乐有限公司度假酒店项目，主体已基本完工，完成投资6000余万元。

落实保障和改善民生政策。积极做好廉租住房货币补贴申请预审工作，完成320户廉租住房货币补贴兑付工作。及时足额兑现良种补贴、粮食直补和农资综合直补资金34.65万元。申报家电、摩托车下乡15002户，补贴资金458万元。积极做好“一事一议”项目的筛选申报工作，共申报7个奖补项目，申请奖补资金150万元。扎实推进新型农村合作医疗制度，参合人数9360人，报销金额25.3万元。认真做好农村社会养老保险工作，收缴保险金291.5万元，为4700余名村民办理了养老保险。

城东街道办事处

2011年，城东街道办事处突出“提升城市化水平、推进工业化进程、加快服务业发展、构建和谐社会”四个重点，抢抓机遇，开拓进取，各项事业全面推进。全年完成地方财政收入4221万元，同比增长27.95%，地方财政支出1958万元，同比增长23.07%；入库税金1.01亿元，同比增长18%；社会固定资产投资16.65亿元，同比增长46.6%。

工业经济取得新进展。立足老城工业区实际，积极引导和支持骨干企业做大做强，形成了以工陶、珑山、鲁耐、强大、福颜、富安六大龙头企业和安上、后峪两个经济强社区为带动，大通矿机、绿源燃气、新颖传感器等新型工业企业竞相发展的格局。街道工业企业总数达180余家，规模以上工业企业23家，全年规模以上工业企业实现总产值16.94亿元、销售收入16.18亿元，实现利润1.62亿元，对街道办经济的拉动作用进一步增强。

城市面貌实现新改观。投资500余万元，完成镇东小区、青龙山东片区、东山小区等3个老旧小区的升级改造。投资350万元，对镇东南街、丁家山路、113路城东段、五龙中心路段等7条背街小巷进行升级改造。总投资20.8亿元，计划用三年时间完成荆山社区城中村改造等8项“两区三村”改造项目，解决3400余户低收入家庭住房问题，已完成投资5.5亿元，建设面积22.6万平方米。投资170万元，对珑山路两侧建筑物进行仿古立面改造，改造面积7800平方米。实施珑山社区经济适用房等7项保障性住房建设，建设面积50.94万平方米，解决了2400余户低收入家庭的住房问题。建立健全环境卫生管理长效机制，成立160余人组成的保洁队伍，实现环境卫生精细化管理。

第三产业发展凸显新亮点。利用地处城区中心的有利区位优势，大力发展第三产业，逐步形成了以银座商城等大型商场为核心的商贸服务区、以渤海人家等大型酒店为带动的餐饮服务区、以莲花山森林公园为龙头的特色旅游区的现代服务业发展格局。投资200余万元，新建陆海空儿童乐园。总投资600万元，建设全国第一文化长廊项目，目前已完成330米。投资1200万元，新建集珍藏、销售、文化、旅游为一体的国瓷鲁玉陶瓷馆，项目一期工程已经竣工。截至2011年年底，工商注册服务业单位2800余家，限额以上服务业单位38个，第三产业投资占比达60%以上，限额以上服务业零售总额达26.73亿元。

惠民政策得到全面落实。投资20余万元建成街道便民服务大厅，受理各类民生事项5万余件，限时办结率100%，群众满意率100%。全面落实城镇居民养老和医疗保险制度，实施城乡低保动态管理，全年发放低保金400余万元；大病救助118人，救助金额近37万元；社会救助19人，发放救助金4万余元。扎实做好新型农村合作医疗工作，参合人数3617人，参合率达到100%，门诊、住院、优抚补偿金额达60余万元。

（撰　稿：侯永明）

责任编辑：光　鹏

责任校对：李成明

周　村　区

【概述】 2011年，周村区全面落实党的十七大和十七届三中、四中、五中、六中全会精神，深入贯彻落实科学发展观，围绕建设“富而强、精而美”的幸福周村这一目标，大力实施“一个活动、两大工程”，依法加强收入征管，科学合理安排支出，全区财政收入持续增长，重点支出得到有力保障，全面完成了全年预算任务。全年地区生产总值完成234亿元，增长12.3%；城镇居民人均可支配收入、农民人均纯收入分别达到21646元、10890元；全社会固定资产投资完成143.8亿元；完成社会消费品零售总额357亿元，年均增长23.01%。

2011年，全区地方一般预算收入完成113416万元（不含萌水，下同），完成预算的110.42%，比上年增长26.63%。地方一般预算支出完成128918万元（不含萌水，下同），完成预算的118.34%，比上年增长30.47%。全区财政总体实现了平稳运行，较好地完成了各项预算任务，连续第17年实现财政收支平衡。

【立足发展促增收，财政收入持续稳定增

长】 紧紧围绕区十六届人大四次会议确定的工作目标,坚持发展增收、效益增收,加强税收和非税收入征管,推进社会综合治税管费,完善工作考核和激励约束机制。制定出台了新一轮区对镇街道财政体制,充分调动了基层财政增收的积极性。同时,强化征收措施,加大组织收入力度,确保了收入持续稳定增长,全区财政收入首次突破了10亿元大关。全年地方税收收入实现82226万元,其中,增值税、营业税、企业所得税和个人所得税四大主体税种合计完成44305万元,比上年增长37.14%,增幅列全市第2位。进一步加强非税收入征管,全年实现非税收入31190万元,比上年增长21.14%。

【综合运用财政杠杆,支持地方经济和社会事业可持续发展】 运用财政奖励、融资等方式,发挥财政资金引导作用,支持转方式调结构,培植稳定的财源基础。围绕开展"项目建设年"活动,大力发展创新型经济和服务型经济。通过多元化投资、引导和加强服务等手段,促进第三产业发展和二三产业剥离,培育壮大新的经济增长点。认真落实各项财政政策,支持企业技术创新、节能减排、国际市场开拓、科技成果转化及中小企业服务体系建设,全年累计兑付资金10123万元,扶持企业发展。加大对上争取工作力度,全年共争取上级各类专款17250万元,为全区民生支出和重点项目建设提供了有力保障,有效缓解了地方支出压力。坚持多方融资,确保了各项重点项目建设的顺利实施。通过世界银行报账提款1.1亿元,确保污水收集系统工程进展顺利;筹措资金8321万元支持城市基础设施建设,完成了站北路等三处路段的改造升级及绿化、广电路和太和路路灯安装、人民广场等五处游园提升改造、北门街等四处背街小巷综合治理、城乡垃圾一体化处理等工程,城市形象和承载力得到进一步提升。

【调整优化支出结构,民生支出得到有力保障】 科学运筹财政资金,不断优化支出结构,筹措更多资金向民生倾斜。全年教育、社会保障和就业、医疗卫生的支出累计达6.1亿元,占全区财政支出的47.38%,比上年提高4.78%。各项民生政策的全面落实有力促进了社会和谐稳定,人民群众满意度显著提升。支持社会主义新农村建设。全年用于"三农"方面的支出达22214万元,比上年增长57.74%。加大农村社会事业投入,农村饮水安全、小型农田水利建设、美国白蛾防治、抗旱防汛、秸秆综合利用转化等工作全面完成。加快推进"两区三村"改造步伐,累计拨付资金3.58亿元,有力推动了城乡统筹发展,新农村建设面貌焕然一新。支持提高社会保障水平。全面推行新型农村社会养老保险,启动实施城镇居民社会养老保险,建立实行孤儿基本生活保障制度,严格执行新农合、城镇居民医保、农村低保等一系列提标扩面政策,全年新增支出2686万元确保了社会保障各项补助标准的提高。落实扩大就业的各项财税扶持政策,支持就业再就业工作。保障性住房建设稳步推进,城乡低保工作扎实开展,全区社保水平显著提升。支持文教卫生等社会事业发展。支持中小学校基础设施改造,实施农村中小学"两热一暖一改”工程;全面落实提高义务教育阶段中小学生均公用经费标准和资助家庭经济困难学生的各项扶持政策;提前全面完成农村义务教育债务化解工作。积极打造文化惠民工程,大力支持旱码头旅游文化节、农村电影放映、《鲁商文化》丛书编纂和全民健身广场等文化建设。支持推进医药卫生体制改革,完善基本药物制度,全年拨付医改人员分流和区级医改补助资金1202万元,在全市率先完成基层医疗卫生机构综合改革,不断健全完善公共卫生服务体系。加大计生投入,全面落实农村“半边户”计生家庭奖励扶助等新增加的计生政策。加大对社会治安综合治理和维稳工作的经费保障力度,维护公共安全和社会稳定。

【加强财政财务管理,财政运行质量和效益显著提高】 深入推进财政科学化精细化管理,部门预算改革、国库集中支付改革、非税收入管理进一步加强,财政资金使用效益显著提高。强化财政监督,严格规范机关津贴补贴,深入推进“小金库”专项治理,加大对会计信息质量等检查力度,维护了财经秩序。坚持厉行节约,大力压减一般性支出。财政投资评审、政府采购、国有资产监管、财务会计管理得到了进一步强化,促进了财政经济健康运行。

王 村 镇

2011年,王村镇紧紧围绕“一个活动、两大工程”的总体要求,以转方式调结构为主线,突出抓好项目投入、产业升级、科技创新、节能减排、生态文明等工作,积极打造山东耐材基地,强化农业基础地位,加强城镇建设管理,切实保障和改善民生,全镇经济社会保持平稳较快发展的良好势头。全年完成税收入库19996万元,同比增长20.17%;地方财政收入完成7401万元,同比增长4.18%,地方财政支出完成1859万元,同比增长56.66%;规模以上工业四项指标均同比增长30%以上;出口创汇完成5360万美元,同比增长22.74%;实际利用外资53.2万美元;农民人均纯收入达到11082元,同比增长13.1%。

转方式调结构取得新成效。工业重点项目建设进展顺利,全年新开工建设13个投资过千万元工业和服务业项目,已竣工投产或部分投产11个,完成投资3.77亿元。招商引资取得新进展,全年引进内资项目10个,完成投资2.3亿元。节能减排和科技创新取得新成果,对山耐公司年产20万吨高档耐火材料等7个项目进行节能评估和审查;实施了摩擦式压力机改造工程、余热利用工程、节水工程等节能项目;进一步加大了对炉窑和土小企业的淘汰力度。申报区级科技计划7项、市级研发中心1家、省级研发中心1家、各类专利34项,鲁王建材公司“乐屋牌”煤矸石烧结多孔砖认定为山东名牌产品。规模以上工业万元增加值能耗达到1.226吨标准煤,同比下降6.05%;高新技术产业产值占规模工业总产值的比重达到29%,同比增长2.39%。

中心镇建设实现新突破。紧紧抓住全区土地增减挂钩的优惠政策,加快推进合村并点、旧村改造步伐。投资7900万元的彭东中心居住区项目一期姚家村6栋安置楼正在进行内装饰；投资7100万元的王村中心居住区大史新村19栋安置楼项目进展顺利，已完成总工程量的78%；李家疃村3栋安置楼已竣工。投资260万元完成山东耐材公司及嘉和公司天然气管线建设。大力加强环境综合整治，深入开展路域环境综合整治活动，加大违法占地查处力度，加快推进"文明形象一条街"建设，镇村面貌进一步改善。

农业农村工作取得新进展。大力实施项目强农计划，投资2100万元完成豪艺二期项目建设；投资550万元建成朱首湾土豆基地和苏李养牛场；加快推进第十三期农业综合开发项目建设，农业生产条件得到进一步改善。全面落实各项惠农政策，累计发放粮食综合补贴、抗旱补贴和家电、汽车、摩托车下乡等补贴164.73万元。投入130万元，加大对玉米秸秆禁烧和美国白蛾防治的补助力度。统筹做好防汛、林权制度改革、重大动物疫病防控等工作，促进农业增效、农民增收。

幸福王村建设再上新台阶。大力开展"群众满意工程"，深化医疗卫生机构综合改革，提高医疗救治和保障水平，新农合区级财政补助145万元，参合12525人，新农合、新农保均实现全覆盖。落实好国家各项强农惠农政策，让农民切实得到了实惠。新建农家书屋19个，升级改造6个，配送价值90.7万元的书橱164个、图书4.8万册，实现农村书屋标准化。深入实施固本强基维稳工程，强化矛盾纠纷排查调处，创新社会管理，坚定不移地抓好安全生产工作，严厉打击法轮功分子，加强校园安全保卫和校车管理，社会保持和谐稳定。

南 郊 镇

2011年，南郊镇以转变经济发展方式为主线，以打造南部现代物流基地为重点，抓投入、上项目、保稳定、促发展，团结拼搏、迎难而上、求实奋进，全镇经济社会实现了平稳较快发展。全镇实现税收1.47亿元，增长22.3%；完成地方财政收入7437万元，增长2.33%，地方财政支出1480万元，增长8.54%。

抓投入、上项目，综合经济实力显著增强。以309国道商贸物流产业带为重点，突出抓好不锈钢、汽车销售、风机制造、家具、轻纺、机床、仓储物流等优势产业集群发展，做大做强南部现代物流基地。2011年开工千万元以上项目20个，竣工投产13个，总投资10亿元的齐鲁CX汽车文化广场、新华医疗器械、福王红木博物馆、伟业公司不锈钢抛光等项目进展顺利。南部现代物流基地营业额达到200亿元，309国道成为现代物流业发展的"黄金产业带"。工业结构进一步优化。鼓励企业开展科技创新和节能技术改造，天隆不锈钢公司列入国家淘汰落后产能目录，争取无偿资金近200万元。全年全镇有1个项目被列为省高新技术企业，10个项目被列入市区科技计划，4个项目争取到节能扶持资金5万元，钥泺纺织被列为节能企业，全镇新增规模以上企业9家，达到69家。

突出特色，现代农业发展步伐加快。

鼓励支持天脉科技、永惠乳业、鑫阳养殖等农业龙头企业扩大规模。加快都市农业项目发展,东平白皮松苗木基地投资560万元,种植白皮松2万余株;石佛花卉种植基地投资100余万元种植桂花3万余株;以马鞍山体验式农业为辐射,投资10万元完成杜家生态种植园基础配套建设,引进种植户200余户。积极开展"抗旱双保",确保了农业春灌。抓好新技术、新品种引进推广,推广配方肥200余吨,组织开展新技术培训班,培训500余人次。

*建管并举,城镇建设呈现新面貌。*加快旧村改造步伐,张楼村旧村改造项目二、三期和樊家村旧村改造项目安置楼交付使用。贾黄中心居住区、杜家中心居住区前期准备工作基本完成。加强村级道路建设,投资218万元实施董永路改建、常旺路、丁家村道路升级改造工程,新建、改建道路3.9万平方米。深入开展环境综合整治行动,对309国道、周演路、滨博高速公路、姜萌路、庆淄路、205附线、正阳路等重点道路进行集中整治。实行户集、村收、镇运的村庄垃圾管理模式,35个村纳入城乡生活垃圾一体化处理体系。

*加大投入,群众生产生活条件进一步改善。*镇投资350余万元建成总面积2700平方米的便民服务大厅和镇综合文化站,服务水平不断提高。实施农家书屋建设工程,实现村村全覆盖。加强敬老院规范化建设,不断提升五保供养水平。新农合、新农保、城镇医保覆盖面进一步扩大。全面完成了玉米秸秆禁烧和转化利用工作。保证了村支部书记、主任工资、离任村干部生活补贴等资金的按时发放。发放家电、汽车摩托车下乡财政补贴资金200余万元,年底开展了家电下乡资金"应补未补"清理行动,实现了资金兑付率100%。发放粮食综合补贴资金339.5万元和抗旱补贴资金34.5万元。严格落实各项惠农补贴政策,在规定的时间内,通过信用社以"一折通"形式将资金发放至农户手中。

北 郊 镇

2011年,北郊镇紧紧围绕"建设经济文化强镇,打造现代化东部新区"奋斗目标,坚持"抓项目、保增长、调结构、促发展"工作主线,突出加强结构调整,突出统筹城乡发展,突出改善民生民需,突出维护社会稳定,科学务实,激情干事,全镇经济社会各项事业再次实现新的跨越。全年完成税收收入2.16亿元,同比增长61.83%;地方财政收入10105万元,增长11.48%;地方财政支出2026万元,增长78.58%;规模以上工业总产值119.6亿元、销售收入106.6亿元,利润11.12亿元、利税18.91亿元;农民人均纯收入10752元;规模以上固定资产投资23.19亿元;实现外贸进出口3652万美元;实际利用外资5955万美元。

*转方式调结构迈出新步伐。*项目建设取得新突破。三金公司整体搬迁、科明公司LED节能灯、恒沣公司水处理脱盐膜等12个过亿元项目投产达效,金浩公司年产9000吨针织坯布加工等88个过千万元工业项目相继落户;梅河工业园入园企业达到139家,全镇规模以上企业达到86

家，初步形成以机械机电、纺织印染、节能照明、新材料新能源为主导的先进制造业产业格局。服务业发展呈现新亮点。主动对接市中心城区，加快投资2.8亿元的齐鲁商务交流中心、投资2亿元的国兰生态园的建设进度。积极扶持做大做强以嘉源集团、盛康房地产、知味斋为龙头的三产服务业，培育新的经济增长点。自主创新和节能减排实现新提高。全镇高新技术产业产值占规模以上工业总产值的比重达20.4%。加大项目节能评估和审查力度，规模以上万元工业增加值综合能耗达到1.067吨标煤。

农业农村实现新发展。发挥张周路花卉苗木产业优势，加大招商力度，建成投资3000万元的绿岛白皮松、投资2600万元的绿洲名贵树种等基地12处。花卉苗木产业呈基地化、专业化、规模化发展态势，年交易额达1.8亿元。投资1500余万元铺设地下电缆4.5公里，新增、更换变压器48台套。投资580余万元建设梅河橡胶坝，36个村庄通过"引孝补源"等工程补充地下水位，受益耕地达到26000亩；投资500万元实施农村饮用水安全工程；投资800万元完成管庄、北旺等村排涝沟建设。高标准完成全国首次水利普查、集体林权制度改革，玉米秸秆全部实现转化利用，美国白蛾、禽流感等重大疫情得到有效控制。

城镇建设呈现新面貌。北管、孝妇河、四涯、胥家四个中心居住区开工建设。东坞、北涯、西涯等村旧村改造强力推进，走在了全区"两区三村"改造工作的前列。美林小镇、伊琳·都铎、蓝天雅居等高档居住区开始入住，职业学院教职工宿舍、韩相置业二期工程主体开工。总投资1.12亿元的孝妇河公园两岸绿化、地面造型、主体广场等一期工程基本完工，二期工程梅河桥下游5.1公里治理改造开工建设。投资390万元对镇域主干道路进行绿化升级，深入实施碧水蓝天行动计划，扎实开展道路扬尘和大气污染深度治理，强化对排污企业和污水处理厂管理，不断提高环境质量。

社会各项事业取得新进步。投资300余万元建成镇综合文化活动中心，承办了淄博市第四次农村老年体育研讨会。整修大姜小学、明珠幼儿园等学校设施，平安校园建设成效明显。投资1300万元建成镇中心卫生院，22处村级卫生室规范达标，群众就医条件明显改善。投资120万元高标准改建镇计生服务站，合法生育率达99.4%。加大弱势群体救济、救助力度，投资146万元对敬老院进行全面升级改造，被评为省级模范敬老院。新农合参合率达到99%，新农保参保率达到90%。

大街街道办事处

2011年，大街街道办事处围绕全区"一个活动、两大工程"，突出重点，狠抓落实，在各项重大活动和重点工程中均取得了较好成绩。全年完成地方财政收入6080万元，增长10.01%；完成地方财政支出538万元，增长19.72%。

始终坚持抓投入、促发展，经济建设迈上新台阶。催化剂齐鲁分公司投资1.32亿元的裂化催化剂生产线技改项目、山东知味斋餐饮娱乐有限公司投资8000万元的知味斋酒店等重点项目顺利推进；山东周村烧饼有限公司投资2000万元的烧饼展馆项目、山东大地园林有限公司投资1.2亿元的汇龙园片区项目等已建成投用；和平社区投资1.1亿元的周村社会福利托养康复中心项目已顺利奠基，爱国社区对原办公楼、汽贸城进行改造和完善提升，积极打造新的经济增长点。企业品牌带动战略取得了显著成效，圣德龙家具、蓝天沙发、艺隆沙发等省名牌产品企业纷纷以邀请名人代言的方式，着力打造国内软体家具高端品牌，企业形象和产品知名度不断提升。

始终坚持抓重点、破难点，城市面貌得到极大改观。不断加大基础设施投入。爱国社区投资80余万元对新村、鹌子窝共15000平方米的道路进行升级改造；元宝湾、荣和、长安社区积极协调为辛街小区、天力生活区、荣南小区等26栋居民楼安装了暖气、天然气。开展了309国道辖区段、东门路、长行街等路域整治工作，取得显著效果。对西外环、西南路、城南路等重点路段进行了集中整治，累计清理清运各类垃圾800余方，辖区环境状况有了极大的改观。在创建全国文明城市工作中，集中整治元宝湾生活区、和平花园生活区、汇龙街小区、荣南生活区等居民生活区9个、居民楼100余幢，为创建全国文明城市做好了基础工作。

始终坚持抓民生、重服务，辖区社会保持和谐稳定。以“走百村、进百企、访万户”活动为契机，以为群众营造安全稳定的生活环境为出发点，两次采取全体机关社区干部入户走访的方式，共处理矛盾纠纷23起，居民用水、用电及排水问题16起，各类安全隐患300余条。认真做好家电下乡、汽车摩托车下乡等惠民政策的宣传和补贴工作，全年为农民申报、发放家电下乡补贴20余万元，发放汽车、摩托车下乡补贴6.8万元，发放粮食与农资补贴1.4万元，发放秸秆禁烧综合利用补贴0.29万元。把“民声网”作为了解群众需求、促进作风转变的有效平台，及时协调解决了群众关心的热点问题共计52件。年内对230余户困难家庭进行了走访慰问。为113户患重病困难家庭申请发放救助金42万余元。扎实开展计划生育优质服务，认真落实城乡低保和新型城镇居民养老保险政策，不断提高辖区群众保障水平。和平社区被省民政厅授予全省城市社区建设示范社区，元宝湾、长安社区获全市企业退休人员社会化管理服务工作4A级示范单位。

丝绸路街道办事处

2011年，丝绸路街道办事处紧紧围绕建设“富而强、精而美”的幸福周村目标，以“抓项目、壮市场、促发展、惠民生”为总抓手，大力开展“一个活动、两大工程”，突出“三个重点”，辖区经济、社会、文化建设都有了新的发展。街道全年实现税收1.25亿元，完成全年任务的124%；完成地方财政收入7153万元，同比增长29.65%，完成地方财政支出639万元，同比增长43.66%。

深入开展项目建设年活动，重点项目

建设稳步推进。周村客运中心项目累计完成投资1.33亿元,山东建德不锈钢超市项目累计完成投资4483万元,丝绸学院扩建项目累计完成投资8300万元,中国北方不锈钢市场二期项目已办理立项和能评手续,盛和国际家居博览中心项目完成拆迁工作,高档沙发家居城项目正在积极推进企业搬迁和土地收储工作。鼓励企业调整产品结构,加强技术改造与创新,强化基础管理,努力降本增效,促进企业升级,辖区11家规模以上工业企业运行平稳。科技创新、节能减排工作成效显著,辖区规模以上工业万元增加值能耗达到0.856吨标准煤,比去年降低5.36%。

全面开展城市形象提升工程,城乡环境面貌持续改善。狠抓"两区三村"改造,提升城市形象,建国片区改造、立家村旧村改造二期工程、胜利社区改造、鲁梅丝业老旧工矿居住区改造、丝织二厂老旧工矿区改造等项目均进展顺利。狠抓环境综合整治,建立综合整治长效机制,先后对309国道、正阳路、庆淄路、站北路、米河路、东门路、市南生活小区、太和生活小区等重点区域进行了综合整治,累计清理脏乱差死角面积3000余平方米,拆除、规范各类广告牌480余块和乱搭乱建40余处,拆除清理乱摆乱放、占道经营摊点200余处,辖区环境面貌得到极大改善。

大力实施群众满意工程,民生保障能力进一步提高。对辖区22家企业,9个村居,2000余户群众进行走访调研,全年共解决群众反映的突出问题40余件。全面落实强农惠农政策,兑付粮食直补和农资综合补贴资金2.9万余元。狠抓了育龄妇女健康查体,计划生育工作扎实有效,全年发放失业、无业人员独生子女费16万余元,育龄妇女健康查体5638人,合法生育率达100%。进一步完善落实各项救助制度,发放城市低保金600万元,重点优抚对象生活补助金17万余元,特困家庭医疗救助金30万余元。对建国康复站和16名残疾人的家庭无障碍设施进行了改造,发放残疾人机动轮椅车燃油补贴5120元。劳动保障工作深入开展,全年新增就业再就业1860人,为1.23万居民办理了医保,接收社会化管理企业退休人员累计3700余人,街道6个社区被表彰为企业退休人员社会化管理工作达标社区。

强化财政职能,预算管理进一步增强。积极与国税、地税部门加强协作,密切配合,定期进行调度分析,搞好税源监控,保证了各项税款的及时、足额入库。同时,严格遵守《预算法》,进一步优化财政支出结构,提高预算管理水平,保障全街道重点支出需要。在控制支出、强化管理的同时,严格按照保工资、保稳定、保法定支出的原则,适当压缩行政管理等消费性支出,合理运筹调度资金,保证资金的合理使用与统筹调度。

永安街道办事处

2011年,永安街道办事处紧紧围绕建设"富而强、精而美"幸福周村的奋斗目标,解放思想、开拓创新,激情干事、加快发展,辖区经济社会保持了又好又快的发展态势。全年完成税收1.8亿元,同比增长33.37%;完成地方财政收入9242万元，同比增长74.41%，完成地方财政支出604万元，同比增长46.56%。

大力实施“项目建设年”活动，辖区经济实力明显增强。一是工业重点项目建设进展顺利。列入全区投资过亿元的工业重点项目开工三个，分别是宏信化工36万吨苯酐一期工程、金鲁生物科技年产1.4万吨非离子表面活性剂项目、永大化工10万吨环氧丙烷一期5万吨项目。二是服务业亮点纷呈。灯塔社区与东方贵人酒店等单位合作，计划投资3200万元改扩建的高档民族酒店项目已完成土建工程5000平方米；上海如家连锁酒店投资800万元盘活原国泰康乐城项目已投入运营；鑫鸿祥医药器械公司盘活原省丝绸研究所闲置办公楼工作正积极推进。金周沙发材料市场进一步完善物流仓储设施，助推市场做大做强，2011年实现销售收入23亿元，同比增长9.52%。三是全面完成节能减排任务。大力实施节能降耗工程，永大化工投资1000万元自主研发的络合萃取法制取环氧丙烷新工艺，年可节水200万吨，节水率达到99%。

扎实推进“城市形象提升工程”，城市面貌更加整洁美观。旧城旧村改造工作稳步推进，西塘村一期9幢3.6万平方米安置楼已交付使用，二期4.2万平方米安置楼和永盛一期2.9万平方米安置楼已开工建设，灯塔社区一期工程12月31日已开工奠基，前进社区一期规划和拆迁方案基本确定，86亩土地地上附着物已拆除；兰雁嘉园12幢住宅楼主体已完工。电厂路西延工程、永安南路升级改造工程、雨污分流工程等全区重点工程进展顺利。大力实施城市环境综合整治，对辖区内永安南路、青年路等主干道，北新街等背街小巷，展开地毯式整治，共清理规范广告牌1400余块，乱贴乱画1800余处，立面粉刷2.6万平方米，规范占道经营537处，治理乱搭乱建19处，制止未成型建筑2起，拆除北新街铁皮棚100余个近700平方米。

积极开展“群众满意工程”，社会环境更加和谐稳定。一是全面落实惠民惠农政策。加大对弱势群体的帮扶力度，共为2000余名城乡低保对象发放低保金550余万元，为40余名贫困大病患者申请大病救助近15万元，兑现粮食直补、家电下乡、抗旱补助等各项政策资金440万元，全面落实人口计生政策，发放各类奖励扶助资金32万余元，合法生育率达99.1%。二是精神文明和各项社会事业繁荣发展。全面完成文明创城的各项工作任务，周家社区被命名为省级文明社区，辖区内省级文明社区、村达到4个。积极开展各种志愿者活动，文教体卫、红十字会等工作得到全面加强。三是深入实施固本强基维稳工程。全面加强安全生产和校园安全监管，严格落实安全生产和稳定工作“一岗双责”，检查企业800余家（次），其中排查并移交工商部门无证经营业户142家，排查与整改消除安全隐患1500余处。充分发挥村级风险预警评价系统作用，健全完善矛盾纠纷排查化解机制，严格落实领导公开接访、包村包案责任制，全年共排查调处各类矛盾纠纷隐患207起，调处成功率达98%。

青年路街道办事处

2011年,青年路街道办事处围绕区委“一个活动、两大工程”的总体发展思路,以“抓项目、保增长、调结构、促发展”为总抓手,突出发展和稳定两条主线,各项经济和社会事业取得了一定成绩。全年完成地方财政收入11532万元,增长103.31%,地方财政支出841万元,增长64.85%。

重点项目建设进展顺利。总投资5500万元、建筑面积1.3万平方米的银座商城桃园店项目主体工程已完工;投资3000万元的惠业铝品公司锂离子电池正极材料项目已完成实验室建设和中试产品;总投资1800万元的怡然纺织公司高档婴幼儿系列服饰项目,车间等基础设施已建设完成;总投资4800万元的正赛丝网公司精密丝网项目一期工程已竣工投产。

农业产业结构调整加快推进。全面落实国家各种强农惠农财政补贴政策,发放粮食直补、农资综合补贴、家电和汽车摩托车下乡补贴资金共71.9万元。大力发展蔬菜拱棚,推广绿色蔬菜种植,投资40万元的东方红生态休闲园建设全面完成;全力做好美国白蛾防控工作,积极落实防控物资,确保防控效果。对有集体林地的村(社区)全部建立林改档案,完成林地勘界,圆满完成了林权制度改革工作。

城市建设管理进一步加强。牢牢抓住“两区三村”改造的契机,在抓好世纪康城、圣海东郡等项目建设的同时,加快推进东马、桃园两村的旧村改造工作。大力实施城市形象提升工程,突出治脏、治乱,集中抓好丝绸路、青年路等道路整治,规范道路两侧室外广告牌,拆除沿路乱搭乱建140余处,城市形象进一步提升。

社会各项事业协调发展。从群众关注的热点、难点问题入手,始终高度关注民生。切实加强社会救助,健全社会保障体系,做好121户廉租住房户的动态管理,全面实现了城市低保金由办事处自主发放。实施大病救助58人,收到“慈心一日捐”捐款10.5万余元,为77名低保重度残疾人申领年补助资金4.62万元。狠抓计划生育工作,合法生育率98.23%。

和谐社会建设成效显著。按照抓源头、清积案、建机制、强基础的原则,创新重大决策风险评估机制,落实社会治安综合治理各项措施,积极预防、妥善处置各类矛盾隐患60余起。深入开展“双排查”活动,严格落实重点案件班子成员挂包和机关干部包片包村责任制,二十里铺等重点村(社区)遗留问题化解有效推进。

经济开发区

2011年,经济开发区(城北路街道办事处)继续坚持突出特点、抓住重点、破解难点、增加亮点的指导思想,以打造全区先进加工制造业基地和省级一流开发区为目标,以“三创三比一看”机关作风建设年活动为载体,以转方式、调结构为主线,以项目建设和招商引资为重点,解放思想,干事创业,经济社会实现了又好又快发展。全年完成税收7.08亿元,同比增长

29.17%;地方财政收入11265万元,同比增长25.39%,地方财政支出1394万元,同比增长85.92%。

突出抓好工业重点项目建设,区域经济发展质量快速提升。以"集约化、集群化、高端化"为发展方向,以实施工业"四个一批"为重点,全面提升工业经济整体水平。一是重点项目建设强势推进。全年确定了34个过5000万元工业重点项目,凤阳高档装饰板二期、宏信化工PVC手套和顺酐尾气蓄热焚烧等21个项目已竣工投产或部分投产。山东华安新材料有限公司年产5000吨新型高效绿色制冷剂(五氟乙烷)、山东宏信化工股份有限公司年产4万吨顺酐等项目建设顺利。二是企业发展势头强劲。制定出台了《关于开展"企业发展年"活动的实施意见》,大力实施传统产业升级、战略性新兴产业倍增、品牌带动、产业集群培植壮大等工程,16家企业列入全区30强。三是高新技术产业快速发展。2011年新增高新技术企业1家,申请院士工作站(分站)1家,国家、省星火计划各1项,列入市级科技计划2项。四是节能减排工作落实有力。对山东华安新材料公司、山东齐鲁华信高科公司2家企业工业高耗能电动机系统和电动机设备进行改造,企业精细化管理水平大幅提高。

狠抓城市形象提升工程,园区管理水平逐步提高。认真抓好规划建设管理,着力完善提升辖区基础设施。投资60余万元完成丝绸路、东门路、城北路、开发北路等25公里主干道路灌缝养护和道路挖补工程建设,加强主要干道路灯维护,安装了部分灯杆广告。绿化管理养护引入竞争机制,实现了绿化管理养护市场化运作。投资220万元新建绿化带面积23000平方米,投资90万元的恒通路中西段绿化提升改造工程已完工。加强土地管理,依法集约利用土地。建立健全土地执法监管长效机制,积极协助华安新材料公司99.6亩、澳迪森公司50余亩土地顺利摘牌,拓展了企业的发展空间。全力推进旧村改造和危房改造工作,全年64户危房改造任务已超额完成。深入开展环境综合整治,投资3万元启动垃圾池建设和维修工程,新建垃圾池10个,维修垃圾池20个。

坚持抓好城乡统筹,农村社会事业健康发展。全面完成以玉米秸秆禁烧、美国白蛾防治、林权制度改革等为重点的农业农村工作。落实各项惠农资金400余万元,社会保障体系进一步完善,全面完成区级新农保与国家新农保政策并轨、城镇居民社会养老保险参保等工作,共收缴保费260万元,参保人数3255人。全面落实农村低保救助、特困救助、老年人长寿金、大病救助等制度。基层医疗卫生制度改革落实到位,新农合参合率100%,累计报销新型农村合作医疗费73万余元。"慈心一日捐"和扶困助学活动扎实有效,募集资金16.74万元,发放助学金7.44万元;农家书屋建设实现全覆盖。实施"银龄安康"和"无障碍进家庭"工程,为1182名老年人投保17170份,为2户肢体和9户聋哑残疾人分别改造坡道和安装闪光门铃。加快推进文体设施建设,提升改造村级文体广场5处。校园安全工作落实到位。全面完成育龄妇女健康查体,各项计生政策得到全面落实。

大力实施群众满意工程,开发区形象进一步提升。一是营造高效清廉的政务环境。深入开展解放思想大讨论、群众满意工程和“三创三比一看”机关作风建设年活动,实施关爱帮扶工程和就业帮扶工程,开展“走百村进百企访万户”活动,加大银政合作力度,采取政银企合作等形式及时解决项目建设、企业发展和群众生产生活困难,先后为5家企业解决生产发展和项目建设资金3500万元;为群众解决就业岗位600余个。二是突出抓好安全生产“抓基层、打基础”工作,积极创新安全生产监管方式,建成安全生产飞信网络平台,进一步提高工作效率。三是营造和谐稳定的社会环境。实施固本强基维稳工程,大力开展“基层基础工作建设年”和“法治开发区建设”活动,落实重点矛盾隐患领导包案责任制、信访工作周调度制度,建立完善信访隐患排查工作台账,全年调整信访联络员11名,排查处结各类矛盾15起、信访隐患6起,处结率100%。

(撰　稿:宓　雯)

责任编辑:周　明

责任校对:侯永明

临 淄 区

【概况】 2011年,临淄区深入贯彻十七届三中、四中、五中、六中全会精神,牢牢把握科学发展主题和加快转变经济方式主线,求真务实,真抓实干,经济社会实现了又好又快发展。全区生产总值完成679.89亿元,增长11.94%;规模以上工业企业实现销售收入1738.11亿元、利税187.8亿元、利润139.15亿元,分别增长30.59%、46.28%和52.9%;高新技术企业产值占规模以上工业总产值的比重达26.33%。

2011年,全区境内财政收入完成144.05亿元,地方财政收入完成32.95亿元,增长25.02%,地方财政支出完成33.04亿元,增长19.22%。按现行财政体制计算,收支相抵,当年净结余16万元,连续31年实现财政收支平衡。

【狠抓财源建设】 一是按财政收入的2%安排财源建设基金,全面兑现经济大会奖励3600万元,综合运用财政、信贷、土地和环保、节能等政策和手段服务于转方式调结构,为财政经济的持续发展打下了坚实基础。二是贯彻落实国家各项扶持政策,拨付企业扶持资金8.6亿元,扶持了南金兆集团、齐鲁国际塑化城、齐峰集团、依厂物流等一批工业和服务业项目,增强了企业发展的后劲。三是对拟上市企业及上市后的企业采取资金扶持、税收优惠等措施鼓励企业上市。在2010年全区4家上市企业的带动下,一大批科技含量高、能耗低、带动能力强的大项目纷纷落户临淄区,为增强财源建设后劲打下坚实的基础。四是以公有资产经营公司为平台,充分发挥公有资产的资信优势,加大筹融资力度,建立了配套的金融服务体系,依托国有商业银行,全方位拓宽公司的融资渠道。以公司为主体,共获得各项贷款 9.55 亿元,主要用于基础设施和重点项目建设以及"两区三村"建设,为优化全区投资环境打下良好的基础,取得了较好的经济效益和社会效益。

【优化支出结构】 按照"一要吃饭,二要建设"的方针,在资金调度上始终坚持稳定为先的原则。在资金紧张的情况下,拨付经济建设资金 3.68 亿元,保证了全区 67 项重点工程的资金需求。认真贯彻落实中央扩大内需政策措施,2011 年,中央扩内需项目共有 6 个,涉及农村饮水安全、畜牧养殖、卫生院建设等项目,概算投资 3500 万元,截至年底各级政府投入资金基本到位,项目已经全面开工建设。发放粮食直补和农资综合补贴 4531 万元,受益农民 33 万人。兑付玉米、棉花良种补助资金 871 万元,受益农民 10.1 万户。补贴资金 1.08 亿元,确保了家电下乡政策的顺利收尾。兑付燃油财政补贴 2260 万元,受益车辆 1464 辆。加大教育投入,教育支出 8.9 亿元,达到了教育支出占财政支出 25.94% 的考核值。社会保障支出全面到位。2011 年各项社会保险基金收入 10.92 亿元,支出 9.14 亿元。新农合支出 7844 万元,全面落实了每人每年财政补助 200 元的标准。拨付资金 2851 万元,确保孤儿保障、困难救助和医疗救助、残疾人保障、各项优抚、低保等政策的落实。支付新型农村养老保险金 5180 万元,7.2 万名农村居民受益。积极推动医改工作,拨付补助资金 4299 万元,保证了基本药物零差价平稳运行。

【新农村建设成效明显】 加大"三农"投入,兑现 2010 年度新农村建设奖励 591 万元,进行农村卫生综合整治,建设农民文化大院 35 个、农村党组织党员活动阵地 100 处、平安和谐红旗村 127 个。实施了农村劳动力转移培训阳光工程,免费培训农民工 1300 人,提高了农民就业、创业能力。实施农村能源工程建设,投入 210 万元,支持 1400 户农村户用沼气建设。积极争取财政贴息资金,扶持发展农民合作社。投入 1021 万元,用于齐陵街道和南王镇农业综合开发治理项目,治理面积 1 万亩。投入 4080 万元,用于购置农业机械、玉米秸秆禁烧和转化利用。积极支持新农村"五化"建设,新增 2011 年农村"五化"工程 3000 万元水泥计划,重点对敬仲、皇城、齐陵、齐都等镇经济相对薄弱村进行街巷硬化,进一步推进了全区城乡一体化发展。

【深化改革,精细管理】 深化各项财政改革。全区行政事业单位公务卡结算的推行,提高了公共消费透明度。继续深化部门预算、国库集中支付改革,科学编制了部门预、决算,全面反映政府收支总量、结构和管理活动。加强"两区三村"资金管理,服务项目建设。承借市运营公司资金 7.2 亿元,政府投资项目调剂使用 1.37 亿元,供"两区三村"项目使用 5.83 亿元。

对化工区九村居搬迁、南马村改造等14个项目累计拨付资金5.53亿元。加大对政府公共项目招投标和采购领域的财政监督,建立支出绩效评价体系,推进绩效财政建设。2011年完成政府采购额3.73亿元,节约资金3536万元,节支率8.65%。深入推进财政投资评审,加强支出绩效管理,全年完成财政投资评审项目33个,累计报审值3.24亿元,实际审定值2.90亿元,综合审减率10.47%,有效提高了财政资金的使用效益。加强信息化建设。围绕财政改革与发展,建成了财政信息业务大平台,对全面加强财政资金和资产的规范化管理,逐步实现全区预算自动汇编、收支执行数和决算数及时汇总起到了强化约束控制功能,保障了财政资金的安全运行。

【加强财政队伍建设】 加强班子自身建设,形成了坚强核心。定期召开民主生活会,班子成员内部团结,始终坚持公道正派、宽厚务实的作风,做到了待人以诚、公正处事,干事创业意识明显提升。年初,局机关进行了机关作风整顿,同时结合全区机关作风效能建设、创先争优争做临淄先锋、推进学习型党组织建设等活动的开展,坚持周一集体学习日制度不放松,积极培养专业精通、知识全面的复合型人才,坚持依法行政。组织干部职工赴爱国主义教育基地参观学习,加强反腐倡廉建设,使干部职工在思想上筑牢了防线。针对经济发展中的重大问题,在财源建设、支出管理、城乡一体化、转方式调结构、加强财政监管等方面进行调查研究,提出了操作性、预见性较强的建议措施,完成大量的调研文章,为区委、区政府决策提供了参考。局机关2011年受到上级表彰奖励70余项,保持了省级文明单位、市级文明单位等荣誉称号。

齐 都 镇

2011年,齐都镇围绕建设"宜居和谐文化名镇"总体目标,把握"环境提升年"主题,大力提升"经济发展、社会稳定、民生改善、队伍建设"四大环境,经济社会得到较好发展。地方财政收入完成6096万元,按同口径计算增长25.09%;地方财政支出完成3608万元,同比下降2.84%;农民人均纯收入达到11592元,同比增长15%。

*产业结构不断优化,镇域经济显著增强。*一是工业企业运行质量进一步加强。坚持扶优扶强和加强项目建设,加强技术更新,战略引导,创造工业经济发展内在动力。重点扶持正华助剂、远达化工、德丰混凝土的扩建、技改项目的建设。淄博正华助剂股份有限公司总投资3.2亿元的锂离子电池隔膜项目、山东瀛寰化工有限公司总投资2000万元的化工机械设备加工项目、淄博德丰混凝土有限公司总投资2000万元的扩建项目等均已完成,全面提升了齐都镇的综合实力。二是农业结构调整明显加快,规模化程度不断提高。充分发挥农业专业合作社的作用,进一步加大协调服务力度,扶持石佛堂蔬菜专业合作社、临淄成军蔬菜种植合作社等蔬菜合作组织快速发展。加快粮食专业合作社建设步伐,逐步规范和提升农机合作社运

作机制,在全镇范围内实现了粮食种植“十统一”。三是城乡建设统筹推进,第三产业蓬勃发展。充分利用“两区三村”政策,发挥地域优势,主动承接城区北扩的发展战略。山东昊义房地产开发公司在南马村的棠樾房地产开发项目,前期准备工作已完成;南马坊旧村改造项目一期工程已完成主体建设;国家村老年公寓主体已完工;齐润房地产商住楼项目进展顺利,第三产业对财政的贡献不断增大。

生态建设持续加强,新农村建设稳步推进。一是加强基础建设力度,投资430万元,重点完成了刘家寨村南广辛路至葛家村道路及石佛村南东石至广辛路的道路硬化等工程。投资600万元,在镇域内主干道全部安装了LED太阳能路灯。二是全面实施了“二沿三环”绿化工程。对全长3.6公里的旅游西路两侧进行了高标准园林绿化;对2010年新修镇级道路两侧实施绿化、美化。三是加大对农村“五化”工程的扶持力度。奖励600余万元推进农村道路“硬化”工程建设,全年共有河崖等5个村实现全面硬化;镇财政预留300余万元扶持农村“五化”后续提升工程,显著改善了人居环境。四是加大对农村环境卫生的扶持力度。加强农村环卫工作管理,对各村环卫人员给予每人每月300元的补助,进一步提高环卫工作人员的积极性。完善垃圾处理机制,促进农村生活垃圾处理走上正规化、长效化轨道。

民生投入进一步加大,社会事业繁荣发展。投资920万元建成惠民大厅,实行“一站式”办公,极大地方便了群众。健全完善了村级事务“五代管一室两中心”建设,代理村级资金1.2亿元。提高了全镇新型农村合作医疗的报销比例,全面完成了16－59岁居民的城乡养老保险的扩面工作,对农村贫困学生实施每人每学期600元救助,严格标准和程序,保证了低保政策的执行。为全镇幼儿发放了教育券;依靠齐都书画院、齐都乒乓球协会成功举办了全镇第五届乒乓球比赛、第七届农民篮球比赛、庆祝建党90周年书画展等一系列群众性文体活动。全镇47个村全部安装了监控设施,切实加大技防力度。2011年,齐都镇被市委表彰为淄博市先进基层党组织。

金岭回族镇

2011年,金岭回族镇凝心聚力,干事创业,全面落实促进经济发展的一系列政策措施,积极作为,综合施策,镇域经济保持了强劲增长势头。全镇地区生产总值实现23亿元;地方财政收入实现10132万元,按同口径计算,增长34.25%,地方财政支出3475万元,增长4.83%;农民人均纯收入实现10785元;实现规模以上工业销售收入92亿元、利税9.5亿元、利润6.3亿元;规模以上固定资产投资完成19.7亿元。

发展方式加快转变,产业结构持续优化。一是产业竞争力全面提升。坚持集约集聚集群发展,大力支持齐旺达集团、清源集团、英科框业、正本物流、文远塑业等企业做优做强,培育壮大塑料加工、石油化工、仓储物流、清真饮食四大优势产业。着力推进新项目建设,2011年全镇有

8个工业项目被列入区重点项目，总投资达110亿元。二是现代物流业加速发展。启动建设了总投资50亿元的齐鲁现代物流港，带动扶持依厂物流服务中心和远景物流、江浩物流、隆鑫盛物流等企业做大做强，企业非核心业务剥离工作扎实推进，全镇服务业比重持续提升。三是科技支撑引领作用更加突出。推动企业加大科研投入，加快技术创新步伐，全镇高新技术企业发展到9家，全年高新技术产业产值占工业总产值的比重达76%。四是农业发展水平进一步提高。扶持发展养殖、机械等各类农民专业合作组织14家，带动了农业产业化发展。推动少数民族经济发展，以马荣食品、鼎辉食品等知名品牌为代表的清真饮食，成为鲁中地区一大特色，有力带动了群众增收。

民生保障全面提升，群众生活更加幸福。坚持教育优先发展，对全镇中、小学进行升级改造并全部达到省级规范化学校标准；率先免除中小学生作业本费、饮水费等费用，对学龄前儿童按照每人每年300元的标准发放“幼儿教育券”，进一步减轻了中小学生及幼儿家庭的经济负担。全面推进农村卫生事业发展，投资300余万元对镇卫生院进行了病房改造和内配设施更新完善，新建民族病房和民族餐厅，每年投入50万元对全镇居民进行免费健康查体，并建立个人健康信息电子档案。认真做好低保和困难家庭救助工作，全镇“五保”集中供养率达到100%；实施“银龄安康”工程，出资为全镇60－80岁老年人加入“老年人意外伤害组合保险”，70岁以上老人享受老年优待金；在全市率先实施了残疾人无障碍设施建设及辅助器具适配项目；加大新型农村社会养老保险制度推行力度，全镇适龄居民参保率达99.6%；新型农村合作医疗参合率保持100%，报销比例逐年提高，镇、区住院补偿分别提高到75%、50%。投资建设镇便民服务中心、文体活动中心、劳动服务信息保障中心，进一步提升了服务群众水平。

基础设施建设步伐加快，镇村面貌明显改善。投资1600万元建成金烯路，开工建设纬四路金岭段，投资400万元对金岭中心大街进行升级改造，累计投资260万元完成医院路、胶济铁路立交桥北至102线、回中路、镇碑路、金中路等道路的修建改造工程；新农村“五化”工程全面完成。着力改善居民住房条件，完成危房改造198户。“同源一网”集中供水工程顺利完成，村民用上了安全优质的饮用水。投资300万元在全镇范围内开展了路域环境综合整治，路域环境明显改善。投资50余万元新上生活垃圾处理设备及相应的配套设施。投资1000万元完成胶济铁路客运专线等道路绿化工程。突出抓好环境保护和节能降耗，建立环境保护长效机制，扎实开展化工异味专项整治、秸秆禁烧等专项行动；大力发展循环经济，加快淘汰落后产能，全面完成了上级下达的节能减排任务目标。

精神文明和民主法制建设不断加强，社会更加和谐稳定。广泛开展群众性精神文明创建活动，在全镇各行各业评出了“百佳标兵”，形成了比学赶帮、凝心聚力、风清气正的良好发展氛围。以“民族团结、共同进步”为主线，全面提高文化建设工作的档次和水平,投资400万元建设了镇综合文化站、文体广场和区图书馆金岭分馆,加快推进公共文化服务体系建设。积极组织开展以民族团结进步为内涵的各种文体活动,丰富了群众的精神文化生活。立足民族镇实际,打造“全民普法—民族团结—社会和谐”的良性循环圈,代表全市顺利通过了省“五五”普法检查验收组的验收工作。加强社会治安综合治理,固本强基维稳工程取得实效,被表彰为全省民族团结进步先进单位、全省信访工作先进单位。

金 山 镇

2011年,金山镇以争创全市第一经济强镇为目标,解放思想,锐意创新,加大改革和调整力度,坚持走新型工业化道路,加快产业结构调整和经济发展方式转变,经济和社会各项事业得到持续、健康、快速、协调发展。全镇完成地区生产总值86.01亿元,同比增长14.7%;实现工业总产值434亿元、销售收入433亿元、利税46.5亿元、利润31.4亿元,分别同比增长24%、24.1%、40.5%、37.8%;完成社会固定资产投资40.7亿元,同比增长23.11%;农民人均纯收入达10004元,增长16.9%;地方财政收入完成4.69亿元,按同口径计算增长61%,地方财政支出完成8633万元,同比增长32.50%。

加快转变发展方式,产业结构持续优化。投资60亿元的中化淄博化工新材料基地举行了奠基仪式,投资65亿元的齐翔集团工业项目进展顺利。山东长志泵业有限公司建立了省级泵业研究所。山东建兰化工有限公司与四川大学实行技术合作,实现了丁辛醇技术国产化配套。淄博公泉化工股份有限公司与外地石化研究院合作开发的渣油加氢处理催化剂,填补了国内空白。进一步加大园区建设投入力度,不断完善精细化工园、洋浒崖工业园和边河工业园的基础配套设施,全力推进齐鲁化工区金山片区建设,四大园区将形成协调互动的良好发展态势。投资1500万元的2万亩旱作农业节水灌溉项目和6000亩山区农业综合开发项目顺利完工,为发展高效有机观光农业奠定了坚实基础。区级以上农业龙头企业发展1家,农民专业合作社发展到22家,绿色有机品牌达3个。坚持把旅游开发作为转方式调结构、加快服务业发展的重要突破口,总投资1300万元的天堂寨景区道路、配套基础设施以及绿化工程完工,并成功举办了国际齐文化旅游节山地穿越大赛。

城乡统筹步伐加快,城乡面貌持续改善。投资102万元购置了专用设备,配备了专职人员,建立了考核奖惩机制,有力地推动了环境卫生综合整治工作的开展。对镇级以上63公里道路进行了规范整治,对道路边沟进行了统一整修,道路两边垃圾全部进行了集中清理,并对重点路段进行了绿化,镇域卫生环境质量持续改善。加快“生态金山”建设,对荒山荒坡进行了全面绿化。按照“工业向园区集中、土地向规模经营集中、人口向社区集中”的思路,以产业发展和人口聚集为基础,形成了城乡统筹发展新格局。南仇四居委合居并点一期工程已近完工,建设面积68

亩,可搬迁498户。杨上村已完成住房建设10栋,其余正在规划建设中。

各项事业全面进步,经济社会和谐发展。大力实施农村劳动力转移培训工程,不断完善公共就业服务平台,推进农民有序进入精细化工园区和驻地大企业,新增就业、农村劳动力转移培训数量逐年提升。新型农村养老保险参合率达95%,新农合参合率达99%。加大政府投资力度,做好教育资源整合和基础设施建设等工作。投入资金223万元对全镇村(居)民进行免费健康查体,并建立电子档案。投资582万元建设的规范化计生服务站和综合文化站已顺利通过验收并投入使用。

敬 仲 镇

2011年,敬仲镇坚持"抓发展谋民生,抓稳定促和谐"的工作思路,更加注重产业转型、环境美化和改善民生,着力维护和谐稳定,各项工作均取得了扎实成效。全年地方财政收入完成3275万元,按同口径计算增长38%,地方财政支出完成2535万元,同比增长12.2%。

镇域经济全面健康发展。坚持"开工抓早、建设抓快、成效抓实",大力实施了总投资6.3亿元的8个重点工业项目。润驰公司投资1.4亿元的锻件加工项目、乐山工贸投资3000万元的管桩端头板项目和荣赞工贸投资3000万元的白酒酿造项目已建成投产,顺意电器投资6000万元的机电设备制造和浸渍纸项目已完成土建并部分投产,加快了以化工业为主向制造业为主转型的结构调整步伐。加快第三产业发展,新增物流企业3家,全镇达到8家。进一步落实安全环境综合整治长效机制,企业安全管理水平再上新台阶。

农业发展充满活力。建立粮食种植专业合作组织87个,农机合作社5个,储备80马力以上拖拉机410台、玉米联合收割机、翻转犁等机械500余台,实现6万亩秸秆直接还田,6000亩青贮。建成山东省首家2000亩富硒小麦生产基地,机收富硒小麦95万公斤,增收300元/亩。投资960万元,大力实施万亩农业综合开发项目。投资150万元建成西周华实园兰桂种植基地花苗组培室,大棚桂花和庭院桂花发展迅速,成功举办齐文化旅游节桂花展,进一步打响了桂花品牌。

镇村面貌明显改观。大力实施"五化"工程,已完成投资5000余万元,硬化大街小巷65万平方米。投资400万元完成硬化陈家路等4条连村路8公里,大力开展了姬王片、呈羔片连片绿化建设,栽植花木8万余株。投资100余万元实施路域环境整治,整理路肩、边坡和边沟25.8公里,取缔、规范店外经营260处,硬化平交道口30处共1.4万平方米,粉刷墙体1.7万平方米。投资100万元对农村环境进行了集中整治,进一步完善了农村垃圾清运体系,环境面貌不断改善。

社会事业繁荣发展。完成投资200万元的镇中学教学楼建设,提升了教育硬件水平;投资440万元,更换校车14辆,完成了敬仲一小、二小校舍安全工程,进一步保障了校车、校园安全;投资50万元,对镇敬老院的取暖设施进行了更新改造,增设警务室,保障敬老院和老人安全;投资20

万元,购置全自动血液分析仪、微波治疗仪等计生服务设备6台,着力提升计生服务水平;投资80万元,进一步修缮和升级村务中心6处,兴建文化大院4个,建设农家书屋3家。着力发展农村文化事业,成功举办全国高氏祭祖会,协助央视电视剧频道拍摄电视连续剧《武状元徐华清》,组织镇村开展庆祝建党90周年"永远跟党走"文艺汇演等活动,切实促进全镇经济、社会、文化的全面协调发展。

朱台镇

2011年,朱台镇按照建设"生态、和谐、宜居、乐业"新朱台的工作思路,团结一心,扎实苦干,锐意进取,圆满完成了各项工作任务,全镇经济和社会事业继续保持了良好的发展势头。全年完成国民生产总值48.2亿元,增长18.1%;完成工业总产值177亿元;实现销售收入177亿元,利税16.4亿元,利润12.3亿元,同比增长均在26%以上;完成地方财政收入8875万元,按同口径计算增长25%,完成地方财政支出4581万元,同比增长21.62%。

*经济实力明显上升,产业转型成效显著。*一是重点项目建设进展顺利。全年共有投资过千万元的工业项目24个,总投资25亿元,全部建成达产后可新增销售收入54亿元。装饰纸下游产业逐步发展壮大,浸胶生产线已达到13条,装饰纸产业链初步形成。二是转方式、调结构成效显著。以涉氯企业的转产和树脂生产企业的改造为重点的企业转型升级取得新进展,双鸿化工、枣园化工成功转型,方成化工设备已经拆除,君竹、宏泰、谊军、一方等企业正在进行转型升级。三是环境治理和节能减排工作扎实有效。以治理化工异味为重点,继续加大整治力度,加大对废旧塑料经营业户的监管,镇域空气质量明显改善。加大了安全生产工作力度,企业安全装备水平明显提升。天然气输气主体工程基本结束,已有7家企业使用天然气。

*现代农业发展迅速,农业生产实现新突破。*全镇新上规模化奶牛养殖场一处,规模养殖奶牛3000头,全镇总青贮面积达1.6万余亩,青贮5.4万立方米以上。推广宽幅精播3万余亩,同时搞好万亩示范田、千亩丰产田、百亩攻关田等各项新技术的推广,为2012年粮食增产丰收打下坚实的基础。做好农业结构调整工作,全镇各类专业合作社已达39家,土地流转面积达到8000余亩,增加农民收入600万元。以田、水、路、林综合整治为主,高标准实施2万亩基本农田综合整治工作。全面完成秸秆禁烧、美国白蛾防控及"二沿三环"工程等农业生产任务。

*加大投入力度,切实保障和改善民生。*进一步扩大了企业养老保险和农村养老保险覆盖面,社会保障体系进一步健全。文教卫生整体推进,实施幼儿"教育券"制度,为每名朱台籍适龄儿童每年补贴300元,减轻了农民负担。投资200万元对西单小学校舍进行加固,投资300余万元建设了朱台中学餐厅,改造了桐林小学,高阳中学和大夫小学实现了集中统一供暖。开展了9大公共卫生服务,为辖区内所有常住居民建立完善了居民健康档

案,建档率98.9%。新型农村医疗保险财政补贴标准提高到每人25元,报销比例达到65%,累计享受医疗补偿的农民达3.4万人次,共补偿1174万元。投资270万元,进一步完善城乡基础设施。深入开展路域环境综合整治工作,切实提升城镇形象。以"两区三村"改造为突破,全面启动合村并居工作。

凤 凰 镇

2011年,凤凰镇开拓创新,奋力进取,初步形成以四大集团(南金、北金、顺达、西召)为中心,以矿业为基础,以钢铁业为龙头,以高新技术产业为带动,集矿业、冶铁、造纸、热电、精细化工等为主的多元并举的高效益经济体系,镇域经济实现了突破发展,综合实力显著增强。全镇实现销售收入500亿元,利税26亿元;GDP实现141亿元;实现工业总产值501亿元;完成地方财政收入3.10亿元,按同口径计算增长25.55%,地方财政支出完成9737万元,同比增长11.27%;农民人均纯收入达11300元。

结构调整深入推进,主导产业迅速壮大。工业主体地位更加突出,矿山开采、钢铁生产、机械制造等产业优势日益凸显。主导产业钢铁业产值占全镇工业总产值的71.7%。骨干企业发展势头强劲,南金兆、北金、金顺达等企业集团成为全区乃至全市的龙头企业,鑫泰石化、志博远等企业成为省内外具有较大影响力的化工制造储运销售企业。服务业发展活力增强,有36个物流项目建成投产。生态农业发展迅速,12个系列产品通过国家绿色产品认证并获准使用绿色食品标志。非核心业务分离工作进展迅速,分离出物流企业7家,规范运营101家。与金融机构达成融资协议78.4亿元,已到位资金75.3亿元。宏达矿业成功入股华阳科技,实现了企业上市融资的新突破。

对外开放全面扩大,经济发展更具活力。累计引进投资过亿元的大项目82个,总投资达143亿元。坚持把园区建设作为经济发展的"核心工程",投资3.4亿元完善基础设施。经济开发区园区面积扩大到16平方公里,北区新调整土地1万亩,累计落户项目达137个,现有全国500强企业1家,山东省百强企业3家,山东省高新技术企业8家,规模以上企业64家。

城镇建设日新月异,镇村面貌发生重大变化。委托浙江大学编制了镇域规划,邀请中国城市规划学会小城镇规划学术委员会专家进行了咨询论证,规划初稿已完成。全镇75个行政村按照"一个中心社区、四个卫星社区"进行布局,已初步建成农村新社区3个,社区新村11个。全面推进新农村"五化"工程建设,累计投资达7100万元,修建主次干道826条,建设总里程204公里,建设总面积76.4万平方米,安装路灯2200盏,修建排水沟660条,绿化面积6.24万平方米,栽植各类苗木95万余株,镇容村貌明显改观。

生态建设成绩优异,人居环境全面改善。深入开展环保综合整治和深度治理大气污染活动,投资1.2亿元实施了炉后脱硫、防尘抑尘等环保工程建设,投资5000万元建设了污水处理项目,列入市区治理名单的所有重点企业均已治理达标，区域内环保治理取得了突破性进展。实施“二沿三环”绿化工程，加快建设“绿色通道”、“园林式村庄”，全镇森林覆盖率达到29.3%，初步建立起以凤凰山为中心，村庄企业绿环相绕、绿轴相连的生态绿化体系。

社会事业全面进步，人民生活和谐幸福。投资2600万元改善办学条件，教育教学成绩连续多年居于全区各镇前列。建成标准化村级文化大院75个，实施健身器材进农村工程42处。新农合参合率达100%；投资100万元新建、改建标准化卫生室15处，对2处镇级卫生院实行了资源整合。投资2300余万元改扩建了3个镇级敬老院，新建了3处村级老年公寓，新农保参保率达99%，成立了困难职工救助基金会，社会保障体系不断完善。投资1600万元实施了镇村两级供水管网改造，投资500万元完成了高清视频监控工程。

辛店街道办事处

2011年，辛店街道办事处全力贯彻落实上级的决策部署，深入实施“工业立街道、科技强街道、文化兴街道、生态美街道”发展战略，不断调整优化产业结构，推进新型工业化进程，街道经济社会保持了持续平稳协调发展。全街道实现规模以上工业总产值252亿元，销售收入249.6亿元，利税30亿元，利润22亿元，同比均增长30%以上；完成财政收入2.45亿元，按同口径计算增长25.07%，财政支出7252万元，同比增长34.22%；农民人均纯收入实现12857元，同比增长12%。

全力推进转方式调结构，发展质量进一步提升。启动实施临淄热电厂2＊25MW发电机组、山东蓝帆塑胶股份有限公司26亿支PVC手套上市募集、山东齐鲁石化机械制造有限公司12000吨大型锻造与旋压机械加工续建等“大、特、优”项目，为持续发展积攒了后劲。围绕精细化工、塑料加工、烧碱、机械制造四大产业，重点扶持诺奥化工、石化机械厂、建设公司等骨干企业，带动辖区企业的发展。企业非核心业务剥离工作成效明显，重点抓好淄博联兴炭素有限公司、淄博鲁威化工有限公司等企业的非核心业务剥离，已剥离规范企业196家，剥离业务量3.8亿元，规范业务量17.7亿元。深入开展土地、环保、安全生产“三项整治”活动，共排查闲散院落821家，对62家企业实施重点区域限期治理，取缔非法企业78家，进一步优化了街道企业发展环境。

加强区域统筹协调，城乡面貌发生新变化。铁路南控制性规划编制工作已完成，“安乐新村”即将开工建设。齐鲁化工区村(居)搬迁项目一期两个组团37栋住宅楼，已有25栋楼全部竣工，可安置居民1226户。重点路域环境综合整治工作效果明显，乌河辛店段综合整治工程全面完工，对南外环路、西过境路、一诺路两侧的店外经营、修车、洗车业户进行了取缔关闭；投资110余万元清运辖区路域垃圾，整修林带600余米，完成了辖区5910平方米的店前砌绿化池建设；投资280余万元完成了南外环路灯的安装工作。铁路南城市化进程不断加快，相府世家、昊达花园、阳光康城房地产项目已全部完工，极大改变了城市形象。

倾力改善民生民计，和谐辛店建设取得新进展。一是不断加大教育投入。投资6000万元的城南小学已开工建设，投入66万元为幼师缴纳了“五险”，投入200余万元完善各项教育设施，在减免辖区义务教育阶段学生杂费的基础上，全部免除其作业本费、饮水费。二是城乡公共卫生体系日益完善。城市基本社会保险、新型农保医保实现全覆盖，近5000名居民受益。街道40%的村（居）建起了高标准的文体大院，每个村（居）都建有文体活动室及户外活动场地。投资70万元新建了辛店街道便民服务中心。三是深入实施固本强基维稳工程。逐步形成走村入户大走访长效机制，持续开展了企业安全、校园安全等专项整治，出台了《街道领导干部一岗双责实施方案》，与村（居）签订《信访工作目标责任书》，定期考评，兑现奖惩，实施“一票否决制”。

以科学发展为目标，财政队伍建设成效显著。深入开展“双满意”活动，进一步提高了财政规范化服务水平和工作效率，形成了“团结、勤政、廉洁、高效”的财政作风。街道财审所文明创建活动走向深入，文明单位创建工作取得了阶段性成果。加强党风廉政建设，实行了廉政目标责任制，干部职工廉洁自律意识和依法理财水平有了较大提高。2011年再次被街道及区文明委上报市委、市政府审批市级文明单位，同时被市、区财政部门表彰为全市、全区财政系统文明单位。

闻韶街道办事处

2011年，闻韶街道办事处以城市房地产和商贸流通重点项目建设为突破口，突出抓好工业、三产服务业、城市管理和社区服务四个方面的工作，勇于创新，真抓实干，努力建设富裕、文明、和谐、宜居新闻韶。全年地区生产总值完成83725万元；地方财政收入完成5770万元，按同口径计算增长14.86%，地方财政支出完成2036万元，同比下降16.29%；规模以上固定资产投资总额32081万元，增长20%；农民人均纯收入达14224元，增长15%。

发挥第三产业优势，全力助推经济发展。一是房地产开发和棚户区改造步伐加快。投资1.48亿元的莆田园棚户区改造项目、投资5000万元的齐城大厦项目、投资1.5亿元的太公苑二期项目等大型开发、改造项目正积极推进。二是特色商业街影响力和辐射力明显增强。餐饮、商贸、电器电子、农副产品等特色商业街规模不断扩大，鞠迷文体广场、康山家具城等30余家连锁店、特色店和专业店运行良好，服务档次和水平逐步提高。三是环居经济带日益繁荣。牛山路、桓公路东段和天齐路的家装、家具、餐饮、商贸已经开始集聚，城区东部服务业规模不断扩大。四是招商引资取得新进展。成功引进招商银行，运行状况良好，已吸引存款5亿元以上，为企业提供贷款3亿元以上；投资2500万元，占地4000余平方米的上海如家快捷酒店火车站店已正式营业；投资8000余万元的齐鲁石化医院集团全新内科病房楼项目，已完成立项。

强化城市环境综合整治,城市面貌日新月异。结合文明城市创建和国家卫生城市复审,全面开展环境卫生综合整治,辖区内的环境卫生水平得到了明显提高。结合第22个爱卫月和世界无烟日,采取张贴标语、悬挂横幅、发放宣传材料等形式进行广泛宣传。邀请疾控中心专家到社区集中授课,宣传手足口病防控知识,发放宣传手册,受益1000余人。加大城管执法力度,对重点部位和区域的管理实行定人定岗定时,进一步规范了辖区公共秩序。集中开展"进村入户大走访"排查化解矛盾纠纷活动,有效地维护了辖区的稳定和谐。加强社区综治网络建设,抓好警务中心辖区联网工程,每个社区均配备了固定责任民警,进一步提高了社区治安防范能力。开展了校园安全检查暨周边环境整治活动,共检查各类生产经营单位306家,整改隐患280条,确保了辖区居民平安。

倾力改善民生民本,各项社会事业协调发展。一是认真做好各种保险工作。广泛开展服务业、建筑施工企业参加工伤保险和城镇居民基本医疗保险的宣传工作,全面受理城镇个体工商户和灵活就业人员参加社会保险业务,共办理城镇居民基本医疗保险400余人次,完成农村养老保险缴费60万元,城镇居民养老保险缴费120万元,养老保险适龄参保人员参保率达100%。二是积极开展就业服务工作。共接收退休职工3100余人,落实属地管理政策。组织辖区外来务工人员及失业人员开展免费技能培训320人次,实现新增就业3360人。三是全面贯彻弱势群体帮扶政策。严格审批手续,计348人享受城镇最低生活保障,计36人享受农村最低生活保障。全面完成2011年度的低保复核工作。扎实抓好城市低收入家庭住房补助政策落实,做好了廉租房审批、管理工作,有324户低收入家庭享受到了廉租房货币补贴。

雪宫街道办事处

2011年,雪宫街道办事处牢牢把握主题主线,坚持转调结合,内涵发展,经济保持了平稳较快的发展势头。全年规模以上工业企业总产值完成20.4亿元,同比增长37.5%;销售收入、利税、利润分别达到19.9亿元、1.5亿元和1.1亿元,分别同比增长37.3%、51.6%、49.8%;规模以上固定资产投资达到11.4亿元,同比增长123.4%;财政收入完成10413万元,按同口径计算增长31.98%,财政支出完成2389万元,同比增长3.46%;农民人均纯收入达到12839元,同比增长15.3%。

强化重点项目建设,积极培植壮大街道财源。工业项目进展顺利。年内新开工重点工业项目7个,其中山东蓝帆化工多碳醇等过亿元项目3个。辖区工业企业达到42家,其中规模以上企业20家,初步形成了以园区经济为载体,以精细化工、塑料加工为主体的工业格局。年内实现包括正承名筑、桓公花园、怡海国际、齐翔腾达大厦等新开工项目8个,建筑面积56万平方米,计划总投资17.3亿元。服务业发展活力显著增强。大力发展生产性服务业,推动工业企业非核心业务分离工作，分离4家企业业务量2.7亿元，规范89家企业业务量4.7亿元。不断提升商贸流通业，形成营业收入超亿元的企业6家。加快发展文化餐饮娱乐业。辖区拥有文化体育、商业娱乐、休闲餐饮等高中档企业30余家。鼓励扶持信息服务业发展。隆众石化网、卓创资讯等IT咨询服务业蓬勃发展，在街道生产总值中的比例不断提高。初步构建起了以商贸流通、餐饮服务等传统服务业为主体，电子商务、金融保险、社区服务、物流服务等新兴服务业快速发展的新格局。第三产业增加值完成9.29亿元，同比增长17.24%。

加大惠民投入力度，倾力改善民生民计。基础设施进一步完善。累计投资160余万元，进一步提升社区游园、绿化带、停车位等配套设施标准，社区软硬件设施不断完善。社会保障工作全面提升。全年发放城市低保金140余万元；为136户低保户和困难户办理、发放廉租住房补贴41万元，为27户无房困难家庭办理申请经济适用房认购；发放大病救助8万元、优抚补助23.3万元、“八一”优待金3.2万元、90岁以上老年人高龄补贴2.9万元。加大计划生育工作力度，投入近20万元对村（居）、企业进行考核奖惩。发放独生子女奖励费、社区管理员工资等近90万元。社区文化蓬勃发展。年内投入30万元完善文化设施，实现了文化信息资源共享；建成文化广场5处，为基层群众文化活动的经常化和规范化提供了坚实基础。

抓好街道财源管理，提高财政调控保障能力。围绕财政增收，完善了科学合理的项目评价体系。在项目引进、产业培育等过程中把对财政收入的贡献率作为一项重要指标和原则，加快了基础税源、骨干税源和新兴税源的培植。将财源建设作为激活镇域经济的重点。强化税收征管，完善了纳税环节和重点税源监控体系。建立健全了宏观税负分析机制，全面推行纳税评估工作，进一步调整税源结构，加强对重点区域、重点部位和纳税大户的征收征管，不断提高地方税收比重。优化支出结构，牢固树立过紧日子的思想，大力压缩支出费用，加强财政资金监管，资金使用效益不断提高。

稷下街道办事处

2011年，稷下街道办事处紧扣转方式调结构主线，科学务实，积极作为，圆满完成了年初确定的目标任务，实现了经济社会又好又快发展。全年完成总产值767亿元，同比增长32%；GDP实现47.53亿元，同比增长14.4%；实现利税17.82亿元，同比增长50.76%；实现财政收入1.67亿元，按同口径计算增长28.14%，财政支出完成6383万元，同比增长29.75%；农民人均纯收入达到12916元，同比增长15%。

转方式调结构取得新成效。2011年，全街道共实施各类建设项目33个，完成固定资产投资28亿元，同比增长17%。齐都药业综合注射剂、振昊钨钼等扩建项目顺利完成。鼓励企业升级改造，经济发展活力彰显。对2010年为经济发展做出突出贡献的企业和个人落实奖励资金200万元。加大招商力度，采取银企座谈、外联订单、培育壮大商贸流通业,发展与工业相配套的生产性服务业。依托名都生态园、万豪大酒店等知名餐饮企业精心策划了一批品牌餐饮项目,打造具有浓郁特色的饮食文化品牌。企业非核心业务分离与规范服务业管理工作初见成效,分离成立鑫运物流、鸿昌经贸、王庄煤矿劳动服务公司等,新增了鑫泉餐饮公司等5家规模以上商贸流通企业。

农业产业结构调整步伐进一步加快。依托农机专业合作社和粮食种植合作社,全面实施了种植"十统一"及小麦统一收获、玉米秸秆全面禁烧和转化利用。出台了《关于加快发展都市农业的实施意见》,成立农业专业合作社16个,流转土地1500余亩,投资1800余万元,建成有机藕、花卉苗木、有机蔬菜等特色示范园区。投资200余万元,对辖区乌河沿线进行了综合治理,治理长度达3.9公里,河道开挖整理工作全部完成,将对沿岸进行高标准绿化;对美国白蛾统一实行了飞防,对死角进行了人工防治,防控效果明显,生态安全保护有力。

三产服务业发展水平不断提升。方正凤凰城二期已经完工,淄江花园、金顺达棕榈城、金鼎绿城、名仕庄园等项目建设正在顺利实施。齐鲁国际塑化城项目一期工程基本完成,临淄国际商会大厦已经开工建设,深圳茂业东泰国际商贸城、方正城市综合体、方正大厦等项目前期筹备工作正有序进行。专业市场、商贸、物流、餐饮、房地产5大板块并驾齐驱的发展势头逐渐形成,第三产业在经济总量中所占比例已达38%。

统筹城乡生态发展,人居环境不断优化。旧村改造工作进展较快。范家、永流旧村改造已经完成,东村、耿王、南村、小杨等新村建设正顺利实施,大杨、南安等12个村庄改造建设的准备工作已基本就绪,东孙、西孙、赵家、陈家四个村的合村并点筹备工作正有序进行。城乡环境得到较大改观。设立100万元专项奖补资金,建立了城乡环境卫生管理工作长效机制,农村环境卫生管理工作走上了规范化、制度化的轨道。扎实推进"五化"工程建设,累计投资1650余万元,硬化各类道路55余公里,安装路灯1700余盏,植树20余万株,粉刷墙壁30余万平方米,农村面貌得到极大改观。

社会事业发展成效显著。投入500万元用于加强校园安全建设、学校校舍维修改造、更换校车等,不断改善办学条件。整修环镇路董褚段、开展农村环境卫生综合治理等十件实事全部完成。为参加新农合的群众补贴71.77万元,发放优待金和抚恤金等97万元,"慈心一日捐"活动共募集善款近100万元,发放救助金、老人生活补助金和高龄补贴、生活补贴等37.90万元。开展"唱响临淄"演唱会、电影专场、民间艺术展演、戏剧展演、踩桥、乒乓球比赛等文化活动60余场次,农民文化生活水平得到有效提升。

齐陵街道办事处

2011年,齐陵街道办事处创新思路,扎实苦干,全街道呈现出上下齐心协力、经济平稳较快发展、社会安定和谐的良好局面。全年完成工业产值46.72亿元，销售收入46.40亿元，利税4.58亿元，利润2.79亿元；完成全社会固定资产投资11.05亿元；实现财政收入3465万元，按同口径计算增长31.63%，财政支出2597万元，增长16.61%；农民人均纯收入达到10420元。

工业经济快速发展。美陵集团汽车零部件铸造等10个投资过3000万元项目开工建设。汽车配件项目、东油公司石油套管二期工程等7个过1000万元项目建成投产。美陵集团在新加坡融资937万美元，通过淄博股权托管中心完成融资5000多万元。

农业产业结构进一步优化。投资533万元完成南部山区农业开发一期工程，并通过国家和省市验收。街道37个村全部成立了村级粮食生产“十统一”合作组织。金日隆牧业公司投资1.2亿元，年出栏10万头的“齐御”黑猪养殖基地建成并投入使用。新建祖发、京苑、获丰3处绿色蔬菜基地，获丰蔬菜基地已被批准为国家级绿色蔬菜标准园。

旅游开发成效显著。强化规划引领，高端设计，聘请东南大学精英设计团队，制定了齐王陵生态旅游区项目策划方案，并通过首次专家论证，全长23.82公里的旅游路全面贯通，实现了二王冢、四王冢、牛山、康山、马莲台、稷山汉墓、天齐渊遗址、管仲纪念馆等景点的有机连接。

城镇建设全面推进。奥林匹克花园三期5.19万平方米、淄河新村二期4.5万平方米房产开发全部竣工。总投资2.51亿元的太公湖体育公园已完成投资1.7亿元。山东金世孚置业有限公司投资兴建的3万平方米莲台山庄已开工建设。

民生投入不断加大。投资380万元用于校园安保和校舍改造，投资37万元落实发展幼儿教育。投资229万元完成了社区卫生服务中心建设。投资356.58万元完成了街道37个村的“同源一网”供水工程，投资1950万元完成了天齐渊供水中心建设。投资60余万元改造了街道便民服务中心和计生服务中心。投资440.42万元对新309国道、牛山路齐陵段、马莲台旅游路进行了综合整治，实现毛家等12个村硬化道路11.13万平方米，完成郑家等5个村卫生改厕1354户，完成危房改造14户。

（撰　稿：边荣立）

责任编辑：光　鹏

责任校对：李成明

桓台县

【概述】 2011年,桓台县认真贯彻落实党的十七大和十七届五中、六中全会精神,紧紧围绕“一个中心四个片区”建设,集中发展六大特色产业集群,加快推进转方式调结构,统筹城乡一体化发展,充满激情、科学创业,圆满完成了年初确定的目标任务。全县完成地区生产总值387亿元,增长12%,其中三次产业增加值分别为17亿元、253亿元和117亿元,分别增长4.2%、12.2%和13%;规模以上固定资产投资206亿元,增长20%;规模以上工业销售收入达到1480亿元、利税135亿元、利润100亿元,分别增长20.1%、14.4%和20.5%。境内税收47.95亿元,增长41.39%;城镇居民人均可支配收入24058元,农民人均纯收入11478元,分别增长12.5%和14.8%。

2011年,全县地方财政收入实现215735万元,占预算的108.5%,增长28.03%,增幅连续四年居全市区县首位。按照现行财政体制算账,收支相抵,当年净结余38万元,累计结余826万元,连续第21年实现财政收支平衡。

【财政收入实现历史性突破】 面对复杂多变的经济形势,各收入征管部门充分发挥自身职能,全力组织财政收入。国税部门加大稽查和预警评估力度,依法治税,超额2.48亿元完成预算收入任务;地税部门加强综合治税,杜绝跑冒滴漏,超额3800万元完成预算收入任务;国土部门依法运作,缜密组织土地经营,超额2亿元完成预算收入任务;财政部门加大协调力度,超额6900万元完成预算收入任务。2011年,全县入库税收实现47.95亿元,增长41.39%;地方财政收入一举突破20亿元大关,增幅连续四年保持全市区县第一;税收收入占地方财政收入比重达到84%,较年初目标提高9个百分点,财政收入质量进一步提高。

【财政支持经济发展力度显著增强】 严格落实转方式、调结构重大决策部署,积极兑现企业奖励补助资金3998万元,激发企业转方式调结构积极性;足额安排工业结构调整引导专项资金5000万元,不断加快“一个中心四个片区”建设,增强了县域经济活力;落实资金2000万元用于全县生态补偿;帮助、配合企业争取科技环保节能资金5917万元,促进了全县经济健康、平稳和可持续发展。

【重大决策部署和重点支出得到有效保障】 努力优化支出结构,大力压减一般性支出,科学合理调度资金,千方百计保证全县重大决策部署和重点支出需要。一是全力支持旧村改造工程。拨付资金2.6亿元,推动旧村改造和新农村建设扎实有效开展。二是继续巩固扩大国家基本药物制度实施成果。拨付资金6025万元用于镇卫生院、社区卫生服务机构和村卫生室实施基本药物制度补助，使基本药物平均降价63%，让利群众6000万元。三是保证全县重点项目建设顺利实施。切实加强对重点项目资金的筹集、分配、拨付、使用全过程监管，拨付资金1.56亿元用于城乡供水一体化、城乡河流水系综合治理、王渔洋故居修复工程、崔付路和耿焦路改造工程、重点道路绿化提升等工程，加快全县城市化进程。

【民生工程稳步实施】 严格按照县委《关于实施民生工程的意见》要求，努力提高资金调度能力，优先、足额安排民生资金，并按时间或工程进度及时拨付，确保民生工程顺利实施。2011年，全县新增财力6700万元用于保障和改善民生，全年保障和改善民生资金达到4.87亿元（含上级专款），创历史新高。其中：拨付资金5410万元用于继续实施“全免一补”工程、义务教育段学生查体和住宿费补助及困难学生救助，切实减轻学生负担；拨付资金1.8亿元健全完善了城乡居民基本养老、医疗保险制度和城乡低保补助制度，社会保障体系日趋完善；拨付资金1.38亿元用于补助粮食直补、农资综合补贴、汽车摩托车下乡、家电以旧换新等补贴，以及计划生育、美国白蛾防控、秸秆禁烧等补助，保证惠民政策落到实处。

【精细化理财水平进一步提高】 加强预算支出管理，严格审查追加支出，严格执行部门预算；继续执行工资基金专户制度，确保工资足额及时发放；积极推行公务卡改革；严格执行工程招投标、工程预决算和建设项目全过程跟踪审查制度及项目专管员制度，提高财政投资评审质量，确保资金使用效益最大化，全年完成评审额3.24亿元，节约财政资金5857万元；不断扩大政府采购范围和规模，将重点工程项目全部纳入政府采购，全年实现政府采购5.45亿元，节约资金6270万元，切实提高了财政资金使用效益。

【文明创建活动取得显著成效】 按照县委的统一部署，结合财政工作实际，提出以“以打造素质高、业绩优、作风硬、形象佳的财政干部队伍为重点，深入开展创先争优活动，在抓收入、保民生、精理财上勇创一流”的争创目标，截至2011年底，各项创先争优目标均圆满完成。不断完善各项廉政制度，扎实开展廉教活动，坚持内部审计制度，从源头上遏制违纪现象的发生。深入实施城乡结对共建活动，为结对帮扶村五保户和困难群众送去温暖。积极组织参加市财政系统乒乓比赛、书画摄影比赛、全县唱红歌比赛等文体活动，极大地丰富了干部职工的业余生活，文明创建工作取得实实在在的效果。通过努力，局机关继续保持省级文明单位荣誉称号，2011年被省人力资源和社会保障厅、省财政厅评为全省财政系统先进集体，得到了社会各界的充分肯定和广泛好评，树立和维护了财政部门的良好形象。

索 镇 镇

2011年，索镇镇始终坚持内涵发展，着力加强结构调整，突出统筹城乡发展，全力保障改善民生，切实维护社会稳定，圆满完成了全年目标任务,开启了“十二五”发展的新征程。2011年,全镇规模以上工业企业实现销售收入115亿元,增长160%;实现利税14亿元,增长140%;上缴税收2.8亿元,增长200%;实现地方财政收入10980万元,增长7.6%,地方财政支出3721万元,增长26.35%;完成全社会固定资产投资29亿元,增长190%;实现境外引资500万美元,超额完成招商引资任务,完成进出口交货值1.6亿美元,增幅翻番;第三产业和建筑业年增幅均超过20%,保持了高速增长的良好态势。

经济发展质量不断提升。加快转方式调结构步伐,不断优化工业投入,突出技术改造,推进重点项目建设,筛选了一批科技含量高、市场前景广、经济效益好、符合县城中心区发展的强优项目。鑫马纸业、春源热力、嘉毅印刷、聚泰泵业等15个单项投资额过千万元的重点项目建设进展顺利。大力发展现代服务业,着力抓好专业市场、仓储物流、商务办公等服务业发展。加快推进生产性服务业发展,鲁中煤炭物流累计投资3500万元,煤炭经营和配煤生产已试运营。金融服务、会计律师、信息中介等新兴服务业发展迅速,产业档次稳步提升。

现代农业亮点频现。积极发展优质、高效的现代农业、特色农业。安氏蔬菜一期工程建设完成19个钢构大棚,春节前部分菜品上市;盛腾农牧科技依托养殖发展大型沼气池,形成了生态、循环、可持续发展。有两家农业园区列入全市2011年都市示范园区验收,占全县的一半。继续抓好两大农业循环发展示范基地建设,加快形成集蔬菜温室、百种水果干果、养殖三大项目于一体的生态循环发展模式;推动盛腾农牧科技沼气池建设,在副产品利用上做文章,提高附加值和利用率,实现高效精准的生态养殖。

城镇建设推进有力。东岳路北延、公园路西延、红莲湖东延、东城区排污管线、三岔湿地等县重点工程顺利施工。东外环湖南路北延实现通车,投资过亿元的高温热水锅炉及供热项目管线已投入使用。旧村改造步伐加快,城乡环境不断改善。对花园路进行了提升改造;环卫所成功招标,实现合同化管理、市场化经营,城乡环卫一体化体系逐步形成;加强治安监控,逐步提升小区的物业管理水平。

民生和社会事业全面发展。各村承诺惠民实事共计137件,妥善解决了五保户的就医问题,对全镇困难群众进行认真核实和摸底调查,实现应保尽保,并对全镇建国前老党员和困难党员,落实了救助帮扶政策。计划生育工作开展良好,合法生育率为98.3%,各项指标均完成了责任目标。投资近500万元对索镇一中进行了扩建。取缔了多所非法办园、办学场所,加强校车管理,确保校园安全。开展“文化广场”、京剧专场展演等活动,努力满足城乡居民的精神文化需求。

唐山镇

2011年,唐山镇紧紧围绕县委、县政府中心工作,以开展创先争优活动为契机,按照统筹城乡发展一体化的思路要求,着力转方式调结构,推进经济持续快速增长,注重改善民生,促进社会和谐,各项工作均取得了新成绩。

工业经济实现又好又快发展。2011年全镇规模以上工业企业实现销售收入270亿元,上缴税收15.24亿元,实现地方财政收入53713万元,实现地方财政支出8676万元,完成工业生产性固定资产投资35.03亿元,完成出口创汇33.7亿元。全镇确立了22个投资过3000万元的工业项目,项目总投资71.7亿元,其中,东岳集团六大项目总投资28.6亿元,其中12万吨新型制冷剂项目、含氟高分子聚合物项目、引黄工程项目已投产;同济万鑫四大项目总投资14.9亿元,其中1000台套罐式储运设备项目、煅后焦技改项目、玻璃幕墙加工项目已完工,240万套轮胎项目一期已完成,2011年底轮胎下线。贵和集团30万吨纱管原纸项目、蠕铁集团10万吨铸锻联产项目、鸿杰印务精品印刷包装续建项目等均稳步推进。

农业工作出现新亮点。作为国家农业综合开发项目区,农业生产基础设施配套进一步完善,农业生产全部实现机械化。2011年农民人均纯收入达10975元。在加强农业基础地位的同时,大力发展生态农业、都市农业、观光农业。古城绿色生态有机蔬菜基地在2010年投资650万元建设20个高标准大棚的基础上,2011年又投资600万元建设20个现代棚。集观光、休闲、生态循环于一体,总投资1.1亿元、占地1000亩的万鑫现代农业科技示范园区已经开工建设,其中23个高档大棚已部分出菜。

建筑业继续保持良好发展势头。全镇实现建安产值96.7亿元。同济置业在临朐征用的350亩和金乡征用的500亩土地,已完成开发100万平方米;在滨州征用的128亩土地已完成开发13万平方米。鲁昱置业在昌乐新征地1300亩,现已开发15万平方米;在烟台征地50亩,现已开发10万平方米;在诸城完成开发7万平方米。

城镇建设再显新风貌。一是高度重视旧村改造工作。通过走访、座谈等形式,广泛征求对旧村改造的意见和建议,积极搞好唐山镇旧村改造规划。兴旺村和黄家村旧村改造工作进展顺利。二是积极开展环境综合整治。重点抓好唐华路、寿济路、少海路、耿焦路、工业路、各村中心路、骨干连村路、镇驻地道路两侧等环境综合整治工作。三是加大基础设施建设。投资350余万元对东营路、郑通路等道路进行升级改造;投资30万元,对镇驻地15万平方米的主要道路和连村路进行路面修补,消除安全隐患,恢复道路畅通;改造了7个村、3个企业的10KV线路;实施引黄工程,向园区日引黄河水5万立方米;桓台至博兴天然气管线镇内工程已全部完工。地下电缆隧道、25万立方米天然气管线、县城污水管网正在施工。

着力改善民生,社会事业开创新局面。加大教育投入力度。投资267万元建设了2200余平方米的唐山中学餐厅;投资450万元对学校5000余平方米的教学楼进行加固。扩大帮扶范围,加大帮扶力度。春节期间筹集资金近50万元,走访困难群众1066户及全镇所有70岁以上老人;“七一”前后筹集资金12万元,走访慰问70周岁以上的老党员198人;“八一”

发放各类优抚金47万元。在2011年县委对各镇的群众满意度测评中取得第一名，连续四年保持全县各镇首位。

马桥镇

2011年，马桥镇紧紧抓住作为省级行政管理体制改革和市级中心镇发展改革试点的重要机遇，突出规划引领、产业支撑、镇村统筹，不断创新社会管理，强化公共服务，全镇经济社会呈现出持续、快速、健康发展的良好势头。全镇实现销售收入530亿元，上缴税金14.2亿元，分别增长32%、36%；地方财政收入实现48135万元，增长36%，地方财政支出实现9217万元，同比下降25.98%。

坚持工业主导，镇域经济跨越发展。一是突出抓好项目策划。编制了《淄博市马桥镇石油炼化及精细化工产业规划》，精心策划了总投资300亿元的31个重点工业项目。重点打造以金诚石化为依托的新材料产业基地、以博汇集团为依托的精细化工产业基地、以欧锴的中央空调、变频电机，创尔沃的地源热泵等产业为主的节能环保产业基地。二是突出抓好项目建设。重点抓好总投资196亿元的11个项目的实施，完成工业生产性固定资产投资49亿元。其中，博汇集团投资64亿元的20万吨己内酰胺已投产，投资19亿元的15万吨尼龙66项目各项手续已基本办理完毕。金诚石化投资96亿元的160万吨MZRCC联产项目正在报批手续。欧锴公司与世界500强德国博世公司合资20亿元的建筑节能装备产品项目也已完成签约。

坚持规模发展，农业产业化步伐加快。一是加快土地流转，实现规模化经营。形成了以北岭村2000亩优质良种规模化种植基地为代表的“大户规模经营”模式；以马桥村占地300亩的食用菌培养种植基地和后金村占地260亩的生态蔬菜大棚园区为代表的“公司+农户”模式；以祁家村200亩阳畦芹菜园区为代表的“专业合作社+农户”模式，为整建制城镇化建设做出了有益尝试。截至年底，全镇共流转土地面积1.4万亩。二是狠抓规模化、标准化养殖基地建设。先后成立了河东肉牛养殖农民专业合作社、桓台绿健肥牛有限公司、桓台绿华生态农业有限公司等规模化、专业化养殖基地。三是积极引进土地综合整治及开发项目。对全镇4.5万亩土地制定了综合整治开发规划，现已通过国家审批。总投资912万元，涉及全镇12个村、占地1万亩的农业综合开发项目于2011年10月顺利开工。四是安排专项资金，推进了全镇4.83万亩玉米秸秆禁烧和转化利用工作。

坚持镇村统筹，整建制城镇化建设全力推进。一是完善总体规划，高标准建设新城镇。投资380余万元聘请上海同济城市规划设计研究院编制了《马桥镇总体规划及镇区控制性详细规划》。二是坚持镇村统筹，大力实施旧村改造。金诚、北营、中心、泰和4个农村新型社区先后投资12亿元，建成居民楼327幢，总建筑面积120万平方米，入住群众达8000户。2011年，全镇共拆迁旧村房屋6150户，腾空复垦土地2800亩。投资3000万元，总建筑面积3万平方米的益可嘉购物广场已建成投用，成为辐射邹平、高青及周边乡镇的区域性商业地标。三是加大投资力度，完善基础设施建设。投资约800万元修建道路2.6万平方米；投资300万元，新增绿化面积27万平方米；投资200万元配套环卫设施；投资800万元建设天然气站；全镇组团居住小区全部实现了集中供暖。建立健全社区物业、保安、绿化、城管、环卫等专门机构，社区管理逐步走上正轨。

坚持民生为本，群众生活水平全面提升。一是社会保障体系逐步完善。投资1200万元建成老年公寓400套，投资550万元建设了一所高标准敬老院，对符合条件的老人集中供养；对70岁以上老人按月发放生活补贴，对贫困学生和弱势群体开展爱心救助活动；提高了新农合镇财政补助标准，住院报销比例提高5个百分点，全镇新农合参合率达100%；新型农村养老保险参保率达94%。二是教育事业实现优先发展。投资800万元建设了设施配套齐全的九年一贯制马桥实验中学，规范建成了四处“乡村少年宫”，深入推行素质教育。建立优秀教师奖补机制，为发展教育强镇培养优秀人才。三是文化卫生工作全面发展。改造提升镇卫生院和村级卫生室，建成覆盖三县的120急救中心，改善镇村医疗卫生条件。实施文化信息资源共享工程，投资1000余万元建设了国家级综合文化站和52个村级文化大院，形成了以镇综合文化站为中心的农村文化新格局。

果 里 镇

2011年，果里镇突出转方式调结构，突出城乡统筹，突出固本强基维稳，坚持抓基层组织建设不放松，坚持抓投入、上项目不放松，坚持抓社会主义新农村建设不放松，经济社会保持了平稳发展势头。全镇实现工业销售收入395.8亿元，增长10%；完成工业生产性固定资产投资48亿元，增长35.2%；上缴税收5.3亿元，增长8.4%；实现地方财政收入24511万元，增长9.81%，地方财政支出7444万元，增长8.75%；完成外贸进出口总额3亿美元，增长45%；到位外资721万美元；农民人均纯收入达到11719元，增长14%。

经济发展后劲持续增强。一是骨干企业规模快速膨胀。2011年全镇共有33家企业销售收入过亿元，其中汇丰石化集团公司、淄博张钢有限公司等企业成为拉动经济增长的主要力量。二是重点项目建设顺利。2011年共筛选确定投资1000万元以上的工业项目33个、服务业项目11个，总投资144亿元。全镇共有29个项目开工建设，有21个项目竣工或投产，新增销售收入156亿元，利税22亿元，为全镇经济发展注入了强大后劲。三是招商引资成效显著。鸿嘉星城大型服务业组团项目、美国科勒公司高档卫生洁具项目、宜臣家居公司玻璃制品项目、义丰机械公司气化炉项目、信昌伟业公司新型建材项目等建设进展顺利，促进了经济产业结构优化，成为经济发展的增长点。四是三大产业集群初具规模。全镇工商注册企业达到664家，其中规模以上企业143家，亿元企业33家，全市百强企业7家，精细化工业、冶金机械制造业、现代物流业三大特色产业集群初具规模。五是科技创新步伐不断加快。全镇中国驰名商标2个,山东省著名商标9个;凯胜电子集成电路IC卡模块项目、宝恩家私高档牛皮家具革项目列入国家火炬计划,德信皮业维卡革等3个项目列入省技术创新项目,华瑞道路等4家企业通过了高新技术企业认定,华伟银凯、赛特纺织成功上柜交易。

农业农村工作再上新台阶。一是旧村改造工作稳步推进。全镇65个村规划为8个新型社区,共有8个村进行了旧村改造,累计完成新村建筑面积35万平方米。二是现代农业和特色农业快速发展。桓台天顺养猪场2011年出栏生猪8000头以上,凤鸣村润丰食用菌有限公司被市政府命名为食用菌种植示范园,淄博天马农产品合作社金丝鸭蛋年销售额达4000万元,西沙村于佳园都市农业园各类蔬菜全面上市,南王村赛鸽中心存栏量超过4000只,后埠村建成了全县第一家生态农场。三是民生项目建设进展顺利。全镇65个行政村分别确定了新修翻修道路、实施旧村改造、补助合作医疗费用、建设健身娱乐场所、安装自来水和净水设备等各类民生项目129个,民生状况持续改善,群众生活水平进一步提高。

镇村环境显著优化。一是基础设施建设稳步推进。投资517万元完成了李王排沟路道路工程,完成了石化南路和义和路道路工程招投标工作,协助县交通局完成了和济路修建的准备工作;侯庄路道路照明工程路灯电缆敷设完毕,人行道铺装工程完成60%;万通热力投资500万元敷设热力管线2公里,中油燃气投资100万元敷设管线1公里。二是生态环境持续改善。全镇新增绿化面积1.6万平方米,移栽各类树木5240株;采取飞防措施防治美国白蛾,做好周氏啮小蜂的放飞工作;扎实做好秸秆禁烧和转化利用工作,玉米秸秆转化利用率连续4年达到100%。三是市县重点工程迁占工作进展顺利。湖南路北延、果周路和张博附线北延3项道路工程顺利施工;配合三岔湾湿地建设,认真做好红莲湖二期迁占工作,补偿款全部发放到位,确保了工作顺利开展。四是环境卫生工作成效显著。全镇65个行政村和园区主干道路全部纳入城乡环卫一体化管理,所有生活垃圾实现了日产日清。

(撰　稿:张　暖)
责任编辑:李成明
责任校对:光　鹏

高 青 县

【概述】 2011 年,高青县紧紧抓住黄河三角洲高效生态经济区建设、省财政直管县等重大历史机遇,着力转方式调结构,抓投入上项目,创新优势,破解难题,主要发展指标快速增长,综合实力迈上新台阶。全县实现地区生产总值 128 亿元,比上年增长 11.2%;全社会消费品零售总额 30.3 亿元,比上年增长 16.3%;进出口总额 3.36亿美元,比上年增长 24.4%;年内完成规模以上固定资产投资 71.5 亿元,比上年增长 23.7%;年末金融机构存、贷款余额分别达到 82.4 亿元和 58.8 亿元,分别比年初增加 12.57 亿元、10.8 亿元;城镇居民人均可支配收入和农民人均纯收入分别达到 17337 元和 7687 元,分别比上年增长 11.6% 和 13.1%。三次产业比例调整为15:52:33,由农业县向工业县转变取得阶段性重大成效。

2011 年,全县一般预算收入 76018 万元,完成预算的 109.74%,增长26.20%;上级补助净收入 64474 万元;调入资金 2369 万元,加上上年结转 366 万元,当年地方可用财力 143227 万元。全县一般预算支出 141412 万元,完成预算的 100%,增长 24.78%。收支相抵,当年结余 1815 万元,连续第 21 年实现了财政收支平衡。

【立足发展增收,财政收入规模迈上新台阶】 完善收入征管激励约束机制,依法推进社会综合治税,严格税收征管,加大非税收入征缴力度,全县财政收入规模实现新的突破。2011 年,全县境内财政总收入完成 144890 万元,增长 20.15%,占地区生产总值的比重为 11.15%,比上年提高了 0.84 个百分点。地方一般预算收入占 GDP 的比重为 5.85%,比上年提高了 0.7 个百分点;其中税收收入完成 65439 万元,增长 45.34%,所占比重为 86.08%,比上年提高了 11.33 个百分点。耕地占用税、土地增值税、资源税、城市维护建设税、个人所得税分别增长 188.01%、125.54%、70.82%、60.69%、50.54%,成为拉动税收收入和地方财政收入增长的主要力量,全县保增长、扩内需、调结构成效显著。

【综合运用财政杠杆,推动经济内涵发展】 灵活运用财政政策杠杆,加大奖补引导扶持力度,着力促进转方式、调结构、增财源。紧紧抓住黄三角开发、财政“省直管县”、粮食产能大县、小农水重点县等政策机遇,积极争取上级支持,加大重点项目的建设投入,实际到位各类上级资金 65000 万元,保障了全县经济社会建设事业发展需要。兑付家电、汽车摩托车下乡和家电以旧换新等财政补贴资金 2037 万元,拉动消费 16992 万元,提高了居民消费水平和能力。拨付资金 27200 万元,积极兑付招商引资优惠政策,支持园区配套建设和企业扩产升级,鼓励外经贸和服务业发展,提高了经济运行质量和效益。拨付资金16820万元,积极支持城乡基础设施和庆淄路、广青路等干线公路建设,强化城市管理和路域环境综合整治,加快旧村改造和社区建设步伐,城乡面貌显著改善。拨付资金5770万元,大力推进节能减排和环境保护,加大自主创新投入,支持实施标准化建设和名牌发展战略,提升了企业核心竞争能力,促进了城乡统筹协调可持续发展。

【调整优化支出结构,集中财力保重点促和谐】 加大"三农"投入,全县农林水事务支出达29450万元,兑付粮食直补、农资综合直补等惠农补贴6140万元,实施小农水重点县、粮食产能大县及农业综合开发等大型基础设施建设项目,不断改善农业生产条件;实施村级公益事业"一事一议"财政奖补项目168个,兑付73个验收项目奖补资金713万元,加快了新农村建设步伐。加大教育投入,全县教育支出达到41126万元,完善了以县为主的义务教育经费保障机制,全面落实"两免一补"政策,提高中小学公用经费、职业学校困难学生补助、贫困寄宿生补助、政府助学金等教育资助政策标准,积极化解义务教育阶段学校债务;拨付财政资金5670万元,支持初中进城工程、校车安全工程,推动教育事业均衡发展。加大医疗卫生投入,全县医疗卫生支出达到9894万元,提高了新型农村合作医疗、城镇居民基本医疗保险等政府补助标准,在基层医疗卫生机构全面推行基本药物零差价制度,大力支持基层卫生机构和疾病预防控制项目建设,提高了城乡居民医疗保障水平。加大社会保障投入,全县社会保障和就业及住房保障支出完成18290万元,继续提高城乡低保补助标准,支持保障性住房建设,完善廉租住房货币补贴政策,加大对困难群体的帮扶力度,促进就业再就业工作开展,切实维护了广大人民群众的切身利益。拨付财政性资金4010万元,加大科技、文化、计划生育、体育等社会事业投入。

【加强财政财务管理,提高财政运行质量和效益】 完善政府预算制度体系,强化预算编制和预算执行管理,加强基层财政管理和财政基础工作,进一步增强了科学化、精细化理财能力。全面开展财政专户清理工作,撤销账户33个,归并资金54670万元;公务卡改革工作初见成效,在74家财政预算单位发放公务卡近600张。加强政府采购监管,完成采购额12392万元,节支率17.4%。完善评审机制,拓展评审领域,大力推进财政投资评审工作,共完成评审项目121个,审减资金7586万元,平均审减率22.05%,连续两年被省财政厅授予"全省财政投资评审最具影响力单位"称号。全面清理规范地方政府性债务,积极推进农村义务教育债务化解工作;日元贷款项目后评估获得日方最高评价(A级),收回对外借款本息822万元、机械承包费27万元,通过外汇掉期节约财政资金568万元。强化财政监督,对促发展、保民生等重点领域财政资金实行跟踪问效,深入推进"小金库"专项治理,维护了良好的财经秩序。加强国有资产监管,强化财务会计管理,抓好地方金融和政府融资平台监管,促进了财政经济健康运行。

【扎实推进"千百十"为民主题实践活动，全面提升财政形象】 紧密结合财政工作实际，扎实推进"千百十"为民主题实践活动、创先争优、廉政风险防范等活动开展，提升财政干部队伍素质，提高为民办事能力和水平。一是紧密联系实际，严格责任落实，加强督促检查，强化舆论宣传，注重典型选树，积极开展"千百十"为民主题实践活动。二是创新方式方法，紧密结合创先争优、党风廉政建设、机关党建工作，着力加强各项制度建设，不断推进机关工作科学化、规范化、精细化。三是围绕全县经济社会发展大局和财政工作实际，深入开展"项目建设年"活动，建立财政重点工作任务台账，实行每周调度督查制度，不断完善各项管理机制，全面提升广大财政干部职工服务大局、服务部门、服务基层、服务群众的意识和能力。四是全面推进系统文明创建工作，扎实开展扶贫济困、"爱心献功臣"、"巾帼建功"等民心工程和公民道德建设，积极倡导团结友爱、助人为乐、尊老爱幼、文明卫生的新风尚，财政干部队伍整体素质和部门形象明显提高。县财政系统在全县岗位目标责任制考核、党风行风评议和人大代表评议部门中均名列前茅，局机关继续保持省级文明机关和省级文明单位荣誉称号，系统内多人次受到各级政府表彰奖励。

田镇街道办事处

2011 年，田镇街道办事处进一步转变观念，解放思想，与时俱进，开拓创新，扎实苦干，在服务全县发展、壮大地区经济、调整产业结构、城中村改造和基层组织建设等方面都取得了突破性进展，圆满完成了各项工作任务。全年实现地方生产总值23.6亿元，增长 23.6%，规模以上工业企业销售收入、利税分别达到 25.8 亿元、2.6 亿元，分别增长 20.1%、29.5%；固定资产投资达到 12.2 亿元，增长 45.5%；实现财政收入 5110 万元，按可比口径计算为 7847 万元，增长14.35%，财政支出 3277 万元，按可比口径计算为 6967 万元，增长 42.21%；农民人均纯收入实现 7580 元。

*以招商引资为重点，推动镇域经济平稳较快增长。*坚持"工业强县、调整富民、以人为本、统筹发展"的思路，完善财源建设政策，优化经济发展环境，突出抓好招商引资和产业结构调整工作。2011 年，新引进招商引资项目 8 个，利用外资 3 亿元。其中，投资 6000 万元的万吨镁铝尖晶石项目当年运营达产；投资 1.5 亿元的新桃花源记观光项目竣工运营；投资 6000 万元的 5 万吨高档陶瓷釉料项目和投资 3000 万元的氧化铝深加工项目已开工建设。

*以重点项目服务为重点，为全县经济社会发展大局服务。*紧紧围绕全县工业、农业、三产、教育、交通、城建等重点项目建设需要，顺利完成谦津电子、液化气防构、康桥置业、中农置业等重点招商引资项目，环城水系、西北外环、五号路、北二路等城建项目以及市政公司搬迁、高青一中扩建、双语学校建设、县社会福利中心建设等 20 余个重点项目的迁占、赔青等服务工作，迁占征地 2800 余亩，保证了重点项目和城市建设的顺利进行。

以农民增收为重点，加快现代农业发

展。一是大力发展特色农业。以布莱凯特小黑牛等龙头企业为依托,不断推进农业产业化经营,提高农业生产效益;出台奖励扶助政策,引导广大农户新建100头规模以上养殖小区8处,引进能繁母牛1500头;以段家西瓜、崔东辣椒、马家苗木为依托,辐射带动全街道种植业结构调整,增加了农民收入。二是加大农业基础设施投入。投资80余万元对尹马沟、24排等骨干沟渠进行了疏浚,疏浚沟渠1.2公里,挖掘土方20余万方。三是强化惠农政策落实。小麦、玉米良种面积不断扩大,粮食直补、良种补贴、大型农机具购置补贴、化肥柴油补贴、能繁母猪补贴等一系列惠农政策得到不折不扣的落实,广大农民减负增收效益明显。

*以改善民生为重点,加快推进社会事业发展。*投资650万元新建崔张小学、义和小学教学楼,不断加大教育投入,改善教育教学环境。投资1500万元的社会福利中心基本完工,改善了城乡保障救助设施条件。认真落实新农保、新农合等惠民政策,加强基金管理,参保人数和比例创历史新高,其中新农合参合率达到100%。计划生育工作实现新突破,全街道人口自然增长率仅为3.2‰,农村合法生育率达99.5%,城区合法生育率达98.9%。认真落实国家优抚政策,上门为264名优抚对象发放优待金30万元、优抚金90万元。建立城乡社会救助制度,为符合规定的1037名农村低保对象、434名城市低保对象办理了入保手续,发放低保金60余万元。

*以村级组织规范化为重点,加快社会和谐稳定建设。*健全完善村级财务管理制度,制定了《关于进一步加强农村财务规范化管理的有关规定》,重点强化村级资金特别是涉及油田占地赔偿、机动地承包等大额资金的收缴入库管理,健全村级民主理财组织和理财议事制度,进一步加大农村财务公开督查力度。深入开展领导干部大接访活动和固本强基维稳工程,推行镇领导包案责任制管理措施,积极排查、防范、化解各类矛盾和问题,维护了社会和谐稳定。

常家镇

2011年,常家镇牢记发展第一要务,努力促进社会和谐,以创先争优活动为推动科学发展的经常性动力、促进和谐与创建平安的经常性保证、服务群众的经常性机制、加强基层党建的经常性要求,有力促进了经济社会又好又快发展。全年规模以上工业企业实现总产值14.2亿元,增长9.6%;实现固定资产投资13.8亿元,增长50%;实现销售收入14.1亿元,增长10.5%;实现利润1.48亿元,增长8%;实现利税2.1亿元,增长9%;实现地方财政收入3223万元,增长24.34%,地方财政支出2483万元,增长19.66%。

*"生态化工重镇"续写辉煌。*以实施"十大工程建设深化年"活动为总抓手,全年引进项目12个,协议利用外资31亿元,到位资金17亿元。建成投资6000万元的北岳精细化工橡胶促进剂等项目5个;投资8000万元的宏豪晶体材料晶体级高纯氧化铝等4个项目正在建设之中;投资9000万元的润盈水务污水处理项目和投

资30亿元的热电、汇龙石化项目即将开工;过亿元在谈项目3个。注重园区基础配套设施建设,投资近300万元完成近9000米自来水、临时污水和天然气管线铺设,其中,11万伏变电站建成后可实现项目区电源双配套。

*"黄河鱼米之乡"谱写新篇。*大力发展品牌农业、效益农业,促进农业产业化发展。新增台李、索家两处"高青大米"千亩标准化种植片区,全镇水稻种植面积达到2.3万亩。依托龙头企业大力推广"公司+基地+农户"养殖模式,建成农鑫、科牧等存栏200头以上能繁母牛规模化养殖小区5处。2011年,全镇实现母牛存栏4108头,繁育黑牛1126头。力争三年左右全镇山东黑牛存栏达到1万头。新增桑园2000亩,建成黄河淤背区万米桑葚、富硒冬枣观光采摘带,实现了农民增收致富多元化。建成标准化生态淡水鱼虾养殖池塘800亩。

*"温泉旅游胜地"扎实推进。*实施了投资近10亿元的国家级大芦湖片区土地综合整治项目。项目分为土地综合整治和合村并居两大部分,其中,土地整理涉及全镇50个村,通过实施土地平整、农田水利、田间道路和生态保持等工程,进一步提高土地的产出效益;合村并居涉及33个村,包括天鹅湖、刘春、三合、湖西、湖北、湖东等6个社区,力争年内完成主体施工,2013年实现搬迁入住。利用温泉地热资源优势,加快温泉公馆开发建设步伐,打造温泉旅游福地。搞好黄河—大芦湖生态风情园区规划开发,积极打造成集黄河旅游、湿地观光、温泉养生、休闲娱乐、餐饮度假为一体的生态旅游区。

*党务工作凸显亮点。*深入开展创先争优活动,进一步夯实党的农村执政基础。按照"法定程序不变、规定步骤不少、选民权利不侵"的工作要求,严格组织程序,严肃换届纪律,依法开展了县镇党、人大换届工作,选举产生了新一届镇党委、政府班子。顺利完成第十届村"两委"换届选举工作。认真做好村级事务"五代管"工作,实现了应管尽管。加强基层组织阵地建设,完成了第四批新建办公室后续完善工作,第五批改建办公室工程已完工并投入使用。

*民生工作铸就和谐。*扎实开展创新社会管理"千百十"为民主题实践活动,村镇确定为民办实事90件,涵盖文化教育、农田水利基础设施建设等方面。建立了包村干部"一对一"帮扶机制,为全镇241个帮扶困难户资助现金72300元。投资1400万元完成镇中心小学迁建并投入使用。投资100余万元对台李小学、郑庙小学、赵店幼儿园危房进行改建。投资200万元实施中小学餐厅建设工程。积极开展农村贫困救助,认真组织实施农村特困救助、大病救助和最低生活保障等工作,民政救助进一步提标扩面。投资200万元按照省一级院标准对镇敬老院进行了改扩建,集中供养能力和水平进一步提高。

(撰　稿:吕　超)

责任编辑:李成明

责任校对:光　鹏

沂 源 县

【概述】 2011年,沂源县坚持以党的十七届五中、六中全会精神为指导,深入贯彻落实科学发展观,紧紧围绕富民强县战略目标,把握转调主线,积极创新作为,奋力创先争优,全县经济持续健康协调发展。全县生产总值达到189.4亿元,同比增长11.3%,其中第一、第二、第三产业增加值分别达到22.9亿元、94.3亿元和72.2亿元,分别增长4.8%、14.7%和8.9%;全社会固定资产投资95.2亿元,增长24.1%;社会消费品零售总额81.4亿元,增长18.0%;城镇居民人均可支配收入和农民人均纯收入分别达到21051元和9558元,增长14.3%和23.9%。

2011年,全县境内财政总收入完成201886万元,占调整预算数的100.94%,增长16.43%;地方财政收入完成121223万元,占调整预算数的100.18%,增长26.9%。全县总支出152537万元。根据现行分税制财政体制计算,全县总财力完成152547万元,全县地方财政支出完成152537万元,收支相抵,当年净结余10万元,实现了财政收支平衡。

【财政收入实现稳步增长】 积极探索建立收入常态化调度分析、征管激励约束、非税收入征管等长效机制,大力推行社会化综合治税和会计信息质量检查,依法加强税收征管,实现了应收尽收。2011年,全县地方财政收入总量超过12亿元,增长26.9%,增幅位居全市各区县第二。四大主体税种完成4.46亿元,占税收的比重为55.3%,财政收入质量进一步提高,集中反映了全县保增长、调结构的成果,反映了各级强化征管、努力增收的成效。另外,抓住上级支持转方式调结构、加大民生投入、缓解基层财政困难的机遇,切实算好改革账、体制账、政策账,千方百计争取上级支持,全年共争取上级转移支付和专项补助6.8亿元,为弥补财力不足、实现借力发展发挥了重要作用。

【支持经济发展力度不断加大】 一是积极推进新型工业发展。灵活运用奖励、贴息、补助等财政杠杆手段,加大重点企业扶持力度,全年用于扶持企业发展的资金达到2亿余元,有力促进了医药产业集群发展、企业技术创新和节能减排,拓宽了企业发展空间,增强了企业竞争实力。积极推动高成长性中小企业发展,投入资金2000余万元,支持中小企业担保机构建设,鼓励中小企业通过股权挂牌、托管交易等方式多渠道融资,激励金融机构加大放贷规模,有效缓解了中小企业融资难问题,促进了中小企业快速发展。二是积极推进现代农业发展。以支持四大产业振兴计划的实施为重点,整合各类支农资金1000余万元,用于有机农产品基地建设、现代农业发展项目和农业产业化龙头企业发展，加快农民专业合作组织建设，促进了有机品牌农业发展。三是积极推进现代服务业发展。充分利用扶持政策，大力支持金融、物流、文化、旅游等现代服务业发展，特别是通过开展“优惠二日游”等活动，进一步扩大了旅游品牌宣传效应，带动了旅游业发展，增强了财政贡献能力。

【各项民生政策得到较好落实】 坚持民生优先，大力调整优化财政支出结构，全力保障民生等社会事业发展。全年用于“三农”、教育、文化、卫生、社保等民生方面支出达到9.2亿元，占地方财政支出的61.3%。一是保工资、保运转的能力明显增强。提高了行政事业单位和离退休人员津贴补贴，统一了城乡教师、机关工作人员工资标准，实现了城乡同工同酬。二是对“三农”的投入不断加大。先后利用“一事一议”等财政奖补政策，争取农村环境连片整治、生态循环农业等项目资金，不断加大水库灌渠配套、农业综合开发、饮水安全工程、节水灌溉、区域水网和道路改造提升等农业基础设施建设投入，农业生产承载能力明显增强。继续发展贫困村村民互助资金，与农业小额贷款进行有机结合，有效缓解了农村融资难问题。认真落实各项惠农补贴，足额兑现了粮食直补、农机补贴、能繁母猪补贴及家电摩托车下乡、家电以旧换新等各类惠农政策。三是社会保障水平不断提高。全面落实城乡低保、新农保、五保供养、边缘家庭救助、孤儿和老龄补贴等社会保障制度，启动了城镇居民养老保险工作，并按要求对部分补贴进行了提标扩面，基本实现了应保尽保目标。加快各镇敬老院和社会福利中心建设，积极支持民生工作办公室工作，提高了民生工作水平。及时发放廉租房补贴，帮助困难群众解决住房难问题。认真落实降低缓缴保险费、发放失业保险和实施小额担保贷款等就业保障措施，促进了就业再就业。足额兑现居民和学校冬季取暖补贴以及燃油补贴，保障了居民基本生活需要。四是社会事业保障有力。加大教育投入，全面落实农村义务教育经费保障和家庭经济困难学生资助等政策，提高了义务教育阶段中小学日常公用经费标准，保障了城区教育资源优化、校园安保、中小学校舍和校车安全、城区学校体育场地改造提升及全民健身设施综合改造工程建设，完成了农村义务教育债务化解工作，并在省市规定的化债资金基础上多争取1000万元。加大医药卫生投入，积极支持医药卫生体制改革，提高了新农合、城镇居民医疗保险和基本公共卫生服务项目的财政补助标准，扩大了基本药物实施范围，对各镇卫生院实行了收支两条线管理。大力支持农村文化建设、农村电影放映、全国文明城市创建、文化场馆免费开放和群众文化活动，认真落实计划生育奖补政策，积极实施政法经费保障改革，促进了平安沂源、固本强基和治安防控体系建设。

【科学理财水平明显提高】 深化部门预算、国库集中支付和收支两条线改革，将除教育收费和彩票发行费以外的所有预算外收入全部纳入了预算管理，政府预算管理水平不断提高。进一步理顺了县镇（开发区）财政体制，将刚性强、标准高、要求严、具有普遍性的民生政策纳入了县级财政支出范围,增强了基层财政保障能力。严格落实政府项目投资评审、招投标、报账提款和决算审计制度,全年完成政府采购额3.5亿元,节约资金7320万元;评审政府投资总额2.4亿元,审减资金8248万元。全面推开了惠民"一卡通"工作,将良种、新农保、城乡低保、计划生育、优抚等20多项补贴纳入了"一卡通"管理系统,发放资金7000余万元。加强行政事业单位国有资产管理、债务管理、会计管理和信息化管理,在全市率先开展了财政综合业务管理系统建设。同时,加大监督检查力度,开展了预算执行情况检查和规范津贴补贴、清理预算单位银行账户等工作,实施了公务用车和"小金库"专项治理,财政管理力度不断加大。

【机关形象明显提升】 以创先争优活动为主线,统筹推进机关党建、文明创建、机关作风和党风廉政建设等工作,干部队伍素质和机关形象明显提升,继续保持了省级文明单位和全省财政系统先进集体等荣誉称号。一是加强学习教育。组织干部职工认真学习党的十七届五中、六中全会和"七一"重要讲话精神,系统学习了财政知识和财经法律法规,切实提高干部职工政治业务素质。加强工作调研,围绕"惠民生、转方式调结构和小城镇建设"等多个课题,深入调研,形成了多篇高质量的调研报告,相继在《中国财经报》、《中国财政》、《鲁中财会》等报刊杂志发表,增强了工作主动性。二是加强机关作风建设。认真落实政务公开、服务承诺、首问负责、限时办结等制度,积极开展了"单位负责人公开承诺"、"百家科室大家评"和"珍惜岗位"大讨论等活动,不断改进工作方法,强化服务意识,提高工作质量。积极倡导为民办好事、办实事,开展了"慈心一日捐"、帮扶贫困老人和经济薄弱村等活动,充分调动了党员干部服务为民的积极性和主动性。三是加强党风廉政建设。坚持预防为主、教育为先的理念,组织学习了《廉政准则》、《干部选拔四项监督制度》等材料,参观了廉政展览,观看了警示教育片等,筑牢思想道德防线,增强拒腐防变能力。不断加强廉政风险防范管理,共梳理"三重一大"事项16项,查找廉政风险点50多个,制定了30多条防控措施,有效预防了财政工作中存在的风险点。四是加强机关文明建设。充分发挥党团、工会、女工委等组织作用,参加了唱红歌、重温入党誓词和书画摄影展等活动,开展了乒乓球比赛、工间操等群众性活动,参加了第一届沂源县全民健身运动会,获得了包括冠军奖在内的10多个奖项,展现了财政干部良好的精神风貌。

南麻镇

2011年,南麻镇认真学习贯彻"内涵发展、生态文明、民生为先、城乡统筹"的工作理念,突出"转方式调结构、统筹城乡发展、保障改善民生、创新基层党建"四项重点,采取全年工作项目化推进、责任化落实的方式,推动全镇经济社会平稳较快发展。全镇实现生产总值78.7亿元,同比增长23%;完成境内总收入1.57亿元;实现地方财政收入7111.6万元,同比增长8%,地方财政支出2449万元,同比下降4.60%;农民人均纯收入达到10178元,同比增长3%。

工业经济平稳较快发展。工业投入持续加大。实施了总投资17.7亿元的重点工业项目19个,已有7个项目投产运营,10个项目正在土建或设备安装调试,累计完成固定资产投入10.2亿元,项目全部达产预计可实现销售收入46.5亿元、利税15.2亿元。加强中小企业服务中心规范化建设,通过落实"一站式"服务和领导干部挂包责任制等措施,重点扶持的鑫泉化工、永华滤清器等10家中小企业利税增幅达30%以上。招商引资和外经贸工作取得新成绩,全年招商引资2.2亿元,完成出口创汇2300万美元,实现境外投资和承包工程85万美元。

新农村建设稳步推进。加强了4处合计2000亩绿色蔬菜核心示范基地建设,新发展畜禽养殖1.1万余头(只),转移农村富余劳动力1100人,完成就业再就业671人,实施新型农民培训2.5万人次,增强了群众致富能力。加强5处合计6000亩有机果品核心示范基地建设,完成名优果品栽植、补植500余亩,侯家官庄苹果园创成"沂源县十大精品园";9个绿色、有机农产品(食品)品牌带动农产品增值30%以上,培育发展省市级农产品生产龙头企业3家,农业专业合作社3家,有机农业进一步提质增效。加强了分类民主决策、村务"流程化"管理、村干部激励约束管理等机制创新,培育打造了10个新农村建设先行示范村,提升了农村管理水平。认真落实惠农和减负政策,发放良种、农资及家电下乡等补贴467.7万元,完成了集体林权制度改革,维护了群众利益。

旅游服务业繁荣发展。坚定不移地推进旅游服务业提质增量,增创了经济发展新优势。扎实推进休闲、采摘旅游和"沂源优惠二日游"活动,累计接待游客5万多人次。全力抓好投资5亿元的鲁中义乌国际商贸城征地拆迁工作,实施了总投资8.5亿元的永华文博苑等7个服务业重点项目建设,南麻一村新商务区和商务大厦等工程项目已基本竣工,累计完成投资近5亿元。鲁源实业、万盛隆、"两市场"和居家城等商贸物流服务平台良好运行,"万村千乡"市场工程深入推进,城乡服务业呈现良好发展态势。

和谐社会建设成效显著。认真落实"十二条保障救助线制度",审核办理城乡低保240户共计421人;新农合参合率达100%,累计报销医疗费用880万元,审核办理慢性病及特殊病200余人次;57个农业户口村的60周岁以上老人新农保实现了与国家新农保制度并轨,7个社区和8个城镇户口村城镇社会养老保险参保达8126人,实现了16周岁以上居民全覆盖;"慈心一日捐"和机关干部帮扶贫困户活动累计救助群众款物10余万元,兑现发放优抚对象抚恤金和五保户、城乡困难群众等各类救助金120余万元;发放大病救助金27.6万余元,惠及105户家庭,并为56名贫困白内障患者实施了免费复明手术,有效地促进了社会和谐发展。

东 里 镇

2011年,东里镇围绕"建设生态文明

和谐东里”这一目标,加快推进经济转方式、调结构,加强财源建设,调整优化支出结构,促进全镇经济和社会事业持续健康发展。全镇实现社会生产总值34.7亿元,全社会固定资产投资13.1亿元,财政总收入2.9亿元,增长30%;地方财政收入10225万元,增长35%,地方财政支出3782万元,增长42.16%;农民人均纯收入10178元,增长2%。

工业经济平稳健康发展。着力调整经济结构和转变增长方式,立足资源优势和产业优势,积极构建工业发展框架,依托华联工业小区、汇源绿色园区和民营经济小区三个特色鲜明的工业板块,实施骨干企业带动作用,重点培育了山东华联矿业、淄博新明食品、汇宝颗粒饲料、汇东建材、和美华化工、华朋源塑胶等一批规模企业,带动新兴产业健康发展。东里镇规模以上工业企业实现销售收入33.9亿元,同比增长24.6%。加大骨干企业扶持力度,重点抓好华联地下开采、新明公司A3灌装线、和美华C5石油树脂等重点项目建设,累计完成投资7.2亿元。

农业产业化经营进一步提高。投资100万元,完成省级现代农业发展资金苹果项目建设;投资200余万元,新建刘家圈、孟家旺1000亩有机苹果、水北400亩有机樱桃、西寺300亩有机枣基地;投资150余万元,完善了水、电、路、隔离网等设施,加强营销体系和农民组织化建设,果品年储存周转能力达到30万吨,全镇果业协会达到39家。以市场为导向,着力提升果品质量,实现了林果生产由产量增长到质量提高的转变,逐步形成了“市场、基地、协会、农户”四位一体的经营模式,东里镇已成为覆盖周边县镇的果品贮存中心和集散中心。

新农村建设扎实推进。一是加快城乡社区建设步伐。重点铺开了韩旺社区、马家沟社区和梅家坡村整体搬迁工程,对社区周围和道路沿线进行美化亮化,增加社区绿地1.5万平方米。构建了以沂河为中心的“两山、三水、四带”城镇发展框架,镇驻地建成区面积达到4.8平方公里,常住人口1.2万人,发挥了镇驻地对农村经济发展的综合带动作用。二是加快农村基础设施建设。完成了20公里农村道路建设,完成铁路建设地面附属物赔偿和拆迁工作;完成17个村12000余人的新建饮水工程和400处“一池三改”工程,完成了8个沼气服务网点的设施配套,农民生产生活条件得到进一步改善,争取上级“一事一议”奖补资金100余万元,用于东村、东安等11个村的文化广场、路域整治、硬化道路和河道建设。三是加快实施生态家园富民工程。完善生态环境保护长效工作机制,大力实施污染治理和再提高工程,完善生态环境保护长效工作机制,进一步改善了人居环境。

和谐社会统筹推进。一是文教卫生事业发展迅速。投资100余万元,完成学校危房改造任务,加强校园安全管理,实施教师素质提升工程;建立居民卫生档案,居民医疗服务水平不断提高;完成了10个农村文化大院和农家书屋建设。二是社会保障救助体系进一步完善。积极做好农村低保、五保供养工作,开展“手拉手”结对帮扶工程,筹集帮扶款物20余万元,发放各类低保、优抚、扶困资金340余万元。积极抓好农村富余劳动力就业培训和服务,转移劳动力2000余人。新型农村合作医疗工作进展顺利,参合率达到100%,报销费用1600余万元。新型农村基本养老保险得到进一步巩固,发放养老金450余万元,受益8000余人。

旅游服务业发展活力进一步增强。一是深入实施"旅游带动"战略。加强旅游推介,组织参加宣传推介会2次,加强与各旅行社联系,进一步提升了旅游知名度和吸引力。二是景区管理不断提升。进一步理顺唐山景区发展机制,投资10余万元,对唐山寺及游客服务设施进行了修缮;投资20余万元,对摩岩石刻进行保护,规范管理,景区运营能力进一步增强。大力开发生态旅游资源,做好景区与特色采摘节等旅游资源的结合文章,旅游接待水平进一步提升。三是加快现代商贸服务业发展。东里老街改造基本完成,小商品批发城、果品批发市场和超市建设项目扎实推进。加快建设唐山佛雕文化园,打造唐山旅游品牌。加大投入力度,进一步改善景区旅游条件和环境,增强旅游服务承载能力。

(撰 稿:魏 蒙)
责任编辑:李成明
责任校对:光 鹏

高 新 区

【概述】 2011年,高新区在市委、市政府的正确领导下,牢牢把握科学发展主题和加快转变经济发展方式主线,加快实施"六五三五"创新和发展赶超工程,举全区之力提高创新能力,积极推进主导产业和战略性新兴产业发展,着力提升民生民本水平,努力构建和谐社会。在综合实力、创新能力、产业发展、园区建设、招商引资、社会事业等方面都取得了新成绩,实现了新突破。2011年,完成GDP164亿元,增长13.7%;规模以上工业销售收入413亿元,增长21%;规模以上工业增加值102亿元,增长17%;固定资产投资98.2亿元,增长28%;社会消费品零售额48.9亿元,增长18.5%;城镇居民人均可支配收入28297元,增长18.2%;农民人均纯收入13773元,增长20.4%。

2011年,高新区地方财政收入完成200029万元,完成年初预算108.08%,同比增长24.29%。工商税收完成106686万元,完成年初预算108.76%,同比增长25.07%;一般预算支出完成192735万元,完成预算116.30%,同比增长24.23%。根据现行财政体制计算,实现结余184万元,连续19年实现财政收支平衡。

【加强财政预算管理,确保完成全年财政

收支任务】 通过大力培植税源,严格落实收入目标责任制,强化社会综合治税措施,重点监控主体税种、骨干税源和纳税大户等措施,促使财政收入得到平稳增长。地方收入结构进一步优化,耕地占用税、契税、各项非税收入都有了新增长。市政府对高新区目标考核中财政四项主要指标全部超过必保目标,地方财政收入增长率为24.29%,地方税收占财政收入比重完成80.77%,科技支出占财政支出比重提高0.86个百分点,教育支出增长率为5.55%。

【强化体制机制改革,推进工作规范化】 大力深化各项财政改革,体制机制更加科学、规范、透明,财政管理工作再上新台阶。一是全面推行部门预算管理改革,部门支出管理更加科学规范。建立了部门预算管理系统,实行网上“两上两下”报批制度,使部门预算规范化建设迈出了实质性的一步。部门预算资金占到全年项目预算支出的85%以上,追加预算情况明显减少。二是不断深化国库集中支付改革。进一步提高直接支付比例,发挥财政资金最大效益。在33家预算单位全面完成了公务卡的推广应用工作,基本建立起“使用方便、操作规范、信息透明、监控有力”的公务卡管理新机制。三是大力推进财政投资评审,共完成投资评审额7.86亿元,审减资金1.05亿元,审减率13.34%。四是加强政府采购监管。强化采购预算编制和执行,扩大政府采购范围和规模,全年政府采购额完成29697万元,节约财政资金6050万元,节支率达16.92%。五是启用了行政事业单位国有资产管理系统,有效地防止了国有资产流失及购置上的重复浪费,使国有资产管理逐步走上规范化、制度化的轨道。六是进一步加强社会保障资金的监督管理,保证新农合、新农保、城镇居民医疗及养老保险、城市及农村低保金等支出需求,促进各项民生政策的落实。

【加大投融资力度,积极做好融资和争取资金工作】 面对2010年国家对政府融资平台的政策调整,采取多种措施积极应对。国有资产运营公司资产和现金流量都不断扩充,融资平台不断壮大,并通过工程建设形成新的资产,实现资本扩张。一是加强与各金融机构联系,积极争取项目资金支持。实验中学建设项目农发行贷款1.2亿元全部到位,重新规范了用款程序,保证工程建设顺利进行。二是密切与市城市资产运营公司联系,争取专项资金借款,加强省调控资金、治污减排资金及“两区三村”改造资金管理。2011年,淄博市资产运营公司转借的中国银行1亿元“两区一村”资金已经全部到位。三是规范项目资金管理,与建设中心、建校办、筹建办等部门加强联系、协调、对接,严格审核付款资料,进一步规范了项目资金管理、核算程序,以确保资金合理科学安排使用,各项重点工程顺利建设。

【强化财政基础管理工作,严肃财经纪律】

一是加强会计从业资格管理工作,组织继续教育培训2926人,办理会计从业资格证书263个,调转1285人。二是加强非税收入管理。继续执行“比例统筹”管理办法,坚持“收支两条线”,重点做好“票款分离,银行代收”工作,严格票据管理,全面实现“以票控费”。三是不断完善财务核算机制,规范财务行为,建立了报账员制度,进一步规范了财务统一结算工作。四是进一步强化政府采购工作。实行管采分离,并加强对采购人、代理机构、供应商的监督管理,对工程项目招标过程进行重点监管。五是组织开展了行政事业单位资产核实调整工作,保证账账、账实相符。六是对行政事业单位开展了“小金库”治理工作。2011 年列入“小金库”专项治理范围的有 11 家党政机关、21 家事业单位、7 家社会团体和 5 家国有企业,坚持复查不走过场,不留死角,复查面达到 100%。七是开展公务用车专项治理。自查涉及高新区管委会 34 个单位共 148 辆登记车辆,总价格 2605 万元,自查面达到 100%。

【发挥财政职能,促进企业发展】 一是按照管委会统一部署,出台了《鼓励金融保险现代服务业的财政扶持政策及对突出贡献企业进行奖励的政策》,并针对现有财政扶持政策完善实施细则,提高了政策的可操作性。二是发挥部门职能作用,促进重点企业发展。与科技局配合组织召开了高新区科技奖励大会,财政安排资金达 4000 万元,重点奖励、支持科技创新工作。三是积极为企业争取上级资金,全年向上争取科技创新专项资金、涉外发展资金、中小企业发展资金、新兴重点产业资金等各类企业扶持资金达 5700 余万元。

【加强干部队伍建设,树立财政部门良好形象】 一是认真组织开展党建和创先争优活动。成立由主要负责人任书记的机关党总支并下设机关一、二支部和行业党支部。联系财政工作实际,进一步确定了党务公开的形式、内容,党建工作形成新格局。二是坚持执行民主集中制,充分发挥班子成员的积极性、主动性和创造性,认真履行职责,抓好工作落实。坚持“一岗双责”,深入贯彻落实党风廉政建设责任制,大力推进政风行风和机关效能建设。三是深入开展文明创建活动,组织开展了多项丰富多彩的文体活动,连续 15 年被评为“财政工作先进单位”和“财政系统文明单位”。四是做好各项重点工作任务的落实和督查工作,全局上下形成了“认真、专业、务实、高效”的良好氛围,进一步提高了工作标准和服务质量,树立了财政部门的良好形象。

四宝山街道办事处

2011 年,四宝山街道办事处紧紧围绕经济发展总体目标,充分发挥财政职能,继续深化财政改革,大力促进财源建设,积极组织财政收入,优化收支结构,强化财政监督,财政各项指标均有不同程度的增长,为高新区经济社会各项事业又好又快发展提供了有力的资金支撑。2011 年,完成地方财政收入 39063 万元,增长 22.81%;地方财政支出 6570 万元,增长 24.01%。

全力抓好重点项目服务工作。做好太空港、印象齐都、高分子助剂产业园、康复中心等项目具体的协调服务工作。高分子助剂产业园项目进展顺利,太空港项目相关准备工作有序进行中,印象齐都项目地面附着物清点工作已经展开。恒汇、MEMS 益源电力等项目已建成投产,广银、雨润、鲁信、富宇蓝石轮胎、中远华鸿物流园等项目,按照既定计划推进。认真做好了中石油管线、暖气管道等建设工程的附着物清点、补偿兑现、特殊问题协调处理等工作,保障了工程顺利推进。

支持发展现代农业,促进农村经济稳步发展。大力发展现代都市特色农业项目。坚持实行调整富民,在稳定粮食生产的前提下,积极指导村居依法流转土地,大力发展都市农业。现代农业科技示范园基础设施建设完成投资2000余万元,开发利用面积4000余亩,吸引容纳了淄博源发蓖麻科技有限公司蓖麻产业化生产项目、淄博景郦生物科技有限公司的玫瑰产业化生产项目等多个农业项目。积极会同有关部门认真做好涉农补贴对象的申报、认定、审核和公示等工作,粮食直补和农资合补的补贴标准由去年的83.15元/亩,提高至98.45元/亩,增长18.4%。安排专项资金,推进秸秆禁烧和管护利用工作,及时清理各种焚烧隐患,秸秆转化利用率达到99%。

关心关注弱势群体,落实民生保障政策。自2011年起,将城市低保标准由每人每月316元提高到每人每月360元;农村低保标准由每人每年1400元提高到每人每年1700元;将低保户慈善救助标准由原来的每户每年360元提高到每户每年460元,并切实做好提标后的扩面工作。按时足额发放城乡低保金,及时发放救灾金2.2万元,发放医疗救助金15万元,救助城乡大病困难群众91人次。积极做好"慈心一日捐"活动,接收善款425.32万元,发放慈善救助金共20万元。积极做好重点优抚对象"住房难"情况和新农保对象的调查摸底工作,为330名优抚对象发放优抚金88.74万元,为259名优抚对象办理城镇职工、城镇居民医疗保险。

定制度,促落实,强化村居财务管理。根据财务管理有关要求制定相关的村居财务收支管理、固定资产管理等制度,明确党支书、主任和财务人员各自的财务工作职责,所有的村居配齐专职财务人员。加强业务培训。每年对村居干部进行财经纪律、财务知识专业培训,增强村居财务人员财经纪律观念与业务技能。规范财务移交,开展业务指导,加强对村(居)发票收发的管理以及对集体资产租赁的指导。

(撰　　稿:王　志)
责任编辑:李成明
责任校对:侯永明

文昌湖旅游度假区

【概述】 建设文昌湖旅游度假区是市委、市政府为加快转方式调结构，推进统筹城乡发展，提升淄博城市综合竞争力而作出的战略决策。2011年1月，文昌湖旅游度假区正式成立。按照市政府与中海外集团签订的框架协议，旅游度假区建设总投资210亿元，整个项目在8年内完成。2011年，文昌湖区以科学发展观为指导，按照建设“全省有重要影响力、全国有重要知名度的生态旅游度假区、城乡统筹发展示范区和高端服务业聚集区”的发展目标，努力克服种种困难和挑战，求真务实，攻坚破难，全区经济社会各项事业实现了平稳较快发展。

【财政体制确立及收支完成情况】 2011年，市财政确定了市对文昌湖区财政体制机制和相应的预算管理办法，在省人行和市人行的全力支持下，文昌湖区金库也于3月1日正式运转，为区财政独立运行创造了基本条件。2011年，全区境内财政收入完成12364万元，较上年增长21.76%；地方财政收入完成5067万元，较上年增长25.98%。地方财政支出完成9091万元，较上年增长151%。收支相抵，组织实现了平衡，总体上执行情况较好。全年地方财政收入增长率、地方税收占地方财政收入比重、教育等社会事业费支出增长率分别完成25.98%、91.47%和99%，分别高于全市平均增幅0.59个百分点、24个百分点和67个百分点。

【积极筹措资金，全力保障和改善民生】 在财力异常紧张的情况下，积极筹措资金，认真落实各项惠民政策。加大对民生和重点社会事业发展的投入力度，对增加新农合和城镇居民医保补助、提高新农保和农村低保标准、义务教育经费保障、医药卫生体制改革、公共安全等支出，都足额安排，切实予以保障，促进社会和谐稳定。积极争取市级财政各项专款2187万元，解决了区公安分局开办、办公环境整治等刚性支出需求。争取地方政府债券资金1000万元，为全区公益事业发展提供了资金支持。投入60万元解决学校供暖问题，改善教学环境；筹集100万元用于两镇校车购置补助。认真落实各项待遇，切实保证两镇工作人员的工资、法定补贴和村干部补贴等按时足额发放。积极协调淄川区、周村区继续代管部分民生项目，各项民生政策得到了有效落实。

【实施转方式调结构，促进经济发展壮大】

围绕文昌湖区休闲、娱乐、旅游、度假的主体功能，对污染型企业、各种“土小”企业实行了“关、停、升、转”，引导现有产业转型升级。积极筹措资金300多万元、争取上级补助460万元扶持高新技术企业和自主创新项目。与区经发局等部门配合，初步制定招商引资财政扶持政策,吸引高新技术产业和高端服务业进驻文昌湖区,壮大区域经济,培植优质财源。充分发挥公有资产公司平台作用,做好融资工作,缓解制约经济发展的资金瓶颈。与国土部门积极配合,全力参与并完成土地利用总体规划修编工作,使土地利用总体规划与文昌湖旅游度假区建设规划相衔接,满足文昌湖旅游度假区经济社会长远发展需要。

【强化制度建设,推进工作规范化开展】对各部门财务管理按“三步走”谋划,第一步“统一收支、分别核算”,第二步“独立核算、财政代管”,第三步“部门预算、自求平衡”。先后制定了《管委会财务管理暂行办法》、《管委会财政统筹暂行办法》、《地方水利建设基金筹集和使用管理实施细则》、《水资源费征收使用管理办法》,草拟了《固定资产管理办法》、《政府采购暂行办法》、《卫生院收支两条线管理实施细则》等一系列规章制度,为下阶段工作规范化开展奠定了基础。

【加强干部队伍建设,塑造财政部门良好形象】深入贯彻落实党风廉政建设责任制,厉行节约、廉洁自律,严格遵守各项财务制度,时刻筑起拒腐防变的思想防线。认真落实各项重点工作任务,克服人员少、任务重的困难,全局上下形成了“认真、专业、务实、高效”的良好氛围。大力推进政风行风和效能建设,进一步提高工作标准和服务质量,塑造了财政部门的良好形象。深入开展精神文明建设,积极参加第十一届淄博市财政系统乒乓球比赛,获得女子团体第三名、女子单打第七名的好成绩。

萌 水 镇

2011年,萌水镇强化主题主线意识,以统筹城乡一体化发展为工作总抓手,以创新社会管理、提升群众幸福满意度为出发点和落脚点,全力推进文昌湖开发建设,突出抓好产业结构优化升级,着力抓好生态环境保护,努力改善民生民需,强化措施、狠抓落实,群众收入和生活水平进一步提高,镇域经济社会实现又好又快发展,富强文明和谐幸福新萌水建设迈上新的台阶。全年完成规模以上项目固定资产投资6.6亿元,实现规模以上工业销售收入62.4亿元,规模以上工业利税6.1亿元,完成出口创汇1425万美元;实现税收8800万元;实现地方财政收入3134万元,地方财政支出1269万元,农民人均纯收入达9013元。

工业经济稳步发展。积极推进节能技改和新技术项目,注重引导新产品开发、提升科技含量、节能降耗等符合国家产业发展战略的技改和新上项目建设,坚决淘汰落后和过剩产能项目。全镇有64个工业项目开工建设,完成投资4.8亿元,其中,大亚金属公司总投资2.8亿元的新型金属磨料及船舶配件装配加工项目,已交纳土地购置费3160万元,厂房建设基本结束,完成投资5012万元;嘉丰公司总投资1600万元的制瓶机技改及建设研发中心项目,目前大楼主体完工,完成投资550万元;润泽石化、荣豪铁合金、天合化工3个企业的项目全面完成投资,现已进入生产阶段；其余项目正在按计划推进中，发展态势良好。

城镇建设全面展开。一是做好库区开发的各项前期准备工作，完成5宗1741亩预征地和库区集中居住区征地测量放线和地上附着物清点清理工作，完成滨湖公园168亩地上附着物清点、补偿及绿化前期的“三通一平”工作。二是稳步推进核心规划区外的旧村改造工作，年内泽崖村完成安置楼4幢1.6万平方米。三是加快推进“引气入萌”主管网建设，顺利完成“官三—北安—龙泉”段和“北安—三衣”段主管网铺设，一期工程8.7公里的主管网建设全部完成。四是高度重视环境绿化工作，全长7.4公里、总投资230万元、绿化面积100亩的杨萌路绿化工程正式启动。

都市农业初具规模。全面完成投资666万元的7000亩中低产田改造项目，并顺利通过了市级验收；完成了投资360万元的焕然河生态综合治理工程。加快推进文昌湖都市农业生态博览园、荷花生态园、莲花山科技生态园和龙泉都市生态园等重点项目建设，现已初步形成“三山一湖、四园一地”都市农业新格局，镇域旅游资源整体水平和竞争力显著提升。认真做好小麦直补和玉米、小麦良种补贴及统一供种工作，及时完成小麦抗旱补贴及小麦弱苗施肥补助工作，共计发放补贴资金277万元。积极做好农村供水、抗旱防汛等水利工作，实现供水10.8万立方米，维修供水管路800多米。全力完成秸秆禁烧和综合利用工作。

社会事业蓬勃发展。加强农村基层文化建设，共计演出民间戏剧30余场，新建北安、泽崖、水磨文化书屋3处，极大地活跃了全镇的文化生活。投资80余万元，对萌水中学、水磨小学等学校的食堂和供暖设施进行全面升级改造；集中开展校园安全综合整治，及时消除了安全隐患。同时，加大对校车安全的监管检查力度，对辖区内校车均进行了登记和安全检测，新配备校车8辆。全面完成新型农村合作医疗筹资工作，大幅度提高了报销比例，参合率达到99%以上。认真落实农村最低生活保障制度和五保供养制度，低保标准由每人每年1500元提高到1700元，五保供养标准由每人每年2500元提高到2800元。全面落实优抚对象定期补助和抚恤标准，全年共发放补助金66万余元。关注残疾人生活，为60名低保重度残疾人发放补助金共计3.6万元。积极做好新农保工作，2011年全镇共有8190人参加了新农保，征缴保费524.46万元，参保率达96%。

（撰　　稿：秦世强）

责任编辑：侯永明

责任校对：光　鹏

学会协会工作

在淄博市第六届财政学会、会计学会暨第五届珠算协会代表大会上的讲话

（2011 年 3 月 4 日）

市委常委、副市长 王顶岐

同志们：

值此淄博市第六届财政学会、会计学会暨第五届珠算协会代表大会胜利召开之际，我代表市委、市政府表示热烈的祝贺！

这次会议，是进一步繁荣发展我市财会理论研究和哲学社会科学事业的一次盛会，是我市财经界的一件大事，对于加强财政学会建设，推动财会理论研究，推进财政经济平稳较快增长具有十分重要的作用和意义。本届财政学会理事会自成立以来，始终坚持“服务财政经济、服务科学发展”的指导方针，充分发挥智力优势，动员广大会员和社会各方面力量，加强财政科学和财会理论研究，开展形式多样的学术交流活动，努力营造良好的学术研究氛围，形成一大批既有理论高度、又有指导性和可操作性的研究成果，提出了许多建设性的政策建议，为推动地方公共财政建设，促进全市经济社会又好又快发展提供了可靠的理论依据和决策参考，为此，我代表市委、市政府向大家付出的艰辛和努力表示衷心的感谢！

今年是“十二五”开局之年，也是转方式调结构攻坚之年，财政经济改革发展的任务十分艰巨。新一届理事会要团结带领广大会员和全市财经战线广大干部职工，深入学习贯彻党的十七届五中全会和中央、省、市一系列重要会议精神，以科学发展为主题，以加快发展方式转变为主线，按照市委、市政府“一个坚持，三个突出，推动淄博老工业城市新的转型发展”的总体部署，高举旗帜，坚定方向，自觉加强政治理论和经济、财政专业知识的学习与研究，努力当好中国特色社会主义财经理论的宣传者、推广者和践行者。要充分发挥智囊团、思想库作用，围绕中心、服务大局，坚持效益优先理念，深入搞好新形势下的财会理论问题研究，重点加强对充分发挥财政杠杆作用为转方式调结构提

供支撑、抓好增收节支增强财政保障能力、优化支出结构保障和改善民生等重大现实问题的理论探讨和实践操作,务必形成一批对路管用、对实际工作指导作用明显的优秀理论成果,为全市经济发展和社会建设提供可靠的理论基础保障。各级各有关部门要高度重视和支持财政学会工作,努力营造繁荣发展财会理论研究和哲学社会科学事业的浓厚氛围,形成工作合力,不断把财政学会工作推向前进。希望全市财政理论界以本次大会为新的起点,解放思想、开拓创新,充满激情、科学创业,为全市财政经济实现新跨越再立新功,为促进殷实和谐经济文化强市建设做出应有贡献!

祝大会圆满成功!

祝全市财政经济理论研究再结硕果!

谢谢大家!

责任校对:王 志

在淄博市第六届财政学会、会计学会暨第五届珠算协会代表大会上的讲话

(2011 年 3 月 4 日)

市财政局党组书记、局长 王修德

同志们:

今天的会议选举产生了市财政学会、会计学会和珠算协会新一届理事会常务理事和理事。我们荣幸地邀请市委副书记、市长周清利同志担任市财政学会名誉会长,市委常委、副市长王顶岐,市委常委、宣传部长郭利民和市人大常委会副主任曹在堂担任市财政学会顾问。周清利市长专门致信会议,王顶岐副市长作了重要讲话,对学会建设和财政工作提出了殷切期望和要求。我们要认真学习领会,切实抓好贯彻落实。市社科联的领导同志和有关高校、企业、部门的领导同志出席我们这次大会并出任学会常务理事,在此,让我们表示热烈的欢迎和衷心的感谢!

今天的会议推选我担任新一届市财政学会会长。对于大家的信任,我表示衷心的感谢。作为新一届会长,我深知肩负的责任重大。今后,我将与学会理事会、秘书处的同志们一道,在历届学会理事会打下的良好基础上,进一步解放思想,开

拓创新，扎实工作，推动全市财政研究工作深入开展。同时，希望大家一如既往地参与、支持学会建设，积极投身财政理论研究工作，齐心协力，共同推动三个学会实现新发展。

下面，我就加强学会建设、推动财政研究、促进工作开展，谈几点意见，供大家参考。

一、深刻认识加强学会建设和财政科研工作的重要意义

加强学会建设、推动财政研究，有利于进一步开阔工作思路，更新理财观念，创新管理方式，提升财政工作水平和层次，更好地为财政中心工作服务。

（一）加强学会建设、推动财政研究，能够开阔眼界，进一步增强工作的预见性

加强财政研究可以从宏观的高度，全面地分析认识问题，避免单纯片面的思想观念，从而更好地协调处理各方面的利益关系。加强财经理论研究，不断增加知识、信息的沟通与积累，能够高屋建瓴，观察财政经济发展的趋势和动向，对实际工作发展进程和方向作出准确判断，增强工作的前瞻性。

（二）加强学会建设、推动财政研究，能够加深对相关政策的理解，进一步增强工作的主动性

财政工作是综合性的经济管理工作，政策理论水平要求比较高。加强财政研究，可以帮助我们提高对政策的理解、把握和运用能力，了解财政政策措施变化的背景、原因和预期效果，从而有助于更加全面地把握政策要求，实现预期的工作目标。

（三）加强学会建设、推动财政研究，能够更好地关注财经舆论动态，进一步增强工作的敏锐性

财政研究更多的不是纯学术研究。财政问题涉及方方面面的利益，是社会各方面关注的焦点，尤其在当今社会，信息渠道很多，如果我们不注意了解和掌握社会舆论动态，就会缺乏应有的针对性和敏锐性，研究工作就可能缺乏生命力。通过加强对财经改革和经济社会发展中热点难点问题的研究，掌握与财政改革发展相关的信息，及时对相关问题进行研究并制定采取应对措施，可以使我们的工作更具敏锐性和洞察力。

（四）加强学会建设、推动财政研究，能够形成注重研究的工作氛围，进一步增强工作的实效性

随着知识经济、信息时代的到来，专业知识日新月异，新的理论研究层出不穷，这给我们学会工作带来了新的机遇、新的挑战，同时对广大财政干部的素质提出了新的更高要求。开展学会工作，借以形成注重研究、注重学习的良好风气，对提高我们的整体素质，适应新的形势任务要求，意义非常重大。同时，加强学会建设，编发《鲁中财会》、《财政研究资料》、《淄博财政年鉴》等学会刊物，对于宣传财经法规政策、促进财政工作，也有十分重要的推动作用。

总之，从多年的工作实践来看，重视还是不重视财政研究工作，效果是大不一样的。凡是注重财政研究的地方，财政工作的层次就比较高，效果就比较好；对财

政研究重视不够或者财政研究能力较弱的地方,财政工作的层次和效果就受到明显的制约。希望大家从全局的高度来认识和把握学会建设的重要性,切实抓好财政科学研究,努力提升工作水平和层次。

二、完善工作机制,努力提高财政科研和学会建设工作水平

多年来,在市委、市政府的正确领导和省财政厅的精心指导下,在有关部门和单位的大力支持下,我市三个学会始终坚持"为中心工作服务、为现实工作服务"的指导方针,充分发挥智力优势,动员广大会员和各方面力量,加强财政科学研究,开展形式多样的学术交流活动,营造良好学术研究氛围,形成了一大批既有理论高度、又有现实指导性的研究成果,提出了许多建设性的意见建议,为推动财政改革发展、促进殷实和谐经济文化强市建设,做出了积极贡献。当前,我市经济社会已步入新的发展阶段,财政改革发展的新形势,对财政理论研究提出了新的要求。新一届学会理事会必须更加注重自身建设,不断创新工作机制,充分发挥组织协调作用,推动全市财政科研和财会理论研究工作再上新台阶。

(一)要加强组织领导,保证财政科研和学会建设工作的正确方向

加强组织领导,是推动财政科研和学会建设工作发展繁荣的根本保证。全市各级财政部门要切实把财政科研和学会建设工作摆在重要位置,加大工作力度,强化工作措施,积极帮助解决工作中遇到的困难和问题,为全市财政科研和学会建设工作开展创造良好的环境。要坚持正确的政治方向。这是财政科研工作的首要问题,也是对学会工作者和学会工作的基本要求。要坚持用马克思列宁主义、毛泽东思想、邓小平理论和"三个代表"重要思想,坚持用科学发展观,指导财政科研工作和学会工作,确保各项工作沿着正确的方向前进。要大力倡导学术创新。在学术理论研究上,不能人云亦云,不能没有创新和突破,用过时的理论和观点去指导实践。我们应当在学会工作中、在学术理论研究上,大力提倡勇于探讨、敢于争鸣的精神,允许有不同声音,允许有不同观点,不能搞"一言堂"、"家长制"。只有在坚持四项基本原则的前提下,大家都勇于探索,敢于争鸣,我们的研究才会有成果,学会才会有生命力和凝聚力。

(二)要加强学术交流,增强学会凝聚力

作为全市性的学术团体,三个学会联系面宽,汇聚了全市财政科研和财会研究领域的精英,既有经济综合管理部门的领导同志,又有教育科研单位的专家学者,还有身处一线的财政财会实践工作者,大家在不同的工作岗位上共同进行财政财会研究,具有优势互补的有利条件。高校和科研机构的同志,理论功底扎实,对财经理论的前沿问题了解较多;经济综合部门的同志,对本行业或经济发展情况了解得更全面,把握得更准确;财会实践工作者身居一线,对具体工作情况更熟悉。会员之间要加强交流、沟通信息、拓宽视野,提高学会整体研究水平。要继续发挥学会的桥梁纽带作用,进一步丰富科研活动

内容,通过开展联合课题研究、组织研讨、联谊活动等,搭建起学会内部交流沟通的平台,让大家发挥各自优势,形成理论研究工作的合力。

(三)要创新活动载体和方式,增强学会的活力和影响力

学会的生命力在于研究出高质量的、有价值的学术成果。新一届理事会要积极组织开展丰富多彩的学术活动,努力提高学术研究水平,充分发挥学术资政宣教和服务财政经济中心工作的作用。一是要定期举办研讨会。将其作为加强交流、提高科研水平的重要途径,根据财政经济形势发展变化,及时征集大家关注的重点热点问题,定期或不定期举办专题研讨会,促进学术交流。二是要经常邀请专家办讲座、作报告。以学会名义,或采取学会与高校、科研机构等联合举办的方式,多举办一些学术讲座,既拓宽视野,又提高资源利用效率,扩大学会影响。三是要办好会刊。《鲁中财会》、《淄博财政年鉴》、《财政研究资料》是我市财会领域的重要理论阵地,在宣传财税政策、及时报道财税科研成果方面,发挥着重要作用。今后要继续办好并不断提高办刊质量,巩固这一重要理论阵地。要加大研究成果的宣传推介力度,定期收集全市的财政财会科研成果,搞好研究成果的推广利用,使其真正成为我市广大财会工作者的良师益友。

(四)要健全分工协作机制,提升服务财政中心工作的能力和水平

各学会新一届理事会已选举产生,充实了新生力量,一批年富力强、德才兼备的年轻同志进入了学会理事会。学会理事会和秘书处要进一步强化服务意识,提高服务能力,明确职责分工,做好课题研究和学术交流等活动的组织协调工作,形成浓厚的财政科研氛围。各位理事和其他从事财政财会研究工作的同志,要坚持正确的政治方向,深刻理解党和国家的重大方针政策,提高政策理论水平。学会秘书处要切实负起工作职责,健全完善优秀课题评选奖励办法、协作调研机制等管理制度,将学会工作纳入制度化、规范化轨道。要搭建交流平台,推进资源共享,对高校和科研机构等的最新研究成果,学会秘书处要多方收集,通过编发会刊等形式,及时传递给大家,指导工作实践,发挥好高校、企业、科研机构与财政业务部门之间的联络站作用。

三、坚持理论联系实际,推动财政业务工作顺利开展

理论研究的目的在于运用于实践。财政理论研究工作,是为解决实际问题、指导实际工作服务的,必须坚持理论联系实际的学风,通过加强财政理论研究,更好地指导财政工作实践。近年来,我们形成了一大批理论与实践结合紧密的财政科研成果,对推动财政改革发展起到了重要作用。但也有一些研究成果,与实际工作有所脱节,理论研究与实践工作“两张皮”的问题还没有得到彻底解决。对此,新一届学会理事会要高度重视,加强引导,帮助广大会员把握正确的财政科研方向,坚持用理论指导实践,紧紧围绕当前财政改革的重点、难点问题,深入基层、深

入实践,加强调查研究,提出符合实际的政策建议,切实提高财政理论研究与实际工作的契合程度,推动各项工作开展。

(一)要多研究推进转方式调结构、培植壮大财源的新办法,开创财源建设新局面

我市是老工业城市,围绕建立财政稳定增长机制的要求,运用财税政策杠杆,积极探索推进转方式、调结构、增财源,是我们义不容辞的责任。我们必须把培植壮大财源工作作为一项长期的基础性、关键性工作,认真研究,扎实推进。要准确把握今后一个时期我市转方式调结构的总体要求、任务目标和工作重点,正确处理增加投入和优化存量资金的关系,研究整合各级各类财政政策资金的措施,着力扶持转方式调结构的重点领域、重点行业、重点项目,推进发展方式转变和经济结构调整。要强化经济发展的效益导向,把结构调整和财源建设有机结合起来,研究推进财税政策与产业、金融、土地等政策有机融合的措施办法,引导社会资金更多地投向创造优质财源的产业和项目,提高经济的整体效益和创税能力,把经济发展的成果体现到税收增长、财政增收和居民收入增加上。

(二)要多研究保障和改善民生的新举措,推动和谐社会建设再上新台阶

加快推进以改善民生为重点的社会建设,是当前和今后一个时期各级工作的重要内容之一。财政部门在改善民生、促进和谐方面,责任重大,推进财政体制改革、建设公共财政显得十分重要和迫切。要围绕实现好、维护好和发展好人民群众根本利益的要求,调整优化支出结构,提高民生支出占财政总支出的比重,努力为群众办实事、解难题。工作中,要围绕加大支农投入推进城乡统筹发展、支持教科文卫体等社会事业发展推进基本公共服务均等化、支持社会保障和就业工作开展促进社会公平和谐、支持生态和谐宜居城市建设促进人与自然协调发展等方面,开展深入的研究探讨,切实解决人民群众最直接最关心最现实的利益问题,打造民生财政。

(三)要多研究开源节流、增收节支的新点子,使财政保障能力有新提高

抓好增收节支是财政工作的永恒主题。近年来,我市在组织收入、节支增效方面采取了一系列行之有效的措施办法,取得了显著成效。对于工作中形成的好经验、好做法,我们要在认真总结的基础上,积极探索创新,努力争取更大更好的成绩。在财政增收方面,要积极适应形势发展变化的要求,科学确定收入增长目标,及时分解落实收入任务,健全完善考核奖惩机制,研究完善加强税收征管、实施社会综合治税、强化非税收入征管、推进国有资产和政府资源监管运营等措施,狠挖增收潜力,确保财政收入平稳较快增长。在节支增效方面,要牢固树立过紧日子思想,严控一般性开支,加强对各项经费支出的监管,确保把中央和省、市厉行节约的要求落到实处。同时,要积极研究推进政府采购、投资评审、绩效评价等措施办法,确保财政资金安全高效使用。

(四)要多研究深化改革、加强管理的新思路,使财政科学化精细化管理再上新

水平

深化改革是财政事业健康发展的不竭动力,加强科学化精细化管理是发挥财政职能作用、提高财政资金绩效的基本保障。要加强对财税体制改革政策取向的研究把握,明确掌握"十二五"时期国家加快财税体制改革的总体思路、基本原则、主要目标,尤其是对上级提出的完善转移支付制度、建立县级基本财力保障机制、逐步健全地方税体系等改革政策,以及增值税、营业税、房产税、车船税、个人所得税等税制改革政策,要密切关注,多做研究,提早应对,争取工作主动。要按照上级有关部署要求,本着"统筹兼顾、突出重点,先易后难、分步实施"的原则,加快建设责任清晰、流程规范、运行有序的工作体系,努力构建有利于财政事业科学发展的体制机制,不断提高依法行政、科学理财水平。在加强基础管理和基层财政建设、推进财政法制建设、加强预算编制管理、强化预算执行管理、加强财政监督、加快信息化建设等方面,要研究制定具体措施办法,力争在一些关键环节和重点领域取得明显进展。

(五)要多研究加强干部队伍建设的新招数,在提升财政干部素质方面取得新成果

事业成败的关键在人。今年是建党90周年,是"十二五"的开局之年,新的形势任务,对财政工作提出了更高的要求。我们必须积极适应形势变化,紧跟时代发展,建设一支高素质的干部队伍,为财政改革和发展提供坚实的组织保障和队伍基础。全市各级财政部门要以提高干部队伍的整体素质为宗旨,积极研究加强干部教育培训、推进财政反腐倡廉建设、深化系统文明创建工作、推进机关作风效能建设等对策措施,以深入开展创先争优活动为抓手,引导广大党员干部立足岗位创先进、争优秀,提高专业素质和工作技能,提升工作效能和服务水平,努力塑造一支政治上靠得住、工作上有本事、作风上过得硬的财政干部队伍。

同志们,当前财政改革发展的任务很重,三个学会肩负的责任重大。我们要进一步强化措施,完善机制,切实加强财政研究和学会建设,努力推动全市财政经济又好又快发展,为建设殷实和谐经济文化强市做出新的更大贡献!

责任校对:王　志

淄博市财政学会、会计学会第五届理事会暨淄博市珠算协会第四届理事会工作报告

(2011年3月4日)

市财政局党组成员、总会计师 董 博

各位代表:

我受淄博市财政学会、会计学会第五届理事会暨淄博市珠算协会第四届理事会的委托,向大会汇报各学(协)会理事会的工作,对新一届理事会工作提出建议,并就换届工作情况作出说明,请予审议。

一、关于本届各学(协)会理事会主要工作开展情况

本届各学(协)会理事会成立以来,在省级学会、市社会科学界联合会和市财政局党组的领导及有关部门的关心支持下,团结组织学(协)会理事,认真学习邓小平理论和"三个代表"重要思想,深入贯彻落实科学发展观,紧紧围绕财政经济改革发展中的热点、难点问题,加强调查研究,进行理论探索,开展学术交流,形成了一批优秀研究成果,提出了许多建设性的对策建议,对推动地方公共财政建设,促进全市经济社会又好又快发展发挥了积极作用。

(一)开展学术交流活动,营造良好的研究氛围

各学(协)会理事会积极组织联络会员单位和理事,通过参加学习讨论会、专题报告会、专题征文等学术交流活动,活跃研究气氛,开拓研究思路,推动财政经济工作深入开展。一是积极组织和参加学习研讨交流活动。党的十七大召开后,深入学习和贯彻会议精神成为学术界的重要工作,为此,山东省财政学会组织召开了"深入学习党的十七大精神,加强公共财政建设"理论研讨会,市财政学会组织部分理事参加了会议,并就发挥财政职能作用,促进基本公共服务均等化等问题进行发言。参加市社科联组织的十七大精神学习交流会,与区县委宣传部门,各学会、研究会、高校等单位交流探讨了学习体会。二是邀请专家学者举办报告会。如为应对国际金融危机,正确把握经济走势,增强财政工作的预见性、针对性,2008

年12月，与淄博会校联合邀请财政部科研所副所长白景明作了关于财政经济形势的报告会；2010年8月，又邀请刘尚希副所长在市财政局承办的全市转方式调结构系列讲座第四专题上就财税政策进行解读，使与会者对发挥财税杠杆作用，推进保增长、加快转方式调结构、促进经济又好又快发展有了更深刻的认识。三是大兴理论研究之风，积极参加和开展征文活动。各学（协）会在实际工作中始终坚持正确的研究方向，准确把握形势要求，紧紧围绕市委、市政府的中心工作，抓住财政经济发展中的重点、难点问题，深入开展研究探索。如针对分税制运行中存在的诸多问题，从财政体制的改革情况入手，分析现行财政体制存在的弊端，提出改革的取向，形成的"现行财政体制运行成效及改革取向"研究报告分获"淄博市第22次社会科学优秀成果"一等奖及"山东省纪念改革开放30周年征文"一等奖。"三农"问题由来已久，财政在支持"三农"方面责任重大，为此，财政学会注重对强农惠农问题的研究，如2006年完成了"让公共财政的阳光普照农村大地"研究课题，并参加了省财政学会组织的"财政与社会主义新农村建设"征文研讨活动，荣获一等奖。组织团体会员单位和理事参加了省财政学会在全省范围内开展的理财问题研究征文活动，上报征文12篇，这些文章从不同的角度和层面对我市财政部门近年来理财的好做法、好经验进行了系统总结，并提出了许多建设性的意见和建议。市会计学会先后组织了"会计诚信建设"、"庆祝《会计法》实施20周年"和"会计与改革30年"征文活动，分别收到论文187篇、237篇和207篇，并组织了评奖，推动了会计理论研究和财务管理工作上水平。四是组织学会理事参加国内学术交流和业务培训，及时了解国内外财经形势和最新财经研究动态。如2008年、2010年分别派员参加了中国财政学会在云南举办的推进主体功能区建设财税政策高级研讨班和财政业务培训班，较为系统地学习掌握了国家优化经济区域布局、促进经济社会统筹发展的政策措施。此外，各学（协）会还积极参加市社科联组织的每年一届以宣传普及社科知识，提高市民科学素质为重点的社会科学普及周活动，宣传财政政策，普及财政知识，促进财政理论与经济社会的紧密结合与相互发展。

（二）围绕工作中心，深入开展调查研究

各学（协）会紧密结合财政工作实际，创新调研方式方法，重点围绕转变经济发展方式、促进城乡统筹发展、保障和改善民生、支持新农村建设等方面开展了形式多样的调研活动。"借脑"调研，提升调研层次和水平。联合高等院校的科研力量，充分发挥其人才多、理论水平高的优势，借助专家学者的智慧提升课题的层次和水平。先后与山东大学经济学院就财政扶持发展高效农业、完善省以下财政体制、国有企业改革以及基层财政队伍建设，联合淄博职业学院就盘活行政事业单位存量资产、缓解县乡财政困难和新会计准则贯彻实施情况等问题共同进行了专题调研，形成了有情况、有分析、有建议、层次高的调研报告,对实际工作起到了很好的指导作用。市间协作、联合区县调研。2003 年,省财政学会开始采取系统内不同市之间协作调研的组织形式,我们先后与枣庄、东营、烟台、威海、德州、莱芜等市分别组成协作课题组,就财政支农、县乡财政建设、构建财力和事权相匹配的地方财政体制、统筹城乡发展等问题进行了协作调研。在此过程中,我们又采取了市区联合的方式,充分调动区县参与的积极性,取得了很好的调研效果,确保了研究成果的质量,这种方式得到了省财政学会的充分肯定。自 2003 年省财政学会建立协作课题评奖制度以来,市财政学会牵头组织和参与的课题共获得一等奖 7 个,二等奖 5 个,获奖层次和数量列各市首位。通过这些形式,学会调研活动更加深入,一批理论水平高、实用性强的调研成果涌现出来,许多调研成果在实际工作中得到了重视,并很好地服务于领导决策。如"库区解困须多管齐下系统治理"、"我市 13 个财政收入不过百万元的乡镇困难问题应当引起关注"等被市委《领导参阅》全文刊发;"对我市社会救助体系建设的调查"、"对我市农民专业合作经济组织的调查"、"沂源县实行乡财乡用县管情况的调研"等被市政府《参阅件》刊发。提出的一些措施和建议引起了有关部门的关注,并得到采纳和借鉴,为促进我市经济社会发展产生了积极的影响。同时,对这些优秀成果,市财政学会积极推荐参加省、市社科成果评奖,并获得了较高奖次。2009 年 5 月,在全省第 23 次社科成果评选中荣获三等奖一项,实现了参加省级评选并在全省各市财政部门首次获奖的突破;2000 - 2010 年,在第 13 - 23 次全市社会科学优秀成果评选活动中,共获得一等奖 9 个,二等奖 15 个,三等奖 20 个,所获奖项的等级和数量在市直部门主管的学会中皆名列前茅。此外,在省财政学会开展的全省第四次、第五次优秀财政理论研究成果评选活动中,我市上报 10 项成果,其中 4 项成果分获一、二等奖。

(三)《鲁中财会》办刊水平进一步提高,《财政研究资料》参考指导作用不断增强

《鲁中财会》作为财政学会的会刊,是我市财政、财会工作的重要舆论阵地,自 1983 年 11 月创刊以来,至今已出版 170 期,是省新闻出版局评定的优秀内部资料出版物。在办刊过程中,始终坚持"百花齐放、百家争鸣"的"双百"方针和"为现实服务、为中心工作服务"的"两为"宗旨,不断适应形势变化,丰富栏目内容,强化宣传效果,努力提高办刊质量,使其在联络会员单位、交流信息情况、探讨理论观点、推广实践经验、指导实际工作等方面发挥了重要作用。栏目内容不断丰富。适应不同时期宣传工作重点,与时俱进,适时推出新栏目,如"区县长谈财政"、"机关文化建设"、"热点速递"、"财苑撷英"等,现每期栏目一般在 16 个左右。指导作用不断提高。对新出台的有关财经法规政策及时搜集整理,予以刊登;一些借鉴意义较大的理论文章,在"专家视点"、"经济广角"和"财经文摘"等栏目摘编登载,发挥其对实际工作的指导作用。时效性不断增强。关注时政热点,对北京奥运会、改

革开放30年、国庆60年、11届全运会、22届省运会等重大事件、活动及时宣传报道。此外,从2008年第一期开始,对《鲁中财会》成功实施了改版,版面由小16开扩版为大16开,版式更加大气美观。同时,适时调整发放范围,宣传的针对性更强,影响力更大。

发挥《财政研究资料》编发时间快、针对性强、不限篇幅、信息容量大的优势,对财经领域方面的最新理论动向和财经信息动态,特别是反映财经工作重点、难点及热点问题的理论文章和调研报告及时编发,指导财政工作,服务领导决策。该资料每年编发40余期,至今已编发558期。

(四)精心做好《淄博财政年鉴》编写工作,认真完成《淄博市志》财政篇续写工作

1997年我市在全省首家建立并实施了年鉴编写制度,在总结1998卷、1999卷编写出版经验的基础上,本着不断充实、完善、提高的原则,陆续编辑出版了2000-2010年共11卷年鉴,每卷65万字左右。编写过程中,不断总结经验,文字部分编纂更加成熟,已形成了独具特色的框架格式;图片部分紧扣工作主题,每年都创新推出不同的板块,力求形象直观地突出反映当年的财政工作重点。从2001年开始,又制作了财政年鉴的随书光盘,方便了读者查阅和携带。在每两年一度的山东省优秀年鉴评奖中,《淄博财政年鉴》都获得了较高奖项,尤其是2005卷荣获山东省优秀年鉴奖,同时获综合、框架设计、条目编写、印刷装帧四个特等奖。此外,历年的《淄博财政年鉴》均被国家图书馆收藏,年鉴的价值得到更充分的体现,知名度和影响力也进一步提高。

按照市史志办公室的统一部署,财政学会秘书处承担了《淄博市志》续修工作财政部分的编写任务。积极争取业务科室配合,搜集整理了1986-2002年共涉及财政收入、财政支出、财政管理、财政体制改革和管理机构等若干部分的相关资料,最后形成了5万多字的综合性材料。

(五)适时总结整理不同时期的重点工作,并结集出版

2004年编辑出版了《淄博财源建设成果荟萃(1998-2002)》,对我市第一轮财源建设五年规划中所做的工作、取得的成绩和经验等进行了认真分析总结。全市财政系统文明创建工作走在了全省财政系统前列,2005年市局机关荣获全国文明单位称号。为总结第一轮、第二轮系统文明创建经验,推动文明创建工作深入持久地开展,2005年编辑出版了《凝聚——淄博财政文明创建工作纪实》一书。"十五"期间财政事业成绩斐然,为总结经验,鼓舞斗志,又编纂出版了反映"十五"期间全市财政干部职工抢抓机遇、开拓进取、大胆创新、科学理财的《"十五"淄博财政回眸》一书(上、下册)。2008年,全市财政系统结合深入学习实践科学发展观活动,开展了"问计求智大调研",形成了一批有价值、水平高、理论和实践结合紧密的调研报告,对推进财政改革发展和工作创新发挥了积极作用,为此,结集出版了《探索创新实践》一书。并以此为起点,以后每年在先行组织全市财政系统优秀调研成果评选的基础上,陆续汇编此书。据统

计,本届财政学会共出版工作专著7本,累计310万字。

(六)宣传贯彻企业会计准则体系,加大会计人员继续教育培训力度

加强淄博会计网建设,不断充实网站内容,增强时效性、互动性、权威性和服务性,使之成为宣传会计法规政策的窗口和广大会计工作者进行学术研究和经验交流的平台。适应会计准则改革需要,举办上市公司、大中型企业负责人和财务负责人高级培训班,促进新会计准则在我市的顺利实施。加强会计电算化培训,从2007年开始,至今已培训会计电算化人员近3万人(次)。加强会计人员继续教育培训,制定培训规划,提高培训效果,实行考试结业制,把好培训质量关,现每年参加继续教育培训的会计人员有4万人(次)。

(七)扎实推广和普及珠心算,管理能力日益提高

珠算协会坚持把珠心算技术的推广和普及作为一项重要工作来抓,取得了显著成效。在2008年全省第十八届珠算暨第六届珠心算技术比赛中,我市代表队获得团体三等奖和个人二等奖的好成绩。加强珠算、珠心算技术等级鉴定工作的管理,确保鉴定工作的有序开展,每年为近4000名学员进行技术等级鉴定。同时,加强鉴定队伍的管理,做好鉴定员的注册登记和培训,提高鉴定队伍的素质,促进我市珠算、珠心算技术鉴定工作更加规范化、科学化。

回顾过去的几年,各学(协)会理事会做了许多富有成效的工作,取得了一定成绩,这是大家共同努力的结果,也与有关方面的大力支持和帮助密不可分,借此机会,我代表各学(协)会理事会,向关心支持学(协)会工作的有关领导、单位和社会各界人士表示衷心感谢!

在总结成绩的同时,我们也要看到,各学(协)会理事会工作还有一些不足之处,如学(协)会秘书处由于人手少、日常业务工作较多,与广大会员之间的联系不够密切;学会组织研讨交流活动少,研究领域还不够宽,舆论引导和宣传作用发挥还不够充分,调研成果的前瞻性和指导性还不够强;对一些难点、热点和焦点问题研究的时效性还有待增强,理论和实践结合尚不够紧密等,这些都需要在今后工作中加以改进。

二、关于进一步做好各学(协)会新一届理事会工作的建议

今年是实施"十二五"规划的开局之年,我市经济社会建设已步入新阶段,财政改革和发展的任务依然很重,诸多新情况、新矛盾和新问题对财政工作提出了更大的挑战。各学(协)会新一届理事会一定要以科学发展观为指导,利用联系面广、人才荟萃的优势,充分发挥广大会员的聪明才智,加大对财政理论和现实问题的研究力度,不断进行财政理论与实践的创新,在促进财政经济改革发展方面发挥更重要的作用。

(一)以科学发展观为指导,加大对重点财政问题的研究力度

现阶段,我国经济社会正处于转型时期,一些体制性、机制性矛盾更加突出,特别是后金融危机时代,新的经济社会形势

对财政工作提出了新要求，许多重大问题需要我们去研究和探讨。比如如何着力推进转方式调结构，努力培植壮大优质高效财源；如何加快构建科学合理的财税体制，更好地引导经济社会发展；如何发挥公共财政的职能作用，促进城乡统筹发展；如何不断推进财政科学化、精细化管理，提高财政资金使用效益；如何依法理财、科学理财，为经济社会发展提供财力保障；如何进一步加强财务管理，严肃财经纪律，等等，这些都是需要仔细研究的课题。各学(协)会可以围绕这些全局性、方向性的重大问题，以科学发展观为指导，组织各方面的力量集中攻关、重点突破，力争产生一批理论上有深度、实践上有创新的精品力作，为改革发展提供切实可行的对策建议和决策咨询服务。

(二)坚持理论与实际相结合，力求在两个服务方面有新进展

理论联系实际是研究工作的基本方法。各学(协)会应继续坚持为财政中心工作服务和为现实服务的宗旨，着力研究和解决财政改革发展中的理论和实际问题，在理论联系实际上下功夫。各学(协)会理事会可以采取多种方式方法组织联络各位理事，认真学习领会党和国家的重大方针政策，紧紧把握时代脉搏，找准研究方向。在课题选择上，应始终坚持以党委和政府的主要工作为向导，以财政中心工作为重点，以深入研究重大现实问题为主攻方向。在具体工作中，要深入实际、调查研究，了解基层情况、倾听群众呼声，掌握第一手资料。要不断创新调研形式，提高调研效果，通过调研，及时发现问题、分析原因、提出解决问题的对策建议，从而更好地指导和推动实际工作的开展。

(三)进一步办好《鲁中财会》和《财政研究资料》

《鲁中财会》在扩版改面的基础上，要进一步细化栏目设置，精选刊载内容，充分借鉴财政部“两刊”和层次较高的同类财经期刊的办刊经验，积极拓展稿件来源，提高文章档次，既学众家之长，又具地方特色，进一步扩大宣传效果和社会影响，在提高办刊质量，增强其可读性、实用性、时效性上下功夫。要发挥《鲁中财会》纽带和交流平台的作用，加强与会员之间的联络沟通，广大会员也要更加关心、支持刊物的成长和发展，踊跃投稿，将理论水平高、指导意义强的优秀研究成果在《鲁中财会》上发表，同时，对办好《鲁中财会》大家要随时提出一些好的建议，以利于不断提高刊物质量，使《鲁中财会》真正成为财经研究者和财务工作者的益友良师。

《财政研究资料》要重点刊发财政经济改革的最新动态、专家学者的一些前瞻性理论观点等内容，以增强对实际工作的启迪指导作用。对一些优秀调研报告和对面上工作有普遍指导意义的课题成果可通过《财政研究资料》及时报送到有关领导和部门参阅，使更多的科研成果进入决策层。

(四)积极组织开展各类学术交流活动，增强学会的活力和影响力

开展学术交流活动是学会的生命力所在，各学(协)会新一届理事会要以加强财经理论与实践工作者之间的交流，营造

浓厚的学术氛围为己任,组织开展丰富多彩的学术活动。一是定期举办研讨会。适应财政经济形势的发展变化,根据不同时期的工作重点和社会普遍关注的焦点、热点问题,定期举办专题研讨会,使之成为增进会员间学术交流、提高财政科研水平的重要途径。二是举办专题讲座和报告会。以学会名义或采取学会与高校、科研机构等联合举办的形式,定期邀请知名专家、学者举办讲座和报告会,增长见识,开拓思路。三是组织开展专题征文活动。根据形势发展要求和不同时期的重大财政工作部署,确定部分重点研究题目,开展专题征文活动,并组织进行研讨交流和评选表彰,促进会员单位和理事积极参与研究工作,活跃研究气氛,推动群众性财政研究工作的开展。并推荐优秀征文参加省、市社科优秀成果评选。

(五)加大宣传贯彻企业会计准则体系力度,促进会计工作再上新台阶

发挥学会组织优势和智力优势,进一步加强企业会计准则和内控制度的宣传培训工作,依托淄博会计网,通过开辟专栏等方式,刊登文章,解答问题,把相关知识传送到广大会计人员,提高会计人员的工作水平。另外,进一步做好珠心算教育的推广和普及工作,积极开展珠心算师资培训,切实做好技术等级鉴定工作。继续做好鉴定员的注册登记和培训工作,强化服务意识,加强鉴定队伍的管理,使我市珠算珠心算技术鉴定工作更加规范化、科学化。

(六)进一步加强学(协)会自身建设

由于各学(协)会秘书处分设在不同科室,日常业务工作又比较多,学(协)会工作受到一定影响,工作开展也不够平衡。下一步要加强各学(协)会之间的沟通交流,建立内部协调机制,促进学(协)会互动发展。各学(协)会要健全完善管理制度,明确职责分工,强化服务意识,确保学会工作规范高效开展。要进一步充实人员,选派乐于理论研究、文字水平高、热心学会工作的年轻人从事学会工作,为学会培养后备力量。要注重加强学习,不断提高综合素质,更好地适应工作需要。要积极创造条件,组织人员"走出去",尽可能多地参加上级学会和社科联等单位组织的培训与交流活动,开拓思路,为学会工作不断创新奠定基础。理事会要按时换届,定期举行年会或召开会议,及时进行工作总结,研究下一步工作思路。通过不断加强学会自身建设,促进各学(协)会工作再上新台阶。

三、关于各学(协)会换届工作的几点说明

按照市委组织部和市民政局对社团领导班子管理的有关要求,根据学(协)会章程,各学(协)会理事会应及时换届,但由于多种原因,换届工作未能如期进行。2010年下半年各学(协)会秘书处即着手换届的各项筹备工作,市财政局领导对换届工作高度重视,给予了大力支持,使筹备工作顺利完成。经市财政局党组和部分常务理事商定,今天同时召开三个学(协)会的代表大会,并推选产生各学(协)会新一届理事会及领导成员。以下事项需要提请会议审议。

（一）关于名誉会长和顾问

根据以往惯例，参照上级学会的做法，市财政学会拟敦请市长周清利同志为名誉会长，聘请市委常委、副市长王顶岐同志，市委常委、宣传部长郭利民同志，市人大常委会副主任兼财经委员会主任委员曹在堂同志为顾问。

（二）关于会长、副会长、常务理事和秘书处成员

这次理事会换届，为了有利于三个学（协）会开展工作，拟请市财政局现任局领导、市社科联和高校的领导、大型企业分管财务工作的领导同志等分别担任各学（协）会领导职务。根据市委组织部、市民政局转发省委组织部、省民政厅《关于进一步加强社会团体领导班子建设做好换届选举工作有关问题的通知》要求，最终确定了会长和副会长职数及人选，并且按干部管理权限请示了市委组织部。财政学会、会计学会常务理事人选主要由市财政局领导班子成员、市委、市政府、市人大、市政协的有关部门和部分市直、行业部门的负责同志担任。各学（协）会秘书处仍分设在市财政局财政科研所和会计科，提名隽兆刚同志为财政学会秘书长候选人，黄家俊同志为财政学会副秘书长候选人，刘向阳同志为会计学会秘书长候选人，绳涌泉同志为珠算协会秘书长候选人。

（三）关于淄博市中青年财政理论研究会

淄博市中青年财政理论研究会成立于1987年7月，是省中青年财政理论研究会团体会员，为市财政学会的二级会员单位。当时成立的初衷主要是考虑到上级成立了该类学会，但实际上一些活动大多是和财政学会联合进行的，内容和人员基本一样，每年社团年检还要单独进行。鉴于全国、省中青年财政理论研究会均已撤销，因此建议不再保留淄博市中青年财政理论研究会，集中力量办好财政学会。今后如有必要组织中青年活动，也可通过财政学会办理。

各位代表，这次换届会议要成立各学（协）会新一届理事会，我们相信，在新一届理事会的领导下，在团体会员单位和各位理事的共同努力下，各学（协）会的工作将迈出新的步伐，开创新的局面，为服务财政改革发展，促进殷实和谐经济文化强市建设做出新的更大的贡献！

责任校对：王　志

淄博市财政学会章程

(2011年3月4日淄博市第六届财政学会代表大会通过)

第一章 总 则

第一条 淄博市财政学会是经淄博市民政局登记注册的全市研究财政科学的群众性学术团体，是山东省财政学会和淄博市社会科学界联合会的团体会员。

第二条 本会的宗旨是：以邓小平理论和“三个代表”重要思想为指导，深入贯彻落实科学发展观，贯彻“百花齐放、百家争鸣”的方针，坚持实事求是、理论联系实际的学风，组织和推动会员单位及社会有关方面的力量，学习研究财政经济理论，探讨解决财政经济实际问题，充分发挥群众优势和智力优势，为全市财政改革发展服务，为促进全市经济社会又好又快发展做出贡献。

第三条 本会挂靠淄博市财政局，接受市财政局业务指导，在省财政学会和淄博市社会科学界联合会的指导下开展工作，并接受市社团管理部门的监督管理。

第四条 本会会址设在山东省淄博市。

第二章 业务范围

第五条 本会的主要任务

(一)组织会员单位开展多种形式的财政经济理论与实践研讨交流活动，探索财政经济领域在改革发展中面临的理论与现实问题，推进财政经济理论建设，为财政经济工作提供舆论和智力支持。

(二)调查研究淄博市财政经济改革发展中出现的新情况、新问题，及时向决策机关提出政策建议。

(三)研究和总结淄博市财政工作的历史经验，探讨其发展规律，为制定财政政策和开展工作提供理论依据。

(四)反映和介绍国内外最新财政研究动态、研究成果及其经验，组织会员单位开展专题调研和课题交流，组织举办各种形式的学习研讨会、报告会、讲座等。

(五)反映会员单位对财政工作的意见、建议和要求。组织人员参加业务进修和培训，不断提高其财税知识和理论研究水平。

(六)组织评选全市财政系统优秀财政理论与实践研究成果，推荐优秀成果参加有关评奖活动。

(七)积极参加山东省财政学会和淄博市社会科学界联合会组织的各项活动，加强与各地财政学会的联系和交流。

(八)编辑出版《鲁中财会》、《淄博财政年鉴》和反映一定时期重点财政工作的专著，编发《财政研究资料》。组织资料交流,沟通财政研究信息。

第三章　会　员

第六条　本会会员的条件及组成

(一)凡赞成本会宗旨,拥护本会章程,有加入本会的意愿,执行本会决议的从事财政经济业务、教学、科研或管理工作,具有一定贡献和影响的单位和团体都可以申请参加本会。

(二)各区县、高新区财政局为本会团体会员单位。相关部门及科研院校可申请加入本会,成为团体会员。邀请有关中央驻淄单位和市级机关单位参加。

(三)本会不吸收个人会员。

第七条　会员的权利和义务

(一)本会团体会员选派的代表有选举权和被选举权;

(二)有优先参加本会举办的各项学术活动的权利;

(三)有对本会工作监督,并对本会工作提出批评和建议的权利;

(四)有优先取得本会编印的书刊和资料的权利;

(五)入会自愿,退会自由;

(六)有遵守本会章程、执行本会决议的义务;

(七)有积极完成本会交办工作的义务;

(八)有向本会反映情况,提供研究成果和有关资料的义务;

(九)有按规定交纳会费的义务。

第八条　本会团体会员和选派的代表如有严重违反本章程的行为,经理事会或常务理事会表决通过,予以除名。

第四章　组织机构及其职责

第九条　本会最高权力机构是全体会员代表大会。代表由团体会员单位推荐或由本会邀请产生。全体会员代表大会每4年召开一次,必要时也可以提前或延期召开。全体会员代表大会的职责是:

(一)讨论决定本会的工作方针和任务;

(二)制定或修改本会章程;

(三)听取审议并批准理事会的工作报告;

(四)选举或改选本会理事会;

(五)聘请名誉会长、顾问;

(六)决定和终止其他重大事宜。

第十条　理事会是会员代表大会的执行机构,在闭会期间领导本会开展日常工作,对会员代表大会负责。

第十一条　理事会由理事若干人组成。理事由团体会员及会员单位推荐,经全体会员代表大会选举产生。

第十二条　理事会推选常务理事,推选会长、副会长、秘书长、副秘书长,聘请名誉会长、顾问,每届任期4年。

第十三条　理事会全体会议原则上每年召开一次,必要时可以提前或推迟。

第十四条　理事会的职权

(一)执行会员代表大会的决议;

(二)筹备召开会员代表大会;

(三)向会员代表大会报告工作和财务状况;

(四)决定团体会员的吸收或除名;

(五)制定内部管理制度;

(六)决定其他重大事项。

第十五条　常务理事会为理事会执

行机构。常务理事会设秘书处,在会长、副会长领导下,由秘书长、副秘书长负责处理日常工作。

第十六条 本会秘书处设在淄博市财政科学研究所。

第十七条 本会会长、副会长、秘书长、副秘书长必须具备下列条件

(一)坚持党的路线、方针、政策,政治素质好;

(二)会长、副会长、秘书长最高任职年龄不超过65周岁;

(三)身体健康,能坚持正常工作;

(四)未受过剥夺政治权利的刑事处罚;

(五)具有完全民事行为能力。

第十八条 会长、副会长、秘书长、副秘书长任期一般不超过两届。因特殊情况需延长任期的,须经会员代表大会通过,报市财政局审查并经市民政局批准后方可任职。

第十九条 会长为本会法定代表人,本会法定代表人不兼任其他社会团体的法定代表人。

第二十条 本会会长行使下列职权

(一)召集和主持理事会和常务理事会;

(二)检查会员代表大会、理事会、常务理事会决议的落实情况;

(三)代表本会签署有关重要文件。

第二十一条 活动经费。本会属非盈利性组织,其经费来源为会费、政府资助和其他合法收入。

第五章 章程修改

第二十二条 对本会章程的修改,须经常务理事会表决通过后报会员代表大会审议。

第二十三条 本会修改的章程,须在会员代表大会通过后,经市财政局审查同意,并报市民政局核准后生效。

第六章 终止程序

第二十四条 本会完成宗旨或自行解散或由于分立、合并等原因需要注销的,由常务理事会提出终止动议。

第二十五条 本会终止动议须经会员代表大会表决通过,并报市财政局审查同意。

第二十六条 本会终止前,须在市财政局及有关部门指导下成立清算组,清理债权债务,处理善后事宜。

第二十七条 本会按规定经市民政局办理注销登记手续后即为终止。

第七章 附 则

第二十八条 本章程经淄博市第六届财政学会代表大会通过。

第二十九条 本章程的解释权属本会秘书处。

第三十条 本章程自市民政局核准之日起生效。

责任校对:王 志

淄博市会计学会章程

（2011 年 3 月 4 日淄博市第六届会计学会代表大会通过）

第一章 总 则

第一条 本会定名为淄博市会计学会。

第二条 本会是经市社会团体行政主管机关核准注册登记的社会团体法人。

第三条 本会的宗旨：坚持党的基本路线，全面落实科学发展观，构建社会主义和谐社会，坚持理论联系实际的学风，组织和推动淄博地区会计理论、教育、宣传和学术研究交流活动，不断推进会计事业的全面发展，为促进经济建设和各项事业的发展服务。

第四条 本会遵照国家宪法、法律、法令和政策开展各项活动。接受业务主管部门的领导，接受社会团体行政主管机关的监督、检查和管理。

第二章 任 务

第五条 基本任务

（一）组织会员及社会力量，积极从事社会科学理论与政策的研究活动，研究总结会计工作的历史经验，探讨其发展的客观规律，促进会计理论研究成果的应用。

（二）采取多种形式宣传、贯彻新会计准则，积极探索财务会计工作与国际惯例接轨的途径与措施。组织制定会计科学研究发展规划，调查研究新形势下会计与财务的有关问题，探讨解决的办法、途径，反映会员对会计工作的意见和建议。

（三）编辑和出版会计理论刊物与书籍，举办各种形式的学术讲座、学术交流及培训活动，介绍国内、国外会计管理的方法和经验。

（四）开展优秀会计理论研究成果的评选活动。

（五）加强同各有关学术团体、兄弟学会及各地会计学会的学术交流与联系，参加山东省会计学会的有关活动。

（六）努力推动和发展社团经济。

第六条 基本任务的实施由理事会根据实际情况提出具体实施方案并拟定中期和近期工作计划，积极组织落实。

第三章 会 员

第七条 本会吸收单位为团体会员，吸收个人为个人会员，实行入会、退会自愿的原则。

（一）团体会员资格：凡依照有关办法成立并承认、遵守本会章程的淄博市各区、县会计学会，淄博地区大专院校会计系,设有会计研究机构的科研单位,市属行政、事业、企业的财务会计机构等合法单位或组织,提出书面申请,经理事会批准,均可成为本会的团体会员。

(二)个人会员资格:凡拥护本会章程,履行会员义务,热心会计科学理论研究,具有一定理论水平和研究能力的中央、省、市属大专院校及科研单位,行政、事业、企业单位从事会计工作的人员,由本人提出申请,经所在单位推荐或由本会聘请,经理事会批准,均可成为本会个人会员。

第八条 会员的权利和义务

(一)会员权利:选举权和被选举权;表决权;建议权和批评权;参与本会内部事务的管理权;优先参加本会主办的各项活动的权利;符合本会章程的其他权利。

(二)会员义务:履行章程的义务;执行决议的义务;承办委托事务的义务;维护本会声誉的义务;积极参与活动的义务;按时缴纳会费的义务;符合本会章程的其他义务。

第四章 组织机构

第九条 本会会员、理事及其他领导的产生,体现民主集中制的原则。

第十条 会员代表大会

会员代表大会是本会的最高权力机关,会员代表由本会团体会员推荐或采取其他方法产生。会员代表大会每四年召开一次,因特殊情况需要临时召开的,由理事会决定。在大会闭会期间,由理事会履行大会的职权。其主要职责是:

(一)制定、修改章程;

(二)通过产生理事会;

(三)决定本会的工作任务和工作方针;

(四)审议理事会的工作报告;

(五)讨论决定其他有关事项。

第十一条 理事会

由会员代表大会推举理事若干名,组成理事会。理事会一般每两年召开一次。其主要职责是:

(一)通过产生会长、副会长、秘书长;

(二)讨论决定理事会的中、近期工作计划;

(三)贯彻执行会员代表大会的决议;

(四)听取和批准理事会的工作报告;

(五)讨论和批准大会闭会期间授权理事会决定的理事增补和变动事项。

第十二条 本会的日常工作由秘书处负责。学会秘书处设在淄博市财政局会计科。

第十三条 本会的法定代表人为会长。

第五章 资产和财务

第十四条 本会资产依照国家和社会团体行政主管机关有关规定及本会章程进行管理,任何单位和个人不得侵占。

第十五条 经费来源及主要用途

(一)团体会员、个人会员会费收入;

(二)赞助资金;

(三)经费主要用于本会开展业务活动。

严格执行国家财会管理规定,建立健全财会制度,定期向会员代表大会报告财务收支情况，接受会员和有关部门的审计和监督。

第六章 变更和终止

第十六条 本会重大事项变更或终止活动，由理事会提出变更或终止报告，提交会员代表大会通过。并向原业务主管部门和社会团体行政主管机关申报，依法办理变更或注销登记手续。

第七章 附 则

第十七条 本章程经会员代表大会通过后实施，并报社会团体行政主管机关备案。

第十八条 本章程解释权属淄博市会计学会。

责任校对：王 志

淄博市珠算协会章程

（2011 年 3 月 4 日淄博市第五届珠算协会代表大会通过）

第一章 总 则

第一条 本会定名为淄博市珠算协会。

第二条 本会性质：本会由全市从事珠算活动、关心和支持珠算工作的人员组成，是从事珠算普及与科学研究的群众性学术团体。

第三条 本会宗旨：以建设有中国特色社会主义理论为指导，坚持以经济建设为中心，深入贯彻落实科学发展观。充分发挥珠算的计算功能和启智教育功能，发展和繁荣我市珠算事业，为社会主义现代化建设服务。

第四条 本会是山东珠算协会、淄博市科学技术协会的团体会员，挂靠淄博市财政局，受市科协和市财政局的领导，业务上受省珠算协会及社团登记管理机关淄博市民政局的指导。

第二章 业务范围

第五条 本会围绕研究和发展珠算、珠算式心算（珠心算）科技领域开展活动，具体业务范围如下：

（一）组织珠算、珠心算理论与学术交流、学术表彰奖励；

（二）协同有关部门广泛开展“三算结合”教学和珠算教学，总结经验、稳步推广；

（三）开展珠算宣传和培训，推动科技知识和珠算技术的普及、应用和提高；

（四）开展珠算技术等级鉴定，组织珠算技术比赛；

（五）编辑出版珠算书刊，提供珠算科

技咨询服务;

(六)反映会员意见和要求,维护珠算科技工作者的合法权益。

第三章 会 员

第六条 凡承认本会章程并符合会员条件者,可以申请入会,经批准后成为本会会员。本会会员分为个人会员与团体会员。

第七条 会员条件

个人会员:

热爱社会主义祖国并具备下列条件之一:

(一)珠算教师或珠算技术达三级以上者;

(二)热心珠算事业,积极从事珠算活动,关心和支持珠算协会工作并取得一定成绩者。

团体会员:

各县(区)级珠算协会为本会团体会员。其他与本会专业有关、具有一定数量的科技队伍,愿意参加本会有关活动并支持本会工作的学术性群众团体,经申请、批准,成为本会团体会员。

第八条 个人会员入会,须由本人申请,经本会批准,方可成为会员。

第九条 会员的权利和义务

(一)个人会员有选举、被选举及表决权,可对本会工作提出批评、建议,可优先参加本会各项活动,优先得到本会有关资料及咨询服务。

(二)有遵守本会章程、执行本会决议,完成本会委托工作、积极参加与支持本会有关学术、技术活动及缴纳会费的义务。

第十条 会籍管理

(一)本会个人会员亦可申请参加当地县(区)珠算协会,参与当地珠算协会的活动;

(二)调离本市应办理组织转移手续;

(三)会员可以申请退会;

(四)会员违反本会章程情节严重者,可根据其问题性质和表现,劝其退会或取消会籍;

(五)被剥夺政治权利者撤消其会籍。

第四章 组织机构

第十一条 本会的最高权力机构是会员代表大会,会员代表大会每四年召开一次,必要时经理事会决定可提前或推迟召开。会员代表大会的职责是决定本会的方针、任务;听取和审议理事会的工作报告;制定与修改协会章程;选举新的理事会。

第十二条 会员代表大会闭会期间,理事会是本会的最高领导机构。理事会从理事中选举会长一人、副会长若干人、秘书长一人。理事会原则上每年召开一次。

第十三条 理事会每届任期四年,理事可连选连任。

第十四条 理事会的职权

(一)执行会员大会(或会员代表大会)的决议;

(二)选举和罢免会长、副会长、秘书长;

(三)筹备召开会员大会(或会员代表大会);

(四)向会员大会(或会员代表大会)报告工作和财务状况;

（五）决定会员的吸收或除名；

（六）决定设立办事机构、分支机构、代表机构和实体机构；

（七）决定各机构负责人的聘任；

（八）领导本团体各机构开展工作；

（九）制定内部管理制度；

（十）决定其他重大事项。

第十五条 本会理事必须积极参与协会的决策与组织实施活动，努力完成分配的工作任务。如无故不参加理事会活动超过二分之一以上的，经理事会讨论通过予以除名。

第十六条 本会根据学术活动与工作需要，设立若干专业工作委员会作为理事会的学术组织和工作机构，在理事会领导下开展工作。

第五章 经费来源及使用原则

第十七条 本会经费来源

（一）鉴定、培训、咨询收入；

（二）资助、捐赠收入；

（三）会员会费；

（四）其他收入。

第十八条 本会经费必须用于本章程规定的业务范围和事业发展，不得在会员中分配。

第六章 附 则

第十九条 本章程经会员代表大会通过后实施，并报市科协、市财政局、市民政局备案。

第二十条 本章程解释权属淄博市珠算协会。本会终止程序，须经理事会通过，报请市科协、市财政局、市民政局批准注销。

责任校对：王 志

淄博市财政学会第六届理事会领导成员及理事名单

(2011年3月4日淄博市第六届财政学会代表大会通过)

名誉会长:周清利

顾　　问:王顶岐　郭利民　曹在堂

会　　长:王修德

副 会 长:孙兆科　王　远　侯瑞铜

常务理事:(22人,按姓氏笔画为序)

卜德兰　王　远　王庆生　王守恕　王昌晖　王修德　石光华
孙兆科　孙忠廷　杜贞耐　李建民　李树博　杨　林　余万林
张成旭　张传利　侯瑞铜　隽兆刚　徐　宁　曹爱萍　董　博
韩博平

秘 书 长:隽兆刚

副秘书长:黄家俊

理　　事:(93人,按姓氏笔画为序)

卜德兰　于学民　马通之　马瑞辉　王　远　王　英　王　静
王云峰　王乐公　王传贞　王庆生　王守恕　王昌晖　王昌群
王学刚　王树杰　王修德　王海波　石光华　田金宁　包希安
成　勇　吕伏波　吕春晖　朱春鸣　伊　军　刘　鹏　刘永刚
刘向阳　刘金峰　刘晓村　齐元兵　许建广　孙　玲　孙　慧
孙丰广　孙华义　孙兆科　孙秀珍　孙忠廷　孙雅娟　杜　煜
杜　镇　杜玉林　杜贞耐　杜燕侠　李文远　李国臣　李宝明
李建平　李建民　李树博　杨　林　杨宏伟　余万林　宋希岗
宋修照　张　兴　张以军　张成旭　张传利　张行鲁　张兆升
张益年　张景明　陆　勇　陈　伟　陈　通　周礼泽　房景贤
赵树彬　胡元勇　侯永明　侯瑞铜　贺迎东　顾　蓓　隽兆刚
徐　宁　徐成利　黄家俊　曹爱萍　常雁飞　崔守智　崔金岩

矫　斌　梁慎全　董　博　韩博平　雷子朋　路　刚　谭守华
翟所信　魏　波

淄博市会计学会第六届理事会领导成员及理事名单

（2011 年 3 月 4 日淄博市第六届会计学会代表大会通过）

会　　长:卜德兰

副 会 长:王昌晖　杜贞耐　秦志昌　邓　伟

常务理事:(11 人,按姓氏笔画为序)

卜德兰　王昌晖　邓　伟　刘向阳　孙鸣文　杜贞耐　邵立国
周　波　秦志昌　路　刚　路荣平

秘 书 长:刘向阳

理　　事:(62 人,按姓氏笔画为序)

卜德兰　于俊伟　马汉良　马英民　王　迪　王　勇　王文君
王昌晖　王建信　王德刚　车新东　牛宏彦　邓　伟　帅卫东
付春华　吕　宁　朱化利　朱会叶　伊文峰　伊善文　刘向阳
刘海静　刘维刚　齐　兵　池　晶　许福年　孙　杰　孙鸣文
杜贞耐　李德勋　杨世锋　吴国昭　宋兴国　张学利　张洪梅
邵立国　苗　青　周　波　庞志清　郑增泉　赵云锋　赵安修
赵金明　赵德春　荆　国　荆延文　胡元勇　段翠萍　祝赞美
秦志昌　徐　民　桑克锋　黄　凯　黄利军　黄艳德　戚思伟
梁昌天　路　刚　路荣平　蔡修纲　魏勤远　魏毓俭

淄博市珠算协会第五届理事会领导成员及理事名单

(2011年3月4日淄博市第五届珠算协会代表大会通过)

会　　长:王守恕
副 会 长:董　博　徐　宁　李财祥
秘 书 长:绳涌泉
理　　事:(52人,按姓氏笔画为序)

于保荣　马祖斌　王守恕　王丽萍　王国华　王薇薇　韦忠侠
卢洪涛　田茂守　吕庆营　刘红韦　齐爱芸　孙　群　孙汝峰
孙承宗　孙晓红　李　卫　李　成　李　莉　李义平　李财祥
李苗苗　李林城　李翠芹　肖丕明　邹瑞山　宋以虎　张　林
张建新　张美玲　张骏华　陈玉娟　陈妍君　邵玉华　国俊丽
周　军　周　明　单玉玲　钟建国　祝云民　胥春梅　钱京文
徐　宁　高　峰　高丽萍　教传涛　曹　原　绳涌泉　董　宁
董　博　傅　博　阚洪秀

重要法规政策

关于印发《2011 年全市财政系统党风廉政建设和反腐败工作实施意见》的通知

2011 年 3 月 7 日　淄财党组〔2011〕21 号

2011 年全市财政系统党风廉政建设和反腐败工作实施意见

为认真贯彻落实中央和省、市关于党风廉政建设和反腐败工作的决策部署，根据市纪委十届七次全会要求，结合财政工作实际，现就2011 年全市财政系统党风廉政建设和反腐败工作提出以下意见。

一、指导思想

全面贯彻落实十七届中央纪委六次全会、省纪委九届七次全会和市纪委十届七次全会精神，紧紧围绕科学发展主题和加快转变经济发展方式主线，以强化监督为手段，积极促进中央和省、市重大决策部署的贯彻落实；以推进惩治和预防腐败体系建设为重点，不断加强制度建设；以规范权力运行为关键，努力健全廉政风险防控机制；以深入贯彻《廉政准则》和《实行党风廉政建设责任制的规定》为抓手，确保全市财政系统党风廉政建设和反腐败工作不断取得新成效，为顺利实施“十二五”规划、促进殷实和谐经济文化强市建设提供有力保证。

二、任务要求

（一）加强对中央和省市重大决策落实情况的监督检查，严明党的政治纪律

一是严明党的纪律特别是党的政治纪律。认真贯彻党的十七届五中全会精神，围绕贯彻落实市委“一个坚持，三个突出”的工作部署，深入开展政治纪律教育，加强对党的政治纪律执行情况的监督检查，严肃查处违反政治纪律的行为，引导广大财政干部在思想上、政治上、行动上同中央和省、市委保持高度一致，促进中央和省、市重大决策部署的贯彻落实。

二是加强对贯彻落实中央和省、市委重大决策部署情况的监督检查。围绕加快经济发展方式转变，加强对宏观调控、“三农”工作、经济结构战略性调整等重大决策部署执行情况的监督检查。围绕加快统筹城乡发展，加强对建立转移支付制度、保障和改善民生等决策部署执行情况的监督检查，努力改善民生，维护社会稳定。继

续抓好对中央、省市新增投资项目实施情况的监督检查,确保问题全部整改到位。

三是加强对贯彻落实中央和省、市厉行节约要求实施情况的监督检查。认真履行财政职能,严格控制因公出国(境)费用、公务接待经费、公务用车购置及运行费用增长。注重定期检查与专项治理相结合,完善监督检查和纪律保障机制,将监督检查工作重点由对预算执行、专项资金管理向履行职责、健全内控制度、完善风险防范等方面延伸。

(二)深入开展反腐倡廉教育,筑牢拒腐防变思想道德防线

以理想信念教育和党性党纪教育为重点,深入开展示范教育、警示教育和岗位廉政教育,筑牢拒腐防变的思想防线。按照省、市纪委统一部署,在全市财政系统干部职工中开展"以人为本、执政为民"主题教育活动。以学习贯彻《廉政准则》为重点,以树立正确的权力观为核心,深入开展理想信念、党性党风党纪和廉洁从政教育,深入开展示范教育、警示教育和岗位廉政教育,增强反腐倡廉教育的针对性和实效性。结合庆祝建党90周年,市局开展"八个一"教育活动:即:收看一部反映沈浩先进事迹的影视片、树立一批先进典型、组织一次红色传统教育、编写一本党风廉政手册、组织一次廉政主题书画摄影展览、组织一次职务犯罪警示教育、组织一次典型案例分析、创建一个廉政学习园地。各区县财政局要结合实际,突出特色,不断拓宽教育领域,丰富教育内容,创新教育形式,增强教育的感染力和震慑力。

(三)加强监督管理,促进干部职工廉洁从政

严格执行党风廉政建设各项规章制度,加强对制度执行情况的监督检查,严肃处理违反制度的行为,促进党员干部廉洁从政。一是积极推动落实"两项"制度。按照市纪委、市委组织部的统一部署,认真做好《关于领导干部报告个人有关事项的规定》、《关于对配偶子女均已移居国(境)外的国家工作人员加强管理的暂行规定》两项规定落实工作,督促干部职工主动如实报告规定内容。二是严格执行《廉政准则》等有关纪律规定。广大干部职工要以《廉政准则》为行为准绳,严格执行"8个禁止、52条不准",做到令行禁止。认真治理利用职务之便接受可能影响公正执行公务的宴请以及旅游、健身、娱乐等活动安排。三是严格落实党风廉政建设责任制。各级财政部门党组织要进一步强化责任主体意识,认真落实中央新修订的《关于实行党风廉政建设责任制的规定》,进一步完善反腐倡廉工作领导体制和工作机制。组织开展廉政承诺活动,与所属单位签订党风廉政建设责任书,明确任务要求,促进反腐倡廉各项任务的落实。严格执行党员领导干部问责制,落实考核奖惩措施,严肃追究责任,推动工作落实。四是清理规范党员干部在企业兼职取酬行为。要进一步规范财政干部兼职行为,对财政干部在企业和社会团体、中介组织兼职及领取报酬情况进行清理整顿,纠正问题,健全长效监管机制。

(四)严肃查处违纪违法行为,发挥查办案件的治本作用

各级财政部门要坚决惩治腐败行为,

严肃查处腐败分子,针对当前财政工作特点,严肃查办财政领导干部以权谋私、贪污贿赂、挪用侵占、失职渎职、腐化堕落案件;严肃查办政府采购、中介机构执业以及工程建设等方面的商业贿赂案件;严肃查办侵害群众利益、群体性事件和重大责任事故中涉及财政工作人员的腐败案件。要畅通信访和举报渠道,建立查办案件工作组织协调机制,做到件件有着落。注重发挥查办案件的惩戒和治本功能,通过案例剖析汲取教训,落实整改意见,堵塞制度和管理中的漏洞。

(五)建立廉政风险防控制度,完善权力运行监督制约机制

对财政资金分配、行政审批许可、行业监管等财政职能进行权力分类和岗位风险定位,建章立制,加强对重要环节和关键岗位权力运行的监督制约。一是要建立廉政风险防控制度。各级财政部门要在开展廉政风险防范管理工作的基础上,认真查找制度风险和岗位职责风险,建立健全财政资金管理制度,有针对性地推进财政系统风险防控机制建设。二是要加强对领导干部的监督。严格执行领导干部述职述廉、重大事项报告、诫勉谈话、函询等制度,发扬党内民主,完善议事规程,拓宽监督渠道,健全领导干部行使权力的有效制约制度。完善廉政档案制度,强化对党员干部的日常监督。三是要加强对干部选拔任用的监督。认真贯彻落实《四项监督制度》,完善干部考试录用、竞争上岗、定期交流制度,匡正选人用人风气,提高选人用人的公信度。

(六)深化财政管理制度改革,扎实推进惩防体系建设和源头治理任务

深化财政改革和制度创新,搞好专项治理,加强制度建设,不断推进惩防体系建设,从源头上、机制上预防腐败问题的发生。一是要深化财政管理制度改革。要强化综合预算管理,将除教育收费、彩票发行费外的非税收入,全部纳入预算管理,进一步增强财政调控能力。要健全完善公共财政预算制度,加快形成覆盖政府所有收支、完整统一的政府预算体系。要加强预算执行管理,深化国库集中支付、政府采购、公务卡等改革,增强预算执行的科学性。要加强预算绩效管理,探索建立事前、事中、事后绩效评价相互衔接的预算管理体系。要充分发挥财政投资评审在部门预算编制中的“技术服务”职能,推动评审关口前移。要加强政府采购监管,强化政府采购预算编制和执行,进一步扩大政府采购范围和规模。要加强财政监督检查,提升财政监督水平。二是要深化各项专项治理工作。继续推进“小金库”专项治理,深入开展对社会团体、国有及国有(金融)控股企业“小金库”专项治理,建立完善综合治理长效机制。要加强对社保资金、住房公积金、扶贫资金和救灾救济资金以及专项资金管理使用情况的监督检查,推进强农惠农资金管理使用问题的整改工作,进一步规范强农惠农资金管理。深入开展庆典、研讨会、论坛过多过滥问题的专项治理,严把预算审批关,严肃查处违规使用财政资金举办活动的行为,建立健全相应的规章制度。

(七)加强财政系统政风行风建设,切实维护人民群众利益

认真贯彻落实“以人为本、执政为民”

要求,全面加强财政系统政风行风和机关作风建设。要注重把政风行风建设与“创先争优”活动和文明创建活动有机结合,以创建文明机关为推动力,以创先争优活动为载体,不断推动政风行风建设。要积极参加“政风行风热线”,广泛宣传财政惠民政策,积极解决群众困难,主动接受群众监督。要重视发挥社会监督作用,自觉接受人大监督、审计监督,推进财政工作科学发展。要积极推行政务公开,不断提高财政工作透明度。深入开展机关行政效能考评,树立服务理念,强化服务意识,提高服务效率。要积极推行首问负责、限时办结等工作制度,精简压缩财政审批事项,完善财政审批规程。要加大对政风行风的评议、考核和监督力度,对不履行或不正确、不及时履行职责的行为和人员实行问责追究,维护财政干部为民、务实、清廉的良好形象。

三、主要工作措施

2011 年,财政反腐倡廉工作任务艰巨繁重,各级财政部门要以高度的政治责任感和使命感,以改革创新的精神和扎实有效的措施,推进财政反腐倡廉工作向纵深发展。

(一)加强组织领导,严格落实党风廉政建设责任制

各级财政部门党组织要积极应对财政反腐倡廉建设面临的新形势、新任务,进一步强化责任主体意识,明确一名班子成员分管党风廉政建设,完善纪检监察领导体制和工作机制,保证领导力度不减、工作标准不降。严格执行党风廉政建设责任制,单位主要负责人在身体力行、廉洁自律的同时,认真履行党风廉政建设“第一责任人”的职责,带好班子和队伍,一级抓一级,层层抓落实。其他班子成员要对职责范围内的党风廉政建设负主要领导责任,实行“一岗双责”,把党风廉政建设贯穿到财政改革和重要政策措施之中,与业务工作一起部署、一起落实、一起检查。把抓反腐倡廉工作的成效纳入领导干部的目标管理和年度考核之中,把考核结果作为对领导干部奖励惩处、选拔任用的重要依据之一。要加大责任追究力度,对党风廉政工作领导不力、不正之风得不到有效治理、分管的工作和管理的干部发生重大问题的,要严格追究有关领导干部的责任。

(二)注重协调配合,形成反腐倡廉建设合力

各级财政部门党组织要加强组织协调,整合各方力量,形成工作合力。注重加强财政机关内部科(处)室之间的协调配合,通力合作,认真完成牵头的惩防体系建设和源头治理任务。财政纪检监察机构要通过反腐倡廉工作联席会议、定期检查和开展执法监察等方式,加强对反腐倡廉建设各项任务的督促检查。注重财政系统上下之间以及财政部门与上级纪委派驻机构之间的联系沟通和协调配合,共同推进财政系统反腐倡廉建设,形成推进反腐倡廉建设的整体合力。

(三)强化教育培训,提高财政纪检监察干部能力和水平

巩固学习实践科学发展观活动和“做党的忠诚卫士,当群众的贴心人”主题实

践活动成果，深入开展“创先争优”活动，市局拟举办一期系统纪检监察和内部监督检查干部培训班，着力提升财政纪检、监察干部服务和保障财政中心工作的能力，提高监督检查和组织协调工作水平。加强调查研究，开展财政反腐倡廉建设热点问题的理论研究和实践探索，积极推进财政反腐倡廉建设理念思路、体制机制和方式方法创新。加强组织机制和内部管理制度建设，健全财政反腐倡廉各项制度，坚持秉公执纪、依法依规办事，树立财政纪检监察干部可亲可信可敬的良好形象，全面提高推动科学发展、促进财政工作、有效防治腐败的综合能力和水平。

四、任务责任分工

按照市委《关于2011年全市党风廉政建设和反腐败工作任务分工意见》的部署要求，将2011年市局承担的惩防体系建设和源头治理任务，按照职责分工分解落实到局机关有关科（处）室，明确了分管领导、牵头和配合科（处）室及责任人。相关科（处）室要按照市局党组的部署和要求，认真履行职责，积极抓好任务落实。各区县财政局也要抓好任务分工，明确责任，全面落实上级党委赋予的牵头和配合任务。

附：1. 2011年财政部门牵头的惩防体系建设和源头治理任务分工方案（略）

2. 2011年财政部门参与的惩防体系建设和源头治理任务分工方案（略）

责任校对：马英民

关于2011年度机关党建和系统精神文明建设具体工作安排意见

2011年3月12日 淄财党组〔2011〕24号

局属各单位：

为庆祝中国共产党建党90周年，深入开展“创先争优，争做淄博先锋”活动，巩固发展全市财政系统文明建设成果，经党组研究，确定2011年度27项机关党建和文明建设具体工作任务，现明确如下。

一、深入开展以“创先走在前、争优做表率”为主题的创先争优活动。

该项工作由王修德同志分管，人事科负责。

二、继续抓好系统文明建设联系点工作。

该项工作由王修德同志分管，机关党委负责，有关科室配合，年底前完成。

三、开展廉政警示教育活动。

该项工作由卜德兰同志分管,监察科负责,年底前完成。

四、深入开展争创学习型党组织、学习型机关活动。

该项工作由孙兆科同志分管,机关党委负责,有关科室配合,年底前完成。

五、继续深化机关文化建设活动。

该项工作由孙兆科同志分管,机关党委负责,局属各单位配合,年底前完成。

六、推进党建质量标准化管理工作。

该项工作由孙兆科同志分管,机关党委负责,有关科室配合,年底前完成。

七、举办离退休干部、提前离岗人员新春茶话会。

该项工作由王修德同志分管,离退休干部管理科负责,1月底完成。

八、开展春节期间送温暖、献爱心帮扶活动。

该项工作由孙兆科同志分管,机关党委负责,有关单位配合,1月底完成。

九、开展春节后集中学习教育活动。

该项工作由王修德同志分管,机关党委负责,2月20日前完成。

十、组织庆“三八节”系列活动。

该项工作由孙兆科同志分管,机关党委负责,3月上旬完成。

十一、举办全市财政系统第十一届乒乓球比赛。

该项工作由孙兆科同志分管,机关党委负责,有关单位配合,4月底前完成。

十二、组织青年团员拓展训练活动。

该项工作由董博同志分管,机关党委负责,4月底前完成。

十三、举办庆祝“五四”青年节座谈会。

该项工作由董博同志分管,机关党委负责,5月底前完成。

十四、举办离退休干部座谈会。

该项工作由董博同志分管,离退休干部管理科负责,5月底前完成。

十五、开展“学党史、增党性、当先锋”活动。

该项工作由卜德兰同志分管,机关党委负责,年底前完成。

十六、举办全市财政系统庆祝建党90周年书画摄影展活动。

该项工作由孙兆科同志分管,机关党委负责,有关单位配合,6月底前完成。

十七、开展“重温入党誓词,我为党旗添彩”活动。

该项工作由孙兆科同志分管,机关党委、离退休干部管理科共同负责,6月底前完成。

十八、举办庆祝建党90周年歌咏晚会。

该项工作由王守恕同志分管,机关党委负责,有关科室配合,6月底前完成。

十九、组织庆“八一”转业军人座谈会。

该项工作由王昌晖同志分管,人事教育科负责,有关科室配合,7月底前完成。

二十、学习贯彻《中国共产党党和国家机关组织工作条例》,举办党务干部培训班。

该项工作由卜德兰同志分管,机关党委负责,7月底有完成。

二十一、组织党组中心组理论学习读书会。

该项工作由王修德同志分管,办公室负责,有关科室配合,8月底前完成。

二十二、举办第四届计算机技能比武。

该项工作由王昌晖同志分管，计算机应用管理中心负责，会校配合，8月底前完成。

二十三、举办全市财政系统公文写作竞赛。

该项工作由王守恕同志分管，办公室负责，机关党委配合，9月底前完成。

二十四、举办迎“国庆”系列活动。

该项工作由孙兆科同志分管，机关党委负责，有关单位配合，9月底前完成。

二十五、组织老干部庆祝重阳节参观学习活动。

该项工作由董博同志分管，离退休干部管理科负责，9月底前完成。

二十六、召开廉政联络员、社会监督员座谈会。

该项工作由卜德兰同志分管，监察科负责，12月中旬完成。

二十七、召开全市财政系统文明创建工作座谈会。

该项工作由孙兆科同志分管，机关党委负责，12月底前完成。

以上工作，各分管领导要带领、督促有关牵头、配合单位认真制定具体实施方案和工作措施，确保各项工作落到实处，为财政改革发展提供强大的精神动力和智力支持。

责任校对：马英民

关于印发《淄博市财政系统2011－2013年精神文明建设工作规划》的通知

2011年3月16日 淄财党组〔2011〕26号

淄博市财政系统2011－2013年精神文明建设工作规划

为进一步加强全市财政系统精神文明建设，提高干部队伍综合素质，推动各项财政工作再上新台阶，现结合财政部门工作实际，制定2011—2013年精神文明建设工作规划。

一、指导思想

2011—2013年全市财政系统精神文明建设工作总的指导思想是：以邓小平理论和“三个代表”重要思想为指导，深入贯彻落实科学发展观，认真学习贯彻党的十七大和十七届四中、五中全会精神，紧紧围绕全市工作大局和财政中心工作任务，坚持以建设社会主义核心价值体系为根本，以促进财政干部职工全面发展为核心，完善和落实精神文明建设长效机制，大力加强干部队伍思想道德建设、作风建设、素质建设,着力提高文明服务素质和工作能力,提高科学聚财、理财、用财水平,推动全市财政经济科学发展、又好又快发展。

二、目标任务

通过深入扎实的开展精神文明建设工作,市财政局机关要继续保持全国文明单位荣誉;各区县、高新区财政局要继续保持省级文明单位、文明机关荣誉;已建设为市级、区县级文明单位的基层财政所,在继续保持荣誉的基础上,努力争创高层次文明单位;未建成文明单位的,努力创建为文明单位。

各级财政部门要强化创先争优意识,大力推进工作创新,不断巩固和发展文明创建工作成果。要立足工作实际,找准工作的切入点,做到系统抓、抓系统,确保精神文明建设工作取得新成效。

(一)推进社会主义核心价值体系建设,提高干部职工思想道德素质。抓好政治理论学习。深入学习社会主义特色理论,深刻领会社会主义核心价值体系的科学内涵和实践要求,坚持用邓小平理论、“三个代表”重要思想武装头脑、指导实践、推动工作,努力做到以科学发展观统领财政工作全局,不断推进财政改革与发展。抓好业务知识学习。强化与履行财政职能相关的法律、经济、金融、科技、文化和社会管理等知识学习,开阔视野,增长才干,切实提高业务理论素质,提高工作技能和本领,更好地适应岗位工作需要。抓好各类思想教育。积极组织开展革命传统、理想信念、党史国情、廉政勤政和形势政策教育,引导干部职工树立正确的世界观、人生观、价值观,进一步坚定理想信念,强化为公理财、为民服务理念。深入贯彻落实《公民道德建设实施纲要》。不断深化社会公德、职业道德、家庭美德、个人品德建设,培养和树立良好的道德风尚。

(二)推进学习型机关党组织建设,营造浓厚的机关文化氛围。深入开展“四个一”活动。继续抓好“日阅一文、月写一篇、季读一书、半年一讲”活动,把“四个一”活动制度化、常态化,使其成为学习型机关党组织建设的有效载体。努力建设“书香机关”。积极开展“我最喜欢的书”“最感动我的佳作”评选和读书征文活动,组织干部职工推荐书籍和佳作、撰写读书体会,激发读书兴趣,培养读书习惯,形成多读书、善读书、读好书的浓厚氛围,使读书学习成为干部职工的自觉行动和良好习惯。深化“建设机关文化、塑造机关精神”活动。围绕“单位有精神、科室有理念、人人有格言”主题,广泛开展人生格言诠释活动。充分利用办公楼长廊、门厅、楼梯走廊等场所和空间建设文化长廊,营造良好的文化环境。加强活动阵地建设。建设标准化党员活动室,进一步充实内容,提升质量。加强工会、共青团和妇女组织活动阵地建设,为文明建设工作搭建活动平台。通过扎实有效的工作,努力形成以文化陶冶人,以文化凝聚人,以文化管理人,以文化激励人的机制。

(三)丰富载体实践活动,进一步提升文明建设内涵。继续深入开展创先争优活动。按照“五个好”、“五带头”要求,充实完善承诺内容并认真践行，充分发挥党组织的战斗堡垒作用和党员的先锋模范作用。大力开展“我们的节日”主题活动。把“我们的节日”主题活动，作为推动文明建设工作的有力抓手，利用中华民族传统节日的丰富文化内涵，开展富有成效的纪念庆祝活动，引导广大干部职工自觉认知和继承民族文化优秀传统，进一步弘扬民族精神和时代精神，唱响中国共产党好、社会主义好、改革开放好、伟大祖国好主旋律。积极开展公民道德主题实践活动。继续组织好与困难家庭、贫困户结对帮扶和共建带创活动，积极开展送温暖、献爱心、希望工程、春蕾计划等公益活动。大力弘扬以奉献、友爱、互助、进步为主要内容的志愿精神。深入开展“讲文明、树新风”活动。围绕社会礼仪、职业礼仪、生活礼仪等主要内容，着力抓好新形势下文明礼仪知识宣传教育活动，引导广大干部职工树立良好形象，不断提升文明素质。积极开展群众性文体活动。结合财政机关工作特点，认真组织系统运动会、乒乓球比赛、歌咏比赛、演讲比赛等各类载体活动，做到寓教于乐，丰富机关文化生活，增强机关凝聚力和向心力，充分展示财政干部干财政、爱财政、创一流、争第一的良好精神风貌。积极投身创建文明城市活动。把系统文明建设工作融入全市创城工作大局，确保财政部门承担的创城任务落到实处，确保财政机关的自身建设达到创城工作的各项要求。

（四）加强作风效能建设和廉政建设，切实做到勤政廉政。大力倡导认真专业务实作风。财政干部职工要把心思用到干事创业上，对每一项工作，都要认真负责，始终保持严谨细致的工作作风，始终保持充满激情、科学务实的精神状态；要着力提高专业素质，强化培训技能，大力开展岗位练兵技能比武活动，不断提高专业化工作水平；要坚持求真务实，强化责任意识和岗位担当意识，真抓实干、务求实效，确保各项工作任务指标落到实处。切实提高行政效能和服务质量。认真落实政务公开、服务承诺、首问负责、限时办结、责任追究等制度，积极参加“百个科室大家评”、阳光政务热线等活动，继续保持财政部门在各级行风评议中的先进位次。进一步改进机关作风，提高工作效率。及时解决群众关心的热点、难点问题，维护好财政干部的良好形象。大力加强财政反腐倡廉建设。结合财政工作特点，丰富廉政教育形式，筑牢思想道德防线。着重抓好权力观教育，积极开展反腐倡廉形势教育、警示教育等主题实践活动，教育广大干部职工树立正确的权力观和利益观，真正使财政干部在金钱、地位、利益面前行得正、立得端、经得住考验。加强廉政制度建设，完善廉政风险防控机制。认真落实党风廉政建设责任制，有效遏制各类违规违纪问题的发生，切实抓好财政源头治腐工作，强化工作责任，确保各项任务落到实处。

（五）把握财政工作重点，切实提高科学聚财理财用财水平。各级财政部门要把促进财政工作顺利开展作为精神文明建设的立足点，做到两手抓、两手硬，努力使文明建设工作成效体现到推进财政经济又好又快发展上来。要充分发挥财政职能作用,着力保发展、转方式、调结构、增财源。认真贯彻落实市委、市政府决策部署,坚持科学发展,坚持效益优先,加大转方式、调结构支持力度,提高经济增长的质量,培植壮大优质财源。加强收入征管,壮大财政实力。坚持依法治税管费,挖掘财政增收潜力,努力做到应收尽收,确保财政收入持续平稳较快增长。要优化支出结构,集中财力保民生、保重点。坚持精打细算,有保有压,把财政倾斜和支持的重点集中放到民生和社会事业、重大公共工程建设、节能减排和环境保护等关键领域和环节上,切实维护好、实现好、发展好人民群众的根本利益。要深化财政管理改革,提高财政管理的科学化、精细化水平。进一步完善政府预算体系,深化部门预算、国库集中支付、政府采购、公务卡等改革,完善投资评审、财政监督和支出绩效考评机制,切实提高资金使用效益。要加强各项基础性工作,完善机关管理规章制度,保证机关政务高效有序运行。要大兴调查研究之风,增强工作的前瞻性、针对性,推动各项财政工作上水平、求突破。

三、保障措施

(一)加强领导,明确责任。成立由市局主要负责同志为组长、班子其它成员和各区县局主要负责同志为成员的精神文明建设工作领导小组,负责领导实施系统精神文明建设各项工作。各级财政部门要坚持一把手负总责、亲自抓,分管领导具体负责、靠上抓,班子其他成员要担负起职责范围内的文明建设工作责任,主管科室(机关党组织)要切实履行好组织、协调、督促指导等职责,财政部门所属单位、全体干部职工要强化大局意识、责任意识和主人公意识,积极投身精神文明建设各项活动,完成好各项工作任务,努力形成齐心协力、齐抓共建的领导机制和工作格局。

(二)完善机制,狠抓落实。各级财政部门要积极推行精神文明建设工作任务项目化管理,对照本规划总体要求,分年度制定具体实施意见,将工作任务分解量化为具体工作指标、工作项目,明确分管领导、责任科室、工作标准和完成时限,加强督促检查,确保工作落实。要完善考核激励机制,建立健全工作台账和考核指标体系,定期进行对照考评,对工作成绩突出的单位和个人给予表彰奖励,并将考核结果作为评先树优、干部选拔使用的重要依据。要落实问责制度,对思想不重视、工作不得力、任务目标不落实,影响整体工作开展和部门社会形象的,要严肃追究相关人员责任。

(三)强化督导,扎实推进。各级财政部门要强化对精神文明建设工作开展情况的督导,定期召开工作调度会、经验交流会等,通报工作情况,交流经验做法,查找问题不足,落实改进措施,确保各项工作扎实有效开展。要坚持面向系统、面向基层,加大对基层单位的工作指导力度,继续实行精神文明建设工作联系点制度,以点带面,确保全系统精神文明建设工作协调推进。要充分发挥基层党组织的战斗堡垒作用和工青妇组织的桥梁纽带作用,积极吸纳群众智慧,努力做到全员参与,形成强大的工作合力。

加强精神文明建设，是推动新时期财政事业科学发展的重要抓手，意义重大，影响深远。各级财政部门要进一步统一思想，提高认识，强化措施，扎实工作，推动全市财政系统精神文明建设工作不断向纵深发展，努力为殷实和谐经济文化强市建设做出应有的贡献。

责任校对：马英民

关于印发《淄博市财政局落实党风廉政建设责任制考核办法》的通知

2011 年 4 月 22 日 淄财党组〔2011〕33 号

淄博市财政局落实党风廉政建设责任制考核办法

为全面、科学、客观、公正地考核评价局属各单位及其主要负责人落实党风廉政建设责任制和执行领导干部廉洁自律规定情况，根据市委关于落实党风廉政建设责任制工作的部署要求，每个年度要对局属各单位及其负责人落实党风廉政建设责任制情况进行考核。现制定如下考核办法：

一、考核对象

局属各单位及其主要负责人。淄博会校领导班子及其成员考核参照此办法单独进行。

二、考核内容

（一）对局属各单位考核的主要内容：落实党风廉政建设责任制，廉政教育、制度、监督工作开展情况；落实领导干部廉洁自律各项规定情况；坚持落实科学发展观、执行党的路线、方针、政策、政治纪律情况；落实局党组《建立健全惩防体系五年规划分工方案》，完成惩防体系建设工作任务情况；加强党性修养和干部作风建设情况以及完成源头治理牵头和配合各项工作任务情况；所属人员执纪、违纪处理情况等。

（二）对局属各单位主要负责人考核的主要内容：按照“一岗双责”和职责分工，认真抓好反腐倡廉工作任务落实情况；思想作风、工作作风和生活作风情况；发扬党内外民主、严格管理监督以及自觉接受监督情况；发扬艰苦奋斗作风、厉行节约、反对奢侈浪费情况；执行领导干部廉洁自律各项规定情况。

三、方法步骤

考核分四个阶段进行:

(一)自我检查阶段

局属各单位按照责任制规定和考核的要求,认真组织自查工作,并整理下列相关资料:

1. 贯彻落实党风廉政建设责任制和执行领导干部廉洁自律规定情况的单位自查报告。

2. 各科室负责人述职述廉报告。

3. 开展廉政学习教育及党风廉政建设工作的记录。

4. 落实惩防体系及源头治理牵头和配合工作情况等资料。

(二)考核阶段

1. 进行日常工作测评。对局属各单位的日常工作测评,由考核组对照各单位自查报告及其主要负责人述职述廉报告作出评价。

2. 结合年度总结,召开干部职工大会进行民主测评。参加述职述廉会议的人员填涂《局属各单位落实党风廉政建设责任制情况民主测评表》和《局属各单位负责人述职述廉民主测评表》。测评表填涂完毕后,由考核组做出统计。

3. 进行成绩汇总。考核组负责依据考核资料对考核成绩进行认真汇总,并提出考核等次建议,报局党组研究确定考核等次。

(三)考核情况反馈阶段

考核组对每个单位考核情况进行综合分析后,作出客观公正、实事求是的评价,并填写《局属各单位综合评价登记表》和《局属各单位主要负责人综合评价登记表》。考核情况以领导小组名义向被考核单位进行书面反馈。

(四)整改落实阶段

被考核单位根据反馈意见,特别针对存在的问题和不足,研究制定单位和个人整改措施,并抓好落实。

四、评分标准

局属单位实行百分制考核,考核分数依据日常工作和民主测评得出。日常工作60分,民主测评40分。各单位负责人考核评分参照单位考核内容进行。

(一)日常工作:60分

1. 认真落实党风廉政建设责任书的各项要求,5分。落实不力的,扣2-5分。

2. 认真贯彻局党组《分工方案》,落实好所承担的分解任务,措施有力,成绩明显5分。没有承担任务的按4分计;未及时落实的,扣1-3分。

3. 积极组织和参加党风廉政建设宣传教育,认真对待正反典型教育和党风廉政建设的学习,积极支持和参与机关廉政文化建设,5分。党风廉政教育抓得不力的,扣1-3分。

4. 切实加强党风廉政建设。结合实际,狠抓制度的落实,5分。制度不全,落实不到位的,扣2-3分。

5. 认真开展作风效能建设,切实杜绝不正之风,防止出现损害财政干部形象的行为,5分。措施不力,出现违纪问题被投诉的,扣1-3分。

6. 积极支持财政监察工作人员对本单位开展内部监督检查及对发生的违纪违法

案件的查处,5分。支持不力的,扣2分。

7. 认真落实廉政谈话、廉政承诺、实行问责和警示诫勉等制度,6分。落实不力的,扣1-3分。

8. 认真执行"八个坚持,八个反对"、"五不许"及各项廉洁自律的规定,5分。有违反廉洁自律规定现象的,扣1-3分。

9. 认真落实述职述廉、个人重大事项报告等各项党内监督制度,5分。落实不力的,扣1-2分。

10. 严格遵守财政资金审批制度,管好职责范围内的财政资金收入和支出,6分。违反的扣3-5分。没有财政资金收支管理的按6分计。

11. 严格遵守廉政自律各项规定,单位没有出现违规行为,6分。违反的扣5分。

12. 及时报送财政纪检监察和内部监督工作信息,3分,工作没做好的扣1-3分。

(二)民主测评:40分

局机关干部职工投票测评,满分40分,按得满意率比例计分。

(三)加分

党风廉政建设和反腐败工作成绩显著,受省部级以上表彰奖励或经验推广的单位和个人加2分;受市级以上表彰奖励或经验推广的单位和个人加1分;积极配合局财政监察科进行信访调查、内审、行政监察及专项治理等,且成绩突出的,每件加1分。以上加分同一项目只计最高分,不重复加分,累计加分不超过3分。

五、考核评定及结果运用

按照得分高低确定等次,分为优秀、良好、一般、不合格四个等次。95分以上为"优秀";94分以下至80分为"良好";79分以下至70分为"一般";不满70分或民主测评综合评价中"不满意"票率超过30%的为"差"。

落实党风廉政建设责任制考核结果作为工作实绩评定、评先树优、干部奖惩、任用的重要依据。对考核为"不合格"的单位及其主要负责人,进行质询或诫勉谈话,对需要实行问责的,按照党政领导干部问责暂行规定提出问责建议。问题严重的交有关职能部门处理。考核成绩存入局属各单位和主要负责人廉政档案。

结合年终政绩考核,按照30%比例,对落实党风廉政建设责任制先进单位和先进个人进行表彰。

附件:1. 局属各单位及负责人日常工作考核评分表(略)

2. 局属各单位表彰奖励加分登记表(略)

3. 局属各单位负责人表彰奖励加分登记表(略)

4. 局属各单位综合评价登记表(略)

5. 局属各单位主要负责人综合评价登记表(略)

责任校对:马英民

关于印发《淄博市财政局党员干部廉政谈话暂行办法》的通知

2011年4月22日　淄财党组〔2011〕35号

淄博市财政局党员干部廉政谈话暂行办法

第一条　为进一步加强对党员干部的廉政教育和管理，认真落实党风廉政建设责任制，根据中央和省市有关规定，结合局机关实际，制定本办法。

第二条　实行廉政谈话，是落实惩防腐败体系实施纲要，坚持注重预防方针，加强党员领导干部监督的重要措施。做好廉政谈话工作，有利于沟通思想、交流情况，及时解决苗头性、倾向性问题，健全党风廉政建设各负其责的工作机制，加强对廉政建设责任制落实情况的监督检查，提高机关党风廉政建设水平。

第三条　实行廉政谈话，坚持立足教育、着眼防范，实事求是、坦诚相待，有则改之、无则加勉，依靠群众、注重监督的原则，采取同志间平等的方式进行。

第四条　党员干部廉政谈话办法适用于局属各单位所有党员干部。对非党员干部进行廉政谈话，参照本办法执行。

第五条　党员干部廉政谈话主要有四种形式：与科室、单位第一责任人或领导班子集体进行廉政谈话，任职廉政谈话，提醒谈话和诫勉谈话。

第六条　与科室、单位第一责任人或领导班子集体进行廉政谈话，是指谈话人与被谈话人共同商讨、研究加强党风廉政建设的措施，推动反腐倡廉工作深入开展的建设性谈话。主要内容包括：

（一）被谈话人贯彻执行党的路线、方针、政策以及局党组工作部署、各项决定的情况。

（二）被谈话人落实党风廉政建设责任制，执行领导干部廉洁自律有关规定，以及组织本单位开展反腐倡廉工作情况。

（三）被谈话人参加党组织生活，特别是贯彻执行民主集中制原则，接受组织和群众监督的情况。

（四）被谈话单位承担的从源头上预防和治理腐败工作任务完成情况，以及对下一步工作的意见和建议。

（五）其他需要谈话的情况。

第七条　任职廉政谈话，是指对新提拔和工作岗位变动的党员干部进行的在新的岗位上廉洁自律的要求性谈话。主要内容包括：

（一）对党风廉政建设工作形势的分析认识和贯彻执行廉洁自律规定的自我评价。

（二）被谈话人对在新岗位上落实党风廉政建设责任制，抓好反腐倡廉工作的认识、打算及建议。

（三）谈话人代表党组织向被谈话人提出廉政要求。

（四）其他需要谈话的情况。

第八条 提醒谈话，是指对群众反映有违规违纪或不廉洁行为，未经核实或无法核实，或经核实虽不构成违规违纪，但存在苗头性、倾向性问题的党员干部进行的警示性谈话。党员干部有下列情况之一的，应当对其进行提醒谈话：

（一）廉洁自律不够严格，生活作风不够检点，或有违背社会主义基本道德规范的其他问题，群众有反映的。

（二）不能发挥模范带头作用，言行举止与党员干部身份不相称，在群众中造成一定影响的。

（三）不认真履行职责，工作效率不高，服务态度不好，群众有意见的。

（四）领导干部在群众民主测评中满意度较低的。

（五）其他需要提醒谈话的情况。

第九条 诫勉谈话，是指对经纪检和监察机构调查初核或其他部门移送，认定具有轻微违规违纪行为或一般性错误，可不予或免予纪律处分的党员干部的纠错性谈话。党员干部有下列情况之一的，应当对其进行诫勉谈话：

（一）违反社会主义基本道德规范，造成一定事实后果，产生不良社会影响的。

（二）经初核或了解，已构成违纪，但错误行为较轻，认错态度较好，可不予纪律处分的。

（三）工作中有失职行为，但未造成重大损失和严重影响的。

（四）违反局机关有关规章制度，造成一定后果，但情节较轻的。

（五）落实党风廉政建设责任制不力，分管范围内发生违纪问题的。

（六）有错误行为，经提醒谈话后仍未改正的。

（七）其他需要诫勉纠错的情况。

第十条 对党员干部进行廉政谈话，实行分工负责制。

（一）与科室、单位第一责任人或与领导班子进行集体谈话，由局党组主要负责人或委托其他党组成员负责，监察科、人事科、机关党委主要负责人参加。

（二）干部任职廉政谈话，副科级实职以上干部由局党组主要负责人或委托其他党组成员负责，人事科、监察科、机关党委主要负责人参加；副科级以下干部由本单位主要负责人负责，人事科、监察科、机关党委可派人参加。

（三）提醒和诫勉谈话，局属单位主要负责人由分管局领导负责，监察科、人事科、机关党委负责人参加；其他党员干部由局领导指定监察科、人事科、机关党委负责同志或本单位主要负责人负责。

第十一条 廉政谈话可根据不同情况采取不同的方式。

（一）与科室、单位第一责任人或领导班子集体进行廉政谈话，采取个别谈话或集体谈话的方式进行。谈话人应拟定谈话计划,提前5个工作日将谈话的主要内容、时间、地点和要求通知被谈话人。被谈话人应按要求提前做好准备,提供书面汇报材料。如遇特殊情况不能按时接受谈话的,应主动向谈话人说明原因,另外安排谈话时间。

(二)任职廉政谈话可采取个别谈话或集体谈话的方式进行。一般安排在干部任命后一周内进行,如有特殊情况不能如期进行的,最多不能超过一个月。

(三)提醒谈话一般采取个别谈话的方式进行,被谈话人要本着有则改之、无则加勉的态度,对提醒的问题认真反思,必要时可以书面形式做出说明。

(四)诫勉谈话可根据情况采取个别谈话或函询形式进行。谈话人应向被谈话人说明原因和理由,指出存在的问题,提出谈话要求和批评意见,同时要尊重被谈话人的权利,允许其做出解释和说明,并严格遵守保密纪律。

被谈话人接受诫勉谈话时,应根据谈话人的要求,就有关问题做出实事求是、真实准确的解释和说明,不得隐瞒、编造、歪曲事实或回避问题,不得对检举、控告者进行打击报复。对以函询形式实行的诫勉谈话,被谈话人应在收到谈话人函询后十个工作日内作出书面回复。对函询问题未讲清楚的,谈话人可再次对其进行函询或采取其他方式进行了解。对无故不回复的,应责令其尽快回复。实施提醒谈话和诫勉谈话,应遵守有关回避规定。

第十二条　对党员干部进行诫勉谈话,要严格履行审批程序,一般由监察科或人事科提出意见,报分管领导批准。对局属单位主要负责人进行诫勉谈话,须报局党组主要负责人批准。

第十三条　进行廉政谈话时,必须有两名以上工作人员参加。谈话记录和有关书面材料,由监察科负责存档。对党员干部的提醒谈话和诫勉谈话记录,需经本人核实。对谈话中涉及的重要问题,谈话人应及时向局党组报告,并提出处理意见和建议。

第十四条　本办法自印发之日起施行。

责任校对:马英民

关于在机关党组织和共产党员中深入开展“创建淄博先锋”活动的实施方案

2011 年 2 月 11 日　淄财党办〔2011〕3 号

各党总支、党支部：

为进一步推进创先争优活动深入开展，建立机关党组织和共产党员创先争优长效机制，根据市委市直机关工委《关于在市直机关机关党组织和共产党员中深入开展“创建淄博先锋”活动的实施方案》（淄直发〔2011〕6 号）精神，现就在机关党组织和共产党员中深入开展“创建淄博先锋”活动，提出如下实施方案：

一、指导思想

围绕“组织建设五个好，党员干部五带头，服务发展当先锋”目标要求，以“创先走在前、争优做表率”为主题，集中两年左右的时间，逐步推进党员先锋岗、党员先锋集体系列创建活动，丰富“淄博先锋”内涵，树立党员先锋形象，引导机关党组织围绕财政中心创先进、广大党员立足本职岗位争优秀，推进创先争优活动具体化、常态化、制度化，努力使机关党建工作走在前头。

二、创建目标及标准

开展“创建淄博先锋”活动要与“争做服务先锋”活动有机结合，组织机关党组织和党员自下而上分别创建党员先锋岗、党员先锋集体，扎实推进“创建淄博先锋”活动。具体的创建标准为：

（一）共产党员先锋岗

1. 带头参加机关党委组织的各项活动，完成交给的各项任务；

2. 带头参加岗位练兵和学习型机关建设，认真学习政治理论和业务知识，不断提高自身素质，力争成为本职工作的行家里手；

3. 具有强烈的事业心和责任感，所从事的工作在本单位名列前茅；

4. 有围绕中心服务大局的意识，努力践行科学发展观；

5. 积极主动为群众办实事、办好事，自觉遵守党的纪律，模范遵守国家法律法规，敢于同违纪违法行为作斗争。

（二）共产党员先锋集体

1. 各总支、支部班子团结协作，求真务实，勤政廉洁，有较强的凝聚力和战斗力；

2. 党员队伍素质优良，有较强的党员意识，能够充分发挥先锋模范作用；

3. 建设学习型机关党组织。开展“日

阅一文、月写一篇、季读一书、半年一讲”活动,把“四个一”活动的内容用制度的形式固定下来;

4. 深化建设机关文化塑造机关精神工作。以创建服务品牌作为新的切入点,进一步推动“单位有精神、科室有理念、人人有格言”主题活动的开展,创建本部门有特色的服务品牌;

5. 深化党建质量标准化管理工作。围绕“活动有阵地、工作有记录、领导有责任、评价有标准”的工作目标,高标准地建设标准化党员活动室,争当党建质量标准化建设达标单位;

6. 深化岗位练兵技能比武工作。制定符合自身实际的具体措施,做到全员参与,层层选树岗位能手,在本单位形成“练硬功、打擂台、强技能、出人才”的热潮。

党员先锋岗不低于本总支、支部党员总数的10%。

三、活动安排

(一)动员部署(2011年2月18日前)

各总支、支部要把开展“创建淄博先锋”活动列入重要议事日程,在认真准备的基础上,细化党员先锋岗和党员先锋集体标准,结合不同岗位特点制定争创方案,及时进行动员部署,做好争创活动的思想发动工作,采取有效措施,确保活动实效。

(二)选树典型(2011年2月至6月)

各总支、支部根据各自确定的党员先锋岗创建标准,扎实推进党员先锋岗、党员先锋集体创建活动,形成全面争创的局面。局将命名一批党员先锋岗。党员先锋岗要统一设置标识,采取摆放、悬挂“共产党员先锋岗”标牌等形式,落实“五诺”要求,亮出党员身份,明确岗位职责,履行岗位承诺,接受群众监督。

(三)宣传引导(2011年7月至2012年6月)

各总支、支部要采取多种形式宣传引导,局将在内部网上开设“创建淄博先锋”活动专题,同时,在《鲁中财会》等刊物上定期开设专栏等方式,大力宣传党员先锋集体和党员先锋岗的先进事迹,各基层党组织要积极参与,及时上报开展创建活动的好经验、好做法。

(四)评比表彰

2011年、2012年“七一”前,结合年度工作部署,命名一批党员先锋岗、党员先锋集体,并积极向上级推荐。

四、工作要求

(一)统一思想认识

要紧紧围绕《创建淄博先锋实施方案》,组织广大党员加强学习,充分认识开展“创建淄博先锋”活动的重要性,为活动创造良好的氛围。明确创建活动的各项任务,抓好落实,认真履行职责,加强领导指导,确保活动顺利开展。

(二)坚持统筹兼顾

“创建淄博先锋”是一项牵动党建工作全局的活动,各级党组织要准确把握工作定位,掌握工作尺度,把开展创建活动与日常培训工作结合起来,合理安排,统筹兼顾,确保创先争优活动取得实效。

(三)抓好督促检查

局活动领导小组将通过召开座谈会、

党建工作交流会、经常性督察、随机抽查等方式，及时了解、通报活动情况，总结交流经验，研究解决问题，加强督促检查。实行量化考核，把活动开展情况作为年度机关党建目标考核的重要内容，定期组织考核。

各总支、支部制定的本单位开展“创建淄博先锋”活动的实施方案，于2月18日前书面报机关党委办公室。

责任校对：马英民

关于认真学习贯彻党的十七届六中全会精神的通知

2011年11月2日 淄财党办〔2011〕13号

局各党支部（总支）：

中国共产党第十七届中央委员会第六次全体会议，于2011年10月15日至18日在北京举行。为认真学习贯彻党的十七届六中全会精神，切实统一全局干部职工的思想认识，根据中央、省委有关要求和市委常委会议精神，经局领导研究同意，决定在我局开展学习贯彻党的十七届六中全会精神活动。

一、充分认识全会的重大意义。这次全会是在全面建设小康社会的关键时期、深化改革开放、加快转变经济发展方式的攻坚时期召开的一次十分重要的会议。全会审议通过的《中共中央关于深化文化体制改革、推动社会主义文化大发展大繁荣若干重大问题的决定》，从中国特色社会主义事业总体布局的高度，对文化改革发展作出了安排部署。全会的胜利召开，对于推动社会主义文化大发展大繁荣，夺取全面建设小康社会新胜利、开创中国特色社会主义事业新局面，具有重大的现实意义和深远的历史意义。

二、要把学习贯彻全会精神作为当前的一项重要政治任务来抓。刘慧晏书记在市委常委会上强调，各级党委（党组）理论学习中心组要带头学习全会精神，各级领导干部要先学一步、学深一层，带动和促进全市学习宣传活动深入开展。各级、各部门要加强宣传引导，努力营造浓厚学习氛围，切实把全市上下的思想统一到全会精神上来，把力量凝聚到贯彻落实全会部署上来。

三、以学习贯彻全会精神为动力，扎实做好当前各项工作。要抓好当前经济运行，努力保持经济平稳较快发展；抓好各类项目建设，加快推进转方式调结构和统筹城乡发展;抓好安全生产和社会治安综合治理,努力维护全市大局和谐稳定;抓好换届工作和党风廉政建设,进一步营造良好的发展氛围和环境。

四、学习内容。《中国共产党第十七届中央委员会第六次全体会议公报》,《中共中央关于深化文化体制改革、推动社会主义文化大发展大繁荣若干重大问题的决定》,胡锦涛同志在十七届六中全会上的重要讲话。各党支部(总支)要组织好本支部(总支)干部职工的学习,以自学为主,并适时组织一次支部集中学习。各支部(总支)学习贯彻情况请于11月底前报机关党委办公室。

责任校对:马英民

关于表彰2010年度全市财政系统优秀调研成果的通报

2011年4月21日　淄财办〔2011〕10号

各区县、高新区财政局,局属各单位:

2010年,全市各级财政部门紧紧围绕财政中心工作,积极开展了一系列调研活动,形成了一批既有理论高度、又有指导性和可操作性的研究成果,提出了许多建设性的政策建议,有力地推动了全市财政工作的顺利开展。近期,市局组织力量对各单位报送的调研报告进行了认真评选,共评出优秀调研成果29项,其中,一等奖5项、二等奖9项、三等奖15项,现予以通报表彰。

希望获奖单位再接再厉,继续深入实际,加强调查研究,多出高质量的调研成果。全市各级财政部门要以先进为榜样,进一步重视和加强调研工作,不断提高调研工作水平,以更好地服务领导决策,为促进财政工作创新发展作出更大贡献。

附件:2010年度全市财政系统优秀调研成果获奖名单

责任校对:马英民

附件：

2010年度全市财政系统优秀调研成果获奖名单

一等奖(5项)

1. 着力发挥财政职能　全面推进城乡统筹
——淄博财政推进城乡统筹发展的实践与探索　科研所
2. 积极推进转方式调结构　培植壮大优质高效财源　办公室
3. 深化部门预算改革　推进财政科学化精细化管理　预算科
4. 淄博市2010年企业税收情况调研报告　税政科　淄博会校
5. 关于财政支持区域经济发展的调研　博山区财政局

二等奖(9项)

1. 对淄博市发展都市农业的调查与思考　农业科
2. 关于我市财政支持就业以及就业资金管理使用情况的调查与分析　社会保障科
3. 淄博与潍坊两市2010年地方财政收入结构对比分析　国库科
4. 关于加强我市财政支出事前绩效评价工作的调研　财政投资评审中心
5. 立足实际科学谋划　扎实推进转方式调结构培植壮大财源　企业财务管理处
6. 立足转方式调结构　努力增创经济社会发展新优势　沂源县财政局
7. 科普经费投入结构及使用的若干思考　教科文科
8. 我市防空地下室易地建设费征管现状及改进对策　非税收入管理局
9. 淄川区探索财政“大评审”管理机制成效显著　淄川区财政局

三等奖(15项)

1. 淄博市下岗失业人员小额担保贷款运行及财政贴息情况调研报告
金融与国际合作科
2. 关于积极推进行政事业单位资产管理与预算管理相结合的有效途径和方式的调研
市国有资产管理办公室
3. 基于应用支撑平台构建财政管理一体化信息系统解决方案　计算机应用管理中心
4. 我市政府采购工作开展的现状及对策　政府采购办公室
5. 深化财政改革　防范“小金库”滋生
——淄博市“小金库”治理长效机制建设调研　财政监督处
6. 关于桓台县统筹城乡发展促进经济文化可持续发展的调研报告　桓台县财政局
7. 加快推进转方式调结构　实现财政科学发展可持续发展　张店区财政局
8. 乘东风破瓶颈　力促转方式调结构壮大财政实力　临淄区财政局
9. 进一步完善财政政策加快推进县域经济发展方式转变　高青县财政局

10. 高新区大力支持企业科技创新	高新区财政局
11. 关于我市农村公路养护管理的调研	经济建设科
12. 发挥政府投资导向作用推进旅游业快速发展	行政政法科
13. 以科学发展观为指导不断推进机关党建工作开展	机关党委
14. 周村区财政体制调研报告	周村区财政局
15. 关于进一步加强车辆管理的调研报告	机关后勤服务中心

关于印发《淄博市市级财政应用支撑平台建设实施方案》的通知

2011年9月1日　淄财办〔2011〕15号

淄博市市级财政应用支撑平台建设实施方案

为了加快金财工程建设,提高财政管理的科学化、规范化和精细化水平,根据财政部、省财政厅的部署和要求,我市拟建设淄博市市级财政综合应用平台,并基于平台进行表层应用系统的生长、接入和整合,着力构建集中化、一体化的财政业务"大系统"。为搞好我市市级财政应用支撑平台建设,实现预期目标,制定本方案。

一、市级财政应用支撑平台建设的总体思路、任务目标与建设原则

我市市级财政应用支撑平台建设的总体思路是:按照财政部、省财政厅的统一规划和要求,紧紧围绕财政中心工作,建设基于统一业务及技术规范的应用支撑平台,将主体业务应用纳入一体化管理,逐步建成财政内部、财政与本级预算单位、上下级财政互联互通的一体化财政管理信息系统,为财政业务的科学化、规范化、精细化管理提供全面技术支撑。

平台建设的具体目标为:建设覆盖财政主体业务的一体化应用系统;建设汇集预警监控辅助决策一体化信息门户;实现财政整体数据的汇总查询分析;实现单点登录和个性化定制;实现上下级财政间互联互通,成为横向数据交换的载体;具有良好稳定性和可扩展性,成为未来业务需求的技术支撑。

平台建设工作是一项业务覆盖面大、涉及科室多、技术复杂的信息系统工程,既要重视工作实效,又得兼顾长远发展,既要符合标准规范,又得兼顾实际情况,

既要突出重点，还要保障整个系统平台建设有序进行。因此，系统建设工作要坚持以下原则：一是坚持技术为业务服务原则；二是坚持统一标准和规范的原则；三是坚持简洁、高效、易用的原则；四是坚持统一规划分步实施的原则；五是业务系统平稳过渡的原则。

二、市级财政应用支撑平台的建设内容

平台建设内容包括基础平台建设、业务系统建设、统一门户建设和综合分析系统等部分。

（一）基础平台建设实施

基础平台建设要按照平台应用的要求，梳理一体化业务流程，整理业务基础数据。在整理业务基础数据时，严格按照《财政业务基础数据规范（2.0 版）》以及省财政厅制定的对现有的业务系统中基础数据项进行整理和规范。逐一比对现有系统基础数据与《财政业务基础数据规范》、《山东省扩充代码集》的异同，做好标准化处理，确保进入平台的数据完全符合《财政业务基础数据规范》。

（二）业务系统开发与改造

为避免原有业务系统的多种弊端、保证各业务系统操作的一致性，参照省厅在日照平台试点模式，我市市级财政核心业务统一采用基于平台生长方式建立的、与平台紧密集成的统一解决方案；对于扩展和保留的业务系统，与平台通过接入方式实现集成。主要核心业务系统有：

1. 部门预算系统：部门预算用于全面反映政府财政收支计划，是财政综合业务的核心组成部分。部门预算系统主要完成预算相关的各类基础信息的采集、预算的编制与审核、指标的生成以及综合的输出报表等工作。

2. 指标管理系统：指标管理系统主要完成财政预算指标来源、分配、审核、登账等管理，承担部门预算系统和国库集中支付系统之间的衔接，是预算控制的重要手段，贯穿于预算管理的全过程。

3. 集中支付系统：用于实现以国库单一账户体系为基础，以银行间实时清算系统为依托，将资金通过单一账户体系支付给收款人。集中支付是预算执行的关键环节，包括直接支付和授权支付两种支付方式。实现联网处理的部门包括：财政部门、预算单位、代理银行和清算银行。

4. 账务管理系统：总账管理系统是财政信息一体化的核心系统，具有统一的分类、记录、控制以及对账机制，支持财政收支预算执行的全过程。账务系统支持总预算账、支付中心账、行政单位账、事业单位账等多种账套类型，用于全面支持财政部门及行政事业单位的账务处理。

5. 公务卡管理系统：公务卡是指预算单位工作人员持有的、可主要用于日常公务支出和财务报销业务以及个人消费支出的“银联”标准人民币信用卡。公务卡管理系统用于完成公务卡基础信息的采集与管理、公务卡消费的报销和还款等功能。

6. 财政预警系统：根据业务管理的需要，设定一系列预警规则，当日常业务处理满足规则触发条件时，系统自动发出预警提示，一方面可以进一步规范业务处理

的过程,同时也可督促、监督相关业务处理人员,进一步提高工作效率。

7. 工资统发系统:由财政统一建账,基层单位按时上报人员工资信息,财政业务部门审核无误后,提交到财政支付中心进行统一发放。主要包括信息采集、业务处理、数据审核及发放等环节。

8. 政府采购系统:实现政府采购业务流程的网上处理和关联数据的配套联动,具体包括代理机构管理、采购计划管理、采购合同管理以及采购支付管理等功能。

以上核心业务系统以基于平台“生长”模式开发建设。

9. 非税收入管理系统:非税收入管理系统以“单位开票、银行代收、财政统管”的建设思想,以《非税收入一般缴款书》为主要载体,通过代理银行代收非税收入,实现非税票据的自动核销,达到规范收入管理的目的。本系统通过接入改造的方式集成到统一平台。

10. 国有资产管理系统:国有资产管理系统目前使用的是省厅统一推广的行政事业资产管理系统,本次平台建设采取接入法将系统接入到平台,同时将系统与统一门户进行集成,实现单点登录功能。

11. 财税库横向联网系统:将现有的财税库横向联网收入查询系统接入到平台,实现单点登陆查询和收入分析功能。

(三)统一门户系统

统一门户管理实现如下功能:

1. 实现用户统一管理;

2. 各业务系统通过门户实现单点登录,方便用户操作;

3. 在门户中实现待办事项提醒,方便用户办理业务;

4. 工作进度、分析报表展示(展示内容可以个性化定制)。

(四)综合查询分析系统

财政综合查询分析系统建设包括以下内容:

1. 对平台业务数据进行抽取、梳理与规范处理;

2. 按业务特点建立多维分析模型,同时调度数据加载作业完成数据仓库中多维数据的加载;

3. 通过多维展示工具,实现多维数据的展示,实现数据上钻、下钻以及切片等处理;

4. 实现各种常用指标数据的分析与展示(TopN、80/20 分析、趋势分析等);

5. 自定义各种形式的业务报表,为业务人员日常工作提供方便。

三、任务分工

财政应用支撑平台建设是一项全局性的复杂的系统工程,涉及到各级财政部门、局机关各相关业务科室及各预算单位。因此,必须在局领导的统一组织协调下,各科室、单位密切配合、齐心协力开展工作。科室(单位)主要任务分工职责是:

预算科:参与整理基础数据项;负责平台上线后,部门预算系统、指标管理系统的试运行;参与账务系统的试运行。参与综合查询分析系统的试运行。

国库科:参与整理基础数据项;负责平台上线后国库集中支付系统、负责公务卡系统接入大平台之后的试运行;负责财政预警系统接入大平台之后的试运行;负责参与财税库横向联网收入查询系统接入大平台之后的试运行;参与综合查询分析系统的试运行;参与账务系统的试运行。

集中支付中心:参与整理基础数据项;负责平台上线后工资统发系统的试运行;参与平台上线后国库集中支付系统、参与综合查询分析系统的试运行。

企业处、行政政法科、教科文科、经建科、农业科、社保科:参与整理基础数据项;参与国库集中支付系统接入大平台之后的试运行;参与账务系统的试运行。

国有资产管理办公室:参与整理基础数据项;负责国有资产管理系统接入大平台之后的试运行。

非税收入管理局:参与整理基础数据项;负责非税系统接入大平台之后的试运行。

政府采购管理办公室:参与整理基础数据项;负责政府采购系统接入大平台之后的试运行;参与国库集中支付系统接入大平台之后的试运行。

计算机中心:负责机房、服务器等平台硬件环境的搭建;保证网络通畅;负责平台建设各个实施环节的协调、交流、沟通。

四、实施步骤

根据我局的具体情况,平台建设实施将分步有序向前推进。按照统筹规划、分步实施的原则,平台建设分两个阶段:

第一阶段(2011 年 10 月前完成)建设内容:基于平台"生长"核心业务系统,主要包括部门预算编制系统、指标管理系统、集中支付系统、公务卡系统、账务处理系统、工资统发系统、综合分析查询、CA 安全管理认证系统、门户管理等系统。

第二阶段(2012 - 2013 年)建设内容:政府采购管理系统、非税系统接入、行政资产系统接入、财税库横向联网系统接入、乡镇财政资金监管信息、一事一议财政奖补资金信息、预警监控系统等其它应用系统开发建设。指导区县全面完成区县级财政应用支撑平台建设工作。实现省、市、县三级平台数据的纵向贯通。

具体时间安排见附件。

五、组织领导

(一)领导小组

成立以局长为组长,局党组其他成员为副组长、局属各相关业务科室(单位)负责人为成员的市级财政应用支撑平台项目领导小组;邀请省厅信息中心领导担任顾问,全程指导我市市级财政应用平台建设工作。领导小组负责整个项目实施过程中重大问题的决策以及相关资源的协调与调度工作,下设业务小组、技术小组、项目开发与实施小组(软件实施公司)三个专门小组。

(二)业务小组

业务小组由业务科室相关人员组成。针对不同的业务,各有关业务科室需要明确对口联系人员,负责相关业务的流程规划、协调与实施工作,做到职责明确,责任到人。业务小组要对系统总体方案、软件开发、测试和应用等整个建设过程中的业务问题负责。主要包括:①业务需求的确定;②需求分析、技术方案设计、编码等工作中的业务配合工作;③组织业务测试、系统运行和系统业务功能验收等工作。

(三)技术小组

技术小组由计算机中心相关人员组成,技术小组负责系统总体方案、软件开发、测试和应用等整个建设过程中的技术问题。主要包括:①项目技术方案制定;②项目实施过程中的技术、进度等方面的监督协调,技术资源总体调度;③技术组织工作和项目工程验收等工作。

(四)开发与实施小组(软件实施公司)

开发与实施小组由系统开发商相关人员组成,开发与实施小组按照业务小组提出的业务需求和技术小组审定的技术方案,负责对系统总体方案、软件开发、测试和应用等具体实施。主要包括:①草拟工程实施计划、技术方案;②承担总体设计、应用软件设计和开发工作;③组织系统集成与工程实施;④协助完成系统试运行和上线运行;⑤系统培训、技术支持和维护;⑥项目领导小组交办的其他工作。

附件:淄博市市级财政应用支撑平台实施进度表(略)

责任校对:马英民

关于转发省财政厅《转发〈财政部关于深入推进基层财政专项支出预算公开意见〉的通知》的通知

2011年4月20日 淄财预〔2011〕5号

财政部关于深入推进基层财政专项支出预算公开的意见

2011年1月28日 财预〔2011〕27号

各省、自治区、直辖市、计划单列市财政厅(局):

为进一步贯彻落实《财政部关于进一步做好预算信息公开工作的指导意见》(财预〔2010〕31号),深入推进基层财政专项支出预算公开工作,规范基层财政专项支出公开范围,细化基层财政专项支出公开内容,促进依法理财、民主理财,现提出以下意见。

一、充分认识基层财政专项支出预算公开的重要意义

基层财政直接面向和服务于广大人

民群众,基层财政专项支出涉及人民群众切身利益。公开基层财政专项支出预算,有利于保障人民群众的知情权、参与权和监督权,提高政府依法行政能力,推进社会主义基层民主建设;有利于人民群众深入了解基层财政专项支出的资金来源和使用方向,加强对财政专项支出的监督,构建社会主义和谐社会;有利于深入推进预算公开工作,促进基层预算管理,提升财政科学化、精细化管理水平。各级财政部门要充分认识基层财政专项支出预算公开的重要意义,积极推进,增强工作主动性。

二、基层财政专项支出预算公开的重点范围

基层财政专项支出主要包括上级财政下达的转移支付资金和本级财政安排的专项资金。基层政府要进一步加大财政专项支出预算的公开力度,特别是要重点公开与人民群众利益密切相关的教育、医疗卫生、社会保障和就业、住房保障支出以及"三农"等方面的财政专项支出。

为进一步明确和规范公开范围,中央财政制定了《中央财政补助下级财政专项资金公开目录》。省、市级财政部门要在《中央财政补助下级财政专项资金公开目录》的基础上,结合本地实际,进一步扩大财政专项支出预算公开范围,制定本地区财政专项资金公开目录。基层财政要在收到本地区有关财政专项资金并按要求分配后,及时、准确、完整地公开本地区财政专项资金公开目录所列示的专项资金项目。

三、基层财政专项支出预算公开的原则、主要内容和方式

按照"谁分配、谁公开,分配到哪里、公开到哪里"的原则,财政部门负责公开由财政部门直接安排到人(户)到项目的财政专项支出资金;其他部门负责公开由其分配到人(户)到项目的财政专项支出资金。各级财政部门和有关部门要按照《中华人民共和国政府信息公开条例》(国务院令第492号)的规定,做好基层财政专项支出预算公开工作。省、市级财政部门要加强对县、乡财政专项支出预算公开工作的指导,并根据实际情况,进一步明确本地区基层财政专项支出预算公开的具体内容和方式。

县(市)级财政是基层财政专项支出预算公开的关键环节。应主要通过政府门户网站或者报刊等方式,公开财政专项支出的资金管理办法、资金来源(按比例或数额)、分配标准以及到乡镇、部门的分配结果。年度终了,及时总结本地区的财政专项支出预算公开情况,并适时公布。

乡(镇)级财政是基层财政专项支出预算公开的重要基础。应重点公开财政专项支出的政策、资金来源(按比例或数额)、发放标准、发放形式等,并突出到人(户)到项目的分配结果。对于分配到人(户)的财政专项支出,要通过政府门户网站、乡镇服务大厅、社区(村组)公示栏等,将分配到人(户)的姓名、地址、金额等情况详细公开,方便人民群众查询。对于分配到项目的财政专项支出,要在施工场所外利用公告栏、公示牌等公开工程概算、

资金来源以及施工单位等信息。

四、基层财政专项支出预算公开工作的要求

各级财政部门要高度重视，采取有效措施，扎实做好基层财政专项支出预算公开各项工作。

(一)加强组织领导。各级财政部门要把基层财政专项支出预算公开作为一项重要工作，明确工作目标，制定工作方案，落实责任分工，加强指导协调，推进基层财政专项支出预算公开工作。

(二)建立健全各项制度。各级财政部门要创新工作机制，建立健全基层财政专项支出预算公开信息发布和意见反馈等制度，制定考核办法，保障基层财政专项支出预算公开工作有序开展。

(三)做好督促检查。各级财政部门要加强对基层财政专项支出预算公开工作的督促和检查，全面把握工作进展，及时收集反馈意见，定期通报工作情况，制定和完善奖惩措施，确保基层财政专项支出预算公开工作落实到位。

责任校对：马英民

淄博市市级财政支出绩效评价管理暂行办法

2011年10月8日　淄财预〔2011〕18号

第一章　总　则

第一条　为进一步加强市级财政支出管理，提高财政资金使用效益，根据财政部《财政支出绩效评价管理暂行办法》和《山东省省级财政支出绩效评价管理暂行办法》等有关规定，制定本办法。

第二条　财政支出绩效评价(以下简称绩效评价)是指根据设定的绩效目标，运用科学、合理的绩效评价指标、评价标准和评价方法，对财政支出的经济性、效率性和效益性进行客观、公正的评价。

第三条　市财政局和市直预算部门(单位)(以下简称市直部门)是绩效评价的主体。

第四条　财政性资金安排支出的绩效评价及相关管理活动适用本办法。

第五条　绩效评价应当遵循以下基本原则：

(一)科学规范原则。绩效评价应当严格执行规定的程序，按照科学可行的要求，采用定量与定性分析相结合的方法。

(二)公正公开原则。绩效评价应当符合真实、客观、公正的要求，依法公开并接受监督。

(三)分级分类原则。绩效评价由市

财政局统一组织，市直各部门和项目单位根据评价对象的特点分类组织实施，可根据评价对象的部门、行业、项目等特点，制定分类的绩效评价办法。

（四）绩效相关原则。绩效评价应当针对具体支出及其产出绩效进行，评价结果应当清晰反映支出和产出绩效之间的紧密对应关系。

第六条 绩效评价的主要依据：

（一）国家相关法律、法规和规章制度及省、市政府发布的行政规章、规范性文件；

（二）市政府制定的国民经济与社会发展规划和方针政策；

（三）预算管理制度、资金及财务管理办法、财务会计资料；

（四）市直部门职能职责、中长期发展规划及年度工作计划；

（五）相关行业政策、行业标准及专业技术规范；

（六）申请预算时提出的绩效目标及其他相关材料，财政部门预算批复，财政部门和市直部门年度预算执行情况，年度决算报告；

（七）市财政投资评审机构出具的相关评审报告；

（八）人大审查结果报告、审计报告及决定、财政监督检查报告；

（九）其他相关资料。

第二章 绩效评价的对象和内容

第七条 绩效评价的对象包括纳入政府预算管理的资金和纳入部门预算管理的资金。按照预算级次，可分为本级预算管理的资金和市级政府对下级政府的转移支付资金。

第八条 部门预算支出绩效评价包括基本支出绩效评价、项目支出绩效评价和部门整体支出绩效评价。

绩效评价应当以项目支出为重点，重点评价与本部门职能密切相关、具有明显社会影响和经济影响的项目。有条件的市直部门可以对部门整体支出进行评价。

第九条 市级政府对下级政府的转移支付包括一般性转移支付和专项转移支付。一般性转移支付原则上应当重点对贯彻中央和省、市重大政策出台的转移支付项目进行绩效评价；专项转移支付原则上应当以对社会、经济发展和民生有重大影响的支出为重点进行绩效评价。

第十条 绩效评价的基本内容：

（一）绩效目标的设定情况；

（二）资金投入和使用情况；

（三）为实现绩效目标制定的制度、采取的措施等；

（四）绩效目标的实现程度及效果；

（五）绩效评价的其他内容。

第十一条 绩效评价一般以预算年度为周期，对跨年度的重大（重点）项目可根据项目或支出完成情况实施阶段性评价。对已完成项目实施的绩效评价，一般应于项目完成后一个月内完成。对未完成项目实施的阶段性绩效评价，应在一个预算年度终了后进行，一般应于次年上半年完成。

第三章 绩效目标

第十二条 绩效目标是绩效评价的对象计划在一定期限内达到的产出和效

果,由市直部门在申报预算时填报。部门年初申报预算时,应当按照本办法规定的要求将绩效目标编入年度预算;执行中申请调整预算的,应当随调整预算一并上报绩效目标。

第十三条 绩效目标应当包括以下主要内容:

(一)预期产出,包括提供的公共产品和服务的数量;

(二)预期效果,包括经济效益、社会效益、环境效益和可持续影响等;

(三)服务对象或项目受益人满意程度;

(四)达到预期产出所需要的成本资源;

(五)衡量预期产出、预期效果和服务对象满意程度的绩效指标;

(六)其他。

第十四条 绩效目标应当符合以下要求:

(一)指向明确。绩效目标要符合国民经济和社会发展规划、部门职能及事业发展规划,并与相应的财政支出范围、方向、效果紧密相关。

(二)具体细化。绩效目标应当从数量、质量、成本和时效等方面进行细化,尽量进行定量表述,不能以量化形式表述的,可以采用定性的分级分档形式表述。

(三)合理可行。制定绩效目标时要经过调查研究和科学论证,目标要符合客观实际。

第十五条 财政部门应当对市直部门申报的绩效目标进行审核,符合相关要求的可进入下一步预算编审流程;不符合相关要求的,财政部门可以要求其调整、修改。

第十六条 绩效目标一经确定一般不予调整。确需调整的,应当根据绩效目标管理的要求和审核流程,按照规定程序重新报批。

第十七条 绩效目标确定后,随同年初预算或追加预算一并批复,作为部门执行和项目绩效评价的依据。

第四章 绩效评价指标、评价标准和方法

第十八条 绩效评价指标是指衡量绩效目标实现程度的考核工具。绩效评价指标的确定应当遵循以下原则:

(一)相关性原则。应当与绩效目标有直接的联系,能够恰当反映目标的实现程度。

(二)重要性原则。应当优先使用最具评价对象代表性、最能反映评价要求的核心指标。

(三)可比性原则。对同类评价对象要设定共性的绩效评价指标,以便于评价结果可以相互比较。

(四)系统性原则。应当将定量指标与定性指标相结合,系统反映财政支出所产生的社会效益、经济效益、环境效益和可持续影响等。

(五)经济性原则。应当通俗易懂、简便易行,数据的获得应当考虑现实条件和可操作性,符合成本效益原则。

第十九条 绩效评价指标分为共性指标和个性指标。

(一)共性指标是适用于所有评价对象的指标。主要包括预算编制和执行情况、财务管理状况、资产配置、使用、处置及其收益管理情况以及社会效益、经济效

益等。

（二）个性指标是针对市直部门或项目特点设定的，适用于不同部门或项目的业绩评价指标。

共性指标由财政部门统一制定，个性指标由财政部门会同有关部门制定。

第二十条 绩效评价标准是指衡量财政支出绩效目标完成程度的尺度。绩效评价标准具体包括：

（一）计划标准。是指以预先制定的目标、计划、预算、定额等数据作为评价的标准。

（二）行业标准。是指参照国家公布的行业指标数据制定的评价标准。

（三）历史标准。是指参照同类指标的历史数据制定的评价标准。

（四）其他经财政部门确认的标准。

第二十一条 绩效评价方法主要采用成本效益分析法、比较法、因素分析法、最低成本法、公众评判法等。

（一）成本效益分析法。是指将一定时期内的支出与效益进行对比分析，以评价绩效目标实现程度。

（二）比较法。是指通过对绩效目标与实施效果、历史与当期情况、不同部门和地区同类支出的比较，综合分析绩效目标实现程度。

（三）因素分析法。是指通过综合分析影响绩效目标实现、实施效果的内外因素，评价绩效目标实现程度。

（四）最低成本法。是指对效益确定却不易计量的多个同类对象的实施成本进行比较，评价绩效目标实现程度。

（五）公众评判法。是指通过专家评估、公众问卷及抽样调查等对财政支出效果进行评判，评价绩效目标实现程度。

（六）其他评价方法。

第二十二条 绩效评价方法的选用应当坚持简便有效的原则。

根据评价对象的具体情况，可采用一种或多种方法进行绩效评价。

第五章 绩效评价的组织管理和工作程序

第二十三条 市财政部门负责拟定绩效评价规章制度和相应的技术规范，组织、指导市直部门、下级财政部门开展绩效评价工作；根据需要对市直部门、下级财政部门支出实施绩效评价或再评价；提出改进预算支出管理的意见并督促落实。

第二十四条 市直部门负责制定本部门绩效评价规章制度；具体组织实施本部门绩效评价工作；向市财政部门报送绩效报告和绩效评价报告；落实市财政部门整改意见；根据绩效评价结果改进预算支出管理。跨部门项目的绩效评价，由项目预算下达的部门牵头组织实施。

第二十五条 根据需要，绩效评价工作可委托专家、中介机构等第三方实施。市财政部门应当对第三方组织参与绩效评价的工作进行规范，并指导其开展工作。

第二十六条 绩效评价工作一般按照以下程序进行：

（一）确定绩效评价对象；

（二）下达绩效评价通知；

（三）确定绩效评价工作人员；

（四）制订绩效评价工作方案；

（五）收集绩效评价相关资料；

(六)对资料进行审查核实;

(七)综合分析并形成评价结论;

(八)撰写与提交评价报告;

(九)建立绩效评价档案。

市直部门年度绩效评价对象由部门结合本单位工作实际提出并报市财政部门审核确定;也可由市财政部门根据经济社会发展需求和年度工作重点等相关原则确定。

第二十七条 市财政部门实施再评价,参照上述工作程序执行。

第六章 绩效报告和绩效评价报告

第二十八条 财政资金具体使用单位应当按照本办法的规定提交绩效报告,绩效报告应当包括以下主要内容:

(一)基本概况,包括部门职能、事业发展规划、预决算情况、项目立项依据等;

(二)绩效目标及其设立依据和调整情况;

(三)管理措施及组织实施情况;

(四)总结分析绩效目标完成情况;

(五)说明未完成绩效目标及其原因;

(六)下一步改进工作的意见及建议。

第二十九条 市财政部门和市直部门开展绩效评价并撰写绩效评价报告,绩效评价报告应当包括以下主要内容:

(一)基本概况;

(二)绩效评价的组织实施情况;

(三)绩效评价指标体系、评价标准和评价方法;

(四)绩效目标的实现程度;

(五)存在问题及原因分析;

(六)评价结论及建议;

(七)其他需要说明的问题。

第三十条 绩效报告和绩效评价报告应当依据充分、真实完整、数据准确、分析透彻、逻辑清晰、客观公正。

市直部门应当对绩效评价报告涉及基础资料的真实性、合法性、完整性负责。

市财政部门应当对部门提交的绩效评价报告进行复核,提出审核意见。

第三十一条 绩效报告和绩效评价报告的具体格式由市财政部门统一制定。

第七章 绩效评价结果及其应用

第三十二条 绩效评价结果应当采取评分与评级相结合的形式,具体分值和等级可根据不同评价内容设定。

第三十三条 市财政部门和市直部门应当及时整理、归纳、分析、反馈绩效评价结果,并将其作为改进预算管理和安排以后年度预算的重要依据。

对绩效评价结果较好的,市财政部门和市直部门予以表扬或继续支持。

对绩效评价发现问题、达不到绩效目标或评价结果较差的,市财政部门和市直部门予以通报批评,并责令其限期整改。不进行整改或整改不到位的,应当根据情况调整项目或相应调减项目预算,直至取消该项财政支出。

第三十四条 绩效评价结果应当按照政府信息公开有关规定在一定范围内公开。

第三十五条 在财政支出绩效评价工作中发现的财政违法行为,依照《财政违法行为处罚处分条例》(国务院令第427号)等有关法律法规依法追究责任。

第八章 附 则

第三十六条 市直各部门可结合实际制定具体的管理办法和实施细则。

第三十七条 本办法自发布之日起施行。

附件:1.财政支出绩效目标申报表(略)
2.财政支出绩效评价指标框架(参考)(略)
3.财政支出绩效报告(参考提纲)(略)
4.财政支出绩效评价报告(参考提纲)(略)
5.财政支出绩效评价工作流程图(略)

责任校对:马英民

关于转发《山东省财政国库改革补助经费管理暂行办法》的通知

2011年11月21日 淄财库〔2011〕4号

山东省财政国库改革补助经费管理暂行办法

2011年10月11日 鲁财库〔2011〕23号

第一条 为深入贯彻落实国务院及省委、省政府关于推行财政国库管理制度改革重要决策部署,加强对全省国库改革工作的指导和管理,充分发挥财政国库改革补助经费使用效益,推动全省财政国库管理制度改革向纵深发展,根据财政部和省国库管理制度改革有关要求,制定本办法。

第二条 国库改革补助经费是指为确保全省财政国库改革顺利推进并达到既定目标,由省级财政预算安排的用于各级财政部门开展国库改革及相关工作的专项补助资金。

第三条 国库改革补助经费按照“科学规范、保障重点、绩效激励”的原则进行分配和使用。

第四条 国库改革补助经费的支出范围包括:

(一)信息系统支出。包括推行财政国库改革所需各类信息系统的建设、升级、改造、维护等支出。

(二)改革业务支出。包括推行财政

国库改革进行的宣传、培训、会议及相关设备购置等支出。

（三）调研分析支出。包括承担财政部和省重大课题研究、工作调研、专题分析等任务所需支出以及做好年度财政总决算和部门决算部署、编审、分析等工作所需支出。

（四）激励性支出。包括对在推进财政国库改革工作中成绩突出的市县给予奖励等支出。

第五条　国库改革补助经费的预算安排，根据当年国库改革任务及有关工作需要确定。

（一）对各项改革部署任务得到较好落实，达到省确定改革目标要求的市县，按其工作量和绩效情况给予补助；

（二）对积极探索创新，大力推进财政国库改革，在全省范围内起到示范表率作用的市县给予奖励；

（三）对国库管理工作成绩突出，在预算执行分析、财政总决算、部门决算等工作考评中，达到优秀等次的市县给予奖励。

第六条　国库改革补助经费应使用规范的预算支出科目进行核算。属于政府采购范围的支出项目，应按政府采购有关规定执行。

第七条　国库改革补助经费实行专款专用，必须严格用于规定范围内的支出项目。任何单位、个人不得滞留、挤占、挪用，不得将国库改革补助经费用于发放津贴、补贴、奖金等个人支出。对违反规定的单位和个人，按照《财政违法行为处罚处分条例》有关规定进行严肃处理。

第八条　本办法自颁布之日起施行。

责任校对：马英民

关于印发《淄博市财政法制宣传教育第六个五年规划》的通知

2011 年 12 月 20 日　淄财法〔2011〕3 号

淄博市财政法制宣传教育第六个五年规划

为进一步深入学习《宪法》和国家基本法律，学习依法行政的理论和相关的法律知识，增强财政干部权责统一的法制观念，增强遵纪守法、依法行政的自觉性，促进财政法制化建设。参照《山东省财政法制宣传教育第六个五年规划》，结合我市财政工作实际，现制定《淄博市财政法制宣传教育第六个五年规划（2011 年至 2015 年）》。

一、指导思想和基本目标

（一）指导思想。坚持以邓小平理论和“三个代表”重要思想为指导，全面贯彻落实科学发展观，认真实施依法治国基本方略，按照建设法治财政的总体要求，紧紧围绕财政“十二五”规划确定的总体目标以及财政改革与发展的客观实际，扎实推进财政科学化精细化管理，继续深入开展财政法制宣传教育，为全面推进依法理财、建设法治财政营造良好的法治环境。

（二）基本目标。通过深入开展扎实的法制宣传教育和法治实践，适应财政改革与发展需要，适应全社会和广大人民群众特别是财政干部和财务会计人员对法律知识特别是财政法律知识的现实需求，力争达到的基本目标是：

1. 全体财政干部强化宪法意识和法治观念，主动维护宪法和法律的权威；形成自觉学法用法的浓厚氛围，依法行政的自觉性明显提高；对我国基本法律制度有准确、全面的认识，依法理财、服务社会的能力明显增强；对财政专业法律法规制度要做到深刻、细致的掌握，各项财政工作的规范化、法治化明显推进。

2. 各级财政部门进一步规范财政行政执法秩序，行政执法水平明显提高，做到依法行政、合理行政、程序正当、高效便民、诚实守信；切实转变管理观念，强化服务意识和服务职能；依法行政的观念明显增强，做到执法有依据、用权受监督、违法受追究、侵权须赔偿。

3. 财政法律法规得到全社会的广泛

理解和遵守,全社会财政法律意识进一步增强,全民财政法律素质持续提高。

二、主要任务

(一)深入学习宪法和建设法治社会的基本理论。进一步学习宣传宪法,维护宪法权威;学习宣传法治理论,深刻认识社会主义法治社会的特征;认识我国的立法体制和司法体制,维护国家法制的统一;进行社会主义法治理念教育,培育民主法制观念;开展以“学法律、讲权利、讲义务、讲责任”为主要内容的法制宣传教育和“八荣八耻”社会主义荣辱观教育,促进财政干部依法行使权利和履行义务。

(二)深入学习国家刑事基本法律制度,推进财政系统廉政建设。学习宣传《刑法》、《刑事诉讼法》及相关司法解释,深刻认识贪污类、行贿受贿类、挪用公款类、渎职类等相关犯罪行为的特征和定罪量刑规定,尤其是深入学习关于反商业贿赂的各种规定,通过解剖发生在财政部门的真实案例,对财政干部进行警示教育和自律教育。

(三)深入学习国家民商事基本法律制度,规范财政部门民事行为。学习《民法通则》、《担保法》、《合同法》、《公司法》、《民事诉讼法》等基本民商事法律规定,提高财政干部的民事法律素养,增强遵纪守法、依法办事的自觉性,规范财政部门民事行为;从程序上加强对财政部门民事行为的规范,保障民事活动的公开、公平、公正;建立健全民事违法行为的责任追究制度。

(四)深入学习国家行政法律制度,提高依法行政能力和水平。进一步学习宣传《行政处罚法》、《行政许可法》、《公务员法》、《行政强制法》等行政法律制度和依法行政基本理论,培育财政干部权力和职责统一的现代法治观念,提高依法决策、依法行政和依法管理的能力和水平。

(五)深入学习宣传财政专业法律制度,推进财政管理和监督的法治化。密切联系财政改革与发展实际,进一步学习宣传与财政中心工作相关的法律法规;随着国家立法进程,进一步学习宣传《预算法》、《政府采购法》、《会计法》、《注册会计师法》、《财政违法行为处罚处分条例》、各单行税法等财政法律、行政法规及新制定和修订的财政法律、行政法规,进一步推进财政管理和各项财政工作的规范化、法治化。

(六)深入学习宣传财政行政执法法律制度,规范财政行政执法行为。从执法原则、执法主体、执法管辖、执法程序等各方面深入学习财政行政执法基本法律制度,加强财政行政执法体制建设;深入学习回避、公开、告知、听证、说明理由等各种行政程序制度,树立程序正义的观念;深入学习调查取证制度和证据理论,建立健全财政行政执法案卷评查制度;学习《山东省行政执法错案责任追究办法》,进行行政执法责任制教育,全面规范财政行政执法行为。

(七)深入学习宣传社会矛盾防范化解制度。深入学习宣传《行政诉讼法》、《行政复议法》、《信访条例》、《国家赔偿法》等行政救济法律法规,防范化解社会矛盾;健全行政应诉制度和行政复议监督制度,尊重和维护行政相对人的合法权益;健全信访工作制度,规范信访事项办理程序,解决群众合理、合法的诉求;学习国家赔偿理论,健全国家赔偿费用管理制度。

(八)学习宣传《山东省行政程序规定》,从行政程序基本原则、行政程序主体、重大决策程序、规范性文件制定程序、行政执法程序、特别行为程序等各方面深入学习贯彻行政程序基本法律制度,加强财政行政程序体制建设。

三、对象和要求

财政法制宣传教育的对象是各级财政干部、广大财务会计人员及一切有接受教育能力的公民,重点是各级财政干部和财务会计人员。

(一)加强领导干部法制宣传教育,着力提高依法执政能力。各级财政部门领导干部要高度重视财政法制宣传教育工作,带头学法用法,树立在宪法和法律范围内活动的观念,树立国家一切权力属于人民的观念,提高依法决策、依法管理的能力,转变领导方式和管理方式。推进领导干部法制教育制度化、规范化,坚持和完善党组中心组集体学法制度、领导干部法制讲座制度、法律知识年度考试考核制度,推行领导干部法律知识培训制度和任职资格制度。各级财政部门要进一步重视和加强对财政干部尤其是领导干部的依法行政培训工作。

(二)加强财政干部法制宣传教育,着力提高依法行政的能力。各级财政部门要加大对财政干部法制宣传教育的力度,培养财政干部有权必有责、用权受监督、违法要追究的观念。要把法律知识作为各级财政干部录用的重要考核内容。要继续推进年度法制培训和考试考核工作。要加强廉政法制教育,促进惩治和预防腐败体系建设。各级财政干部要积极参加财政法制宣传教育活动,带头学法用法,提高依照法定权限和程序行使财政权力的能力,促进严格执法、公正执法、文明执法,确保国家法律法规的正确实施。

(三)加强财务会计人员法制宣传教育,着力提高依法管理、依法办事的能力。各级财政部门要组织企业、行政事业单位管理人员及广大财务会计人员认真学习国家有关财政、税收、会计等法律法规知识,努力提高企业、行政事业单位管理人员和广大财务会计人员的财政法律素质,深化其对严肃财经纪律、维护财经秩序重要性的认识,增强依法办事、照章办事的能力,做到依法行使职权,履行职责。

(四)加大对社会公众宣传财政法律法规的力度。各级财政部门要采取多种形式向社会公众宣传财政法律法规,增强全社会的财政法律意识和法制观念,为依法理财、建设法治财政创造良好的氛围。

四、工作措施

强化财政普法与法治财政建设、全民普法、党风廉政建设、学习型机关学习型政府建设、科学化精细化管理,积极采取有效举措,组织开展丰富多彩、效果明显的普法活动。

(一)落实党组中心组学法制度,各级财政部门每年至少安排一次党组中心组学法活动。

(二)定期举办财政干部法制宣传教育培训班,力争县级以上财政部门干部每年至少参加一次法制培训,"六五"期间各级财政部门参加普法培训的人数占应培训人数的比例在95%以上。

(三)定期举办财政干部法制讲座,每年安排专题性法制讲座不少于一次。

(四)结合财政实际工作,推进财政部门法治文化建设,促进各级财政部门法治化管理,开展丰富多彩的法治文化活动,丰富法治文化活动载体和形式。

(五)深化"财政法律进机关、进乡村、进社区、进学校、进企业、进单位"主题活动,加强与人民群众生产生活密切相关的法律法规宣传,大力弘扬社会主义法治精神,切实增强公民依法维护权利、自觉履行义务的意识,努力推进法治社会建设。

(六)建立财政法制学习园地,开展经常性法制教育;充分运用报刊、杂志、广播、电视等大众媒体,开办普法专栏、专版等系列法制宣传节目,采取以案说法、以案释法等生动直观的形式开展法制宣传教育,增强宣传效果。

(七)每年组织一次全市范围内的财政法制宣传教育活动;充分发挥互联网、手机报等新媒体作用,加大法制宣传力度。

(八)充分运用"12·4"全国法制宣传日,集中开展以宪法为核心的系列主题宣传活动;利用各类法律颁布实施纪念日,组织开展主题法制宣传日、宣传周和宣传月活动。

(九)结合财政工作实际和公众需要,开展法律咨询和服务。

五、工作步骤和安排

全市财政法制宣传教育第六个五年规划从2011年开始实施,到2015年结束。共分为三个阶段:

(一)宣传发动阶段。2011年,市财政局将根据省财政厅要求,结合本规划,做好动员部署工作,积极参加全省财政法制宣传教育骨干培训。各区县财政部门要根据本规划要求,制定适合自身特点的普法规划,做好组织、宣传、发动等工作,各区县财政部门制定的财政"六五"法制宣传教育规划要及时报市财政局备案。

(二)组织实施阶段。2011年至2015年,全市财政部门要根据规划要求,制定年度法制宣传教育工作计划或安排,认真组织实施。各区县财政部门要根据规划和年度安排,突出年度工作重点,采取多种形式,有针对性地开展财政法制宣传教育活动。每年年终都要进行考评考核,总结经验教训。2013年,市财政局将对全市财政"六五"普法规划实施情况组织中期检查督导,重点检查领导干部学法用法情况及全局性财政普法活动开展情况。

(三)检查验收阶段。2015年,各级财政部门对各自普法规划实施情况和效果进行自查、自评。市财政局将按照规划确定的目标、任务和要求,对全市财政"六五"普法规划实施情况进行总结验收和全面考核。

六、组织领导

(一)进一步完善财政法制宣传教育领导体制和工作体制。各级财政部门要进一步完善由主要领导任组长，相关部门负责人参加的财政法制宣传教育和依法理财领导小组。各级财政部门法制工作机构作为财政法制宣传教育的办事机构，负责制定规划和年度计划，做好组织、协调、检查、督促、指导等工作。

（二）切实保障财政法制宣传教育经费。各级财政部门要按照有关要求，安排落实财政法制宣传教育经费，保证工作的正常开展。

（三）加强法制宣传教育队伍建设。各级财政部门要注意加强财政法制机构建设和财政法制队伍建设，要根据情况指定专职、兼职人员负责财政普法工作。要努力开展针对法制机构人员的学习培训活动，提高其政治、法律素质和业务能力。

（四）建立财政法制宣传教育工作责任制和激励监督机制。建立健全考核评价机制和定期检查考核制度，完善普法考核评价指标体系；建立健全监督激励机制，开展规划实施年度和阶段性考核工作，开展财政法制宣传教育表彰奖励工作。

责任校对：王凌云

关于转发《关于政府非税收入纳入预算管理有关问题的通知》的通知

2011 年 1 月 25 日　淄财非税〔2011〕2 号

关于政府非税收入纳入预算管理有关问题的通知

2010 年 12 月 24 日　鲁财综〔2010〕160 号

各市财政局、省财政直接管理县（市）财政局，省直各部门：

为进一步规范非税收入预算管理，根据《财政部关于将预算外资金管理的收入纳入预算管理的通知》（财预〔2010〕88 号）、《山东省财政厅转发〈财政部关于预算外资金管理的收入纳入预算管理的通知〉的通知》（鲁财预〔2010〕50 号）精神，结合我省实际，决定从 2011 年 1 月 1 日起，调整我省部分非税收入管理方式。现将有关事项通知如下：

一、除教育收费（包括目前在财政专户管理的高中以上学费、住宿费，高校委托培养费，党校收费，教育考试考务费，函大、电大、夜大及短训班培训费等）以外的财政专户管理的行政事业性收费，全部纳入国库管理。

二、教育部门的"教育科研成果评审费"由财政专户管理调整为国库管理。其他教育收费仍执行原管理方式。

三、主管部门集中收入、基本建设收入、超标准耗能加价费和超标准耗能加价费滞纳金收入由财政专户管理调整为国库管理。

四、慈善总会、红十字会、希望工程办公室、其他各类基金会等社会公益机构接受的公益捐赠收入,以及幼儿园接受的捐赠收入,继续纳入财政专户管理。其他单位以政府名义接受的捐赠收入全部纳入国库管理。

五、2011年1月1日零时起,省财政厅将对非税收入征收管理系统项目库中的上述有关项目管理方式做统一调整。

责任校对:王凌云

关于转发《关于规范罚没收入收缴管理的通知》的通知

2011年7月5日　淄财非税〔2011〕27号

关于规范罚没收入收缴管理的通知

2011年5月16日　鲁财综〔2011〕36号

各市财政局、省财政直接管理县(市)财政局,省直各部门,中央驻鲁各单位,工商银行、农业银行、建设银行山东省分行:

为进一步深化"收支两条线"管理改革,规范罚没收入收缴管理,根据我省非税收入征缴方式改革进展情况,决定自2011年6月1日起,全省罚没收入全部通过"山东省非税收入征收管理系统"收缴。现将有关事宜通知如下:

一、各执法单位依法收取罚没收入前,应到同级财政部门申请罚没收入项目编码,并提交授权对有关违法行为进行处罚的政策文件。财政部门审核后,为执法单位在"山东省非税收入征收管理系统"中增加罚没收入项目编码。在依法收取罚没收入时,执法单位应向被处罚人开具省财政厅统一印制的"山东省非税收入缴款书(罚没专用)"(以下简称"罚没缴款书");被处罚人持"罚没缴款书"到非税收入代收银行缴纳罚款,通过"山东省非税收入征收管理系统”上缴国库,并持代收银行加盖收讫章的“罚没缴款书”,到执法单位换回罚款收据。执法单位根据代收银行加盖收讫章的“罚没缴款书”,登记非税收入辅助账簿,定期与财政部门核对罚没收入收缴情况。

二、按照法律、法规规定可以当场处罚的,执法单位应向被处罚人开具“山东省非税收入定额票据(伍元、拾元、贰拾元)”(以下简称“定额票据”)。每本定额票据用完后,所收罚款由执法单位填写所附的“山东省非税收入缴款书”,通过“山东省非税收入征收管理系统”上缴国库(缴款程序同上)。

三、各非税收入代收银行要适应电子化征缴改革要求,加快推广应用POS机刷卡、网上缴费等新的电子化征缴手段,为缴款人提供便利。

四、罚没收入纳入全省非税收入征收管理系统征缴后,各相关部门和代收银行要高度重视,加强协调配合,密切关注征缴动态,及时反映和解决征缴中出现的问题,确保罚没收入顺利上缴国库。

责任校对:王凌云

关于转发省财政厅 省水利厅 省地税局《关于做好地方水利建设基金征收管理工作有关问题的通知》的通知

2011年8月31日 淄财非税〔2011〕39号

关于做好地方水利建设基金征收管理工作有关问题的通知

2011年7月26日 鲁财综〔2011〕84号

各市财政局、水利局、地税局,各省财政直接管理县(市)财政局:

《山东省人民政府关于印发〈山东省地方水利建设基金筹集和使用管理办法〉的通知》(鲁政发〔2011〕20号)规定,自2011年7月1日起,在全省行政区域内对企事业单位和个体经营者按实际缴纳增值税、营业税、消费税(以下简称“三税”)税额的1%征收地方水利建设基金,并由地方税务部门负责代收。为做好相关工

作,现将有关问题通知如下:

一、充分认识开征地方水利建设基金的重要意义

开征地方水利建设基金,是贯彻今年中央、省委两个“1号文件”精神的重大举措。通过征收地方水利建设基金,进一步拓宽地方水利建设基金来源渠道,扩大收入规模,对于建立稳定持续的水利建设筹资机制,支持加快水利改革发展,具有十分重要的现实意义。各级各有关部门要切实提高对征收地方水利建设基金重要意义的认识,进一步加强组织领导,密切协作配合,扎实做好征收工作,确保地方水利建设基金及时足额征缴入库。

二、明确政策界限,依法规范代收

(一)地方水利建设基金的征收对象为缴纳“三税”的企事业单位和个体经营者。海关对进口产品征收的增值税、消费税,暂不征收地方水利建设基金。

(二)地方水利建设基金以2011年7月1日以后实现的“三税”为征收依据,具体代收工作将于8月1日起开始实施。对7月1日以前实现的在7月1日以后征收入库的“三税”不征收地方水利建设基金。

(三)缴纳人应按照“三税”规定的申报期限,在办理“三税”纳税申报的同时向主管地方税务机关办理地方水利建设基金的申报缴纳事宜。财政、水利部门负责对拖欠缴纳地方水利建设基金的企事业单位和个体经营者进行督查、催缴,对拒不缴纳地方水利建设基金的企事业单位和个体经营者,依法进行追缴。

三、加强部门配合,积极做好地方水利建设基金征收工作

各级财政、水利、地税部门要各司其职,密切配合,积极推进地方水利建设基金征收工作。各级财政部门是地方水利建设基金的征管主体,要加强地方水利建设基金收支预算管理,健全各项征收管理制度,规范地方水利建设基金管理使用。水利部门要加强对征收地方水利建设基金工作的宣传,营造良好的征管环境。地方税务部门要严格按照规定,将代收的地方水利建设基金及时足额征缴入库。各级要建立健全部门联席会议制度,定期召开地方水利建设基金征收管理工作联席会议,加强工作沟通,及时研究解决征管工作中遇到的矛盾和问题,确保地方水利建设基金征收工作顺利进行。

责任校对:王凌云

关于财政支持蔬菜产业发展的实施意见

2011 年 10 月 30 日　淄财农〔2011〕9 号

各区县财政局，高新区、文昌湖区财政局：

为贯彻落实《淄博市人民政府关于实施蔬菜等四大产业振兴计划的意见》（淄政发〔2010〕111 号）、《淄博市人民政府关于进一步促进蔬菜生产保障市场供应的意见》（淄政发〔2011〕6 号），提高蔬菜产品质量，保障蔬菜供应，加快农民增收步伐，更好地支持蔬菜产业发展，根据《淄博市农业标准化生产专项资金管理暂行办法》（淄财农〔2009〕36 号）等财政专项资金管理规定，制定本实施意见。

一、指导思想

坚持科学发展观，按照"高端、高质、高效"的发展理念，以促进蔬菜生产、保障市场供应、确保质量安全、增加农民收入为目标，以支持优势蔬菜标准化生产基地、标准园建设为抓手，推动蔬菜产业规模化、集约化、标准化、品牌化发展，提升蔬菜产业的竞争优势和农业增效、农民增收能力。

二、支持范围、条件

凡是在本市行政区域内组织或从事蔬菜生产、营销的区县、乡镇政府和农业产业化龙头企业、农民专业合作组织等单位，在市以上组织的例行检测中，未出现产品质量不合格问题，并具备相关条件的，均可纳入财政支持范围。

（一）蔬菜标准化生产基地，应具备的条件：

1. 基地必须实行"龙头 + 基地 + 农户"的产业组织形式；

2. 基地生态环境良好，符合农业部无公害、绿色、有机农产品相关产地环境标准；

3. 达到一定规模。设施蔬菜种植 500 亩以上，露天瓜菜种植 1000 亩以上，食用菌种植 3000 平方米以上；

4. 实行"五统一"管理（统一生产标准、统一供种、统一用肥、统一用药、统一技术指导）；

5. 具备"十有"标准（有龙头带动、有生产技术规程、有产品认证、有检测设备或委托检测机构、有包装标识、有生产档案、有管理责任人、有技术负责人、有投入品专供制度、有产品质量追溯制度）。

（二）蔬菜标准园，应具备的条件：

1. 园区建设。标准园环境条件符合国家有关标准。园区内卫生良好，水、电、路、渠等基础设施配套完善，园区周围与其他环境隔离。标准园具备农资存放、产品检测、采后商品化处理等功能区，配有必要的设施设备,且统一规划、科学设计、合理布局。

2. 规模化种植。园区要求地块方正,集中连片。设施蔬菜(设施内)种植50亩以上,露地蔬菜种植200亩以上。

3. 标准化生产。全面落实绿色(有机)蔬菜标准化技术规程,采用生态栽培,推广应用新品种、新技术。

4. 商品化处理。园区具备完善的产品清洗、分级、包装等采后处理设备,具有完备的蔬菜产品贮运、保鲜等设施。

5. 品牌化销售。园内蔬菜通过有机、绿色食品认证,产品实行品牌化销售,知名度高,产品销售渠道广,在社会上产生较大的影响力。

6. 产业化经营。以农民专业合作组织或龙头企业为载体,为菜农提供产前、产中、产后全程优质服务。

7. 质量监管制度落实。园区落实了菜田登记、投入品管理制度、生产档案制度、产品检测制度、基地准出制度、质量追溯制度等。

(三)"三品一标"认证,应具备的条件:通过农业部认证,取得无公害、绿色、有机蔬菜质量认证证书;通过农业部、国家质监局、国家工商总局认定,取得地理标志登记认定证书。

(四)创建市级绿色、有机蔬菜标准化生产示范乡镇,应具备的条件:主导蔬菜产品获"三品一标"认证,认证的基地面积不低于5000亩;基地实行"五统一"管理,达到"十有"标准;有完整的具体创建规划。

(五)创建市级绿色、有机蔬菜标准化生产示范区县,应具备的条件:主导蔬菜产品获"三品一标"认证,认证的基地面积不低于6万亩;基地实行"五统一"管理,达到"十有"标准;有完成创建的具体规划。

(六)基层检测室和速测点,应具备的条件:面积10平方以上,配备1台以上速测仪和相应配套设施,有专门的检测人员1-2人,能正常开展有机磷、氨基甲酸酯类等农药残留检测,并有检测记录。

三、支持标准

(一)蔬菜标准化生产基地。对认定为市级无公害、绿色、有机蔬菜标准化生产基地的,分别补助5万元、8万元、10万元。

(二)蔬菜标准园。对认定为市级蔬菜标准园的,每个补助10万元。

(三)"三品一标"认证。对获得无公害蔬菜、绿色蔬菜、有机蔬菜和地理标志认证的,分别给予1万元、2万元、3万元、1万元的奖励。

(四)创建蔬菜标准化生产示范乡镇和示范区县奖励。对创建为市级蔬菜生产标准化示范乡镇的,奖励10万元;对创建为市级蔬菜生产标准化示范区县的,奖励20万元。

(五)速测仪器购置补贴。支持基层检测室和速测点建设,按照市、区县、建设单位1:2:2的比例,对购置的速测仪器进行补贴。

对市以上已经扶持的标准化基地、标准园、质量认证,已经创建为市以上农产品生产示范乡镇和示范区县的,不再重复奖励补助。

四、资金使用

财政奖补资金实行项目申报、审查核实,通过国库集中支付方式直接拨付项目单位。财政奖补资金专项用于蔬菜标准化生产基地“十有”标准建设和认证蔬菜产品的包装标识等蔬菜产品质量建设。

根据蔬菜产业生产发展的特性,市财政局会同市蔬菜主管部门每年共同制定下发《关于财政支持蔬菜产业发展的项目申报指南》,明确项目申报的范围、条件,应提供的资料等。区县财政、蔬菜主管部门按照要求组织项目申报,选择推荐符合申报条件的项目,形成项目申报文本,以正式文件报送市财政局、市蔬菜主管部门。市财政局会同市蔬菜主管部门审核,确定财政奖补资金。

五、管理监督

(一)实行项目库管理。市、区县蔬菜主管部门要建立和完善财政支持蔬菜产业发展项目库,未纳入项目库管理的市级不予扶持奖励。

(二)实行项目动态管理。对虚假申报项目的、不按项目建设方案组织实施的、违禁使用农业投入品的、没有实施蔬菜产品质量例行检测制度和蔬菜产品质量出现问题的,以及违规使用财政奖补资金的,三年内取消申报资格,并收回财政奖补资金。

(三)加强项目情况调度。区县要加大支持蔬菜产业发展的力度,加强专项资金的管理与监督,及时调度项目进展、效益发挥等情况。

本实施意见自2011年1月1日起施行。

责任校对:王凌云

关于2011年度财政扶持农业产业化龙头企业发展的实施意见

2011年10月30日 淄财农〔2011〕36号

各区县财政局、农委(办)、农业局,高新区财政局、农管委,文昌湖区财政局、地事局:

为加快我市农业产业化龙头企业建设,提升农产品竞争力,促进农业增效、农民增收,根据省委、省政府《关于进一步深化农业产业化经营加快发展现代农业的意见》(鲁发〔2008〕9号)、《山东省农业产业化龙头企业财政贴息资金管理办法》

(鲁财农〔2006〕30号)等有关文件精神,结合我市实际,特制定2011年度财政扶持农业产业化龙头企业发展的实施意见。

一、指导思想

以科学发展观为统领,积极推进农业产业化经营,推动农业产业发展方式转变、结构调整,围绕粮食、畜牧、蔬菜、果品四大支柱产业,实施农业龙头企业集群建设工程,带动农民增收,促进现代农业发展。按照我市农业产业化经营发展规划,扶持和培育发展前景好、带动能力强的农产品加工企业,助推龙头企业扩大生产经营规模,加强标准化基地建设,提高农产品竞争力,扎实推进社会主义新农村建设。

二、扶持范围和条件

市政府确定的2011年度农业产业化市级重点龙头企业,2010年以来未享受农业综合开发产业化经营、中央林业贷款财政贴息政策、省农业产业化龙头企业贴息政策等省以上农业产业化扶持政策,且近年来未发生违纪、违约以及农产品质量安全问题,同时符合下列条件的,可列入2011年度财政扶持政策范围。

(一)企业发展成长性好,法人干事能力强,经营诚信守法;

(二)企业固定资产投资较大,总资产报酬率应高于现行一年期银行贷款基准利率,资产负债率低于60%,在银行无不良记录;

(三)品牌优势明显,产品信誉良好,市场竞争力强,企业效益好;与农户(村、小区)利益连接密切,带动能力强;

(四)企业社会责任强,不拖欠税款、职工工资、养老保险等;

(五)企业积极参加政府部门组织的展会、培训等活动,能及时上报企业监测数据和有关材料。

对暂不完全具备以上条件,但具有较强的科技创新能力,行业优势明显,带动面较大的特色产业企业,亦可纳入扶持范围。

三、财政扶持政策

重点围绕粮食、畜牧、蔬菜、果品四大支柱产业,市财政与市农业局共同制定"一贴、一补、三奖励"农业产业化扶持政策,对2010年7月1日至2011年9月30日期间,符合以下条件的企业予以政策扶持。

(一)贷款贴息。农产品生产加工企业因固定资产投资、生产经营规模扩大累计贷款额度达到1500万元以上,按照人民银行同期同档次贷款基准利率给予不超过30万元的财政贴息。

(二)投资补助。农产品生产加工企业通过自有资金投入、职工借款、拆借等合法途径,以及场外股权交易中心挂牌融资等形式筹集资金达到1000万元以上,用于固定资产投资,给予不超过20万元的财政投资补助奖励。

(三)科技创新奖励。企业立足自身优势和当地资源优势,加大科技投入力度,研发新技术、新产品,通过科技创新推进产业升级,年内投入科研技改资金不低于2000万元,并建有省级以上科技研发中心的，给予不超过50万元的科技创新奖励。

（四）出口奖励。企业拥有出口经营自主权，直接出口额在500万美元以上的农产品加工企业，给予不超过20万元的出口奖励。

（五）特色发展奖励。企业带动能力强，在建有稳定的高标准特色生产基地的基础上，加大产品深加工力度的；具有现代营销理念，大力发展连锁经营、直供直销、网上交易，创新企业营销模式，促进企业健康发展的；龙头企业兴办合作社，大力发展特色种植业、养殖业，打造特色农产品品牌，让农民在发展特色产业中得到实惠的，给予不超过20万元的特色发展奖励。

以上政策，企业不能重复享受。

四、扶持对象的确定

市财政局、市农业局共同制发项目申报指南。根据区县申报情况，共同筛选部分市级重点龙头企业，逐户调查，逐项认定，确定扶持企业名单及扶持资金。

五、监督管理

（一）动态管理。各级财政、农业部门要加强对扶持资金的监督管理，确保资金专项用于支持农业产业化龙头企业发展，并对扶持的农业产业化市级重点龙头企业实行动态管理、优胜劣汰。

（二）备案制管理。对企业投资500万元以上新上固定资产项目需报市区产业化办公室备案，并以此作为企业享受政策扶持的重要依据之一。

（三）规范化管理。各农业产业化重点龙头企业要加强和规范企业管理，加快发展，不断扩大带动能力，自觉接受财政和农业部门的监督管理，及时反馈项目建设、生产经营、带动农民增收等情况。

责任校对：王凌云

关于印发《淄博市森林生态效益补偿基金管理办法》的通知

2011年11月28日　淄财农〔2011〕39号

淄博市森林生态效益补偿基金管理办法

第一章　总　则

第一条　为规范和加强森林生态效益补偿基金(以下简称"补偿基金")管理,提高资金使用效益,根据省财政厅、省林业局《山东省森林生态效益补偿基金管理办法》(鲁财农〔2010〕38号),结合我市实际,制定本办法。

第二条　本办法所称补偿基金,是指由中央、省及市财政预算安排,专项用于国家级、省级及市级公益林营造、抚育、保护和管理支出补偿的资金。

第三条　森林生态效益补偿工作由林业、财政部门共同组织实施。各级林业主管部门主要负责审核、编制辖区内国家级、省级、市级公益林管护实施方案和年度补偿基金支出计划,落实公益林管护任务,对补偿基金的使用效益进行检查和验收。各级财政部门主要负责分配、拨付补偿基金,对补偿基金的使用进行管理和监督。

第四条　各级财政部门要根据当地国家级、省级及市级公益林区划界定情况和管护现状,不断加大对公益林管护的投入力度,并会同同级林业主管部门建立健全森林生态效益补偿机制。

第二章　补偿基金使用

第五条　补偿范围

依据国家林业局、财政部《国家级公益林区划界定办法》(林资发〔2009〕214号)区划界定的国家级公益林林地、根据省级公益林区划界定标准核查认定的省级公益林林地及根据市级公益林区划界定标准核查认定的市级公益林林地。

第六条　补偿对象

承担国家级、省级公益林或市级公益林管护任务的国有单位、集体和个人。

第七条　补偿标准

补偿基金依据公益林权属实行不同的补偿标准。具体为:

国有的国家级和省级公益林补偿标准为每年每亩5元。其中,管护补助支出4.75元,公共管护支出0.25元;

集体和个人所有的国家级、省级公益林补偿标准为每年每亩10元。其中,管护补助支出9.75元,公共管护支出0.25元;

市级公益林补偿标准为每年每亩10元,济青高速、滨博高速公路单侧林带每年每公里2000元,全部用于管护补助支出。

第八条 管护补助支出使用范围

(一)国有的国家级、省级公益林。用于对国有单位管护国家级和省级公益林进行补助,包括管护人员劳务费、森林防火、林业有害生物防治、森林资源监测、补植和抚育等管护支出。

管护补助支出中的管护人员劳务费按照每年每亩4元执行,其余管护补助支出由国有单位使用。

(二)集体和个人所有的国家级、省级及市级公益林。用于对集体和个人管护国家级和省级公益林的经济补偿,包括管护人员劳务费、森林防火、林业有害生物防治、森林资源监测、补植和抚育等管护支出。

管护补助支出中的管护人员劳务费按照每年每亩8元执行,市级济青高速、滨博高速的管护人员劳务费按照每年每公里3200元执行,其余管护补助支出由国有单位、集体或个人使用。

第九条 公共管护支出使用范围

公共管护支出由省级统筹安排,用于各级林业主管部门开展国家级和省级公益林监测、管护情况检查验收、森林火灾预防与扑救、林业有害生物防治、森林资源监测等。

第十条 各级林业主管部门因公益林管护所需的区划、界定、宣传、培训等管理经费由同级财政预算另行安排,不得在中央、省级及市级补偿基金中列支。

第三章 申报和拨付

第十一条 各区县财政、林业主管部门应于每年3月5日前,联合正式行文向市财政局、市林业局报送当年国家级、省级及市级公益林补偿基金申请报告。

申请报告内容主要包括上年度补偿基金使用管理及结余情况、国家级、省级和市级公益林管理及征占用等资源变化情况、森林火灾和林业病虫害发生及控制情况等。同时,一并报送上年度补偿基金支出情况表(附件1)、上年度公益林管护情况表(附件2)和当年补偿基金支出计划申请表(附件3)。

第十二条 省林业局根据国家级和省级公益林补偿标准、征占用情况、各市上年度补偿基金使用管理和结余情况及补偿基金申请,核定各市和省直管县补偿基金数额,报省财政厅审核同意后,省财政厅将补偿基金拨付到各市。

第十三条 县级林业主管部门使用的公共管护支出实行财政报账制管理。

第十四条 县级林业主管部门负责对公益林管护情况进行考核,并根据考核结果向财政部门提出管护补助支出资金拨付申请。县级财政部门对林业主管部门提出的资金拨付申请进行审核,并及时拨付管护补助支出。其中,公益林管护人员劳务费以及个人所有的国家级、省级及市级公益林其他管护补助支出,通过财政涉农补贴资金"一本通"直接发放给个人。

第四章　管理和监督

第十五条　国有单位、集体和个人每年要对森林生态效益补偿基金提出具体使用方案。其中,国有单位补偿基金使用方案要报同级林业主管部门和财政部门审批后实施,集体和个人补偿基金使用方案要报县级林业主管部门和财政部门审批后实施。

第十六条　各级林业主管部门要根据实际,制定公益林管护人员录用和管理的具体办法。

第十七条　县级以上林业主管部门要与承担管护任务的国有单位、集体和个人签订公益林管护责任书(样式见附件4)。承担管护任务的国有单位、集体和个人要与管护人员签订管护合同(样式见附件5)。

承担管护任务的国有单位、集体和个人按照公益林管护责任书履行管护义务,承担管护责任。各级林业主管部门要加强监督管理,结合公益林管护责任书有关内容对其管护情况进行考核确认。

第十八条　市林业局对国家级、省级及市级公益林征占用等资源变化情况适时进行抽查。

第十九条　各级林业主管部门和财政部门要加强对国家级、省级及市级公益林管护任务落实情况的监督检查。对符合管护责任书要求、完成管护任务的,全额兑现管护补助支出。对管护人员不尽职以及国有单位、集体和个人不按要求履行管护责任或因故造成公益林资源非正常损失的,扣减或不予拨付补偿基金,直至终止管护任务,调出补偿范围。

扣减的补偿基金结转下年度继续使用。各区县在申请下年度公益林补偿基金时,对结转资金作相应扣除。

第二十条　凡存在下列问题之一的区县,省财政厅、省林业局将在下一年度一次性调减公共管护支出,情节严重的,将取消安排下一年度公共管护支出。

(一)违反补偿基金使用管理和公益林管护有关规定,问题较严重的;

(二)上报征占用国家级、省级公益林等资源变化情况弄虚作假的;

(三)不按本办法规定报送补偿基金申请报告,或报送内容不真实、不符合规定的;

(四)经省财政厅、省林业局认定需调减资金的其他违法违规行为。

第二十一条　各区、县对中央、省级及市级补偿基金使用管理规范、成效显著的,省市财政、林业主管部门可用因本办法第十九条、第二十条原因调减的资金对其进行奖励。

第二十二条　各级财政部门应对补偿基金实行专项管理、分账核算。其他渠道筹集用于国家级、省级或市级公益林的补偿资金可并账核算。各级财政、林业主管部门要建立健全补偿基金拨付、使用和管理档案。承担管护任务的国有单位和集体要加强财务管理,建立健全会计核算制度,并对国家级和省级补偿基金分别设置专账独立核算。

第二十三条　各级财政、林业主管部门应加强补偿基金管理,自觉接受审计等部门的监督检查。对截留、挤占、挪用补偿基金或造成资金损失的单位和个人，视情节轻重，予以扣减、停拨补偿基金，直至取消补偿资格，并按照《财政违法行为处罚处分条例》（国务院令第427号）及相关法律法规追究有关部门和人员责任。

第五章 附 则

第二十四条 各区、县应根据本办法，制定补偿基金管理实施细则，并报市财政局、市林业局备案。

第二十五条 本办法由市财政局、市林业局负责解释。

第二十六条 本办法自发布之日起施行。

附件：1. 中央、省级及市级森林生态效益补偿基金支出情况表（略）
2. 国家级、省级及市级公益林管护情况表（略）
3. 中央、省级及市级森林生态效益补偿基金支出计划申请表（略）
4. 公益林管护责任书（样式）（略）
5. 公益林管护合同（样式）（略）

责任校对：王凌云

关于印发《淄博市农业综合开发土地治理项目市级管护资金管理办法》的通知

2011年11月30日 淄财农〔2011〕40号

淄博市农业综合开发土地治理项目市级管护资金管理办法

第一章 总 则

第一条 为规范我市农业综合开发土地治理项目市级管护资金（以下简称“管护资金”）管理工作，根据《淄博市农业综合开发项目管护办法》（淄人发〔2006〕9号）、《淄博市农业综合开发项目管护办法实施细则》（淄农开办〔2010〕35号）和《淄博市农业综合开发土地治理运行管护资金管理暂行办法》（淄财农〔2010〕43号）的有关规定，制定本办法。

第二条 本办法所称管护资金，是指由市级财政预算安排，专项用于农业综合开发土地治理项目运行管护资金。

第三条 管护资金由市财政局、市农业综合开发办公室负责分配、使用和管理。市财政局主要负责管护资金预算安排、分配和拨付，对资金使用情况进行管理和监督等；市农业综合开发办公室主要负责管护项目的申报与审批，编制项目计划及实施方案,对项目实施和资金使用进行管理和监督,组织项目检查验收等。

第二章 管护资金使用

第四条 管护资金包括补助资金、灾害损毁项目资金和奖励资金。

第五条 补助资金主要用于生产路、林网、排水沟、桥涵等公益性工程的维护维修。

第六条 灾害损毁项目资金主要用于因重大自然灾害造成严重损毁的生产路、桥涵、地堰等公益性工程的修复。

第七条 奖励资金主要用于管护工作经费,可用于交通费、会议费、培训费支出,不得用于购置车辆、管护人员工资、补贴等行政事业费开支。

第三章 资金申报与审批

第八条 补助资金的申报与审批

(一)补助资金按项目进行审批,先立项施工,经验收后年终一次性拨付资金。

(二)区县财政局、农业综合开发办公室每年3月10日前和8月31日前,分别向市财政局、市农业综合开发办公室上报补助资金申请报告。

(三)申请批复程序。

1. 项目乡镇对需维修维护的土地治理项目公益性工程提出立项计划和资金预算,报区县农业综合开发办公室和区县财政局。立项计划须明确到具体施工地点和每个点的工程量;资金预算须明确到每个年度项目单项工程量和投资预算。

2. 区县财政局、农业综合开发办公室汇总后报市财政局、市农业综合开发办公室。

3. 市财政局、市农业综合开发办公室对区县上报的立项计划进行审核、勘验、批复。

(四)组织实施与验收

1. 区县农业综合开发办公室、财政局根据市批复的项目管护计划,制定实施方案并组织施工。

2. 施工结束后,申请市级验收。验收时间:上半年申请的项目,分别于5月底前和11月底前验收两次;下半年申请的项目,11月底前验收。

3. 市财政局根据工程验收情况进行补助。

4. 上半年已批复实施的项目下半年不得再次申报且在11月底前验收不合格的,不予补助资金。

第九条 灾害损毁项目资金的申报与审批

(一)灾害损毁项目立项条件。

1. 损毁前的工程设计符合规范、施工符合要求,验收存在的问题已经整改。明显存有设计缺陷和施工质量的不予立项。

2. 单项工程损毁影响其正常发挥作用,包括道路塌陷、桥梁损毁影响通行,排水沟淤积影响排水等。

3. 修复工程量较大,维修预算在10万元以上。

(二)灾害损毁项目申报程序。

1. 项目管护主体对项目损毁工程进行实地勘察,确定项目损毁情况,以文字和影像资料记录存档,编制项目申请报告上报区县农业综合开发办公室、财政局。

2. 区县农业综合开发办公室、财政局对管护主体申报的损毁工程进行实地确认,确实符合申报条件的以正式文件上报市农业综合开发办公室、市财政局。

3. 灾害损毁项目的申报截止日期为每年的8月底。

(三)申请报告的主要内容。

1. 项目情况介绍:包括项目所属土地治理项目区概况、所处的具体位置、工程管护情况等。

2. 项目损毁情况:工程损毁程度、损毁原因分析、损毁修复的必要性等。

3. 项目修复方案:修复工程内容、工程修复预算、工程设计方案及图纸等。

4. 项目资金筹措:资金构成及筹措方法。

5. 农业综合开发灾害损毁项目申报表。

(四)项目评估采取实地考察、材料审查、讨论论证等形式。在评估论证的基础上,按照市级管护资金安排情况,选择确定扶持项目。

(五)检查验收。

1. 项目完工后,管护主体进行自验,然后报请区县初验;初验合格后,填写由区县开发办、财政局、管护主体三方签字盖章的验收登记表(附竣工决算书)后申请市级验收。市级验收的时间为每年4月底。

2. 灾害损毁项目竣工验收的主要内容包括工程数量、工程质量及资金使用情况、有关档案资料管理情况。

3. 下列情况一票否决,不再安排灾害损毁项目,直到所有问题整改为止。

(1)擅自改变修复计划;

(2)擅自改变设计图纸;

(3)未完成修复计划;

(4)修复质量不高,仍存有损毁隐患;

(5)挪用损毁项目资金。

第三章　管理与监督

第十条　管护资金为农业综合开发资金组成部分,纳入年度资金检查验收范围,专款专用。同时要自觉接受审计部门的监督检查。

第十一条　奖励资金每年分两次对项目管护情况进行验收,年终分别以不同的权重计算总分,对取得总分前三名的区县予以奖励。

第十二条　资金管理中存在违规违纪问题,按照《农业综合开发财政资金违规违纪行为处理办法》有关规定执行。

第四章　附　则

第十三条　本办法由市财政局、市农业综合开发办公室负责解释。

第十四条　本办法自发布之日起施行。

责任校对:王凌云

关于实施学前教育资助政策的通知

2011年12月7日　淄财教〔2011〕49号

各区县财政局、教育（教体）局，高新区、文昌湖区财政局、地事局：

为贯彻落实《淄博市中长期教育改革和发展规划纲要（2011－2020年）》和财政部、教育部《关于建立学前教育资助制度的意见》（财教〔2011〕410号），完善学生资助政策体系，帮助家庭经济困难儿童接受学前教育，根据省财政厅、省教育厅《关于实施学前教育资助政策的通知》（鲁财教〔2011〕96号）要求，自2011年秋季学期起，我市建立学前教育资助制度，现就有关问题通知如下：

一、充分认识实施学前教育家庭经济困难儿童资助政策的重大意义

近年来，我市采取多种措施，对普通高校、中等职业学校、普通高中、义务教育阶段中小学校相应建立了较为完善的贫困家庭学生资助制度，有效保障了贫困家庭学生顺利完成学业。随着学前教育事业的快速发展，解决好贫困家庭儿童接受学前教育问题成为重要而紧迫的任务。实施学前教育资助政策，有利于减轻农民和城市弱势群体的经济负担，有利于促进教育公平和社会公平，是健全公共财政服务体系的一项重要措施。各区县、各有关部门和各幼儿园要统一思想，周密部署，精心组织，确保这项惠民政策顺利实施。

二、主要内容及要求

按照“加大财政投入、经费合理分担、政策导向明确、多元混合资助、各方责任清晰”的原则，实施以财政投入为主，幼儿园、企事业单位、社会团体及个人积极参与的学前教育家庭经济困难儿童资助政策。

（一）设立学前教育政府助学金。从2011年秋季学期起，设立学前教育政府助学金，用于资助家庭经济困难的在园儿童。

1. 资助范围。对全市经县级及以上教育行政部门审批设立的普惠性幼儿园3－5岁在园家庭经济困难儿童、孤儿和残疾儿童予以资助。普惠性幼儿园包括公办、公办性质幼儿园及普惠性民办幼儿园，不包括托儿所、亲子园等早期教育机构。

2. 资助标准。平均资助标准为每生每年1200元。具体分为3档，1档1000元，2档1200元，3档1400元。助学金主要用于幼儿在园期间的保教费及伙食费补助。

3. 资助比例。平均资助面为普惠性

幼儿园 3 - 5 岁在园幼儿的 10%,以后年度视情况逐步加大资助比例。各地在确定资助对象时,对孤儿、残疾儿童、烈士子女、少数民族儿童、因病因灾造成家庭特别困难的儿童要优先予以资助,并向农村贫困地区给予倾斜。各地可结合当地学前教育发展实际,扩大资助比例,提高资助标准,加大资助力度。

4.经费来源。学前教育资助实行属地管理,所需资金由省、市、县财政按比例分担:张店区、临淄区、桓台县、高新区,省、市与区县的分担比例为 4:2:4;淄川区、博山区、周村区、文昌湖区,省、市与区分担比例为 4:3:3;沂源县,省、市与县分担比例为 4:4:2;省直管县高青县的补助资金将由省从对我市补助总额中划出直接下达,市对高青县补助比例将根据省定补助比例单独核定。

各级要严格按照上级财政补助资金数额按比例足额落实本级应承担的资金,不能因在园幼儿人数减少,用上级补助资金抵顶本级应承担的资金。各级安排的助学金资金要专款专用,因人数减少形成的结余资金,全部用于提高资助比例,确保助学金政策不折不扣地执行到位。

(二)从事业收入中提取资助经费。幼儿园要从事业收入中按 3% - 5% 的比例提取资金,用于减免收费、提供特殊困难补助等。

(三)鼓励社会捐资助学。各地要进一步落实、完善鼓励捐资助学的优惠政策,积极引导和鼓励企业、社会团体及个人等捐资,帮助家庭经济困难儿童、孤儿和残疾儿童接受普惠性学前教育。

三、加强组织领导,确保政策顺利实施

(一)加强组织领导。学前教育资助政策涉及面广、政策性强,各级要切实加强组织领导,明确责任分工,健全工作机制,制订切实可行的实施方案,确保资助政策全面落实到位,确保资助工作的公平、公正和公开。要通过多种形式广泛宣传,为学前教育资助制度实施创造良好的社会氛围。

(二)确保资金落实。各级要加强资金管理,严格落实经费分担责任,足额安排并及时拨付本级应负担的资金。对不按规定比例落实资金的,市财政将核减补助资金。各区县要努力加大财政投入力度,保障政策的顺利实施。要切实加强幼儿园财务管理,建立规范的预决算制度,确保资助经费安全、规范使用。

(三)规范收费管理。公办幼儿园不得因减免保教费、伙食费而提高其他收费标准,或擅自设立收费项目乱收费。要加强民办幼儿园收费管理,完善备案程序,加强分类指导。幼儿园要实行收费公示制度,接受社会监督,坚决查处乱收费。

(四)完善基础信息。各级教育行政部门、有关幼儿园要根据有关要求建立学前教育资助工作信息管理系统,做好在园儿童信息和受助儿童信息基础管理工作,实行动态管理,确保受助幼儿信息真实、可靠。各幼儿园要把贫困家庭幼儿资助作为重要工作,实行园长负责制。

(五)加强监督检查。各级要把学前教育资助作为教育督导的重要内容,并与

审计、监察等有关部门密切配合,加强学前教育资助政策落实情况的监督检查。对于挤占挪用资助经费、虚报儿童人数骗取补助资金等违规行为,要按照《财政违法行为处罚处分条例》(国务院令第427号)等有关规定严肃处理,并追究相关学校责任人的责任。

责任校对:王凌云

关于印发《淄博市行政事业资产管理工作考核评比试行办法》的通知

2011年7月18日　淄财国资〔2011〕7号

淄博市行政事业资产管理工作考核评比试行办法

第一条　为促进全市行政事业资产管理工作科学化、规范化和精细化,进一步增强工作积极性、主动性和创造性,依据有关规定,结合全市行政事业资产管理工作实际,制定本办法。

第二条　全市行政事业资产管理工作考核评比的对象为:各区县财政局及各区县财政局资产管理工作人员;市直各部门及市直各部门资产管理工作人员。

第三条　考评工作遵循客观公正、公开透明和注重实绩的原则,坚持日常考核与年终考核相结合。

第四条　考评的主要内容:

(一)职能及机构队伍建设。主要考评行政事业资产管理职能到位、机构设置、队伍建设及经费保障情况。

(二)资产管理制度建设。主要考评资产管理制度体系是否健全完善并得到有效贯彻实施。

(三)基础信息管理。主要考评资产管理信息系统建设、年度资产报表、资产信息整理和分析应用、产权登记及其年度检查工作情况。

(四)综合管理情况。主要考评省、市统一性工作任务的完成情况、各地工作业绩及工作创新情况;市直部门资产配置、处置、使用、收入等各环节管理的规范性。

(五)信息宣传及理论调研。主要考评信息报送、信息质量以及调查研究和理论研究工作开展情况。

(六)其他需要考评的内容。主要考评省、市财政部门布置的特定工作任务的完成情况。

第五条　考评采取基础百分制和特

别加分制，考核成绩上不封顶（具体考评标准、计分办法和考评依据见附件）。

第六条 设立全市行政事业资产管理工作先进单位奖和全市行政事业资产管理工作先进个人奖。财政系统先进单位不超过考评对象数量的60%，市直部门先进单位不超过市直部门数量的30%。先进个人数量由市财政局根据年度考核工作需要确定。

第七条 先进单位考评分为日常考核和年终考核两部分。日常考核以各区县、各部门平时工作任务完成情况和市财政局了解掌握的相关情况为主，建立日常考核档案。年终考核以各区县、各部门年度工作总结和自评报告为主，于每年11月份进行。各区县、各部门在对年度工作进行全面总结的基础上，按照考评标准形成书面自评报告，并收集有关证明资料，于11月30日前报市财政局国资办资产科。

先进个人考评由各区县财政局和市直各部门组织考核推荐，在实事求是地对被推荐人的工作表现、工作实绩做出鉴定的基础上，形成书面鉴定材料，随同各区县、各部门的书面自评报告一并报送。

第八条 根据日常考核和年终考核的实际得分和各区县、各部门的推荐，由市财政局分别确定先进单位和先进个人名单。

市财政局对考评为"先进单位"和"先进个人"的单位和个人以适当方式进行通报表彰。

第九条 本办法由市财政局负责解释，自2011年起考核执行。

附件：1. 淄博市行政事业资产管理工作考评标准和计分办法（财政系统）

2. 淄博市行政事业资产管理工作考评标准和计分办法（市直部门）

责任校对：王凌云

附件1:

淄博市行政事业资产管理工作考评标准和计分办法(财政系统)

考评内容		基础分	计分办法	考核依据
一、职能及机构建设(10分)	1. 职能到位情况	4	区县财政部门资产管理职能到位4分。	政府职能划分文件
	2. 机构队伍建设情况	6	①区县财政部门设立专职资产管理机构2分。②本年度组织资产管理队伍培训2分。③建立对部门或乡镇及街道办事处资产管理考核制度并组织实施2分。建立正常资产管理经费的加3分;未设立正常经费但提供某专项工作经费保障的加2分。	培训通知、考核办法、自评报告、日常考核
二、资产管理制度建设(15分)		15	制定了有关资产购置、使用、处置、评估、交易、产权管理等专项或综合管理制度并认真贯彻实施,每项制度计2分,最高15分。以政府名义出台制度、通知每项加3分,以政府办公室名义出台每项加2分,上不封顶。	办法文本、自评报告
三、基础信息管理(30分)	1. 资产管理信息系统建设	15	①系统覆盖范围3分,所辖全部单位纳入管理并实现网上数据传输的计3分。②系统安全2分,因人为因素发生任何数据丢失、权限设置不当或数据泄密等安全事故该项不得分。③数据信息完整性6分,未按规定建立和录入固定资产卡片不得分。④系统应用4分,按照全省统一要求开展信息系统应用并运行良好的计4分,运行质量不高的酌情计分,未按要求开展工作的不计分。	自评报告、日常考核
	2. 资产报表产权登记及年检	8	①资产报表报送及质量6分,未按时传输、上报各类报表或数据,每迟报一天扣0.5分,扣完6分为止。②产权登记工作2分,根据自评报告酌情计分,未按规定开展产权登记及年度检查工作的不计分。	自评报告、日常考核
	3. 资产信息分析利用	7	①整理编印资产信息统计资料2分。②开展综合数据分析2分,根据分析报告质量酌情计分。③开展专题分析每篇1分,最高3分,根据分析报告质量酌情计分。分析报告得到局领导指示加2分,区县领导指示加3分,公开发表加4分。	资料文本、报告文本和领导批示证明
四、综合管理情况(30分)	1. 工作任务完成情况	15	对省财政厅、市财政局统一布置的各项日常或临时性工作任务(不含基础信息管理)认真组织、报送及时、完成质量好的15分;未达到要求的,酌情扣分,迟报一天扣0.5分,扣完为止;未报送的,不计分。	日常考核
	2. 工作成效及创新情况	15	①工作成绩突出,社会效果较好,获得领导批示或明文表彰,市级每次计5分,区县级每次计3分,本局领导每次计2分,上不封顶。②积极创新,有关创新经验或做法在全省、全市会议上作发言介绍的每次计5分,作为经验材料交流的每次计2分,上不封顶。③未能依法履行职责,导致被投诉经查证属实或被起诉立案的,每件扣10分,扣完15分为止。	相关证明、日常考核
五、信息宣传和理论调研(15分)	1. 信息宣传情况	10	①完成全年4条信息报送任务的计4分,每多报1条加0.5分,最高加2分,每少报1条扣1分,扣完4分为止。②所报信息被采用的,省厅或省以上其他途径每条计3分,市级每条计2分,该项得分不封顶。③开展资产管理专项宣传活动的计3分。	日常考核、相关证明
	2. 理论调研情况	5	①认真开展研活动并完成调研报告,每次计2分。②承担市财政局以上调研任务或课题任务并完成报告,每次计3分。③调研报告或理论研究文章公开发表,每篇计4分;文章评比获奖的,根据获奖层次酌情加分。该项得分不封顶。	相关报告文本及考核
六、其他			承担省财政厅、市财政局特定工作任务并圆满完成的,酌情加分。	日常考核

附件 2：

淄博市行政事业资产管理工作考评标准和计分办法（市直部门）

考评内容及基础分	考核标准	考核依据
一、职责分工及队伍建设（10 分）	①重视资产管理工作，明确资产管理机构，指定专人负责资产管理工作 5 分。②合理确定各相关部位职责分工，内部协调配合机制完善 5 分。	职责分工文件、自评报告、日常考核
二、资产管理制度建设（10 分）	本部门及所属单位资产配置、使用、处置等各项资产管理制度以及资产入库登记、保管清查、领用交回、账卡管理、处置核销等基础管理制度健全得 10 分。管理制度不健全、存在明显制度漏洞的，每缺少一个环节扣 2 分，扣完 10 分为止。	制度文本、日常考核、自评报告
三、资产管理信息系统建设（25 分）	①系统覆盖范围 5 分，按要求将所辖全部单位纳入系统管理并实现网上数据传输的计 5 分。②数据信息质量 10 分，未按规定建立和录入固定资产卡片不得分，信息不完整、不真实、不准确每一处扣 1 分，最高扣 10 分。③系统应用 5 分，按要求及时更新信息系统数据、开展系统应用计 5 分。④系统安全 5 分。系统权限设置不当扣 2 分，将连接系统的计算机私自接入互联网扣 5 分，后果严重的取消考评资格。	日常考核、自评报告
四、资产报表报送及质量	①资产报表报送时效性 5 分，每迟报一天扣 1 分，扣完 5 分为止。②报表数据质量 15 分，每错、漏一处扣 1 分，手续不完备扣 3 分，不按规定渠道报送扣 3 分，最高扣 15 分。经核实存在有意瞒报、虚报数据行为的，取消考评资格。	日常考核、自评报告
五、产权登记年检（15 分）	①产权登记年检申办时效性 5 分，每迟报一天扣 1 分，最高扣 5 分。②产权登记年检资料真实性 10 分，每错、漏一处扣 1 分，最高扣 10 分。未按时限要求申办产权占有、变更和注销登记的，取消考评资格。	日常考核、自评报告
六、资产审核审批事项及资产收入管理（30 分）	资产配置、处置、使用审核审批流程科学、严谨、规范并严格落实，资产收入按规定上缴财政 20 分。存在未经批准擅自配置、处置、使用国有资产、应进行资产评估而未评估或不上缴国有资产收入行为的，一经发现取消当年考评资格。	日常考核、自评报告
七、其他	①积极向市财政局报送资产信息并被采用的，每条信息加 2 分，上不封顶。②在市财政局组织的有关会议上作典型发言的，每次加 5 分，书面经验交流材料被采用每篇加 3 分。③承担市财政局特定工作任务并圆满完成的，酌情加分。④其他加分项目。	日常考核

关于印发《淄博市服务业发展引导资金管理暂行办法》的通知

2011年5月31日 淄财企〔2011〕38号

淄博市服务业发展引导资金管理暂行办法

第一章 总 则

第一条 根据《中共淄博市委、淄博市人民政府关于进一步促进服务业加快发展的若干政策意见》(淄发〔2006〕27号)精神,"十二五"期间,市级财政继续设立"淄博市服务业发展引导资金"(以下简称"引导资金")。为加强引导资金管理,提高资金使用效益,制定本办法。

第二条 引导资金是由市级预算安排的专项用于支持服务业发展的导向性资金。"十二五"期间,市财政按上年度全市GDP的万分之一安排引导资金。获得引导资金支持的区(县)须按照适当比例安排配套资金。

第三条 引导资金的使用和管理应遵循统筹规划、公开透明、科学评审、择优扶持的原则,严格程序,规范操作,专款专用、专项核算。

第四条 引导资金主要用于引导和扶持服务业重点发展领域和新兴领域中成长性强,具有示范作用,发展前景好或带动性强,能够实现规模化、产业化经营,对增加地方税收和扩大就业具有明显成效的服务业重点投资项目。引导资金同时用作国家和省级支持的服务业建设项目的配套补助、保障民生和市委、市政府要求扶持的促进服务业发展的其他事项以及服务业、金融业考核奖励等。

第五条 市财政局、市发展改革委及市服务业办公室共同负责引导资金的管理和使用。

市财政局是引导资金的监管部门,以资金管理为主。配合市发展改革委、市服务业办公室共同拟定引导资金年度使用计划,参与项目论证并共同下达引导资金批复意见,依据项目实施进度审核情况,按引导资金批复意见的要求,拨付项目资金。对于当年市级财政其他专项资金支持过的服务业领域和项目(国家要求配套的项目除外),不再安排引导资金。

市发展改革委、市服务业办公室主要负责引导资金的日常管理工作,以项目管理为主;会同市财政局共同研究确定引导资金年度支持的重点领域和方向，受理引导资金项目申请，制定项目评审标准，组织专家进行项目评审，对支持项目进行跟踪管理和监督。

第二章 项目申报

第六条 引导资金的申报：

符合申报条件的项目，由项目承担企业按隶属关系向同级发展改革部门、服务业办公室和财政局申报。

各区（县）发展改革局、服务业办公室，高新区、文昌湖区经发局和财政局根据引导资金年度支持的重点领域和方向，对申报单位的申报资格、申报材料等进行审查，对符合申报条件和要求的项目，提出项目资金申请报告，于每年6月底前联合上报市发展改革委、市服务业办公室和市财政局。

第七条 申请使用引导资金的项目应具备以下条件：

（一）符合国家法律法规、产业政策和服务业发展规划，具有较强的示范和带动作用；

（二）项目建设的外部条件、自有资金和银行贷款已经落实，且能在当年启动，并在规划期内建成；

（三）项目建成后，具有自我发展的能力，能取得较好的经济效益和社会效益；

（四）对区、县政府安排配套资金的项目给予优先支持。

第八条 引导资金项目的实施以企业为主体。实施项目的企业应具备以下条件：

（一）在淄博市境内注册，具有独立法人资格；

（二）依法经营，管理规范，具有健全的财务核算和管理体系，近三年来无违法经营行为；

（三）企业资产及经营状况良好，具有较高的资信等级和相应的资金筹措能力；

（四）按规定向发展改革部门、服务业办公室和财政部门报送相关资料。

第九条 引导资金申请报告应包括以下主要内容：

（一）项目单位的基本情况和财务状况；

（二）项目的基本情况，包括建设背景、建设内容、总投资及资金来源、各项建设条件落实情况等；

（三）申请投资补助或贴息资金的主要原因和政策依据。

第十条 引导资金申请报告应附以下文件：

（一）政府投资项目的可行性研究报告及其批准文件；

（二）企业自主投资项目的批准（核准或备案）文件；

（三）国土资源部门出具的项目用地预审意见；

（四）环保部门出具的环境影响评价审批意见；

（五）申请贴息的项目须出具项目单位与有关金融机构签订的贷款协议；

（六）经中介机构审计的企业前两年度的财务审计报告（新办企业除外）。

第三章 审批下达

第十一条 市发展改革委、市服务业办公室和市财政局共同对申报单位的材料进行审查后,聘请相关专家组成专家组,由专家组对申报项目进行评审、论证,重点是申报项目的可行性、市场前景、风险性、投资概算等,并提出咨询、评估意见。

根据专家组的咨询、评估意见,市发展改革委、市服务业办公室和市财政局共同研究确定引导资金年度扶持项目和扶持金额,提出年度资金使用计划,经市政府批准后,由市发展改革委、市服务业办公室和市财政局共同下达投资计划,并由市财政局按有关规定拨付项目资金。

聘请专家进行咨询、评估、评审、论证等产生的相关费用从服务业引导资金中列支。

第十二条 引导资金视项目和企业的不同特点确定不同的扶持方式。

对直接投入类项目:补助金额原则上不超过项目当年投资总额的20%。项目实施开始拨付补助资金的60%,竣工验收合格后再拨付剩余资金。对贷款贴息类项目:贴息率不超过中国人民银行公布的同档次贷款基准利率,贴息年限不超过两年。项目工作量过半时,凭银行贷款结息单等拨付贴息总额的60%,竣工验收合格后再拨付剩余资金。对奖励补助类项目:实行一次性拨款方式。投资补助、贷款贴息和奖励补助资金,均为无偿投入。

第四章 项目和资金管理

第十三条 市发展改革委、市服务业办公室和市财政局负责对引导资金项目的执行情况和资金使用情况进行监督、检查。

第十四条 引导资金必须专款专用,不得滞留、挤占、挪用。各区(县)要建立相应的专项资金,用于支持当地服务业发展和为上级服务业引导资金支持项目配套。

第十五条 项目承担单位要对项目进行中期绩效评价,并及时将评价报告报送同级发展改革部门、服务业办公室和财政局。各区县发展改革局、服务业办公室,高新区、文昌湖区经发局和财政局要将评估报告汇总后报送市发展改革委、市服务业办公室和市财政局。

第十六条 引导资金支持的项目,不能按计划完成建设目标的,项目单位应及时报告情况,说明原因,提出调整申请,逐级报送发展改革部门、服务业办公室和财政局。市发展改革委、市服务业办公室和市财政局视具体情况提出调整意见。

第十七条 项目承担单位要严格执行国家有关财经政策和财务制度,科学、合理、有效地安排和使用引导资金,加强资金管理和核算。引导资金、配套资金与自筹资金等实行统一预算管理和核算,并自觉接受财政、审计等部门的监督检查。

第五章 罚 责

第十八条 项目单位有下列行为之一的,由市发展改革委、市服务业办公室、市财政局按照《财政违法行为处罚处分条例》(国务院令第427号)等国家有关法律法规的规定,责令其限期整改,核减、收回或停止拨付投资补助和贷款贴息资金,并视情节轻重提请或移交有关机关依法追究责任人的行政或法律责任：

（一）提供虚假情况，骗取投资补助和贴息资金的；

（二）转移、侵占或者挪用投资补助和贴息资金的；

（三）擅自改变主要建设内容和建设标准的；

（四）无正当理由未及时建设实施或竣工完成的；

（五）其他违反国家法律法规和本办法规定的行为。

第十九条　有关中介机构在评估过程中弄虚作假或提出的评估意见严重失实的，取消承担市发展改革委、市服务业办公室和市财政局咨询评估任务的资格，采取适当方式向社会公布。

第六章　附　则

第二十条　本办法由市财政局、市发展改革委及市服务业办公室负责解释。

第二十一条　本办法自2011年1月1日起施行。

责任校对：王凌云

关于印发《淄博市创新成长型工业企业发展专项资金暂行管理办法》的通知

2011年6月1日　淄财企〔2011〕40号

淄博市创新成长型工业企业发展专项资金暂行管理办法

第一章　总　则

第一条　为加强对创新成长型工业企业发展专项资金（以下简称专项资金）的管理，提高资金使用效益，根据《淄博市人民政府关于支持创新成长型工业企业加快发展的意见》（淄政发〔2009〕20号）要求，结合我市实际，制定本办法。

第二条　专项资金重点用于支持创新成长型工业企业的新产品产业化推广、新产品开发、科研投入、购买科技成果、技术创新和技术改造、贷款贴息、融资奖励、管理创新、市场营销、新项目建设等方面，鼓励企业提高自主创新能力，实现跨越式发展，为地方多做贡献。

第三条　专项资金列入市级财政预算，由市财政局、市经信委共同管理。

第四条　专项资金的管理和使用，坚持专款专用、突出重点、合理安排、讲求效益的原则，充分发挥专家在管理决策过程中的评议和咨询作用。

第二章 职责分工

第五条 专项资金管理由市财政局、市经信委在市创新成长型工业企业发展领导小组指导下实施。

第六条 市经信委具体负责创新成长型工业企业的管理。主要职责是:

(一)提出专项资金年度支持方向和支持重点;

(二)具体负责创新成长性企业的管理,提出创新成长性企业的退出补入意见;

(三)会同市财政局组织对创新成长型工业企业的综合评审。

第七条 市财政局具体负责专项资金的管理。主要职责是:

(一)安排专项资金年度预算;

(二)会同市经信委提出资金分配方案,并按规定程序拨付资金;

(三)监督、检查专项资金的使用情况,并进行绩效评价。

第三章 重点支持范围和对象

第八条 列入专项资金扶持范围的企业应符合下列条件:

(一)电子信息技术、新能源、新材料、先进装备制造业、生物医药工程、精细化工等工业企业及其它产业中的优秀企业。

(二)产品科技含量高、市场空间大、经济效益好、资源消耗低、环境污染小、人力资源得到充分发挥的工业企业。

(三)上一年度企业主营业务收入3000万元以上或实现利税300万元以上,发展潜力大,能为地方财政提供稳定财源的企业。

(四)企业管理团队有较高的管理水平、创新意识和较强的市场开拓能力。企业守法经营,具有健全的财务管理机构和严格的财务管理制度。

第四章 扶持资金申报和评审

第九条 各区县经信局、高新区、文昌湖区经发局会同区县财政局按照属地原则,根据相关要求组织区域内企业申报,对申报企业严格审核并提出初选名单,报市创新成长型工业企业发展领导小组办公室。

第十条 市经信委会同市财政局组织专家对创新成长型企业进行综合评审。评审的内容主要包括:企业发展与管理、项目实施、创新能力等。

第十一条 根据专家评审意见,市财政局会同市经信委提出资金分配方案,报市政府批准后,按规定程序拨付。

第五章 监督与检查

第十二条 市财政局负责对专项资金的使用情况进行管理和监督;市经信委对企业发展情况进行管理和监督。

第十三条 获专项资金扶持的企业应按要求专款专用并及时报送企业发展情况和专项资金使用情况。

第十四条 市财政局会同市经信委对专项资金的使用效果进行跟踪考核。

第十五条 对专项资金扶持的企业,要实行绩效评价制度。由财政部门根据《淄博市财政支出绩效评价工作实施意见》的要求,进行绩效评价。

第十六条 对违反财经纪律,截留、挤占、挪用专项资金的单位和个人,市财政局、市经信委将终止扶持并追回拨款;构成犯罪的,依法追究刑事责任。

第六章 附 则

第十七条 本办法由市财政局、市经信委负责解释。

第十八条 本办法自下发之日起施行。

责任校对:王凌云

关于印发《淄博市中小企业发展专项资金管理暂行办法》的通知

2011 年 6 月 24 日 淄财企〔2011〕47 号

淄博市中小企业发展专项资金管理暂行办法

第一章 总 则

第一条 为促进我市中小企业发展,规范中小企业发展专项资金管理,根据《中小企业促进法》和《山东省中小企业促进条例》及《山东省中小企业发展专项资金管理暂行办法》的规定,结合我市实际,制定本办法。

第二条 本办法所称中小企业,是指在本市行政区域内依法注册登记,符合原国家经济贸易委员会和国家发展计划委员会、财政部、国家统计局联合下发的《中小企业标准暂行规定》(国经贸中小企〔2003〕143 号)的企业。

第三条 中小企业发展专项资金(以下简称专项资金)由市财政预算安排,专项用于支持中小企业加快膨胀规模,鼓励专业化发展,为大企业的协作配套,扩大外贸出口,增强吸纳安置劳动力就业的能力,上级中小企业扶持资金的配套、中小企业服务体系平台建设等。

第四条 专项资金由市财政局和市中小企业局共同管理。

市财政局负责专项资金的预算安排、项目资金分配和资金拨付,会同中小企业局研究确定中小企业发展专项资金年度支持方向和重点,并对资金的使用情况进行监督检查。

市中小企业局负责确定专项资金的年度支持方向和支持重点,会同财政部门对申报项目进行审核,提出资金安排建议,并对项目的实施情况进行监督检查。

专项资金的管理和使用坚持体现国家和省、市的宏观调控导向,经济效益和社会效益并重;优化投向,突出重点,适度集中,择优扶持;公开、公正、公平的原则。

第二章 资金的使用范围和扶持方式

第五条 具体使用范围

(一)中小企业服务体系平台建设。主要是创业辅导、投融资服务、管理咨询、信息化服务、人才培训、公共技术服务平台等。

(二)列入全省"四项计划"以及我市重点支持的五大传统行业和六大新兴行业中的项目,产业集群建设等。

(三)对上级扶持的中小企业项目进行资金配套。按照上级对扶持项目资金配套要求进行配套。

(四)对上报中小企业项目组织的复审、专家论证和评审的相关费用等其他事项。

第六条 扶持方式

专项资金主要采取贴息、资助两种扶持方式。扶持数额一般不超过30万元。中小企业以银行贷款为主投资建设的项目,一般采取给予贷款贴息方式;中小企业以自有资金为主投资建设的项目,一般采取给予无偿资助方式。对中小企业服务机构和其他社会中介机构以无偿资助方式为主。专家论证、评审等其他费用支出,经审核,从本年度专项资金中安排、支付。

已取得上级财政资金支持的项目,原则上市级专项资金不再安排。

第三章 项目申报时间、条件和程序

第七条 申报时间

市中小企业局会同市财政局每年根据国家、省产业发展政策及我市产业发展重点,具体布置中小企业发展专项资金的申报工作。中小企业发展专项资金于每年第二季度进行集中申报。

第八条 申报条件

申请专项资金的项目单位,必须在市内工商行政机关和税务机关依法登记注册、具备企业独立法人资格并在市级项目库里的中小企业,同时符合以下基本条件:

(一)符合本地经济发展规划和产业结构调整要求,项目技术达到本地先进水平;

(二)企业经营机制比较完善,管理制度比较健全,合法经营,依法纳税,信誉良好;

(三)项目生产符合国家有关质量、安全、卫生、环保标准及完成节能减排目标任务,产品适销对路,具有较好的经济效益;

(四)上年度实现税收总额200万元以上,各项主要经济指标年增长25%以上,市场发展潜力大;

(五)就业人员稳定增加,职工工资正常发放,有利于促进财政、城镇居民及农民增收。

(六)申请专项资金的中小企业服务机构或其他社会中介机构应具备下列条件:

1.在我市依法设立并具有法人资格,具备开展为中小企业服务的能力;

2.熟悉国家和我市促进中小企业发展的有关法律、法规和政策规定;

3.具有从事中小企业服务的工作人员,包括培训、技术、管理咨询等方面的专业人员；

4. 具有固定的工作场所，并有与所提供的服务内容相应的设施和场地；

5. 具备健全的财务管理制度。

第九条 申报程序

（一）市级项目库中符合基本条件的中小企业，按照规定的格式和要求，填写申请表格，按时提报相关材料；

（二）按隶属关系将申请材料分别报送区县负责中小企业管理部门、财政部门进行初审，提出初审意见；

（三）对初审合格者，由区县中小企业管理部门、财政部门负责提出推荐意见，汇总上报市中小企业局、市财政局；

（四）市中小企业局会同市财政局进行复审，复审合格者，组织专家进行论证评审；

（五）根据专家评审结果，并参考推荐意见，由市财政局、市中小企业局提出中小企业发展专项资金重点扶持计划；

（六）市财政局按照中小企业专项资金重点扶持计划下拨扶持资金。

第四章 资金的使用和监督管理

第十条 项目单位收到财政部门拨付的专项资金后，要按现行财务制度规定及时进行财务处理。

第十一条 建立项目定期报告制度。各项目单位要在次年3月底前向中小企业管理部门和财政部门报告项目实施情况和资金使用情况。各区县中小企业管理部门和财政部门在4月底前将情况汇总报市中小企业局和市财政局。

中小企业服务机构对专项资金使用的总体情况进行总结，并于下一年度3月底前上报市财政局和市中小企业局。

第十二条 项目单位要对专项资金实行专帐核算、专项管理。专项资金必须专款专用，严禁截留、挪用。市中小企业局会同市财政局定期或不定期进行监督检查。被检查的企业应主动配合检查人员做好相关工作，并提供相应的文件和资料，不得阻碍检查工作的正常进行。对弄虚作假，骗取财政资金或不按申报用途使用专项资金的，财政部门将收回全部资金，该项目单位今后5年内不得申报财政支持项目；构成违法犯罪的，移交司法部门依法追究刑事责任。

第五章 附 则

第十三条 本办法由市财政局、市中小企业负责解释。

第十四条 本办法自发布之日起施行。

责任校对：王凌云

关于修订《淄博市污染物减排和环境改善考核奖励办法》的通知

2011年12月9日 淄财企〔2011〕90号

淄博市污染物减排和环境改善考核奖励办法

为进一步推进节能减排工作,建设资源节约型、环境友好型淄博,“十二五”期间,市财政继续设立污染物减排和环境改善“以奖代补”专项资金,对污染物总量减排任务完成较好、重点企业和污水处理厂监管成效显著、重点河流(河段)水质环境和大气环境质量明显改善、财政环保投入持续增长的区县予以奖励,以充分调动各区县抓好污染物减排和环境改善工作的积极性,确保我市“十二五”减排目标的完成和生态环境的持续改善。

一、考核对象与奖项设置

污染物减排和环境改善考核奖励对象为全市五区三县、高新区、文昌湖旅游度假区。设一、二、三等奖,其中:一等奖2名,二等奖3名,三等奖5名。

二、考核奖励依据

1.根据《全省重点企业监管办法(试行)》、《全省城市污水处理厂水质监管办法(试行)》;

2.《全省主要河流水质监测办法(试行)》;

3.《全省17设区城市建成区空气质量监管办法(试行)》;

4.《关于构建全省环境安全防控体系的实施意见》;

5.《关于将第二类水污染物严重超标和空气严重污染纳入环境安全应急管理范围的规定》;

6.《关于加强建设项目执行环评和“三同时”制度执行情况经常性监督管理的意见》;

7.其他相关法律法规。

三、考核内容与方法

(一)考核内容

污染物减排和环境改善考核从污染物总量减排完成情况、重点企业和污水处理厂监管情况、重点河流(河段)水质环境改善情况、大气环境质量改善情况、财政环保投入情况5个方面进行综合考核,5项指标权重分别为20%、10%、30%、

30%、10%。

（二）考核方法

1. 污染物总量减排完成情况。污染物总量减排考核包括COD、氨氮、SO_2和氮氧化物4项指标，每一指标权重占综合得分的25%。

2. 重点企业和城镇污水处理厂监管情况。以重点企业达标排放率的60%与城镇污水处理厂达标排放率的40%之和进行考核。

3. 重点河流（河段）水质环境改善情况。对各区县辖区内的省、市控重点河流断面的水质同比改善率进行考核。考核以断面水质的COD、氨氮二项指标浓度为考核依据，其权重各为50%。

4. 大气环境质量改善情况。对各区县大气环境质量同比改善率进行考核，考核以大气环境中的PM10（PM2.5）、SO_2、NOx三项指标浓度为考核依据，其权重分别为40%、40%和20%。

5. 财政环保投入情况。对各区县财政环保投入总额占当年财政收入总额的比率进行考核。考核以区县财政部门决算报表中列支21101－21104、21111款预算支出科目数据为考核依据。

四、获奖区县的确定

市环保局根据上年日常检查监测的数据和本办法规定，计算提出获奖名单，由市财政局审核后确定。

五、奖金的使用与监管

1. 奖励资金必须专款专用，全部用于环境监测和执法能力建设以及污染防治等支出。

2. 市财政局和市环保局对奖励资金使用情况，进行不定期或重点监督检查。凡不按规定使用奖励资金的，市财政局停止拨付资金，情节严重的，收回已拨付的资金，并依照有关法律、法规规定追究相关单位和责任人的责任。

六、施行时间

本办法自发布之日起实施，《淄博市污染物减排和环境改善考核奖励办法（试行）》（淄财企〔2009〕5号）同时废止。

附件：1. 污染物总量减排考核计分细则（略）

2. 水环境质量改善考核计分细则（略）

3. 大气环境质量改善考核计分细则（略）

4. 财政环保投入考核计分细则（略）

责任校对：王凌云

转发省财政厅　省住建厅《2011年山东省省级城镇规划建设专项资金使用管理办法》的通知

2011年6月27日　淄财建〔2011〕32号

2011年山东省省级城镇规划建设专项资金使用管理办法

2011年6月21日　鲁财建〔2011〕96号

第一条　为加强和规范省级城镇规划建设专项资金(以下简称“专项资金”)的使用管理,提高资金使用效益,结合我省实际,制定本办法。

第二条　专项资金由省财政在年度预算中安排。

第三条　专项资金为政府引导性资金,引导地方财政、金融机构和社会资金等投入村镇规划、农村环境综合整治和生态文明乡村建设。

第四条　专项资金使用原则

(一)规划先行原则。根据省委、省政府确定的生态文明乡村建设和开展农村环境综合整治意见,优先支持规划实施效果好的村庄开展农村环境综合整治,支持小城镇建设示范镇或省级中心镇编制农村环境综合整治规划。

(二)突出重点原则。结合生态文明乡村和农村环境综合整治与“百镇千村”建设示范活动,重点支持工作基础好、村民意愿强、地方积极性高的村庄开展农村环境综合整治,资金安排向新型农村社区、历史文化名村和特色村倾斜。

(三)以人为本原则。尊重农民意愿,以满足农民需要为目标,从县情、乡情、村情出发,深入挖掘村镇特色与优势,增强城镇自我发展能力,改善村居环境和农民生产、生活条件。

第五条　专项资金支持范围

(一)乡(镇)农村环境综合整治规划编制。

(二)农村环境综合整治。深入开展以“三清、四改、四通、五化”为主要内容的村庄整治,改善村容村貌。

第六条　项目申报条件

(一)乡(镇)农村环境综合整治规划

编制项目。具体申报条件：

1.“百镇千村”建设示范镇或省级中心镇；

2.镇(乡)党委、政府确定2011年开展农村环境综合整治工作,并制定了工作方案；

3.制定了规划的编制计划；

4.所在县(市、区)未纳入2011－2013年全国农村环境连片整治示范县。

各市申报项目个数不超过辖区内乡镇总数的8%。

(二)农村环境综合整治项目。具体申报条件：

1.位于城市规划区以外的行政村或新型农村社区；

2.人口500人以上,属县域村镇体系规划中确定保留的村庄；

3.村两委班子强,群众基础好,村集体有一定收入,具有村庄整治的积极性；

4.具有一定的基础设施,适当向新型农村社区、历史文化名村和特色村倾斜；

5.所在县、乡(镇)确定2011年实施农村环境综合整治,经过各级共同努力,可完成整治任务；

6.所在县未纳入2011－2013年全国农村环境连片整治示范县；

7.各市(县)申报项目个数不超过辖区内行政村数量的2‰。

第七条 各市、县财政和住房城乡建设行政主管部门根据本办法要求,在规定时限内联合向省财政厅、省住房城乡建设厅申报年度项目补助。

第八条 各市、县财政、住房城乡建设主管部门对项目的申报条件、材料完整性、真实性等进行审核,并对真实性和准确性负责。

第九条 申请材料分正文、申请表、申请资料三部分。正文为申请资金的正式文件,申请表和申请资料按附件2要求上报。

第十条 2011年度专项资金的申报截止时间为7月20日。

第十一条 省财政厅、省住房城乡建设厅根据审核结果及时拟定资金分配方案,由省财政厅下达资金计划。

第十二条 各级财政行政主管部门应当及时向项目单位拨付资金。任何单位和个人不得坐支、截留、挤占或挪用。

第十三条 申请资金的单位,必须提供真实全面的申报材料和相关凭证,如有重复申报或提供虚假申报材料等行为,一经查实,全额追回已拨付资金,三年内取消申报资格。

第十四条 专项资金的使用要严格执行国家有关财经政策财务规章制度、招投标管理等规定,科学、合理、有效地安排和使用。

第十五条 省财政厅、省住房城乡建设厅对专项资金支持项目实行跟踪管理。

第十六条 本办法由省财政厅、省住房城乡建设厅负责解释。

第十七条 本办法自发布之日起施行,关于省级城镇规划建设专项资金使用管理的有关规定,凡与本办法不符的一律废止。

附件:1.2011年省级城镇规划建设专项资金项目申报汇总表(略)

2.省级城镇规划建设资金申请表及申请材料(略)

责任校对:王凌云

关于提高城镇居民基本医疗保险政府补助标准有关问题的通知

2011年4月29日　淄财社〔2011〕9号

各区县财政局、人力资源和社会保障局,高新区财政局、劳动和社会保障局,文昌湖旅游度假区财政局,各有关单位:

为深入贯彻落实国家、省、市关于深化医药卫生体制改革的决策部署,进一步为推进城镇居民基本医疗保险有关工作,切实提高制度保障能力,经市政府同意,我市从2011年1月1日起提高城镇居民基本医疗保险政府补助标准。现就有关问题通知如下。

一、提高参保居民政府补助标准

(一)大学生、中小学阶段学生和少年儿童的政府补助标准从每人每年120元提高到200元。

(二)老年城镇居民、一般城镇居民的政府补助标准从每人每年120元提高到200元。

(三)大学生、中小学阶段学生和少年儿童中的低保对象和重度残疾人政府补助标准从每人每年140元提高到220元;老年城镇居民、一般城镇居民中的低保对象和重度残疾人政府补助标准从每人每年240元提高到320元。

二、调整市级财政补助标准

根据省财政厅、省人力资源和社会保障厅《关于明确2011年城镇居民基本医疗保险省级财政补助标准有关问题的通知》(鲁财社〔2011〕10号),2011年省财政对我市参保居民按照每人每年60元补助(含省直管县高青县),省对高青县按照每人每年78元标准补助后,再对其他区县安排补助。市财政根据财力状况,对区县实行分类补助。省、市财政补助后的差额由区县财政予以补足。

(一)对普通参保居民的补助。对普通参保居民,市级财政在2010年补助基础上,对张店区、临淄区、桓台县和高新区补助10%,人均增加6.3元,张店区达到22.7元、临淄区达到16元、桓台县达到16.3元、高新区达到16.6元;对淄川区、博山区、周村区、文昌湖区补助20%,人均增加12.6元,淄川区达到29.3元、博山区、文昌湖区达到29.8元、周村区达到30.6元;对沂源县补助30%,人均增加18.9元,达到45.5元;对高青县仍按2009年标准17.4元补助。

（二）对参保居民中低保对象和重度残疾人的补助。对参保居民中的低保对象和重度残疾人，其政府补助标准与普通参保居民政府补助标准200元持平部分，按普通参保居民补助办法执行；其政府补助标准高于200元部分，由市、区两级财政负担，市级财政对张店区、临淄区、桓台县和高新区补助10%，对淄川区、博山区、周村区和文昌湖区补助20%，对沂源县补助30%，对高青县不予补助。

三、其他事项

（一）各区县应根据上述省、市财政补助标准，在参保居民个人缴费资金到位后，将区县应负担的补助资金于4月底前足额拨付到位。

（二）市级补助资金申请材料的报送、审核等按淄财社〔2010〕22号文件规定执行，于5月15日前报送市财政局、市人力资源社会保障局。

（三）对在参保居民人数、补助资金到位情况等方面弄虚作假、骗取上级补助资金的，除按规定追究有关单位和人员的责任外，省、市在核定补助资金时，将据实扣减。

责任校对：王凌云

转发省财政厅　省人力资源和社会保障厅《山东省新型农村社会养老保险基金管理实施细则（暂行）》的通知

2011年7月27日　淄财社〔2011〕25号

山东省新型农村社会养老保险基金管理实施细则（暂行）

2011年6月30日　鲁财社〔2011〕32号

第一章　总　则

第一条　为加强和规范新型农村社会养老保险基金管理，根据山东省人民政府《关于开展新型农村社会养老保险试点的实施意见》（鲁政发〔2009〕131号）和财政部、人力资源社会保障部《关于印发〈新型农村社会养老保险基金财务管理暂行办法〉通知》(财社〔2011〕16号)等有关规定,制定本实施细则。

第二条 本实施细则适用于根据国家和省有关规定设立的新型农村社会养老保险基金。

第三条 新型农村社会养老保险基金(以下简称"基金"),是指通过参保农村居民个人缴费、集体补助、政府补贴等渠道筹集的,用于支付符合领取条件的农村居民养老保险待遇等支出的专项资金。

第四条 基金管理的任务是:认真贯彻执行国家及省有关法律、法规和方针、政策,合理筹集和使用基金;建立健全财务管理制度,组织落实基金的预算、核算、分析和考核工作,如实反映基金收支状况;严格遵守财经纪律,加强监督和检查,确保基金安全。

第五条 财政部门和人力资源社会保障行政部门对基金实行管理监督,新型农村社会养老保险经办机构(以下简称"经办机构")具体负责基金的日常管理和核算工作。

第六条 基金应纳入社会保障基金财政专户(以下简称"财政专户"),实行收支两条线,单独记账、核算。任何地区、部门、单位和个人均不得挤占、挪用,不得用于平衡财政预算,不得用于经办机构人员和工作经费。

第七条 经办机构为每个新农保参保人建立终身记录的养老保险个人账户。个人缴费、集体补助及其他经济组织、社会公益组织、个人对参保人缴费的资助,地方政府对参保人的缴费补贴,记入个人账户。个人账户储存额按国家规定计息,全部用于个人账户养老金。

第二章 基金预算

第八条 基金预算是根据国家社会保险和预算管理法律法规以及省有关规定编制的、经规定程序审批的年度基金财务收支计划。

第九条 基金预算的编制应综合考虑上年度基金预算执行情况、本年度经济社会发展水平预测以及新农保工作计划等因素,包括参保人数、缴费人数、享受待遇人数、政府缴费补贴标准及利息等。根据基金收支、财政收支等情况,合理安排财政对基金的补贴支出。基金预算草案由统筹地区经办机构按照规定的表式、时间和编制要求编制,并对引起财务状况发生重大变化的项目进行详细说明。

第十条 统筹地区经办机构编制的年度基金预算草案,由本级人力资源社会保障行政部门审核汇总,经同级财政部门审核并报同级政府批准后,报上一级财政和人力资源社会保障行政部门。

同级政府批准后,财政部门应及时向人力资源社会保障行政部门批复预算,人力资源社会保障行政部门应及时将预算批复经办机构。

第十一条 经办机构要严格按照批准的预算和规定的程序执行,并认真分析基金的收支情况,定期向同级人力资源社会保障行政部门和财政部门报告预算执行情况。

财政部门和人力资源社会保障行政部门应逐级汇总分别上报基金预算执行情况,并加强对基金预算执行情况的监控,发现问题立即督促相关财政部门和人力资源社会保障行政部门采取措施解决。

第十二条 基金预算不得随意调整。遇特殊情况需调整基金预算时,统筹地区经办机构要及时编制预算调整方案,经人力资源社会保障部门审核汇总,财政部门审核后,按基金预算编制审批程序报同级人民政府批准,并报上级财政和人力资源社会保障行政部门。

第三章 基金筹集

第十三条 基金按照国家及省有关规定按时、足额筹集。地方政府应组织引导参保农村居民按当地缴费标准缴纳养老保险费。各级财政部门应根据财政补助标准和辖区内参保农村居民参保数安排补助资金,纳入同级财政年度预算并按规定程序及时办理拨付手续。任何地区、部门、单位和个人不得截留和擅自减免。

第十四条 基金收入包括:个人缴费收入、集体补助收入、政府补贴收入、利息收入、转移收入、上级补助收入、下级上解收入和其他收入。

(一)个人缴费收入是指参保农村居民按照规定的标准缴纳的新农保养老保险费收入;

(二)集体补助收入是指乡(镇)、村等所属集体经济组织对参保农村居民个人缴费给予的补助收入,以及其他经济组织、社会公益组织、个人为参保人缴费提供的资助收入;

(三)政府补贴收入是指财政给予基金的补贴收入;

(四)利息收入是指用基金购买国家债券、存入商业银行等存款类金融机构所取得的利息收入;

(五)转移收入是指参保对象跨统筹地区流动而划入的基金收入;

(六)上级补助收入是下级经办机构接收上级经办机构拨付的补助收入;

(七)下级上解收入是上级经办机构接收下级经办机构上解的基金收入;

(八)其他收入是指社会组织和个人对基金的捐赠以及其他经财政部门核准的收入。

第十五条 政府补贴收入包括政府对基础养老金的补贴收入和政府对个人缴费的补贴收入。

政府对基础养老金的补贴收入是指各级财政因按规定标准补助符合待遇领取条件参保人新农保基础养老金而给予基金的补贴收入。

政府对个人缴费的补贴收入是指地方财政因按规定标准补助参保人个人缴费而给予基金的补贴收入。

第十六条 新型农村社会养老保险省级补助资金,按照《山东省新型农村社会养老保险试点省级补助资金申请拨付暂行办法》有关规定,由省级财政根据审核情况予以拨付。市及县(市、区)政府补助资金申请审核拨付办法由各地结合实际自行制定。

第十七条 参保农村居民的缴费要按规定及时、足额缴纳。试点地区应结合本地实际制定和实行方便参保农村居民的缴费办法。

第十八条 经办机构在取得参保农村居民缴费收入和集体经济组织补助收

入时,应出具由省级财政部门统一印制的山东省社会保险基金收款专用票据;接受社会对基金的捐赠资金后,应向捐赠方开具由财政部门统一印制的捐赠收据。经办机构向同级财政部门领购上述票据所需的成本费用,由统筹地区财政部门在经办机构工作经费预算中安排解决。

第十九条 在保证资金安全、方便群众、便于提高管理层次的前提下,统筹地区经办机构应在同级财政部门和人力资源社会保障部门共同认定、或由同级财政部门和人力资源社会保障部门采取招标等方式选择的商业银行等存款类金融机构设立收入户,原则上一个统筹地区只能开设一个收入户。

收入户的主要用途是:暂存个人缴费收入、集体补助收入、转移收入、上级补助收入、下级上解收入、该账户的利息收入及其他收入等。

在参保农村居民年度缴费期内的每个月末,经办机构应将收入户存款全部划入同级财政专户,不得留有余额。未按规定执行的,财政部门委托各开户商业银行等存款类金融机构于期末将全部基金收入划入财政专户。收入户除向财政专户划转收入外,不得发生其他支付业务。

各地要积极创造条件,逐步实现基金收入直接缴入财政专户。

第四章 基金支付

第二十条 基金应按照新农保制度规定的项目和标准支出,任何部门、单位和个人不得擅自增加支出项目和随意改变支出标准。

第二十一条 基金支出包括:养老金待遇支出、转移支出、补助下级支出、上解上级支出、其他支出。

(一)养老金待遇支出是指按规定支付给参保农村居民的养老保险待遇支出;

(二)转移支出是指参保农村居民跨统筹地区流动而转出的基金支出;

(三)补助下级支出是指上级经办机构拨付给下级经办机构的补助支出;

(四)上解上级支出是指下级经办机构上解上级经办机构的支出;

(五)其他支出是指经财政部门核准开支的其他支出。

第二十二条 养老金待遇包括:基础养老金和个人账户养老金。

基础养老金是指政府规定计发标准,并由各级财政为符合待遇领取条件的参保农村居民全额予以补助的养老金待遇。

个人账户养老金是指按参保农村居民达到养老保险待遇领取条件时,按照其个人账户全部储存额除以计发月数计算,支付给参保农村居民的养老金待遇。

参保人死亡时,个人账户中的资金余额,除政府补贴外,可以一次性支付其合法继承人。

第二十三条 经办机构应根据财政部门核批的基金年度预算及分月支出计划,按月在规定的时间内向同级财政部门报送用款申请;财政部门审核无误后,在规定时间内将基金从财政专户拨付到社会保险基金支出户,具备条件的试点市,也可将养老保险待遇支出通过财政专户直接向参保农村居民个人支付。具体申请形式和时间要求由试点地区自行确定。

第二十四条　在保证资金安全、方便群众、便于提高管理层次的前提下,统筹地区经办机构应在同级财政部门和人力资源社会保障部门共同认定、或由同级财政部门和人力资源社会保障部门采取招标等方式选择的商业银行等存款类金融机构设立支出户,原则上一个统筹地区只能开设一个支出户。

支出户的主要用途是:接收财政专户拨入的基金;支付基金支出款项;暂存该账户的利息收入;划拨该账户资金利息收入到财政专户。

支出户除接收财政专户拨入的基金和该账户的利息收入外,不得发生其他收入业务。

第五章　基金结余

第二十五条　基金结余是指基金收支相抵后的期末余额。

第二十六条　基金结余除根据统筹地区财政部门和人力资源社会保障部门商定的、最高不超过国家规定预留的支付费用外,由统筹地区财政部门会同人力资源社会保障部门,全部用于购买国家债券和转存定期存款。除国家另有规定外,任何地区、部门、单位和个人不得动用基金结余进行其他任何形式的直接或间接投资。

第二十七条　当地人民政府在基金出现支付不足时,给予补贴。

第六章　财政专户

第二十八条　财政专户是指统筹地区财政部门按规定在社会保障基金财政专户中设立的基金专用计息账户。

财政专户原则上只能在财政部门和人力资源社会保障部门共同认定的国有或国有控股商业银行开设。在保证资金安全、方便群众、便于提高管理层次的前提下,也可以由财政部门和人力资源社会保障部门采取招标等方式选择其他商业银行等存款类金融机构作为财政专户的开户银行,一个统筹地区原则上只开设一个财政专户。

第二十九条　财政专户的主要用途是:接收征收机构转入的基金收入;接收基金购买国家债券兑付的本息收入,该账户资金形成的利息收入以及支出户转入的利息收入等;根据经审定的用款申请,向支出户划拨基金;进行定期存款;购买国家债券;向上级或下级财政专户划拨基金。

第三十条　参保农村居民的政府补助资金按照财政国库管理制度有关规定拨付到统筹地区财政部门,统筹地区财政部门按规定直接划入财政专户。财政部门凭国库出具的拨款单和财政专户开户金融机构出具的收款凭证记账。同时,财政部门要将加盖专用印章的财政专户缴拨凭证和财政专户开户金融机构收款凭证复印件,交经办机构记账和备查。

第三十一条　财政专户发生的利息收入直接计入财政专户,经办机构支出户的利息收入要定期转入财政专户,一并计入基金收入。财政部门凭金融机构出具的原始凭证记账,并将加盖专用印章的原始凭证复印件交经办机构记账和备查。

第三十二条　发生基金下拨业务时,财政部门根据基金预算,将基金从财政专户拨入同级经办机构支出户,经下级经办机构收入户进入下级财政专户;发生基金上缴业务时,将基金从财政专户划入同级经办机构支出户,经上级经办机构收入户进入上级财政专户。有条件的地方,可实行上下级财政专户直接缴拨,财政部门和经办机构凭财政专户缴拨凭证记账。

第三十三条 将基金结余按规定用于购买国家债券或转存定期存款时,财政部门凭金融机构出具的原始凭证记账,并附加盖专用印章的原始凭证复印件交经办机构记账和备查。

第三十四条 财政部门和经办机构要按月与开户银行对账及相互对账,保证账账相符、账实相符、账表相符。

第七章 资产与负债

第三十五条 资产包括基金运行过程中形成的现金、银行存款(含财政专户存款、收入户存款、支出户存款)、债券投资、暂付款项等。

经办机构应尽量减少现金收付业务。确有必要发生现金收付业务的,应认真做好现金的保管、押运、管理工作,建立健全内部控制制度,并严格按照国务院发布的《中华人民共和国现金管理暂行条例》(国务院令第12号)进行现金的收付和管理。

财政部门要严格做好财政专户管理和基金收支核算工作;经办机构要及时办理基金存储手续,做好基金收入、支出核算工作。

用基金购买的国家债券,委托开户金融机构代为妥善保管,确保账实相符。

暂付款项应定期清理,及时结清。

第三十六条 负债包括基金运行过程中形成的暂收款项等。

暂收款项应定期清理,及时偿付。因债权人等特殊原因确实无法偿付的,经财政部门批准后作为基金的其他收入。

第八章 基金决算

第三十七条 年度终了后,经办机构应根据规定的表式、时间和要求编制年度基金收支情况报告。收支情况报告包括资产负债表、收支表、有关附表以及收支情况说明书。

收支情况说明书主要说明和分析基金的年度收支及管理情况;对本期或下期收支状况发生重大影响的事项;其他需要说明的事项。

编制年度基金收支情况报告必须做到数字真实、计算准确、手续完备、内容完整、报送及时。

第三十八条 经办机构编制的年度基金收支情况报告应在规定期限内经人力资源社会保障行政部门审核并汇总,由同级财政部门审核后,报同级人民政府批准。批准后的年度基金财务收支情况报告作为基金决算。

第三十九条 财政部门应会同人力资源社会保障行政部门逐级上报审核汇总的本级和下一级决算。经办机构的年度基金收支情况报告不符合法律、法规、制度规定的,应予以纠正。

第四十条 各市财政局应会同人力资源社会保障局,将经市级人民政府批准的基金决算报省财政厅和人力资源社会保障厅,由两厅审核汇总后报省政府。

第九章 管理与监督

第四十一条 经办机构人员和经办新农保发生的基本运行费用、管理费用,列入同级财政预算,不得从基金中提取或向参保农村居民收取除正常缴费以外的其他任何费用。

第四十二条 经办机构要建立健全内部管理制度,定期向社会公布新型农村社会养老保险基金的筹集、管理、使用和结余等情况,接受相关部门和社会监督。

第四十三条 人力资源社会保障部门、财政部门和审计部门等要按照各自职责行使管理监督职责,定期或不定期对财政专户、收入户和支出户的基金收支和结余情况进行监督检查,发现问题及时纠正,并及时向同级人民政府、上级有关部门和基金监督组织报告。

第四十四条 单位和个人有下列行为之一的,责令限期改正。

对单位及其直接负责的主管人员和其他直接责任人员依照国家有关法律、法规追究责任:

(一)截留、挤占、挪用、贪污基金;

(二)擅自提高或降低农村居民个人缴费标准;

(三)未按规定标准支付养老保险待遇或擅自变更支出项目、调整支出标准;

(四)将个人账户存储额用于非个人账户养老金支出;

(五)未按时将基金收入存入财政专户;

(六)未按规定程序按时足额将基金从财政专户拨付到支出户;

(七)其他违反国家法律、法规规定的行为。

第十章 附 则

第四十五条 各市可根据本实施细则,结合当地实际,对本实施细则进行补充,并报省财政厅、人力资源社会保障厅备案。

第四十六条 开展城乡居民社会养老保险的地区,城乡居民社会养老保险基金管理参照本实施细则执行。

第四十七条 本实施细则由省财政厅商省人力资源社会保障厅负责解释。

第四十八条 本实施细则自 2011 年 7 月 1 日起施行。凡与本细则不一致的,以本细则规定为准。

责任校对:王凌云

关于调整农村最低生活保障市级补助标准的通知

2011 年 11 月 14 日　淄财社〔2011〕48 号

区（县）财政局：

根据淄政办发〔2011〕106 号文件精神，从 2011 年 10 月 1 日起，市级对区县农村低保对象补助每人每月增加 2 元。调整后的市级补助标准具体为：张店、临淄、桓台县、高新区每人每月 16 元；淄川、博山、周村区、文昌湖区每人每月 21 元；沂源县每人每月 23 元；高青县仍执行原每人每月 13 元标准。

责任校对：王凌云

关于印发《淄博市就业专项资金管理暂行办法》的通知

2011 年 12 月 21 日　淄财社〔2011〕59 号

淄博市就业专项资金管理暂行办法

第一章　总　则

第一条　为切实加强就业专项资金管理，提高资金使用的安全性、规范性和有效性，根据省财政厅、人力资源社会保障厅《关于印发〈山东省就业专项资金管理暂行办法〉的通知》（鲁财社〔2011〕55 号）规定，结合我市实际，制定本办法。

第二条　就业专项资金是指县级以上人民政府在财政预算中安排的用于促进就业的专项资金。

第三条　本办法适用于就业专项资金的筹集、使用及监督管理。

第四条　就业专项资金用于职业介

绍补贴、职业培训补贴(含劳动预备制培训生活费补贴)、职业技能鉴定补贴、社会保险补贴、公益性岗位补贴、就业见习补贴、创业岗位开发补贴、一次性创业补贴、特定就业政策补助、小额贷款担保基金和小额担保贷款贴息、扶持公共就业服务、创业奖补以及省级人民政府批准的其他支出等。

第五条 就业专项资金的支付管理,按照国家财政国库管理制度的有关规定执行。

第六条 失业保险基金用于促进就业的支出,按国家有关规定执行。

第二章 管理原则

第七条 就业专项资金按照管理使用层次,实行分级负责,分级管理。

第八条 就业专项资金按照统筹安排、突出重点、注重效益的原则进行科学管理和使用。

第九条 就业专项资金按照专款专用的原则,严格按规定的用途、范围和程序使用。资金申请申领程序确保科学、严密,审核支付程序阳光、透明。

第三章 资金筹集

第十条 就业专项资金来源包括中央、省、市财政安排的专项转移支付资金及区县财政部门在年度财政预算中安排的就业专项资金。

第十一条 区县级人民政府要根据本地区就业状况和工作目标,在财政预算中安排专项资金用于促进就业工作。

第十二条 中央、省、市财政通过专项转移支付方式,对各地给予适当补助。市以上就业专项转移支付资金的分配,与各区县就业状况、地方财政投入、就业专项资金使用绩效、就业工作成效等因素挂钩。

第四章 资金使用

第十三条 职业介绍补贴。在工商行政部门登记注册的职业中介机构,可按经其就业服务后实际就业的登记失业人员人数向当地人力资源社会保障部门申请职业介绍补贴。每位符合条件的人员,每年只能享受一次职业介绍补贴,且不得与失业保险的职业介绍补贴重复享受。具体补贴标准按照每人120元的标准确定。

(一)社会举办的职业中介机构申请职业介绍补贴。社会举办的职业中介机构向当地人力资源社会保障部门申请职业介绍补贴时,应提供经其职业介绍服务后,已实现就业人员的登记失业人员名单及本人签名、《居民身份证》(以下简称《身份证》)复印件、《就业失业登记证》(以下简称《登记证》)复印件、劳动合同等就业证明材料复印件、用人单位为相关人员缴纳社会保险费明细、职业中介机构在银行开立的基本账户等凭证材料,经人力资源社会保障部门审核后,按规定将补贴资金支付到职业中介机构在银行开立的基本账户。

(二)公共就业服务机构申请职业介绍补贴。公共就业服务机构是指县级以上地方人民政府设立的,依据《中华人民共和国就业促进法》和《人力资源社会保障部中央机构编制委员会办公室关于进一步加强公共就业服务体系建设的指导意见》(人社部发〔2009〕116号)规定,为劳动者提供免费就业和创业服务的机构。对已经纳入财政补助范围的公共就业服务机构,地方各级财政部门要按照事业单位财务规则,根据其享受财政补助的编制内实有人数,并结合其承担的免费公共就业服务工作量,由同级财政在部门预算中统筹安排人员经费、工作经费(包括设备购置、修缮和大型公共就业服务活动等项目支出)。对未纳入财政补助范围的公共就业服务机构,可暂按社会举办的职业中介机构申领职业介绍补贴的规定申请职业介绍补贴。公共就业服务机构享受职业介绍补贴政策的执行期限不超过2011年底。

第十四条 职业培训补贴。享受职业培训补贴的人员范围包括:城镇登记失业人员、农村转移就业劳动者、毕业年度高校毕业生、城乡未继续升学的应届初高中毕业生(以下简称四类人员)。四类人员每人每年只能享受一次职业培训补贴,且不得与失业保险的职业培训补贴重复享受。享受职业培训补贴的培训期限最长不超过12个月。职业培训补贴标准最低500元,最高不超过800元。

(一)个人申领职业培训补贴。四类人员到定点职业培训机构参加就业技能培训或创业培训,培训合格并通过职业技能鉴定取得初级以上职业资格证书(未颁布国家职业技能标准的职业应取得专项职业能力证书或创业培训合格证书)的,个人可申领职业培训补贴。其中,培训合格后6个月内实现就业的,按职业培训补贴标准的100%给予补贴。6个月内没有实现就业,且取得初级以上职业资格证书,按职业培训补贴标准的80%给予补贴;取得专项职业能力证书或创业培训合格证书,按职业培训补贴标准的60%给予补贴。申领补贴时,应提供本人《身份证》复印件、《登记证》复印件(毕业年度高校毕业生提供《学生证》复印件)、职业资格证书(专项职业能力证书或创业培训合格证书)复印件、就业或创业证明材料、职业培训机构开具的行政事业性收费票据(或税务发票)等凭证材料,向当地人力资源社会保障部门提出申请。经人力资源社会保障部门审核后,按规定将职业培训补贴资金直接支付给申请人。

(二)培训机构代领职业培训补贴。四类人员到定点职业培训机构参加就业技能培训或创业培训,培训合格并通过职业技能鉴定取得初级以上职业资格证书(未颁布国家职业技能标准的职业应取得专项职业能力证书或创业培训合格证书)的,可由定点职业培训机构代领职业培训补贴。其中,培训合格后6个月内实现就业的,按职业培训补贴标准的100%给予补贴。6个月内没有实现就业,且取得初级以上职业资格证书,按职业培训补贴标准的80%给予补贴;取得专项职业能力证书或创业培训合格证书,按职业培训补贴标准的60%给予补贴。定点职业培训机构申请培训补贴时,应提供培训人员名单、培训人员与培训机构签订的代领职业培训补贴协议书、培训人员《身份证》复印件、《登记证》复印件(毕业年度高校毕业生提供《学生证》复印件)、职业资格证书(专项职业能力证书或创业培训合格证书)复印件、就业或创业证明材料(包括劳动合同复印件,街道(社区)劳动保障服务站(所)出具的灵活就业证明材料或社会保险征缴机构出具的社会保险缴费凭证)、职业培训机构开具的行政事业性收费票据(或税务发票)、定点职业培训机构在银行开立的基本账户、城乡未继续升学的应届初高中毕业生还应附初(高)中毕业证书等证明材料,向定点职业培训机构所在地人力资源社会保障部门提出申请。经人力资源社会保障部门审核后,按规定将职业培训补贴资金支付到定点职业培训机构在银行开立的基本账户。

(三)企业申领职业培训补贴。企业新录用的四类人员,与企业签订6个月以上期限劳动合同,在劳动合同签订之日起6个月内,由企业依托所属培训机构或到当地人力资源社会保障部门认定的职业培训机构开展岗前就业技能培训的,根据培训后继续履行劳动合同情况,按照职业培训补贴标准的50%,对企业给予定额职业培训补贴。企业开展岗前培训前,需将培训计划大纲、培训人员花名册及《身份证》复印件、劳动合同复印件等材料报当地人力资源社会保障部门备案,培训后根据劳动者继续履行劳动合同情况,向人力资源社会保障部门申请职业培训补贴。申领时,企业应提供培训人员花名册、培训人员《身份证》复印件、《登记证》复印件、劳动合同复印件、职业培训合格证书、社会保险征缴机构出具的企业为培训人员缴纳社会保险缴费的明细账(单)、企业在银行开立的基本账户等凭证材料,向当地人力资源社会保障部门提出申请。经人力资源社会保障部门审核后,按规定将补贴资金拨付到企业在银行开立的基本账户。

第十五条 劳动预备制培训生活费补贴。城乡未继续升学的应届初高中毕业生参加劳动预备制培训,可由职业培训机构代为申请职业培训补贴。其中,对农村学员和城市居民最低生活保障家庭的学员,在培训期内给予一定的生活费补贴,具体标准可参照中等职业学校国家助学金标准,由各区县自行确定。申领生活费补贴时,应提供个人身份证复印件、登记证复印件、初(高)中毕业证、城市居民最低生活保障证复印件以及参加劳动预备制培训有关证明材料,经当地人力资源社会保障部门审核后,按月拨付给学员本人。

第十六条 职业技能鉴定补贴。四类人员通过初次职业技能鉴定并取得职业资格证书或专项职业能力证书的,可向职业技能鉴定所在地人力资源社会保障部门申请一次性职业技能鉴定补贴。申请职业技能鉴定补贴资金时,应提供申请人《身份证》复印件、《登记证》复印件(毕业年度高校毕业生提供《学生证》复印件)、职业资格证书或专项职业能力证书复印件、职业技能鉴定机构开具的行政事业性收费票据(或税务发票)等凭证材料,经人力资源社会保障部门审核后,按规定将补贴资金支付给申请人。职业技能鉴定补贴标准,按照鲁价费发〔2005〕174号文件规定的职业技能鉴定收费标准的80%确定。

第十七条 社会保险补贴。对就业困难人员的社会保险补贴实行先缴后补的办法。就业困难人员是指《山东省就业促进条例》第四十二条确定的人员。社会保险补贴期限,对自初次享受社会保险补贴之日起距法定退休年龄不足5年的就业困难人员可延长至退休外,其余人员最长不超过3年(以初次核定其享受社会保险补贴时年龄为准,下同)。

(一)企业(单位)吸纳就业困难人员的社会保险补贴。对各类企业(单位)、公益性岗位招用就业困难人员,与其签订1年以上劳动合同并缴纳社会保险费的,可在相应期限内给予社会保险补贴。其中,企业(单位)吸纳就业困难人员的,按其为就业困难人员实际缴纳的基本养老保险费、基本医疗保险费和失业保险费给予补贴;公益性岗位招用的就业困难人员,按其为就业困难人员缴纳的基本养老保险费、基本医疗保险费、失业保险费和工伤保险费给予补贴。上述社会保险补贴均不包括就业困难人员个人应缴纳的社会保险费,以及企业(单位)和个人应缴纳的其他社会保险费。

企业(单位)应按规定及时足额缴纳社会保险费,并在申报缴费时将符合享受社会保险补贴条件人员的缴费情况单独列出。每半年向当地人力资源社会保障部门申请一次社会保险补贴。社会保险补贴资金申请应提供符合享受社会保险补贴条件人员名单及身份证复印件、登记证复印件、劳动合同等就业证明材料复印件、企业为其发放工资明细单、社会保险征缴机构出具的社会保险费明细账(单)、企业(单位)在银行开立的基本账户等凭证资料,经人力资源社会保障部门审核后,按规定将社会保险补贴资金支付到企业(单位)在银行开立的基本账户。

(二)对灵活就业的就业困难人员的社会保险补贴。对就业困难人员灵活就业(指以非全日制、临时性、季节性、弹性工作等形式就业,不含领取营业执照的个体工商户)后,申报就业并以个人身份缴纳社会保险费的,按每人每月100元的缴费标准给予社会保险补贴(仅限于养老和医疗保险)。

就业困难人员实现灵活就业后,要向街道(社区)申报就业,按规定进行就业登记,及时缴纳社会保险费。每半年向户口所在地人力资源社会保障部门申请一次社会保险补贴。灵活就业的就业困难人员申请社会保险补贴时,应提供由本人签字、人力资源社会保障部门盖章确认的、注明具体从事灵活就业的岗位、地址等内容的相关证明材料,本人《身份证》复印件、《登记证》复印件、社会保险征缴机构出具的社会保险费明细账(单)等凭证资料,经人力资源社会保障部门审核后,按规定将补贴资金支付给申请人。

第十八条 公益性岗位补贴。对在公益性岗位安排就业困难人员,并与其签订1年以上劳动合同的单位,按其实际安排就业困难人员人数,在合同期限内给予每满1年1000元的公益性岗位补贴。公益性岗位补贴期限,对自初次享受岗位补贴之日起距法定退休年龄不足5年的就业困难人员可延长至退休外,其余人员最长不超过3年。单位在申请公益性岗位补贴时,应提供符合享受公益性岗位补贴条件的人员名单及《身份证》复印件、《登记证》复印件、劳动合同复印件、发放工资明细账(单)、单位在银行开立的基本账户等凭证材料,经人力资源社会保障部门审核后,按规定将资金支付到单位在银行开立的账户。有条件的区县,可按上述标准和方式,对安排就业困难人员就业的城镇各类用人单位给予岗位补贴。

第十九条 创业岗位开发补贴。对从事创业活动人员吸纳登记失业人员并与其签订 1 年以上期限劳动合同的,可按照申请补贴时创造就业岗位个数,向创业所在地人力资源社会保障部门申请一次性创业开发补贴。补贴标准为每个岗位 500 元,每个创业人员只能享受一次。成功创业人员申请岗位开发补贴时,应提供本人《身份证》复印件、《登记证》复印件、营业执照副本、吸纳失业人员名单及其失业证明和劳动合同复印件、工资支付凭证、为职工缴纳的社会保险费明细账(单)、银行开立的基本账户等材料。经创业所在地人力资源社会保障部门审核后,按规定将创业岗位开发补贴支付给申请人。有条件的区县可按上述方式,对创业成功人员首次领取营业执照并正常经营 1 年以上的,给予一次性创业补贴。

第二十条 就业见习补贴。对企业(单位)吸纳离校未就业毕业生参加就业见习的,由见习企业(单位)先行垫付见习人员见习期间基本生活补助,企业(单位)可按《淄博市人力资源社会保障局淄博市财政局关于贯彻落实〈山东省高校毕业生就业见习管理办法(试行)〉有关问题的通知》(淄人社发〔2011〕70 号)有关规定,向当地人力资源社会保障部门申请就业见习补贴。申请就业见习补贴应提供实际参加就业见习的人员名单、就业见习协议书、见习人员《身份证》复印件、《登记证》复印件和大学毕业证复印件、企业(单位)发放基本生活补助明细账(单)、企业(单位)在银行开立的基本账户等凭证材料,经人力资源社会保障部门审核后,按规定将资金支付到企业(单位)在银行开立的基本账户。

第二十一条 特定就业政策补助。现行特定就业政策是指经国务院批准,各级人民政府对国有困难企业为其"4050"下岗职工缴纳社会保险费给予补助的政策,执行期限不超过 2011 年底。具体管理办法另行制定。

第二十二条 扶持公共就业服务。县级以上财政可安排扶持公共就业服务资金,用于对下级公共就业服务机构加强人力资源市场信息网络系统建设(具体包括计算机及网络硬件、软件购置以及开发应用支出)进行补助。扶持公共就业服务资金作为就业专项资金的组成部分,必须单独安排、单独核算、单独管理,不得与其他就业专项资金相互调剂使用。

第二十三条 县级以上财政可安排一定的资金,采取以奖代补办法,对创业孵化基地、创业示范园区、示范性创业服务中心给予适当扶持,鼓励其为城乡劳动者提供创业场所和孵化服务。此项资金必须单独安排、单独核算、单独管理,不得与其他就业专项资金相互调剂使用,也不得用于创业孵化基地、创业示范园区、示范性创业服务中心的基本建设。

第二十四条 小额贷款担保基金和小额担保贷款贴息管理使用,按财政部、人民银行有关规定执行。

第二十五条 其他支出。包括《就业失业登记证》工本费,以及经省级人民政府批准,报财政部、人力资源社会保障部备案的确需新增的其他项目支出。

第五章 管理与控制

第二十六条 各级人力资源社会保障部门负责对上述各项补贴支出申请材料的全面性、真实性进行审核。申请人或单位提交的各类补贴申请材料,由人力资源社会保障部门通过身份证识别系统和"劳动99三版"软件,扫描保存资料电子文档,通过"就业政策与就业专项资金管理信息系统"全程进行电子化审核审批,建立和完善各项就业补贴资金信息数据库和发放台账。每次审核后,人力资源社会保障部门要通过适当方式向社会公示各项补贴资金审核情况(包括享受各项补贴的单位名称、享受补贴的人员名单、具体补助人数、金额和标准等)。财政部门应对人力资源社会保障部门审核后的材料进行抽查,并根据抽查或公示情况按规定拨付资金。

第二十七条 加强预算管理。各级人力资源社会保障部门要根据预算编制有关要求,向同级财政部门申请就业专项资金年度预算,经审核后,列入年度财政预算并报同级人民代表大会批准。

第二十八条 加强预算执行管理。各级财政、人力资源社会保障部门要加强就业专项资金预算执行管理工作,建立健全预算执行责任制,按规定及时审核和拨付资金,建立定期预算执行分析制度,加快预算执行进度,提高预算执行的均衡性。对当年就业专项资金结余过多的区县,要适当扣减下一年度的上级转移支付资金。

第二十九条 加强决算管理。各地人力资源社会保障部门在年度终了后,要认真做好就业专项资金的清理和对账工作,并按规定及时向同级财政部门报送就业专项资金年度使用情况和说明,确保内容完整、数据真实。各地财政部门、人力资源社会保障部门要将审核汇总后的就业专项资金年度决算,及时报送上级财政部门、人力资源社会保障部门。

第三十条 积极推行政府购买服务。各地要对职业培训、职业介绍等就业服务承办机构实行公开招标,采取购买就业服务成果的办法,确保就业专项资金使用公开、透明、规范。

第六章 监督检查

第三十一条 就业专项资金要严格按照规定管理使用,不得用于部门或单位人员经费、公用经费、差旅费、会议费等,严禁用于或变相用于房屋建筑物购建、租赁、交通工具购置等各项支出。各级财政、人力资源社会保障部门要密切配合,定期或不定期对就业专项资金管理使用情况进行检查,及时通报有关情况,共同研究解决就业专项资金使用过程中存在的实际问题,并自觉接受监察、审计等部门和社会的监督。

第三十二条 对违规使用就业专项资金、存在以下行为的单位和个人,将按照《财政违法行为处罚处分条例》有关规定进行严肃处理；对构成犯罪的，依法追究其刑事责任。

（一）截留、挤占、挪用、贪污就业专项资金的。

（二）擅自改变就业专项资金用途的。

（三）擅自改变支出范围和标准的。

（四）虚报、冒领、骗取就业专项资金的。

（五）其他违反国家有关法律、法规的。

第七章 附 则

第三十三条 各地要按照属地化管理原则，将中央、省、市属企业失业人员就业工作，纳入企业所在地政府的就业规划，所需资金由当地政府统筹安排落实，市财政在对各地就业专项资金进行补助时一并予以考虑。

第三十四条 各区县应根据本办法，结合本地实际情况，制定具体的实施细则，并报市财政局、市人力资源和社会保障局备案。

第三十五条 本办法由市财政局、市人力资源社会保障局负责解释。

第三十六条 本办法自发布之日起施行。淄博市财政局、人力资源社会保障局《关于印发〈淄博市就业专项资金管理暂行办法〉的通知》（淄财社〔2009〕29 号）同时废止。

责任校对：王凌云

转发省财政厅等三部门《山东省小额担保贷款财政补贴资金管理办法》的通知

2011 年 3 月 29 日　淄财金〔2011〕7 号

山东省小额担保贷款财政补贴资金管理办法

2011 年 2 月 21 日　鲁财金〔2011〕7 号

第一章 总 则

第一条 为加强小额担保贷款财政补贴资金的管理，提高财政补贴资金的使用效益，做好促进就业工作，根据《山东省就业促进条例》，财政部、中国人民银行、人力资源社会保障部《关于小额担保贷款财政贴息资金管理办法》（财金〔2008〕100 号）等有关文件精神，制定本办法。

第二条 本办法所称小额担保贷款

财政补贴资金(以下简称“补贴资金”),是指由各级财政预算安排,用于促进小额担保贷款工作的财政专项资金。补贴资金主要用于以下几个方面:

(一)对符合规定条件从事微利项目的小额担保贷款借款人(以下简称“借款人”)以及劳动密集型小企业(以下简称“小企业”)使用的小额担保贷款给予贴息;

(二)对小额贷款担保基金规模增长达到一定比例的给予风险补偿;

(三)对年度新增小额担保贷款按一定比例给予奖励性补助。

第三条 本办法所称借款人,是指在法定劳动年龄内,诚实守信、有创业愿望和具备创业条件的登记失业人员、军队退役人员、被征地农民、残疾人、随军家属、高校毕业生、返乡农民工及城乡妇女等自谋职业、自主创业及境外就业人员;符合上述条件的人员合伙经营、组织起来就业创办的经济实体等。

第四条 本办法所称小企业,是指招用符合小额担保贷款申请条件的人员达到企业现有在职职工总数30%(超过100人的企业达到15%)以上,并按规定与招用人员签订劳动合同的。

第五条 本办法所称微利项目,是指除国家限制行业(包括建筑业、娱乐业以及广告业、桑拿、按摩、网吧、氧吧)以外的所有项目。

第六条 本办法所称担保机构,是指受托运作小额贷款担保基金的担保机构或各地财政等部门指定的担保机构。

第七条 本办法所称经办银行,是指与担保机构签订合作协议的或受财政部门委托承办小额担保贷款业务的国有商业银行、交通银行、邮政储蓄银行、股份制商业银行、城市商业银行、农村合作金融机构等银行业金融机构。

第八条 各级财政部门要按照本办法要求,逐步增加资金投入,积极鼓励、引导社会各渠道资金支持创业就业。

第二章 补贴资金的预算管理

第九条 补贴资金中由省级财政负担部分,由省财政厅根据贷款预计发放额度和国家规定贴息标准,安排专项资金,列入省级财政预算;由市、县(市、区)负担部分,由市、县(市、区)财政预算安排。

第十条 省财政厅根据各市及省财政直接管理县(市)(以下简称“直管县”)财政部门及省级担保机构的申请,审核后向申请单位预拨中央及省级补贴资金,年终进行清算。各市财政局按季向所属县(市、区)财政局预拨补贴资金。

第十一条 各级财政部门按季据实向同级担保机构拨付补贴资金,再由担保机构向经办银行拨付补贴资金;或根据各地情况,财政部门按季直接向经办银行拨付补贴资金。

第十二条 各级财政部门要按规定做好补贴资金的决算工作。各市、直管县财政局,省级担保机构应于年度终了后1个月内编制小额担保贷款补贴资金年度决算报省财政厅审核清算。

第三章 小额担保贷款的申请和审核

第十三条 借款人和小企业须凭人力资源和社会保障部门及承办担保机构

审核确认意见，向经办银行提出办理贴息贷款申请。

第十四条 经办银行对借款人和小企业的贷款申请进行审核，符合有关规定的，发放贴息贷款，在贷款合同中加盖贴息贷款专用章，并在与担保机构签订的担保合同中注明。

第四章 补贴资金的审核和拨付

第十五条 小额担保贷款贴息金额，在国家规定的借款额度和贴息期限内，按实际借款额度和计息期限计算（贷款贴息期限不超过2年）。经办银行按照国家财务会计制度和小额担保贷款政策有关规定，计算微利项目和小企业小额担保贷款应贴息金额。

计算贴息的时间按照经办银行贷款的结息时间确定，贷款展期和逾期不贴息。

小额担保贷款在贷款合同有效期内如遇基准利率调整，均按贷款合同签订日约定的贷款利率执行。本通知发布之日前已经发放、尚未还清的贷款，继续按原贷款合同约定的贷款利率执行。

第十六条 自2010年7月1日起，借款人申请的从事微利项目的小额担保贷款，中央财政据实全额贴息，包括按规定执行的利率上浮部分产生的利息；经办银行对小企业发放的小额担保贷款，财政部门按中国人民银行公布的贷款基准利率的50%给予贴息，贴息资金由中央和同级财政各承担一半。

第十七条 对借款人发放的从事微利项目的小额担保贷款，由中央财政承担并支付利息，借款人不支付利息；对小企业发放的小额担保贷款，由各级财政按基准利率的50%承担并支付利息，剩余利息由小企业支付，由经办银行按规定收取。

第十八条 补贴资金的申请、审核与拨付的办理程序分以下两种情况：

（一）财政部门向担保机构拨付补贴资金的，按以下程序办理：

1. 每季度结息日后3个工作日内，各级经办银行将小额担保贷款财政补贴资金申请表（见附表1）和小额担保贷款发放明细表（见附表2）报送承办担保机构，并附有关资料。

2. 各承办担保机构收到经办银行申请后，3个工作日内初审贴息资金情况，分类汇总后（见附表3）并附有关资料报送所属财政部门。

有关资料指经办银行报送的微利项目及小企业计收利息清单、借款有效凭证、贷款合同复印件、贷款发放凭单等（除利息清单外，其他仅初次申请贴息时使用），由各级财政部门审核后留档备查。

3. 各级财政部门收到担保机构审核后的材料，于5个工作日内审核完毕并将补贴资金拨付担保机构，由担保机构在1个工作日内将资金拨付经办银行。

（二）财政部门直接向经办银行拨付补贴资金的，按以下程序办理：

每季度结息日后3个工作日内，各经办银行将补贴资金申请表等有关资料（内容同上）报所属财政部门，财政部门审核后，于5个工作日内将补贴资金拨付经办银行。

（三）各市、直管县财政部门及省级担

保机构按季汇总,将小额担保贷款财政补贴资金情况统计表(见附表4)于每季度终了后10日前,通过小额担保贷款快报系统上报省财政厅,反映本地区贴息贷款的季度发生额、余额、发放笔数、本年累计发放笔数、应贴息金额、实际贴息金额和按照经办银行类型分类的明细情况,以及省财政拨付的贴息资金使用和结余情况。

第十九条 省财政厅预拨各市、直管县财政局及省级担保机构的财政补贴资金结余部分,结转下一年度使用。

第五章 奖补资金的审核和拨付

第二十条 各级财政部门要安排相应资金,建立小额贷款担保基金持续补充机制。省财政厅根据各市、直管县及省级担保机构小额担保贷款年度决算情况,对担保基金规模年度增长达到一定比例的,按年度新增担保基金总额的一定比例给予风险补偿。

风险补偿资金由各地财政管理,全部用于补充担保基金,鼓励担保机构降低反担保门槛或取消反担保。

第二十一条 省财政厅根据各市、直管县及省级担保机构小额担保贷款年度决算情况,按照年度新发放小额担保贷款总额(包括借款个人和小企业)的一定比例给予奖励性补助,由中央和省级财政各承担一半。奖补资金由各地财政管理,用于小额担保贷款工作突出的经办银行、担保机构、妇联组织和信用社区等单位的工作经费补助。奖补标准和程序按有关文件规定执行。

第六章 报告制度

第二十二条 各市、直管县财政局及省级担保机构每半年对本地区贴息贷款发放和贴息资金的审核拨付情况、以及存在的问题进行认真分析,以书面形式报省财政厅。报送时间为当年的7月10日之前和下一年度1月10日之前。各金融机构省级管辖行、各市城商行,于季度终了后10日内将附表1和附表2以书面形式报送人民银行济南分行。

第七章 监督管理和责任

第二十三条 经办银行应认真履行以下职责:

(一)对贷款项目是否属于贴息范围进行审核;

(二)确保申请的贴息贷款用于符合要求的个人创业项目和小企业;

(三)单独设置贴息贷款业务台账,妥善保管贷款合同及相关业务凭证,配合有关部门检查;

(四)认真做好贷款贴息的审核、申报工作;

(五)根据有关规定需要履行的其他职责。

第二十四条 担保机构应积极做好对借款人及小企业的担保服务工作,对担保的贷款项目、贷款金额、发放时间、期限、利率等进行认真核对和确认,及时将补贴资金拨付经办银行。

第二十五条 财政部门应认真履行以下职责:

(一)指导本地区贷款贴息的申请、审

核工作；

（二）做好与有关部门及经办银行的协调、配合工作；

（三）按有关规定认真审核贴息申请，及时拨付补贴资金，提高财政资金使用效率；

（四）加强对补贴资金的监督与管理，保证补贴资金专款专用。定期或不定期检查补贴资金使用情况，及时处理和反映工作中存在的问题，确保财政补贴政策落到实处；

（五）根据规定需要履行的其他职责。

财政部门和专员办负责对补贴资金拨付和使用情况进行监督管理，不定期开展检查。

第二十六条　借款人和小企业提供虚假证明材料，担保机构和经办银行等有关机构未能认真履行审核职责，导致骗取财政补贴资金的，由担保机构和经办银行等机构按各自的职责承担责任，并共同负责追回补贴资金，并登记借款人和小企业的不良信用记录。

第二十七条　对经办银行、担保机构虚报材料，骗取财政补贴资金的，财政部门应追回贴息资金，按《财政违法行为处罚处分条例》（国务院令第427号）规定给予严肃处理，并通过媒体予以曝光。

第二十八条　各级财政部门未认真履行职责，或虚报材料、骗取挪用财政补贴资金的，上一级财政部门将采取责令纠正、追回已补贴资金等措施，按《财政违法行为处罚处分条例》给予严肃处理。

第八章　附　则

第二十九条　本办法由山东省财政厅负责解释。各市、直管县财政部门及省级担保机构可根据本办法和其他有关文件精神，结合当地实际情况，制定补贴资金的具体操作办法，并报省财政厅备案。

第三十条　此前已出台的和其他部门已发布的有关小额担保贷款的相关规定，如与本办法规定不一致的，以本办法为准。

第三十一条　本办法自印发之日起施行。

附表：1. 小额担保贷款财政补贴资金申请表（略）
2. 小额担保贷款发放明细表（略）
3. 小额担保贷款财政补贴资金汇总表（略）
4. 山东省小额担保贷款财政补贴资金情况统计表（略）

责任校对：王　志

转发省财政厅 省监察厅《山东省政府采购评审专家管理办法》的通知

2011年3月21日 淄财采〔2011〕5号

山东省政府采购评审专家管理办法

2010年11月17日 鲁财采〔2010〕25号

第一章 总 则

第一条 为加强全省政府采购评审专家管理,规范评审专家行为,提高政府采购工作质量,根据《中华人民共和国政府采购法》、财政部《政府采购货物和服务招标投标管理办法》和财政部、监察部《政府采购评审专家管理办法》等有关规定,制定本办法。

第二条 本办法所称政府采购评审专家(以下简称"评审专家"),是指符合本办法规定条件,由省财政厅确认并颁发《山东省政府采购评审专家证》的人员。

第三条 评审专家参加公开招标、邀请招标、竞争性谈判、询价、单一来源等政府采购活动适用本办法。

第四条 全省评审专家库建立、管理和使用应遵循统一建库、资源共享、管用分离、划分区域、随机抽取的原则。

第五条 县级以上人民政府财政部门监管的政府采购活动聘请使用评审专家要按照本规定从全省评审专家库中随机抽取;乡镇人民政府财政部门监管的政府采购活动聘请使用评审专家由县级人民政府财政部门确定。

第六条 评审专家参加政府采购项目评审要持《山东省政府采购评审专家证》和本人身份证。评审专家库以外专家要持本人身份证、工作证和专业职称证书。

第二章 监督管理部门的职责

第七条 省财政厅主要职责:

(一)建设全省评审专家库;

(二)明确山东省评审专家聘任条件;

(三)审查评审专家人员资格,颁发《山东省政府采购评审专家证》;

(四)动态管理山东省政府采购评审专家库,及时更新评审专家库人员信息;

(五)制定全省随机抽取评审专家的规则;

（六）监管本级政府采购项目评审专家的抽取使用；

（七）对全省评审专家进行复验；

（八）对本级政府采购项目评审中有违规行为的评审专家进行处理处罚；

（九）其他监管事项。

第八条 市级人民政府财政部门主要职责：

（一）征集本地区的评审专家、进行资格初审并向省财政厅推荐；

（二）监管本级政府采购项目评审专家的抽取使用；

（三）对本级政府采购项目评审中有违规行为的评审专家进行处理处罚，并报省财政厅备案；

（四）省财政厅规定的市级财政部门应承担的其他监管事项。

第九条 县级人民政府财政部门主要职责：

（一）征集本地区内的评审专家，进行资格初审并向市级人民政府财政部门推荐；

（二）监管本级政府采购项目评审专家的抽取使用；

（三）对本级政府采购项目评审中有违规行为的评审专家进行处理处罚，并报省财政厅备案；

（四）省财政厅规定的县级财政部门应承担的其他监管事项。

第十条 各级监察机关负责对本级政府采购项目使用评审专家情况进行监督，并按照管理权限对属于监察对象的评审专家发生的违规违纪行为作出相应的行政处分。

第三章 资格条件及确认

第十一条 财政部门采取本人申请的方式向社会公开征集评审专家。

第十二条 评审专家认定过程包括本人申请、初审、受理、确认、发证。

第十三条 评审专家应当符合以下条件：

（一）具有较高的政治思想素质、良好的职业道德和客观公正、遵纪守法、廉洁自律的意识；

（二）从事相关领域工作满8年，具有本科（含本科）以上文化程度，具有高级技术职称，精通专业业务，熟悉产品情况；

（三）熟悉政府采购、招标投标的相关法律法规政策；

（四）能以独立身份参加政府采购评审工作，能正常参加政府采购评审活动；

（五）认同本办法的各项规定，接受财政、监察部门的监督管理；

（六）没有违法违纪等不良记录；

（七）省财政厅规定的其他条件。

第十四条 对达不到第十三条（二）所列条件，并取得中级技术职称5年以上，精通某类专业产品性能和市场状况，且符合其他条件的人员，经省财政厅审查确认后，也可聘为评审专家。

第十五条 符合本办法第十三条和第十四条规定的在职和离退休人员（身体健康，一般不应超过65周岁），可在每年3月、6月、9月、12月向市级以上人民政府财政部门提出申请，中央驻鲁单位、驻济南省直单位符合条件人员可直接向省财政厅申请。申请人应填写《山东省政府采

购评审专家申请表》(附件1),同时提供以下资料:

(一)居民身份证(原件及复印件);

(二)工作及专业简历;

(三)近期免冠二寸照片3张;

(四)取得学历学位及专业资格证书(原件及复印件);享受国务院特殊津贴人员,获得"正高"职称的专家,需提供相应证书(原件及复印件);

(五)省级以上学术荣誉称号(原件及复印件)。

第十六条 市级以上人民政府财政部门要及时对申请材料进行初审。对申请材料不齐全的,应一次性告知申请人在5个工作日内提交补充材料。对初审合格的,当日退回各类证书原件。市级人民政府财政部门应在下月15日前,将初审合格的《山东省政府采购评审专家申请表》、证件复印件等报送省财政厅。

第十七条 省财政厅在受理后一个月内,对符合条件人员颁发《山东省政府采购评审专家证》。

第十八条 《山东省政府采购评审专家证》编码组成:所在设区的市代码、政府采购评审专家专业编码。

第四章 权利与义务

第十九条 评审专家在政府采购活动中享有以下权利:

(一)向政府采购代理机构了解有关政府采购法律法规政策;

(二)对投标供应商的投标文件是否符合招标文件要求作出独立评价;

(三)要求投标供应商对投标文件有关事项作出解释或澄清;

(四)按照评标规定推荐中标(成交)候选供应商;

(五)按规定获得评审劳务报酬;

(六)法律、法规和规章规定的其他权利。

第二十条 评审专家在政府采购活动中承担以下义务:

(一)按时参加评审活动。遇特殊情况不能出席或不能按时参加评审的,应及时告知政府采购代理机构;

(二)按照采购文件规定进行打分和评审,提出公平、公正的评审意见,并签字确认;

(三)发现供应商在政府采购活动中有不正当竞争、恶意串通等违规行为以及其他非法干预评标的行为,应及时向政府采购评审工作组织者或财政部门报告;

(四)配合有关方面解答政府采购评审工作中的质疑,配合财政部门处理供应商的投诉、复议和诉讼等事项;

(五)法律、法规和规章规定的其他义务。

第二十一条 取得评审专家资格后,工作单位、联系方式发生变化,本人应及时在《中国山东政府采购网》评审专家专栏上修改信息;技术职称变动、获得省级以上学术荣誉称号、享受国务院津贴信息应报省财政厅确认后进行修改。

第五章 工作纪律

第二十二条 评审专家在政府采购活动中要严格遵守以下工作纪律:

(一)评审过程中不得与外界联系。

通讯设备必须交由组织方集中保管，确实需要与外界联系的，要有工作人员陪同；

（二）严禁向外界泄露评审情况，严禁泄漏供应商的投标文件及知悉的商业秘密；

（三）评审过程中严禁对投标文件及供应商发表倾向性、歧视性言论，严禁征询或者接受采购人代表的倾向性意见，严禁以澄清、说明或补充为借口要求参加政府采购项目的投标供应商表达与投标文件原意不同的意见，严禁超出采购文件规定的方法和标准进行评分，严禁对不同投标供应商相同情况打不同分数，不得拒绝对评审意见签字确认；

（四）严禁参加与本人有利害关系的政府采购项目的评审活动。因事先不知情而参与的，获悉与评审项目有利害关系后应立即告知退出；

有利害关系是指，近三年内曾在参加该政府采购项目的供应商中任职（包括一般工作）或担任顾问，配偶或直系亲属在参加该政府采购项目的供应商中任职或担任顾问，与参加该政府采购项目供应商发生过法律纠纷，以及其他可能影响公正评标的情况。

（五）被通知参加政府采购活动后，严禁私下接触政府采购项目投标供应商，不得收受政府采购项目相关各方的财物或者其他报酬；

（六）严禁参加前期采购方案论证的评审专家担任该政府采购项目的评审专家；

（七）财政、监察部门规定的其他评审工作纪律。

第六章 抽取与使用

第二十三条 评审专家的抽取地点及监管抽取的办法，由监管政府采购项目的财政部门会同监察部门确定。

评审专家的抽取时间原则上应当在开标前半天或前一天进行，特殊情况不得超过两天。

第二十四条 抽取评审专家的区域范围按照批准采购计划金额确定。货物类项目，采购计划300万元以下的可在设区的市范围内抽取；300万元至1000万元的，要在至少3个设区的市（包括本市，下同）范围内抽取；1000万元至2000万元的，要在至少9个设区的市范围内抽取；2000万元以上的，要在全省范围内抽取。技术复杂、竞争激烈的重大项目报经同级财政部门同意，可聘请部分外省知名专家。

服务类和工程类政府采购项目抽取评审专家的区域范围，由同级财政部门会同监察机关确定。

第二十五条 招标的政府采购项目评标委员会由有关技术、经济方面专家和采购人代表组成，成员人数应为5人以上单数。其中，技术、经济方面的评审专家不得少于成员总数的三分之二。采购计划在300万元以上、技术复杂的项目，每次要抽取确定5名以上评审专家。其中，采购计划在2000万元以上的项目，技术、经济方面的评审专家不得少于7人。每个政府采购项目每次要抽取2名评审专家作为替补，并按抽取先后顺序递补。

竞争性谈判、询价、单一来源政府采

购项目由评审专家及采购人代表3人以上单数组成采购小组,其中评审专家人数不得少于成员总数的三分之二。

第二十六条 每一政府采购项目要按照政府采购评审专家专业分类编码,从规定的区域范围内抽取相应数量的评审专家(包括替补专家),每次抽取后要告知并落实参加人员,不足时,可按照上述范围和专业再次随机抽取,但抽取总次数不能超过6次。

随机抽取到同一单位的2名以上评审专家,只能使用1名,并按照抽取顺序先后确定。

招标采购单位对技术复杂、专业性极强的采购项目,通过随机抽取方式难以确定合适评审专家的,经市级以上人民政府财政部门同意,可以采取选择性方式确定评标专家(包括替补专家)。

第二十七条 每个政府采购项目(一个包)应当单独确定评审专家。对于同类多包政府采购项目同一天评标确需使用同一评标委员会的,政府采购代理机构要事前经监管政府采购项目的财政部门同意。

第二十八条 评审专家抽取要由专人管理,确定评审专家后,要及时告知评标的时间和地点,但不得告知拟评标项目的有关情况。告知过程要全程录音,以备检查。负责抽取的人员要当场填写《山东省政府采购评审专家抽取结果登记表》(附件2),并于事后存档,对确定的专家姓名、单位和联系方式等信息严格保密。

第二十九条 有下列情形之一的要使用替补评审专家:

(一)确定的评审专家未能参加评审活动;

(二)确定的评审专家到达评审现场后发现自己与评审项目有利害关系需要回避;

(三)确定的评审专家到达现场后,因特殊原因不能继续参加评审活动。

使用替补评审专家后仍然缺少一名评审专家的,经监管政府采购项目财政部门同意,可直接确定一名评审专家;缺少两名以上评审专家,要按照本办法规定重新抽取确定评审专家。

第三十条 评审专家到场后,政府采购代理机构、采购人代表和公证人员要核对《山东省政府采购评审专家证》和本人身份证等有效证件。

第三十一条 政府采购代理机构应在评审活动结束后7个工作日内,向政府采购项目所属财政部门报送《山东省政府采购评审专家抽取结果登记表》和《山东省政府采购评审专家工作情况评价表》(附件3),并通过山东省政府采购专家库管理系统报送省财政厅。

第三十二条 同一评审专家原则上在一个年度内随机抽取参加政府采购评审活动不得超过3次。

第七章 劳务报酬

第三十三条 政府采购代理机构应当及时支付评审专家劳务报酬和相关差旅费(交通费、住宿费、伙食补助费)等。

确定评审专家劳务报酬,要根据工作时间、政府采购数额、专家级别等因素计算。参加政府采购项目的每位评审专家一天的基本报酬应在400元左右；对500万元以上且技术复杂、专业性很强的项目，标底每增加100万元基本报酬应增加10%，最高增加1倍。对获得“长江学者”、“泰山学者”等省级以上学术荣誉称号以及享受国务院特殊津贴的评审专家，要在基本报酬上增加100%；“正高”职称的评审专家，要在基本报酬上增加50%。从外省聘请专家的报酬可以商定。

在设区的市范围内，要制定相对统一的评审专家报酬制度，原则上一定两年。报酬方案由政府采购代理机构制定，政府采购社会代理机构要报驻地市级人民政府财政部门核准，并报省财政厅备案；政府集中采购机构要报同级人民政府财政部门核准。

由于废标等原因评审不能进行的，要付给到场评审专家基本报酬的25%－50%。

差旅费要按照国家标准据实报销，也可与评审专家协商费用包干。

第三十四条 政府采购代理机构应当严格按照核定的标准支付评审专家劳务报酬，不得随意降低或者提高标准。

第三十五条 评审专家不得超标准索要劳务报酬。

第八章 复 验

第三十六条 省财政厅每2年对评审专家复验一次，符合条件且本人同意从事政府采购评审工作的继续聘用。

第三十七条 评审专家资格复验工作应以平时的考评记录为主，主要包括以下内容：

（一）是否按照本办法履行评审专家义务；

（二）是否违反本办法评审专家工作纪律；

（三）是否有其他违纪违法的不良记录；

（四）参加政府采购评审活动中政府采购代理机构的评价；

（五）财政部门认为应当复验的其他内容。

第三十八条 评审专家经核实两年内有下列情形之一的，复验不合格：

（一）违反评审专家工作纪律；

（二）受到财政部门的处理处罚、监察机关的处分；

（三）存在其他违法违纪行为；

（四）不配合质疑、投诉、复议、诉讼等政府采购事项调查；

（五）答应参加而无故缺席，或告知后6次以上不参加；

（六）被政府采购代理机构3次评价“一般”；

（七）因身体状况或工作调动等情况不再适宜从事政府采购评审工作。

第三十九条 评审专家应当在聘期届满2个月前，填写《山东省政府采购评审专家复验表》（附件4），并同《山东省政府采购评审专家证》送交驻地市级人民政府财政部门，中央驻鲁单位、驻济南省直单位可直接向省财政厅报送。评审专家在聘期届满前1个月仍不填报《山东省政府采购评审专家复验表》进行复验的，视同放弃评审专家资格。

市级人民政府财政部门要负责督促

辖区内评审专家做好复验工作,并应在评审专家聘期届满1个月前,将《山东省政府采购评审专家证》和《山东省政府采购评审专家复验表》报送省财政厅复验。

第四十条 评审专家复验合格的,由省财政厅在《山东省政府采购评审专家证》上加盖复验合格戳记和有效期或颁发新证;复验不合格的,终止评审专家资格,由省财政厅收回《山东省政府采购评审专家证》。

复验期间评审专家参加政府采购评审,政府采购代理机构要核对身份证和《山东省政府采购评审专家证》复印件。

第九章 处理处罚

第四十一条 评审专家有下列行为之一的,县级以上人民政府财政部门有权责令改正,给予警告,可以并处一千元以下罚款:

(一)应当回避而未主动回避的;

(二)在知晓自己为评标委员会成员身份后至评标结束前的时段内私下接触投标供应商的;

(三)在评标过程中擅离职守,影响评标程序正常进行的;

(四)在评标过程中有明显不合理或者不正当倾向性的;

(五)未按评标文件规定的评标方法和标准进行评标的。

第四十二条 评审专家有下列行为之一的,县级以上人民政府财政部门有权给予警告,没收违法所得,可以并处三千元以上五万元以下的罚款,并在《中国山东政府采购网》公告。省财政厅取消其评审专家资格,收回《山东省政府采购评审专家证》。构成犯罪的,依法追究刑事责任:

(一)收受投标人、其他利害关系人的财物或者其他不正当利益的;

(二)泄露有关投标文件的评审和比较、中标候选人的推荐以及与投标有关的其他情况的。

第四十三条 财政部门或政府集中采购机构的相关人员,违反本办法规定抽取确定评审专家,或未经批准采取选择性确定评审专家,或故意对外泄露被抽取评审专家姓名、单位、联系方式等内容的,由其上级部门或同级监察机关给予相应的行政处分,属于政府采购社会代理机构的,暂停政府采购代理资格。

第四十四条 采购人代表作为评审委员会成员参加政府采购项目评审过程中,应尽的义务和应遵守的工作纪律,比照本办法对评审专家的规定执行。

第四十五条 在评审过程中发现评审专家、采购人代表严重违反第二十二条有关规定,政府采购代理机构应当终止其评审工作,按规定替换评审专家或采购人代表。

第四十六条 财政部门及其工作人员在对评审专家的管理工作中,不正确履行职责,或不正当干预政府采购工作的,要予以通报批评;情节严重的,由其上级部门或同级监察机关给予相应的行政处分。

第十章 附 则

第四十七条 本办法由山东省财政厅负责解释。

第四十八条 本办法自2011年4月

1 日起执行，原《山东省政府采购评审专家管理实施办法》（鲁财库〔2004〕20 号）同时废止。

附件：1. 山东省政府采购评审专家申请表（略）

2. 山东省政府采购评审专家抽取结果登记表（略）

3. 山东省政府采购评审专家工作情况评价表（略）

4. 山东省政府采购评审专家复验表（略）

责任校对：王　志

关于转发山东省财政厅《关于进一步加强财政监督工作的意见》的通知

2011 年 1 月 6 日　淄财监〔2011〕1 号

关于进一步加强财政监督工作的意见

2010 年 12 月 27 日　鲁财监〔2010〕14 号

各市财政局、省财政直接管理县（市）财政局，省厅驻有关市财政检查办事处：

为充分发挥新形势下财政监督职能作用，根据中央和省关于经济财政工作的一系列重要指示精神，现就进一步加强我省财政监督工作提出如下意见，请认真贯彻执行。

一、指导思想、工作原则和发展目标

（一）指导思想。以邓小平理论和“三个代表”重要思想为指导，深入贯彻科学发展观，紧紧围绕财政中心工作，创新监督理念，改进监督方式，逐步建立业务管理机构与专职监督机构共同参与、分工明确、相互协调、高效运转的财政大监督机制；突出监督重点，加大监督力度，扎实开展财政收入、财政支出、会计和内部监督检查，逐步实现财政监督对所有政府性资金和财政运行过程的全覆盖，充分发挥财政监督在强化财政管理、保障政策执行、深化财政改革、维护财经秩序等方面的积极作用，促进我省经济社会又好又快发展。

（二）工作原则。一是坚持同步协调的原则。财政监督发展要与财政改革发展进程保持同步协调。一方面，在规划设计和推进财政改革时要充分考虑财政监

督职能作用的发挥,把监督环节纳入改革的总体规划设计;另一方面,财政监督的重点和方式方法要适应财政改革的要求,确保推动各项财政改革的顺利实施。二是坚持因地制宜的原则。要根据财政监督工作的总体指导意见,结合本地实际,围绕财政中心工作和财政改革发展的实际情况,因地制宜地提出财政监督发展思路、工作重点、目标任务等,并研究制定有关制度办法和具体措施。三是坚持齐抓共管的原则。要树立“财政大监督”理念,加强与业务管理机构和专职监督机构的协作配合,履行好各自承担的监督职责,形成监督合力,提高财政监督成效。四是坚持依法高效的原则。要强化法制意识,严格按照有关法律法规实施财政监督,做到依法检查、依法处理。要积极改进财政监督形式,充分利用先进手段开展工作,强化财政监督成果的综合利用和绩效评价,提高财政监督效率和质量。

(三)发展目标。近期,全省各级财政部门要切实加强对财政政策的执行情况和财政资金安全性、规范性和有效性的监督,继续探索开展事前、事中等日常监督工作;要加强与财政业务管理机构和专职监督机构的联系,通过信息共享、联合检查等形式,探索建立大监督机制的途径和方法;要尝试建立财政监督成果利用机制,真正实现以监督促整改、以监督推改革、以监督强管理的目的;要加快推进财政监督信息化建设、理论和制度体系建设,为财政监督的深入发展提供坚实的保障。从长远发展角度,要推进构建健全完善的财政监督体制机制。要逐步建立起预算编制、执行、监督紧密衔接、相互制衡、相互促进的财政监督管理运行体制,实现对所有政府性资金和财政运行全过程的覆盖;要通过财政部门内部各机构共同履行监督职责,实现“全员参与、全程控制、全面覆盖、全部关联”的日常监督与专项监督紧密融合的财政监督机制,将监督工作贯穿于财政管理的全过程;要积极开展绩效监督,探索规范、高效的绩效监督方式方法,制定科学、合理的绩效监督指标体系,不断提高财政管理水平;要通过建立完善的法规制度体系、理论研究机制以及采取高效现代的电子信息技术等,构建完善的财政监督保障体系。

二、工作重点

为促进财政管理科学化精细化,强化管理基础,各级财政监督机构应当紧紧围绕财政收入监督、支出监督、会计监督和内部监督四条主线,重点做好以下几个方面的工作:

(一)加强对财税政策执行情况和税收、非税收入征管情况的监督检查,积极探索建立稳定长效的收入监管机制。一是重点关注促进自主创新、资源节约、产业结构升级、深化体制改革等支持经济发展方式转变的重大财税政策的实施情况,反映并纠正政策执行中存在的重大问题,为完善政策提供第一手资料,促进经济健康发展。二是加强与国税、地税等部门协作,逐步建立对重点地区、重点行业、重点企业的税源监控制度,并针对税收征管中存在的突出问题,加强对税务部门税收征管质量的监督检查,确保税收收入的安全、完整。三是根据“收支两条线”改革的实施情况,加强对国有资产资源有偿使用收入的监督,并针对非税收入征收和管理中存在的问题,提出改进非税收入征收管理的政策建议。

(二)加强对预算编制和执行情况的监督检查,健全完善财政运行全过程的财政监督机制。各级财政部门要高度重视对预算编制和执行情况的监督,积极探索构建覆盖财政运行全过程动态监管机制。要积极推进监督关口前移,积极开展部门预算编制审核、重大支出项目审核等工作,掌握摸清预算单位人员、工资及津补贴、资产负债、收费项目和标准,以及财务收支等基础信息,为完善部门基础信息数据库提供依据。要结合金财工程建设,逐步利用财政信息系统平台,实现监督检查信息与业务管理信息共享,做到预算编制、执行和监督各业务主体间信息沟通便捷,逐步实现对部门预算执行情况开展实时分析监控,及时发现并纠正预算执行中存在的问题,强化事中监控。要组织开展预算执行情况的监督检查,重点关注财政拨款结转和结余资金的管理使用情况,在摸清底数的基础上,区分不同情况予以处理,为压缩结转和结余资金规模提供参考依据,促进财政管理水平的不断提高。要加大对国有资产管理情况的监督检查力度,对行政事业单位国有资产租赁、对外投资等情况开展监督检查,确保国有资产安全完整,获得应有的收益。

(三)加强对民生政策执行和资金管理使用情况的监督检查,促进基本公共服务均等化。各级财政部门要按照促进基本公共服务均等化、完善公共财政体系的有关要求,重点围绕“三农”、教育、科技、卫生、就业、住房、社会保障、环境保护、公共安全、企业破产等涉及民生行业、领域的政策执行和资金管理使用情况开展专项检查,查找政策执行和资金使用中存在的问题,提出改进和加强的建议,促进有关政策的贯彻落实和资金的安全、规范、有效使用。

(四)加强会计监督,促进社会主义市场经济健康发展。各级财政部门要紧紧围绕国家宏观调控的目标和任务,继续加大对涉及国计民生、基础设施、能源交通、节能环保、教育医疗、公用事业等重点领域、重点行业、重点企业和行政事业单位会计信息的监督检查,重点关注公共投资的经济效益、社会效益和带动效应。要与财政增收节支相结合,严肃查处偷逃税款和套取、挪用财政资金的违规行为。要与改进企业经营管理相结合,帮助企业提高管理水平,增强微观经济主体的活力。要与国有资本经营预算日常监督管理相结合,切实搞好会计信息质量检查工作,努力提高预算管理水平和资金使用效益。要将处理处罚和警示教育相结合,通过加大对会计违法违规行为的处理处罚和公开曝光力度,警示教育广大会计人员和注册会计师规范执业,在全社会形成强大威慑力和影响力,切实提高会计信息质量检查的成效。要按照《财政部关于进一步加强注册会计师行业行政监督工作的意见》(财监〔2010〕50 号)和《山东省人民政府办公厅关于加快我省注册会计师行业发展的意见》(鲁政办发〔2010〕20 号)要求,进一步建立健全日常监管机制，对辖区内的非证券资格会计师事务所每5年至少进行一次专项检查，对新成立的会计师事务所每2年至少进行一次专项检查，切实加大对注册会计师行业的行政监管力度，依法严惩恶劣造假的会计行为，提高注册会计师执业质量。可以采取建立专家库等方式，聘用注册会计师等专业人员参与检查，提高检查的专业支持和技术水平。对于会计监督工作的开展情况，省级财政部门要进行定期考核，对工作开展好的市县通报表彰，促进全省会计监督工作的深入开展。

（五）加强内部监督，提高财政内部管理水平。各级财政部门要认真贯彻实施《财政部门内部监督检查办法》（财政部令第58号），充分发挥内部监督在规范财政部门管理、促进内部职能机构履行职责、完善财政部门内控机制等方面的作用。要进一步加强对财政部门内部监督检查工作的组织和领导，实行内部监督检查工作主要领导负责制，将内部监督检查作为财政日常管理的重要环节，纳入本级财政工作统筹考虑。要严格按照《财政部门内部监督检查办法》的规定，细化工作职责，制定工作计划，规范工作流程，加大对财政部门内部各业务管理机构履行职责情况及内部控制制度建立执行情况的监督检查，加强对内部监督检查成果的利用，加大对内部监督检查处理意见和建议的落实，并将内部监督检查结果作为财政部门年度评选先进和干部考核、任用的参考依据。各级财政部门要研究建立内部监督检查工作考核机制，加强本级及下级财政部门内部监督检查工作的考核通报，促进内部监督检查工作的深入开展。

（六）加强县乡财政监督检查工作，推动县乡基层财政科学化精细化管理。根据财政部加强基层财政建设的有关要求，进一步加大县乡财政监督工作力度。省、市财政部门要切实加强对县乡财政监督工作的指导，明确县乡财政监督职责、工作重点和流程，加强信息交流和业务培训，并通过制定年度计划，对县乡财政的管理和监督情况进行督导、巡查，提高县乡财政监管水平。县级财政部门要强化自身监管能力建设，并加强对乡镇财政监督工作的指导和督促。具备条件的地方可以向乡镇财政（所、站）派驻财政监督员。实行“乡财县管”的地方，可以结合本地实际，进一步落实对乡镇财政的监管要求。乡镇财政要认真落实监管责任，通过开展强农惠农政策落实和资金管理使用情况等检查，确保政策落实到位和资金安全规范有效，并将有关情况及时上报、反馈给上级财政部门。同时，要完善乡镇财政公开公示制度，将强农惠农政策和有关项目建设等情况向群众公开，广泛听取群众意见和要求，自觉接受群众监督。

三、组织实施形式

全省各级财政部门要树立“财政大监督”理念，从监督力量整合、监督形式创新、监督成果利用等方面入手，重视加强和改进财政监督的组织实施形式，充分发挥财政监督的职能作用。

（一）明确大监督机制的目标。财政监督作为财政工作的重要组成内容，是财政部门内设业务机构与专职监督机构的共同职责。建立“财政大监督”机制,是要通过财政部门内部各机构共同履行监督职责,逐步实现“全员参与、全程控制、全面覆盖、全部关联”的日常监督与专项监督紧密融合的财政监督机制,将监督工作贯穿于财政管理的全过程,进一步提升财政监督成效,发挥财政监督职能作用。

(二)建立明确的职责分工。专职财政监督机构要充分发挥牵头作用,归口管理财政监督工作,牵头研究制定财政监督制度办法,牵头研究确定年度监督检查计划,统筹组织开展大型专项检查,统一对违规违纪问题进行处理处罚,并对业务管理机构履行日常监督职责实施再监督。财政业务管理机构要充分发挥日常监督职责,对资金的分配、使用、管理等情况进行日常监督,并利用好监督成果,不断改进完善管理制度。

(三)加强内外沟通协调。在内部关系协调上,专职财政监督机构与业务管理机构要协调配合。专职财政监督机构在研究确定检查计划时,要紧密结合业务工作需要,充分征求业务机构的意见建议;在开展专项检查时,要加强与有关业务机构的沟通,及时了解政策规定、全面掌握基础情况,提高监督成效;在处理定案时,要与业务机构共同研究、集体定性有关问题;在拟定整改建议时,要充分考虑到业务管理的需要,紧密结合实际,提出有针对性的意见建议,供业务机构参考。在外部关系协调上,要正确处理好与审计、纪检监察、税务、国有资产管理等相关部门的关系,统筹兼顾监督资源,防止部门职能交叉重复,建立协作配合的工作机制,形成监管合力。

(四)改进和完善财政监督形式。一是继续完善事前、事中、事后相结合的监督形式。各级财政部门要以建立大监督机制为契机,进一步调动专职监督机构和业务管理机构开展财政监督工作的积极性和主动性,强化对财政政策执行和资金管理使用的事前、事中监督。专职监督机构要发挥自身优势,积极配合业务管理机构共同做好部门预算编制的事前审核、预算执行的事中监控等监督工作,确保预算编制的真实完整和预算执行的准确到位。业务管理机构要积极配合专职监督机构做好重大资金使用和重大政策执行情况的事后检查工作,及时提供政策依据和基础资料,促进检查的顺利实施,提高检查的成效。二是继续完善上下联动检查机制。全省各级财政部门要加强财政监督的业务交流,在通过上下联动形式组织开展会计信息质量检查、“小金库”专项治理等工作的同时,扩大上下联动的内容,丰富上下联动的形式,寻找新的联动切入点,选择财政改革管理的“热点”、“难点”,探索开展联动检查,锻炼检查队伍,提升检查质量。

(五)加强监督成果利用。各级财政专职监督机构要建立财政监督检查成果库,实行综合利用和动态管理,对有关成果利用情况进行定期反馈和回访。财政业务管理机构要进一步提高对财政监督成果的重视程度,将监督成果作为编制和调整部门预算、健全资金管理制度、加强财政财务管理、完善政策规定的依据加以利用,提高监督成果的利用水平和层次。

四、基础保障建设

为推动财政监督工作更好地发展,各级财政部门要继续重视监督队伍、法制等基础建设,完善有关保障措施,提高工作成效。

(一)进一步加强干部队伍建设。各级财政部门要适应财政管理的需要,更加重视监督机构和干部队伍建设。一是继续加强机构建设。要借鉴全国部分地方的先进做法,积极争取政府领导和有关部门的理解、支持,进一步健全财政监督机构、充实人员,为财政监督工作开展提供有力保障。财政部门主要领导要把财政监督工作作为"一把手"工程来抓,主动关注和研究财政监督工作,在干部培养、办公条件、工作经费等方面给予必需的保障。二是重视加强教育培训。要注重培养财政监督干部对财政监督工作的责任感和使命感、敬业精神和创新精神,增强干部队伍的凝聚力和创造力,逐步建立一支知识结构合理、业务熟练、政治坚定、政策把握能力较强的财政监督队伍。

(二)进一步加强财政监督法制建设。一方面,各级财政部门要根据《预算法》、《财政违法行为处罚处分条例》、《山东省财政监督条例》等法律法规的要求,结合本地实际,修订完善财政监督工作程序规范,制定修订财政监管业务工作规章和程序性监管办法,逐步完善财政监督法规制度体系。另一方面,各级财政部门要坚持依法行政,严格遵照有关法律法规规定,认真执行检查程序,切实把情况摸清摸透,把问题查深查实,做到事实清楚、证据确凿、程序合法、处理恰当,切实防范执法风险,避免行政复议、诉讼案件发生。

(三)进一步加强财政监督调研和信息工作。一是要重视财政监督理论和实践调研。要紧密结合监督检查工作的实际需要,有计划地组织开展重点课题调研,认真总结财政监督工作规律和检查经验,充分挖掘调研成果的价值,提高理论成果利用率,提升财政监督工作层次。二是要通过多种渠道加强财政监督信息宣传。要树立为民监督、透明监督的观念,注重与媒体的沟通,增强对外宣传的主动性,广泛利用报刊、网络等各种媒体渠道发布监督检查信息和查处公告,促进财政监督信息公开。要重视提高信息简报的编写水平,通过多种信息渠道反映财政监督工作成果,交流工作经验,推动全省财政监督工作的交流和提高。

(四)进一步推进信息化建设。一是积极开发研究监督检查软件,充分运用信息网络技术和信息网络平台开展监督检查,提高检查的质量和效率。二是根据"金财工程"的总体设计,财政业务信息系统要充分考虑监督工作的需求,做到设计上有接口,浏览上有权限,运行上有监控。三是鼓励有条件的地方积极与当地税务、银行、国库等部门联网,逐步实现利用计算机网络技术实时监控税收征管等情况,提高监管效率。

(五)进一步加强工作指导。省、市两级财政部门要积极采取措施,切实加大对下级财政监督工作的指导,推进全省财政监督工作均衡发展。省级财政部门要统筹规划全省财政监督工作，把握方向，关注重点，因势利导。要定期组织力量深入基层开展调研，及时了解基层财政监督工作情况，总结市县工作中的好做法、好经验，挖掘市县工作的先进典型，积极发挥示范带动作用。要根据各地一些普遍性的业务需求，通过举办培训、座谈交流、专题研讨等方式予以解决。市级财政部门要充分发挥上传下达、沟通左右的作用，根据全省财政监督工作的总体要求，结合本地情况，有针对性地提出具体的、可操作的指导实施意见。在对下指导过程中，市级财政部门应当在促进工作思路转变、指导机构设置、规范监督行为、强化队伍管理、提高队伍素质等方面发挥主导作用，充分调动县、乡财政部门开展财政监督工作的积极性和创造性，推动全省财政监督工作的深入开展。

责任校对：王　志

关于印发《淄博市财政监督检查信息宣传和调研工作管理考核办法》的通知

2011年4月1日　淄财监〔2011〕4号

淄博市财政监督检查信息宣传和调研工作管理考核办法

第一章　总　则

第一条　为进一步加强全市财政监督系统信息宣传和调研工作，促进信息宣传和调研工作规范化、制度化，充分发挥信息宣传和调查研究在指导和推动财政监督工作中的作用，更好地服务全局、服务决策，不断开创监督检查工作新局面，制定本办法。

第二条　信息宣传和调研工作管理考核坚持以科学发展观为指导，紧紧围绕财政改革和发展大局，结合全市财政监督检查工作实际，把握财政监督工作规律，不断创新工作方式方法，积极探讨财政监督工作新思路、新举措，及时交流财政监督检查工作动态和经验做法，宣传财政监督政策法规，增强财政监督队伍的凝聚力和战斗力，进一步树立财政监督部门的良好形象，促进全市财政监督事业科学发展。

第三条　信息宣传和调研工作管理考核遵循以下原则：

（一）政策性。紧紧围绕中心、服务大局，注重宣传和调研内容的政策性和影响力,坚持正确导向。

(二)准确性。坚持实事求是,客观真实反映情况,不以偏概全。

(三)创新性。围绕财政监督工作中的重点、热点、难点问题进行前瞻性研究,注重反映工作中的新情况、新内容、新做法、新经验,积极服务领导决策。

(四)时效性。要及时收集、编写和报送信息,做到发现问题快、采编撰写快、送审报批快、报送速度快。

第四条 本办法适用于各区县、高新区、文昌湖旅游度假区财政监督局(科)。

第二章 工作重点和目标任务

第五条 信息宣传工作的主要内容:

(一)贯彻落实中央、省、市及区县党委政府和财政部门的决策部署情况;

(二)准确把握财政监督工作重点,反映在解决突出矛盾中所采取的措施、取得的成效等;

(三)财政监督工作中好的经验做法;

(四)财政监督工作动态,特别是工作中发现的新情况、新问题、新思路、新举措;

(五)上级机关要求收集、报送的信息;

(六)领导和社会关注的其他重要情况。

第六条 调研工作的主要内容:

(一)服务科学发展和财政改革方面的重大问题;

(二)市局年度调研计划安排的财政监督调研课题;

(三)有关财政监督方面重点理论研究课题;

(四)财政改革和发展中涉及财政监督检查的重点、热点、难点问题;

(五)检查工作需要形成的调研报告。

第七条 信息宣传和调研工作的具体目标任务:

(一)信息工作。各区县每月向市财政监督处报送信息数量不少于1条;

(二)调研工作。各区县每年向市财政监督处报送调研报告不少于2篇(上、下半年各1篇)。

第三章 组织领导和职责分工

第八条 各区县要高度重视信息宣传和调研工作,确定一名业务水平高、文字功底好、工作责任心强的同志作为信息员,具体负责信息宣传和调研工作,保障信息渠道的畅通,切实提高信息宣传和调研工作的质量和效率。

第九条 市财政监督处确定一名分管领导,明确一名同志具体负责信息宣传和调研工作的组织、协调和考评。按照全市财政监督信息宣传和调研工作目标任务,各区县要认真抓好工作落实,确保完成全年信息宣传和调研工作任务。

第十条 加强培训与交流,通过召开会议、邀请专家讲课、研讨信息工作、交流工作经验等多种形式,开拓视野,激发思维,提升信息员队伍的整体素质,不断提高信息宣传和调研工作水平。

第四章 考核标准和计分办法

第十一条 建立健全信息宣传工作目标管理机制。市财政监督处年初制定信息宣传工作计划，确定具体目标任务，各区县结合各自实际，确定信息宣传工作计划，营造全员参与、齐抓共管的良好氛围。

第十二条 实行信息宣传工作定期通报制度。市财政监督处由专人每月对信息报送、采用情况进行登记，每季度对工作进展情况进行督查，坚持"一季度一通报"，年底组织集中考核。

第十三条 将信息宣传和调研工作纳入年度财政监督工作目标考核范围，作为评先树优的依据。

第十四条 报送、采用信息及调研报告计分办法：

（一）报送计分。各区县以年上报信息任务数为基数，达到基数的可得基础分，基础分为20分；没有达到基数的不得基础分；每月超额完成报送数量的，每超1条计1分，超过2条，按2条计分。全年信息报送满分为44分。

各区县以年上报调研报告任务数为基数，达到基数的可得基础分，基础分为30分；没有达到基数的不得基础分；超额完成报送数量的，加计10分。全年调研报告报送满分为40分。

（二）采用得分。报送的信息被市局、省财政厅监督检查局采用的每条加3分；被市委、市政府和省财政厅采用的每条加5分；被财政部及以上采用的每条加10分。被上述单位同时采用的，不重复加分，只按最高分加分。

报送的调研报告被市局、省厅监督检查局采用的每篇加10分；被市委、市政府和省财政厅采用的每篇加15分；被财政部及以上采用的每篇加20分。被上述单位同时采用的，不重复加分，只按最高分加分。

信息或调研报告在区县级主要媒体上发表的，每条（篇）加5分；在市级主要媒体上发表的，每条（篇）加10分；在省级主要媒体上发表的，每条（篇）加15分；在国家级主要媒体发表的，每条（篇）加20分。被上述媒体同时采用的，不重复加分，只按最高分加分。

（三）领导批示加分。各区县报送的信息或调研报告被市局领导批示的，每条（篇）加10分；被市委、市政府或省财政厅领导批示的，每条（篇）加20分；被省委、省政府或财政部领导批示的，每条（篇）加30分。

第十五条 市财政监督处每年根据各区县年度信息宣传和调研工作总得分，评选出信息宣传和调研工作先进集体、优秀信息员，并进行表彰。未完成报送任务的，取消评选资格。

第五章 工作纪律

第十六条 各区县要严格遵守信息宣传工作纪律，维护财政监督工作的权威性、规范性和严肃性。

第十七条 严格遵守各项保密规定，任何单位和个人不得向新闻媒体提供涉及国家秘密的稿件、信息；不得提供正在研究或尚未最后确定的工作信息；不得提供没有事实依据的信息；不得发表不利于经济社会发展与稳定的言论。

第十八条 对违反信息宣传工作纪律、造成不良影响的单位和个人，视情节轻重，给予通报批评或行政处分。

第六章　附　则

第十九条　本办法由市财政局财政监督处负责解释。

第二十条　本办法自2011年1月1日起实施。2006年2月14日发布的《关于进一步加强财政监督调研和信息工作的意见》(淄财监〔2006〕2号)、2008年1月1日发布的《关于做好财政监督信息调研工作的补充规定》(淄财监函〔2008〕1号)同时废止。

责任校对:王　志

2011 年重要财政文件选目

文　号	题　目
淄财党组〔2011〕13 号	关于表彰 2010 年度先进集体和年度考核优秀等次人员的通报
淄财党组〔2011〕16 号	关于调整山东省会计干部中等专业学校淄博分校工作职能的通知
淄财党组〔2011〕19 号	关于表彰 2010 年度全市财政系统文明单位、文明个人和文明创建工作先进个人的通报
淄财党组〔2011〕20 号	关于表彰 2010 年度文明家庭的通知
淄财党组〔2011〕21 号	关于印发《2011 年全市财政系统党风廉政建设和反腐败工作实施意见》的通知
淄财党组〔2011〕24 号	关于 2011 年度机关党建和系统精神文明建设具体工作安排意见
淄财党组〔2011〕25 号	关于印发《淄博市财政局作风效能建设公开承诺书》的通知
淄财党组〔2011〕26 号	关于印发《淄博市财政系统 2011 – 2013 年精神文明建设工作规划》的通知
淄财党组〔2011〕33 号	关于印发《淄博市财政局落实党风廉政建设责任制考核办法》的通知
淄财党组〔2011〕35 号	关于印发《淄博市财政局党员干部廉政谈话暂行办法》的通知
淄财党组〔2011〕50 号	关于印发《淄博市财政局制度廉洁性评估试点工作实施方案》的通知
淄财党组〔2011〕56 号	关于聘任全市财政系统党风廉政建设社会监督员的通知
淄财党办〔2011〕3 号	关于在基层党组织和共产党员中深入开展“创建淄博先锋”活动的实施方案
淄财党办〔2011〕4 号	关于表彰 2010 年度先进基层党组织、优秀共产党员和优秀党务工作者的通报
淄财党办〔2011〕6 号	关于开展“学党史、增党性、当先锋”主题实践活动的通知
淄财党办〔2011〕13 号	关于认真学习贯彻党的十七届六中全会精神的通知

文　号	题　目
淄财办〔2011〕8号	关于发布2011年度量化工作指标的通知
淄财办〔2011〕10号	关于表彰2010年度全市财政系统优秀调研成果的通报
淄财办〔2011〕15号	关于印发《淄博市市级财政应用支撑平台建设实施方案》的通知
淄财预〔2011〕4号	关于对文昌湖旅游度假区预算管理有关问题的通知
淄财预〔2011〕5号	关于转发省财政厅《关于转发〈财政部关于深入推进基层财政专项支出预算公开的意见〉的通知》的通知
淄财预〔2011〕6号	关于转发省财政厅《关于转发〈财政部关于进一步做好2011年地方预算执行工作的通知〉的通知》的通知
淄财预〔2011〕18号	关于印发《淄博市市级财政支出绩效评价管理暂行办法》的通知
淄财预〔2011〕24号	关于报送2012年度地方财政预算的通知
淄财预函〔2011〕1号	关于文昌湖旅游度假区财政补助有关事项的通知
淄财库〔2011〕4号	关于转发《山东省财政国库改革补助经费管理暂行办法》的通知
淄财库〔2011〕11号	关于建立全市预算单位公务卡强制消费目录制度的通知
淄财库函〔2011〕1号	关于年底财政国库集中支付有关业务处理事项的通知
淄财法〔2011〕3号	关于印发《淄博市财政法制宣传教育第六个五年规划》的通知
淄财非税〔2011〕2号	关于转发《关于转发非税收入纳入预算管理有关问题的通知》的通知
淄财非税〔2011〕14号	关于对超计划用水累进加价水资源费征缴工作进行督查的通知
淄财非税〔2011〕23号	关于转发《关于进一步规范全省人力资源社会保障系统非税收入管理的通知》的通知
淄财非税〔2011〕24号	关于开展市级建设项目联合审批事项及收费项目清理工作的通知

文　　号	题　　　　目
淄财非税〔2011〕27 号	关于转发《关于规范罚没收入收缴管理的通知》的通知
淄财非税〔2011〕39 号	关于转发《省财政厅　省水利厅　省地税局关于做好地方水利建设基金征收管理工作有关问题的通知》的通知
淄财非税〔2011〕40 号	关于转发《财政部　水利部关于从土地收益中计提农田水利建设资金有关事项的通知》的通知
淄财非税〔2011〕49 号	关于转发《省财政厅　省教育厅转发财政部　教育部关于从土地出让金收益中计提教育资金有关事项的通知》的通知
淄财非税〔2011〕51 号	转发《关于印发〈省级财政专项彩票公益金资助城乡文化中心（文化活动室）设备购置专项资金管理办法〉的通知》的通知
淄财农〔2011〕3 号	关于进一步加强抗旱救灾资金使用管理的通知
淄财农〔2011〕9 号	关于财政支持蔬菜产业发展的实施意见
淄财农〔2011〕11 号	转发省财政厅《关于切实加强农机购置补贴政策实施监管工作的通知》的通知
淄财农〔2011〕29 号	转发《财政部关于印发〈农业综合开发财政资金违规违纪行为处理办法〉的通知》的通知
淄财农〔2011〕31 号	转发《财政部关于印发农业综合开发土地治理项目工程管护资金会计核算的有关规定的通知》的通知
淄财农〔2011〕36 号	关于 2011 年度财政扶持农业产业化龙头企业发展的实施意见
淄财农〔2011〕39 号	关于印发《淄博市森林生态效益补偿基金管理办法》的通知
淄财农〔2011〕40 号	关于印发《淄博市农业综合开发土地治理项目市级管护资金管理办法》的通知
淄财行〔2011〕13 号	关于印发《淄博市应急处置和困难救助资金管理办法（试行）》的通知
淄财教〔2011〕27 号	转发《省财政厅　省教育厅关于印发〈山东省普通高中国家助学金管理暂行办法〉的通知》的通知
淄财教〔2011〕49 号	关于实施学前教育资助政策的通知
淄财国资〔2011〕2 号	关于加强行政事业资产管理信息系统安全管理工作的通知
淄财国资〔2011〕3 号	关于转发《关于加强行政事业单位土地资产管理工作的通知》的通知

文　　号	题　　　　　　　目
淄财国资〔2011〕4 号	关于转发《关于加强行政事业单位机动车辆资产管理工作的通知》的通知
淄财国资〔2011〕5 号	关于转发《关于加强行政事业单位房屋资产管理工作的通知》的通知
淄财国资〔2011〕7 号	关于印发《淄博市行政事业资产管理工作考核评比试行办法》的通知
淄财企〔2011〕14 号	关于修订《淄博市财政企业信息工作考评暂行办法》的通知
淄财企〔2011〕28 号	关于转发《山东省企校共建工科专业和企业实训基地专项资金使用管理暂行办法》的通知
淄财企〔2011〕31 号	关于转发《山东省淘汰落后钢铁产能补助资金管理暂行办法》的通知
淄财企〔2011〕38 号	关于印发《淄博市服务业发展引导资金管理暂行办法》的通知
淄财企〔2011〕40 号	关于下发《淄博市创新成长型工业企业发展专项资金暂行管理办法》的通知
淄财企〔2011〕41 号	关于印发《淄博市供销合作社改革创新发展专项资金管理使用暂行办法》的通知
淄财企〔2011〕47 号	关于印发《淄博市中小企业发展专项资金管理暂行办法》的通知
淄财企〔2011〕63 号	关于转发省财政厅《关于加快推进和不断规范国有资本经营预算试行工作的意见》的通知
淄财企〔2011〕64 号	关于转发《山东省循环经济专项资金管理暂行办法》的通知
淄财企〔2011〕73 号	关于落实创新成长型工业企业扶持政策的通知
淄财企〔2011〕90 号	关于修订《淄博市污染物减排和环境改善考核奖励办法》的通知
淄财建〔2011〕6 号	关于转发《关于汽车下乡政策到期后停止执行等有关问题的通知》的通知
淄财建〔2011〕23 号	关于转发省财政厅　省国土资源厅《关于印发〈山东省矿产资源节约与综合利用项目奖励资金管理暂行办法〉的通知》的通知
淄财建〔2011〕24 号	关于转发省财政厅　省国土资源厅《关于印发〈山东省矿山地质灾害治理项目专项资金管理暂行办法〉的通知》的通知
淄财建〔2011〕26 号	关于转发《家电下乡政策执行监管及违规处理办法》的通知
淄财建〔2011〕32 号	转发《省财政厅　省住建厅《2011 年山东省省级城镇规划建设专项资金使用管理办法》的通知

文　　号	题　　　　目
淄财建〔2011〕34号	关于转发《基本建设贷款中央财政贴息资金管理办法》的通知
淄财建〔2011〕37号	关于印发《淄博市家电下乡检查活动实施方案》的通知
淄财建〔2011〕40号	关于转发《“十二五”期间城镇污水处理设施配套管网建设项目资金管理办法》的通知
淄财建〔2011〕41号	关于申报2011年放心粮示范工程建设项目的目录
淄财建函〔2011〕1号	关于加强2010年新增农资综合补贴集中使用资金管理的通知
淄财社〔2011〕9号	关于提高城镇居民基本医疗保险政府补助标准有关问题的通知
淄财社〔2011〕13号	关于调整农村最低生活保障市级补助标准的通知
淄财社〔2011〕18号	转发省财政厅　省卫生厅《关于申请已实施国家基本药物制度村卫生室省级补助有关问题的通知》的通知
淄财社〔2011〕25号	转发省财政厅　省人力资源和社会保障厅《山东省新型农村社会养老保险基金管理实施细则(暂行)》的通知
淄财社〔2011〕42号	关于转发省财政厅《关于印发〈政府购买农村基本公共卫生服务指导意见(试行)〉的通知》的通知
淄财社〔2011〕43号	关于转发省财政厅《关于印发〈山东省基本公共卫生服务项目补助资金管理办法〉的通知》的通知
淄财社〔2011〕48号	关于调整农村最低生活保障市级补助标准的通知
淄财社〔2011〕59号	关于印发《淄博市就业专项资金管理暂行办法》的通知
淄财基〔2011〕2号	关于编报2010年度乡镇财政决算的通知
淄财基〔2011〕3号	淄博市乡镇财政干部教育培训实施方案
淄财基〔2011〕6号	关于转发省财政厅《关于开展规范化财政所创建工作的意见》的通知
淄财基〔2011〕7号	关于印发《淄博市乡镇财政资金监管办法》的通知
淄财会〔2011〕1号	关于转发《财政部关于印发〈地方政府融资平台公司公益性项目债务核算暂行办法〉的通知》的通知

文　号	题　　目
淄财会〔2011〕2 号	关于淄博市会计从业人员基本信息采集工作的通知
淄财会〔2011〕9 号	关于转发省财政厅《关于做好 2011 年度会计人员继续教育有关问题的通知》的通知
淄财会〔2011〕10 号	关于组织开展 2011 年财务会计信用等级考评和年鉴工作有关问题的通知
淄财会〔2011〕13 号	关于转发省财政厅　省人力资源和社会保障厅《关于 2012 年度全国会计专业技术资格考试有关问题的通知》的通知
淄财会〔2011〕15 号	关于转发《财政部关于印发小企业会计准则》的通知
淄财金〔2011〕7 号	转发省财政厅等三部门《关于印发〈山东省小额担保贷款财政补贴资金管理办法〉的通知》的通知
淄财科〔2011〕1 号	关于开展 2012 年财政重点课题调研工作的通知
淄财计〔2011〕1 号	关于报送淄博市市级财政应用支撑平台建设实施方案的报告
淄财采〔2011〕2 号	转发省财政厅《关于印发〈政府采购代理机构从业人员持证上岗暂行规定〉的通知》的通知
淄财采〔2011〕3 号	转发《财政部关于做好 2011 年全国政府采购信息统计工作的通知》的通知
淄财采〔2011〕5 号	转发省财政厅《关于印发〈山东省政府采购评审专家管理办法〉的通知》的通知
淄财监察〔2011〕1 号	关于下达 2011 年财政内部监督检查计划的通知
淄财监〔2011〕1 号	关于转发省财政厅《关于进一步加强财政监督工作的意见》的通知
淄财监〔2011〕3 号	关于下达 2011 年度财政监督检查计划的通知
淄财监〔2011〕4 号	关于印发《淄博市财政监督检查信息宣传和调研工作管理考核办法》的通知
淄财创先〔2011〕1 号	关于在全局干部职工中开展“以人为本、执政为民”教育活动的意见

财经统计资料

2011 年国民经济和社会发展统计公报

国家统计局　2012 年 2 月 22 日

2011 年，面对复杂严峻的国内外环境，全国各族人民在党中央、国务院的正确领导下，坚持以邓小平理论和“三个代表”重要思想为指导，坚持以科学发展为主题、以加快转变经济发展方式为主线，全面贯彻落实加强和改善宏观调控的各项政策措施，国民经济保持平稳较快发展，各项社会事业取得新的进步，实现了“十二五”时期良好开局。

一、综合

初步核算，全年国内生产总值 471564 亿元，比上年增长 9.2%。其中，第一产业增加值 47712 亿元，增长 4.5%；第二产业增加值 220592 亿元，增长 10.6%；第三产业增加值 203260 亿元，增长 8.9%。第一产业增加值占国内生产总值的比重为 10.1%，第二产业增加值比重为 46.8%，第三产业增加值比重为 43.1%。

图 1　2006—2011 年国内生产总值及其增长速度

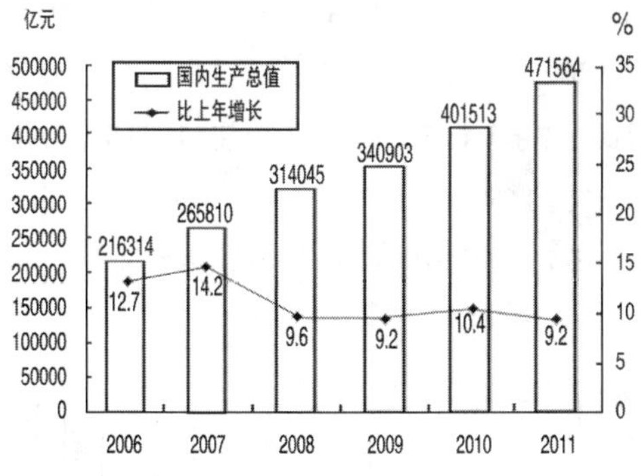

全年居民消费价格比上年上涨 5.4%，其中食品价格上涨 11.8%。固定资产投资价格上涨 6.6%。工业生产者出厂价格上涨 6.0%。工业生产者购进价格上涨 9.1%。农产品生产价格上涨 16.5%。

图 2　2011 年居民消费价格月度涨跌幅度

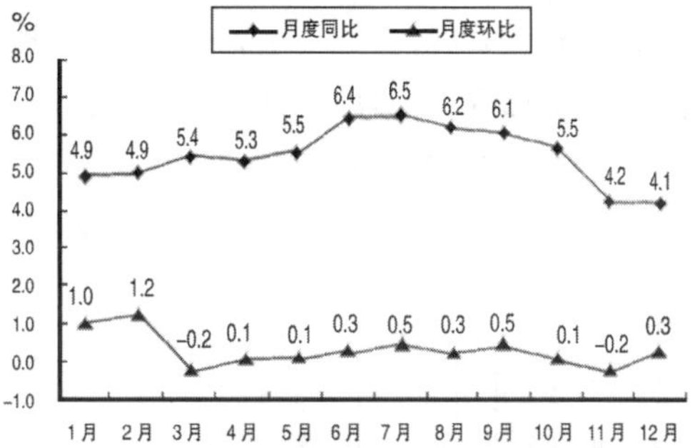

表 1　2011 年居民消费价格比上年涨跌幅度(单位:%)

指　　标	全国	城市	农村
居民消费价格	5.4	5.3	5.8
其中:食品	11.8	11.6	12.4
烟酒及用品	2.8	3.0	2.4
衣着	2.1	2.2	1.9
家庭设备用品及维修服务	2.4	2.7	1.5
医疗保健和个人用品	3.4	3.4	3.3
交通和通信	0.5	0.2	1.3
娱乐教育文化用品及服务	0.4	0.3	0.8
居住	5.3	5.1	5.7

70 个大中城市新建商品住宅销售价格月环比下降的城市个数逐步增加。12 月份，70 个大中城市中，环比价格下降的城市为 52 个，比 1 月份增加 49 个。

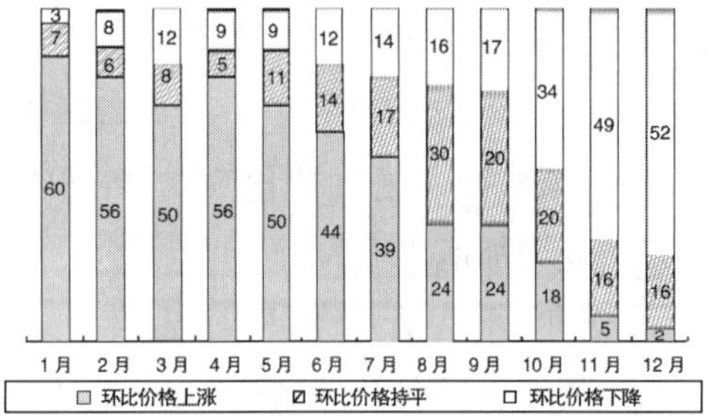

图 3　2011 年新建商品住宅月环比价格下降、持平、上涨城市个数变化情况

年末全国就业人员 76420 万人，其中城镇就业人员 35914 万人。全年城镇新增就业 1221 万人。年末城镇登记失业率为 4.1%，与上年末持平。全年农民工总量为 25278 万人，比上年增长 4.4%。其中，外出农民工 15863 万人，增长 3.4%；本地农民工 9415 万人，增长 5.9%。

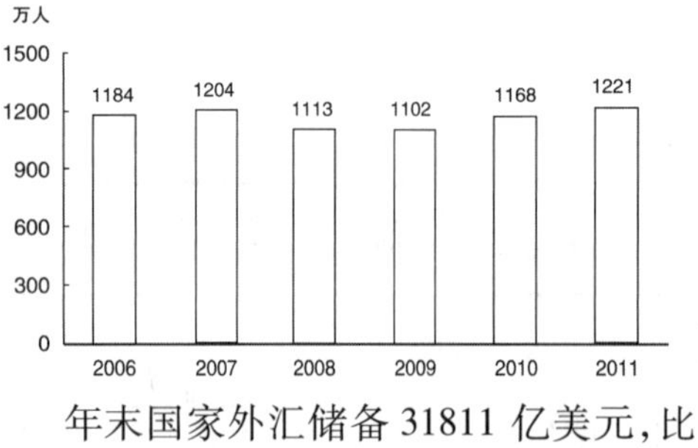

图 4　2006—2011 年城镇新增就业人数

年末国家外汇储备 31811 亿美元，比上年末增加 3338 亿美元。年末人民币汇率为 1 美元兑 6.3009 元人民币，比上年末升值 5.1%。

全年公共财政收入 103740 亿元，比上年增加 20639 亿元，增长 24.8%；其中税收收入 89720 亿元，增加 16510 亿元，增长 22.6%。

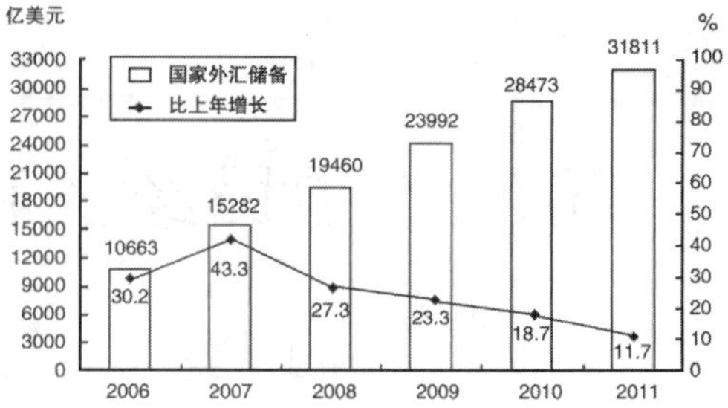

图 5　2006－2011 年年末国家外汇储备及其增长速度

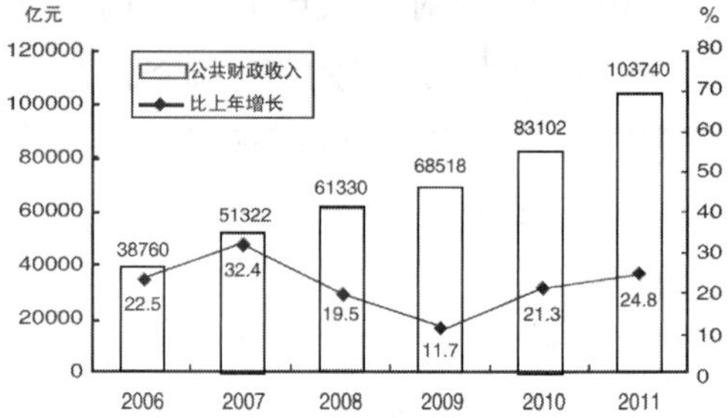

图 6　2006－2011 年公共财政收入及其增长速度

二、农业

全年粮食种植面积 11057 万公顷，比上年增加 70 万公顷；棉花种植面积 504 万公顷，增加 19 万公顷；油料种植面积 1379 万公顷，减少 10 万公顷；糖料种植面积 195 万公顷，增加 4 万公顷。

全年粮食产量 57121 万吨，比上年增加 2473 万吨，增产 4.5%。其中，夏粮产量 12627 万吨，增产 2.5%；早稻产量 3276 万吨，增产 4.5%；秋粮产量 41218 万吨，增产 5.1%。

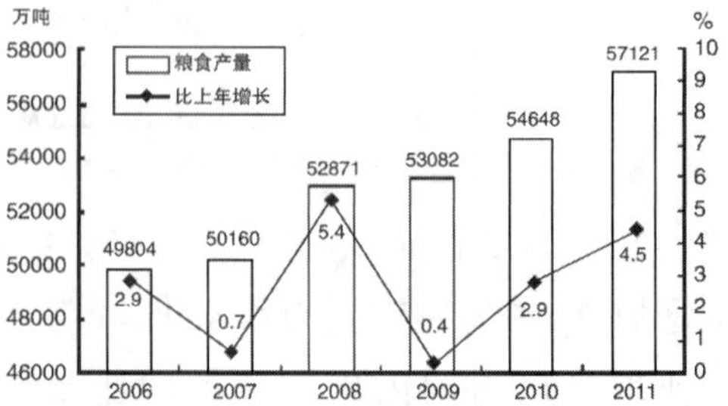

图 7　2006－2011 年粮食产量及其增长速度

全年棉花产量660万吨,比上年增产10.7%。油料产量3279万吨,增产1.5%。糖料产量12520万吨,增产4.3%。烤烟产量287万吨,增产5.1%。茶叶产量162万吨,增产9.9%。

全年肉类总产量7957万吨,比上年增长0.4%。其中,猪肉产量5053万吨,下降0.4%;牛肉产量648万吨,下降0.9%;羊肉产量393万吨,下降1.4%。年末生猪存栏46767万头,增长0.7%;生猪出栏66170万头,下降0.8%。禽蛋产量2811万吨,增长1.8%。牛奶产量3656万吨,增长2.2%。

全年水产品产量5600万吨,比上年增长4.2%。其中,养殖水产品产量4026万吨,增长5.2%;捕捞水产品产量1574万吨,增长1.9%。

全年木材产量7272万立方米,比上年下降10.1%。

全年新增有效灌溉面积181万公顷,新增节水灌溉面积221万公顷。

三、工业和建筑业

全年全部工业增加值188572亿元,比上年增长10.7%。规模以上工业增加值增长13.9%。在规模以上工业中,国有及

图8 2006-2011年全部工业增加值及其增长速度

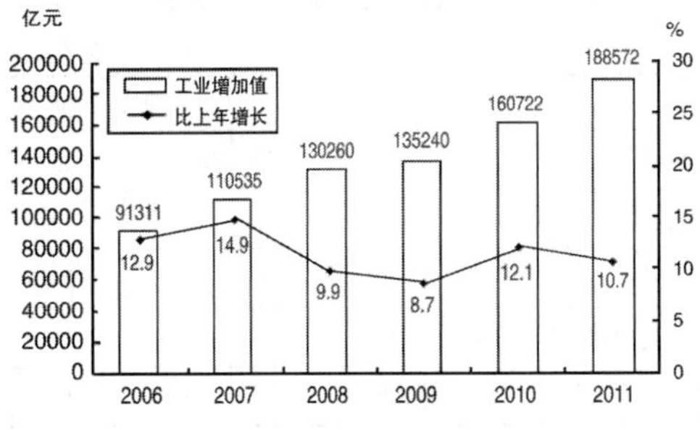

表2 2011年主要工业产品产量及其增长速度

产品名称	单位	产量	比上年增长%
纱	万吨	2900.0	6.7
布	亿米	837.0	4.6
化学纤维	万吨	3390.0	9.7
成品糖	万吨	1187.4	6.2
卷烟	亿支	24474.0	3.0
彩色电视机	万台	12231.4	3.4
其中:液晶电视机	万台	10298.5	15.2
家用电冰箱	万台	8699.2	19.2
房间空气调节器	万台	13912.5	27.8
一次能源生产总量	亿吨标准煤	31.8	7.0
原煤	亿吨	35.2	8.7
原油	亿吨	2.04	0.3
天然气	亿立方米	1030.6	8.7
发电量	亿千瓦小时	47000.7	11.7
其中:火电	亿千瓦小时	38253.2	14.8
水电	亿千瓦小时	6940.4	-3.9
核电	亿千瓦小时	863.5	16.9
粗钢	万吨	68388.3	7.3
钢材	万吨	88258.2	9.9
十种有色金属	万吨	3434.0	10.0
其中:精炼铜(电解铜)	万吨	517.9	12.9
原铝(电解铝)	万吨	1767.7	12.1
氧化铝	万吨	3417.2	18.1
水泥	亿吨	20.9	10.8
硫酸	万吨	7466.4	5.3
纯碱	万吨	2308.2	13.4
烧碱	万吨	2466.2	10.7
乙烯	万吨	1527.5	7.5
化肥(折100%)	万吨	6217.2	-1.9
发电机组(发电设备)	万千瓦	14410.4	11.9
汽车	万辆	1841.6	0.8
其中:基本型乘用车(轿车)	万辆	1012.7	5.8
大中型拖拉机	万台	40.2	19.3
集成电路	亿块	719.6	10.3
程控交换机	万线	3034.0	-3.3
移动通信手持机	万台	113257.6	13.5
微型计算机设备	万台	32036.7	30.3

国有控股企业增长9.9%；集体企业增长9.3%，股份制企业增长15.8%，外商及港澳台商投资企业增长10.4%；私营企业增长19.5%。轻工业增长13.0%，重工业增长14.3%。

全年规模以上工业中，农副食品加工业增加值比上年增长14.1%，纺织业增长8.3%，通用设备制造业增长17.4%，专用设备制造业增长19.8%，交通运输设备制造业增长12.0%，通信设备、计算机及其他电子设备制造业增长15.9%，电气机械及器材制造业增长14.5%。六大高耗能行业增加值比上年增长12.3%，其中，非金属矿物制品业增长18.4%，化学原料及化学制品制造业增长14.7%，有色金属冶炼及压延加工业增长13.6%，黑色金属冶炼及压延加工业增长9.7%，电力、热力的生产和供应业增长10.1%，石油加工、炼焦及核燃料加工业增长7.6%。高技术制造业增加值比上年增长16.5%。

全年规模以上工业企业实现利润54544亿元，比上年增长25.4%。

表3　2011年规模以上工业企业实现利润及其增长速度

单位：亿元

指　　标	利润总额	比上年增长%
规模以上工业	54544	25.4
其中：国有及国有控股企业	14989	15.0
其中：集体企业	882	34.0
股份制企业	31651	31.2
外商及港澳台商投资企业	14038	10.6
其中：私营企业	16620	46.0

全年全社会建筑业增加值32020亿元，比上年增长10.0%。全国具有资质等级的总承包和专业承包建筑业企业实现利润4241亿元，增长24.4%，其中国有及国有控股企业1172亿元，增长36.0%。

图9　2006－2011年建筑业增加值及其增长速度

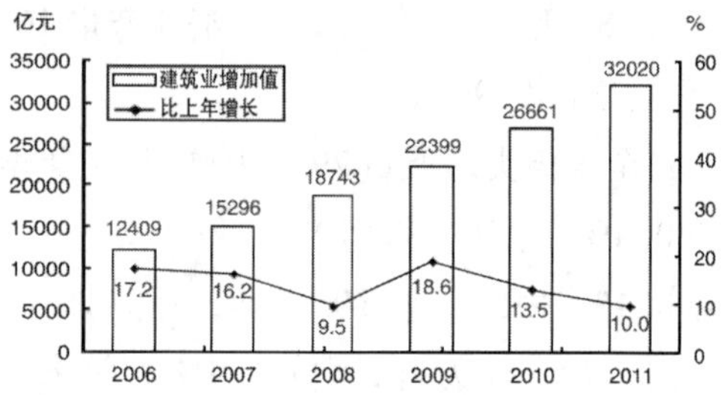

四、固定资产投资

全年全社会固定资产投资311022亿元，比上年增长23.6%，扣除价格因素，实际增长15.9%。其中，固定资产投资（不含农户）301933亿元，增长23.8%；农户投资9089亿元，增长15.3%。东部地区投资130319亿元，比上年增长20.1%；中部地区投资70783亿元，增长27.5%；西部地区投资71849亿元，增长28.7%；东北地区投资32687亿元，增长30.4%。

图10　2006－1011年全社会固定资产投资及其增长速度

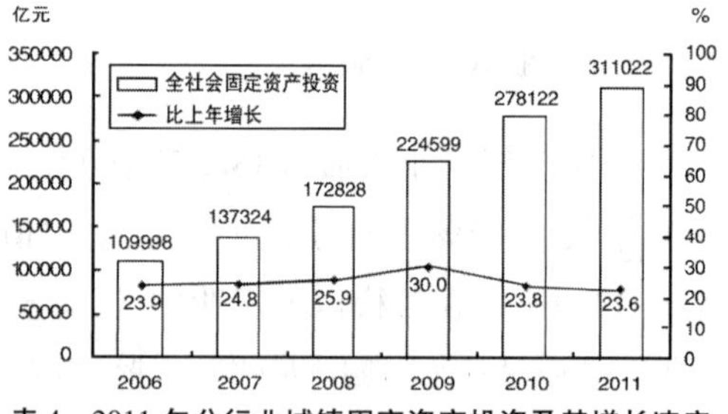

表4　2011年分行业城镇固定资产投资及其增长速度

单位：亿元

行　　业	投资额	比上年增长%
总计	301933	23.8
农、林、牧、渔业	6792	25.0
采矿业	11810	21.4
其中：煤炭开采及洗选业	4897	25.9
石油和天然气开采业	3057	12.5

续表

行　　业	投资额	比上年增长%
制造业	102594	31.8
其中:农副食品加工业	5229	44.1
食品制造业	2386	23.1
纺织业	3669	30.9
纺织服装、鞋、帽制造业	2267	43.0
石油加工、炼焦及核燃料加工业	2234	10.1
化学原料及化学制品制造业	8899	26.4
非金属矿物制品业	10448	31.8
黑色金属冶炼及压延加工业	3860	14.6
有色金属冶炼及压延加工业	3861	36.4
金属制品业	5045	23.1
通用设备制造业	7702	30.6
专用设备制造业	5893	39.2
交通运输设备制造业	8406	27.2
电气机械及器材制造业	7851	44.6
通信设备、计算机及其他电子设备制造业	5266	34.2
电力、燃气及水的生产和供应业	14607	3.8
其中:电力、热力的生产与供应业	11557	1.8
建筑业	3253	42.9
交通运输、仓储和邮政业	27260	1.8
信息传输、计算机服务和软件业	2161	0.4
批发和零售业	7322	40.1
住宿和餐饮业	3916	34.3
金融业	628	42.0
房地产业	75685	29.7
租赁和商务服务业	3374	40.3
科学研究、技术服务和地质勘查业	1650	39.4
水利、环境和公共设施管理业	24537	14.2
居民服务和其他服务业	1217	52.9
教育	3882	13.7
卫生、社会保障和社会福利业	2331	28.1
文化、体育和娱乐业	3148	21.3
公共管理和社会组织	5766	18.1

固定资产投资(不含农户)中,第一产业投资6792亿元,比上年增长25.0%;第二产业投资132263亿元,增长27.3%;第三产业投资162877亿元,增长21.1%。

表5　2011年固定资产投资新增主要生产能力

指　　标	单位	绝对数
新增发电机组容量	万千瓦	9041
新增220千伏及以上变电设备	万千伏安	20906
新建铁路投产里程	公里	2167
其中:高速铁路	公里	1421
增建铁路复线投产里程	公里	1889
电气化铁路投产里程	公里	3398
新建公路	公里	55285
其中:高速公路	公里	9124
港口万吨级码头泊位新增吞吐能力	万吨	26639
新增光缆线路长度	万公里	209
新增数字蜂窝移动电话交换机容量	万户	20406

全年房地产开发投资61740亿元,比上年增长27.9%。其中,住宅投资44308亿元,增长30.2%;办公楼投资2544亿元,增长40.7%;商业营业用房投资7370亿元,增长30.5%。

全年新开工建设城镇保障性安居工程住房1043万套(户),基本建成城镇保障性安居工程住房432万套。

表6　2011年房地产开发和销售主要指标完成情况及其增长速度

指　　标	单位	绝对数	比上年增长%
投资额	亿元	61740	27.9
其中:住宅	亿元	44308	30.2
其中:90平方米以下	亿元	13637	28.0
房屋施工面积	万平方米	507959	25.3
其中:住宅	万平方米	388439	23.4
房屋新开工面积	万平方米	190083	16.2

续表

指　标	单位	绝对数	比上年增长%
其中:住宅	万平方米	146035	12.9
房屋竣工面积	万平方米	89244	13.3
其中:住宅	万平方米	71692	13.0
商品房销售面积	万平方米	109946	4.9
其中:住宅	万平方米	97030	3.9
本年资金来源	亿元	83246	14.1
其中:国内贷款	亿元	12564	0.0
其中:个人按揭贷款	亿元	8360	-12.2
本年购置土地面积	万平方米	40973	2.6
土地成交价款	亿元	8049	-1.9

五、国内贸易

全年社会消费品零售总额183919亿元,比上年增长17.1%,扣除价格因素,实际增长11.6%。按经营地统计,城镇消费品零售额159552亿元,增长17.2%;乡村消费品零售额24367亿元,增长16.7%。按消费形态统计,商品零售额163284亿元,增长17.2%;餐饮收入额20635亿元,增长16.9%。

图11　2006-2011年社会消费品零售总额及其增长速度

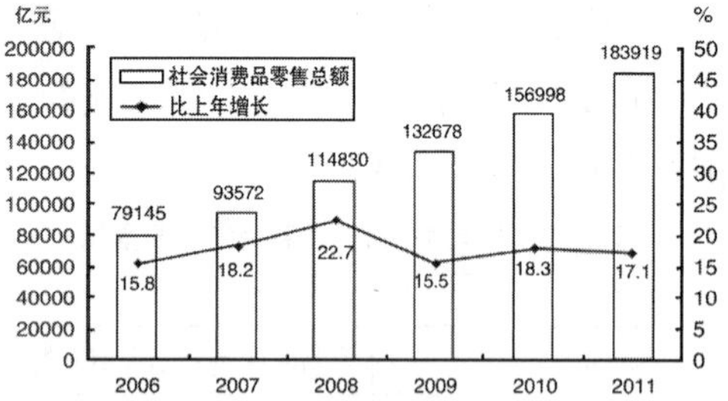

在限额以上企业商品零售额中,汽车类零售额比上年增长14.6%,粮油类增长29.1%,肉禽蛋类增长27.6%,服装类增长25.1%,日用品类增长24.1%,文化办公用品类增长27.6%,通讯器材类增长27.5%,化妆品类增长18.7%,金银珠宝类增长42.1%,中西药品类增长21.5%,家用电器和音像器材类增长21.6%,家具类增长32.8%,建筑及装潢材料类增长30.1%。

六、对外经济

全年货物进出口总额36421亿美元,比上年增长22.5%。其中,出口18986亿美元,增长20.3%;进口17435亿美元,增长24.9%。进出口差额(出口减进口)1551亿美元,比上年减少264亿美元。

表7　2011年货物进出口总额及其增长速度

单位:亿美元

指　标	绝对数	比上年增长%
货物进出口总额	36421	22.5
货物出口额	18986	20.3
其中:一般贸易	9171	27.3
加工贸易	8354	12.9
其中:机电产品	10856	16.3
高新技术产品	5488	11.5
其中:国有企业	2672	14.1
外商投资企业	9953	15.4
其他企业	6360	32.2
货物进口额	17435	24.9
其中:一般贸易	10075	31.0
加工贸易	4698	12.5
其中:机电产品	7533	14.1
高新技术产品	4630	12.2
其中:国有企业	4934	27.1
外商投资企业	8648	17.1
其他企业	3852	42.9
进出口差额(出口减进口)	1551	

表8　2011年主要商品出口数量、金额及其增长速度

商品名称	单位	数量	比上年增长%	金额(亿美元)	比上年增长%
煤	万吨	1466	-23.0	27	20.6
钢材	万吨	4888	14.9	513	39.2
纺织纱线、织物及制品				947	22.9
服装及衣着附件				1532	18.3
鞋类				417	17.1
家具及其零件				379	15.0
自动数据处理设备及其部件	万台	183427	10.1	1763	7.5
手持或车载无线电话	万台	87509	15.5	628	34.3
集装箱	万个	324	29.6	114	57.7
液晶显示板	万个	244141	8.5	295	11.5
汽车(包括整套散件)	万辆	82	52.2	99	60.5

表9　2011年主要商品进口数量、金额及其增长速度

商品名称	数量(万吨)	比上年增长%	金额(亿美元)	比上年增长%
谷物及谷物粉	545	-4.6	20	33.8
大豆	5264	-3.9	298	18.9
食用植物油	657	-4.4	77	28.0
铁矿砂及其精矿	68608	10.9	1124	40.9
氧化铝	188	-56.4	8	-48.1
煤	18240	10.8	209	23.6
原油	25378	6.0	1967	45.3
成品油	4060	10.1	327	45.5
初级形状的塑料	2304	-3.7	472	8.3
纸浆	1445	27.1	119	35.3
钢材	1558	-5.2	216	7.3
未锻造的铜及铜材	407	-5.1	368	12.0

表10　2011年对主要国家和地区货物进出口额及其增长速度

单位:亿美元

国家和地区	货物出口额	比上年增长%	进口额	比上年增长%
欧盟	3560	14.4	2112	25.4
美国	3245	14.5	1222	19.6
中国香港	2680	22.8	155	26.4
东盟	1701	23.1	1928	24.6
日本	1483	22.5	1946	10.1
韩国	829	20.6	1627	17.6
印度	505	23.5	234	12.1
俄罗斯	389	31.4	403	55.6
中国台湾	351	18.3	1249	7.9

图12　2006-2011年货物进出口总额

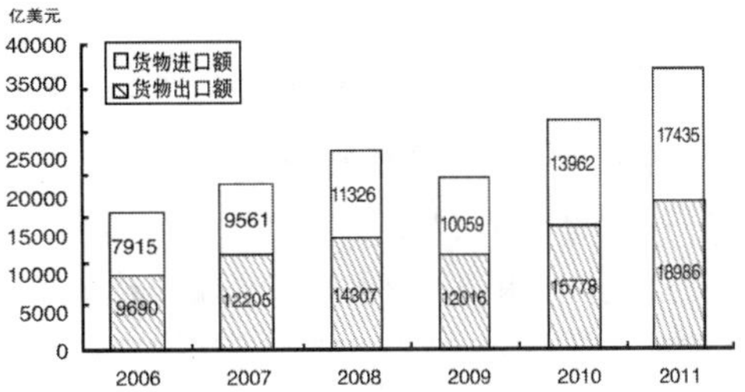

全年非金融领域新批外商直接投资企业27712家,比上年增长1.1%。实际使用外商直接投资金额1160亿美元,增长9.7%。

表11　2011年非金融领域外商直接投资及其增长速度

行　业	企业数(家)	比上年增长%	实际使用金额(亿美元)	比上年增长%
总计	27712	1.1	1160.1	9.7
其中:农、林、牧、渔业	865	-6.9	20.1	5.1
制造业	11114	0.6	521.0	5.1
电力、燃气及水的生产和供应业	214	1.9	21.2	-0.3
交通运输、仓储和邮政业	413	4.3	31.9	42.2
信息传输、计算机服务和软件业	993	-5.1	27.0	8.5
批发和零售业	7259	7.0	84.2	27.7
房地产业	466	-32.4	268.8	12.1
租赁和商务服务业	3518	2.9	83.3	17.6
居民服务和其他服务业	212	-2.3	18.8	-8.2

全年非金融类对外直接投资额601亿美元,比上年增长1.8%。

全年对外承包工程业务完成营业额1034亿美元,比上年增长12.2%;对外劳务合作派出各类劳务人员45.2万人,增加4.1万人。

七、交通、邮电和旅游

全年货物运输总量369亿吨，比上年增长13.7%。货物运输周转量159014亿吨公里，增长12.1%。

表12 2011年各种运输方式完成货物运输量及其增长速度

指 标	单位	绝对数	比上年增长%
货物运输总量	亿吨	368.5	13.7
铁路	亿吨	39.3	8.0
公路	亿吨	281.3	14.9
水运	亿吨	42.3	11.7
民航	万吨	552.8	-1.8
管道	亿吨	5.4	9.0
货物运输周转量	亿吨公里	159014.1	12.1
铁路	亿吨公里	29465.8	6.6
公路	亿吨公里	51333.2	18.3
水运	亿吨公里	75196.2	9.9
民航	亿吨公里	171.7	-4.0
管道	亿吨公里	2847.2	29.6

表13 2011年各种运输方式完成旅客运输量及其增长速度

指 标	单位	绝对数	比上年增长%
旅客运输总量	亿人	351.8	7.6
铁路	亿人	18.6	11.1
公路	亿人	327.9	7.4
水运	亿人	2.4	8.6
民航	亿人	2.9	9.2
旅客运输周转量	亿人公里	30935.8	10.9
铁路	亿人公里	9612.3	9.7
公路	亿人公里	16732.6	11.4
水运	亿人公里	74.2	2.6
民航	亿人公里	4516.7	11.8

全年规模以上港口完成货物吞吐量90.7亿吨，比上年增长11.9%，其中外贸货物吞吐量27.5亿吨，增长10.8%。规模以上港口集装箱吞吐量16231万标准箱，增长11.4%。

年末全国民用汽车保有量达到10578万辆（包括三轮汽车和低速货车1228万辆），比上年末增长16.4%，其中私人汽车保有量7872万辆，增长20.4%。民用轿车保有量4962万辆，增长23.2%，其中私人轿车4322万辆，增长25.5%。

全年完成邮电业务总量13379亿元，比上年增长16.5%。其中，邮政业务总量1608亿元，增长25.0%；电信业务总量11772亿元，增长15.5%。全年局用交换机容量减少3070万门，总容量43467万门；新增移动电话交换机容量20406万户，达到170691万户。年末固定电话用户28512万户。其中，城市电话用户19110万户，农村电话用户9402万户。新增移动电话用户12725万户，年末达到98625万户，其中3G移动电话用户12842万户。年末全国固定及移动电话用户总数达到127137万户，比上年末增加11802万户。电话普及率达到94.9部/百人。互联网上网人数5.13亿人，互联网普及率达到38.3%。

图13 2006－2011年年末电话用户数

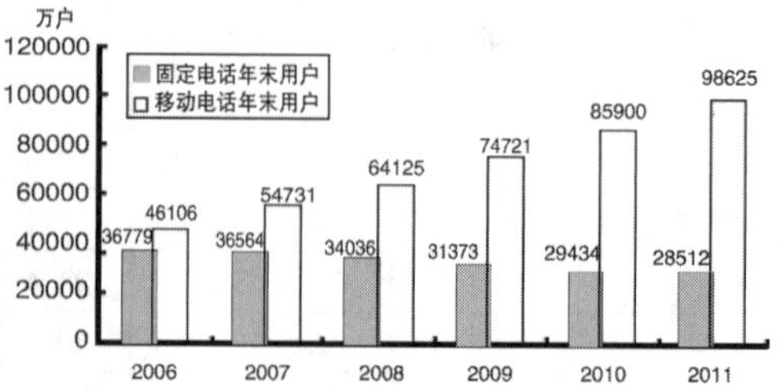

全年国内出游人数26.4亿人次，比上年增长13.2%；国内旅游收入19306亿元，增长23.6%。入境旅游人数13542万

人次，增长1.2%。其中，外国人2711万人次，增长3.8%；香港、澳门和台湾同胞10831万人次，增长0.6%。在入境旅游者中，过夜旅游者5758万人次，增长3.4%。国际旅游外汇收入485亿美元，增长5.8%。国内居民出境人数7025万人次，增长22.4%。其中因私出境6412万人次，增长24.5%，占出境人数的91.3%。

八、金融

年末广义货币供应量（M2）余额为85.2万亿元，比上年末增长13.6%；狭义货币供应量（M1）余额为29.0万亿元，增长7.9%；流通中现金（M0）余额为5.1万亿元，增长13.8%。

年末全部金融机构本外币各项存款余额82.7万亿元，比年初增加9.9万亿元，其中人民币各项存款余额80.9万亿元，增加9.6万亿元。全部金融机构本外币各项贷款余额58.2万亿元，增加7.9万亿元，其中人民币各项贷款余额54.8万亿元，增加7.5万亿元。

表14 2011年年末全部金融机构本外币存贷款及其增长速度

单位：亿元

指 标	年末数	比上年末增长%
各项存款余额	826701	13.5
其中：住户存款	351957	15.5
其中：人民币	348046	15.7
非金融企业存款	313981	9.5
各项贷款余额	581893	15.9
其中：境内短期贷款	217480	21.8
境内中长期贷款	333747	11.8

全年农村金融合作机构（农村信用社、农村合作银行、农村商业银行）人民币贷款余额66778亿元，比年初增加10012亿元。全部金融机构人民币消费贷款余额88717亿元，增加14803亿元。其中，个人短期消费贷款余额13555亿元，增加3965亿元；个人中长期消费贷款余额75162亿元，增加10838亿元。

全年上市公司通过境内市场累计筹资6780亿元，比上年减少3495亿元。其中，首次公开发行A股282只，筹资2825亿元，减少2058亿元；A股再筹资（包括配股、公开增发、非公开增发、认股权证）筹资2248亿元，减少1824亿元；上市公司通过发行可转债、可分离债、公司债筹资1707亿元，增加387亿元。全年公开发行创业板股票128只，筹资791亿元。

全年发行非上市公司企业（公司）债券3485亿元，比上年减少142亿元。企业发行短期融资券8029亿元，增加1287亿元；中期票据7270亿元，增加2346亿元。

全年保险公司原保险保费收入14339亿元，比上年增长10.5%，其中寿险业务原保险保费收入8696亿元；健康险和意外伤害险业务原保险保费收入1025亿元；财产险业务原保险保费收入4618亿元。支付各类赔款及给付3929亿元，其中寿险业务给付1301亿元；健康险和意外伤害险赔款及给付441亿元；财产险业务赔款2187亿元。

九、教育、科学技术和文化

全年研究生教育招生56.0万人，在学研究生164.6万人，毕业生43.0万人。普通高等教育本专科招生681.5万人，在校生2308.5万人，毕业生608.2万人。各类中等职业教育招生808.9万人,在校生2196.6万人,毕业生662.7万人。全国普通高中招生850.8万人,在校生2454.8万人,毕业生787.7万人。全国初中招生1634.7万人,在校生5066.8万人,毕业生1736.7万人。普通小学招生1736.8万人,在校生9926.4万人,毕业生1662.8万人。特殊教育招生6.4万人,在校生39.9万人,毕业生4.4万人。幼儿园在园幼儿3424.4万人。

图14　2006－2011年普通高等教育、中等职业教育及普通高中招生人数

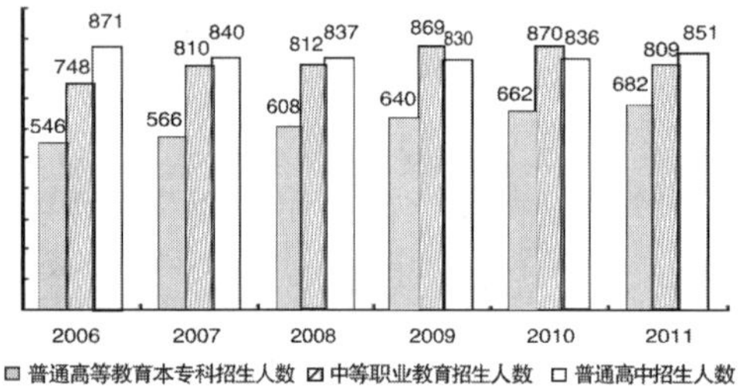

全年研究与试验发展(R&D)经费支出8610亿元,比上年增长21.9%,占国内生产总值的1.83%,其中基础研究经费396亿元。全年国家安排了952项科技支撑计划课题,524项"863"计划课题。累计建设国家工程研究中心130个,国家工程实验室119个。累计建设国家地方联合工程研究中心101个,国家地方联合工程实验室116个。国家认定企业技术中心达到793家。省级企业技术中心达到6824家。实施新兴产业创投计划,累计支持设立61家创业投资企业,投资创业企业108家。全年受理境内外专利申请163.3万件,其中境内申请147.9万件,占90.5%。受理境内外发明专利申请52.6万件,其中境内申请40.4万件,占76.7%。全年授予专利权96.1万件,其中境内授权86.4万件,占89.9%。授予发明专利权17.2万件,其中境内授权10.6万件,占61.5%。截至年底,有效专利274.0万件,其中境内有效专利220.2万件,占80.4%;有效发明专利69.7万件,其中境内有效发明专利31.8万件,占45.7%。全年共签订技术合同25.6万项,技术合同成交金额4763.6亿元,比上年增长21.9%。全年成功发射卫星19次。天宫一号目标飞行器和神舟八号飞船成功发射并实现空中交会对接。载人深潜器"蛟龙"号成功完成5000米海试。

年末全国共有产品检测实验室25669个,其中国家检测中心476个。全国现有产品质量、体系认证机构174个,已累计完成对83549个企业的产品认证。全国共有法定计量技术机构3740个,全年强制检定计量器具6179万台(件)。全年制定、修订国家标准1993项,其中新制定1559项。全年中央气象台和省级气象台共发布气象预警信号4034次,警报4337次。全国共有地震台站1480个,地震监测台网32个。全国共有海洋观测站74个。测绘地理信息部门公开出版地图2103种。

年末全国文化系统共有艺术表演团体2481个,博物馆2571个,全国共有公共图书馆2925个,文化馆3276个。广播电台197座,电视台213座,广播电视台2153座,教育电视台44个。有线电视用户20152万户,有线数字电视用户11455万户。年末广播节目综合人口覆盖率为97.1%;电视节目综合人口覆盖率为97.8%。全年生产电视剧469部14939集,动画电视261444分钟。全年生产故事影

片 558 部,科教、纪录、动画和特种影片 131 部。出版各类报纸 467 亿份,各类期刊 33 亿册,图书 77 亿册(张)。年末全国共有档案馆 4107 个,已开放各类档案 10376 万卷(件)。

全年运动员在 24 个大项中获得 138 个世界冠军,共有 4 人 1 队 8 次创 8 项世界纪录。

十、卫生和社会服务

年末全国共有医疗卫生机构 953432 个,其中医院 21638 个,乡镇卫生院 37374 个,社区卫生服务中心(站)32812 个,诊所(卫生所、医务室)177754 个,村卫生室 659596 个,疾病预防控制中心 3499 个,卫生监督所(中心)3005 个。卫生技术人员 620 万人,其中执业医师和执业助理医师 251 万人,注册护士 224 万人。医疗卫生机构床位 515 万张,其中医院 368 万张,乡镇卫生院 103 万张。全年甲、乙类法定报告传染病发病人数 323.8 万例,报告死亡 15264 人;报告传染病发病率 241.44/10 万,死亡率 1.14/10 万。

年末全国共有各类提供住宿的社会服务机构 4.5 万个,床位 367.2 万张,收养救助各类人员 279.6 万人。其中,农村养老服务机构 3.2 万个,床位 232.6 万张,收养各类人员 182.8 万人。各类社区服务设施 14.8 万个,其中,社区服务中心 1.4 万个,社区服务站 4.9 万个。年末 2276.8 万城市居民得到政府最低生活保障,比上年末减少 33.7 万人;5313.5 万农村居民得到政府最低生活保障,增加 99.5 万人;552.0 万农村居民得到政府五保救济,减少 4.3 万人。全年救助城市医疗困难群众 711.4 万人次,救助农村医疗困难群众 1558.1 万人次;资助 1276.5 万城镇困难群众参加城镇医疗保险,资助 4544.3 万农村困难群众参加新型农村合作医疗。

十一、人口、人民生活和社会保障

年末全国大陆总人口为 134735 万人,比上年末增加 644 万人,其中城镇人口为 69079 万人,占总人口比重首次超过 50%,达到 51.3%。全年出生人口 1604 万人,出生率为 11.93‰;死亡人口 960 万人,死亡率为 7.14‰;自然增长率为 4.79‰。出生人口性别比为 117.78。全国人户分离的人口为 2.71 亿人,其中流动人口为2.30 亿人。

表 15　2011 年年末人口数及其构成

单位:万人

指　　标	年末数	比重%
全国总人口	134735	100.0
其中:城镇	69079	51.3
乡村	65656	48.7
其中:男性	69068	51.3
女性	65667	48.7
其中:0-14 岁	22164	16.5
15-59 岁	94072	69.8
60 岁及以上	18499	13.7
其中:65 岁及以上	12288	9.1

全年农村居民人均纯收入 6977 元,比上年增长 17.9%,扣除价格因素,实际增长 11.4%;农村居民人均纯收入中位数为 6194 元,增长 19.1%。城镇居民人均可支配收入 21810 元,比上年增长 14.1%,扣除价格因素,实际增长 8.4%;城镇居民人

均可支配收入中位数为19118元,增长13.5%。农村居民食品消费支出占消费总支出的比重为40.4%,城镇为36.3%。

图15　2006-2011年农村居民人均纯收入及其实际增长速度

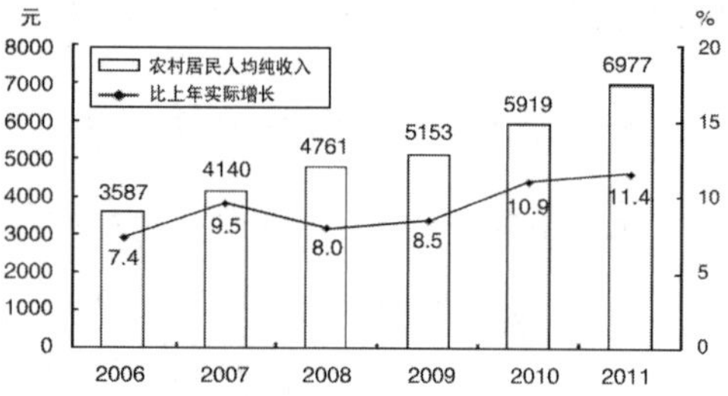

图16　2006-2011年实际城镇居民人均可支配收入及其实际增长速度

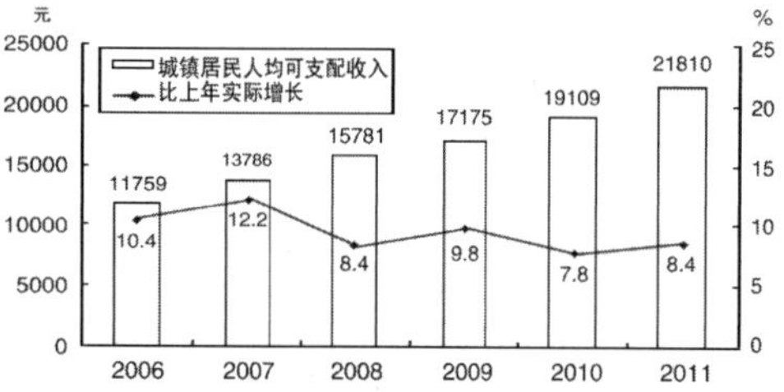

年末全国参加城镇职工基本养老保险人数28392万人,比上年末增加2685万人。其中,参保职工21574万人,参保离退休人员6819万人。参加城镇基本医疗保险的人数47291万人,增加4028万人。其中,参加城镇职工基本医疗保险人数25226万人,参加城镇居民基本医疗保险人数22066万人。参加城镇基本医疗保险的农民工4641万人,增加58万人。参加失业保险的人数14317万人,增加941万人。参加工伤保险的人数17689万人,增加1528万人,其中参加工伤保险的农民工6837万人,增加537万人。参加生育保险的人数13880万人,增加1544万人。截至9月底,2646个县(市、区)开展了新型农村合作医疗工作,新型农村合作医疗参合率97.5%;新型农村合作医疗基金支出总额为1114亿元,受益8.4亿人次。全国列入国家新型农村社会养老保险试点地区参保人数32643万人。年末全国领取失业保险金人数为197万人。2011年,国家将农村扶贫标准提高到年人均纯收入2300元(2010年不变价),按照新标准,年末农村扶贫对象为12238万人。

十二、资源、环境和安全生产

全年全国国有建设用地供应总量58.8万公顷,比上年增长37.2%。其中,工矿仓储用地19.3万公顷,增长26.2%;房地产用地16.7万公顷,增长9.2%;基础设施等其他用地22.8万公顷,增长86.1%。

全年水资源总量24022亿立方米。全年平均降水量567毫米。年末全国422座大型水库蓄水总量1956亿立方米,比上年末少蓄水69亿立方米。全年总用水量6080亿立方米,比上年增长1.0%。其中,生活用水增长2.5%,工业用水增长0.9%,农业用水增长0.8%,生态补水下降4.0%。万元国内生产总值用水量139立方米,比上年下降7.3%。万元工业增加值用水量82立方米,下降8.9%。人均用水量452立方米,增长0.4%。

全年完成造林面积614万公顷,其中人工造林414万公顷。林业重点工程完成造林面积311万公顷,占全部造林面积的50.7%。截至年底,自然保护区达到2640个,其中国家级自然保护区335个。新增水土流失治理面积3.9万平方公里,新增实施水土流失地区封育保护面积2.8万平方公里。截至年底,已确权集体林地面积为17333万公顷，其中发放林权证的面积为15100万公顷。

全年平均气温为9.3℃，共有7个台风登陆。

初步核算，全年能源消费总量34.8亿吨标准煤，比上年增长7.0%。煤炭消费量增长9.7%；原油消费量增长2.7%；天然气消费量增长12.0%；电力消费量增长11.7%。全国万元国内生产总值能耗下降2.01%。主要原材料消费中，钢材消费量8.4亿吨，增长9.0%；精炼铜消费量786万吨，增长5.2%；电解铝消费量1724万吨，增长12.1%；乙烯消费量1528万吨，增长7.5%；水泥消费量20.7亿吨，增长11.2%。

七大水系的398个水质监测断面中，Ⅰ～Ⅲ类水质断面比例占56.3%，比上年提高0.3个百分点；劣Ⅴ类水质断面比例占15.3%，下降2.0个百分点。七大水系水质总体上保持稳定。

近岸海域301个海水水质监测点中，达到国家一、二类海水水质标准的监测点占62.8%，三类海水占12.0%，四类、劣四类海水占25.2%。

在监测的330个城市中，有293个城市空气质量达到二级以上(含二级)标准，占监测城市数的88.8%；有33个城市为三级，占10.0%；有4个城市为劣三级，占1.2%。在监测的316个城市中，城市区域声环境质量好的城市占5.1%，较好的占72.8%，轻度污染的占21.5%，中度污染的占0.6%。

年末城市污水处理厂日处理能力达11255万立方米，比上年末增长7.8%；城市污水处理率达到82.6%，提高0.3个百分点。集中供热面积45.6亿平方米，增长4.6%。建成区绿地率达到34.7%，提高0.2个百分点。

全年各类自然灾害造成直接经济损失3096亿元，比上年下降42.0%。全年农作物受灾面积3247万公顷，下降13.2%，其中绝收289万公顷，下降40.5%。全年因洪涝、滑坡和泥石流灾害造成直接经济损失1260亿元，下降64.0%。全年因旱灾造成直接经济损失928亿元，增长22.6%。全年因低温冷冻和雪灾造成直接经济损失290亿元，下降8.9%。全年因海洋灾害造成直接经济损失60.5亿元，下降54.4%。全年累计发生赤潮面积1145平方公里，下降89.5%。全年大陆地区共发生5级以上地震17次，成灾15次，造成直接经济损失60.1亿元。全年共发生森林火灾5550起，下降28.1%。

全年各类生产安全事故共死亡75572人，比上年下降5.0%。亿元国内生产总值生产安全事故死亡人数为0.173人，下降13.9%；工矿商贸企业就业人员10万人生产安全事故死亡人数为1.88人，下降11.7%；道路交通万车死亡人数为2.8人，下降12.5%；煤矿百万吨死亡人数为0.564人，下降24.7%。

注：1. 本公报中数据均为初步统计数。各项统计数据均未包括香港特别行政区、澳门特别行政区和台湾省。部分数据因四舍五入的原因，存在着与分项合计不等的情况。

2. 国内生产总值、各产业增加值绝对

数按现价计算,增长速度按不变价格计算。

3. 农产品生产价格是指农产品生产者直接出售其产品时的价格。

4. 年度农民工数量包括年内在本乡镇以外从业6个月以上的外出农民工和在本乡镇内从事非农产业6个月以上的本地农民工两部分。

5. 公共财政收入是指政府凭借国家政治权力,以社会管理者身份筹集以税收为主体的财政收入,与以往年份财政收入指标口径一致。

6. 图中2006年至2010年数据为公共财政收入决算数,2011年为执行数。

7. 从2011年开始,纳入规模以上工业统计范围的工业企业起点标准从年主营业务收入500万元提高到2000万元。

8. 六大高耗能行业分别为:化学原料及化学制品制造业、非金属矿物制品业、黑色金属冶炼及压延加工业、有色金属冶炼及压延加工业、石油加工炼焦及核燃料加工业、电力热力的生产和供应业。

9. 钢材产量及消费量数据中均含部分使用钢材加工成其他钢材的重复计算因素。

10. 从2011年开始,固定资产投资统计的起点标准从计划总投资50万元提高到500万元,因此2011年全社会固定资产投资绝对数与2010年不可比,但比上年增速是按可比口径计算的。与此同时,月度投资统计制度将统计范围从城镇扩大到城镇和农村企事业组织,并定义为“固定资产投资(不含农户)”。

11. 固定资产投资按东部、中部、西部和东北地区计算的合计数据小于全国数据,是因为有部分跨地区的投资未计算在地区数据中。其中,东部地区是指北京、天津、河北、上海、江苏、浙江、福建、山东、广东和海南10省市;中部地区是指山西、安徽、江西、河南、湖北和湖南6省;西部地区是指内蒙古、广西、重庆、四川、贵州、云南、西藏、陕西、甘肃、青海、宁夏和新疆12省(区、市);东北地区是指辽宁、吉林和黑龙江3省。

12. 房地产业投资除房地产开发投资外,还包括建设单位自建房屋以及物业管理、中介服务和其他房地产投资。

13. 高速铁路是指最高营运速度达到200公里/小时及以上的铁路。

14. 从2010年起,社会消费品零售总额统计采用新的分组,即将经营单位所在地分组由“市”、“县”、“县以下”改为“城镇”、“乡村”;取消按行业分组,新设按“商品零售额”和“餐饮收入额”两种消费形态的分组。

15. 邮电业务总量按2010年不变价格计算,2001年至2010年按照2000年不变价格计算,因此2011年邮电业务总量绝对数与2010年不可比,但比上年增速是按可比口径计算的。

16. 移动电话交换机容量是指移动电话交换机根据一定话务模型和交

换机处理能力计算出来的最大同时服务用户的数量。

17. 3G是指第三代蜂窝移动通信系统(3rd－generation,简称3G),3G移动电话用户是指报告期末在计费系统拥有使用信息、占用3G网络资源的在网用户。

18. 原保险保费收入是指保险企业确认的原保险合同保费收入。

19. 原保险保费收入同比增速是按照行业2011年全面实施《企业会计准则解释第2号》后的口径测算。

20. 特种影片是指那些采用与常规影院放映在技术、设备、节目方面不同的电影展示方式,如巨幕电影、立体电影、立体特效(4D)电影、动感电影、球幕电影等。

21. 提供住宿的社会服务机构除收养性机构外,还包括救助类机构、社区类机构以及军休所、军供站等机构。

22. 农村五保救济是指老年、残疾和未满16周岁的村民,无劳动能力、无生活来源又无法定赡养、抚养、扶养义务人,或者其法定赡养、抚养、扶养义务人无赡养、抚养、扶养能力的村民,在吃、穿、住、医、葬方面得到的生活照顾和物质帮助。

23. 人户分离的人口是指居住地与户口登记地所在的乡镇街道不一致且离开户口登记地半年以上的人口。

24. 流动人口是指人户分离人口中不包括市辖区内人户分离的人口。市辖区内人户分离的人口是指一个直辖市或地级市所辖区内和区与区之间,居住地和户口登记地不在同一乡镇街道的人口。

25. 人均收入中位数是指将所有调查户按人均收入水平从低到高顺序排列,处于最中间位置的调查户的人均收入。

26. 城镇职工基本医疗保险人数包括参保职工和参保退休人员。城镇居民基本医疗保险的参保对象是不属于城镇职工基本医疗保险覆盖范围的城镇非从业人员。

27. 国有建设用地供应总量是指报告期市、县人民政府根据年度土地供应计划依法以出让、划拨、租赁等方式将国有建设用地使用权提供给单位或个人使用的国有建设用地总量。

28. 房地产用地是指商服用地和住宅用地的总和。

29. 万元国内生产总值用水量、万元工业增加值用水量和万元国内生产总值能耗按2010年不变价格计算,2006年至2010年按照2005年不变价格计算,因此2011年绝对数与2010年不可比,但比上年增速是按可比口径计算的。

30. 主要原材料消费量是指表观消费量,即产品产量加上产品净进口量(进口—出口),没有包括库存变动。

责任校对:雷子朋

2011 年山东省国民经济和社会发展统计公报

山东省统计局　国家统计局山东调查总队

2012 年 2 月 28 日

2011 年是“十二五”开局之年。面对复杂的国内外发展环境,全省人民在省委、省政府的正确领导下,以科学发展为主题,以加快转变经济发展方式为主线,认真贯彻执行中央宏观调控政策,积极作为、科学务实,全省经济保持了平稳健康发展,物价涨幅得到有效调控,转方式调结构积极推进,经济发展效益稳步提高,社会事业和民生保障不断进步,实现了“十二五”时期良好开局。

一、综合

经济保持平稳较快发展。初步核算,全省实现生产总值(GDP)45429.2 亿元,比上年增长 10.9%。其中,第一产业增加值 3973.8 亿元,增长 4.0%;第二产业增加值 24037.4 亿元,增长 11.7%;第三产业增加值 17418.0 亿元,增长 11.3%。产业结构调整稳步推进,三次产业比例由上年的 9.2:54.2:36.6 调整为 8.8:52.9:38.3。人均生产总值 47260 元,增长 9.9%,按年均汇率折算为 7317 美元。

就业形势基本稳定。城镇新增就业 118.7 万人,新增农村劳动力转移就业 135.9 万人,连续 8 年实现城镇新增就业和农村劳动力转移就业双过百万。失业人员再就业 55.0 万人,其中困难群体再就业 11.8 万人,零就业家庭全部实现动态消零。城镇登记失业率为 3.35%,低于 4% 的全年控制目标。

图 1　2006－2011 年全省生产总值及增长速度

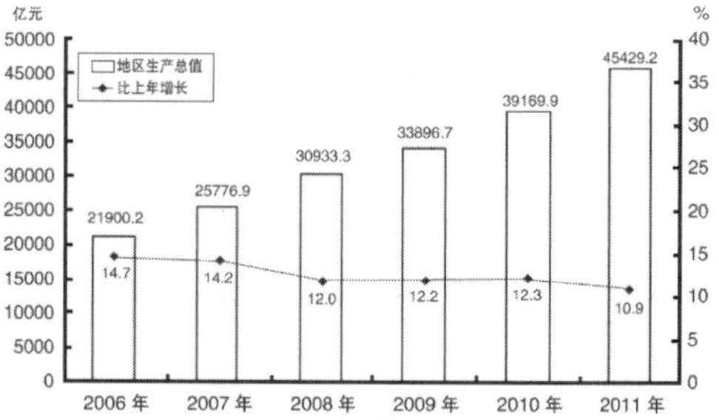

物价总水平得到有效调控。居民消费价格月度指数呈现“倒 V 型”走势,全年居民消费价格上涨 5.0%。其中,城市上涨 4.7%,农村上涨 5.9%;服务项目价格上涨 3.5%,消费品价格上涨 5.6%。八大类商品和服务项目价格全面上涨。其中,食品类价格上涨 11.3%,拉动价格总水平上涨 3.2 个百分点,仍是居民消费价格上涨的主要因素；居住类价格上涨5.8%，拉动价格总水平上涨1.1个百分点。农业生产资料价格上涨11.1%。工业生产者出厂价格上涨6.0%，工业生产者购进价格上涨9.2%。

图2 2011年各月居民消费价格指数（以上年同期为100）

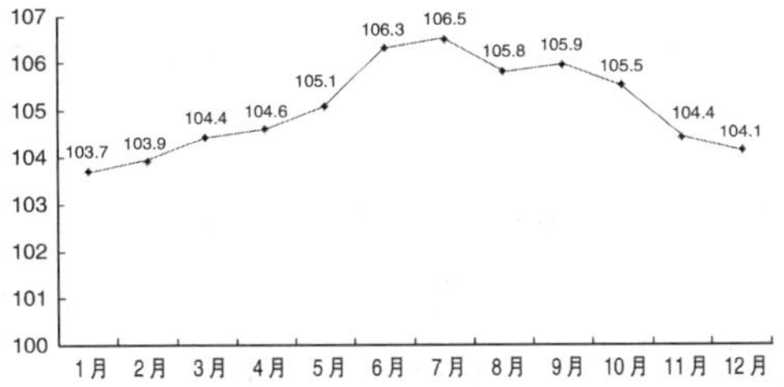

表1 2011年居民消费价格指数（以上年为100）

指　　标	全省	城市	农村
居民消费价格指数(CPI)	105.0	104.7	105.9
食品	111.3	110.5	113.0
粮食	108.7	108.2	109.9
油脂	113.2	111.7	115.4
肉禽及其制品	122.9	122.4	123.8
蛋	114.7	114.2	115.4
鲜菜	101.2	100.6	102.9
烟酒	103.9	104.7	102.9
衣着	101.5	101.7	100.4
家庭设备用品及维修服务	101.0	101.1	100.6
医疗保健和个人用品	102.5	102.8	101.8
交通和通信	100.6	100.2	101.5
娱乐教育文化用品及服务	100.4	100.4	100.4
居住	105.8	105.1	107.3

重点区域带动战略成效明显。山东半岛蓝色经济区实现生产总值21395.1亿元，比上年增长11.7%。黄河三角洲高效生态经济区实现生产总值6522.7亿元，增长12.3%。胶东半岛高端产业聚集区实现生产总值17175.2亿元，增长11.5%。省会城市群经济圈实现生产总值16276.2亿元，增长11.5%。鲁南经济带实现生产总值9918.6亿元，增长11.7%。县域经济实力持续壮大。地方财政收入过10亿元的县（市、区）达到81个，比上年增加11个；其中过30亿元的21个，比上年增加10个。

海洋经济健康发展。全省海洋产业总产出7892.9亿元，比上年增长17.2%。海洋渔业产出2388.2亿元，增长16.7%；海洋化工业产出663.3亿元，增长17.4%；海洋工程建筑业产出441.0亿元，增长16.4%。海洋服务业较快增长，滨海旅游业产出1917.1亿元，增长19.1%；海洋交通运输业产出655.8亿元，增长11.1%。新兴海洋产业快速发展，海洋生物医药业产出81.1亿元，增长15.9%；海洋电力业产出64.6亿元，增长1.1倍。海洋资源开发利用稳步增加，海洋石油产量297.0万吨，增长4.4%。海洋环保不断拓展，新建国家级海洋类保护区3处、海洋公园1处，新增海洋类保护区面积1.5万公顷。

经济社会发展中存在的主要困难和问题：保持经济平稳较快发展的压力较大，调控物价的任务依然艰巨，节能减排形势不容乐观，转方式调结构任重道远，城乡居民持续增收的难度加大。

二、农林牧渔业

农林牧渔业平稳发展。农业增加值2255.0亿元，比上年增长3.7%；林业增加值70.1亿元，增长9.9%；牧业增加值891.0亿元，增长2.5%；渔业增加值614.3亿元，增长4.4%；农林牧渔服务业增加值143.4亿元，增长7.0%。

主要农牧产品量增质优。粮食总产量4426.3万吨,比上年增长2.1%,连续9年实现增产。畜牧业生产良好,肉、蛋、奶类产量稳定增长。农产品质量安全水平提升。农产品标准化基地总面积4310.0万亩;无公害农产品基地面积1650.0万亩,增长6.1%;绿色食品基地面积867.0万亩,增长6.1%;新认证登记“三品一标”(无公害农产品、绿色食品、有机农产品和农产品地理标志)产品1667个,总数达到5786个。

图3 2006－2011年粮食总产量

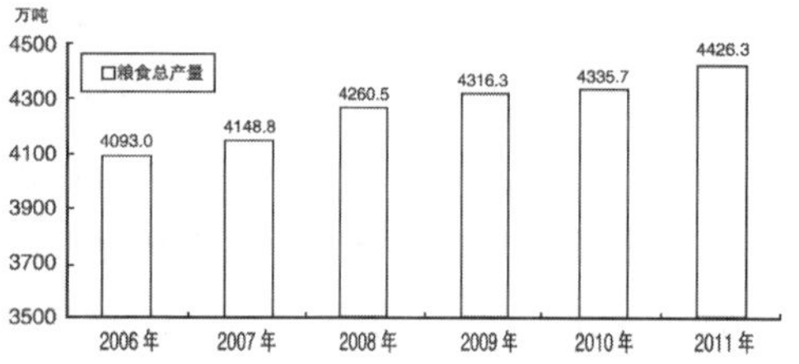

表2 2011年主要农牧产品产量及增长速度

产品名称	单位	产量	比上年增长%
粮食	万吨	4426.3	2.1
夏粮	万吨	2104.7	2.2
秋粮	万吨	2321.6	2.0
棉花	万吨	78.5	8.4
油料	万吨	341.0	-0.3
蔬菜	万吨	9180.9	1.7
园林水果	万吨	1488.5	3.4
猪牛羊禽肉	万吨	700.2	1.0
禽蛋	万吨	401.6	4.4
奶类	万吨	279.0	2.7

林业发展取得新突破。新增造林面积328.5万亩,比上年增长9.3%,是2005年以来新增造林最多的一年。其中,水系成片造林252.0万亩。新增农田林网面积202.9万亩,新育苗34.9万亩。湿地保护管理力度加大,国家级湿地公园达到14处,新建8处;省级湿地公园达到37处,新建13处。集体林权制度主体改革任务基本完成,全省4858.0万亩集体林地全部明晰产权。

渔业生产稳定发展。水产品总产量813.5万吨,比上年增长3.8%。其中,海水产品产量664.4万吨,增长2.8%;淡水产品产量149.1万吨,增长8.4%。水产品出口120.3万吨,增长19.1%;创汇48.9亿美元,增长23.1%。渔业资源修复养护力度继续加大,投放苗种46.3亿单位,建设人工鱼礁区43处,新建渔业资源保护区7处,新改造开发老旧鱼塘6.5万亩。远洋渔业发展迅速,从事远洋作业的渔船达608艘,总功率23.1万千瓦。

农田水利建设成效明显。大力实施防洪工程建设,整治河道550.0公里。农田灌溉能力继续加强,农田有效灌溉面积7448.0万亩,增长1.0%,其中节水灌溉面积3592.3万亩,增长5.7%,新增(恢复)灌溉面积114.9万亩。开工建设平原水库15座,建成7座。综合治理水土流失面积1600.0平方公里,新增国家级和省级水利风景区41处,总数达147处。

农村生产生活条件不断改善。农业机械化水平进一步提高,农机总值702.0亿元,农机总动力1.2亿千瓦,农作物生产机械化水平达到77.0%。生活设施不断改善,自来水受益村达到92.6%,新增沼气用户19.7万户。

三、工业和建筑业

工业生产平稳增长。规模以上工业企业(年主营业务收入2000万元及以上的工业法人企业)35566家,实现增加值比上年增长14.0%。其中,轻工业增长11.9%,重工业增长15.0%;非公有企业增长16.5%,私营企业增长19.2%。

表3 2011年规模以上工业增加值增长速度

产品名称	比上年增长%
规模以上工业总计	14.0
轻工业	11.9
重工业	15.0
国有企业	15.7
集体企业	11.5
股份合作企业	15.0
股份制企业	14.6
外商及港澳台商投资企业	11.1
其他经济类型企业	15.7

工业结构逐步优化。制造业增加值比上年增长14.9%,高于规模以上工业0.9个百分点。装备制造业增加值增长16.2%,高于规模以上工业2.2个百分点。高新技术产业实现产值28125.8亿元,增长27.1%,占规模以上工业总产值的27.3%,比重比上年提高1.2个百分点。

战略性新兴产业加快发展。规模以上电子信息产业实现主营业务收入3690.9亿元,增长19.7%;利润194.9亿元,增长30.9%。规模以上生物技术及制药产业实现主营业务收入1277.8亿元,增长27.5%;利润129.6亿元,增长23.9%。规模以上新材料产业实现主营业务收入8165.4亿元,增长35.7%;实现利润617.6亿元,增长39.4%。

工业企业效益保持较高水平。规模以上工业实现主营业务收入突破10万亿元,达到102470.2亿元,比上年增长26.4%;实现利润6998.3亿元,增长27.2%;实现利税突破万亿元,达到11136.2亿元,增长25.3%。

八成工业产品产量实现增长。在国家重点调度的120种工业产品中,产量增长的有96种,占80.0%。规模以上工业产品销售率98.9%,比上年提高0.3个百分点;实现出口交货值7624.3亿元,增长17.6%。

表4 2011年主要工业产品产量及增长速度

产品名称	单 位	产 量	比上年增长(%)
原煤	万吨	16113.6	7.6
天然原油	万吨	2781.5	0.2
发电量	亿千瓦时	3162.2	3.0
水泥	万吨	15035.6	8.5
平板玻璃	万重量箱	7754.3	29.5
粗钢	万吨	5655.2	9.7
钢材	万吨	7033.7	12.6
纱	万吨	723.4	6.4
布	亿米	124.5	3.7
机制纸及纸板	万吨	1825.1	11.7
塑料制品	万吨	377.4	16.2
合成氨	万吨	696.1	9.1
啤酒	万千升	647.6	19.4
工业锅炉	蒸发量吨	34541.1	36.7
数控金属切削机床	万台	2.4	26.3
金属成形机床	万吨	2.3	4.6
动车组	万辆	1164.0	22.0
汽车	万辆	122.0	-10.6
摩托车整车	万辆	75.3	-25.5
手机	万台	4351.1	-20.1
彩色电视机	万台	1249.5	9.8
家用电冰箱	万台	718.5	-9.7
家用洗衣机	万台	610.2	4.1
化学药品原药	万吨	89.4	59.6
微型计算机设备	万台	404.5	-43.6
笔记本计算机	万台	296.7	-51.6
集成电路	亿块	2.0	-4.8
太阳能热水器	万台	326.3	18.6

建筑业发展良好。全省资质三级及以上建筑企业完成建筑业总产值6501.7亿元,比上年增长18.3%;实现利税531.9亿元,增长17.2%。其中,国有及国有控股企业完成建筑业总产值1612.7亿元,增长17.9%,实现利税108.0亿元,增长14.4%;非国有企业完成建筑业总产值4889.0亿元,增长18.4%;实现利税423.9亿元,增长17.9%。

四、固定资产投资

固定资产投资增长较快。全社会固定资产投资26770.7亿元,其中固定资产投资(不含农户)25928.4亿元,均比上年增长21.8%。到位建设资金27799.5亿元,增长18.5%,其中自筹资金增长22.8%,占74.5%。新开工项目27831个,比上年增加1144个。

投资结构调整优化。三次产业投资结构由上年的2.4:48.7:48.9调整为2.1:47.9:50.0。重点领域和薄弱环节投资力度加大。服务业投资12969.7亿元,比上年增长23.8%;高新技术产业投资3450.6亿元,增长31.5%;改建和技术改造投资6417.8亿元,增长27.2%;文化产业投资1434.4亿元,增长22.8%。民间投资力量增强,完成投资20852.2亿元,增长24.3%,占固定资产投资的80.4%。

房地产调控效果显现。房地产开发投资4108.1亿元,比上年增长26.4%,增速比上年回落7.5个百分点。从商品房建设用途看,住宅投资3202.0亿元,增长27.5%,占全部房地产开发投资的77.9%;商业营业用房投资474.6亿元,增长25.3%,占11.6%。房屋施工面积36293.3万平方米,增长29.2%;房屋竣工面积6226.8万平方米,增长22.7%;商品房销售面积9579.6万平方米,增长3.1%。

五、国内贸易

消费品市场运行平稳。社会消费品零售总额16675.9亿元,比上年增长17.3%。市场规模化程度进一步提高,限额以上批发和零售业、住宿和餐饮业企业22326家,比上年增加3149家,增长16.4%;实现零售额8860.9亿元,增长28.7%,占零售总额的53.1%,比重提高6.6个百分点。

城乡市场稳步发展。城镇消费品零售额13175.3亿元,比上年增长17.9%;乡村消费品零售额3500.6亿元,增长15.2%,城乡市场销售增幅差距比上年缩小1.6个百分点。餐饮收入1932.2亿元,增长18.9%;商品零售14743.7亿元,增长17.1%。

热点商品持续旺销。在限额以上批发和零售企业中,金银珠宝类零售额161.3亿元,比上年增长42.0%;家具类零售额303.6亿元,增长37.1%;建筑及装潢材料类零售额223.5亿元,增长33.6%;汽车类零售额1853.8亿元,增长23.4%。家电下乡和以旧换新政策成效显著。销售家电下乡产品1507.1万台,比上年增长97.0%;实现销售额405.1亿元,增长1.3倍。销售家电以旧换新产品704.0万台,增长60.9%;实现销售额266.1亿元,增长61.7%。

六、对外经济

对外贸易保持较快增长。实现进出口总额2359.9亿美元,比上年增长24.8%。其中,出口1257.9亿美元,增长20.7%;进口1102.0亿美元,增长29.8%。贸易伙伴呈现多元化。对欧盟出口份额占17.4%,为我省第一大出口市场;对美国、日本、韩国三大传统市场的出口份额分别占15.8%、13.3%和11.5%;对东盟出口份额占7.8%。来自东盟的进口份额占17.0%,已成为我省第一大进口来源地。

利用外资结构渐趋优化。实际到账外资111.6亿美元,增长21.7%。其中,服务业实际到账外资38.3亿美元,增长35.9%,占全省总额的34.3%,比重比上年提高3.6个百分点。新批世界500强企业投资项目72个,增长1.0倍。

对外经济合作进展顺利。境外投资积极推进,协议投资总额29.6亿美元,增长33.7%;其中中方投资27.1亿美元,增长46.4%。新核准设立境外企业(机构)372家,比上年增长3.3%;境外资源开发项目55个,增长27.9%。对外承包工程和劳务合作稳步发展,对外承包劳务工程完成营业额74.7亿美元,增长42.7%;外派各类劳务人员48836人,增长3.3%。

七、交通、邮电和旅游

交通运输业稳定发展。全年铁路、公路、水路共完成旅客运量25.0亿人次,比上年增长0.7%;完成货运量31.5亿吨,增长5.7%。年末高速公路通车里程4350.1公里,新增65.1公里。沿海港口货物吞吐量9.6亿吨,增长11.3%。年末民用汽车拥有量968.6万辆,增长14.9%;其中,私人轿车412.7万辆,增长26.9%,占轿车拥有量的89.3%。

表5 2011年客货运输量及增长速度

	旅客				货物			
	运输量	比上年增长	周转量	比上年增长	运输量	比上年增长	周转量	比上年增长
	(亿人次)	(%)	(亿人公里)	(%)	(亿吨)	(%)	(亿吨公里)	(%)
合计	25.0	0.7	1727.5	5.0	31.5	5.7	12583.6	7.1
公路	24.1	0.6	1256.9	3.7	27.9	5.7	6624.4	6.6
铁路	0.7	9.0	458.7	8.9	2.0	9.2	1526.1	5.4
水路	0.2	-8.8	11.9	0.2	1.6	1.5	4433.2	8.6

邮电通信业平稳增长。完成邮电业务总量771.2亿元。其中,电信业务总量为723.6亿元,邮政业务总量47.6亿元。光缆线路总长度51.0万公里,比上年增长19.2%;长途自动交换机容量45.7万路端,下降0.4%。年末固定电话用户1923.5万户,下降4.9%;移动电话用户7118.0万户,增长15.0%。电话普及率达到每百人94.4部。

旅游经济快速壮大。实现旅游总收入3736.6亿元,比上年增长22.1%。其中,国内旅游收入3573.7亿元,增长22.6%;入境旅游收入25.5亿美元,增长18.3%。接待游客总人数4.2亿人次,增长19.2%。其中,接待入境游客424.4万人次,增长15.7%。A级旅游景区达508家。其中,5A级景区6家;4A级景区128家,新增19家。省级旅游度假区26家,新增3家。

八、财政和金融

财政收支增势较快。地方财政一般

预算收入3455.7亿元,比上年增长25.7%。其中,税收收入2602.4亿元,增长21.1%,占地方财政收入的75.3%。地方财政支出5001.2亿元,增长20.7%。民生领域支出继续加大,达到2738.9亿元,增长29.6%,占全省财政支出的54.8%,高于上年比重3.8个百分点。其中,教育支出增长35.2%,文化体育与传媒支出增长24.0%,社会保障和就业支出增长20.3%,医疗卫生支出增长43.5%,农林水事务支出增长21.4%。

图4 2006－2011年地方财政一般预算收入及增长速度

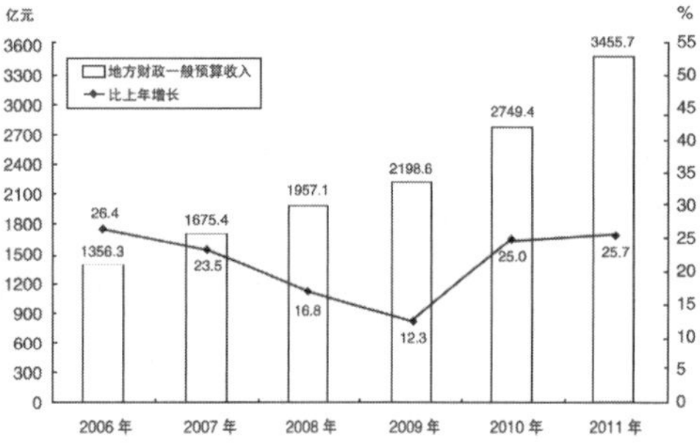

金融信贷向重点领域倾斜。年末本外币各项存款余额46986.5亿元,比年初增加5349.2亿元。其中,居民储蓄存款余额22305.7亿元,新增2555.7亿元,占全部新增存款的47.8%。年末本外币贷款余额37521.9亿元,比年初增加5029.0亿元。对小企业贷款支持力度加大,小型企业新增贷款1124.6亿元,比上年增长18.7%,增速分别高于大、中型企业9.3和2.7个百分点。对县域经济信贷投放进一步增加,县域新增贷款1725.4亿元,占全省新增贷款的38.3%,比重提高1.6个百分点。

企业上市融资加快推进。全年新增上市公司26家,15家上市公司实现再融资,合计融资额481.0亿元。其中,新增境内上市21家,首发融资154.3亿元;新增境外上市5家,融资58.4亿元;上市公司再融资268.3亿元。证券公司总交易金额3.0万亿元,下降19.0%,其中股票基金交易额2.6万亿元。期货公司代理交易量5077.3万手,代理交易金额6.7万亿元。

保险业发展态势良好。实现保费收入1036.1亿元,比上年增长10.8%。其中,财产险保费收入332.3亿元,增长14.1%;人身险保费收入703.8亿元,增长9.3%。保障能力不断增强,承担各类风险责任15.7万亿元,增长5.9%;支付各项赔款与给付271.2亿元,增长21.5%。农业保险加快发展,承保种植面积3383.1万亩,为687.6万农户提供了111.0亿元的风险保障。养老、健康保险发展迅速,为1.2亿人次提供了2.4万亿元的商业性养老、健康保障。

九、科学技术

科技事业成果丰硕。获得国家级科技成果奖励39项,其中,国家发明奖6项,国家科学进步奖33项。评选省科学技术奖励497项。取得重要科技成果2379项,其中,农业领域305项,工业领域723项,医疗、卫生领域836项,其他领域515项。专利申请和授权数量保持较快增长。专利申请量11.0万件,比上年增长35.5%,其中发明专利申请量2.6万件,增长48.5%。专利授权量5.9万件,增长14.3%,其中发明专利授权量5856件,增长42.6%。每万人发明专利授权数0.6件。

人才队伍建设统筹推进。新当选中国工程院院士 1 人，住鲁两院院士达 37 人，新增享受国务院政府特殊津贴专家 101 人，新增山东省有突出贡献的中青年专家 100 人，入选国家“海外高层次人才引进计划”50 人，入选国家“外专千人计划”22 人，入选“香江学者计划”3 人，被授予“泰山学者海外特聘专家”183 人。招收博士后 434 人，博士后在站人数 1578 人。技能人才队伍建设大力推进，建设国家级高技能人才培养示范基地 1 所，国家级技能大师工作室 3 所，全年培养高技能人才 16.5 万人。

软件业发展良好。软件业实现业务收入 1329.1 亿元，增长 45.7%；利润 76.1 亿元，增长 21.4%；利税 137.2 亿元，增长 19.9%。软件业务出口 6.1 亿美元，增长 16.4%。累计认证软件企业 1145 家，登记软件产品 4813 个，软件著作权 3586 个，入围全国重点软件（百强）企业 7 家，软件产业园 13 个，服务外包示范基地 19 个，动漫产业基地 3 个。

创新平台建设进一步加强。全省国家级工程技术研究中心 30 家，新增 4 家；省级工程技术研究中心 923 家，新增 179 家。拥有国家重点实验室 3 个，企业国家重点实验室 10 个，省部共建国家重点实验室培育基地 5 个，国家级科技合作基地 12 个。拥有国家级创新型（试点）企业 35 家，获认定 24 家。

质量兴省战略大力推进。拥有国家地理标志保护产品 47 个，新增 5 个；山东名牌产品 1728 个，新增 96 个；山东服务名牌 384 个，新增 61 个。全国驰名商标 300 个，新增 95 个。获省长质量奖企业 30 家，个人 13 名。创建山东省优质产品生产基地 48 个，龙头骨干企业 92 家。拥有国家级质检中心 31 家，省级质检中心 91 家。获得质量管理体系认证企业 17651 家，环境管理体系认证企业 4862 家。新制定省地方标准 239 项，其中节能标准 18 项；新增采用国际标准 260 项。

气象地震服务能力增强。发布气象灾害预警信号 60 次，重要天气预报 85 期。建成东营、蓬莱风廓线雷达，完成石岛、东营港海洋水文气象观测站和沿海 8 个船舶站及部分海岛站改建任务，新建自动土壤水分观测站 44 个。地震台网中心不断完善，建成测震台 126 个，强震台 146 个。

十、教育、文化、卫生和体育

教育事业稳步发展。义务教育实现较高水平，小学学龄儿童净入学率 99.87%，初中三年巩固率 98.63%。技工教育加快发展，新增技师学院 14 所，高级技工学校 4 所，国家级重点技工学校 1 所，全省技工学校招生 14.8 万人，技校毕业生就业率达 98.0%。

表 6　2011 年各类教育基本情况

	学校数(所)		招生数(万人)		在校学生数(万人)	
	数量	增减(所)	人数	增长(%)	人数	增长(%)
研究生教育	31	持平	2.4	3.8	6.9	6.1
普通高等教育	139	6.0	49.7	0.3	164.6	0.9
中等职业学校	591	-49.0	44.5	4.2	117.7	4.0
普通中学	3569	-76.0	161.8	-1.4	501.6	0.1
小学	12047	-358.0	119.4	7.3	644.1	2.4
特殊教育学校	146	1.0	0.3	-6.2	2.2	-1.1
幼儿园	18455	704.0	115.9	6.8	242.3	10.4

文化事业与文化产业繁荣发展。全省拥有博物馆114个,公共图书馆150个,群众艺术馆、文化馆158个,文化站1855个,农村文化大院5.3万个。全省公共图书馆、文化馆(站)、美术馆全面免费开放。拥有艺术表演团体116个,艺术表演场馆82个。国家级文化产业示范基地9家,省级文化产业示范基地104家,国家级文化产业示范园区1个,省级文化产业示范园区5个。出版各类图书13218种,报纸87种,杂志261种。广播人口综合覆盖率98.2%,电视人口综合覆盖率97.9%。加入城市电影院线的影院156家,共发行232部影片,票房收入4.1亿元,增长40.5%。

卫生服务水平不断提高。全省拥有卫生机构68310个,其中,医院、卫生院3135个,社区卫生服务中心(站)2282个,疾病预防控制中心184个,卫生监督机构162个,妇幼保健机构158个,村卫生室51301个。各类卫生机构拥有床位41.6万张,卫生技术人员48.2万人,其中,执业医师及执业助理医师18.6万人,注册护士17.1万人。基层卫生服务体系建设不断加强,政府办乡镇卫生院建设达标率88.8%,社区卫生服务中心建设达标率100%,村卫生室建设达标率83.7%。

体育事业全面进步。新建县、镇(街道)全民健身活动中心、健身工程866个,新建农村健身工程1.7万个,"健身设施村村有"覆盖率达71%,成功举办第一届全民健身运动会。青少年体育工作全面加强,广泛开展"亿万青少年阳光体育运动",6333名运动员参加了省级体育联赛,2.0万名运动员参加了市级体育联赛。

十一、城乡建设

城镇化进程稳步推进。全省城镇化率达到50.9%,比上年提高1.2个百分点。

保障性安居工程扎实推进。新开工保障性安居工程38.9万套,开工率为116.1%。已竣工保障性安居工程24.3万套,连同结转项目竣工率为71.2%。

农村住房建设成效显著。农村住房建设和危房改造工作开展三年来,累计新建农房320万户,改造危房61万户,建成新型农村社区7900个。村镇建设完成投资1496亿元,比上年增长16.2%。建材下乡试点工作深入开展,安排专项资金1亿元,5万户建房农民得到补助。加强历史文化名镇名村保护,共有全国历史文化名镇1个,名村4个,省级历史文化名镇18个,名村12个。

城市基础服务功能进一步提升。城市基础设施建设完成投资948亿元,与上年持平。青岛海湾大桥、泰安环山路竣工通车,济南西客站场站一体化工程、聊城古城改造与保护工程、枣庄台儿庄古城配套项目等重点城建工程进展良好。城市垃圾处理设施建设取得突破性进展,实现垃圾无害化处理"一县一场"目标,新增生活垃圾无害化处理场33座,新增垃圾日处理能力10690吨。新建污水处理厂19座,新增日污水处理能力48万吨。新增道路面积3000万平方米,新增绿地面积5500公顷。

十二、资源、环境和安全生产

资源勘查取得新进展。省内地质找矿成效明显，新增资源储量金56.8吨，煤矿石1.5亿吨，铁矿石11.4亿吨。省外、境外地质勘查取得积极进展。

节能降耗取得新成效。全省351户企业完成落后产能淘汰，共淘汰炼铁812.6万吨，炼钢80.0万吨，焦炭71.2万吨，铁合金5.1万吨，电石1.2万吨，电解铝5.0万吨，水泥1414.8万吨，平板玻璃50.0万重量箱，造纸61.1万吨，印染49710.0万米。风力发电建设高速增长，风电装机容量累计246.5万千瓦，增长78.6%；风力发电42.3亿千瓦时，增长58.7%。

建设领域节能扎实推进。完成既有居住建筑节能改造1756.5万平方米，公共建筑节能改造151.6万平方米，太阳能光热建筑一体化应用面积2273.4万平方米。新型墙材产量340亿标砖，占墙材总产量的86.8%；县城以上规划区工程应用量240亿标砖，占墙材应用总量的98.0%。县城以上城市规划区节能建筑竣工面积5500万平方米，占新建民用建筑的98%。

环境质量明显改善。省控59条重点污染河流化学需氧量和氨氮年均浓度分别下降11.0%和30.5%。全省二氧化硫和可吸入颗粒物年均浓度分别下降14.0%和11.2%，二氧化氮年均浓度与上年基本持平。新增国家环保模范城市2个。新建国家级生态示范区17个，全国环境优美乡镇36个，省级生态县（市、区）6个，省级生态乡镇124个。

安全生产形势稳定。发生各类生产安全事故17544起，比上年下降9.7%；死亡人数4419人，下降6.0%。亿元GDP生产安全事故死亡0.10人，下降19.0%。

十三、人口、居民生活和社会保障

人口保持低速平稳增长。全省出生人口110.54万人，出生率11.50‰；死亡人口61.52万人，死亡率6.40‰；自然增长率5.10‰。年末常住人口9637.3万人。其中，0－14岁人口占总人口的15.69%，15－64岁人口占74.30%，65岁及以上人口占10.01%。

城镇居民生活继续改善。城镇单位在岗职工年平均工资38114元，比上年增长13.0%。城镇居民人均可支配收入22792元，增长14.3%。城镇居民家庭人均总收入中，人均工资性收入17629元，增长12.1%；人均经营净收入2295元，增长34.7%；人均财产性收入616元，增长25.6%；人均转移性收入4350元，增长14.1%。城镇居民人均消费性支出14561元，增长11.0%。其中，食品支出4828元，增长14.8%，城镇居民恩格尔系数为33.2%。城镇居民人均现住房总建筑面积33.2平方米，增加1.1平方米。

图5　2006－2011年城镇居民人均可支配收入及增长速度

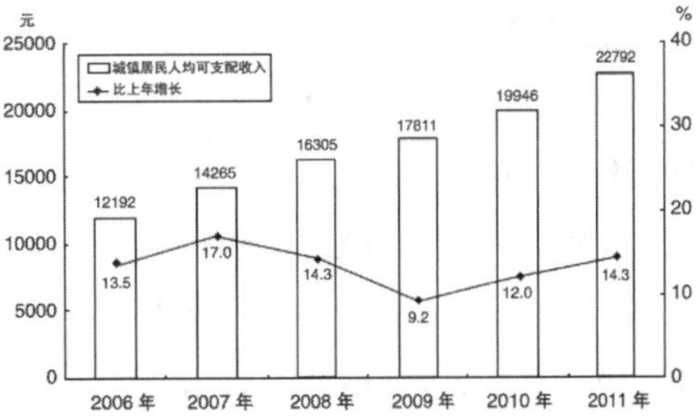

表7 城镇每百户居民家庭主要耐用消费品拥有量

消费品名称	单位	数量	消费品名称	单位	数量
钢琴	架	4.2	摄像机	架	13.4
微波炉	台	54.6	照相机	架	58.7
电冰箱	台	103.8	空调器	台	108.4
消毒碗柜	台	7.1	固定电话	部	61.7
淋浴热水器	台	91.6	移动电话	部	213.5
洗衣机	台	98.3	健身器材	套	6.9
彩色电视机	台	121.0	助力车	辆	62.5
组合音响	套	21.4	摩托车	辆	27.0
家用计算机	台	85.9	家用汽车	辆	28.0

图6 2006－2011年农村居民人均纯收入及增长速度

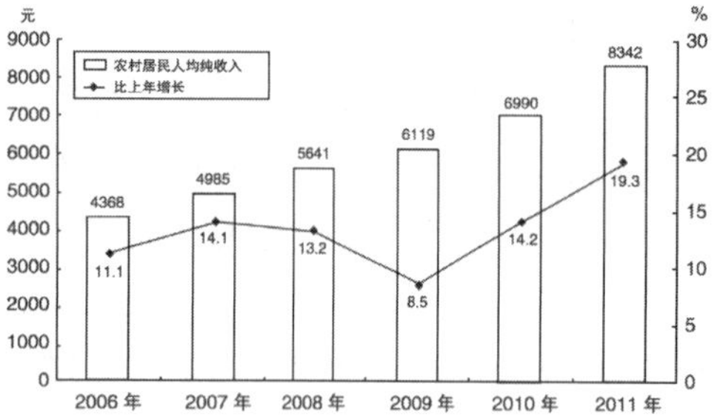

表8 农村每百户居民家庭主要耐用消费品拥有量

消费品名称	单位	数量	消费品名称	单位	数量
洗衣机	台	81.8	电动自行车	辆	88.7
电冰箱	台	77.8	汽车(生活用)	辆	9.0
空调机	台	22.3	移动电话	部	186.4
抽油烟机	台	17.7	彩色电视机	台	112.0
微波炉	台	10.4	照相机	架	5.0
热水器	台	57.2	家用计算机	台	25.2

农村居民生活水平逐步提高。农村居民人均纯收入8342元,比上年增长19.3%。其中,人均工资性收入3715元,增长25.6%;人均家庭经营纯收入3935元,增长13.8%;人均财产性纯收入247元,增长3.4%;人均转移性纯收入445元,增长32.1%。农村居民人均生活消费支出5901元,增长22.7%。其中,食品支出2107元,增长16.8%,农村居民恩格尔系数为35.7%。农村居民人均居住住房面积36.3平方米,增加1.6平方米。

社会保障体系日趋完善。社会保险覆盖范围不断扩大,城镇职工基本养老、基本医疗、失业、工伤、生育保险参保人数分别比上年增加127.7万、175.4万、33.6万、64.9万和83.7万。城镇居民社会养老保险和新型农村社会养老保险制度提前一年实现全覆盖。全省参加城乡居民社会养老保险人数4093万人,1197.9万城乡居民按月领到了养老金。连续7年上调企业退休人员基本养老金水平,月人均养老金1680.0元,增加104.7元。城镇居民基本医疗保险财政补贴标准由年人均120元提高到200元。建立失业保险金标准与物价上涨挂钩联动机制,调整失业保险金标准为月人均550元,增长23.6%。新型农村合作医疗参合率达99.9%,人均筹资标准超过250元,政策范围内住院报销比例达到70%以上。

困难群众生活得到明显改善。城镇最低生活保障人数61.7万人,月人均保障标准318元,比上年提高28元。农村最低生活保障人数240.5万人,年人均保障标准1693元,比上年提高262元。

社会救助事业稳步发展。应急救助规模不断扩大,安排城乡医疗救助资金5.7亿元,比上年增长39.0%;救助和资助居民233万人次,增长1.7%。各级慈善总会支出善款7.0亿元,继续用于朝阳助学、夕阳扶老、情暖万家、康复助医、爱心助残五大工程。救助体系不断完善,已建救助管理站36处,流浪未成年人救助保护中心23处。现有收养性社会福利单位2334个,床位数33.0万张,收养24.7万人;其中农村五保供养服务机构1626个,床位数23.8万张,集中供养率达75.5%。社会福利企业1421个,安置残疾人员3.9万人。

注:1. 本公报中数据均为初步统计数。

2. 全省生产总值、各产业增加值绝对数按现价计算,增长速度按不变价格计算。

3. 自2011年开始,高新技术产业执行新的统计标准。

4. 全社会固定资产投资包括固定资产投资(不含农户)加农户固定资产投资。其中,固定资产投资(不含农户)包括城镇和非农户计划总投资500万元及以上固定资产投资项目的投资、房地产开发项目的投资。

5. 邮电业务总量按2010年不变价格计算。

责任校对:雷子朋

2011年淄博市国民经济和社会发展统计公报

淄博市统计局 2012年2月16日

2011年,在市委、市政府的坚强领导下,全市上下牢牢把握科学发展主题和加快转变经济发展方式主线,坚定不移地走内涵发展的路子,积极应对国内外复杂环境的严峻考验,认真组织实施“十二五”规划,扎实推动全市新的转型升级,经济社会发展呈现出增长较快、结构优化、效益提升、民生改善、社会和谐的良好局面,实现了“十二五”良好开局。是年,淄博收获了中国城市的最高荣誉,成为第三批全国文明城市;同时成为全省第3个、全国第16个工业经济过万亿的城市。

一、综合

综合实力实现新跨越。全年地区生产总值(GDP)超3000亿元、第三产业增加值超1000亿元、人均GDP超1万美元。初步核算,全年全市实现地区生产总值(GDP)3280.23亿元,按可比价格计算,比上年增长12.0%。其中,第一产业增加值116.75亿元,增长4.3%;第二产业增加值1975.38亿元,增长12.6%;第三产业增加值1188.10亿元,增长11.6%。三次产业比例由上年的3.7:61.6:34.7调整为3.6:60.2:36.2。人均生产总值72380元,比上年增长11.8%,按年均汇率折算为11206美元/人。

图1 2011年各季度地区生产总值及其增长速度

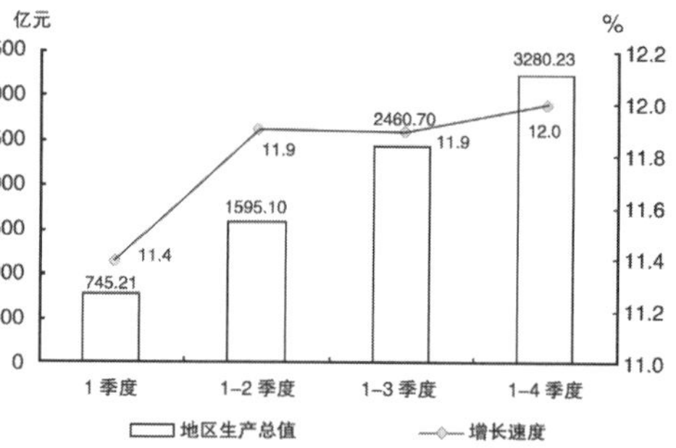

就业形势保持稳定。全年实现城镇新增就业13.2万人次,实现农村劳动力转移就业9.1万人次,失业人员再就业人数6.85万人,其中,困难群体再就业人数0.68万人。年末城镇登记失业率为2.75%,低于全年控制在4%以内的目标。

物价涨幅得到有效控制。在“稳物价、保民生”等一系列价格调控措施的积极作用下,月度居民消费价格持续上涨势头得到有效控制,从年初的上涨3.3%,连续6个月持续上升,到7月份达到峰值,为5.8%,自8月份以后逐月回落,12月回落至3.9%。全年居民消费价格(CPI)累计同比上涨4.5%，分别低于全国、全省平均水平0.9和0.5个百分点。其中消费品价格上涨5.2%，服务项目价格上涨2.6%。分类别看，八大类消费品价格七升一降，食品、烟酒、衣着、家庭设备用品及维修服务、医疗保健和个人用品、交通和通讯、居住分别上涨10.3%、7.1%、0.1%、0.9%、2.9%、0.1%和5.8%；娱乐教育文化用品及服务下降0.2%。工业生产者价格涨幅呈现前高后低态势。全年工业生产者出厂价格上涨7.06%，工业生产者购进价格上涨12.36%。房屋销售价格上涨5.2%。

表1　2011年各类价格指数(%)(以上年同期为100)

居民消费价格指数	104.5
食品	110.3
烟酒	107.1
衣着	100.1
家庭设备用品及维修服务	100.9
医疗保健和个人用品	102.9
交通和通讯	100.1
娱乐教育文化用品及服务	99.8
居住	105.8
工业生产者出厂价格指数	107.06
工业生产者购进价格指数	112.36

图2　2011年各月价格指数

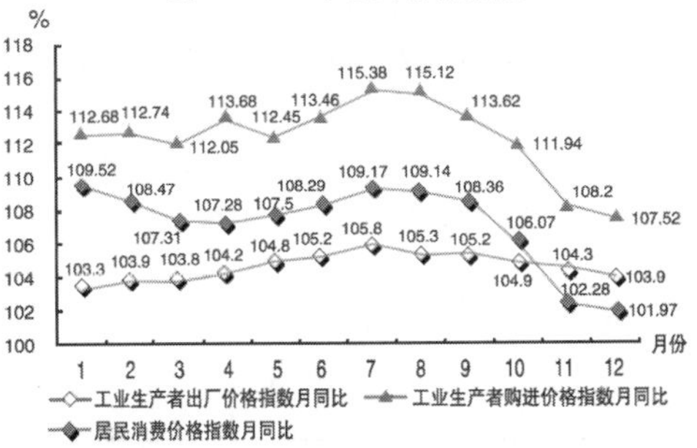

招商引资成效明显。全年外来投资过亿元项目65个，比上年增加19个，实际到位外来投资152.1亿元，占全部外来投资的74.6%，比上年提高7.8个百分点。服务业招商取得积极进展。全年服务业招商引资项目53个，实际利用外来投资54.5亿元，占全部外来投资的26.7%。股权招商、上市融资取得突破。淄博商厦、唐骏欧铃汽车、三金玻璃等12家企业实施股权招商引资24.7亿元；万昌科技、金城医药、瑞丰高材3家企业上市融资11.8亿元。股权招商和上市融资共吸引外来投资36.5亿元，占全部外来投资的17.9%，股权招商和上市融资日益成为我市利用外来投资的重要渠道。存量招商成绩突出。全年利用存量优势，通过旧城改造、增资并购、闲置盘活、技术改造等多种方式，实现招商引资项目62个，实际利用外来投资84.1亿元，占外来投资总额的41.3%，存量招商逐渐成为招商引资的重要支撑。

品牌带动战略顺利实施。年末，拥有中国名牌产品30个，国家地理标志产品保护认定2个。新增中国驰名商标6个，总数达47个；新增国家级质检中心1个，总数达2个；新增省级质检中心1个，总数达8个；新增全省优质产品生产基地2个，总数达4个；新增全省龙头骨干企业5个，总数达8个；新增山东名牌产品3个，总数达159个；新增山东省服务品牌2个，总数达15个。

城镇化水平不断提高。伴随着全市工业化进程加快、区划调整和布局的优化，新型城市化格局初步形成。中心引领、组群协调的特色优势日渐强化，城镇化水平不断提升。年末，全市城镇化率达到64.01%，比上年提高0.89个百分点，城镇化率高出全省水平13.06个百分点，列青岛、济南之后,居全省第三位。

二、农林牧渔业

农林牧渔业全面增长。全年实现农林牧渔业总产值达207.64亿元,比上年增长4.3%。其中,农业总产值135.87亿元,林业总产值10.95亿元,牧业总产值51.01亿元,渔业总产值3.85亿元,农林牧渔服务业总产值5.96亿元,分别增长3.0%、9.1%、6.6%、5.8%和7.8%。

主要农牧产品质优量增。粮食连续九年增产增收,全年粮食总产量达到177.57万吨,比上年增长1.2%。畜牧业生产平稳增长,肉类总产17.75万吨,增长5.7%。品牌农业、有机农业发展势头良好,都市农业顺利起步。全年新认证无公害农产品2个,总数达35个;新认证绿色农产品1个,总数达到108个;新认证有机农产品9个,总数达到82个;新增国家地理标志农产品5个,总数达到13个。

农业产业化水平提高。市级重点龙头企业达到122家;新增农业合作社441家,总数达到1535家;新增农机专业合作社30家,总数达到154家,其中被列为省级规范化作业推进项目6个,比上年增加1个。

农村生产生活条件改善。农业机械化装备及服务能力提高。全年农机总值达到28.81亿元,比上年增长6.27%;农机总动力340.46万千瓦,增长1.79%,其中,农用排灌动力84.6万千瓦。农田水利建设得到加强。有效灌溉面积达12.55万公顷,其中节水灌溉面积7.3万公顷,比上年增长5.16%。全年农村用电量53.52亿千瓦时,比上年增长0.3%;实现村村通电话、通汽车率均为100%,通自来水率为97.4%,比上年提高1.1个百分点。

表2 2011年主要农牧产品产量及增长速度

产品名称	计量单位	2011年	比上年±%
粮食	万吨	177.57	1.2
夏粮	万吨	77.36	2.6
秋粮	万吨	100.21	0.2
棉花	万吨	1.07	12.1
油料	万吨	2.46	12.3
蔬菜	万吨	216.8	-0.5
水果	万吨	102.09	5
肉类	万吨	17.75	5.7
禽蛋	万吨	7.04	0.1
奶类	万吨	12.29	0.7

三、工业和建筑业

工业经济实力大跨越。全年工业总产值、主营业务收入双超万亿,分别达到10265亿元和10102亿元。年末,全市规模以上工业企业达3178家,规模以上工业增加值比上年增长14.2%。分轻重工业看,轻工业增长7.5%,重工业增长15.7%;分行业看,38个行业大类中有32个行业实现增长。产销衔接良好,产销率达99.38%,比上年提高1.26个百分点。

图3 2011年各月工业生产和高新技术产业发展情况

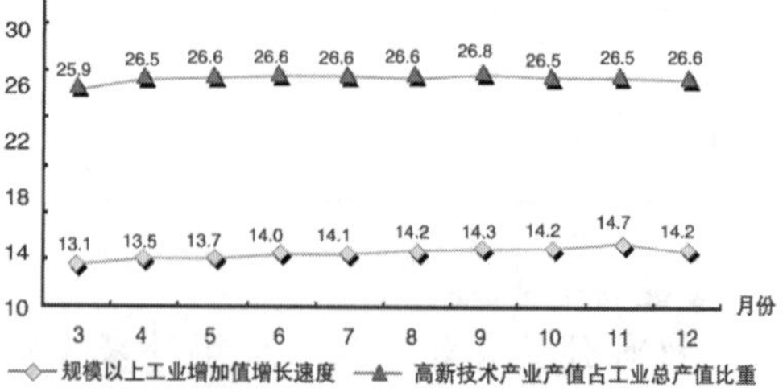

工业产品产量6成以上增长。在调度的220种工业产品中,产量增长的有137种,占62.27%。其中,陶质砖增长

33.84%;合成橡胶增长15.9%;氧化铝增长11.49%。

表3 2011年主要工业产品产量及增长速度

产品名称	计量单位	2011年	比上年±%
原煤	万吨	1608.46	8.93
布	万米	56467.58	-48.98
原油加工量	万吨	1530.87	5.89
乙烯	万吨	85.17	-0.46
合成橡胶	万吨	42.11	15.9
化学药品原药	万吨	8.18	-2.19
中成药	吨	920	1.1
化学纤维	万吨	8.73	-6.22
塑料制品	万吨	30.47	10.66
水泥	万吨	1798.69	8.44
瓷质砖	万平方米	72329.07	2.49
陶质砖	万平方米	4213.4	33.84
平板玻璃	万重量箱	2550.73	0.56
钢材	万吨	322.02	11.51
十种有色金属	万吨	5.06	-13.27
氧化铝	万吨	226.39	11.49
泵	万台	26.36	-7.62
汽车	辆	62758	-8.75
集成电路	万块	19672	-1.97
电子元件	万只	325708	-7.09
发电量	亿千瓦时	228.09	-0.85

工业转型升级步伐加快。全年高新技术产业总产值达到2544.90亿元,占规模以上工业总产值的26.6%(新口径),较年初提高1.25个百分点;六大战略性新兴产业发展势头强劲,全年实现主营业务收入突破3000亿元,达到3004.6亿元,比上年增长29.18%,占全部规模以上工业的比重为31.65%;实现利税410.55亿元,增长39.66%,其中利润284.95亿元,增长45.92%,主营业务收入、利税、利润增速分别高于全市平均水平4.57、11.3和7.72个百分点。

工业效益显著改善。伴随着工业产业、产品结构转型升级步伐的加快,企业效益不断提高。全年规模以上工业实现主营业务收入9497.21亿元,比上年增长24.6%;实现利税1216.82亿元,增长28.4%,其中利润748.50亿元,增长36.4%,利润增幅分别高出主营业务收入增幅和利税增幅11.8和8个百分点。全年规模以上工业销售收入利税率达12.81%,比上年提高0.27个百分点。

图4 2011年各月规模以上工业利税、利润增长速度

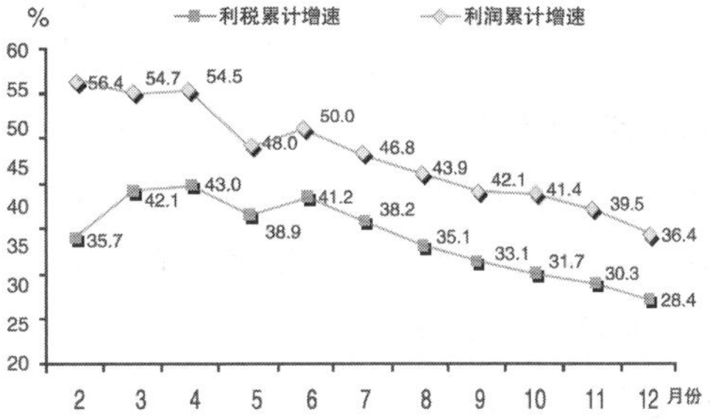

建筑业稳定发展。全市资质内建筑企业完成建筑业总产值616.0亿元,比上年增长22.0%。其中,完成建筑工程产值为458.8亿元,增长18.8%;完成安装工程产值为104.7亿元,增长20.3%。全年建筑业企业签订合同额876.8亿元,增长23.1%。其中,本年新签合同额为659.7亿元,增长23.2%。全年建筑业企业房屋建筑施工面积为5292.1万平方米,比上年增长19.2%。其中本年新开工面积3129.8万平方米,增长14.5%。

四、固定资产投资

投资结构继续优化。全年完成固定资产投资1499.22亿元,比上年增长23.7%。其中,第一产业投资26.52亿元,增长9.4%;第二产业投资719.34亿元,增长10.2%,其中工业投资710.38亿元,增长10.8%;第三产业投资753.36亿元,增长40.8%。三次产业投资结构由上年的1.9:51:47.1调整为1.8:48:50.2。民间投资1288.86亿元,增长28.8%;占全部投资额的86.0%,所占比重比上年提高3.4个百分点;高新技术产业投资224.26亿元,增长34.3%,增速较全部投资快10.6个百分点;改建和技术改造投资795.30亿元,增长46.9%;占全部投资额的比重达到53.0%,占比较上年提高8.4个百分点。投资项目规模大质量好。全市在建5000万元以上大项目946个,比上年增加207个,其中亿元以上项目241个,比上年增加5个。文昌湖省级旅游度假区、华润城市综合体、太保电话保险运营中心等一批高端服务业项目顺利推进。

房地产调控效果明显。全年房地产开发完成投资197.19亿元,比上年增长18.1%,增速分别比一季度、上半年回落8.1和8.8个百分点,与前三季度基本持平。商品房销售持续降温。全年商品房销售面积70.86万平方米,比上年增长8.19%,增速分别比一季度、上半年、前三季度回落18.05、17.16和11.1个百分点。

五、国内贸易

消费市场销售旺盛。在节日因素、物价相对高位及会展、旅游业快速发展等因素推动下,全市消费市场稳步持续走高。全年实现社会消费品零售总额1186.25亿元,比上年增长18.0%,增速分别比一季度、上半年、前三季度加快1.2、0.9和0.7个百分点。其中,限额以上企业实现零售额743.37亿元,增长24.7%。城乡市场协调较快增长。城镇市场实现零售额1007.56亿元,增长18.0%;乡村市场实现零售额178.69亿元,增长17.8%。

热点商品销售旺盛。在限额以上企业商品零售中,金银珠宝类增长26.8%,家具类增长31.8%,建筑及装潢材料类增长28.6%,电子出版物及音像制品类增长30.5%,石油及制品类增长27.2%;汽车类实现零售额167.40亿元,增长36.3%,增速高于上年9.3个百分点;占限额以上批零企业零售额的比重达到24.8%,占比高居榜首,比上年提高2.7个百分点。

六、对外经济

对外贸易平稳较快增长。全年实现进出口总额90.55亿美元,比上年增长34.7%。其中,出口53.27亿美元,增长32.1%;进口37.29亿美元,增长38.5%。从出口企业类型看,三资企业出口占主导地位,累计完成出口26.64亿美元,比上年增长25.3%;国有企业出口4.05亿美元,增长25.0%。从出口贸易方式看,一般贸易出口完成38.12亿美元,比上年增长35.6%,占出口总额的71.6%,占比较上年提高1.9个百分点,是拉动全市外贸增长的主要动力;加工贸易出口15.14亿美元,同比增长24.1%。从出口市场看,东盟、美国、欧盟、韩国和澳大利亚是我市前五大贸易伙伴。其中,对美国出口份额为19.3%,为我市第一大出口市场。从出口产品类型看,增幅较高的是冶金矿产及农副产品,出口额分别增长61.1%和46.1%;其次为高新技术产品和机电产品,出口分别增长29.6%和28.9%。出口份额较大的是石油化工塑料橡胶产品，其出口额占全部出口总额的比重达 30.2%。

图 5 2011 年各月进出口、出口增长速度

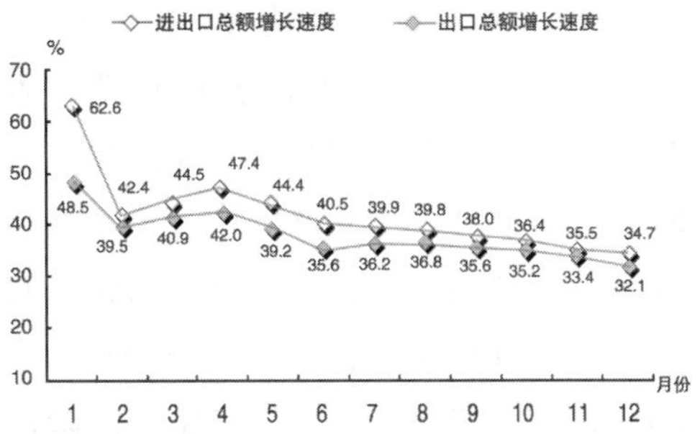

利用外资较快增长。全年累计新批外商投资企业 32 家，比上年增长 10.3%；新增合同外资 6.3 亿美元，增长 90.5%；实际利用外资 7.1 亿美元，增长 21.1%。

七、交通、邮电和旅游

公路运输能力进一步增强。年末，全市公路通车里程达 10486 公里，其中，高速公路通车里程达 206 公里。机动车保有量 1132418 辆，增加 77371 辆；其中，个人拥有汽车 440933 辆，增加 67669 辆。全市公共汽车线路达 301 条，比上年增加 3 条；营运公交车 2827 辆，增加 221 辆；出租车达 6491 辆。全年公路客运量 4.03 亿人次，增长 2.16%；货运量 2.54 亿吨，增长 2.88%。公路客运周转量、货运周转量分别为 137.56 亿人公里和 858.2 亿吨公里。

邮电通信业迅速发展。全年全市邮政业务总量 2.41 亿元。函件总数达 2718.19 万件；报纸、杂志累计份数分别达 7124.19 万份、356.4 万份；集邮邮票为 500.42 万枚。电信业务总量 31.54 亿元，增长 7.86%，光缆线路总长度达 3.89 万公里。年末固定电话用户 88.01 万户，减少 2.43%；移动电话用户 526.83 万户，增长 2.9%。国际互联网用户达 63.19 万户，增长 14.89%。

图 6 2007－2011 年国际互联网用户数

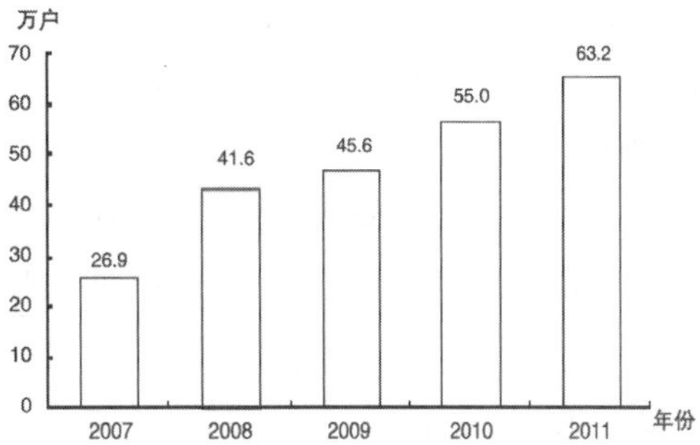

信息产业增势良好。全市现有电子信息企业（电子信息产品制造业和软件业）188 家。电子信息产业实现主营业务收入、利税、利润依次为 365.79 亿元、45.04 亿元、40.74 亿元，分别增长 21.63%、27.87%、30.15%，其中软件业实现主营业务收入、利税、利润分别达 5.11 亿元、1.17 亿元、0.66 亿元，依次增长 46%、48.2% 和 19.4%。拥有省级电子制造产业基地（园区）3 个，软件产业园 1 个，认证软件企业累计 33 家，登记软件产品累计 118 个，软件著作权累计 120 个。

旅游业实现新突破。年内新发展国家 A 级旅游区（点）5 处，总量达到 33 处，其中，AAAA 级旅游区（点）10 处、AAA 级旅游区（点）10 处、AA 级旅游区（点）13 处。全年实现旅游外汇收入 1.14 亿美元，增长 24.28%；国内旅游收入 255.17 亿元，增长 23.04%。接待海外游客 20.92 万人次，增长 22.09%。其中，外国人达 13.73 万人次，增长 19.49%；香港、澳门、台湾同胞游客达 71918 人次，增长 27.38%。接待国内游客 3064.21 万人次，增长20.44%。

八、财政、金融和保险

财政收支较快增长。全年实现境内财政总收入476.21亿元,增长19.59%。地方财政一般预算收入突破200亿元,达到203.59亿元,增长25.36%;全市税收总额393.04亿元,增长17.9%。其中国税收入262.14亿元,增长13.5%;地税收入130.9亿元,增长27.8%。地方财政支出253.19亿元,增长25.42%。新增财力主要用于民生工程,最大限度地让城乡群众共享改革发展成果。全年民生建设支出达到140.23亿元,增长36.59%,占财政总支出的55.39%,占比同比提高4.53个百分点。其中,住房保障、教育、医疗卫生、文化体育与传媒、农林水事务支出依次增长144.67%、52.68%、29.11%、20.45%和35.36%。

金融市场运行稳健。年末,人民币各项存款余额2725.44亿元,比年初增加255.97亿元,新增额同比少增69.05亿元。其中,单位存款余额1221.64亿元,居民储蓄存款余额1437.07亿元。人民币各项贷款余额1872.31亿元,比年初增加185.96亿元,少增104.88亿元。信贷规模增势放缓。短期贷款余额1120.72亿元,比年初增加204.51亿元,多增36.08亿元。中长期贷款余额680.84亿元,比年初增加30.27亿元,少增119.39亿元,新增额占全部新增贷款的16.28%,比上年降低35.18个百分点。个人消费贷款余额276.61亿元,比年初增加27.13亿元,少增32.99亿元。

保险业平稳发展。现有商业保险分支机构41家,其中,财产保险机构19家,人寿保险机构22家。从业人员2.3万人,比上年下降4.04%。实现保费收入60.35亿元,下降4.78%。其中,产险保费收入22.11亿元,增长10.53%;寿险保费收入38.24亿元,下降11.85%。支付各项赔款与保险金11.4亿元,增长12.04%。其中,产险赔付9.05亿元,增长17.05%;寿险赔付2.34亿元,下降3.85%。保险深度为1.84%,降低0.37个百分点。保险密度为1398元,人均减少102元。

九、科学技术

科技成果水平稳步提升。全年取得重要科技成果196项,其中,农业领域8项,工业领域129项,医疗卫生领域59项。达到国际、国内领先先进水平的科技成果数分别为64项和132项。获得省以上科学技术奖26项,其中,国家科学技术奖5项。全年签订技术合同273项,技术合同成交金额达6.18亿元。国内专利申请量和授权量大幅增加。专利申请量9836件,增长38.05%;专利授权量3822件,增长9.58%,其中,发明专利授权量437件,增长55.52%。

创新平台建设日臻完善。按新办法认定的高新技术企业达到203家,增加67家。年内新增12家院士工作站,累计达39家;博士后科研工作站(分站)达29家;现有省级重点实验室10个,增加4个;市级以上工程技术研究中心和企业技术研究中心536家,增加89家,其中,省级研究中心有186家,国家级达7家。

科技人才队伍发展壮大。全市拥有突出贡献的国家级中青年专家 2 人，省级中青年专家25 人，享受国务院政府特殊津贴专家 146 人，新世纪百千万人才工程国家级人选 4 人；院士工作站进站院士增加 12 人，达 34 人。年末，取得高级专业技术资格累计达 2.9 万人，中级专业技术资格 9.65 万人。新增山东省首席技师 31 人，累计达 45 人；新增技师、高级技师 1125 人，累计达 14981 人。

十、教育、文化、卫生和体育

教育事业稳步发展。幼儿园处数 824 所，比上年增加 67 所；在园幼儿数 117914 人，增加 1381 人；学前一年入园率达 100%；小学学龄儿童入学率达 100%。义务教育阶段小学招生 47533 人，毕业 48237 人，小学在校生辍学率为 0；初中毕业生 55621 人，初中毕业生普通高中升学率为 62.85%，初中在校生辍学率为 0.61%。高中阶段教育（包括普通高中、中等职业学校、技工学校）招生 76048 人，在校生 181233 人，普通高中、中等职业学校和技工学校占高中阶段在校学生总数的比例分别为 53.29%、32.87% 和 13.84%。普通高等教育本专科共招生 27919 人，比上年减少 3310 人；在校生 97081 人，减少 5278 人；毕业生 32427 人，增加 3334 人。

表 4　2011 年各类教育基本情况

学校类别	学校数（所）		专任教师（人）	
	数量	增减	人数	增减（%）
普通高等教育	8	持平	5287	42
中等职业学校	26	-1	2345	25
普通中学	193	-5	20448	355
高中	34	持平	5666	351
初中	159	-5	14782	4
小学	340	-17	15430	-302
特殊教育学校	10	持平	312	4
幼儿园	824	67	7648	276

表 5　2011 年各类教育基本情况

学校类别	招生数（人）		在校学生（人）		毕业生（人）	
	人数	增减	人数	增减	人数	增减
普通高等教育	27919	-3310	97081	-5278	32427	3334
中等职业学校	28473	-1214	59564	-730	24790	-1164
普通中学	82331	-587	297163	-1081	81647	6045
高中	34956	1440	96588	8445	26026	-558
初中	47375	-2027	200575	-9526	55621	5487
小学	47533	2852	229614	-713	48237	-1441
特殊教育学校	216	97	1316	-11	214	104
幼儿园	33772	-9222	117914	1381	42049	6806

文化事业蓬勃发展。现有各种艺术表演团体 3 个，文化站 88 个，文化（艺术）馆 9 个，博物馆 17 个，公共图书馆 9 个；省级文化产业示范基地达 9 个，增加 3 个。拥有全国统一编号报纸 7 种，刊物 8 种；省内部资料 8 种；新增版权作品登记 48 件。有线电视用户和数字电视用户分别达到 105 万户和 58 万户，比上年增加 6 万户和 5 万户。广播、电视人口覆盖率分别达到 100% 和 99.32%。

卫生事业健康发展。年末，拥有卫生机构 1510 个，较上年增加 49 个；其中，医院 125 个，增加 1 个；社区卫生服务中心 178 个，增加 8 个；乡镇卫生院 90 个，妇幼保健机构 9 个，专科疾病防治机构 5 个，疾病预防控制机构 9 个，卫生监督机构 10 个。各类卫生机构拥有床位 2.4 万张，卫生技术人员 2.74 万人，分别增加 0.1 万张和0.11万人;其中,执业医师(含助理)达1.12万人,注册护士1.04万人。甲、乙丙类法定报告传染病发病人数16633人,下降5.02%;报告传染病发病率367.13/10万,死亡率为0.11%,发病率和死亡率分别比上年降低9.54%和21.43%。

体育事业欣欣向荣。年内我市运动员在各项比赛中共获得奖牌356.5枚,其中金牌155.5枚,银牌78枚,铜牌123枚。成功协办第七届全国城市运动会,承办了武术套路、足球、拳击、跆拳道预赛和男子排球14-17岁组决赛。我市派出59人参加了本届城运会的12个比赛项目,共获得奖牌13枚,其中金牌6枚、银牌2枚、铜牌5枚。业余体校学员增加830人,达1316人。群众体育事业发展活跃。组队参加省首届全民健身运动会,获22个一等奖、39个二等奖、42个三等奖;建设了1个县级全民健身中心,12个乡镇(街道)全民健身活动中心,24个城市社区和21个农村社区体育场地,900个农民体育健身工程点。

十一、城乡建设

新型城镇化建设快速推进。“两区一村”建设已开工项目94个,完成安置房建设175万平方米,安置居民15867户。农村住房建设新开工38365户,农村危房安置改造完成6397户;城郊村开工拆迁户19506户,比上年增加2071户。年内全市有6个镇、46个村获“山东省小城镇建设示范镇”、“山东省村庄建设示范村(新型农村社区)”荣誉称号。

保障性住房建设扎实实施。年内开工建设保障房及城市棚户区项目46个,共计12999套,超额完成省下达任务;竣工(含结转项目)6224套,竣工率达到66%。全面规范各类保障性住房分配,全市经公开摇号分配经济适用住房3114套、廉租住房324套、限价房450套。

市政建设不断完善。市政公用基础设施完成投资38.4亿元。建成区面积达272平方公里。年内新增道路长度50.43公里,新增道路面积117.24万平方米,改造道路长度19.68公里,改造道路面积42.28万平方米,新增雨水管道38.81公里、污水管道53.18公里。城市平均每天供水87.4万吨;使用液化气、煤制气、天然气用户达71.2万户,集中供热面积达4778万平方米;城市气化率和污水处理率分别达98%和93.5%,分别比上年提高0.18个和1.26个百分点。

城市园林绿化水平进一步提高。年末,建成区园林绿地面积达10124公顷,比上年末增加292公顷;建成区绿化覆盖率达42.6%,提高0.4个百分点。现有公园39个,公园绿地面积新增90公顷,累计达3095公顷;人均公园绿地面积达16平方米,增加0.05平方米。

十二、资源、环境和安全生产

土地资源科学利用。年末,全市土地面积894.74万亩,其中,耕地面积317.56万亩。城镇村及工矿用地149.56万亩,其中,城市和建制镇用地58.17万亩,村庄用地81.68万亩;农用地688.28万亩;交通运输用地14.83万亩;水域及水工建筑用地19.91万亩。

水资源高效利用。全市多年平均水资源总量达12.02亿立方米，其中，地下水资源量9.45亿立方米；年开采地下水6.58亿立方米，比上年减少0.69亿立方米。大型水库蓄水量2.74亿立方米，增加0.36亿立方米。全年用水量10.47亿立方米，减少659.05万立方米。其中，生活用水1.51亿立方米，增加0.25亿立方米；工业用水2.62亿立方米，增加0.25亿立方米；农业用水5.9亿立方米，减少0.37亿立方米；生态用水0.44亿立方米，减少0.2亿立方米。

林业发展后劲增强。全市现有集体林地面积270.88万亩，在集体林权制度改革中全部明晰产权。年内造林面积达18.36万亩，比上年增长12%；森林覆盖率达36%，提高1个百分点；林木蓄积量572.52万立方米，增长8%。

大气环境治理富有成效。大气可吸入颗粒物年日平均值0.089毫克/立方米，减少0.003毫克/立方米；大气二氧化硫年日平均值0.050毫克/立方米，减少0.001毫克/立方米；大气二氧化氮年日平均值0.033毫克/立方米，增加0.001毫克/立方米。

气象地震服务保障有力。全年平均气温为13.2℃，比上年降低0.1℃。平均降水量742.8毫米，增加120.7毫米。现有8个国家气象观测站，59个区域气象观测站。地震台网的观测效能较高，拥有强震台8个、测震台7个。

安全生产形势良好。全年各类生产安全事故1769起，比上年下降15.6%；死亡人数373人，下降4.11%；经济损失为2923.1万元，增长19.94%。道路交通万车死亡3.05人，下降10.56%。工矿商贸企业就业人员10万人，生产安全事故死亡1.38人，下降18.82%。

十三、人口、居民生活和社会保障

人口低速增长。年末，全市户籍人口总户数达145.39万户，总人口为423.83万人；出生人口3.47万人，出生率为8.2‰；死亡人口2.5万人，死亡率为5.9‰；自然增长率为2.3‰；出生人口性别比为108.38。

表6　城镇每百户居民家庭主要耐用消费品拥有量

消费品名称	单位	数量
摩托车	辆	38
家用汽车	辆	27
洗衣机	台	99
电冰箱	台	105
彩色电视机	台	113
家用电脑	台	88
照相机	架	63
空调器	台	118
淋浴热水器	台	95
移动电话	部	192

城市居民收入稳步提高。全市城市居民人均可支配收入为24955元，增长14.6%。在城市居民家庭人均总收入中，工资性收入15570元，增长9.7%；经营净收入2982元，增长24.2%；财产性收入1333元，增长75.3%；转移性收入6656元，增长13.3%。城市居民人均消费支出15994元，增长16.5%。其中，食品支出4755元，增长21.3%。城市居民恩格尔系数为29.73%。城市居民人均住房建筑面积为34.38平方米，增长5.27%。

表7　农村每百户居民家庭主要耐用消费品拥有量

消费品名称	单位	数量
摩托车	辆	66
汽车(生活用)	辆	11
洗衣机	台	87
电冰箱	台	84
彩色电视机	台	112
家用计算机	台	40
照相机	架	15
空调机	台	42
热水器	台	59
移动电话	部	189

农村居民收入大幅增加。全市农民人均纯收入逾万元,达10878元,增长18.3%。其中,工资性收入6405元,增长24.5%;家庭经营性收入3517元,增长6.4%;财产性收入和转移性收入955元,增长19.11%。人均生活消费支出6458元,增长13.8%。其中,食品支出2266元,增长21.6%。农村居民恩格尔系数为35.09%。农村居民拥有住房面积36.67平方米,增长3.14%。

社会保障体系建设进一步加强。社会保险保障力度加大。年末,城镇基本养老、基本医疗、失业、工伤和生育保险参保人数分别达到101.1万人、195.93万人、65.75万人、83.76万人和57.63万人。全面实现了市级新农保(新型农村社会养老保险)与国家新农保并轨,参保农民达132.6万人;新型农村合作医疗保险参保人数达230.98万人。连续7年调整企业离退休人员养老金待遇,月人均养老金达1636元。在全省率先实现工伤、生育保险"统收统支"模式,失业保险金标准由每人每月490元提高至600元,并为领取失业金期间的失业人员缴纳职工基本医疗保险。城乡低保补助水平继续提高。城镇月最低生活保障标准由316元提高至321元,保障人数3.49万人,减少0.16万人。农民最低生活年保障标准由1328元提高至1722元,保障人数8.23万人,增加0.09万人。社会救助事业稳步推进。拥有收养性社会福利单位196个,各类社会福利院床位数达21789张,收养13762人。社区服务中心124个,城镇各种社区服务设施16132个。

注:1. 本公报中数据均为初步统计数或初步核算数。

2. 全年生产总值、各产业增加值绝对数按现价计算,增长速度按不变价(可比价)计算。

3. 人均地区生产总值按常住人口计算。

4. 规模以上工业企业为年主营业务收入2000万元及以上企业;限额以上贸易企业为批发业年主营业务收入在2000万元及以上、零售业500万元及以上、住宿和餐饮业200万元及以上的单位。

5. 资质内建筑企业是指具有总承包和专业承包的建筑企业(含劳务分包企业)。

6. 对外贸易使用商务局统计数据。

7. 邮政业务总量执行新的邮政行业不变单价。

8. "两区一村"工程指棚户区、老旧工矿居住区和城中村住房整治改造。

9. 多年平均水资源总量是指当地多年

平均降水量形成的地表和地下产水量,即地表径流量与降水入渗补给量之和。

10. 人口自然增长率按公安局户籍人口计算。

11. 恩格尔系数是指食品支出占消费支出总额的比重。

12. 根据省有关规定,全年能耗数据待省统计局审核评估后另行发布。

责任校对:雷子朋

2011 年 1－12 月山东省各市主要经济指标完成情况

各市名称	工业增加值	固定资产投资		社会消费品零售总额	进出口总值		地方财政收入	
	增减(%)	累计(亿元)	增减(%)	增减(%)	累计(亿美元)	增减(%)	累计(亿元)	增减(%)
全　省	14.0	25928.45	21.8	17.3	2359.92	24.8	3455.71	25.7
济南市	13.1	1934.34	18.1	17.3	104.00	39.8	325.42	22.3
青岛市	13.5	3502.54	23.4	17.4	723.17	26.7	566.00	25.1
淄博市	14.2	1499.22	23.7	18.0	90.36	34.7	203.59	25.4
枣庄市	13.0	823.77	24.1	17.3	10.68	17.2	100.12	30.5
东营市	13.9	1574.42	24.5	17.4	102.18	26.1	135.27	29.0
烟台市	14.4	2883.80	22.4	17.3	453.49	3.6	303.19	27.5
潍坊市	15.5	2603.17	22.9	17.3	140.88	20.0	253.92	25.4
济宁市	13.8	1391.66	20.0	17.3	57.45	28.8	207.10	22.4
泰安市	14.0	1473.70	22.9	17.4	18.21	14.6	138.12	18.1
威海市	13.6	1341.60	22.7	17.4	169.23	21.7	136.44	15.4
日照市	16.1	880.69	23.7	17.3	208.37	55.7	68.50	23.2
莱芜市	13.5	350.10	20.0	16.0	35.92	31.5	39.23	11.1
临沂市	16.4	1608.62	23.9	18.1	68.31	43.2	141.26	22.3
德州市	15.8	1153.66	23.8	17.3	26.82	37.7	95.06	30.4
聊城市	16.2	1041.11	23.4	17.4	56.54	52.7	96.56	37.0
滨州市	15.9	1010.69	23.8	17.3	66.91	31.7	130.76	25.8
菏泽市	22.6	552.29	24.8	18.1	27.40	49.0	111.59	31.8

注:①工业指标数据统计口径为年主营业务收入在 2000 万元及以上的工业法人企业。

②本资料由省统计局综合处提供。

2011 年度淄博市一般预算收支决算总表(一)

单位:万元

预算科目	调整预算数	决算数	预算科目	调整预算数	决算数
一、税收收入	1374073	1374073	一、一般公共服务	340345	333542
增值税	246638	246638	二、外交		
营业税	298904	298903	三、国防	5913	5215
企业所得税	193381	193381	四、公共安全	146903	144239
企业所得税退税			五、教育	624960	613364
个人所得税	36616	36616	六、科学技术	68050	64373
资源税	13412	13412	七、文化体育与传媒	42717	40254
固定资产投资方向调节税			八、社会保障和就业	300648	275689
城市维护建设税	121330	121330	九、医疗卫生	174447	162553
房产税	35462	35462	十、节能环保	93573	70249
印花税	28822	28822	十一、城乡社区事务	229873	202833
城镇土地使用税	91428	91428	十二、农林水事务	279108	242821
土地增值税	43405	43405	十三、交通运输	97814	62732
车船税	16600	16600	十四、资源勘探电力信息等事务	110940	105116
耕地占用税	87113	87114	十五、商业服务业等事务	81520	67565
契税	160592	160592	十六、金融监管等事务支出	2530	2429
烟叶税	370	370	十七、地震灾后恢复重建支出		
其他税收收入			十八、国土资源气象等事务	38922	16048
二、非税收入	661779	661779	十九、住房保障支出	28657	14724
专项收入	89327	89327	二十、粮油物资储备管理事务	4717	4186
行政事业性收费收入	149924	149924	二十一、预备事务支出	1366	766
罚没收入	36525	36525	二十二、预备费		
国有资本经营收入	206114	206114	二十三、国债还本付息支出		
国有资源(资产)有偿使用收入	141014	141014	二十四、其他支出	129627	103206
其他收入	38875	38875			
本年收入合计	2035852	2035852	本年支出合计	2802630	2531904

2011年度淄博市一般预算收支决算总表(二)

单位:万元

预算科目	决算数	预算科目	决算数
本年收入合计	2035852	本年支出合计	2531904
上级补助收入	681396	上解上级支出	113059
返还性收入	192082	一般性转移支付	90248
增值税和消费税税收返还收入	124728	体制上解支出	76180
所得税基数返还收入	63124	出口退税专项上解支出	14068
成品油价格和税费改革税收返还收入	6406	成品油价格和税费改革专项上解支出	
其他税收返还收入	-2176	专项转移支付	22811
一般性转移支付收入	167688	专项上解支出	22811
体制补助收入		计划单列市上解省支出	
均衡性转移支付补助收入	2639		
民族地区转移支付补助收入			
调整工资转移支付补助收入	8412		
农村税费改革转移支付收入	17909		
县级基本财力保障机制奖补资金收入	3283		
结算补助收入	-745		
化解债务补助收入			
资源枯竭型城市转移支付补助收入	18663		
企业事业单位划转补助收入	25822		
成品油价格和税费改革转移支付补助收入			
工商部门停征两费转移支付收入			
一般公共服务转移支付收入	16		
公共安全转移支付收入	18209		
教育转移支付收入	24850		
社会保障和就业转移支付收入	12567		
医疗卫生转移支付收入	23763		
农林水转移支付收入	6300		
产粮(油)大县奖励资金收入			
其他一般性转移支付收入	6000		
专项转移支付收入	321626		
地震灾后恢复重建补助收入			
省补助计划单列市收入			
财政部代理发行地方政府债券收入		财政部代理发行地方政府债券还本	
转贷财政部代理发行地方政府债券收入	34000	转贷财政部代理发行地方政府债券支出	
		增设预算周转金	
国债转贷收入		拨付国债转贷资金数	3029
国债转贷资金上年结余	3029	国债转贷资金结余	
国债转贷转补助			
上年结余	223113		
调入预算稳定调节基金		安排预算稳定调节基金	
调入资金	3773	调出资金	54670
1. 政府性基金调入	367	年终结余	278501
2. 国有资本经营预算调入		其中:本级	205504
3. 财政专户管理金调入	2369	减:结转下年的支出	270726
4. 其他调入	1037	其中:本级	202109
地震灾后恢复重建调入资金		净结余	7775
预算稳定调节基金调入		其中:本级	3395
收入总计	2981163	支出总计	2981163

2011年度淄博市一般预算收支决算分级表

单位：万元

预算科目	决算数合计	省级	地级	其中:地级直属乡镇	县级	乡镇级	预算科目	决算数合计	省级	地级	其中:地级直属乡镇	县级	乡镇级
一、税收收入	1374073		285333	3838	611621	477119	一、一般公共服务	333542		80646	1121	189875	63021
增值税	246638		50213	2111	61460	134965	二、外交						
营业税	298903		88975	226	127698	82230	三、国防	5215		3263		1948	4
企业所得税	193381		36702	292	53086	103593	四、公共安全	144239		65265		77649	1325
企业所得税退税							五、教育	613364		147440	176	440229	25695
个人所得税	36616		8102	34	16820	11694	六、科学技术	64373		32576		31283	514
资源税	13412		754	9	3062	9596	七、文化体育与传媒	40254		20104		18980	1170
固定资产投资方向调节税							八、社会保障和就业	275689		103806	268	161294	10589
城市维护建设税	121330		12313	592	68579	40438	九、医疗卫生	162553		42215	111	117663	2675
房产税	35462		8543	65	14597	12322	十、节能环保	70249		28037	67	41091	1121
印花税	28822		6180	151	9131	13511	十一、城乡社区事务	202833		97750	30	87287	17796
城镇土地使用税	91428		17104	353	21561	52763	十二、农林水事务	242821		48366	359	157104	37351
土地增值税	43405		12834	5	17433	13138	十三、交通运输	62732		30126		32456	150
车船税	16600		7596		8094	910	十四、资源勘探电力信息等事务	105116		74228		29315	1573
耕地占用税	87114		11937		73525	1652	十五、商业服务业等事务	67565		20632		46921	12
契税	160592		24080		136421	91	十六、金融监管等事务支出	2429		559		1870	
烟叶税	370				154	216	十七、地震灾后恢复重建支出						
其他税收收入							十八、国土资源气象等事务	16048		7576		8442	30
二、非税收入	661779		278568	254	363111	20100	十九、住房保障支出	14724		1660	17	12670	394
专项收入	89327		30235	254	39492	19600	二十、粮油物资管理事务	4186		1249		2937	
行政事业性收费收入	149924		65409		84515		二十一、储备事务息支出	766		198		568	
罚没收入	36525		17631		18894		二十二、国债还本付息支出						
国有资本经营收入	206114		74899		131215		二十三、其他支出	103206		3528	20	94813	4865
国有资源(资产)有偿使用收入	141014		78813		62201								
其他收入	38875		11581		26794	500							
本年收入合计	2035852		563901	4092	974732	497219	本年支出合计	2531904		809224	2169	1554395	168285

2011年度淄博市市县一般预算收支及平衡情况表

单位：万元

地区	收支部分													
	收入													
	收入合计	税收收入											非税收入	
		小计	增值税	营业税	企业所得税	个人所得税	资源税	城市维护建设税	耕地占用税	契税	烟叶税	其他各项税收收入	小计	专项收入
淄博市	2035852	1374073	246638	298903	193381	36616	13412	121330	87114	160592	370	215717	661779	89327
淄博市本级	563901	285333	50213	88975	36702	8102	754	12313	11937	24080		52257	278568	30235
市直	358805	119131	21412	47404	20599	4832	633					24251	239674	24657
高新区	200029	161567	26690	41010	15788	3235	112	11692	11807	24051		27182	38462	5312
文昌湖区	5067	4635	2111	561	315	35	9	621	130	29		824	432	266
淄博市区县合计	1471951	1088740	196425	209928	156679	28514	12658	109017	75177	136512	370	163460	383211	59092
博山区	133999	96419	21190	17729	10781	1457	127	9063	5028	15700	63	15281	37580	4929
淄川区	181278	129882	30547	20456	20286	3409	5518	11341	3362	11187	156	23620	51396	6315
张店区	300777	213628	21412	47404	20598	4833	632	23587	15816	55095		24251	87149	10921
周村区	113416	82226	16516	18795	6506	2487	406	6584	9663	5186		16083	31190	3545
临淄区	329505	239357	41999	47404	28528	9335	2188	37268	9451	18218		44966	90148	18490
桓台县	215735	181167	40349	25927	52967	4136	82	11794	10998	14358		20556	34568	8002
高青县	76018	65439	10382	15108	5423	968	1370	5531	15017	2586		9054	10579	3710
沂源县	121223	80622	14030	17105	11590	1889	2335	3849	5842	14182	151	9649	40601	3180

2011 年度淄博市市县一般预算收支及平衡情况表(续一)

单位:万元

地区	收支部分													
	收入					支出								
	非税收入													
	行政事业性收费收入	罚没收入	国有资本经营收入	国有资源(资产)有偿使用收入	其他收入	支出合计	一般公共服务	外交	国防	公共安全	教育	科学技术	文化体育与传媒	社会保障和就业
淄博市	149924	36525	206114	141014	38875	2531904	333542		5215	144239	613364	64373	40254	275689
淄博市本级	65409	17631	74899	78813	11581	809224	80646		3263	65265	147440	32576	20104	103806
市直	58092	16901	74749	53856	11419	607398	59683		3254	60650	114090	19935	19946	98562
高新区	7317	730	150	24953		192735	19250		7	4410	29602	12606	152	4257
文昌湖区				4	162	9091	1713		2	205	3748	35	6	987
淄博市区县合计	84515	18894	131215	62201	27294	1722680	252896		1952	78974	465924	31797	20150	171883
博山区	10550	2060		17834	2207	160686	16330		127	7764	37026	3312	1830	24025
淄川区	11611	4246	26500	81	2643	224343	39865		230	13157	66439	3089	2021	15589
张店区	4686	1346	48897	10650	10649	275968	52946		336	15832	70637	5547	2561	29172
周村区	5650	3469	497	17865	164	128918	16893		290	7515	30800	2637	620	20758
临淄区	22491	2984	43560	1917	706	330389	53844		2	12385	88572	7100	4662	26711
桓台县	12138	2362	8410	1112	2544	259455	35891		91	11988	73193	5175	3724	17596
高青县	1556	707	3351	134	1121	141412	15929		146	4407	41126	2646	1093	17518
沂源县	15833	1720		12608	7260	201509	21198		730	5926	58131	2291	3639	20514

2011年度淄博市市县一般预算收支及平衡情况表(续二)

单位:万元

地区	收支部分													
	支出功能分类													
	医疗卫生	节能环保	城乡社区事务	农林水事务	交通运输	资源勘探电力信息事务	商务服务业等事务	金融监管等事务支出	地震灾后恢复重建支出	国土资源气象等事务	住房保障支出	粮油物资管理事务	储备事务支出	国债还本付息支出
淄博市	162553	70249	202833	242821	62732	105116	67565	2429		16048	14724	4186	766	
淄博市本级	42215	28037	97750	48366	30126	74228	20632	559		7576	1660	1249	198	
市直	36793	25942	58289	39271	29414	16665	11106	559		7520	1119	1115	198	
高新区	4511	1978	39218	8424	712	57204	9513			12	524	134		
文昌湖区	911	117	243	671		359	13			44	17			
淄博市区县合计	120338	42212	105083	194455	32606	30888	46933	1870		8472	13064	2937	568	
博山区	12659	6180	17874	13444	3998	1857	4750			302	1301	148		
淄川区	17841	8557	17669	18733	4335	6280	5261			1410	3085	386		
张店区	13577	4327	15804	13056	1250	1913	6945	30		25	3512	674		
周村区	9528	4352	12880	8212	2678	2673	3238			315	1134	124	68	
临淄区	19301	3788	27174	27079	10643	3563	5739	714		1519	1216	363		
桓台县	20539	5573	8421	43075	3612	8666	9966	72		2935	437	790		
高青县	9894	2952	2176	29450	2845	1795	3849	582		118	772	213	450	
沂源县	16999	6483	3085	41406	3245	4141	7185	472		1848	1607	239	50	

2011 年度淄博市市县一般预算收支及平衡情况表（续三）

单位：万元

地区	收支部分	平衡部分												
	支出部分	收入												
				返还性收入					一般性转移支付收入					
	其他支出	收入总计	本年收入	小计	增值税和消费税税收返还	所得税基数返还	成品油价格和税费改革税收返还	其他税收返还	小计	体制补助	均衡性转移支付	民族地区转移支付补助	调整工资转移支付补助	农村税费改革转移支付
淄博市	103206	2981163	2035852	192082	124728	63124	6406	-2176	167688		2639		8412	17909
淄博市本级	3528	990330	563901	71375	37324	29174	4811	66	93890		653		-6524	-3749
市直	3287	773414	358805	60187	32180	24278	4721	-992	109399		653		-6604	-4023
高新区	221	206375	200029	11188	5144	4896	90	1058	-18255				80	274
文昌湖区	20	10541	5067						2746					
淄博市区县合计	99678	1990833	1471951	120707	87404	33950	1595	-2242	73798		1986		14936	21658
博山区	7759	196665	133999	17678	13985	3552		141	8280				2662	1338
淄川区	396	268593	181278	20991	16089	3670		1232	30934		840		3354	1751
张店区	37824	368067	300777	5730	12606	634		-7510	15247				626	913
周村区	4203	155724	113416	13653	10445	2083		1125	6494				1780	1098
临淄区	36014	371866	329505	29215	12547	15301	395	972	-35704				694	2972
桓台县	7711	281504	215735	17510	10702	5242	420	1146	7670				570	3316
高青县	3451	145329	76018	3711	3720	-669	340	320	22308		1146		1464	5129
沂源县	2320	203085	121233	12219	7310	4137	440	332	18569				3786	5141

2011 年度淄博市市县一般预算收支及平衡情况表(续四)

单位:万元

地区	平衡部分													
	收入													
	一般性转移支付收入													
	县级基本财力保障机制奖补资金	结算补助	化解债务补助	资源枯竭型城市转移支付补助	企业事业单位划转补助	成品油价格和税费改革转移支付补助	工商部门停征两费转移支付	一般公共服务转移支付	公共安全转移支付	教育转移支付	社会保障和就业转移支付	医疗卫生转移支付	农林水转移支付	产粮(油)大县奖励资金
淄博市	3283	-745		18663	25822			16	18209	24850	12567	23763	6300	
淄博市本级	860	106036			13004			15	3590	1660	-4528	-9660	-2300	
市直	846	124785			13004			15	3415	1078	-5030	-10528	-2600	
高新区	14	-21142							175	561	403	799	300	
文昌湖区		2393								21	99	69		
淄博市区县合计	2423	-106781		18663	12818			1	14619	23190	17095	33423	8600	
博山区	110	-9457			688				1605	2205	1638	3307	1200	
淄川区	92	-10837		18663	1081				2219	3425	3022	5656	900	
张店区	88	-1818			3952				2776	2225	1216	3427	1200	
周村区	63	-5892			83				1460	1375	1224	2391	600	
临淄区	587	-60504			6624				1978	2837	2696	4251	1650	
桓台县	626	-10158			146				1559	3215	2627	4100	300	
高青县	698	-8			101			1	1359	3755	1988	3845	1100	
沂源县	159	-8107			143				1663	4153	2684	6446	1650	

2011年度淄博市市县一般预算收支及平衡情况表（续五）

单位：万元

地区	平衡部分													
	收入											支出		
	一般性转移支付收入													一般性转移支付
	其他一般性转移支付收入	专项转移支付	地震灾后恢复恢复重建补助收入	省补助计划单列市收入	财政部代理发行地方政府债券收入	转贷部代理发行地方政府债券收入	上年结余	调入预算稳定调节基金	调入资金	地震灾后恢复重建调入资金	国债转贷收入、上年结余及转补助数	支出总计	本年支出	小计
淄博市	6000	321626				34000	223113		3773		3029	2702662	2531904	90248
淄博市本级	-5167	61466				5935	190734				3029	784826	809224	-59918
市直	-5612	49539				1935	190520				3029	569519	607398	-70501
高新区	281	10199				3000	214					206191	192735	10583
文昌湖区	164	1728				1000						9116	9091	
淄博市区县合计	11167	260160				28065	32379		3773			1917836	1722680	150166
博山区	2984	26016				4100	6433		159			187970	160686	25143
淄川区	768	31036				2760	1594					257633	224343	26013
张店区	642	30792				3000	12521					348594	275968	49656
周村区	2312	15745				2500	3549		367			150884	128918	20715
临淄区	511	34360				8200	6290					358318	330389	21109
桓台县	1369	35254				3000	1457		878			268019	259455	6212
高青县	1730	37985				2505	433		2369			143447	141412	629
沂源县	851	48972				2000	102					202971	201509	689

2011年度淄博市市县一般预算收支及平衡情况表(续六)

单位:万元

地区	平衡部分											
	支出										年终结余	其中:净结余
	一般性转移支付			专项上解	计划单列市上解省	财政部代理发行地方政府债券还本	转贷财政部代理发行地方政府债券支出	增设预算周转金	安排预算稳定调节基金	调出资金	国债转贷拨付数及年终结余		
	体制上解	出口退税专项上解	成品油价格和税费改革专项上解										
淄博市	76180	14068		22811						54670	3029	278501	7775
淄博市本级	-62104	2186		-6109						38600	3029	205504	3395
市直	-70449	-52		-9007						38600	3029	203895	3211
高新区	8345	2238		2873								184	184
文昌湖区				25								1425	
淄博市区县合计	138284	11882		28920						16070		72997	4380
博山区	24515	628		2141								8695	
淄川区	21607	4406		7277								10960	1338
张店区	47889	1767		7267						15703		19473	630
周村区	19352	1363		884						367		4840	
临淄区	19648	1461		6820								13548	1397
桓台县	5530	682		2352								13485	826
高青县		629		1406								1882	75
沂源县	-257	946		773								114	114

2011 年度淄博市政府性基金收支决算总表

单位:万元

预算科目	调整预算数	决算数	预算科目	调整预算数	决算数
政府性基金收入	1026763	1026763	一般公共服务	83	83
			教育	32497	21899
			文化体育与传媒	1144	367
			社会保障和就业	8440	4991
			城乡社区事务	1113620	981572
			农林水事务	9598	5693
			交通运输		
			资源勘探电力信息等事务	4105	933
			商业服务业等事务	140	140
			其他支出	23772	16833
本年收入合计	1026763	1026763	本年支出合计	1193399	1032591
上级补助收入		39672	上解上级支出		21539
其中:地震灾后恢复重建补助收入					
省补助计划单列市收入			计划单列市上解省支出		
上年结余		94200	调出资金		367
调入资金		54670	年终结余		160808
1. 一般预算调入		54670	其中:本级		75363
2. 财政专户管理资金调入					
3. 其他调入					
收入总计		1215305	支出总计		1215305

2011年度淄博市政府性基金收支决算分级表

单位:万元

项目	决算数合计	省级	地级	其中:地级直属乡镇	县级	乡镇级	项目	决算数合计	省级	地级	其中:地级直属乡镇	县级	乡镇级
地方教育附加收入	46652		3456		43196		地方教育附加安排的支出	21899		7543		14356	
新增建设用地土地有偿使用费收入							新增建设用地土地有偿使用费安排的支出	35502		9477		25242	783
地方水利建设基金收入	10694		3428		7266		地方水利建设基金支出	5298		1958		3090	250
残疾人就业保障金收入	2924		895		2029		残疾人就业保障金支出	2433		713		1696	24
政府住房基金收入	19704		5129		14575		政府住房基金支出	17697		946		16751	
城市公用事业附加收入	14915		12790		2125		城市公用事业附加安排的支出	14903		12778		2125	
国有土地收益基金收入	19693		2011		17682		国有土地收益基金支出	19451				19292	159
农业土地开发资金收入	39629		7121		32508		农业土地开发资金支出	31159				31159	
国有土地使用权出让收入	824950		392993		431957		国有土地使用权出让收入安排的支出	830061		426346		401533	2182
彩票公益金收入	11607		9918		1689		彩票公益金安排的支出	12533		6406		5338	789
城市基础设施配套费收入	34362		20492		13870		城市基础设施配套费安排的支出	32799		20119		12680	
车辆通行费收入							车辆通行费安排的支出						
其他各项政府性基金收入	1633		995		638		其他各项政府性基金支出	8856		5559		3297	
本年收入合计	1026763		459228		567535		本年支出合计	1032591		491845		536559	4187

2011 年度淄博市财政专户管理资金收支决算总表

单位：万元

科目名称	决算数	科目名称	决算数
一、行政事业性收费收入（教育收费）	56685	一、一般公共服务	368
二、其他收入	23642	二、外交	
其中：彩票发行机构和彩票销售机构的业务费用	2316	三、国防	
		四、公共安全	83
		五、教育	58744
		六、科学技术	
		七、文化体育与传媒	10
		八、社会保障和就业	299
		九、医疗卫生	1090
		十、节能环保	
		十一、城乡社区事务	4089
		十二、农林水事务	168
		十三、交通运输	
		十四、资源勘探电力信息等事务	36
		十五、商业服务业等事务	
		十六、金融监管等事务支出	
		十七、地震灾后恢复重建支出	
		十八、国土资源气象等事务	
		十九、住房保障支出	
		二十、粮油物资储备管理事务	
		二十一、储备事务支出	
		二十二、国债还本付息支出	
		二十三、其他支出	3013
本年收入合计	80327	本年支出合计	67900
上级补助收入		上解上级支出	
省补助计划单列市收入		计划单列市上解省支出	
上年结余	19860	调出资金	2369
		1. 调出至一般预算	2369
		2. 调出至政府性基金	
		年终结余	29918
		其中：本级	26040
收入总计	100187	支出总计	100187

2011年度淄博市乡镇财政基本情况表

单位:万元、个、人

项目	决算数	项目	决算数	项目	决算数
一、本年乡镇数	69	1000万元(含)以上的乡镇数	56	上年结余	
其中:实行"乡财县管"的乡镇数	23	十、村民委员会个数	3041	调入资金	
二、乡镇财政机构数	69	十一、乡镇一般预算收支平衡情况		支出总计	4204
其中:财税所数		收入总计	558844	政府性基金支出	4204
三、已建立乡镇国库的乡镇数		一般预算收入	501311	上解上级支出	
四、税务所机构数	79	上级补助收入	54774	调出资金	
国家税务所数	36	其中:地震灾后恢复重建补助收入		年终结余	
地方税务所数	43	上年结余	2759	十三、乡镇国有资本经营预算收支平衡情况	
其中:一乡(镇)一所数		转贷财政部代理发行地方政府债券收入		收入总计	
五、乡镇财政所总人数	498	调入预算稳定调节基金		国有资本经营预算收入	
1.行政编制实有人数	71	调入资金		地震灾后恢复重建补助收入	
2.事业编制实有人数	414	地震灾后恢复重建调入资金		上年结余	
3.以工代干人数	4	支出总计	558844	支出总计	
4.集体财务人员人数	9	一般预算支出	170454	国有资本经营预算支出	
六、乡镇财政供养人数	10356	上解上级支出	381805	调出资金	
1.一般预算财政拨款开支人数	4913	财政部代理发行地方政府债券还本		年终结余	
2.一般预算财政补助开支人数	5443	增设预算周转金		十四、乡镇财政专户管理资金收支平衡情况	
其中:教师	2876	安排预算稳定调节基金		收入总计	445
七、赤字乡镇个数		调出资金		财政专户管理资金收入	
八、乡镇年末总人口	3280309	年终结余	6585	上级补助收入	
城镇人口	1088125	其中:净结余	605	上年结余	445
乡村人口	2192184	十二、乡镇政府性基金预算收支平衡情况		支出总计	445
九、乡镇财政一般预算收入分档		收入总计	4204	财政专户管理资金支出	445
100万元(不含)以下的乡镇数		政府性基金收入		上解上级支出	
100万元(含)-500万元的乡镇数	6	上级补助收入	4204	调出资金	
500万元(含)-1000万元的乡镇数	7	其中:地震灾后恢复重建补助收入		年终结余	

2011年度淄博市一般预算收入超3000万元镇、街道办事处统计表

单位：万元

区县	个数	乡镇、街道办事处名称	一般预算收入	区县	个数	乡镇、街道办事处名称	一般预算收入
博山区	5	白塔镇	6139	周村区	8	南郊镇	7437
		经济开发区	13711			北郊镇	10105
		山头街道办事处	3769			王村镇	7401
		八陡镇	4208			经济开发区	11265
		城东街道办事处	4221			青年路街道办事处	11532
淄川区	11	般阳路街道办事处	7318			大街街道办事处	6080
		松龄路街道办事处	4976			丝绸路街道办事处	7153
		经济开发区	17154			永安街道办事处	9242
		将军路街道办事处	5404	临淄区	11	齐都镇	6096
		昆仑镇	9805			辛店街道办事处	24489
		岭子镇	13470			齐陵街道办事处	3465
		双杨镇	14522			敬仲镇	3275
		龙泉镇	6897			朱台镇	8875
		寨里镇	4964			凤凰镇	31021
		罗村镇	5421			稷下街道办事处	16715
		洪山镇	4717			金岭镇	10132
张店区	9	沣水镇	3748			金山镇	46935
		傅家镇	5715			闻韶街道办事处	5770
		南定镇	4812			雪宫街道办事处	10413
		房镇镇	3083	桓台县	4	索镇镇	10980
		马尚镇	7613			唐山镇	53713
		公园街道办事处	5879			马桥镇	48135
		和平街道办事处	4363			果里镇	24511
		杏园街道办事处	8238	高青县	2	田镇街道办事处	5110
		科苑街道办事处	7548			常家镇	3223
				沂源县	2	南麻镇	7112
						东里镇	10225
				高新区	1	四宝山街道办事处	39063
				文昌湖区	1	萌水镇	3134

2011年度淄博市镇、街道办事处一般预算收支情况统计表

单位:万元

单位	财政收入			财政支出		
	2010年	2011年	增长%	2010年	2011年	增长%
合计	491742	667531	35.75	186059	231530	24.44
一、博山区	36758	40057	8.97	16056	18003	12.13
白塔镇	7671	6139	-19.97	2091	1985	-5.07
经济开发区	10908	13711	25.70	5569	6180	10.97
山头镇街道办事处	3443	3769	9.47	1815	1326	-26.94
八陡镇	4460	4208	-5.65	1320	1460	10.61
石马镇	900	1226	36.22	225	1131	402.67
博山镇	1626	1819	11.87	566	899	58.83
源泉镇	1572	1627	3.50	802	892	11.22
池上镇	568	685	20.60	515	657	27.57
城东街道办事处	3299	4221	27.95	1591	1958	23.07
城西街道办事处	2311	2652	14.76	1562	1515	-3.01
二、淄川区	78667	96542	22.72	29101	33330	14.53
般阳路街道办事处	3653	7318	100.33	1089	1845	69.47
松龄路街道办事处	3222	4976	54.44	856	819	-4.28
经济开发区	12091	17154	41.88	10026	9576	-4.48
将军路街道办事处	5858	5404	-7.74	1460	1353	-7.34
昆仑镇	8272	9805	18.53	3680	3503	-4.82
岭子镇	10527	13470	27.96	2458	1621	-34.05
商家镇	888			233		
双杨镇	13739	14522	5.70	2646	3249	22.79
太河镇	294	236	-19.60	1326	2841	114.18
西河镇	3151	1657	-47.41	1910	2753	44.17
龙泉镇	4431	6897	55.65	874	1905	117.96
寨里镇	5298	4964	-6.31	476	1061	122.84
罗村镇	3403	5421	59.28	657	1739	164.55
洪山镇	3840	4717	22.84	1411	1065	-24.50

续表

单 位	财政收入			财政支出		
	2010 年	2011 年	增长%	2010 年	2011 年	增长%
三、张店区	46530	58643	26.03	19807	37845	91.07
沣水镇	2712	3748	38.20	1662	2415	45.31
傅家镇	5618	5715	1.73	1964	4170	112.32
南定镇	3910	4812	23.07	2194	3040	38.56
房镇镇	2412	3083	27.82	1907	2203	15.52
中埠镇	3001	2219	-26.06	1023	2077	103.03
马尚镇	5286	7613	44.02	2695	3685	36.73
公园街道办事处	4462	5879	31.76	1168	2276	94.86
车站街道办事处	2168	2667	23.02	1142	1645	44.05
和平街道办事处	3473	4363	25.63	758	1070	41.16
杏园街道办事处	5627	8238	46.40	3122	3112	-0.32
体育场街道办事处	2116	2758	30.34	833	926	11.16
科苑街道办事处	5745	7548	31.38	1339	2487	85.74
四、周村区	57569	70215	21.97	7346.86	9495	29.24
南郊镇	7268	7437	2.33	1364	1480	8.54
北郊镇	9064	10105	11.48	1198	2139	78.58
萌水镇	3134			1032		
王村镇	7104	7401	4.18	1187	1859	56.66
城北路街道办事处	8984	11265	25.39	750	1394	85.92
青年路街道办事处	5672	11532	103.31	510	841	64.85
大街街道办事处	5527	6080	10.01	449	538	19.72
丝绸路街道办事处	5517	7153	29.65	445	639	43.66
永安街道办事处	5299	9242	74.41	412	604	46.56
五、临淄区	103065	168707	63.69	47711.89	55769.06	16.89
齐都镇	4617	6096	32.03	3714	3608	-2.84
辛店街道办事处	15682	24489	56.16	5403	7252	34.22
齐陵街道办事处	2785	3465	24.42	2227	2597	16.61
皇城镇	1246	1521	22.06	2100	2543	21.07
敬仲镇	2375	3275	37.91	2260	2535	12.20
朱台镇	7554	8875	17.48	3766	4581	21.62
凤凰镇	27425	31021	13.11	8751	9737	11.27
稷下街道办事处	9062	16715	84.45	4919	6383	29.76
金岭镇	5121	10132	97.85	3315	3475	4.83
*金山镇(南王镇与边河镇合并)	18049	46935	160.05	6516	8633	32.50
雪宫街道办事处	4980	10413	109.07	2310	2389	3.46
闻韶街道办事处	4167	5770	38.46	2432	2036	-16.29

续表

单位	财政收入			财政支出		
	2010年	2011年	增长%	2010年	2011年	增长%
六、桓台县	94568	143291	51.52	30803.35	34264	11.23
索镇镇	10205	10980	7.60	2945	3721	26.35
唐山镇	21429	53713	150.65	4388	8676	97.71
田庄镇	1329	1733	30.39	990	1416	43.05
新城镇	1823	1769	-3.00	1000	1214	21.37
马桥镇	35429	48135	35.86	12452	9217	-25.98
起凤镇	1848	2195	18.79	1298	1454	12.08
荆家镇	184	256	39.49	886	1123	26.64
果里镇	22321	24511	9.81	6845	7444	8.75
七、高青县	19106	23316	22.03	14774	18311	23.94
田镇街道办事处	6862	5110	-25.53	4899	3277	-33.11
青城镇	1165	1308	12.27	759	561	-26.09
高城镇	2416	2828	17.05	2027	1812	-10.61
黑里寨镇	1024	1210	18.16	734	498	-32.15
唐坊镇	1202	1380	14.81	967	915	-5.38
常家镇	2592	3223	24.34	2075	2483	19.66
木李镇	1955	2594	32.69	1670	2057	23.17
花沟镇	1890	2926	54.81	1643	3018	83.69
*芦湖街道办事处(新增)		2737			3690	
八、沂源县	23671	23605	-0.28	15161	15773	4.04
南麻镇	6569	7112	8.27	2567	2449	-4.60
鲁村镇	1715	1140	-33.52	1849	1857	0.43
悦庄镇	1239	699	-43.58	1253	1186	-5.32
东里镇	9106	10225	12.29	2660	3782	42.16
西里镇	592	198	-66.56	981	846	-13.76
大张庄镇	291	161	-44.65	639	939	46.88
燕崖镇	555	411	-25.88	722	702	-2.72
中庄镇	424	166	-60.82	703	782	11.24
张家坡镇	590	583	-1.19	758	788	3.97
石桥镇	615	650	5.67	808	747	-7.55
南鲁山镇	1976	2260	14.37	2221	1695	-23.68
九、高新区	31808	39063	22.81	5298	6570	24.01
四宝山办事处	31808	39063	22.81	5298	6570	24.01
*十、文昌湖区(新成立)		4092			2169	
萌水镇		3134			1269	
商家镇		958			900	

2011年度淄博市国有及国有控股企业资产负债表

单位：万元

项　　目	行次	期末余额	年初余额	项　　目	行次	期末余额	年初余额
流动资产：	1			流动负债：	66		
货币资金	2	246,483.2	246,276.6	短期借款	67	373253.9	345261.0
结算备付金	3			向中央银行借款	68		
拆出资金	4			吸收存款及同业存放	69		
交易性金融资产	5	60.0	1030.0	拆入资金	70		
应收票据	6	99622.3	77845.0	交易性金融负债	71		
应收账款	7	117033.5	101649.7	应付票据	72	75341.5	74872.6
预付款项	8	123966.5	109973.9	应付账款	73	205427.6	170744.8
应收保费	9			预收款项	74	151209.5	129080.9
应收分保账款	10			卖出回购金融资产款	75		
应收分保合同准备金	11			应付手续费及佣金	76		
应收利息	12		45.0	应付职工薪酬	77	14207.7	15329.6
应收股利	13	25.0	25.0	其中：应付工资	78	7745.5	7740.5
其他应收款	14	307596.3	267839.7	应付福利费	79	1587.7	2573.1
买入返售金融资产	15			其中：职工奖励及福利基金	80		
存货	16	219039.6	199241.1	应交税费	81	10992.5	11848.2
其中：原材料	17	40974.2	42622.4	其中：应交税金	82	347.1	4952.5
库存商品（产成品）	18	148201.0	102865.6	应付利息	83	15756.2	15113.4
一年内到期的非流动资产	19	1716.6	1787.0	应付股利	84	1942.4	5533.0
其他流动资产	20			其他应付款	85	332401.6	264303.3
流动资产合计	21	1115542.9	1005712.9	应付分保账款	86		
非流动资产：	22			保险合同准备金	87		
发放贷款及垫款	23			代理买卖证券款	88		
可供出售金融资产	24	56.4	65.4	代理承销证券款	89		
持有至到期投资	25	3.8	3.8	一年内到期的非流动负债	90	9761.2	5518.1
长期应收款	26	71.5		其他流动负债	91	37060.9	31241.8
长期股权投资	27	146390.9	146324.7	流动负债合计	92	1227355.0	1068846.6
投资性房地产	28	2846.5	2971.7	非流动负债：	93		
固定资产原价	29	1208293.7	1062256.0	长期借款	94	163657.9	154860.4
减：累计折旧	30	490473.9	437423.6	应付债券	95		
固定资产净值	31	717819.8	624832.3	长期应付款	96	36951.9	38820.5
减：固定资产减值准备	32	2497.5	2931.7	专项应付款	97	77926.2	73310.4
固定资产净额	33	715322.3	621900.6	预计负债	98	5026.1	6695.8
在建工程	34	191079.3	170752.4	递延所得税负债	99	479.1	548.2
工程物资	35	2950.5	1677.7	其他非流动负债	100	178.5	
固定资产清理	36	5463.1	4928.0	其中：特准储备基金	101		
生产性生物资产	37	3803.8	3020.8	非流动负债合计	102	284219.7	274235.3
油气资产	38			负债合计	103	1511574.6	1343081.9
无形资产	39	105123.1	96474.9	所有者权益（或股东权益）：	104		
开发支出	40		334.7	实收资本（股本）	105	358629.5	348086.6
商誉	41			国家资本	106	165680.2	166482.6
长期待摊费用	42	1569.2	5539.6	集体资本	107	3182.3	3182.3
递延所得税资产	43	5799.5	5494.1	法人资本	108	133517.4	122538.7
其他非流动资产	44			其中：国有法人资本	109	84992.0	75813.2
其中：特准储备物资	45			集体法人资本	110	40747.1	38947.1
非流动资产合计	46	1180479.7	1059488.2	个人资本	111	45186.5	44819.9
	47			外商资本	112	11063.1	11063.1
	48			减：已归还投资	113		
	49			实收资本（或股本）净额	114	358629.5	348086.6
	50			资本公积	115	391716.9	356204.6
	51			减：库存股	116		
	52			专项储备	117	8718.1	6610.9
	53			盈余公积	118	62231.6	53417.0
	54			其中：法定公积金	119	25840.0	19926.2
	55			任意公积金	120	3621.7	3598.8
	56			储备基金	121	763.8	515.9
	57			企业发展基金	122	332.2	208.3
	58			利润归还投资	123		
	59			一般风险准备	124		
	60			未分配利润	125	-36848.1	-42199.8
	61			外币报表折算差额	126		
	62			归属于母公司所有者权益合计	127	784448.0	722119.2
	63			少数股东权益	128		
	64			所有者权益合计	129	784448.0	722119.2
资产总计	65	2296022.7	2065201.2	负债及所有者权益总计	130	2296022.7	2065201.2

2011年度淄博市国有及国有控股企业利润表

单位：万元

项目	行次	本期金额	上期金额	项目	行次	本期金额	上期金额
一、营业总收入	1	1240521.8	1127675.1	其他	29		
其中：营业收入	2	1240521.8	1127675.1	加：公允价值变动收益(损失以“-”号填列)	30		
其中：主营业务收入	3	1202777.6	1097749.4	投资收益(损失以“-”号填列)	31	13251.9	9308.3
其他业务收入	4	37744.2	29925.8	其中：对联营企业和合营企业的投资收益	32	5262.7	4478.4
利息收入	5			汇兑收益(损失以“-”号填列)	33		
已赚保费	6			三、营业利润(亏损以“-”号填列)	34	18272.1	45892.2
手续费及佣金收入	7			加：营业外收入	35	45228.7	32975.6
二、营业总成本	8	1235501.6	1091091.2	其中：非流动资产处置利得	36	550.0	5185.3
其中：营业成本	9	1006712.9	906353.1	非货币性资产交换利得	37		
其中：主营业务成本	10	980427.3	886481.0	政府补助	38	27438.6	19704.8
其他业务成本	11	26285.6	19872.0	债务重组利得	39	6.5	
利息支出	12			减：营业外支出	40	4961.9	6640.7
手续费及佣金支出	13			其中：非流动资产处置损失	41	380.8	567.3
退保金	14			非货币性资产交换损失	42		
赔付支出净额	15			债务重组损失	43	205.3	
提取保险合同准备金净额	16			四、利润总额(亏损总额以“-”号填列)	44	58538.9	72227.1
保单红利支出	17			减：所得税费用	45	26013.9	22544.6
分保费用	18			五、净利润(净亏损以“-”号填列)	46	32525.0	49682.5
营业税金及附加	19	10923.2	8411.4	归属于母公司所有者的净利润	47	32525.0	49682.5
销售费用	20	52390.2	43792.8	少数股东损益	48		
管理费用	21	108443.2	99141.5	六、每股收益：	49		
其中：业务招待费	22	3185.4	2980.1	基本每股收益	50		
研究与开发费	23	5568.0	3591.3	稀释每股收益	51		
财务费用	24	31776.3	27270.6	七、其他综合收益	52	-945.3	2437.2
其中：利息支出	25	31830.2	27563.7	八、综合收益总额	53	31579.7	52119.8
利息收入	26	1894.7	2589.7	归属于母公司所有者的综合收益总额	54	31579.7	52119.8
汇兑净损失(净收益以“-”号填列)	27	230.2	283.2	归属于少数股东的综合收益总额	55		
资产减值损失	28	25255.8	6121.8				

2011年度淄博市国有及国有控股企业所有者权益变动表

单位：万元

项目	行次	本年金额										
		归属于母公司所有者权益									少数股东权益	所有者权益合计
		实收资本（或股本）	资本公积	减：库存股	专项储备	盈余公积	一般风险准备	未分配利润	其他	小计		
栏次		1	2	3	4	5	6	7	8	9	10	11
一、上年年末余额	1	348086.6	356204.6		6610.9	53417.0		-42199.8		722119.2		722119.2
加：会计政策变更	2											
前期差错更正	3											
二、本年年初余额	4	348086.6	356204.6		6610.9	53417.0		-42199.8		722119.2		722119.2
三、本年增减变动金额（减少以"-"号填列）	5	10543.0	35512.4		2107.2	8814.6		5351.7		62328.8		62328.8
（一）净利润	6							32525.0		32525.0		32525.0
（二）其他综合收益	7	1000.0	1064.8			122.7		-186.0		2001.5		2001.5
综合收益小计	8	1000.0	1064.8			122.7		32339.0		34526.5		34526.5
（三）所有者投入和减少资本	9	1917.9	32832.5							34750.4		34750.4
1. 所有者投入资本	10	2125.0	30166.4							32291.4		32291.4
2. 股份支付计入所有者权益的金额	11	-207.1	2666.1							2458.9		2458.9
3. 其他	12											
（四）专项储备提取和使用	13		3624.0		2107.2					5731.2		5731.2
1. 提取专项储备	14				2544.3					2544.3		2544.3
2. 使用专项储备	15				-437.2					-437.2		-437.2
（五）利润分配	16					8716.8		-21187.2		-12470.4		-12470.4
1. 提取盈余公积	17					8716.8		-8716.8				
其中：法定公积金	18					8321.9		-8321.9				
任意公积金	19					22.9		-22.9				
储备基金	20					248.0		-248.0				
企业发展基金	21					124.0		-124.0				
利润归还投资	22											
2. 提取一般风险准备	23											
3. 对所有者（或股东）的分配	24							-12164.6		-12164.6		-12164.6
4. 其他	25							-305.8		-305.8		-305.8
（六）所有者权益内部结转	26	7625.1	-2009.0			-25.0		-5800.1		-209.0		-209.0
1. 资本公积转增资本（或股本）	27	1800.0	-1800.0									
2. 盈余公积转增资本（或股本）	28	25.0				-25.0						
3. 盈余公积弥补亏损	29											
4. 其他	30	5800.1	-209.0					-5800.1		-209.0		-209.0
四、本年年末余额	31	358629.5	391716.9		8718.1	62231.6		-36848.1		784448.0		784448.0

2011 年度淄博市国有及国有控股企业所有者权益变动表(续表)

单位:万元

项目	行次	上年金额										
		归属于母公司所有者权益									少数股东权益	所有者权益合计
		实收资本(或股本)	资本公积	减:库存股	专项储备	盈余公积	一般风险准备	未分配利润	其他	小计		
栏次		12	13	14	15	16	17	18	19	20	21	22
一、上年年末余额	1	316458.6	363400.5		5097.4	47067.0		-91409.2		640614.3		363775.8
加:会计政策变更	2											
前期差错更正	3					284.5		3278.8		3563.3		
二、本年年初余额	4	316458.6	363400.5		5097.4	47351.5		-88130.4		644177.6		644177.6
三、本年增减变动金额(减少以"-"号填列)	5	31628.0	-7195.9		1513.6	6065.5		45930.5		77941.7		77941.7
(一)净利润	6							49682.5		49682.5		49682.5
(二)其他综合收益	7		6297.0					4141.7		10438.8		10438.8
综合收益小计	8		6297.0					53824.3		60121.3		60121.3
(三)所有者投入和减少资本	9	780.0	28062.2					-112.0		28730.2		28730.2
1. 所有者投入资本	10	780.0	28062.2							28842.2		28842.2
2. 股份支付计入所有者权益的金额	11											
3. 其他	12							-112.0		-112.0		-112.0
(四)专项储备提取和使用	13		2640.0		1513.6					4153.6		4153.6
1. 提取专项储备	14				2064.3					2064.3		2064.3
2. 使用专项储备	15				-550.7					-550.7		-550.7
(五)利润分配	16					6065.5		-21290.1		-15224.6		-15224.6
1. 提取盈余公积	17					6065.5		-6065.5				
其中:法定公积金	18					6065.5		-6065.5				
任意公积金	19											
#储备基金	20											
#企业发展基金	21											
#利润归还投资	22											
2. 提取一般风险准备	23											
3. 对所有者(或股东)的分配	24							-14748.2		-14748.2		-14748.2
4. 其他	25							-476.4		-476.4		-476.4
(六)所有者权益内部结转	26	30848.0	-44195.2					13508.4		161.2		161.2
1. 资本公积转增资本(或股本)	27	43915.2	-43915.2									
2. 盈余公积转增资本(或股本)	28											
3. 盈余公积弥补亏损	29											
4. 其他	30	-13067.2	-280.0					13508.4		161.2		161.2
四、本年年末余额	31	348086.6	356204.6		6610.9	53417.0		-42199.8		722119.2		722119.2

2011年度淄博市国有及国有控股企业基本情况表

单位：万元

项 目	行次	金额	项 目	行次	金额
一、职工人数情况(人)：	1		(二)生产发展性资金	50	16503.2
(一)年末从业人员人数	2	35618	(三)社会保障性资金	51	133.0
(二)全年平均从业人员人数	3	35066	(四)其他	52	3421.4
(三)年末职工人数	4	36144	七、本年科技资金来源及支出情况	53	
其中：年末在岗职工人数	5	33744	(一)本年科技资金来源合计	54	6869.7
(四)全年平均职工人数	6	35579	其中：政府拨款	55	12.0
其中：全年平均在岗职工人数	7	33561	企业自筹	56	6854.5
(五)年末离休人数	8	228	其他	57	3.1
(六)年末退休人数	9	7568	(二)本年科技支出合计	58	6869.7
(七)参加基本养老保险职工人数	10	33647	1.研究开发费用合计	59	6869.7
(八)参加补充养老保险职工人数	11	8276	其中：研发人员人工支出	60	2900.6
(九)参加基本医疗保险职工人数	12	33658	研究开发性固定资产支出	61	99.3
(十)参加补充医疗保险职工人数	13	6365	其他研究开发支出	52	3869.8
(十一)参加失业保险职工人数	14	31897	2.购买新技术、科研设备等支出	63	
(十二)参加工伤保险职工人数	15	34605	3.其他科技支出	64	
(十三)参加生育保险职工人数	16	31662	八、固定资产情况：	65	
(十四)实行工效挂钩职工人数	17		(一)主要类别固定资产情况	66	
二、企业不在岗职工及劳动关系处理情况：	18		1.固定资产原价合计	67	1208293.7
(一)年初不在岗职工人数(人)	19	1849	其中：土地资产	68	19862.8
其中：内退人数(人)	20	1320	房屋、建筑物	69	426905.6
(二)年末不在岗职工人数(人)	21	2400	机器设备	70	611305.0
其中：内退人数(人)	22	1295	运输工具	71	79039.1
(三)本年累计解除劳动关系人数	23	568	2.当年计提的固定资产折旧总额	72	121332.8
(四)本年累计支付经济补偿金额	24	167.1	其中：房屋、建筑物	73	33073.5
其中：财政负担部分	25	157.3	机器设备	74	74945.8
三、工资及福利情况：	26		运输工具	75	8503.8
(一)全年应发工资总额	27	103279.6	3.当年计提折旧的固定资产原价	76	1084682.7
(二)全年实际发放工资总额	28	102751.1	(二)当年固定资产投资额	77	183369.7
其中：全年实际发放职工工资总额	29	102023.1	1.购置固定资产投资额	78	87702.8
其中：全年实际发放在岗职工工资总额	30	98508.3	2.基建投资	79	81250.3
(三)企业提取的工资总额	31	54521.0	3.其他投资	80	14416.6
1.非工挂企业工资总额	32	51628.1	九、投资收益	81	13251.9
2.工挂企业工资总额	33		其中：长期股权投资	82	8729.9
(1)核定的工挂企业工资总额基数	34		交易性金融资产	83	14.8
(2)工挂企业提取的新增效益工资	35		交易性金融负债	84	
(四)本年支付的离退休人员养老金及福利性补助	36	1316.0	持有至到期投资	85	
(五)本年支付的企业负责人薪酬总额	37	2170.8	可供出售金融资产	86	0.4
企业负责人人数	38	264	其他收益项目	87	4506.8
(六)本年支付的职工福利费	39	7186.6	十、拥有的自主知识产权专利数量(项)	88	81
(七)本年支付的医药费	40	688.0	其中：本年度新增专利数量(项)	89	16
其中：离退休人员医药费	41	129.2	十一、当年企业提取的安全生产费用	90	2940.8
(八)本年企业支付的职工住房费用	42	4205.6	十二、当年企业支出的安全生产费用	91	1636.4
其中：本年按月发放的住房补贴	43	1537.0	十三、当年企业支出的环境保护及生态恢复支出	92	482.1
四、本年支付的职工培训费用	44	690.5	其中：(一)本年度上交政府统筹的支出	93	
五、产值(按现行价格计算)：	45		(二)本年度企业提取或据实列支的支出	94	229.7
(一)工业总产值	46	1062272.4	十四、当年企业支出的节能减排费用	95	1621.8
(二)工业增加值	47	341213.8	十五、企业累计向境外投资额	96	
六、本年收到的财政性资金	48	20401.7	其中：企业当年新增向境外投资额	97	
(一)基本建设性资金	49	344.0		98	

2011年度淄博市市直国有及国有控股企业资产负债表

单位:万元

项　目	行次	期末余额	年初余额	项　目	行次	期末余额	年初余额
流动资产:	1			流动负债:	66		
货币资金	2	104161.4	81057.9	短期借款	67	234601.0	218506.2
结算备付金	3			向中央银行借款	68		
拆出资金	4			吸收存款及同业存放	69		
交易性金融资产	5	20.0	1020.0	拆入资金	70		
应收票据	6	14027.4	14274.7	交易性金融负债	71		
应收账款	7	36522.6	26509.5	应付票据	72	30653.1	36116.0
预付款项	8	56733.6	53666.4	应付账款	73	96314.0	94201.0
应收保费	9			预收款项	74	52126.1	50239.3
应收分保账款	10			卖出回购金融资产款	75		
应收分保合同准备金	11			应付手续费及佣金	76		
应收利息	12		45.0	应付职工薪酬	77	10896.4	11652.1
应收股利	13	25.0	25.0	其中:应付工资	78	6458.2	6502.1
其他应收款	14	124185.8	114632.1	应付福利费	79	853.3	1135.8
买入返售金融资产	15			# 其中:职工奖励及福利基金	80		
存货	16	90178.5	86203.6	应交税费	81	1985.4	702.4
其中:原材料	17	16382.4	15413.7	其中:应交税金	82	1432.1	519.1
库存商品(产成品)	18	69430.6	46641.8	应付利息	83	15653.2	14614.1
一年内到期的非流动资产	19	108.7	108.7	应付股息	84	1347.4	1277.4
其他流动资产	20			其他应付款	85	156482.9	109058.8
流动资产合计	21	425963.1	377543.0	应付分保账款	86		
非流动资产:	22			保险合同准备金	87		
发放贷款及垫款	23			代理买卖证券款	88		
可供出售金融资产	24	56.4	65.4	代理承销证券款	89		
持有至到期投资	25	3.8	3.8	一年内到期的非流动负债	90	4623.8	5328.7
长期应收款	26			其他流动负债	91	37060.9	31241.8
长期股权投资	27	73547.5	89248.0	流动负债合计	92	641744.2	572937.7
投资性房地产	28			非流动负债:	93		
固定资产原价	29	543313.3	520296.8	长期借款	94	42813.3	40482.5
减:累计折旧	30	266003.0	240089.1	应付债券	95		
固定资产净值	31	277310.2	280207.7	长期应付款	96	27554.8	26201.1
减:固定资产减值准备	32	2465.6	2841.6	专项应付款	97	2201.6	1719.5
固定资产净额	33	274844.7	277366.1	预计负债	98	4713.1	3272.2
在建工程	34	60114.1	45428.4	递延所得税负债	99	479.1	548.2
工程物资	35	1712.9	727.1	其他非流动负债	100	178.5	
固定资产清理	36	84.2	78.9	其中:特准储备基金	101		
生产性生物资产	37			非流动负债合计	102	77940.4	72223.5
油气资产	38			负债合计	103	719684.6	645161.3
无形资产	39	34425.3	32356.9	所有者权益(或股东权益):	104		
开发支出	40			实收资本(股本)	105	165586.1	163286.1
商誉	41			国家资本	106	88336.4	88336.4
长期待摊费用	42	483.6	615.0	集体资本	107	3182.3	3182.3
递延所得税资产	43	2267.0	2762.2	法人资本	108	44964.3	42664.3
其他非流动资产	44			其中:国有法人资本	109	32512.0	32012.0
其中:特准储备物资	45			集体法人资本	110	4674.0	2874.0
非流动资产合计	46	447539.3	448651.9	个人资本	111	18040.0	18040.0
	47			外商资本	112	11063.1	11063.1
	48			减:已归还投资	113		
	49			实收资本(或股本)净额	114	165586.1	163286.1
	50			资本公积	115	171693.5	161434.5
	51			减:库存股	116		
	52			专项储备	117	2225.6	1322.2
	53			盈余公积	118	18980.6	17479.5
	54			其中:法定公积金	119	4638.0	4384.7
	55			任意公积金	120	711.3	688.4
	56			储备基金	121	763.8	515.9
	57			企业发展基金	122	332.2	208.3
	58			利润归还投资	123		
	59			一般风险准备	124		
	60			未分配利润	125	-204668.0	-162488.7
	61			外币报表折算差额	126		
	62			归属于母公司所有者权益合计	127	153817.8	181033.6
	63			少数股东权益	128		
	64			所有者权益合计	129	153817.8	181033.6
资产总计	65	873502.4	826194.9	负债及所有者权益总计	130	873502.4	826194.9

2011年度淄博市市直国有及国有控股企业利润表

单位：万元

项目	行次	本期金额	上期金额	项目	行次	本期金额	上期金额
一、营业总收入	1	462463.0	408599.9	其他	29		
其中：营业收入	2	462463.0	408599.9	加：公允价值变动收益(损失以"-"号填列)	30		
其中：主营业务收入	3	450447.6	394596.7	投资收益(损失以"-"号填列)	31	7824.0	6719.3
其他业务收入	4	12015.4	14003.2	其中：对联营企业和合营企业的投资收益	32	5262.7	4271.5
利息收入	5			汇兑收益(损失以"-"号填列)	33		
已赚保费	6			三、营业利润(亏损以"-"号填列)	34	-63776.6	-37002.6
手续费及佣金收入	7			加：营业外收入	35	29145.9	23214.2
二、营业总成本	8	534063.6	452321.7	其中：非流动资产处置利得	36	5.6	4787.4
其中：营业成本	9	421698.4	370294.3	非货币性资产交换利得	37		
其中：主营业务成本	10	414493.7	362817.6	政府补助	38	23562.5	16058.6
其他业务成本	11	7204.7	7476.6	债务重组利得	39		
利息支出	12			减：营业外支出	40	2055.9	3732.0
手续费及佣金支出	13			其中：非流动资产处置损失	41	175.6	76.1
退保金	14			非货币性资产交换损失	42		
赔付支出净额	15			债务重组损失	43		
提取保险合同准备金净额	16			四、利润总额(亏损总额以"-"号填列)	44	-36686.5	-17520.4
保单红利支出	17			减：所得税费用	45	2423.7	1716.5
分保费用	18			五、净利润(净亏损以"-"号填列)	46	-39110.3	-19236.9
营业税金及附加	19	3503.5	2180.2	归属于母公司所有者的净利润	47	-39110.3	-19236.9
销售费用	20	19921.7	15763.3	少数股东损益	48		
管理费用	21	47058.7	48534.9	六、每股收益：	49		
其中：业务招待费	22	1457.1	1423.8	基本每股收益	50		
研究与开发费	23	2378.7	1622.0	稀释每股收益	51		
财务费用	24	14856.6	13257.1	七、其他综合收益	52	-1560.5	-50.4
其中：利息支出	25	15266.9	13942.9	八、综合收益总额	53	-40670.8	-19287.2
利息收入	26	979.0	1076.2	归属于母公司所有者的综合收益总额	54	-40670.8	-19287.2
汇兑净损失(净收益以"-"号填列)	27	79.6	98.1	归属于少数股东的综合收益总额	55		
资产减值损失	28	27024.7	2291.8				

2011年度淄博市市直国有及国有控股企业所有者权益变动表

单位：万元

项目	行次	本年金额										
		归属于母公司所有者权益									少数股东权益	所有者权益合计
		实收资本（或股本）	资本公积	减：库存股	专项储备	盈余公积	一般风险准备	未分配利润	其他	小计		
栏次		1	2	3	4	5	6	7	8	9	10	11
一、上年年末余额	1	163286.1	161434.5		1322.2	17479.5		-162488.7		181033.6		181033.6
加：会计政策变更	2											
前期差错更正	3											
二、本年年初余额	4	163286.1	161434.5		1322.2	17479.5		-162488.7		181033.6		181033.6
三、本年增减变动金额（减少以“-”号填列）	5	2300.0	10259.0		903.4	1501.1		-42179.3		-27215.8		-27215.8
（一）净利润	6							-39110.3		-39110.3		-39110.3
（二）其他综合收益	7		1065.1			122.7		198.5		1386.3		1386.3
综合收益小计	8		1065.1			122.7		-38911.7		-37723.9		-37723.9
（三）所有者投入和减少资本	9	500.0	11202.9							11702.9		11702.9
1. 所有者投入资本	10	500.0	11202.9							11702.9		11702.9
2. 股份支付计入所有者权益的金额	11											
3. 其他	12											
（四）专项储备提取和使用	13				903.4					903.4		903.4
1. 提取专项储备	14				913.6					913.6		913.6
2. 使用专项储备	15				-10.1					-10.1		-10.1
（五）利润分配	16					1378.3		-3267.5		-1889.2		-1889.2
1. 提取盈余公积	17					1378.3		-1378.3				
其中：法定公积金	18					983.5		-983.5				
任意公积金	19					22.9		-22.9				
储备基金	20					248.0		-248.0				
企业发展基金	21					124.0		-124.0				
利润归还投资	22											
2. 提取一般风险准备	23											
3. 对所有者（或股东）的分配	24							-1604.7		-1604.7		-1604.7
4. 其他	25							-284.5		-284.5		-284.5
（六）所有者权益内部结转	26	1800.0	-2009.0							-209.0		-209.0
1. 资本公积转增资本（或股本）	27	1800.0	-1800.0									
2. 盈余公积转增资本（或股本）	28											
3. 盈余公积弥补亏损	29											
4. 其他	30		-209.0							-209.0		-209.0
四、本年年末余额	31	165586.1	171693.5		2225.6	18980.6		-204668.0		153817.8		153817.8

2011 年度淄博市市直国有及国有控股企业所有者权益变动表(续表)

单位:万元

项目	行次	上年金额										
		归属于母公司所有者权益									少数股东权益	所有者权益合计
		实收资本(或股本)	资本公积	减:库存股	专项储备	盈余公积	一般风险准备	未分配利润	其他	小计		
栏次		12	13	14	15	16	17	18	19	20	21	22
一、上年年末余额	1	132438.1	191044.4		938.7	16399.2		-155978.8		184841.6		125198.3
加:会计政策变更	2											
前期差错更正	3							880.4		880.4		
二、本年年初余额	4	132438.1	191044.4		938.7	16399.2		-155098.4		185722.0		185722.0
三、本年增减变动金额(减少以“-”号填列)	5	30848.0	-29609.9		383.5	1080.3		-7390.3		-4688.4		-4688.4
(一)净利润	6							-19236.9		-19236.9		-19236.9
(二)其他综合收益	7		6297.0					1654.2		7951.2		7951.2
综合收益小计	8		6297.0					-17582.7		-11285.7		-11285.7
(三)所有者投入和减少资本	9		5648.2					-112.0		5536.2		5536.2
1. 所有者投入资本	10		5648.2							5648.2		5648.2
2. 股份支付计入所有者权益的金额	11											
3. 其他	12							-112.0		-112.0		-112.0
(四)专项储备提取和使用	13		2640.0		383.5					3023.5		3023.5
1. 提取专项储备	14				816.9					816.9		816.9
2. 使用专项储备	15				-433.4					-433.4		-433.4
(五)利润分配	16					1080.3		-3203.9		-2123.6		-2123.6
1. 提取盈余公积	17					1080.3		-1080.3				
其中:法定公积金	18					1080.3		-1080.3				
任意公积金	19											
储备基金	20											
企业发展基金	21											
利润归还投资	22											
2. 提取一般风险准备	23											
3. 对所有者(或股东)的分配	24							-1648.9		-1648.9		-1648.9
4. 其他	25							-474.6		-474.6		-474.6
(六)所有者权益内部结转	26	30848.0	-44195.2					13508.4		161.2		161.2
1. 资本公积转增资本(或股本)	27	43915.2	-43915.2									
2. 盈余公积转增资本(或股本)	28											
3. 盈余公积弥补亏损	29											
4. 其他	30	-13067.2	-280.0					13508.4		161.2		161.2
四、本年年末余额	31	163286.1	161434.5		1322.2	17479.5		-162488.7		181033.6		181033.6

2011年度淄博市市直国有及国有控股企业基本情况表

单位:万元

项　目	行次	金额	项　目	行次	金额
一、职工人数情况(人):	1		(二)生产发展性资金	50	16311.6
(一)年末从业人员人数	2	16932	(三)社会保障性资金	51	
(二)全年平均从业人员人数	3	16682	(四)其他	52	1417.7
(三)年末职工人数	4	16978	七、本年科技资金来源及支出情况:	53	
其中:年末在岗职工人数	5	15162	(一)本年科技资金来源合计	54	2378.7
(四)全年平均职工人数	6	16664	其中:政府拨款	55	12.0
其中:全年平均在岗职工人数	7	15266	企业自筹	56	2366.7
(五)年末离休人数	8	118	其他	57	
(六)年末退休人数	9	5101	(二)本年科技支出合计	58	2378.7
(七)参加基本养老保险职工人数	10	16541	1.研究开发费用合计	59	2378.7
(八)参加补充养老保险职工人数	11	1141	其中:研发人员人工支出	60	2195.3
(九)参加基本医疗保险职工人数	12	16541	研究开发性固定资产	61	88.2
(十)参加补充医疗保险职工人数	13	350	其他研究开发支出	62	95.3
(十一)参加失业保险职工人数	14	16492	2.购买新技术、科研设备等支出	63	
(十二)参加工伤保险职工人数	15	16445	3.其他科技支出	64	
(十三)参加生育保险职工人数	16	15437	八、固定资产情况:	65	
(十四)实行工效挂钩职工人数	17		(一)主要类别固定资产情况	66	
二、企业不在岗职工及劳动关系处理情况:	18		1.固定资产原价合计	67	543313.3
(一)年初不在岗职工人数(人)	19	1224	其中:土地资产	68	14250.3
其中:内退人数(人)	20	978	房屋、建筑物	69	166285.8
(二)年末不在岗职工人数(人)	21	1816	机器设备	70	244230.2
其中:内退人数(人)	22	957	运输工具	71	66606.8
(三)本年累计解除劳动关系人数	23	273	2.当年计提的固定资产折旧总额	72	82254.3
(四)本年累计支付经济补偿金额	24	164.7	其中:房屋、建筑物	73	23418.1
其中:财政负担部分	25	157.3	机器设备	74	48506.6
三、工资及福利情况:	26		运输工具	75	6931.3
(一)全年应发工资总额	27	42751.6	3.当年计提折旧的固定资产原价	76	517440.2
(二)全年实际发放工资总额	28	42734.9	(二)当年固定资产投资额	77	43804.8
其中:全年实际发放职工工资总额	29	42013.8	1.购置固定资产	78	16121.0
其中:全年实际发放在岗职工工资总额	30	41084.6	2.基建投资	79	27226.6
(三)企业提取的工资总额	31	23903.2	3.其他投资	80	457.3
1.非工挂企业工资总额	32	21517.2	九、投资收益	81	7824.0
2.工挂企业工资总额	33		其中:长期股权投资	82	7809.3
(1)核定的工挂企业工资总额基数	34		交易性金融资产	83	
(2)工挂企业提取的新增效益工资	35		交易性金融负债	84	
(四)本年支付的离退休人员养老金及福利性补助	36	725.6	持有至到期投资	85	
(五)本年支付的企业负责人薪酬总额	37	716.9	可供出售金融资产	86	
企业负责人人数	38	118	其他收益项目	87	14.7
(六)本年支付的职工福利费	39	3465.0	十、拥有的自主知识产权专利数量(项)	88	43
(七)本年支付的医药费	40	635.7	其中:本年度新增专利数量(项)	89	2
其中:离退休人员医药费	41	117.6	十一、当年企业提取的安全生产费用	90	1257.8
(八)本年企业支付的职工住房费用	42	2257.0	十二、当年企业支出的安全生产费用	91	573.1
其中:本年提取的职工住房公积金	43	730.1	十三、当年企业支出的环境保护及生态恢复支出	92	141.5
四、本年支付的职工培训费用	44	121.9	其中:(一)本年度上交政府统筹的支出	93	
五、产值(按现行价格计算):	45		(二)本年度企业提取或据实列支的支出	94	29.1
(一)工业总产值	46	357180.9	十四、当年企业支出的节能减排费用	95	1603.1
(二)工业增加值	47	92495.3	十五、企业累计向境外投资额	96	
六、本年收到的财政性资金	48	17789.3	其中:企业当年新增向境外投资额	97	
(一)基本建设性资金	49	60.0		98	

2011年度淄博市区县国有及国有控股企业资产负债表

单位：万元

项　目	行次	期末余额	年初余额	项　目	行次	期末余额	年初余额
流动资产:	1			流动负债:	66		
货币资金	2	142321.8	165218.7	短期借款	67	138652.9	126754.8
结算备付金	3			向中央银行借款	68		
拆出资金	4			吸收存款及同业存放	69		
交易性金融资产	5	40.0	10.0	拆入资金	70		
应收票据	6	85594.9	63570.3	交易性金融负债	71		
应收账款	7	80510.8	75140.2	应付票据	72	44688.4	38756.6
预付款项	8	67232.8	56307.4	应付账款	73	109113.6	76543.8
应收保费	9			预收款项	74	99083.5	78841.6
应收分保账款	10			卖出回购金融资产款	75		
应收分保合同准备金	11			应付手续费及佣金	76		
应收利息	12			应付职工薪酬	77	3311.3	3677.5
应收股利	13			其中:应付工资	78	1287.3	1238.4
其他应收款	14	183410.5	153207.6	应付福利费	79	734.4	1437.4
买入返售金融资产	15			其中:职工奖励及福利基金	80		
存货	16	128861.1	113037.5	应交税费	81	9007.1	11145.8
其中:原材料	17	24591.8	27208.7	其中:应交税金	82	-1085.0	4433.3
库存商品(产成品)	18	78770.5	56223.8	应付利息	83	103.0	499.3
一年内到期的非流动资产	19	1607.9	1678.2	应付股利	84	595.0	4255.6
其他流动资产	20			其他应付款	85	175918.7	155244.5
流动资产合计	21	689579.8	628169.9	应付分保账款	86		
非流动资产:	22			保险合同准备金	87		
△发放贷款及垫款	23			代理买卖证券款	88		
可供出售金融资产	24			代理承销证券款	89		
持有至到期投资	25			一年内到期的非流动负债	90	5137.4	189.4
长期应收款	26	71.5		其他流动负债	91		
长期股权投资	27	72843.4	57076.7	流动负债合计	92	585610.8	495908.9
投资性房地产	28	2846.5	2971.7	非流动负债:	93		
固定资产原价	29	664980.4	541959.2	长期借款	94	120844.6	114377.9
减:累计折旧	30	224470.9	197334.5	应付债券	95		
固定资产净值	31	440509.5	344624.7	长期应付款	96	9397.2	12619.4
减:固定资产减值准备	32	31.9	90.1	专项应付款	97	75724.6	71590.8
固定资产净额	33	440477.6	344534.5	预计负债	98	313.0	3423.6
在建工程	34	130965.2	125324.0	递延所得税负债	99		
工程物资	35	1237.5	950.6	其他非流动负债	100		
固定资产清理	36	5378.9	4849.1	其中:特准储备基金	101		
生产性生物资产	37	3803.8	3020.8	非流动负债合计	102	206279.3	202011.8
油气资产	38			负债合计	103	791890.1	697920.7
无形资产	39	70697.8	64118.0	所有者权益(或股东权益):	104		
开发支出	40		334.7	实收资本(股本)	105	193043.5	184800.5
商誉	41			国家资本	106	77343.8	78146.2
长期待摊费用	42	1085.6	4924.6	集体资本	107		
递延所得税资产	43	3532.6	2731.8	法人资本	108	88553.1	79874.4
其他非流动资产	44			其中:国有法人资本	109	52480.0	43801.3
其中:特准储备物资	45			集体法人资本	110	36073.1	36073.1
非流动资产合计	46	732940.5	610836.4	个人资本	111	27146.5	26779.9
	47			外商资本	112		
	48			减:已归还投资	113		
	49			实收资本(或股本)净额	114	193043.5	184800.5
	50			资本公积	115	220023.4	194770.1
	51			减:库存股	116		
	52			专项储备	117	6492.5	5288.7
	53			盈余公积	118	43251.0	35937.5
	54			其中:法定公积金	119	21202.0	15541.5
	55			任意公积金	120	2910.4	2910.4
	56			储备基金	121		
	57			企业发展基金	122		
	58			利润归还投资	123		
	59			一般风险准备	124		
	60			未分配利润	125	167819.9	120288.9
	61			外币报表折算差额	126		
	62			归属于母公司所有者权益合计	127	630630.2	541085.6
	63			少数股东权益	128		
	64			所有者权益合计	129	630630.2	541085.6
资产总计	65	1422520.3	1239006.3	负债及所有者权益总计	130	1422520.3	1239006.3

2011 年度淄博市区县国有及国有控股企业利润表

单位:万元

项　　目	行次	本期金额	上期金额	项　　目	行次	本期金额	上期金额
一、营业总收入	1	778058.8	719075.3	其他	29		
其中:营业收入	2	778058.8	719075.3	加:公允价值变动收益(损失以"-"号填列)	30		
其中:主营业务收入	3	752330.1	703152.7	投资收益(损失以"-"号填列)	31	5427.9	2589.0
其他业务收入	4	25728.7	15922.6	其中:对联营企业和合营企业的投资收益	32		206.8
利息收入	5			汇兑收益(损失以"-"号填列)	33		
已赚保费	6			三、营业利润(亏损以"-"号填列)	34	82048.7	82894.8
手续费及佣金收入	7			加:营业外收入	35	16082.8	9761.4
二、营业总成本	8	701438.0	638769.5	其中:非流动资产处置利得	36	544.4	397.9
其中:营业成本	9	585014.5	536058.8	非货币性资产交换利得	37		
其中:主营业务成本	10	565933.6	523663.4	政府补助	38	3876.1	3646.2
其他业务成本	11	19080.9	12395.4	债务重组利得	39	6.5	
利息支出	12			减:营业外支出	40	2906.0	2908.7
手续费及佣金支出	13			其中:非流动资产处置损失	41	205.2	491.2
退保金	14			非货币性资产交换损失	42		
赔付支出净额	15			债务重组损失	43	205.3	
提取保险合同准备金净额	16			四、利润总额(亏损总额以"-"号填列)	44	95225.5	89747.5
保单红利支出	17			减:所得税费用	45	23590.2	20828.1
分保费用	18			五、净利润(净亏损以"-"号填列)	46	71635.3	68919.4
营业税金及附加	19	7419.7	6231.2	归属于母公司所有者的净利润	47	71635.3	68919.4
销售费用	20	32468.4	28029.6	少数股东损益	48		
管理费用	21	61384.5	50606.5	六、每股收益:	49		
其中:业务招待费	22	1728.3	1556.3	基本每股收益	50		
研究与开发费	23	3189.2	1969.3	稀释每股收益	51		
财务费用	24	16919.7	14013.5	七、其他综合收益	52	615.2	2487.6
其中:利息支出	25	16563.3	13620.8	八、综合收益总额	53	72250.5	71407.0
利息收入	26	915.7	1513.5	归属于母公司所有者的综合收益总额	54	72250.5	71407.0
汇兑净损失(净收益以"-"号填列)	27	150.6	185.1	归属于少数股东的综合收益总额	55		
资产减值损失	28	-1768.9	3829.9				

2011 年度淄博市区县国有及国有控股企业所有者权益变动表

单位：万元

项目	行次	本年金额										
		归属于母公司所有者权益									少数股东权益	所有者权益合计
		实收资本(或股本)	资本公积	减:库存股	专项储备	盈余公积	一般风险准备	未分配利润	其他	小计		
栏次		1	2	3	4	5	6	7	8	9	10	11
一、上年年末余额	1	184800.5	194770.1		5288.7	35937.5		120288.9		541085.6		541085.6
加:会计政策变更	2											
前期差错更正	3											
二、本年年初余额	4	184800.5	194770.1		5288.7	35937.5		120288.9		541085.6		541085.6
三、本年增减变动金额(减少以“－”号填列)	5	8243.0	25253.4		1203.7	7313.5		47531.0		89544.6		89544.6
(一)净利润	6							71635.3		71635.3		71635.3
(二)其他综合收益	7	1000.0	-0.3					-384.5		615.2		615.2
综合收益小计	8	1000.0	-0.3					71250.8		72250.5		72250.5
(三)所有者投入和减少资本	9	1417.9	21629.6							23047.5		23047.5
1. 所有者投入资本	10	1625.0	18963.6							20588.6		20588.6
2. 股份支付计入所有者权益的金额	11	-207.1	2666.1							2458.9		2458.9
3. 其他	12											
(四)专项储备提取和使用	13		3624.0		1203.7					4827.8		4827.8
1. 提取专项储备	14				1630.8					1630.8		1630.8
2. 使用专项储备	15				-427.0					-427.0		-427.0
(五)利润分配	16					7338.5		-17919.6		-10581.1		-10581.1
1. 提取盈余公积	17					7338.5		-7338.5				
其中:法定公积金	18					7338.5		-7338.5				
任意公积金	19											
储备基金	20											
企业发展基金	21											
利润归还投资	22											
2. 提取一般风险准备	23											
3. 对所有者(或股东)的分配	24							-10559.9		-10559.9		-10559.9
4. 其他	25							-21.2		-21.2		-21.2
(六)所有者权益内部结转	26	5825.1				-25.0		-5800.1				
1. 资本公积转增资本(或股本)	27											
2. 盈余公积转增资本(或股本)	28	25.0				-25.0						
3. 盈余公积弥补亏损	29											
4. 其他	30	5800.1						-5800.1				
四、本年年末余额	31	193043.5	220023.4		6492.5	43251.0		167819.9		630630.2		630630.2

2011 年度淄博市区县国有及国有控股企业所有者权益变动表(续表)

单位:万元

项目	行次	上年金额										
		归属于母公司所有者权益									少数股东权益	所有者权益合计
		实收资本(或股本)	资本公积	减:库存股	专项储备	盈余公积	一般风险准备	未分配利润	其他	小计		
栏次		12	13	14	15	16	17	18	19	20	21	22
一、上年年末余额	1	184020.5	172356.0		4158.6	30667.9		64569.7		455772.6		238577.5
加:会计政策变更	2											
前期差错更正	3					284.5		2398.4		2682.9		
二、本年年初余额	4	184020.5	172356.0		4158.6	30952.4		66968.1		458455.5		458455.5
三、本年增减变动金额(减少以"-"号填列)	5	780.0	22414.0		1130.1	4985.1		53320.8		82630.1		82630.1
(一)净利润	6							68919.4		68919.4		68919.4
(二)其他综合收益	7							2487.6		2487.6		2487.6
综合收益小计	8							71407.0		71407.0		71407.0
(三)所有者投入和减少资本	9	780.0	22414.0							23194.0		23194.0
1.所有者投入资本	10	780.0	22414.0							23194.0		23194.0
2.股份支付计入所有者权益的金额	11											
3.其他	12											
(四)专项储备提取和使用	13				1130.1					1130.1		1130.1
1.提取专项储备	14				1247.4					1247.4		1247.4
2.使用专项储备	15				-117.3					-117.3		-117.3
(五)利润分配	16					4985.1		-18086.2		-13101.1		-13101.1
1.提取盈余公积	17					4985.1		-4985.1				
其中:法定公积金	18					4985.1		-4985.1				
任意公积金	19											
储备基金	20											
企业发展基金	21											
利润归还投资	22											
2.提取一般风险准备	23											
3.对所有者(或股东)的分配	24							-13099.3		-13099.3		-13099.3
4.其他	25							-1.8		-1.8		-1.8
(六)所有者权益内部结转	26											
1.资本公积转增资本(或股本)	27											
2.盈余公积转增资本(或股本)	28											
3.盈余公积弥补亏损	29											
4.其他	30											
四、本年年末余额	31	184800.5	194770.1		5288.7	35937.5		120288.9		541085.6		541085.6

2011年度淄博市区县国有及国有控股企业基本情况表

单位：万元

项　目	行次	金额	项　目	行次	金额
一、职工人数情况(人)：	1		(二)生产发展性资金	50	191.7
(一)年末从业人员人数	2	18686	(三)社会保障性资金	51	133.0
(二)全年平均从业人员人数	3	18384	(四)其他	52	2003.7
(三)年末职工人数	4	19166	七、本年科技资金来源及支出情况：	53	
其中：年末在岗职工人数	5	18582	(一)本年科技资金来源合计	54	4490.9
(四)全年平均职工人数	6	18915	其中：政府拨款	55	
其中：全年平均在岗职工人数	7	18295	企业自筹	56	4487.8
(五)年末离休人数	8	110	其他	57	3.1
(六)年末退休人数	9	2467	(二)本年科技支出合计	58	4490.9
(七)参加基本养老保险职工人数	10	17106	1.研究开发费用合计	59	4490.9
(八)参加补充养老保险职工人数	11	7135	其中：研发人员人工支出	60	705.3
(九)参加基本医疗保险职工人数	12	17117	研究开发性固定资产支出	61	11.1
(十)参加补充医疗保险职工人数	13	6015	其他研究开发支出	52	3774.5
(十一)参加失业保险职工人数	14	15405	2.购买新技术、科研设备等支出	63	
(十二)参加工伤保险职工人数	15	18160	3.其他科技支出	64	
(十三)参加生育保险职工人数	16	16225	八、固定资产情况：	65	
(十四)实行工效挂钩职工人数	17		(一)主要类别固定资产情况	66	
二、企业不在岗职工及劳动关系处理情况：	18		1.固定资产原价合计	67	664980.4
(一)年初不在岗职工人数(人)	19	625	其中：土地资产	68	5612.5
其中：内退人数(人)	20	342	房屋、建筑物	69	260619.8
(二)年末不在岗职工人数(人)	21	584	机器设备	70	367074.8
其中：内退人数(人)	22	338	运输工具	71	12432.3
(三)本年累计解除劳动关系人数	23	295	2.当年计提的固定资产折旧总额	72	39078.5
(四)本年累计支付经济补偿金额	24	2.4	其中：房屋、建筑物	73	9655.4
其中：财政负担部分	25		机器设备	74	26439.2
三、工资及福利情况：	26		运输工具	75	1572.6
(一)全年应发工资总额	27	60527.9	3.当年计提折旧的固定资产原价	76	567242.5
(二)全年实际发放工资总额	28	60016.2	(二)当年固定资产投资额	77	139564.9
其中：全年实际发放职工工资总额	29	60009.2	1.购置固定资产	78	71581.8
其中：全年实际发放在岗职工工资总额	30	57423.7	2.基建投资	79	54023.8
(三)企业提取的工资总额	31	30617.8	3.其他投资	80	13959.3
1.非工挂企业工资总额	32	30110.9	九、投资收益	81	5427.9
2.工挂企业工资总额	33		其中：长期股权投资	82	920.6
(1)核定的工挂企业工资总额基数	34		交易性金融资产	83	14.8
(2)工挂企业提取的新增效益工资	35		交易性金融负债	84	
(四)本年支付的离退休人员养老金及福利性补助	36	590.4	持有至到期投资	85	
(五)本年支付的企业负责人薪酬总额	37	1453.9	可供出售金融资产	86	0.4
企业负责人人数	38	146	其他收益项目	87	4492.1
(六)本年支付的职工福利费	39	3721.5	十、拥有的自主知识产权专利数量(项)	88	38
(七)本年支付的医药费	40	52.3	其中：本年度新增专利数量(项)	89	14
其中：离退休人员医药费	41	11.6	十一、当年企业提取的安全生产费用	90	1683.0
(八)本年企业支付的职工住房费用	42	1948.6	十二、当年企业支出的安全生产费用	91	1063.2
其中：本年按月发放的住房补贴	43	806.9	十三、当年企业支出的环境保护及生态恢复支出	92	340.6
四、本年支付的职工培训费用	44	568.5	其中：(一)本年度上交政府统筹的支出	93	
五、产值(按现行价格计算)：	45		(二)本年度企业提取或据实列支的支出	94	200.6
(一)工业总产值	46	705091.5	十四、当年企业支出的节能减排费用	95	18.6
(二)工业增加值	47	248718.5	十五、企业累计向境外投资额	96	
六、本年收到的财政性资金	48	2612.4	其中：企业当年新增向境外投资额	97	
(一)基本建设性资金	49	284.0		98	

2011年度淄博市行政事业单位基本数字表

单位：人

支出功能分类科目编码（类）	项目：科目名称	年末机构数（个）	人员编制数：合计	人员编制数：行政编制	事业编制：小计	事业编制：其中：经费自理编制	年末实有人数：合计	在职人员	离休人员	退休人员	其他人员	其中：一般预算财政拨款开支人数：小计	在职人员	离休人员
	栏次	1	2	3	4	5	6	7	8	9	10	11	12	13
	合计	1979	115180	19896	95284	3936	156833	112498	2259	38985	3091	50236	35496	1028
201	一般公共服务	618	16124	8738	7386	117	16888	15763	73	772	280	13494	12542	70
204	公共安全	66	8803	8287	516		10033	9153	33	383	464	9367	8853	31
205	教育	402	49716	119	49597	677	58260	47930	273	9863	194	5011	4152	17
206	科学技术	26	828	202	626		708	637	4	52	15	374	322	4
207	文化体育与传媒	115	2856	113	2743	534	3207	2784	23	280	120	309	263	10
208	社会保障和就业	138	2516	492	2024	24	27472	2551	1599	22876	446	12304	1081	796
210	医疗卫生	166	17704	294	17410	907	20906	17866	116	2399	525	1127	1034	9
211	节能环保	16	805	175	630	37	843	803	1	15	24	410	391	
212	城乡社区事务	92	5364	497	4867	312	6160	5033	36	927	164	2184	1993	15
213	农林水事务	230	5414	350	5064	849	5895	5073	39	528	255	2311	2037	26
214	交通运输	12	2049	78	1971	156	2936	2008	22	591	315	831	718	11
215	资源勘探电力信息等事务	47	1053	169	884	96	1221	1042	20	120	39	922	770	19
216	商业服务业等事务	17	288	41	247		382	317	9	45	11	357	296	9
220	国土资源气象等事务	17	1136	294	842	173	1216	1124	1	73	18	913	821	1
221	住房保障支出	2	96		96		96	96						
222	粮油物资储备管理事务	13	227	47	180		336	237	10	58	31	322	223	10
229	其他支出	2	201		201	54	274	81		3	190			

2011年度淄博市行政事业单位基本数字表(续表)

单位:人

支出功能分类科目编码（类 款 项）	项目：科目名称	其中：一般预算财政拨款开支人数：退休人员	其中：一般预算财政拨款开支人数：其他人员	其中：一般预算财政补助开支人数：小计	其中：一般预算财政补助开支人数：在职人员	其中：一般预算财政补助开支人数：离休人员	其中：一般预算财政补助开支人数：退休人员	其中：一般预算财政补助开支人数：其他人员	其中：经费自理人数：小计	其中：经费自理人数：在职人员	其中：经费自理人数：离休人员	其中：经费自理人数：退休人员	其中：经费自理人数：其他人员	年末学生人数
	栏次	14	15	16	17	18	19	20	21	22	23	24	25	26
	合计	13030	682	100743	72521	1223	25748	1251	5854	4481	8	207	1158	585175
201	一般公共服务	663	219	3292	3144	3	109	36	102	77			25	116
204	公共安全	334	149	504	300	2	49	153	162				162	
205	教育	784	58	52598	43148	256	9072	122	651	630		7	14	583725
206	科学技术	33	15	334	315		19							
207	文化体育与传媒	35	1	2162	1955	12	176	19	736	566	1	69	100	1303
208	社会保障和就业	10419	8	15118	1446	803	12449	420	50	24		8	18	
210	医疗卫生	69	15	17719	15272	107	2291	49	2060	1560		39	461	31
211	节能环保		19	389	375	1	8	5	44	37		7		
212	城乡社区事务	89	87	3581	2729	21	829	2	395	311		9	75	
213	农林水事务	225	23	2826	2344	7	272	203	758	692	6	31	29	
214	交通运输	102		1716	1023	11	467	215	389	267		22	100	
215	资源勘探电力信息等事务	101	32	193	186		7		106	86	1	12	7	
216	商业服务业等事务	45	7	21	21				4				4	
220	国土资源气象等事务	73	18	126	126				177	177				
221	住房保障支出			96	96									
222	粮油物资储备管理事务	58	31	14	14									
229	其他支出			54	27			27	220	54		3	163	

2011年度淄博市行政事业单位机构人员情况表

单位：人、个

项目	行次	编制人数	年末实有人数					项目	行次	独立编制机构数	独立核算机构数
			合计	一般预算财政拨款（补助）开支人数	经费自理人数						
					小计	政府性基金开支人数	其他				
栏次		1	2	3	4	5	6	栏次		7	8
人员情况	1							机构情况	23		
一、在职人员（人）	2	115180	112498	108017	4481	174	4307	一、单位机构数（个）	24	2390	1979
（一）行政	3	19896	20538	20538				（一）行政	25	813	581
1. 共产党机关人员	4	2623	2408	2408				1. 共产党机关	26	142	103
2. 政府机关人员	5	7993	8357	8357				2. 政府机关	27	420	347
3. 人大机关人员	6	393	465	465				3. 人大机关	28	44	31
4. 政协机关人员	7	282	311	311				4. 政协机关	29	17	13
5. 群众团体人员	8	253	253	253				5. 群众团体	30	46	27
6. 民主党派人员	9	68	73	73				6. 民主党派	31	4	3
7. 政法机关人员	10	8284	8671	8671				7. 政法机关	32	140	57
（二）事业	11	95284	91960	87479	4481	174	4307	（二）事业	33	1577	1398
1. 财政补助人员	12	91348	87479	87479				1. 参照公务员法管理	34	236	201
其中：参照公务员管理人员	13	15168	14958	14958				2. 财政补助	35	1283	1146
2. 经费自理人员	14	3936	4481		4481	174	4307	3. 经费自理	36	58	51
二、离退休人员（人）	15		41244	41029	215	18	197	（三）其他	37		
（一）离休人员	16		2259	2251	8	1	7		38		
（二）退休人员	17		38985	38778	207	17	190		39		
三、其他人员（人）	18		3091	1933	1158	45	1113		40		
1. 长期聘用人员	19		1536	781	755	45	710		41		
2. 其他	20		1555	1152	403		403		42		
四、临时工（人）	21		329		329	30	299		43		
五、遗属人员（人）	22		3558	3502	56	1	55		44		

2011年度淄博市行政事业单位收入支出决算表

单位：元

支出功能分类科目编码（类 款 项）	科目名称	上年结转和结余：合计	上年结转和结余：基本支出结转和结余	上年结转和结余：项目支出结转和结余：小计	上年结转和结余：项目支出结转和结余：其中：基本建设资金结转和结余	上年结转和结余：经营结余	本年收入	本年支出	收支结余：合计	收支结余：基本支出结转和结余	收支结余：项目支出结转和结余	收支结余：经营结余
	栏次	1	2	3	4	5	6	7	8	9	10	11
	合计	267595499.48	29069300.77	248505889.84	30692608.30	-9979691.13	22753128529.90	22449468535.51	571255493.87	275093110.60	302846957.68	-6684574.41
201	一般公共服务	60588778.50	20781893.28	39806885.22			2402139893.05	2376211452.21	86517219.34	30238300.01	56278919.33	
203	国防	17075483.26		17075483.26			28243540.20	33565780.64	11753242.82		11753242.82	
204	公共安全	39075537.63	1369323.60	37706214.03			1378133313.94	1381988913.93	35219937.64	1656582.32	33563355.32	
205	教育	10478314.90	81698.00	10396616.90			5841587179.26	5817672522.20	34392971.96	15036387.19	19356584.77	
206	科学技术	-5150708.20	960785.33	1437147.49		-7548641.02	122812144.13	122364470.39	-4703034.46	738825.59	2280328.00	-7722188.05
207	文化体育与传媒	10433388.89	23286.66	10410102.23			403829646.96	403581330.54	10681705.31	5889783.99	4791921.32	
208	社会保障和就业	4592387.02	610126.66	3982260.36			1912285782.88	1895311197.74	21566972.16	15234696.60	6332275.56	
210	医疗卫生	24531878.49	573213.44	25504892.30	16766418.30	-1546227.25	5115414049.61	4924459660.71	215486267.39	186968325.24	29364310.45	-846368.30
211	节能环保	15771150.51	192642.75	15578507.76			158158226.79	162391702.72	11537674.58	1210992.90	10326681.68	
212	城乡社区事务	39322029.00	2421134.20	37763505.38	10012500.00	-862610.58	3099148573.54	3087955395.21	50515207.33	4394109.98	46684748.79	-563651.44
213	农林水事务	19543175.95	286369.26	19279018.97		-22212.28	1140970730.23	1126081768.84	34432137.34	466358.81	31518145.15	2447633.38
214	交通运输	3913690.00		3913690.00	3913690.00		389254914.11	388334497.43	4834106.68	446980.60	4387126.08	
215	资源勘探电力信息等事务	6457625.36	1668827.59	4788797.77			160392632.30	149308361.80	17541895.86	2949220.58	14592675.28	
216	商业服务业等事务	20000.00		20000.00			54762408.75	48750421.09	6031987.66	1194553.74	4837433.92	
217	金融监管等事务支出						400000.00	400000.00				
220	国土资源气象等事务	5670022.76	100000.00	5570022.76			106331963.62	106834040.45	5167945.93	3580739.20	1587206.73	
221	住房保障支出						59202419.94	55982919.94	3219500.00		3219500.00	
222	粮油物资储备管理事务						26830753.47	26830753.47				
223	储备事务支出						763000.00	763000.00				
229	其他支出	15272745.41		15272745.41			352467357.12	340680346.20	27059756.33	5087253.85	21972502.48	

2011 年度淄博市行政事业单位收入支出决算表(续表)

单位:元

项目		用事业基金弥补收支差额	结余分配					年末结转和结余				
支出功能分类科目编码	科目名称		合计	交纳所得税	提取职工福利基金	转入事业基金	其他	合计	基本支出结转和结余	项目支出结转和结余		结营结余
										小计	其中:基本建设资金结转和结余	
类 款 项	栏次	12	13	14	15	16	17	18	19	20	21	22
	合计	26597949.08	247699115.09		79279573.37	168419541.72		350154327.86	51385044.43	305400365.78	26535542.19	-6631082.35
201	一般公共服务	2413577.51	9335908.08		449084.25	8886823.83		79594888.77	21201468.27	58393420.50		
203	国防							11753242.82		11753242.82		
204	公共安全	116500.26	1425703.98			1425703.98		33910733.92	347378.60	33563355.32		
205	教育	5106737.17	19828276.36		1125731.60	18702544.76		19671432.77	314848.00	19356584.77	100000.00	
206	科学技术	21415.61						-4681618.85	760241.20	2280328.00		-7722188.05
207	文化体育与传媒	503696.80	6023294.20		455362.24	5567931.96		5162107.91	210186.59	4951921.32		
208	社会保障和就业	424031.61	1525989.79			1525989.79		20465013.98	14132738.42	6332275.56		
210	医疗卫生	17281000.84	201711494.48		76072702.09	125638792.39		31055773.75	2484339.54	29364310.45	17056388.89	-792876.24
211	节能环保		973263.44			973263.44		10564411.14	237729.46	10326681.68		
212	城乡社区事务	13606.41	63401.20			63401.20		50465412.54	4344315.19	46684748.79	1700000.00	-563651.44
213	农林水事务	636320.30	201589.11			201589.11		34866868.53	622183.07	31797052.08	2200000.00	2447633.38
214	交通运输							4834106.68	446980.60	4387126.08	4379153.30	
215	资源勘探电力信息等事务	25099.43	1002836.60			1002836.60		16564158.69	1971483.41	14592675.28	1000000.00	
216	商业服务业等事务	14972.00	520104.00			520104.00		5526855.66	689421.74	4837433.92		
217	金融监管等事务支出											
220	国土资源气象等事务	40991.14						5208937.07	3621730.34	1587206.73		
221	住房保障支出							3219500.00		3219500.00	100000.00	
222	粮油物资储备管理事务											
223	储备事务支出											
229	其他支出		5087253.85		1176693.19	3910560.66		21972502.48		21972502.48		

2011年度淄博市行政事业单位收入决算表

单位：元

支出功能分类科目编码（类 款 项）	科目名称	本年收入合计	财政拨款	上级补助收入	事业收入		经营收入	附属单位缴款	其他收入		
					小计	其中：事业单位预算外资金收入			小计	其中：从其他部门取得的财政拨款	其中：非本级财政拨款
	栏次	1	2	3	4	5	6	7	8	9	10
	合计	22753128529.90	17718391481.85	63720801.29	4737458439.29	499432697.83	31012965.14	37465522.51	165079319.82		
201	一般公共服务	2402139893.05	2366274202.77	629435.00	13403438.79	2093639.74	912399.94	7635646.50	13284770.05		
203	国防	28243540.20	28243540.20								
204	公共安全	1378133313.94	1364357909.65	2422291.00	2485125.56	822870.80			8867987.73		
205	教育	5841587179.26	5278497053.84	10513895.78	527185922.58	465757638.39		193000.00	25197307.06		
206	科学技术	122812144.13	115806728.63	83700.00	3147400.00		3564539.38		209776.12		
207	文化体育与传媒	403829646.96	272107366.32	3134640.00	68927088.85	98745.00		29636876.01	30023675.78		
208	社会保障和就业	1912285782.88	1728860110.80	5211565.00	174679554.09	834466.72	877361.51		2657191.48		
210	医疗卫生	5115414049.61	1177734295.09	25109014.26	3840600816.48	9923636.74	699858.95		71270064.83		
211	节能环保	158158226.79	150652847.10	5118966.05					2386413.64		
212	城乡社区事务	3099148573.54	3073935771.52	1846525.47	12148670.61	288000.00	5752080.62		5465525.32		
213	农林水事务	1140970730.23	1116888275.70	8834450.39	1925594.06	273500.00	12120444.28		1201965.80		
214	交通运输	389254914.11	379218030.85		2950602.80		7086280.46				
215	资源勘探电力信息等事务	160392632.30	158354166.40		1463125.02	360000.00			575340.88		
216	商业服务业等事务	54762408.75	53191672.03		842298.01				728438.71		
217	金融监管等事务支出	400000.00	400000.00								
220	国土资源气象等事务	106331963.62	98504090.95		6063022.00				1764850.67		
221	住房保障支出	59202419.94	59202419.94								
222	粮油物资储备管理事务	26830753.47	26829123.17						1630.30		
223	储备事务支出	763000.00	763000.00								
229	其他支出	352467357.12	268570876.89	816318.34	81635780.44	18980200.44			1444381.45		

2011年度淄博市行政事业单位支出决算表

单位:元

支出功能分类科目编码(类)	款	项	科目名称	本年支出合计	基本支出	项目支出	上缴上级支出	经营支出	对附属单位补助支出
			栏次	1	2	3	4	5	6
			合计	22449468535.51	15432232807.82	6984137386.07	1762719.20	27717848.42	3617774.00
201			一般公共服务	2376211452.21	1843644209.70	530681467.57	973375.00	912399.94	
203			国防	33565780.64	2502959.20	31062821.44			
204			公共安全	1381988913.93	817154041.18	564770130.75	64742.00		
205			教育	5817672522.20	4684465013.49	1128865132.51	724602.20		3617774.00
206			科学技术	122364470.39	87825015.49	30801368.49		3738086.41	
207			文化体育与传媒	403581330.54	346835140.39	56746190.15			
208			社会保障和就业	1895311197.74	1455665030.02	438768806.21		877361.51	
210			医疗卫生	4924459660.71	4579040868.76	345418791.95			
211			节能环保	162391702.72	81789035.20	80602667.52			
212			城乡社区事务	3087955395.21	544309526.97	2538192746.76		5453121.48	
213			农林水事务	1126081768.84	449122074.19	667309096.03		9650598.62	
214			交通运输	388334497.43	159071591.49	222176625.48		7086280.46	
215			资源勘探电力信息等事务	149308361.80	92563450.71	56744911.09			
216			商业服务业等事务	48750421.09	37134889.21	11615531.88			
217			金融监管等事务支出	400000.00	100000.00	300000.00			
220			国土资源气象等事务	106834040.45	72529796.12	34304244.33			
221			住房保障支出	55982919.94	12483001.10	43499918.84			
222			粮油物资管理事务	26830753.47	22085153.84	4745599.63			
223			储备事务支出	763000.00	680000.00	83000.00			
229			其他支出	340680346.20	143232010.76	197448335.44			

2011年度淄博市行政事业单位资产负债表

单位:元

行政单位	行次	年初数	年末数	事业单位	行次	年初数	年末数
栏　　次		1	2	栏　　次		3	4
一、资产合计	1	5595042415.61	6071562752.00	一、资产合计	51	19401761896.50	21028436337.43
现金	2	36360943.89	32512068.81	流动资产	52	6620511651.61	7011461117.84
银行存款	3	829604004.59	946692154.98	其中:现金	53	22194798.11	33458367.15
其中:外币存款	4			银行存款	54	1566957925.47	1991116832.62
有价证券	5	5971115.38	5971115.38	应收票据	55	4576449.34	5289529.44
其中:国债	6			应收账款	56	692986631.58	835989820.86
暂付款	7	1602806165.73	1832212075.18	预付账款	57	669821749.56	494396361.37
库存材料	8	256481.73	74789.44	其他应收款	58	2839056578.93	2431164557.07
固定资产	9	2984280711.49	3051563458.81	材料	59	211397549.80	255495283.29
财政应返还额度	10	135762992.80	202537089.40	产成品	60	598959319.13	964550366.04
	11			对外投资	61	124786464.39	341979870.02
	12			固定资产原值	62	11698133726.00	12701717796.44
	13			减:累计折旧	63	39929683.74	27352119.41
	14			固定资产净值	64	11658204042.26	12674365677.03
	15			无形资产	65	94811360.98	89243022.66
	16			财政应返还额度	66	77029889.63	147727391.69
	17			其他	67	826418487.63	763659258.19
	18				68		
	19				69		
二、基本建设资金占用合计	20	3066190.00	17345839.46	二、基本建设资金占用合计	70	402120605.21	426415125.26
	21				71		
资产部类合计	22	5598108605.61	6088908591.46	资产部类合计	72	19803882501.71	21454851462.69
	23				73		
三、负债合计	24	2405069163.06	2787968487.38	三、负债合计	74	7508756237.45	7723444354.62
应缴预算款	25			借入款项	75	3123080965.37	2494867800.06
应缴财政专户款	26			其中:银行贷款	76	2297354620.87	1539300204.27
暂存款	27	2405052133.74	2787852286.93	应付票据	77	1563698.95	1151540.59
应付工资(离退休费)	28	17029.32	116200.45	应付账款	78	1354007988.68	1960566797.49
应付地方(部门)津贴补贴	29			预收账款	79	241893647.83	379541258.70
应付其他个人收入	30			其他应付款	80	2773395726.57	2836850372.50
	31			应缴预算款	81		
	32			应缴财政专户款	82		4396718.58
	33			应交税金	83	1722016.87	1878952.40
	34			应付工资(离退休费)	84	19002767.77	31365469.00
	35			应付地方(部门)津贴补贴	85	114200.00	473414.00
	36			应付其他个人收入	86	-6024774.59	12352031.30
	37				87		
四、净资产合计	38	3189973252.55	3283594264.62	四、净资产合计	88	11893005659.05	13304991982.81
固定基金	39	2984280711.49	3051563458.81	事业基金	89	788671522.66	1104098261.50
结余	40	205692541.06	232030805.81	其中:一般基金	90	772477929.81	862214313.01
基本支出结余	41	45337110.23	32186604.92	固定基金	91	11212914744.75	12298032632.85
项目支出结余	42	160355430.83	199844200.89	专用基金	92	-151245461.12	-172746238.51
	43			经营结余	93	-8938522.11	-8563886.13
	44			其他净资产	94	51603374.87	84171213.10
	45				95		
	46				96		
	47				97		
五、基本建设资金来源合计	48	3066190.00	17345839.46	五、基本建设资金来源合计	98	402120605.21	426415125.26
	49			其中:基建借款	99	189450000.00	158810000.00
负债部类合计	50	5598108605.61	6088908591.46	负债部类合计	100	19803882501.71	21454851462.69

2011年度淄博市行政事业单位资产负债表(续表)

单位:元

企业化管理事业单位	行次	年初数	年末数	民间非营利组织	行次	年初数	年末数
栏　次		5	6	栏　次		7	8
一、资产合计	101	963355782.49	1008155251.89	一、资产合计	151		
流动资产	102	377594960.33	407840622.55	流动资产	152		
货币资金	103	26947323.06	33567300.37	货币资金	153		
短期投资	104			短期投资	154		
应收票据	105	40000.00	160000.00	应收款项	155		
应收账款	106	241965254.07	245280904.88	预付账款	156		
应收补贴款	107			存货	157		
存货	108	19120855.62	7818137.92	其他流动资产	158		
其他流动资产	109	89521527.58	121014279.38	长期投资	159		
长期投资	110	19866301.56	17423301.56	固定资产原值	160		
固定资产原值	111	594777853.01	601912418.17	减:累计折旧	161		
减:累计折旧	112	123476963.82	132390926.98	固定资产净值	162		
固定资产净值	113	471300889.19	469521491.19	在建工程	163		
减:固定资产减值准备	114			文物文化资产	164		
固定资产净额	115	471300889.19	469521491.19	无形资产	165		
工程物资	116			固定资产清理	166		
在建工程	117	31125761.48	44703401.16	受托代理资产	167		
固定资产清理	118		-31600.00	其他	168		
待处理固定资产净损失	119				169		
无形资产	120	262510.78	180480.02		170		
递延税款借项	121				171		
其他	122	63205359.15	68517555.41		172		
	123				173		
二、负债合计	124	438600891.79	480519018.92	二、负债合计	174		
流动负债	125	408627101.24	450935035.91	流动负债	175		
短期借款	126	40154113.58	35550462.10	短期借款	176		
应付票据	127			应付款项	177		
应付账款	128	202573783.76	223670924.20	应付工资	178		
应付工资	129	9968138.60	9821118.78	应交税金	179		
应付福利费	130	8178517.93	7760336.01	其他流动负债	180		
应交税金	131	742642.55	744163.87	长期负债	181		
其他流动负债	132	147009904.82	173388030.95	长期借款	182		
长期负债	133	27943932.04	27084638.64	长期应付款	183		
递延税款贷项	134			其他长期负债	184		
其他	135	2029858.51	2499344.37	受托代理负债	185		
	136				186		
	137				187		
三、少数股东权益	138			三、净资产合计	188		
	139			非限定性净资产	189		
四、所有者权益合计	140	524754890.70	527636232.97	限定性净资产	190		
实收资本(股本)	141	432148171.91	439115837.14		191		
其中:国家资本	142	324330700.57	326785700.57		192		
资本公积	143	98128229.02	98373629.02		193		
盈余公积	144	31353662.27	32183812.21		194		
未分配利润	145	-36875172.50	-42037045.40		195		
	146			资产总计	196	25960160094.60	28108154341.32
	147			负债总计	197	10352426292.30	10991931860.92
	148			净资产总计	198	15607733802.30	17116222480.40
	149				199		
	150			国有资产总量	200	15607733802.30	17116222480.40

2011年度淄博市行政事业单位资产情况表

单位：元

项目	行次	数量				价值				补充资料		
		年初数	本年增加	要年减少	年末数	年初数	本年增加	本年减少	年末数			
栏次		1	2	3	4	5	6	7	8	栏次	行次	9
资产总额	1					25960160094.60			28108154341.32	一、本年坏账损失金额	22	
一、流动资产	2					9467134207.88			10230792828.80	二、危房面积(平方米)	23	
二、固定资产	3					15113785642.94	1807052886.46	725387902.37	16195450627.03	(一)上年年末数	24	118333.00
(一)房屋(平方米)	4	11042949.06	870870.95	176261.35	11737558.66	7263312184.30	753972910.46	253087361.63	7764197733.13	(二)本年增加数	25	5315.00
1.办公用房	5	5935253.58	669353.20	94286.85	6510319.93	3663958460.46	393386862.25	209302555.28	3848042767.43	(三)本年减少数	26	43363.00
2.业务用房	6	2335401.21	95588.08	27798.97	2403190.32	1828908675.04	234275264.22	14196138.74	2048987800.52	其中:本年修复数	27	12412.00
3.其他	7	2772294.27	105929.67	54175.53	2824048.41	1770445048.80	126310783.99	29588667.61	1867167165.18	(四)年末数	28	80285.00
(二)汽车(台、辆)	8	10141	1075	856	10360	1421026739.86	157490886.24	118638588.80	1459879037.30	三、年末单位供暖面积(平方米)	29	6986956.53
1.轿车	9	6516	599	463	6652	1037696400.71	83938994.41	72259783.51	1049375611.61	1.办公用房	30	4711409.61
2.越野车	10	66	33	11	88	11607958.52	8225946.06	834703.30	18999201.28	2.业务用房	31	1538550.36
3.小型载客汽车	11	524	96	51	569	68830940.91	10289572.31	7027078.43	72093434.79	3.其他	32	736996.56
4.大中型载客汽车	12	81	50	9	122	23341470.74	12091639.37	2269853.00	33163257.11	四、年末单位承担费用的房改宿舍面积(平方米)	33	208795.84
5.其他车型	13	2954	297	322	2929	279549968.98	42944734.09	36247170.56	286247532.51	五、年末单位出租出借房屋面积(平方米)	34	18549.41
(三)单价在20万元以上的设备(台、套…)	14	2205	374	81	2498	1523888568.13	219426730.17	46064645.12	1697250653.18	六、年末单位实际占有土地面积(平方米)	35	303045801.52
1.单价20万元(含)-50万元	15	1546	273	59	1760	477760368.42	81335940.34	14616711.02	544479597.74	其中:已确权土地面积	36	204491554.58
2.单价50万元(含)-200万元	16	494	81	19	556	468926605.99	79169996.51	21573970.88	526522631.62	七、年末单位汽车工作用途情况(台、辆)	37	10360
3.单价200万元(含)以上	17	165	20	3	182	577201593.72	58920793.32	9873963.22	626248423.82	1.副部(省)级及以上领导用车	38	
(四)其他固定资产	18					4905558150.65	676162359.59	307597306.82	5274123203.42	2.一般公务用车	39	6847
三、对外投资/有价证券	19					150623881.33	221397925.88	6647520.25	365374286.96	3.执法执勤用车	40	1828
四、无形资产	20	1502	2	1	1503	95073871.76	6475957.00	12126326.08	89423502.68	4.特种专业技术用车	41	143
五、其他资产	21					1133542490.69	414603123.35	321032518.19	1227113095.85	5.其他用车	42	1542

2011年度淄博市住房公积金业务收支情况表

单位：元

项目	行次	本年数	年末累计数	项目	行次	本年数	年末累计数
栏次		1	2	栏次		3	4
一、业务收入	1	312781635.64	312781635.64	三、增值收益分配及使用	14		
1. 住房公积金利息收入	2	141378087.83	141378087.83	1. 提取公积金个人贷款风险准备金	15		
2. 委托贷款利息收入	3	168558218.55	168558218.55	其中：核销呆账支出	16		
3. 项目贷款利息收入	4			2. 提取公积金项目贷款风险准备金	17		
4. 国家债券利息收入	5	1100000.00	1100000.00	其中：核销呆账支出	18		
5. 增值收益利息收入	6	1745329.26	1745329.26	3. 提取住房公积金中心管理费用	19		
6. 其他收入	7			其中：工资福利支出	20		
	8			商品和服务支出	21		
	9			对个人和家庭的补助	22		
二、业务支出	10	227984252.02	227984252.02	其他资本性支出	23		
1. 住房公积金利息支出	11	217955752.05	217955752.05	管理费用支出小计	24		
2. 住房公积金归集手续费支出	12	2806000.00	2806000.00	4. 提取城市廉租住房建设补充资金	25		
3. 委托贷款手续费支出	13	7222499.97	7222499.97	其中：上缴财政城市廉租住房建设补充资金	26		

2011 年度淄博市企业职工基本养老保险基金收支表

单位：元

项目	金额	项目	金额
一、基本养老保险费收入	4513434045.93	一、基本养老金支出	3745863965.04
二、利息收入	80907110.56	其中：离休金	61820022.69
三、财政补贴收入	65181506.72	二、医疗补助金支出	
四、其他收入	19672077.66	三、丧葬抚恤补助支出	129552796.49
其中：做实个人账户基金投资收益		四、其他支出	
滞纳金	1990455.80	五、转移支出	26449203.17
五、转移收入	29568247.87	六、本年支出小计	3901865964.70
六、本年收入小计	4708762988.74	七、补助下级支出	389500000.00
七、上级补助收入	434160000.00	八、上解上级支出	740810000.00
八、下级上解收入	740810000.00	九、本年支出合计	5032175964.70
九、本年收入合计	5883732988.74	十、本年收支结余	851557024.04
十、上年结余	3899112229.05	十一、年末滚存结余	4750669253.09
总计	9782845217.79	总计	9782845217.79

2011 年度淄博市失业保险基金收支表

单位:元

项　目	金　额	项　目	金　额
一、失业保险费收入	290183935.01	一、失业保险金支出	111963044.00
二、利息收入	16318817.36	二、医疗补助金支出	14084599.08
三、财政补贴收入		三、丧葬抚恤补助支出	188320.00
四、其他收入	238825.81	四、职业培训补贴支出	8625700.00
其中:滞纳金	61728.89	五、职业介绍补贴支出	100000.00
		六、其他费用支出	83354356.40
		其中:农民合同制工人生活补助金	788160.00
		其他促进就业支出	82566196.40
		七、其他支出	
五、转移收入	672467.60	八、转移支出	356266.80
六、本年收入小计	307414045.78	九、本年支出小计	218672286.28
七、上级补助收入	166317674.48	十、补助下级支出	128049570.48
八、下级上解收入	182851298.36	十一、上解上级支出	209451298.36
九、本年收入合计	656583018.62	十二、本年支出合计	556173155.12
		十三、本年收支结余	100409863.50
		十四、按规定核减基金结余数	
十、上年结余	616475378.31	十五、年末滚存结余	716885241.81
总　计	1273058396.93	总　计	1273058396.93

2011年度淄博市城镇职工基本医疗保险基金收支表

单位:元

项目	合计	统账结合			单建统筹基金	项目	合计	统账结合			单建统筹基金
		小计	基本医疗保险统筹基金	医疗保险个人账户基金				小计	基本医疗保险统筹基金	医疗保险个人账户基金	
一、基本医疗保险费收入	1877333748.78	1877333748.78	1107658262.70	769675486.08		一、基本医疗保险待遇支出	1765616353.97	1765616353.97	1062729819.94	702886534.03	
二、利息收入	60450318.24	60450318.24	50877362.98	9572955.26		二、其他支出	311510338.58	311510338.58		311510338.58	
三、财政补贴收入	61497600.00	61497600.00	61497600.00								
四、其他收入	313330685.79	313330685.79	1820347.21	311510338.58							
其中:滞纳金						三、转移支出					
五、转移收入						四、本年支出小计	2077126692.55	2077126692.55	1062729819.94	1014396872.61	
六、本年收入小计	2312612352.81	2312612352.81	1221853572.89	1090758779.92		五、补助下级支出					
七、上级补助收入						六、上解上级支出	143900560.89	143900560.89	143900560.89		
八、下级上解收入	143900560.89	143900560.89	143900560.89			七、本年支出合计	2221027253.44	2221027253.44	1206630380.83	1014396872.61	
九、本年收入合计	2456512913.70	2456512913.70	1365754133.78	1090758779.92		八、本年收支结余	235485660.26	235485660.26	159123752.95	76361907.31	
十、上年结余	2777490006.57	2777490006.57	1916418697.14	861071309.43		九、年末滚存结余	3012975666.83	3012975666.83	2075542450.09	937433216.74	
总计	5234002920.27	5234002920.27	3282172830.92	1951830089.35		总计	5234002920.27	5234002920.27	3282172830.92	1951830089.35	

2011年度淄博市工伤保险基金收支表

单位:元

项目	金额	项目	金额
一、工伤保险费收入	171516567.41	一、工伤保险待遇支出	183226195.40
二、利息收入	5903957.59	二、劳动能力鉴定费支出	736372.00
三、财政补贴收入	59700000.00	三、其他支出	
四、其他收入	370762.20		
其中:滞纳金	311667.43	四、转移支出	
五、转移收入		五、本年支出小计	183962567.40
六、本年收入小计	237491287.20	六、补助下级支出	80366600.00
七、上级补助收入	80366600.00	七、上解上级支出	77292883.62
八、下级上解收入	77292883.62	八、本年支出合计	341622051.02
九、本年收入合计	395150770.82	九、本年收支结余	53528719.80
十、上年结余	315302797.57	十、年末滚存结余	368831517.37
其中:储备金	48013649.00	其中:储备金	51500000.00
总计	710453568.39	总计	710453568.39

2011 年度淄博市生育保险基金收支表

单位：元

项目	金额	项目	金额
一、生育保险费收入	102538882.83	一、生育保险金支出	88841508.67
二、利息收入	2004933.31		
三、财政补贴收入			
四、其他收入	216091.44	二、其他支出	
五、本年收入小计	104759907.58	三、本年支出小计	88841508.67
六、上级补助收入	53371000.00	四、补助下级支出	53371000.00
七、下级上解收入	47520442.65	五、上解上级支出	47520442.65
八、本年收入合计	205651350.23	六、本年支出合计	189732951.32
		七、本年收支结余	15918398.91
九、上年结余	85688862.68	八、年末滚存结余	101607261.59
总计	291340212.91	总计	291340212.91

编写说明

2012卷《淄博财政年鉴》全面客观真实地记录了“十二五”开局之年全市各级财政部门深入贯彻落实科学发展观，支持转方式调结构、促进内涵发展、保障改善民生、深化财政管理等方面的工作，主要包括市、区县及重点镇办财政工作，机构人员变动情况，年内出台的财政法规、政策，也包括了反映财政经济发展成果的图表资料等。

与以往年度相比，2012卷《淄博财政年鉴》在保持总体结构框架稳定的基础上，又呈现出一些新亮点。本卷年鉴仍分为文字和图片两大部分。文字部分包括财政大事记、机构和人员、特辑、财政文选、全市财政工作、区县财政工作、学会协会工作、重要法规政策和财经统计资料九个部分。“学会协会工作”为单独增加的内容，收录了2011年财政学会、会计学会、珠算协会换届的相关资料。“机构和人员”中新增加了集体和个人受表彰情况统计表和先进事迹介绍。“区县财政工作”中新增加了正式成立运行的文昌湖旅游度假区的工作情况；除反映区县工作外，对地方财政收入超过3000万元的54个镇、街道办事处财政主要工作情况也单独记载。图片部分分为支持转方式调结构推进经济内涵发展、优化财政支出结构着力保障改善民生、坚持统筹兼顾城乡协调发展、加强财政财务管理提高财政绩效水平、内强素质外树形象加强干部队伍建设共5大版块，重新调整归并了反映的工作内容，大胆突破了原有的编排模式，并精简了文字说明，实现了创新，力求更加全面形象直观地反映全市财政重点工作。

本卷年鉴由中国财政经济出版社出版发行，全书约67.5万字，并随书附赠2012卷《淄博财政年鉴》光盘，以方便广大读者查阅。

本卷年鉴的编辑出版得到了有关领导、有关部门和有关同志的大力支持和帮助，在此一并表示由衷的感谢。

《淄博财政年鉴》编委会

2012年9月

图书在版编目（CIP）数据

淄博财政年鉴. 2012／卜德兰主编. -- 北京：中国财政经济出版社，2012. 10

ISBN 978-7-5095-3934-7

Ⅰ. ①淄… Ⅱ. ①卜… Ⅲ. ①地方财政-淄博市-2012-年鉴 Ⅳ. ①F812.752.3-54

中国版本图书馆CIP数据核字（2012）第221388号

责任编辑：肖 蕾 隽兆刚

整体设计：张 越

中国财政经济出版社出版

URL:http://www.cfeph.cn

E-mail:cfeph@cfeph.cn

社址：北京海淀区阜城路甲28号 邮政编码：100142

发行处电话：88190406 财经书店电话：64033436

山东临沂新华印刷物流集团印刷 各地新华书店经销

787×1092毫米 16开 38.25印张 彩插1.75印张 675 000字

2012年10月第1版 2012年10月第1次印刷

定价：138.00元

ISBN 978-7-5095-3934-7/F·3193

（图书出现印装问题，本社负责调换）

本社质量投诉电话：010-88190744